中国教育统计年鉴

EDUCATIONAL STATISTICS YEARBOOK OF CHINA

2022

中华人民共和国
教育部发展规划司 编

Department of Development Planning
Ministry of Education of the People's Republic of China

图书在版编目（CIP）数据

中国教育统计年鉴. 2022 = Educational Statistics Yearbook of China 2022 ：汉英对照 / 中华人民共和国教育部发展规划司编. —北京 ：中国统计出版社，2023. 11
ISBN 978-7-5230-0287-2

Ⅰ. ①中… Ⅱ. ①中… Ⅲ. ①教育统计-统计资料-中国-2022-年鉴-汉、英 Ⅳ. ①G526. 6-54

中国国家版本馆 CIP 数据核字（2023）第 199108 号

中国教育统计年鉴 2022

作　　者/ 中华人民共和国教育部发展规划司
责任编辑/ 罗浩
封面设计/ 黄晨
出版发行/ 中国统计出版社有限公司
地　　址/ 北京市丰台区西三环南路甲 6 号　邮政编码/100073
电　　话/ 邮购（010）63376909　书店（010）68783171
网　　址/ http：//www. zgtjcbs. com
印　　刷/ 河北鑫兆源印刷有限公司
经　　销/ 新华书店
开　　本/ 787mm×1092mm　1/16
字　　数/ 1150 千字
印　　张/ 33
版　　别/ 2023 年 11 月第 1 版
版　　次/ 2023 年 11 月第 1 次印刷
定　　价/ 268. 00 元

如有印装错误，本社发行部负责调换。

《中国教育统计年鉴 2022》
编辑委员会名单

说　明

《中国教育统计年鉴》（2022）是一本反映我国教育事业发展情况的统计资料，是由教育部发展规划司根据全国各省、自治区、直辖市教育厅（教委）上报的学校基层统计调查数据整理汇编而成。教育部教育管理信息中心承担了数据的计算机处理汇总工作。

本年鉴包括以下部分：综合部分、高等教育、中等教育、初等教育、特殊教育、学前教育、各级各类学校的分布情况、办学条件、科学研究等，是各有关部门研究教育改革发展、制定教育规划等方面的资料性年刊。

本资料所涉及的全国性统计数据，均未包括香港特别行政区、澳门特别行政区和台湾地区数据；所有数据均不包含人力资源和社会保障部管理的技工学校数据；具有法人资格的中外合作办学，指具有法人资格的中外及内地（大陆）与港澳台地区合作办学机构；凡未注明年份的均为2022年数据。

符号使用说明：年鉴各表中的“—”表示该项统计指标数据不详或无该项数据；“＊”或“①”表示本表下有注解。

Notes

The Educational Statistics Yearbook of China (2022) is an informational yearbook comprehensively reflecting the development of the educational undertaking of the People's Republic of China, and it was compiled by the Department of Development and Planning of Chinese Ministry of Education, based on the synthetic statistical returns relating to schools of various types and levels completed by the Provincial Education Department (or the Educational Commissions) of the provincial governments and the governments of various autonomous regions and municipalities directly under the State Council. All data were processed and calculated using Computers by the Educational Management Information Center of Ministry of Education.

This yearbook is composed of following parts: summary tables, higher education, secondary education, primary education, special education, preprimary education, geographical distribution of schools by type and level, Physical Facilities, Scientific Research Activities, etc. The yearbook is a requisite reference for all departments concerned with the study of educational reform and development.

The national statistics covered in this yearbook do not include data from the Hong Kong Special Administrative Region, the Macao Special Administrative Region, and Taiwan Region. Data from the Skilled Workers School administered by the Ministry of Human Resources and Social Security of the People's Republic of China are not included in this yearbook. The Chinese-Foreign Cooperation in Running Schools with Legal Personality refers to Chinese-Foreign Cooperation in Running Schools and Cooperation in Running Schools between mainland educational institutions and educational institutions from the HKSAR, the MSAR or Taiwan with Legal Personality. All data, without specific notes, were collected in 2022.

Symbol instructions: "—" indicates that the data of this statistical indicator are unknown or unavailable; " * " or "①" indicates that there is an annotation below the table.

备　　注

2011年，我部对教育事业统计报表进行了全面改革，贯彻实施了国家统计局首次颁布的《统计用城乡划分代码》。新的城乡划分标准，将原来的城市、县镇、农村的三个分类调整为三大类七小类，即城区（含主城区、城乡结合部）、镇区（含镇中心区、镇乡结合区、特殊区域）、乡村（含乡中心区、村庄）。

2022 年全国教育事业发展统计公报[1]

2022 年是党和国家历史上极为重要的一年。党的二十大将教育作为全面建设社会主义现代化国家的基础性、战略性支撑进行系统谋划，极具战略意义和深远影响。面对内外部环境的深刻变化，教育系统在党中央、国务院坚强领导下，坚持以习近平新时代中国特色社会主义思想为指导，深入学习贯彻党的二十大精神，积极推动教育事业取得新进步、各项工作有了新成效、教育面貌发生新变化，奋力走好教育强国建设的历史新征程，为全面建设社会主义现代化国家、全面推进中华民族伟大复兴作出教育新的贡献。

一、综　　合

全国共有各级各类学校[2] 51.85 万所，各级各类学历教育在校生 2.93 亿人，专任教师 1880.36 万人。

二、学 前 教 育

全国共有幼儿园 28.92 万所，比上年减少 5610 所，下降 1.90%。其中，普惠性幼儿园[3] 24.57 万所，比上年增加 1033 所，增长 0.42%，占全国幼儿园的比例 84.96%。

学前教育在园幼儿[4] 4627.55 万人，比上年减少 177.66 万人，下降 3.70%。其中，普惠性幼儿园在园幼儿 4144.05 万人，比上年减少 74.16 万人，下降 1.76%，占全国在园幼儿的比例 89.55%，比上年提高 1.77 个百分点。

学前教育毛入园率[5] 89.7%，比上年提高 1.6 个百分点。

学前教育专任教师[6] 324.42 万人，专任教师中专科以上学历比例 90.30%。

三、义 务 教 育

全国共有义务教育阶段学校[7] 20.16 万所。义务教育阶段[8] 招生 3432.77 万人，在校生 1.59 亿人，专任教师 1065.46 万人，九年义务教育巩固率[9] 95.5%。

1. 小学阶段教育[10]

全国共有普通小学 14.91 万所，比上年减少 5162 所，下降 3.35%。另有小学教学点 7.69 万个，比上年减少 6690 个。

小学阶段招生1701.39万人，比上年减少81.19万人，下降4.55%；在校生1.07亿人，比上年减少47.88万人，下降0.44%；毕业生1740.61万人，比上年增加22.58万人，增长1.31%。

小学阶段教育专任教师[11] 662.94万人；生师比16.19：1；专任教师学历合格率[12] 99.99%；专任教师中本科以上学历比例74.53%。

小学共有校舍建筑面积88961.80万平方米，比上年增加1832.82万平方米。设施设备配备达标的学校[13] 比例情况分别为：体育运动场（馆）面积达标学校93.52%，体育器械配备达标学校97.07%，音乐器材配备达标学校96.81%，美术器材配备达标学校96.79%，数学自然实验仪器配备达标学校96.62%，各项比例比上年均有提高。

小学阶段共有班级284.75万个，比上年减少2.32万个。56人以上大班和超大班1.38万个，比上年减少0.72万个，占总班数的比例0.48%，比上年下降0.25个百分点。其中，66人以上的超大班373个，比上年减少109个，占总班数的比例0.01%，比上年下降0.01个百分点。

2. 初中阶段教育[14]

全国共有初中5.25万所（含职业初中8所），比上年减少391所，下降0.74%。

初中阶段招生1731.38万人，比上年增加25.94万人，增长1.52%；在校生5120.60万人，比上年增加102.16万人，增长2.04%；毕业生1623.92万人，比上年增加36.78万人，增长2.32%。

初中阶段教育专任教师[15] 402.52万人；生师比12.72：1；专任教师学历合格率99.94%；专任教师中本科以上学历比例91.71%。

初中共有校舍建筑面积78648.35万平方米，比上年增加3054.65万平方米。设施设备配备达标的学校比例情况分别为：体育运动场（馆）面积达标学校95.68%，体育器械配备达标学校98.08%，音乐器材配备达标学校97.88%，美术器材配备达标学校97.88%，理科实验仪器配备达标学校97.75%，各项比例比上年均有提高。

初中阶段共有班级111.85万个，比上年增加1.96万个。56人以上大班和超大班4522个，比上年减少2703个，占总班数的比例0.40%，比上年下降0.25个百分点。其中，66人以上的超大班174个，比上年增加68个，占总班数的比例0.02%，比上年增长0.01个百分点。

3. 进城务工人员随迁子女[16]

义务教育阶段在校生中进城务工人员随迁子女1364.68万人。其中，在小学就读969.86万人，在初中就读394.83万人。

四、特 殊 教 育

全国共有特殊教育学校2314所，比上年增加26所，增长1.14%。

招收各种形式[17] 的特殊教育学生14.63万人，比上年减少2805人；在校生91.85万人，比上年减少1265人，下降0.14%。其中，在特殊教育学校就读在校生33.57万人，占特殊教育在校生的比例36.54%。

特殊教育专任教师[18] 7.27万人。

五、高中阶段教育

高中阶段毛入学率[19] 91.6%，比上年提高0.2个百分点。

1. 普通高中教育[20]

全国共有普通高中1.50万所，比上年增加441所，增长3.02%。

普通高中招生947.54万人，比上年增加42.59万人，增长4.71%；在校生2713.87万人，比上年增加108.85万人，增长4.18%；毕业生824.10万人，比上年增加43.88万人，增长5.62%。

普通高中教育专任教师[21] 213.32万人；生师比12.72∶1；专任教师学历合格率99.03%。

普通高中共有校舍建筑面积68034.90万平方米，比上年增加3672.80万平方米。普通高中设施设备配备达标的学校比例情况分别为：体育运动场（馆）面积达标学校94.46%，体育器械配备达标学校96.50%，音乐器材配备达标学校95.85%，美术器材配备达标学校96.05%，理科实验仪器配备达标学校96.18%，各项比例比上年均有提高。

2. 中等职业教育[22]

全国共有中等职业学校7201所，同口径比上年减少93所。

中等职业教育[23] 招生484.78万人，同口径比上年减少4.21万人，下降0.86%；在校生1339.29万人，同口径比上年增加27.48万人，增长2.09%；毕业生399.27万人，同口径比上年增加23.90万人，增长6.37%。

中等职业教育专任教师[24] 71.83万人；生师比18.65∶1；专任教师中本科以上学历比例94.86%；“双师型”专任教师占专业（技能）课程专任教师比例56.18%。

六、高 等 教 育

全国共有高等学校3013所。其中，普通本科学校1239所（含独立学院164所），比上年增加1所；本科层次职业学校32所；高职（专科）学校1489所，比上年增加3所；成人高等学校253所，比上年减少3所。另有培养研究生的科研机构234所。

各种形式的高等教育在学总规模[25] 4655万人，比上年增加225万人。高等教育毛入学率59.6%，比上年提高1.8个百分点。普通本科学校校均规模[26] 16793人，本科层次职业学校校均规模19487人，高职（专科）学校校均规模10168人。

研究生招生124.25万人，比上年增加6.60万人，增长5.61%；其中，博士生13.90万人，硕士生110.35万人。在学研究生365.36万人，比上年增加32.12万人，增长9.64%；其中，在学博士生55.61万人，在学硕士生309.75万人。毕业研究生86.22万人，其中，毕业博士生8.23万人，毕业硕士生77.98万人。

普通本科招生467.94万人，比上年增加23.34万人，增长5.25%，另有专科起点本科招生86.62万人；在校生1965.64万人，比上年增加72.54万人，增长3.83%；毕业生471.57万人，比上年增加43.47万人，增长10.15%。

职业本科招生7.63万人，比上年增加3.49万人，增长84.39%，另有专科起点本科招生

3.31 万人。在校生 22.87 万人，比上年增加 9.94 万人，增长 76.91%。

高职（专科）招生 538.98 万人（不含五年制高职转入专科招生 54.29 万人），同口径比上年增加 31.59 万人，增长 6.23%；在校生 1670.90 万人，比上年增加 80.80 万人，增长 5.08%；毕业生 494.77 万人，比上年增加 96.36 万人，增长 24.19%。

成人本专科招生 440.02 万人，比上年增加 61.49 万人，增长 16.24%；在校生 933.65 万人，比上年增加 101.00 万人，增长 12.13%；毕业生 330.07 万人，比上年增加 52.12 万人，增长 18.75%。

网络本专科招生 280.89 万人，比上年减少 3.03 万人，下降 1.07%；在校生 844.65 万人，比上年减少 29.25 万人，下降 3.35%；毕业生 261.89 万人，比上年增加 2.83 万人，增长 1.09%。

全国高等教育自学考试学历教育报考 398.41 万人次，取得毕业证书 36.17 万人。

高等教育专任教师[27] 197.78 万人，其中，普通本科学校 131.58 万人；本科层次职业学校 2.78 万人；高职（专科）学校 61.95 万人；成人高等学校 1.47 万人。普通本科学校生师比[28] 17.65：1，本科层次职业学校生师比 18.31：1，高职（专科）学校生师比 19.69：1。

普通、职业高等学校共有校舍建筑面积[29] 113080.55 万平方米，比上年增加 4313.26 万平方米，增长 3.97%。生均占地面积 51.63 平方米，生均校舍建筑面积 25.21 平方米，生均教学科研实习仪器设备值为 17527.82 元。

七、民办教育

全国共有各级各类民办学校 17.83 万所，比上年减少 7451 所，占全国各级各类学校总数的比例 34.37%。在校生 5282.70 万人，比上年减少 346.06 万人，占全国各级各类在校生总数的比例 18.05%。其中：

民办幼儿园 16.05 万所，比上年减少 6213 所，占全国幼儿园总数的比例 55.49%；在园幼儿 2126.78 万人，比上年减少 185.25 万人，占全国学前教育在园幼儿的比例 45.96%。

民办义务教育阶段学校 1.05 万所，比上年减少 1626 所，占全国义务教育阶段学校总数的比例 5.23%；在校生 1356.85 万人（含政府购买学位 736.37 万人），比上年减少 317.25 万人。

民办普通高中 4300 所，比上年增加 292 所，占全国普通高中总数的比例 28.62%；在校生 497.79 万人，比上年增加 47.45 万人，占全国普通高中在校生的比例 18.34%。

民办中等职业学校 2073 所，比上年增加 95 所，占全国中等职业学校总数的比例 28.79%；在校生 276.24 万人，比上年增加 8.61 万人，占全国中等职业教育在校生的比例 20.63%。

民办高校 764 所，占全国高校总数的比例 25.36%。其中，普通本科学校 390 所；本科层次职业学校 22 所；高职（专科）学校 350 所；成人高等学校 2 所。民办普通、职业本专科在校生 924.89 万人，比上年增加 79.15 万人，占全国普通、职业本专科在校生的比例 25.27%。

注释：

[1] 各项统计数据均未包括香港特别行政区、澳门特别行政区和台湾地区。部分数据因四舍五入的原因，

存在着与分项合计不等的情况。

[2] 各级各类学校是指经县级以上人民政府及其教育行政部门按照国家规定批准设立，以及县级以上人民政府其他有关行政部门审批设立并报教育行政部门备案的各级各类学校。不包括军事院校、人力资源和社会保障部门管理的技工学校。下同。

[3] 普惠性幼儿园包括公办幼儿园和普惠性民办幼儿园。

[4] 学前教育在园幼儿含独立设置的幼儿园和其他学校附设幼儿班幼儿。

[5] 学前教育毛入园率，是指学前教育在园（班）幼儿数（不考虑年龄）占3~5岁年龄组人口数的百分比。

[6] 学前教育专任教师，是指在独立设置的幼儿园和其他学校附设幼儿班中承担学前教育的专任教师。

[7] 义务教育阶段学校数包括普通小学、初级中学、职业初中、九年一贯制学校。

[8] 义务教育阶段招生数、在校生数包括普通小学、小学教学点、初级中学、职业初中、九年一贯制学校以及十二年一贯制学校小学段和初中段、完全中学初中段、其他学校附设小学班和附设初中班的招生数和在校生数。

[9] 九年义务教育巩固率，是指初中毕业班学生数占该年级入小学一年级时学生数的百分比。

[10] 小学学校数仅包含普通小学；学生数包含普通小学、小学教学点、九年一贯制学校小学段、十二年一贯制学校小学段和其他学校附设小学班学生；校舍等相关数据包含普通小学和小学教学点。

[11] 小学阶段教育专任教师是指在普通小学、小学教学点、九年一贯制学校小学段、十二年一贯制学校小学段和其他学校附设小学班中承担小学教育的专任教师。不包括上述学校附设其他层级教育教学班的专任教师。

[12] 专任教师学历合格率，是指某一级教育具有国家规定的最低学历要求的专任教师数占该级教育专任教师总数的百分比。各级教育教师的最低学历要求，参照《中华人民共和国教师法》中的相关规定：取得小学教师资格，应当具备中等师范学校毕业及其以上学历；取得初级中学教师、初级职业学校文化、专业课教师资格，应当具备高等师范专科学校或者其他大学专科毕业及其以上学历；取得高级中学教师资格和中等专业学校、技工学校、职业高中文化课、专业课教师资格，应当具备高等师范院校本科或者其他大学本科毕业及其以上学历。

[13] 设施设备配备达标的学校，是指体育运动场（馆）面积、体育器械配备达到《教育部卫生部财政部关于印发国家学校体育卫生条件试行基本标准的通知》（教体艺〔2008〕5号）的相关标准；音乐器材配备、美术器材配备、数学自然实验仪器配备、理科实验仪器配备等达到各省、自治区、直辖市规定的仪器配备相关标准。含小学、初中和普通高中。

[14] 初中学校数、校舍等相关数据包含普通初中、九年一贯制学校和职业初中；学生数包含初级中学、职业初中、九年一贯制学校初中段、十二年一贯制学校初中段、完全中学初中段和其他学校附设初中班学生。

[15] 初中阶段教育专任教师，是指在初级中学、职业初中、九年一贯制学校初中段、十二年一贯制学校初中段、完全中学初中段和其他学校附设初中班中承担初中教育的专任教师。不包括上述学校附设其他层级教育教学班的专任教师。

[16] 进城务工人员随迁子女，是指户籍登记在外省（区、市）、本省外县（区）的乡村，随务工父母到输入地的城区、镇区（同住）并在校接受义务教育的适龄儿童少年。

[17] 各种形式特殊教育包括特殊教育学校、其他学校附设特教班、普通学校随班就读和送教上门。

[18] 特殊教育专任教师含特殊教育学校和其他学校附设特教班中承担特殊教育的专任教师。不包括特殊教育学校附设其他普通教育教学班的专任教师。

[19] 高中阶段毛入学率，是指高中阶段在校生（不考虑年龄）占15~17岁年龄组人口数的百分比。

[20] 普通高中学校数、校舍等相关数据包含高级中学、完全中学和十二年一贯制学校。

[21] 普通高中教育专任教师，是指在高级中学、完全中学高中段、十二年一贯制学校高中段和其他学校附设高中班中承担普通高中教育的专任教师。不包括上述学校附设其他层级教育教学班的专任教师。

［22］中等职业教育学校数、校舍等相关数据包含普通中等专业学校、职业高中和成人中等专业学校。不包括人力资源和社会保障部门管理的技工学校。

［23］中等职业教育招生、在校生、毕业生等相关数据包含普通中等专业学校、职业高中、成人中等专业学校和其他学校附设中职班学生数。不包括人力资源和社会保障部门管理的技工学校学生。

［24］中等职业教育专任教师是指在普通中等专业学校、职业高中、成人中等专业学校和其他学校附设中职班中承担中职教育的专任教师。不包括上述学校附设其他层级教育教学班的专任教师。

［25］高等教育在学总规模包括研究生、普通本科、职业本科和高职（专科）、成人本专科、网络本专科、高等教育自学考试本专科等各种形式的高等教育在学人数。

［26］高等学校校均规模，仅包含普通本科、职业本科和高职（专科）在校生，不包含成人本专科、网络本专科和研究生在校生。

［27］高等教育专任教师是指普通本科学校、本科层次职业学校、高职（专科）学校和成人高等学校中承担高等教育的专任教师。不包含上述学校附设其他层级教育教学班的专任教师。

［28］高等教育学校生师比，是指折合在校生与专任教师之比。不包括高等教育学校附设其他层级教育教学班的学生和专任教师。

［29］校舍建筑面积、占地、教学科研实习仪器设备值包含学校产权和非学校产权独立使用。

资料来源：

所有数据均来自教育部。

目　　录

第一部分　教育事业发展

一、综 合 部 分

二、高 等 教 育

三、中 等 教 育

四、初等教育

五、特 殊 教 育

六、学 前 教 育

七、专 门 学 校

八、成人中小学

九、各级各类学校分布情况

第二部分　办 学 条 件

一、教 育 经 费

二、教育基本建设投资

第三部分　科学研究活动及其他

一、自然科学与技术

二、社 会 科 学

附　表

CONTENTS

Part Ⅰ

THE DEVELOPMENT OF THE EDUCATIONAL UNDERTAKING

Summary Tables

Higher Education

Secondary Education

Primary Education

Special Education

Pre-primary Education

Specialized Schools

Adult Primary and Secondary Schools

Geographical Distribution of Schools by Type and Level

Part Ⅱ

PHYSICAL FACILITIES

Public Expenditure on Education

Capital Construction Investment in the Educational Sector

Part Ⅲ

SCIENTIFIC RESEARCH ACTIVITIES AND OTHER

Natural Science and Technology

Social Science

Appendixes

第一部分
Part I

教育事业发展
THE DEVELOPMENT OF THE EDUCATIONAL UNDERTAKING

一、综合部分
Summary Tables

各级各类学校校数、教职工、专任教师情况

Number of Schools, Educational Personnel and Full-time Teachers by Type and Level

类别 Item	学校数(所) Schools	教职工数(人) Educational Personnel	专任教师数(人) Full-time Teachers
总　计 Total	**518549**	**23788919**	**18803607**
一、高等教育学校 Higher Education Schools	**3013**	**2870866**	**2005188**
1. 普通本科院校 Academic HEIs	1239	1976771	1318556
#独立学院 of Which:Independent Institutions	164	83915	61316
2. 本科层次职业学校 Professional HEIs	32	34196	27903
3. 高职(专科)院校 Vocational HEIs	1489	832026	643704
4. 成人高等学校 Adult HEIs	253	27873	15025
二、高中阶段学校 Senior Secondary Schools	**22227**	**4072921**	**3503399**
1. 普通高中 Regular Senior Secondary Schools	15026	3224457	2809217
完全中学 Combined Secondary Schools	5285	1176612	1057112
高级中学 Regular High Schools	7978	1570696	1394205
十二年一贯制学校 12-Year Schools	1763	477149	357900
2. 中等职业教育 Secondary Vocational Education	7201	848464	694182
中等职业学校 Secondary Vocational Schools	7201	836587	685094
其他中职机构(不计校数) Other Secondary Vocational Education Institutions	(269)	11877	9088
三、义务教育阶段学校 Compulsory Education Schools	**201597**	**10998201**	**10094781**
1. 初中学校 Junior Secondary Schools	52480	4751232	4276148
初级中学 Regular Junior Secondary Schools	34304	2945431	2707351
九年一贯制学校 9-Year Schools	18168	1805590	1568612
职业初中 Vocational Junior Secondary Schools	8	211	185
2. 普通小学 Regular Primary Schools	149117	6246969	5818633
小学 Primary Schools	149117	5899451	5493563
小学教学点(不计校数) ExternalTeaching Sites	(76933)	347518	325070
四、特殊教育学校 Schools for Special Edu.	**2314**	**85989**	**74390**
五、幼儿园 Kindergarten	**289222**	**5756829**	**3123018**
六、专门学校 Specialized Schools	**119**	**3620**	**2437**
七、成人中小学 Adult Primary and Secondary Schools	**57**	**493**	**394**

注:1. 专任教师按照学校类型划分。其中,完全中学的教职工数和专任教师数计入高中阶段教育;九年一贯制学校的教职工数和专任教师数计入初中阶段教育;十二年一贯制学校的教职工数和专任教师数计入高中阶段教育;
2. “()”内数据为不计校数 ;
3. 高中阶段数据均不包含人力资源和社会保障部管理的技工学校数据。下同。

Note:1. Full-time teachers are classified by school types. of which, educational personnel and full-time teachers of combined secondary schools are calculated into senior secondary education; educational personnel and full-time teachers of 9-year schools are calculated into junior secondary education; Educational personnel and full-time teachers of 12-year schools are calculated into senior secondary education;
2. The data within “( )” are not calculated as the number of schools;
3. Data from the skilled workers school administered by Ministry of Human Resources and Social Security of the People's Republic of China are not included in the data of senior secondary education level. Similarly hereinafter.

各级各类学历教育学生情况
Number of Students of Formal Education by Type and Level

单位：人
unit：person

类别 Item	毕业生数 Graduates	招生数 Entrants	在校生数 Enrolment
一、高等教育 Higher Education			
1. 研究生 Postgraduates	862165	1242479	3653613
博　士 Doctor's Degree	82320	138951	556065
硕　士 Master's Degree	779845	1103528	3097548
2. 普通本科 Undergraduates	4715658	4679358	19656436
3. 职业本专科 Vocational Undergraduate	4956907	5466063	16937739
本　科 Normal Courses	9229	76302	228740
专　科 Short-cycle Courses	4947678	5389761	16708999
4. 成人本专科 Undergraduate in Adult HEIs	3300668	4400196	9336481
本　科 Normal Courses	1732128	2446444	5277598
专　科 Short-cycle Courses	1568540	1953752	4058883
5. 网络本专科生 Web-based Undergraduates	2618888	2808900	8446500
本　科 Normal Courses	1048500	1289961	3419642
专　科 Short-cycle Courses	1570388	1518939	5026858
二、高中阶段教育 High school level education	**12233753**	**14323258**	**40531650**
1. 普通高中 Regular Senior Secondary Schools	8241028	9475448	27138747
完全中学 Combined Secondary Schools	2505450	2805115	8106884
高级中学 Regular High Schools	5291660	6027036	17342205
十二年一贯制学校 12-Year Schools	419793	611519	1609055
附设普通高中班 Subsidiary Regular Senior Secondary School Class	24125	31778	80603
2. 中等职业教育 Secondary Vocational Education	3992725	4847810	13392903
中等职业学校 Secondary Vocational Schools	3643436	4544517	12424538
附设中职班 Subsidiary Secondary Vocational Class	349289	303293	968365
三、义务教育阶段教育 Compulsory Education	**33645363**	**34327685**	**158526559**
1. 初中阶段 Junior Secondary Education	16239236	17313811	51205965
初级中学 Regular Junior Secondary Schools	10931031	11701021	34305497
九年一贯制学校 9-Year Schools	2782794	3081503	9141608
十二年一贯制学校 12-Year Schools	534715	478043	1588544
完全中学 Combined Secondary Schools	1949906	2023524	6073135
职业初中 Vocational Junior Secondary Schools	345	228	771
附设普通初中班 Junior Sec. Classes Attached	40399	29492	96354
附设职业初中班 Vocational Junior Sec. Classes Attached	46	0	56
2. 小学阶段 Primary Schools	17406127	17013874	107320594
小学 Primary Schools	14524425	14227134	89894656
九年一贯制学校 9-Year Schools	2202222	2027725	13015991
十二年一贯制学校 12-Year Schools	295704	229406	1627608
小学教学点(不计校数) ExternalTeaching Sites	303084	515265	2607423
附设小学班 Subsidiary Primary School Class	80692	14344	174916
四、特殊教育 Special Education	**158703**	**146257**	**918502**
#特殊教育学校 Special Education Schools	50581	47646	335659
五、学前教育 Pre-school Education	**16783163**	**13604348**	**46275486**
幼儿园 Kindergartens	15513861	12764113	44015367
附设幼儿班 Subsidiary Toddler Class	1269302	840235	2260119
六、专门学校 Specialized Schools	**4295**	**5291**	**8109**
七、成人中小学 Adult Primary and Secondary Schools	**6348**	**10052**	**14777**

注：1. 完全中学、九年一贯制学校、十二年一贯制学校和附设教学班的学生数按教育层次分别计入对应教育阶段的学生数中；
2. 特殊教育学生数中包括特殊教育学校、附设特教班、随班就读和送教上门等各类形式学生。

Note：1. Numbers of students in combined secondary schools, 9-year schools, 12-year schools are classified by educational levels;
2. Special education covers various forms including special education schools, attached special education classes, regular classes and 'home delivery' teaching.

各级各类民办学校校数、教职工、专任教师情况

Number of Non-government Schools, Educational Personnel and Full-time Teachers by Type and Level

类别 Item	学校数(所) Schools	教职工数(人) Educational Personnel	专任教师数(人) Full-time Teachers
总　计 Total	**178250**	**5448046**	**3337376**
一、高等教育学校 Higher Education Schools	**764**	**533635**	**401428**
1. 普通本科院校 Undergraduate Institutions	390	334123	246695
#独立学院 of Which: Independent Institutions	164	83915	61316
2. 本科层次职业学校 Undergraduate level vocational schools	22	22403	18174
3. 高职(专科)学校 Higher Vocational (Specialist) schools	350	177075	136546
4. 成人高等学校 Adult HEIs	2	34	13
二、高中阶段学校 Senior Secondary Schools	**6373**	**961458**	**712240**
1. 普通高中 Regular Senior Secondary Schools	4300	798874	593951
完全中学 Combined Secondary Schools	856	180041	137970
高级中学 Regular High Schools	2085	236033	183865
十二年一贯制学校 12-Year Schools	1359	382800	272116
2. 中等职业教育 Secondary Vocational Education	2073	162584	118289
三、义务教育阶段学校 Compulsory Education Schools	**10535**	**906975**	**672796**
1. 初中学校 Junior Secondary Schools	5479	649721	483055
初级中学 Regular Junior Secondary Schools	982	100776	78199
九年一贯制学校 9-Year Schools	4495	548945	404856
职业初中 Vocational Junior Secondary Schools	2	0	0
2. 普通小学 Regular Primary Schools	5056	257254	189741
四、特殊教育学校 Special Education Schools	**80**	**2543**	**1680**
五、幼儿园 Kindergarten	**160489**	**3043142**	**1543455**
六、专门学校 Specialized Schools	**9**	**293**	**127**

注:1. 专任教师按照学校类型划分。其中,完全中学的教职工数和专任教师数计入高中阶段教育;九年一贯制学校的教职工数和专任教师数计入初中阶段教育;十二年一贯制学校的教职工数和专任教师数计入高中阶段教育;

2. “( )”内数据为不计校数。

Note: 1. Full-time teachers are classified by school types. of which, educational personnel and full-time teachers of combined secondary schools are calculated into senior secondary education; educational personnel and full-time teachers of 9-year schools are calculated into junior secondary education; Educational personnel and full-time teachers of 12-year schools are calculated into senior secondary education;

2. The data within “( )” are not calculated as the number of schools.

各级各类民办教育学生情况

Number of Students of Non-government Education by Type and Level

单位：人
unit: person

类别 Item	毕业生数 Graduates	招生数 Entrants	在校生数 Enrolment
一、高等教育 Higher Education			
1. 研究生 Postgraduates	950	1694	3878
2. 普通本科 Undergraduates	1227825	1149728	5128458
3. 职业本专科 Vocational Undergraduates	1074575	1398300	4120444
本　科 Normal Courses	8338	49619	182514
专　科 Short-cycle Courses	1066237	1348681	3937930
4. 成人本专科 Undergraduate in Adult HEIs	299781	513810	986717
本　科 Normal Courses	54125	104112	193526
专　科 Short-cycle Courses	245656	409698	793191
二、高中阶段教育 High school level education	**2067690**	**2884388**	**7740302**
1. 普通高中 Regular Senior Secondary Schools	1277318	1879119	4977894
完全中学 Combined Secondary Schools	327298	394298	1119349
高级中学 Regular High Schools	615199	992123	2563698
十二年一贯制学校 12-Year Schools	334821	492698	1294847
2. 中等职业教育 Secondary Vocational Education	790372	1005269	2762408
三、义务教育阶段教育 Compulsory Education	**3775899**	**2470213**	**13568495**
1. 初中阶段 Junior Secondary Education	2140733	1595788	5819863
初级中学 Regular Junior Secondary Schools	461057	283069	1106413
九年一贯制学校 9-Year Schools	886162	758806	2629067
十二年一贯制学校 12-Year Schools	434739	345631	1222967
完全中学 Combined Secondary Schools	358753	208282	861360
职业初中 Vocational Junior Secondary Schools	22	0	56
2. 小学阶段 Primary Schools	1635166	874425	7748632
小学 Primary Schools	646870	336905	3116407
九年一贯制学校 9-Year Schools	744492	394390	3446617
十二年一贯制学校 12-Year Schools	243804	143130	1185608
四、特殊教育 Special Education	**1579**	**1642**	**10086**
五、学前教育 Pre-school Education Institutions	**7897188**	**5851052**	**21267768**
六、专门学校 Specialized Schools	**240**	**411**	**1068**

注：1．完全中学、九年一贯制学校、十二年一贯制学校和附设教学班的学生数按教育层次分别计入对应教育阶段的学生数中；
2. 特殊教育学生数中包括特殊教育学校、附设特教班、随班就读和送教上门等各类形式学生。

Note: 1. Numbers of students in combined secondary schools, 9-year schools, 12-year schools are classified by educational levels;
2. Special education covers various forms including special education schools, attached special education classes, regular classes and 'home delivery' teaching.

各级各类教育在校生情况

Number of Students of Formal Education by Type and Level

单位：人
unit：person

类别 Item	总计 Total	#女 of Which：Female	占比(%) Percentage	#少数民族 of Which：Minority	占比(%) Percentage
一、高等教育 Higher Education					
1. 研究生 Postgraduates	3653613	1871376	51.22	217112	5.94
博　士 Doctor's Degree	556065	233023	41.91	33460	6.02
硕　士 Master's Degree	3097548	1638353	52.89	183652	5.93
2. 普通本科 Undergraduates	19656436	10397461	52.90	1936478	9.85
3. 职业本专科 Vocational Undergraduates	16937739	7914606	46.73	1852913	10.94
本　科 Normal Courses	228740	109737	47.97	18681	8.17
专　科 Short-cycle Courses	16708999	7804869	46.71	1834232	10.98
4. 成人本专科 Undergraduate in Adult HEIs	9336481	5314001	56.92	675831	7.24
本　科 Normal Courses	5277598	3061821	58.02	401948	7.62
专　科 Short-cycle Courses	4058883	2252180	55.49	273883	6.75
5. 网络本专科生 Web-based Undergraduates	8446500	3535191	41.85	613058	7.26
本　科 Normal Courses	3419642	1521294	44.49	235122	6.88
专　科 Short-cycle Courses	5026858	2013897	40.06	377936	7.52
二、高中阶段教育 High school level education	**40531650**	**19533783**	**48.19**	**4478581**	**11.05**
1. 普通高中 Regular Senior Secondary Schools	27138747	13529898	49.85	3000736	11.06
完全中学 Combined Secondary Schools	8106884	4076912	50.29	834952	10.30
高级中学 Regular High Schools	17342205	8700467	50.17	2049464	11.82
十二年一贯制学校 12-Year Schools	1609055	713938	44.37	108552	6.75
附设普通高中班 Subsidiary Regular Senior Secondary School Classes	80603	38581	47.87	7768	9.64
2. 中等职业教育 Secondary Vocational Education	13392903	6003885	44.83	1477845	11.03
中等职业学校 Secondary Vocational Schools	12424538	5530081	44.51	1344916	10.82
附设中职班 Subsidiary Secondary Vocational Class	968365	473804	48.93	132929	13.73

续表

类别 Item	总计 Total	#女 of Which: Female	占比(%) Percentage	#少数民族 of Which: Minority	占比(%) Percentage
三、义务教育阶段教育 Compulsory Education	**158526559**	**74089102**	**46.74**	**19908122**	**12.56**
1. 初中阶段 Junior Secondary Education	51205965	23803431	46.49	6152200	12.01
初级中学 Regular Junior Secondary Schools	34305553	16105175	46.95	4581530	13.36
九年一贯制学校 9-Year Schools	9141608	4125797	45.13	829551	9.07
十二年一贯制学校 12-Year Schools	1588544	670577	42.21	103401	6.51
完全中学 Combined Secondary Schools	6073135	2857597	47.05	620894	10.22
职业初中 Vocational Junior Secondary Schools	715	295	41.26	246	34.41
附设普通初中班 Junior Sec. Classes Attached	96354	43979	45.64	16578	17.21
附设职业初中班 Vocational Junior Sec. Classes Attached	56	11	19.64	0	0.00
2. 小学阶段 Primary Schools	107320594	50285671	46.86	13755922	12.82
小学 Primary Schools	89894656	42294118	47.05	11993923	13.34
九年一贯制学校 9-Year Schools	13015991	5953881	45.74	1210315	9.30
十二年一贯制学校 12-Year Schools	1627608	700549	43.04	107764	6.62
小学教学点(不计校数) ExternalTeaching Sites	2607423	1256768	48.20	427105	16.38
附设小学班 Subsidiary Primary School Class	174916	80355	45.94	16815	9.61
四、特殊教育 Special Education	**918502**	**335358**	**36.51**	**132035**	**14.38**
#特殊教育学校 Special Education Schools	335659	119042	35.47	35721	10.64
五、学前教育 Pre-school Education Institutions	**46275486**	**21909237**	**47.35**	**4951223**	**10.70**
幼儿园 Kindergartens	44015367	20827416	47.32	4720350	10.72
附设幼儿班 Subsidiary Toddler Class	2260119	1081821	47.87	230873	10.22
六、专门学校 Specialized Schools	**8109**	**1301**	**16.04**	**1195**	**14.74**
七、成人中小学 Adult Primary and Secondary Schools	**14777**	**7188**	**48.64**	**3927**	**26.58**

注:1. 完全中学、九年一贯制学校、十二年一贯制学校和附设教学班的学生数按教育层次分别计入对应教育阶段的学生数中;
2. 特殊教育学生数中包括特殊教育学校、附设特教班、随班就读和送教上门等各类形式学生。

Note:1. Numbers of students in combined secondary schools,9-year schools,12-year schools are classified by educational levels;
2. Special education covers various forms including special education schools,attached special education classes,regular classes and 'home delivery' teaching.

各级各类学校教职工情况

Number of Educational Personnel of Schools by Type and Level

单位：人
unit：person

类别 Item	教职工数 Educational Personnel	#女 of Which: Female	占比(%) Percentage	#少数民族 of Which: Minority	占比(%) Percentage
一、高等教育学校 Higher Education Schools	**2870866**	**1492634**	**51.99**	**179716**	**6.26**
1. 普通本科院校 Academic HEIs	1976771	994399	50.30	122986	6.22
#独立学院 of Which:Independent Institutions	83915	48741	58.08	3919	4.67
2. 本科层次职业学校 Professional HEIs	34196	18294	53.50	2557	7.48
3. 高职(专科)院校 Vocational HEIs	832026	464575	55.84	52703	6.33
4. 成人高等学校 Adult HEIs	27873	15366	55.13	1470	5.27
二、高中阶段学校 Senior Secondary Schools	**4072921**	**2376792**	**58.36**	**325287**	**7.99**
1. 普通高中 Regular Senior Secondary Schools	3224457	1909121	59.21	265034	8.22
完全中学 Combined Secondary Schools	1176612	694360	59.01	93263	7.93
高级中学 Regular High Schools	1570696	885109	56.35	147966	9.42
十二年一贯制学校 12-Year Schools	477149	329652	69.09	23805	4.99
2. 中等职业教育(不含技工学校) Secondary Vocational Education	848464	467671	55.12	60253	7.10
中等职业学校 Secondary Vocational Schools	836587	461313	55.14	59778	7.15
其他中职机构(不计校数) Other Secondary Vocational Education Institutions	11877	6358	53.53	475	4.00
三、义务教育阶段学校 Compulsory Education Schools	**10998201**	**7408295**	**67.36**	**1123133**	**10.21**
1. 初中学校 Junior Secondary Schools	4751232	2937108	61.82	435082	9.16
初级中学 Regular Junior Secondary Schools	2945431	1714671	58.21	310734	10.55
九年一贯制学校 9-Year Schools	1805590	1222324	67.70	124283	6.88
职业初中 Vocational Junior Secondary Schools	211	113	53.55	65	30.81
2. 普通小学 Regular Primary Schools	6246969	4471187	71.57	688051	11.01
小学 Primary Schools	5899451	4276698	72.49	646430	10.96
小学教学点(不计校数) ExternalTeaching Sites	347518	194489	55.97	41621	11.98
四、特殊教育学校 Special Education Schools	**85989**	**62675**	**72.89**	**8344**	**9.70**
五、幼儿园 Kindergarten	**5756829**	**5337613**	**92.72**	**449079**	**7.80**
六、专门学校 Specialized Schools	**3620**	**1517**	**41.91**	**436**	**12.04**
七、成人中小学 Adult Primary and Secondary Schools	**493**	**171**	**34.69**	**135**	**27.38**

各级各类教育专任教师情况
Number of Full-time Teachers of Schools by Type and Level

单位：人
unit：person

类别 Item	专任教师数 Full-time Teachers	#女 of Which：Female	占比(%) Percentage	#少数民族 of Which：Minority	占比(%) Percentage
一、高等教育学校 Higher Education Schools	**1977839**	**1045364**	**52.85**	**124256**	**6.28**
1. 普通本科院校 Academic HEIs	1315839	660674	50.21	81551	6.20
#独立学院 of Which：Independent Institutions	61316	36246	59.11	2952	4.81
2. 本科层次职业学校 Professional HEIs	27761	15301	55.12	2157	7.77
3. 高职(专科)院校 Vocational HEIs	619521	360537	58.20	39682	6.41
4. 成人高等学校 Adult HEIs	14718	8852	60.14	866	5.88
二、高中阶段教育 High School Level Education	**2851465**	**1643885**	**57.65**	**236360**	**8.29**
1. 普通高中 Regular Senior Secondary Schools	2133159	1227203	57.53	185037	8.67
完全中学 Combined Secondary Schools	613080	349332	56.98	47750	7.79
高级中学 Regular High Schools	1388575	799848	57.60	129308	9.31
十二年一贯制学校 12-Year Schools	125376	74140	59.13	7373	5.88
附设普通高中班 Subsidiary Regular Senior Secondary School Class	6128	3883	63.36	606	9.89
2. 中等职业教育 Secondary Vocational Education	718306	416682	58.01	51323	7.15
中等职业学校 Secondary Vocational Schools	685224	396328	57.84	48977	7.15
附设中职班 Subsidiary Secondary Vocational Class	33082	20354	61.53	2346	7.09
三、义务教育阶段教育 Compulsory Education	**10654618**	**7307028**	**68.58**	**1040473**	**9.77**
1. 初中阶段 Junior Secondary Education	4025197	2447249	60.80	369702	9.18
初级中学 Regular Junior Secondary Schools	2699208	1607006	59.54	277190	10.27
九年一贯制学校 9-Year Schools	755820	469490	62.12	51210	6.78
十二年一贯制学校 12-Year Schools	121819	84283	69.19	6445	5.29
完全中学 Combined Secondary Schools	441065	281982	63.93	34013	7.71
职业初中 Vocational Junior Secondary Schools	99	63	63.64	22	22.22
附设初中班 Junior Sec. Classes Attached	7186	4425	61.58	822	11.44
2. 小学阶段 Primary Schools	6629421	4859779	73.31	670771	10.12
小学 Primary Schools	5407967	3988501	73.75	573112	10.60
九年一贯制学校 9-Year Schools	803075	609677	75.92	56849	7.08
十二年一贯制学校 12-Year Schools	107577	89298	83.01	5611	5.22
小学教学点(不计校数) ExternalTeaching Sites	300790	164814	54.79	34459	11.46
附设小学班 Subsidiary Primary School Class	10012	7489	74.80	740	7.39
四、特殊教育 Special Education	**72714**	**54815**	**75.38**	**7052**	**9.70**
#特殊教育学校 Special Education Schools	71906	54134	75.28	7014	9.75
五、学前教育 Pre-school Education Institutions	**3244204**	**3166616**	**97.61**	**269210**	**8.30**
幼儿园 Kindergartens	3122932	3054668	97.81	259780	8.32
附设幼儿班 Subsidiary Toddler Class	121272	111948	92.31	9430	7.78
六、专门学校 Specialized Schools	**2366**	**1119**	**47.30**	**314**	**13.27**
七、成人中小学 Adult Primary and Secondary Schools	**394**	**141**	**35.79**	**122**	**30.96**

注：专任教师按照教育层次划分。完全中学、九年一贯制学校、十二年一贯制学校和附设教学班的专任教师数按教育层次分别计入对应教育阶段的专任教师数中。

Note：Numbers of full-time teachers in combined secondary schools, 9-year schools, 12-year schools are classified by educational levels.

各级各类
Number of Schools by

类别 Item	2013	2014	2015
一、高等教育 Higher Education			
(一)研究生培养机构(不计校数) Institutions Providing Postgraduate Programs	830	788	792
1. 普通高校 Regular HEIs	548	571	575
2. 科研机构 Research Institutes	282	217	217
(二)普通高等学校 Regular HEIs	2491	2529	2560
1. 普通本科院校 Academic HEIs	1170	1202	1219
2. 本科层次职业学校 Professional HEIs	—	—	—
3. 高职(专科)院校 Vocational HEIs	1321	1327	1341
4. 其他普通高教机构(不计校数) Other Institutions	33	31	28
(三)成人高等学校 Adult HEIs	297	295	292
二、高中阶段学校 Senior Secondary Schools	**22732**	**22313**	**21897**
1. 普通高中 Regular Senior Secondary Schools	13352	13253	13240
2. 中等职业教育 Secondary Vocational Education	9380	9060	8657
中等职业学校 Secondary Vocational Schools	9380	9060	8657
其他中职机构(不计校数) Other Secondary Vocational Education Institutions	451	402	486
三、义务教育阶段学校 Compulsory Education Schools	**266333**	**254000**	**242930**
1. 初中学校 Junior Secondary Schools	52804	52623	52405
普通初中 Regular Junior Secondary Schools	52764	52597	52383
职业初中 Vocational Junior Secondary Schools	40	26	22
2. 普通小学 Regular Primary Schools	213529	201377	190525
小学 Primary Schools	213529	201377	190525
小学教学点(不计校数) ExternalTeaching Sites	82768	88967	93035
四、特殊教育学校 Schools for Special Edu.	**1933**	**2000**	**2053**
五、幼儿园 Kindergarten	**198553**	**209881**	**223683**
六、专门学校 Specialized Schools	**78**	**79**	**86**
七、成人中小学 Adult Primary and Secondary Schools	**24219**	**20171**	**16332**

学校校数

Type and Level

单位：所
unit：institution

2016	2017	2018	2019	2020	2021	2022
793	815	815	828	827	827	830
576	578	580	593	594	594	596
217	237	235	235	233	233	234
2596	2631	2663	2688	2738	2756	2760
1237	1243	1245	1265	1270	1238	1239
—	—	—	—	—	32	32
1359	1388	1418	1423	1468	1486	1489
25	24	22	21	21	21	—
284	282	277	268	265	256	253
21750	**21736**	**21587**	**21650**	**21708**	**21879**	**22227**
13383	13555	13737	13964	14235	14585	15026
8367	8181	7850	7686	7473	7294	7201
8367	8181	7850	7686	7473	7294	7201
342	312	285	286	348	297	269
229751	**218903**	**213793**	**212563**	**210784**	**207150**	**201597**
52118	51894	51982	52415	52805	52871	52480
52102	51879	51971	52404	52795	52862	52472
16	15	11	11	10	9	8
177633	167009	161811	160148	157979	154279	149117
177633	167009	161811	160148	157979	154279	149117
98437	102998	101398	96456	90295	83623	76933
2080	**2107**	**2152**	**2192**	**2244**	**2288**	**2314**
239812	**254950**	**266677**	**281174**	**291715**	**294832**	**289222**
89	**93**	**92**	**94**	**95**	**104**	**119**
12806	**10607**	**9196**	**7054**	**5141**	**59**	**57**

各级各类学历
Number of Students of Formal

类别 Item	2013	2014	2015
一、高等教育 Higher Education			
(一)研究生(人) Postgraduates (person)	1793953	1847689	1911406
(二)普通本科 Undergraduates	1494. 44	1541. 07	1576. 68
(三)职业本专科 Vocational Undergraduate	973. 64	1006. 63	1048. 61
本　科 Normal Courses	—	—	—
专　科 Short-cycle Courses	973. 64	1006. 63	1048. 61
(四)成人本专科 Undergraduate in Adult HEIs	626. 41	653. 12	635. 94
(五)网络本专科生 Web-based Undergraduates	614. 64	631. 45	628. 47
二、高中阶段教育 High school level education	**3972. 26**	**3816. 78**	**3709. 64**
1. 普通高中 Regular Senior Secondary Schools	2435. 88	2400. 47	2374. 40
2. 中等职业教育 Secondary Vocational Education	1536. 38	1416. 31	1335. 24
三、义务教育阶段教育 Compulsory Education	**13800. 67**	**13835. 70**	**14004. 13**
1. 初中阶段 Junior Secondary Education	4440. 12	4384. 63	4311. 95
普通初中 Regular Junior Secondary Schools	4439. 07	4383. 86	4311. 44
职业初中 Vocational Junior Secondary Schools	1. 05	0. 77	0. 51
2. 小学阶段 Primary Schools	9360. 55	9451. 07	9692. 18
四、特殊教育 Special Education	**36. 81**	**39. 49**	**44. 22**
五、学前教育 Pre-school Education Institutions	**3894. 69**	**4050. 71**	**4264. 83**
六、专门学校 Specialized Schools	**0. 93**	**0. 85**	**0. 79**
七、成人中小学 Adult Primary and Secondary Schools	**183. 56**	**177. 59**	**135. 11**

各级各类学历
Number of Entrants of Formal

类别 Item	2013	2014	2015
一、高等教育 Higher Education			
(一)研究生(人) Postgraduates (person)	611381	621323	645055
(二)普通本科 Undergraduates	381. 43	383. 42	389. 42
(三)职业本专科 Vocational Undergraduate	318. 40	337. 98	348. 43
本　科 Normal Courses	—	—	—
专　科 Short-cycle Courses	318. 40	337. 98	348. 43
(四)成人本专科 Undergraduate in Adult HEIs	256. 49	265. 60	236. 75
(五)网络本专科生 Web-based Undergraduates	220. 07	206. 19	203. 40
二、高中阶段教育 High school level education	**1363. 96**	**1291. 96**	**1276. 43**
1. 普通高中 Regular Senior Secondary Schools	822. 70	796. 60	796. 61
2. 中等职业教育 Secondary Vocational Education	541. 26	495. 36	479. 82
三、义务教育阶段教育 Compulsory Education	**3191. 45**	**3106. 24**	**3140. 06**
1. 初中阶段 Junior Secondary Education	1496. 09	1447. 82	1411. 02
普通初中 Regular Junior Secondary Schools	1495. 73	1447. 58	1410. 85
职业初中 Vocational Junior Secondary Schools	0. 35	0. 24	0. 18
2. 小学阶段 Primary Schools	1695. 36	1658. 42	1729. 04
四、特殊教育 Special Education	**6. 60**	**7. 07**	**8. 33**
五、学前教育 Pre-school Education Institutions	**1970. 03**	**1987. 78**	**2008. 85**
六、专门学校 Specialized Schools	**0. 39**	**0. 35**	**0. 38**

注：2017 年起，硕士研究生在校生数含有在职人员攻读硕士学位学生。

Note: From 2017, The number of On-the-job Personnel of Master's degree Programs are included in the Number of enrolment of Master's degree.

教育学生数
Education by Type and Level

单位：万人
unit：10 thousand persons

2016	2017	2018	2019	2020	2021	2022
1981051	2639561	2731257	2863712	3139598	3332373	3653613
1612. 95	1648. 63	1697. 33	1748. 24	1818. 41	1893. 10	1965. 64
1082. 89	1104. 95	1133. 70	1283. 29	1466. 89	1603. 03	1693. 77
—	—	—	2. 58	7. 34	12. 93	22. 87
1082. 89	1104. 95	1133. 70	1280. 71	1459. 55	1590. 10	1670. 90
584. 39	544. 14	590. 99	668. 56	777. 29	832. 65	933. 65
644. 93	735. 93	825. 66	857. 83	846. 45	873. 90	844. 65
3642. 51	**3628. 84**	**3589. 00**	**3630. 48**	**3762. 29**	**3916. 84**	**4053. 17**
2366. 65	2374. 55	2375. 37	2414. 31	2494. 45	2605. 03	2713. 87
1275. 86	1254. 29	1213. 63	1216. 17	1267. 84	1311. 81	1339. 29
14242. 38	**14535. 76**	**14991. 84**	**15388. 37**	**15639. 44**	**15798. 37**	**15852. 66**
4329. 37	4442. 06	4652. 59	4827. 13	4914. 09	5018. 44	5120. 60
4329. 00	4441. 79	4652. 38	4826. 69	4913. 87	5018. 36	5120. 52
0. 37	0. 27	0. 21	0. 44	0. 22	0. 07	0. 08
9913. 01	10093. 70	10339. 25	10561. 24	10725. 35	10779. 93	10732. 06
49. 17	**57. 88**	**66. 59**	**79. 46**	**88. 08**	**91. 98**	**91. 85**
4413. 86	**4600. 14**	**4656. 42**	**4713. 88**	**4818. 26**	**4805. 21**	**4627. 55**
0. 72	**0. 60**	**0. 68**	**0. 65**	**0. 60**	**0. 72**	**0. 81**
115. 68	**92. 06**	**92. 74**	**56. 65**	**35. 62**	**1. 16**	**1. 48**

教育招生数
Education by Type and Level

单位：万人
unit：10 thousand persons

2016	2017	2018	2019	2020	2021	2022
667064	806103	857966	916503	1106551	1176526	1242479
405. 40	410. 75	422. 16	431. 29	443. 12	444. 60	467. 94
343. 21	350. 74	368. 83	483. 61	524. 34	556. 72	546. 61
—	—	—	—	—	4. 14	7. 63
343. 21	350. 74	368. 83	483. 61	524. 34	552. 58	538. 98
211. 23	217. 53	273. 31	302. 21	363. 76	378. 53	440. 02
229. 61	286. 11	320. 91	288. 55	277. 91	283. 92	280. 89
1269. 06	**1251. 57**	**1221. 21**	**1296. 90**	**1361. 05**	**1393. 94**	**1432. 33**
802. 92	800. 05	792. 71	839. 49	876. 44	904. 95	947. 54
466. 14	451. 52	428. 50	457. 41	484. 61	488. 99	484. 78
3239. 64	**3313. 77**	**3469. 89**	**3507. 89**	**3440. 19**	**3488. 02**	**3432. 77**
1487. 17	1547. 22	1602. 59	1638. 85	1632. 10	1705. 44	1731. 38
1487. 03	1547. 13	1602. 53	1638. 76	1632. 04	1705. 41	1731. 36
0. 14	0. 10	0. 06	0. 08	0. 06	0. 02	0. 02
1752. 47	1766. 55	1867. 30	1869. 04	1808. 09	1782. 58	1701. 39
9. 15	**11. 08**	**12. 35**	**14. 42**	**14. 90**	**14. 91**	**14. 63**
1922. 09	**1937. 95**	**1863. 91**	**1688. 23**	**1791. 40**	**1526. 24**	**1360. 43**
0. 33	**0. 32**	**0. 32**	**0. 38**	**0. 30**	**0. 57**	**0. 53**

各级各类
Number of Educational Personnel

类别 Item	2013	2014	2015
一、高等教育学校 Higher Education Schools	**229. 63**	**233. 57**	**236. 93**
1. 普通本科院校 Academic HEIs	165. 75	170. 31	172. 76
2. 本科层次职业学校 Professional HEIs	—	—	—
3. 高职(专科)院校 Vocational HEIs	63. 00	62. 50	63. 93
4. 成人高等学校 Adult HEIs	5. 64	5. 29	5. 13
5. 其他普通高教机构(不计校数)Other Institutions	0. 87	0. 76	0. 25
二、高中阶段学校 Senior Secondary Schools	**335. 76**	**337. 63**	**338. 47**
1. 普通高中 Regular Senior Secondary Schools	247. 36	250. 94	254. 32
2. 中等职业教育 Secondary Vocational Education	88. 40	86. 69	84. 15
三、义务教育阶段学校 Compulsory Education Schools	**942. 37**	**944. 46**	**946. 57**
1. 初中学校 Junior Secondary Schools	392. 88	395. 57	397. 63
普通初中 Regular Junior Secondary Schools	392. 77	395. 49	397. 57
职业初中 Vocational Junior Secondary Schools	0. 11	0. 08	0. 06
2. 普通小学 Regular Primary Schools	549. 49	548. 89	548. 94
四、特殊教育学校 Special Education Schools	**5. 51**	**5. 74**	**5. 95**
五、幼儿园 Kindergarten	**282. 68**	**314. 22**	**349. 58**
六、专门学校 Specialized Schools	**0. 27**	**0. 28**	**0. 30**
七、成人中小学 Adult Primary and Secondary Schools	**5. 70**	**5. 88**	**3. 86**

各级各类
Number of Full-time Teachers

类别 Item	2013	2014	2015
一、高等教育学校 Higher Education Schools	**149. 69**	**153. 45**	**157. 26**
1. 本科院校 HEIs offering Degree Programs	105. 50	109. 17	111. 64
2. 本科层次职业学校 Professional HEIs	—	—	—
3. 高职(专科)院校 Vocational HEIs	43. 66	43. 83	45. 46
4. 成人高等学校 Adult HEIs	3. 36	3. 15	3. 02
5. 其他普通高教机构(不计校数)Other Institutions	0. 53	0. 46	0. 16
二、高中阶段教育 High School Level Education	**229. 78**	**232. 65**	**234. 78**
1. 普通高中 Regular Senior Secondary Schools	162. 90	166. 27	169. 54
2. 中等职业教育 Secondary Vocational Education	66. 88	66. 38	65. 24
三、义务教育阶段教育 Compulsory Education	**907. 14**	**912. 99**	**916. 44**
1. 初中阶段 Junior Secondary Education	348. 68	349. 60	347. 93
普通初中 Regular Junior Secondary Schools	348. 00	348. 77	347. 51
职业初中 Vocational Junior Secondary Schools	0. 10	0. 08	0. 06
2. 小学阶段 Primary Schools	558. 46	563. 39	568. 51
四、特殊教育 Special Education	**4. 57**	**4. 81**	**5. 03**
五、学前教育 Pre-school Education Institutions	**166. 35**	**184. 41**	**205. 10**
六、专门学校 Specialized Schools	**0. 19**	**0. 19**	**0. 21**
七、成人中小学 Adult Primary and Secondary Schools	**3. 30**	**3. 73**	**2. 28**

学校教职工数

of School by Type and Level

单位：万人

unit：10 thousand persons

2016	2017	2018	2019	2020	2021	2022
240.48	**244.30**	**248.75**	**256.67**	**266.87**	**278.56**	**287.09**
175.06	177.23	180.10	186.66	192.35	193.15	197.66
—	—	—	—	—	3.22	3.42
65.26	66.95	68.53	69.94	74.45	78.74	83.20
4.31	4.14	3.80	3.61	3.25	3.44	2.79
0.16	0.11	0.13	0.07	0.07	0.02	—
341.29	**347.62**	**354.21**	**363.52**	**375.25**	**394.76**	**407.29**
259.19	266.51	274.25	283.37	294.87	311.99	322.45
82.10	81.11	79.96	80.15	80.38	82.77	84.85
953.48	**972.34**	**992.62**	**1020.30**	**1046.94**	**1090.77**	**1099.82**
399.75	407.81	419.37	435.04	450.31	468.57	475.12
399.70	407.76	419.34	435.00	450.27	468.54	475.10
0.05	0.05	0.03	0.04	0.04	0.02	0.02
553.73	564.53	573.25	585.26	596.63	622.20	624.70
6.25	**6.51**	**6.81**	**7.21**	**7.64**	**8.25**	**8.60**
381.78	**419.29**	**453.15**	**491.57**	**519.82**	**564.64**	**575.68**
0.29	**0.29**	**0.29**	**0.28**	**0.29**	**0.31**	**0.36**
2.93	**2.43**	**2.43**	**2.08**	**1.71**	**0.04**	**0.05**

教育专任教师数

of Formal Education by Type and Level

单位：万人

unit：10 thousand persons

2016	2017	2018	2019	2020	2021	2022
160.20	**163.32**	**167.28**	**174.01**	**183.30**	**188.52**	**197.78**
113.40	115.05	117.43	122.53	127.61	126.97	131.58
—	—	—	—	—	2.56	2.78
46.69	48.21	49.77	51.44	55.64	57.02	61.95
2.52	2.40	2.19	2.06	1.90	1.97	1.47
0.10	0.07	0.07	0.04	0.05	0.01	—
237.66	**241.44**	**244.81**	**250.14**	**258.19**	**272.38**	**285.15**
173.35	177.40	181.26	185.92	193.32	202.83	213.32
64.31	64.04	63.55	64.22	64.87	69.54	71.83
927.91	949.50	973.31	1001.83	1029.63	1057.19	1065.46
349.00	355.01	364.12	374.92	386.21	397.11	402.52
348.73	354.82	363.87	374.71	386.04	397.09	402.51
0.05	0.04	0.03	0.04	0.03	0.02	0.01
578.91	594.49	609.19	626.91	643.42	660.08	662.94
5.32	**5.60**	**5.87**	**6.24**	**6.62**	**6.94**	**7.27**
223.21	**243.21**	**258.14**	**276.31**	**291.34**	**319.10**	**324.42**
0.21	**0.22**	**0.21**	**0.22**	**0.21**	**0.22**	**0.24**
1.71	**1.46**	**1.47**	**1.32**	**1.05**	**0.03**	**0.04**

教育规模
Size of Education

单位：万人
unit：10 thousand person

年份 Year	学校数(万所) Schools (10 Thousand)	在校生数 Enrolment	教职工数 Educational Personnel	教育人口 Educational Population	教育人口比重(%) Propotion of Education Population
2013	51.95	31813.11	1837.32	33650.43	25.10
2014	51.42	31734.68	1874.02	33608.70	24.70
2015	51.24	31907.15	1915.29	33822.43	25.22
2016	51.17	32294.45	1959.57	34254.02	25.55
2017	51.38	32986.70	2025.87	35012.57	26.11
2018	51.88	30116.98	2090.71	32207.69	24.02
2019	53.01	30940.28	2174.31	33114.59	24.70
2020	53.71	31628.29	2251.47	33879.77	25.27
2021	52.93	30209.78	2337.34	32547.11	23.05
2022	51.85	30430.59	2378.89	32809.48	23.23

小学学龄儿童净入学率
Net Enrolment Ratio of School-age Children in Primary Schools

单位：%
unit：%

年份 Year	学龄儿童入学率 Net Enrollment Ratio of School-age Children		
	全国学龄儿童数(万人) No. of School-age Children (10,000 persons)	已入学学龄儿童数(万人) No. of School-age Children Enrolled (10,000 persons)	净入学率 Net Enrolment Ratio
2013	8962.1	8935.7	99.71
2014	9107.1	9090.1	99.81
2015	9368.2	9356.7	99.88
2016	9583.6	9575.9	99.92
2017	9779.2	9770.2	99.91
2018	10021.8	10016.8	99.95
2019	10255.4	10248.8	99.94
2020	10426.9	10422.9	99.96
2021	10489.4	10479.3	99.90
2022	10459.1	10447.8	99.89

各级教育毛入学率
Gross Enrolment Ratio of Education by Level

单位：%
unit：%

年份 Year	学前教育 Pre-school Education	小学 Primary Education	初中阶段 Junior Secondary Education	高中阶段 Senior Secondary Education	高等教育 Higher Education
2013	67.5	104.4	104.1	86.0	34.5
2014	70.5	103.8	103.5	86.5	37.5
2015	75.0	103.5	104.0	87.0	40.0
2016	77.4	104.4	104.0	87.5	42.7
2017	79.6	104.8	103.5	88.3	45.7
2018	81.7	103.2	100.9	88.8	48.1
2019	83.4	103.0	102.6	89.5	51.6
2020	85.2	102.9	102.5	91.2	54.4
2021	88.1	102.9	102.5	91.4	57.8
2022	89.7	102.9	102.5	91.6	59.6

每十万人口各级学校平均在校生数
Number of Enrolment of Per 100,000 Inhabitants by Level

单位：人
unit：person

年份 Year	普通高校 Higher Education	高中阶段 Senior Secondary Education	初中阶段 Junior Secondary Education	小学 Primary Education	学前教育 Pre-primary Education
2013	2418	3227	3279	6913	2876
2014	2488	3100	3222	6946	2977
2015	2524	2965	3152	7086	3118
2016	2530	2887	3150	7211	3211
2017	2576	2872	3213	7300	3327
2018	2658	2828	3347	7438	3350
2019	2857	2850	3459	7569	3378
2020	3126	2948	3510	7661	3441
2021	3301	2774	3554	7634	3403
2022	3510	2870	3625	7597	3276

各级普通学校生师比
Pupil-Teacher Ratio of Regular Schools by Level

年份 Year	普通小学 Regular Primary Schools	初中 Junior Secondary Schools	普通高中 Regular Senior Secondary Schools	中等职业学校 Secondary Vacational Schools	普通高校 Regular HEIs			
					全国 Total	本科院校 Academic HEIs	本科层次职业学校 Professional HEIs	专科院校 Vocational HEIs
2013	16.76	12.76	14.95	22.64	17.53	17.71	—	17.11
2014	16.78	12.57	14.44	21.34	17.68	17.73	—	17.57
2015	17.05	12.41	14.01	20.47	17.73	17.69	—	17.77
2016	17.12	12.41	13.65	19.68	17.07	16.78	—	17.73
2017	16.98	12.52	13.39	19.59	17.52	17.42	—	17.74
2018	16.97	12.79	13.10	19.10	17.56	17.42	—	17.89
2019	16.85	12.88	12.99	18.94	17.95	17.39	—	19.24
2020	16.67	12.73	12.90	19.54	18.37	17.51	—	20.28
2021	16.33	12.64	12.84	18.86	18.54	17.90	19.38	19.85
2022	16.19	12.72	12.72	18.65	18.32	17.65	18.31	19.69

普通高等学校普通本专科学生校均规模
Average Size of Undergraduates in Regular HEIs

单位：人
unit：person

类别 Item	2012	2013	2014	2015	2016	2017	2018	2019	2020	2021	2022
全　国 Total	**9675**	**9814**	**9995**	**10197**	**10342**	**10430**	**10605**	**11260**	**11982**	**12671**	**13250**
普通本科院校 Academic HEIs	13999	14261	14342	14444	14532	14639	14896	15179	15749	16366	16793
本科层次职业学校 Professional HEIs	—	—	—	—	—	—	—	—	—	18403	19487
高职(专科)院校 Vocational HEIs	5858	5876	6057	6336	6528	6662	6837	7776	8723	9470	10168

注:校均规模为在校生数除以对应校数。

Note: Average size is the ratio of total number of enrolment to the total number of schools.

各级自学考试基本情况

Basic Statistics of State-administered Examination for Self-learners by Level

单位：人、科次
unit：person，course

类别 Item	2017		2018		2019		2020		2021		2022	
	上半年 First Half Year	下半年 Second Half Year	上半年 First Half Year	下半年 Second Half Year	上半年 First Half Year	下半年 Second Half Year	上半年 First Half Year	下半年 Second Half Year	上半年 First Half Year	下半年 Second Half Year	上半年 First Half Year	下半年 Second Half Year
毕业生人数 Graduates	274725	277962	237208	250022	238303	251509	105236	318571	272420	216970	174262	187480
本科 Normal Courses	210970	221055	185994	190569	183143	185955	88157	231679	201031	169812	138381	140892
专科 Short-cycle Courses	63755	56907	51214	59453	55160	65554	17079	86892	71389	47158	35881	46588
单科合格科次数 Passed Main-Courses	2682435	2504247	2942559	2673901	3378552	3127968	2949289	2859475	3358810	2698351	1093214	2545410
本科 Normal Courses	2171782	2009382	2325451	2085794	2570222	2204138	2056033	2006692	2341294	1963063	798491	1872512
专科 Short-cycle Courses	510653	494865	617108	588107	808330	923830	893256	852783	1017516	735288	294723	672898
报考人数 Applicants	2412888	2296550	2828854	2618068	3136597	2827120	2821222	2695270	3358840	2898998	1134676	2849421
本科 Normal Courses	1917029	1788173	2216480	1994549	2389190	2018302	2024522	1909221	2366015	2114603	767955	2079548
专科 Short-cycle Courses	495859	508377	612374	623519	747407	808818	796700	786049	992825	784395	366721	769873
首次报考人数 First Time	535775	439351	711340	521915	732818	538544	642620	395483	655058	485224	192938	376586
本科 Normal Courses	434544	316074	549708	369288	505585	330539	454347	263501	463689	343964	125666	276065
专科 Short-cycle Courses	101231	123277	161632	152627	227233	208005	188273	131982	191369	141260	67272	100521
报考科次 Main-Courses be Examined	5972349	5926499	7092517	6927957	7948634	7392526	7186579	6759263	8398189	7420946	2725073	7712835
本科 Normal Courses	4773788	4630705	5526888	5212612	6007860	5186586	5125554	4768994	5998023	5378814	1918961	5727017
专科 Short-cycle Courses	1198561	1295794	1565629	1715345	1940774	2205940	2061025	1990269	2400166	2042132	806112	1985818
实考人数 Actual Examined	2021450	1860619	2283251	2048059	2599638	2296669	2175821	2183416	2768900	2269165	826294	2021012
本科 Normal Courses	1612102	1451171	1806075	1581334	1992093	1634902	1552515	1536954	1933743	1651720	561962	1458622
专科 Short-cycle Courses	409348	409448	477176	466725	607545	661767	623306	646462	835157	617445	264332	562390
实考科次 Actual Main-Courses Examined	4752930	4560068	5335682	4984108	6165532	5609084	5201476	5142102	6492385	5427760	1869804	5134691
本科 Normal Courses	3819337	3572982	4206232	3816564	4693912	3914919	3692705	3605172	4592914	3930391	1323881	3787845
专科 Short-cycle Courses	933593	987086	1129450	1167544	1471620	1694165	1508771	1536930	1899471	1497369	545923	1346846
在档考生人数 Examinees with Study Record	35954775	36116164	36590296	36862189	37356704	37643739	37461843	37538755	37921393	38189647	38208323	38397429
本科 Normal Courses	15010292	15105311	15469025	15647744	15970186	16114770	16169382	16201204	16463862	16638014	16625299	16760472
专科 Short-cycle Courses	20806354	20872724	20983142	21076316	21248389	21390840	21154332	21199422	21319402	21413504	21444895	21498828
其中：新生数 of Which：Current Session	535775	439351	711340	521915	732818	538544	642620	395483	655058	485224	192938	376586
本科 Normal Courses	434544	316074	549708	369288	505585	330539	454347	263501	463689	343964	125666	276065
专科 Short-cycle Courses	101231	123277	161632	152627	227233	208005	188273	131982	191369	141260	67272	100521

二、高等教育
Higher Education

高等教育学校(机构)数
Number of Higher Education Institutions

单位：所
unit：institution

类别 Item	合计 Total	中央 HEIs under Central Ministries and Agencies	教育部 Under MOE	其他部门 Under Other Central Agencies	地方 HEIs under Local Auth.	教育部门 Run by Edu. Dept.	其他部门 Run by Non-ed. Dept.	地方企业 Run by Local Enterprises	民办 Non-government	具有法人资格的中外合作办学
一、研究生培养机构(不计校数) Institutions Providing Postgraduate Programs	830	302	76	226	528	455	65	1	6	1
1. 普通本科学校 Academic HEIs	596	111	76	35	485	455	24	0	6	0
2. 科研机构 Research Institutes	234	191	0	191	43	0	41	1	0	1
二、高等教育学校 Higher Education Institutions										
1. 普通本科学校 Academic HEIs	1239	114	76	38	1125	648	77	0	390	10
#独立学院 of Which：Independent Institutions	164	0	0	0	164	0	0	0	164	0
2. 本科层次职业学校 Professional HEIs	32	0	0	0	32	9	1	0	22	0
3. 高职(专科)学校 Vocational HEIs	1489	4	0	4	1485	603	484	45	350	3
4. 成人高等学校 Adult HEIs	253	13	1	12	240	84	118	36	2	0

注：具有法人资格的中外合作办学指具有法人资格的中外及内地(大陆)与港澳台地区合作办学机构。下同。

Note：The Chinese-Foreign Cooperation in Running Schools with Legal Personality refers to Chinese-Foreign Cooperation in Running Schools and Cooperation in Running Schools between mainland educational institutions and educational institutions from the HKSAR, the MSAR or Taiwan with Legal Personality. Similarly hereinafter.

普通、职业高等学校校数
Number of Regular Higher Educational Institutions

单位：所
unit：institution

类别 Item	合计 Total	普通本科学校 Academic HEIs	本科层次职业学校 Professional HEIs	高职(专科)学校 Vocational HEIs	
				小计 Subtotal	#高等职业学校 of Which：Tertiary Vocational-technical Colleges
总　计 Total	**2760**	**1239**	**32**	**1489**	**1333**
综合大学 Comprehensive University	658	296	6	356	352
理工院校 Polytechnic	985	366	19	600	590
农业院校 Agriculture	84	41	1	42	42
林业院校 Forestry	19	6	0	13	13
医药院校 Medicine and Pharmacy	221	106	2	113	72
师范院校 Normal School	250	153	0	97	6
语文院校 Language and Literature	53	32	1	20	19
财经院校 Finance and Economics	271	128	2	141	135
政法院校 Political Science and Law	69	36	0	33	31
体育院校 Physical Culture	36	15	0	21	20
艺术院校 Art	96	46	1	49	49
民族院校 Ethnic Nationality	18	14	0	4	4

普通、职业高等学校在校生规模
Size of Enrolment of Regular Higher Educational Institutions

单位：所
unit：institution

类别 Item	学校数 Institutions	300人及以下 300 and under	301-500人 301 to 500	501-1000人 501 to 1000	1001-1500人 1001 to 1500	1501-2000人 1501 to 2000	2001-3000人 2001 to 3000	3001-4000人 3001 to 4000	4001-5000人 4001 to 5000	5001-10000人 5001 to 10000	10001-20000人 10001 to 20000	20001-30000人 20001 to 30000	30001人及以上 30001 and Over
总　计 Total	**2760**	**47**	**10**	**17**	**23**	**31**	**73**	**100**	**93**	**627**	**1249**	**386**	**104**
综合大学 Comprehensive University	658	10	0	3	5	3	12	24	15	126	314	102	44
理工院校 Polytechnic	985	16	4	6	3	10	26	27	25	207	486	138	37
农业院校 Agriculture	84	1	0	0	0	0	0	4	4	10	41	17	7
林业院校 Forestry	19	0	0	0	0	0	0	0	2	4	10	3	0
医药院校 Medicine and Pharmacy	221	0	0	1	3	4	5	8	2	68	111	19	0
师范院校 Normal School	250	1	1	1	1	1	7	9	8	67	103	43	8
语文院校 Language and Literature	53	3	0	0	0	3	2	2	3	13	20	6	1
财经院校 Finance and Economics	271	9	2	1	3	1	5	3	8	52	134	46	7
政法院校 Political Science and Law	69	4	1	0	2	2	4	8	9	30	9	0	0
体育院校 Physical Culture	36	1	1	4	2	0	3	5	4	14	2	0	0
艺术院校 Art	96	2	1	1	4	7	9	10	12	35	9	6	0
民族院校 Ethnic Nationality	18	0	0	0	0	0	0	0	1	1	10	6	0

高等教育学生数

Number of Students in Higher Education Institutions

单位：人
unit：person

类别 Item	毕(结)业生数 Graduates	授予学位数 Degrees Awarded	招生数 Entrants	在校生数 Enrolment	预计毕业生数 Estimated Graduates for Next Year
研究生 Postgraduates	862165	860760	1242479	3653613	1288119
博　士 Doctor's Degree	82320	81887	138951	556065	204641
硕　士 Master's Degree	779845	778873	1103528	3097548	1083478
普通本科 Undergraduates	4715658	4697118	4679358	19656436	5044832
职业本专科 Vocational Undergraduate	4956907	9052	5466063	16937739	5808517
本　科 Normal Courses	9229	9052	76302	228740	40159
专　科 Short-cycle Courses	4947678	—	5389761	16708999	5768358
成人本专科 Undergraduates in Adult HEIs	3300668	238370	4400196	9336481	3838342
本　科 Normal Courses	1732128	238370	2446444	5277598	2045979
专　科 Short-cycle Courses	1568540	—	1953752	4058883	1792363
网络本专科生 Web-based Undergraduates	2618888	0	2808900	8446500	—
本　科 Normal Courses	1048500	0	1289961	3419642	—
专　科 Short-cycle Courses	1570388	—	1518939	5026858	—
普通预科生 College-preparatory Classes	—	—	—	44286	—
国际学生 International Student	125858	32443	114112	253177	—

高等教育分举办者

Number of Enrolment for Master's Degree

类别 Item	学校（机构）数（所）(Institutes)	毕业生数 Graduates	博士 Doctor's Degree	硕士 Master's Degree	招生数 Entrants	博士 Doctor's Degree	硕士 Master's Degree
总　计 Total	**830**	**862165**	**82320**	**779845**	**1242479**	**138951**	**1103528**
全日制 Full-time Students	—	758599	81986	676613	1112571	134938	977633
非全日制 Part-time Students	—	103566	334	103232	129908	4013	125895
一、中央 HEIs under Central Ministries and Agencies	302	395221	62435	332786	524741	100828	423913
1. 教育部 Under MOE	76	317849	46284	271565	412592	76563	336029
2. 其他部门 Under Other Central Agencies	226	77372	16151	61221	112149	24265	87884
二、地方 HEIs under Local Auth.	528	466944	19885	447059	717738	38123	679615
1. 教育部门 Run by Edu. Dept.	455	456179	19720	436459	699050	37457	661593
2. 其他部门 Run by Non-ed. Dept.	65	9699	165	9534	16844	455	16389
3. 地方企业 Run by Local Enterprises	1	0	0	0	0	0	0
4. 民办 Non-government	6	950	0	950	1694	211	1483
5. 具有法人资格的中外合作办学	1	116	0	116	150	0	150

高等教育分举办者

Number of Enrolment for Master's Degree

类别 Item	学校（机构）数（所）(Institutes)	毕业生数 Graduates	博士 Doctor's Degree	硕士 Master's Degree	招生数 Entrants	博士 Doctor's Degree	硕士 Master's Degree
总　计 Total	**596**	**853377**	**80772**	**772605**	**1230409**	**136717**	**1093692**
全日制 Full-time Students	—	750800	80446	670354	1101147	132718	968429
非全日制 Part-time Students	—	102577	326	102251	129262	3999	125263
一、中央 HEIs under Central Ministries and Agencies	111	388145	60923	327222	515233	98657	416576
1. 教育部 Under MOE	76	317849	46284	271565	412592	76563	336029
2. 其他部门 Under Other Central Agencies	35	70296	14639	55657	102641	22094	80547
二、地方 HEIs under Local Auth.	485	465232	19849	445383	715176	38060	677116
1. 教育部门 Run by Edu. Dept.	455	456179	19720	436459	699050	37457	661593
2. 其他部门 Run by Non-ed. Dept.	24	8103	129	7974	14432	392	14040
3. 地方企业 Run by Local Enterprises	0	0	0	0	0	0	0
4. 民办 Non-government	6	950	0	950	1694	211	1483
5. 具有法人资格的中外合作办学	0	0	0	0	0	0	0

研究生数(总计)

Programs by Providers (Total)

单位：人
unit: person

在校生数 Enrolment	博士 Doctor's Degree	硕士 Master's Degree	预计毕业生数 Estimated Graduates for Next Year	博士 Doctor's Degree	硕士 Master's Degree
3653613	**556065**	**3097548**	**1288119**	**204641**	**1083478**
3205920	542022	2663898	1076733	200035	876698
447693	14043	433650	211386	4606	206780
1639157	415736	1223421	602839	146571	456268
1302136	317469	984667	485527	110436	375091
337021	98267	238754	117312	36135	81177
2014456	140329	1874127	685280	58070	627210
1965305	138475	1826830	669294	57481	611813
44862	1643	43219	14422	589	13833
0	0	0	0	0	0
3878	211	3667	1303	0	1303
411	0	411	261	0	261

研究生数(普通本科学校)

Programs by Providers (Academic HEIs)

单位：人
unit: person

在校生数 Enrolment	博士 Doctor's Degree	硕士 Master's Degree	预计毕业生数 Estimated Graduates for Next Year	博士 Doctor's Degree	硕士 Master's Degree
3618049	**547323**	**3070726**	**1275179**	**200480**	**1074699**
3172400	533337	2639063	1064827	195916	868911
445649	13986	431663	210352	4564	205788
1610654	407273	1203381	592295	142564	449731
1302136	317469	984667	485527	110436	375091
308518	89804	218714	106768	32128	74640
2007395	140050	1867345	682884	57916	624968
1965305	138475	1826830	669294	57481	611813
38212	1364	36848	12287	435	11852
0	0	0	0	0	0
3878	211	3667	1303	0	1303
0	0	0	0	0	0

高等教育分举办者研究生数
Number of Enrolment for Master's Degree

类别 Item	学校（机构）数(所) (Institutes)	毕业生数 Graduates	博士 Doctor's Degree	硕士 Master's Degree	招生数 Entrants	博士 Doctor's Degree	硕士 Master's Degree
总　计 Total	**234**	**8788**	**1548**	**7240**	**12070**	**2234**	**9836**
全日制 Full-time Students	—	7799	1540	6259	11424	2220	9204
非全日制 Part-time Students	—	989	8	981	646	14	632
一、中央 HEIs under Central Ministries and Agencies	191	7076	1512	5564	9508	2171	7337
1. 教育部 Under MOE	0	0	0	0	0	0	0
2. 其他部门 Under Other Central Agencies	191	7076	1512	5564	9508	2171	7337
二、地方 HEIs under Local Auth.	43	1712	36	1676	2562	63	2499
1. 教育部门 Run by Edu. Dept.	0	0	0	0	0	0	0
2. 其他部门 Run by Non-ed. Dept.	41	1596	36	1560	2412	63	2349
3. 地方企业 Run by Local Enterprises	1	0	0	0	0	0	0
4. 民办 Non-government	0	0	0	0	0	0	0
5. 具有法人资格的中外合作办学	1	116	0	116	150	0	150

高等教育分学科
Number of Postgraduate Students

类别 Item	毕业生数 Graduates	博士 Doctor's Degree	硕士 Master's Degree	招生数 Entrants	博士 Doctor's Degree	硕士 Master's Degree
总　计 Total	**862165**	**82320**	**779845**	**1242479**	**138951**	**1103528**
#女 of Which：Female	471740	36017	435723	650280	57952	592328
学术学位 Academic Degree	390298	76396	313902	528090	114352	413738
专业学位 Professional Degree	471867	5924	465943	714389	24599	689790
哲　学 Philosophy	3947	711	3236	4707	1094	3613
经济学 Economics	43172	2415	40757	53487	3482	50005
法　学 Law	56209	3704	52505	70954	6163	64791
教育学 Education	63390	1497	61893	85743	3718	82025
文　学 Literature	39425	2390	37035	48712	3404	45308
历史学 History	6271	943	5328	8294	1472	6822
理　学 Science	66248	17063	49185	99988	24874	75114
工　学 Engineering	291660	30121	261539	453870	59780	394090
农　学 Agriculture	42083	3786	38297	65106	5843	59263
医　学 Medicine	96207	14819	81388	150364	21654	128710
军事学 Military Science	38	14	24	39	9	30
管理学 Management	124748	3979	120769	160157	5731	154426
艺术学 Art	28750	878	27872	40675	1450	39225
交叉学科 Interdisciplinary Subject	17	0	17	383	277	106

(培养研究生的科研机构)
Programs by Providers (Research Institutes)

单位：人
unit: person

在校生数 Enrolment	博士 Doctor's Degree	硕士 Master's Degree	预计毕业生数 Estimated Graduates for Next Year	博士 Doctor's Degree	硕士 Master's Degree
35564	**8742**	**26822**	**12940**	**4161**	**8779**
33520	8685	24835	11906	4119	7787
2044	57	1987	1034	42	992
28503	8463	20040	10544	4007	6537
0	0	0	0	0	0
28503	8463	20040	10544	4007	6537
7061	279	6782	2396	154	2242
0	0	0	0	0	0
6650	279	6371	2135	154	1981
0	0	0	0	0	0
0	0	0	0	0	0
411	0	411	261	0	261

门类研究生数(总计)
by Academic Field (Total)

单位：人
unit: person

在校生数 Enrolment	博士 Doctor's Degree	硕士 Master's Degree	预计毕业生数 Estimated Graduates for Next Year	博士 Doctor's Degree	硕士 Master's Degree
3653613	**556065**	**3097548**	**1288119**	**204641**	**1083478**
1871376	233023	1638353	660433	86652	573781
1677266	488091	1189175	571963	187341	384622
1976347	67974	1908373	716156	17300	698856
15964	5116	10848	6026	2301	3725
138327	17158	121169	54432	8193	46239
210414	27910	182504	76364	12303	64061
243188	14453	228735	101526	5385	96141
137542	16101	121441	51879	7579	44300
26157	6693	19464	9515	3005	6510
308073	98090	209983	98099	34109	63990
1333008	240602	1092406	430539	83108	347431
180480	23132	157348	63905	8878	55027
435927	72035	363892	138547	24197	114350
222	43	179	87	18	69
505024	28764	476260	218077	13263	204814
118854	5659	113195	39105	2302	36803
433	309	124	18	0	18

高等教育分学科门类
Number of Postgraduate Students by

类别 Item	毕业生数 Graduates	博士 Doctor's Degree	硕士 Master's Degree	招生数 Entrants	博士 Doctor's Degree	硕士 Master's Degree
总　计 Total	**853377**	**80772**	**772605**	**1230409**	**136717**	**1093692**
#女 of Which：Female	467522	35376	432146	644407	56981	587426
学术学位 Academic Degree	384162	74916	309246	519309	112282	407027
专业学位 Professional Degree	469215	5856	463359	711100	24435	686665
哲　学 Philosophy	3857	691	3166	4608	1079	3529
经济学 Economics	42496	2371	40125	52749	3404	49345
法　学 Law	55591	3642	51949	70008	6064	63944
教育学 Education	63390	1497	61893	85743	3718	82025
文　学 Literature	39355	2390	36965	48628	3404	45224
历史学 History	6219	943	5276	8224	1472	6752
理　学 Science	65514	16812	48702	98878	24590	74288
工　学 Engineering	288808	29600	259208	449546	58930	390616
农　学 Agriculture	40758	3509	37249	63475	5477	57998
医　学 Medicine	95193	14581	80612	148736	21282	127454
军事学 Military Science	34	14	20	39	9	30
管理学 Management	123702	3930	119772	159063	5660	153403
艺术学 Art	28443	792	27651	40329	1351	38978
交叉学科 Iinterdisciplinary Subject	17	0	17	383	277	106

研究生数(普通本科学校)
Academic Field (Academic HEIs)

单位：人
unit：person

在校生数 Enrolment	博士 Doctor's Degree	硕士 Master's Degree	预计毕业生数 Estimated Graduates for Next Year	博士 Doctor's Degree	硕士 Master's Degree
3618049	**547323**	**3070726**	**1275179**	**200480**	**1074699**
1854830	229527	1625303	654722	85104	569618
1650357	479713	1170644	562158	183263	378895
1967692	67610	1900082	713021	17217	695804
15641	5040	10601	5903	2259	3644
136118	16568	119550	53353	7778	45575
207688	27486	180202	75426	12076	63350
243188	14453	228735	101526	5385	96141
137314	16101	121213	51804	7579	44225
25975	6693	19282	9454	3005	6449
304631	96937	207694	96847	33534	63313
1320222	237237	1082985	426144	81544	344600
175831	21855	153976	62364	8341	54023
431402	70958	360444	137112	23827	113285
214	43	171	83	18	65
501666	28319	473347	216439	12971	203468
117726	5324	112402	38706	2163	36543
433	309	124	18	0	18

高等教育分学科门类研究生数
Number of Postgraduate Students by

类别 Item	毕业生数 Graduates	博士 Doctor's Degree	硕士 Master's Degree	招生数 Entrants	博士 Doctor's Degree	硕士 Master's Degree
总　计 Total	**8788**	**1548**	**7240**	**12070**	**2234**	**9836**
#女 of Which：Female	4218	641	3577	5873	971	4902
学术学位 Academic Degree	6136	1480	4656	8781	2070	6711
专业学位 Professional Degree	2652	68	2584	3289	164	3125
哲　学 Philosophy	90	20	70	99	15	84
经济学 Economics	676	44	632	738	78	660
法　学 Law	618	62	556	946	99	847
教育学 Education	0	0	0	0	0	0
文　学 Literature	70	0	70	84	0	84
历史学 History	52	0	52	70	0	70
理　学 Science	734	251	483	1110	284	826
工　学 Engineering	2852	521	2331	4324	850	3474
农　学 Agriculture	1325	277	1048	1631	366	1265
医　学 Medicine	1014	238	776	1628	372	1256
军事学 Military Science	4	0	4	0	0	0
管理学 Management	1046	49	997	1094	71	1023
艺术学 Art	307	86	221	346	99	247
交叉学科 Interdisciplinary Subject	0	0	0	0	0	0

(培养研究生的科研机构)
Academic Field (Research Institutes)

单位：人
unit: person

在校生数 Enrolment	博士 Doctor's Degree	硕士 Master's Degree	预计毕业生数 Estimated Graduates for Next Year	博士 Doctor's Degree	硕士 Master's Degree
35564	**8742**	**26822**	**12940**	**4161**	**8779**
16546	3496	13050	5711	1548	4163
26909	8378	18531	9805	4078	5727
8655	364	8291	3135	83	3052
323	76	247	123	42	81
2209	590	1619	1079	415	664
2726	424	2302	938	227	711
0	0	0	0	0	0
228	0	228	75	0	75
182	0	182	61	0	61
3442	1153	2289	1252	575	677
12786	3365	9421	4395	1564	2831
4649	1277	3372	1541	537	1004
4525	1077	3448	1435	370	1065
8	0	8	4	0	4
3358	445	2913	1638	292	1346
1128	335	793	399	139	260
0	0	0	0	0	0

普通高等教育工科分大类本科学生数

Number of Engineering Students for Normal Courses of Regular HEIs by Subfield

单位：人
unit: person

类别 Item	毕业生数 Graduates	招生数 Entrants	在校生数 Enrolment
总　计 Total	**1565928**	**1662036**	**6742664**
力学类 Mechanics	4374	5734	20053
机械类 Mechanical Engineering	220919	217933	887760
仪器类 Instrument	16542	14456	62716
材料类 Materials Science	72563	84147	308843
能源动力类 Thermal andNuclear Energy	26580	32536	117917
电气类 Electric	100713	92286	399878
电子信息类 Electronic Information	187189	218639	842881
自动化类 Automation	62715	72199	293953
计算机类 Computer	397273	412478	1770929
土木类 Civil Engineering	131344	118672	511193
水利类 Hydraulics	13878	14811	58135
测绘类 Sruvey and Measure	12893	15242	57363
化工与制药类 Chemical Engineering and Pharmaceutics	52993	59282	223573
地质类 Geology	9574	10876	41583
矿业类 Mining Industry	10900	13447	50412
纺织类 Textile	9120	9130	36216
轻工类 Light Industry	7127	7246	27096
交通运输类 Transportation	31815	31832	139054
海洋工程类 Ocean Engineering	3263	4231	16033
航空航天类 Aeronautics and Astronautics	8704	14475	48014
农业工程类 Agriculture Engineering	6109	6305	25750
林业工程类 Forestry Engineering	2190	2763	10127
环境科学与工程类 Environmental Science and Engineering	41251	46457	171717
生物医学工程类 Biomedical Engineering	6972	7943	30904
食品科学与工程类 Food Science and Engineering	45896	50199	191796
建筑类 Architectural	36883	42502	187892
安全科学与工程类 Safety Science and Engineering	10987	13720	49637
生物工程类 Biological Engineering	20280	24368	91036
公安技术类 Public Security Technology	9055	12707	46980
其他 Other	5826	5420	23223

高等教育本专科分举办者学生数
Number of Students for Regular and Adult Programs by Providers in HEIs

单位：人
unit: person

类别 Item	毕业生数 Graduates	本科 Normal Courses	专科 Short-cycle Courses	招生数 Entrants	本科 Normal Courses	专科 Short-cycle Courses	在校生数 Enrolment	本科 Normal Courses	专科 Short-cycle Courses	预计毕业生数 Estimated Graduates for Next Year	本科 Normal Courses	专科 Short-cycle Courses
一、普通本科 Undergraduates	**4715658**	**4715658**	**—**	**4679358**	**4679358**	**—**	**19656436**	**19656436**	**—**	**5044832**	**5044832**	**—**
1. 中央院校 HEIs Under CentralMinistries and Agencies	438445	438445	—	483632	483632	—	1916823	1916823	—	472961	472961	—
#教育部院校 of Which: Under MOE	330531	330531	—	357741	357741	—	1424134	1424134	—	348461	348461	—
2. 地方学校 HEIs Under Local Auth.	4277213	4277213	—	4195726	4195726	—	17739613	17739613	—	4571871	4571871	—
#民办 of Which: Non-government	1227825	1227825	—	1149728	1149728	—	5128458	5128458	—	1378531	1378531	—
二、职业本专科 Vocational Undergraduates	**4956907**	**9229**	**4947678**	**5466063**	**76302**	**5389761**	**16937739**	**228740**	**16708999**	**5808517**	**40159**	**5768358**
1. 中央院校 HEIs Under Central Ministriesand Agencies	15352	0	15352	12699	0	12699	42590	0	42590	15805	0	15805
#教育部院校 of Which: Under MOE	1066	0	1066	437	0	437	2438	0	2438	1054	0	1054
2. 地方学校 HEIs Under Local Auth.	4941555	9229	4932326	5453364	76302	5377062	16895149	228740	16666409	5792712	40159	5752553
#民办 of Which: Non-government	1074575	8338	1066237	1398300	49619	1348681	4120444	182514	3937930	1368388	38813	1329575
三、成人本专科 Undergraduate in Adult HEIs	**3300668**	**1732128**	**1568540**	**4400196**	**2446444**	**1953752**	**9336481**	**5277598**	**4058883**	**3838342**	**2045979**	**1792363**
1. 中央院校 HEIs Under Central Ministriesand Agencies	187273	152986	34287	168912	148952	19960	453265	396065	57200	203239	174920	28319
#教育部院校 of Which: Under MOE	164242	135909	28333	128155	115258	12897	360984	321290	39694	176343	154285	22058
2. 地方学校 HEIs Under Local Auth.	3113395	1579142	1534253	4231284	2297492	1933792	8883216	4881533	4001683	3635103	1871059	1764044
#民办 of Which: Non-government	299781	54125	245656	513810	104112	409698	986717	193526	793191	400093	74500	325593
四、网络本专科 Web-based Undergraduates	**2618888**	**1048500**	**1570388**	**2808900**	**1289961**	**1518939**	**8446500**	**3419642**	**5026858**	**—**	**—**	**—**
1. 中央院校 HEIs Under Central Ministriesand Agencies	2165775	859729	1306046	2181382	1001636	1179746	6918834	2759786	4159048	—	—	—
#教育部院校 of Which: Under MOE	2120984	832639	1288345	2151966	979577	1172389	6847196	2707986	4139210	—	—	—
2. 地方学校 HEIs Under Local Auth.	453113	188771	264342	627518	288325	339193	1527666	659856	867810	—	—	—
#民办 of Which: Non-government	0	0	0	0	0	0	0	0	0	—	—	—

普通、职业本专科

Number of Undergraduate Students by

类别 Item	毕业生数 Graduates	普通本科 Normal Courses	职业本科 Vocational Undergra-duate	高职（专科） Short-cycle Courses	招生数 Entrants	普通本科 Normal Courses	职业本科 Vocational Undergra-duate	高职（专科） Short-cycle Courses
总　计 Total	**9672565**	**4715658**	**9229**	**4947678**	**10145421**	**4679358**	**76302**	**5389761**
#女 of Which: Female	5001610	2606039	4315	2391256	5812824	2947991	51372	2813461
一、普通、职业高等学校 Regular HEIs	**9659594**	**4715658**	**9229**	**4934707**	**10137998**	**4679358**	**76302**	**5382338**
（一）按类型分 by Type								
1. 普通本科学校 Academic HEIs	5214935	4695624	0	519311	4982743	4677350	240	305153
#独立学院 of Which: Independent Institutions	410069	386132	0	23937	461803	434001	0	27802
2. 本科层次职业学校 Professional HEIs	166155	20034	9229	136892	162332	2008	76062	84262
3. 高职（专科）学校 Vocational HEIs	4278504	—	—	4278504	4992923	—	—	4992923
（二）按性质类型分 by Type of School								
综合大学 Comprehensive Universities	2594030	1278854	4145	1311031	2681604	1251147	15064	1415393
理工院校 Polytechnic	3559541	1484101	3108	2072332	3872047	1476222	44651	2351174
农业院校 Agriculture	362696	200103	0	162593	377152	204926	3292	168934
林业院校 Forestry	74639	30900	0	43739	81730	33059	0	48671
医药院校 Medicine and Pharmacy	644248	273507	0	370741	681361	289485	5160	386716
师范院校 Normal School	918714	660318	0	258396	870483	632926	0	237557
语文院校 Language and Literature	146328	81146	0	65182	141945	84582	2481	54882
财经院校 Finance and Economics	975062	489382	1976	483704	1003078	469716	3160	530202
政法院校 Political Science and Law	108984	52854	0	56130	109975	58396	0	51579
体育院校 Physical Culture	41868	25641	0	16227	49636	24825	0	24811
艺术院校 Art	157290	75377	0	81913	188456	86500	2494	99462
民族院校 Ethnic Nationality	76194	63475	0	12719	80531	67574	0	12957
二、成人高等学校 Adult HEIs	**12971**	**0**	**0**	**12971**	**7423**	**0**	**0**	**7423**

分性质类别学生数
Type of Courses in Regular HEIs

单位：人
unit：person

在校生数 Enrolment	普通本科 Normal Courses	职业本科 Vocational Undergra-duate	高职（专科）Short-cycle Courses	预计毕业生数 Estimated Graduates for Next Year	普通本科 Normal Courses	职业本科 Vocational Undergra-duate	高职（专科）Short-cycle Courses
36594175	**19656436**	**228740**	**16708999**	**10853349**	**5044832**	**40159**	**5768358**
18312067	10397461	109737	7804869	5323220	2653831	19364	2650025
36570958	**19656436**	**228740**	**16685782**	**10846116**	**5044832**	**40159**	**5761125**
20806881	19615274	578	1191029	5534583	5025877	0	508706
1559142	1478573	0	80569	440125	409613	0	30512
623594	41162	228162	354270	207050	18955	40159	147936
15140483	—	—	15140483	5104483	—	—	5104483
9692845	5281199	55278	4356368	2898774	1370536	11999	1516239
13506935	6166088	124000	7216847	4080915	1596371	19904	2464640
1383596	841450	7398	534748	396968	211627	0	185341
277816	127455	0	150361	82384	31625	0	50759
2504278	1290863	7146	1206269	696800	287902	0	408898
3454393	2650278	0	804115	976881	691355	0	285526
562809	349825	10597	202387	164788	90036	2331	72421
3667860	2004829	15379	1647652	1118196	531157	3713	583326
399167	233975	0	165192	118409	57435	0	60974
174286	102256	0	72030	49658	26882	0	22776
638421	338623	8942	290856	183212	83953	2212	97047
308552	269595	0	38957	79131	65953	0	13178
23217	**0**	**0**	**23217**	**7233**	**0**	**0**	**7233**

成人本专科分
Number of Students for Adult

类别 Item	毕业生数 Graduates	本科 Normal Courses	专科 Short-cycle Courses	招生数 Entrants	本科 Normal Courses	专科 Short-cycle Courses
总　计 Total	**3300668**	**1732128**	**1568540**	**4400196**	**2446444**	**1953752**
#女 of Which:Female	1947163	1050631	896532	2485531	1412394	1073137
一、成人高等学校 Adult HEIs	**189733**	**16221**	**173512**	**207213**	**15296**	**191917**
职工高等学校 Workers'Colleges	57261	1723	55538	62054	2557	59497
农民高等学校 Peasants' Colleges	853	0	853	863	0	863
管理干部学院 Institutes for Administration	3597	240	3357	4922	388	4534
教育学院 Educational Colleges	39078	10114	28964	41701	8087	33614
独立函授学院 Independent Correspondence Colleges	0	0	0	0	0	0
开放大学 The Open University	88944	4144	84800	97673	4264	93409
其他成人高教机构 Other Adult HEIs	0	0	0	0	0	0
二、普通、职业高等学校 Regular HEIs	**3110935**	**1715907**	**1395028**	**4192983**	**2431148**	**1761835**
函授 Correspondence	2201555	1219157	982398	3243509	1932318	1311191
业余 Spare time Schools	908273	496571	411702	948604	498830	449774
脱产 Full-time Courses for Adults	1107	179	928	870	0	870

性质类别学生数

Programs by Type of Schools in HEIs

单位：人
unit：person

在校生数 Enrolment	本科 Normal Courses	专科 Short-cycle Courses	预计毕业生数 Estimated Graduates for Next Year	本科 Normal Courses	专科 Short-cycle Courses
9336481	**5277598**	**4058883**	**3838342**	**2045979**	**1792363**
5314001	3061821	2252180	2184606	1190701	993905
458413	**34720**	**423693**	**219458**	**16639**	**202819**
143705	4880	138825	76311	2323	73988
2726	0	2726	1863	0	1863
9944	715	9229	5022	327	4695
87699	19329	68370	35257	9378	25879
0	0	0	0	0	0
214339	9796	204543	101005	4611	96394
0	0	0	0	0	0
8878068	**5242878**	**3635190**	**3618884**	**2029340**	**1589544**
6608972	3947137	2661835	2681897	1513283	1168614
2267223	1295649	971574	936004	515966	420038
1873	92	1781	983	91	892

普通本科分学科门类学生数

Number of Regular Students for Normal Courses in HEIs by Discipline

单位：人
unit: person

类别 Item	毕业生数 Graduates	招生数 Entrants	在校生数 Enrolment	预计毕业生数 Estimated Graduates for Next Year
总　计 Total	**4715658**	**4679358**	**19656436**	**5044832**
#女 of Which: Female	2606039	2947991	10397461	2653831
#师范生 of Which: Normal University Students	498854	495436	2132596	—
哲　学 Philosophy	2413	3800	12400	2517
经济学 Economics	262452	233817	981385	262813
法　学 Law	166470	172974	711940	178777
教育学 Education	222013	220886	950210	247645
文　学 Literature	466944	457821	1925719	501570
历史学 History	21665	28259	107200	24101
理　学 Science	298672	337668	1314583	318900
工　学 Engineering	1565928	1662036	6742664	1708687
农　学 Agriculture	76567	85500	330960	80063
医　学 Medicine	333657	347954	1599714	355827
管理学 Management	849793	658804	3038017	867623
艺术学 Art	449084	469839	1941644	496309

职业本科分专业大类学生数

Number of Regular Students for Short-cycle Courses in HEIs by Discipline

单位：人
unit: person

类别 Item	毕业生数 Graduates	#职业类证书 of Which: Occupational Certificates	#职业技能等级证书 of Which: Vocational Skill Level Certificate	招生数 Entrants	在校生数 Enrolment	#现代学徒制 of Which: Modern Apprenticeships	预计毕业生数 Estimated Graduates for Next Year
总　计 Total	**9229**	**4514**	**1697**	**76302**	**228740**	**115**	**40159**
#女 of Which: Female	4315	1776	701	51372	109737	39	19364
农林牧渔大类 Agriculture, Forestry, Husbandry and Fishery	0	0	0	365	1245	0	0
资源环境与安全大类 Resources Environment and Security	0	0	0	1858	3884	0	135
能源动力与材料大类 Energy Power and Material	0	0	0	546	921	0	0
土木建筑大类 Civil Engineering and Architecture	889	538	291	6208	20541	1	4157
水利大类 Water Resources	0	0	0	89	89	0	0
装备制造大类 Equipment Manufacturing	1006	606	124	10943	28685	0	5087
生物与化工大类 Biology and Chemical Engineering	2	2	0	1481	2422	0	105
轻工纺织大类 Light Industry and Textile	1	0	0	508	779	0	44
食品药品与粮食大类 Food, Medicine and Grain	27	16	0	1418	2617	0	237
交通运输大类 Transport and Communication	68	42	36	2640	6536	0	945
电子信息大类 Electronic Information	1311	940	283	16152	51719	100	9596
医药卫生大类 Medicine and Health Care	360	129	74	5376	12752	0	1615
财经商贸大类 Finance, Economics, Commerce and Trade	3411	1372	472	13017	45506	5	9056
旅游大类 Tourism	420	82	74	654	2349	0	565
文化艺术大类 Culture and Arts	370	95	27	7145	19623	5	2638
新闻传播大类 Journalism and Communication	0	0	0	1586	4263	0	285
教育与体育大类 Education and Sports	1364	692	316	5385	23558	4	5694
公安与司法大类 Public Security and Justice	0	0	0	273	351	0	0
公共管理与服务大类 Public Administration and Service	0	0	0	658	900	0	0

高职(专科)分专业大类学生数

Number of Regular Students for Short-cycle Courses in HEIs by Discipline

单位：人
unit：person

类别 Item	毕业生数 Graduates	#职业类证书 of Which：Occupational Certificates	#职业技能等级证书 of Which：Vocational Skill Level Certificate	招生数 Entrants	在校生数 Enrolment	#现代学徒制 of Which：Modern Apprenticeships	预计毕业生数 Estimated Graduates for Next Year
总　计 Total	**4947678**	**1790647**	**806290**	**5932657**	**16708999**	**341692**	**5768358**
#女 of Which：Female	2391256	896562	413862	2813461	7804869	122218	2650025
农林牧渔大类 Agriculture，Forestry，Husbandry and Fishery	98988	26955	14705	133609	357117	14619	117421
资源环境与安全大类 Resources Environment and Security	66793	20032	8816	91997	244239	9636	78428
能源动力与材料大类 Energy Power and Material	49139	18013	7264	64609	169740	6863	52964
土木建筑大类 Civil Engineering and Architecture	373407	119601	52301	418729	1271153	21539	454490
水利大类 Water Resources	17252	6022	3441	20802	61214	906	20492
装备制造大类 Equipment Manufacturing	493537	208820	85804	699717	1783966	59134	568992
生物与化工大类 Biology and Chemical Engineering	37911	13460	6405	54208	144652	8468	45860
轻工纺织大类 Light Industry and Textile	21101	7426	3222	24448	70070	2641	24862
食品药品与粮食大类 Food，Medicine and Grain	77252	24796	13657	104455	276286	7458	87689
交通运输大类 Transport and Communication	364450	143422	64486	417235	1152427	29155	387709
电子信息大类 Electronic Information	688628	253175	113588	905770	2490736	55253	835995
医药卫生大类 Medicine and Health Care	694067	250584	107870	836644	2358720	21502	788779
财经商贸大类 Finance，Economics，Commerce and Trade	839891	302103	166937	862911	2658061	58580	1011681
旅游大类 Tourism	150404	51226	23861	177119	475451	18959	158339
文化艺术大类 Culture and Arts	241784	73867	28881	302437	822117	13060	274721
新闻传播大类 Journalism and Communication	42616	11292	4787	61025	157185	1641	47689
教育与体育大类 Education and Sports	576101	234657	86355	634343	1837568	8986	670773
公安与司法大类 Public Security and Justice	50432	7011	3379	47656	151023	286	57039
公共管理与服务大类 Public Administration and Service	63925	18185	10531	74943	227274	3006	84435

注：招生数中包含五年制高职转入学生数。
Note：The number of entrants from the 5−year Secondary Vocational Education are included.

成人本科分学科门类学生数

Number of Adult Students for Normal Courses in HEIs by Discipline

单位：人
unit：person

类别 Item	毕业生数 Graduates	招生数 Entrants	在校生数 Enrolment	预计毕业生数 Estimated Graduates for Next Year
总　计 Total	**1732128**	**2446444**	**5277598**	**2045979**
#女 of Which：Female	1050631	1412394	3061821	1190701
哲　学 Philosophy	8	0	333	150
经济学 Economics	30675	34519	79122	32808
法　学 Law	67463	110986	215589	84164
教育学 Education	203757	289089	573539	229392
文　学 Literature	100269	171363	326299	122766
历史学 History	1399	2011	3927	1557
理　学 Science	23429	31655	60555	25044
工　学 Engineering	399476	638188	1313662	509437
农　学 Agriculture	21061	34930	71899	28813
医　学 Medicine	414227	465304	1131444	436894
管理学 Management	452748	646299	1443330	553277
艺术学 Art	17616	22100	57899	21677

成人专科分专业大类学生数

Number of Adult Students for Short-cycle Courses in HEIs by Discipline

单位：人
unit：person

类别 Item	毕业生数 Graduates	招生数 Entrants	在校生数 Enrolment	预计毕业生数 Estimated Graduates for Next Year
总　计 Total	**1568540**	**1953752**	**4058883**	**1792363**
#女 of Which：Female	896532	1073137	2252180	993905
农林牧渔大类 Agriculture，Forestry，Husbandry and Fishery	17885	25548	51518	22288
资源环境与安全大类 Resources Environment and Security	9485	11464	23440	10127
能源动力与材料大类 Energy Power and Material	5354	5416	11867	5699
土木建筑大类 Civil Engineering and Architecture	146329	244706	459210	184917
水利大类 Water Resources	4069	5126	11457	5594
装备制造大类 Equipment Manufacturing	125842	175347	339633	143560
生物与化工大类 Biology and Chemical Engineering	8588	42606	70146	24069
轻工纺织大类 Light Industry and Textile	849	1054	2013	878
食品药品与粮食大类 Food，Medicine and Grain	2946	7113	13061	4829
交通运输大类 Transportation and Communication	65076	36840	105976	60798
电子信息大类 Electronic Information	124942	166707	331007	144029
医药卫生大类 Medicine and Health Care	150050	155022	366579	149675
财经商贸大类 Finance，Economics，Commerce and Trade	507749	643084	1336485	600724
旅游大类 Tourism	21946	22968	49163	24460
文化艺术大类 Culture and Arts	24847	20257	47686	23264
新闻传播大类 Journalism and Communication	1306	1566	3310	1640
教育与体育大类 Education and Sports	243968	236467	521939	251543
公安与司法大类 Public Security and Justice	18228	25159	50916	23477
公共管理与服务大类 Public Administration and Service	89081	127302	263477	110792

网络本科分学科学生数

Number of Web-based Students for Normal Courses in HEIs by Discipline

单位：人
unit：person

类别 Item	毕业生数 Graduates	招生数 Entrants	在校生数 Enrolment
总　计 Total	**1048500**	**1289961**	**3419642**
#女 of Which：Female	495807	555251	1521294
#开放大学 of Which：Open University	317248	529765	1429227
哲　学 Philosophy	0	0	0
经济学 Economics	26678	22773	73693
法　学 Law	78018	106544	292455
教育学 Education	61147	93195	220478
文　学 Literature	49859	78062	180420
历史学 History	480	699	1495
理　学 Science	10553	18336	38088
工　学 Engineering	292175	384572	969739
农　学 Agriculture	10472	12726	32768
医　学 Medicine	80378	72095	234989
管理学 Management	434330	492606	1354541
艺术学 Art	4410	8353	20976

网络专科分专业大类学生数
Number of Web-based Students for Short-cycle Courses in HEIs by Discipline

单位：人
unit：person

类别 Item	毕业生数 Graduates	招生数 Entrants	在校生数 Enrolment
总　计 Total	**1570388**	**1518939**	**5026858**
#女 of Which：Female	685334	623352	2013897
#开放大学 of Which：Open University	1107274	1218918	4271206
农林牧渔大类 Agriculture, Forestry, Husbandry and Fishery	17131	26708	70587
资源环境与安全大类 Resources Environment and Security	18977	9692	37229
能源动力与材料大类 Energy Power and Material	8522	1842	9479
土木建筑大类 Civil Engineering and Architecture	156803	174633	548256
水利大类 Water Resources	7185	5575	20138
装备制造大类 Equipment Manufacturing	92675	103757	316854
生物与化工大类 Biology and Chemical Engineering	5612	19596	45901
轻工纺织大类 Light Industry and Textile	168	0	118
食品药品与粮食大类 Food, Medicine and Grain	8077	7903	16779
交通运输大类 Transport and Communication	40830	27202	132543
电子信息大类 Electronic Information	132935	130382	462829
医药卫生大类 Medicine and Health Care	84970	56498	225769
财经商贸大类 Finance, Economics, Commerce and Trade	405189	381735	1215696
旅游大类 Tourism	9084	9415	50152
文化艺术大类 Culture and Arts	6249	11963	34052
新闻传播大类 Journalism and Communication	1165	2683	5979
教育与体育大类 Education and Sports	139659	111746	403660
公安与司法大类 Public Security and Justice	60531	45952	201895
公共管理与服务大类 Public Administration and Service	374626	391657	1228942

高等教育学生
Changes in Enrolment of

类别 Item	上学年初报表在校学生数 Enrolment at Beginning of Orevious Academic Year	增加学生数 Factors of Increase					
		合计 Total	招生 No. of Students Admitted	复学 Students Resuming Studies	转入 Transfers from Other Inst.	退役复学 Return to School from Army	其他 Others
博士研究生 Doctor's Degree	509453	141928	138951	1553	462	1	961
硕士研究生 Master's Degree	2822920	1110561	1103528	4919	214	83	1817
普通本科生 Normal Courses	18931044	5633786	5545512	52860	1210	32109	2095
职业本科生 Vocational Undergraduate	129297	109749	109437	182	14	111	5
高职专科生 Short-cycle Courses	15900966	6133531	5932657	48402	50255	49540	52677
成人本科生 Normal Courses Provided by Adult HEIs	4591098	2491000	2446444	9495	5508	170	29383
成人专科生 Short-cycle Courses Provided by Adult HEIs	3735423	1980060	1953752	9351	3398	325	13234
网络本科生 Normal Courses Provided by Web-based Programs	3328548	1300181	1289961	655	0	1	9564
网络专科生 Short-cycle Courses Provided by Web-based Programs	5410458	1523932	1518939	1479	0	4	3510

高等教育学生
Other Circumstances of Students

类别 Item	共产党员 Member of C. P. C	共青团员 Member of C. Y. L. C
总　计 Total	**3137221**	**26040648**
研究生 Postgraduates	1016793	2261861
博　士 Doctor's Degree	235697	201154
硕　士 Master's Degree	781096	2060707
普通本科 Undergraduates	1175334	15011461
职业本专科 Vocational Undergraduate	231297	7541460
本　科 Normal Courses	5645	132611
专　科 Short-cycle Courses	225652	7408849
成人本专科 Undergraduates in Adult HEIs	146076	583405
本　科 Normal Courses	103493	387159
专　科 Short-cycle Courses	42583	196246
网络本专科生 Web-based Undergraduates	567721	642461
本　科 Normal Courses	253915	280195
专　科 Short-cycle Courses	313806	362266

数变动情况
Higher Educations

单位：人
unit：person

减少学生数 Factors of Decrease									本学年初报表在校学生数 Enrolment at Beginning of Current Academic Year
合计 Total	毕业 Graduates	结业 Completers of Courses without Formal awards	休学 Suspended	退学 Quitting	死亡 Death	转出 Transfers to Other Inst.	应征入伍 Enlist into the Army	其他 Others	
95316	82320	4327	1961	4941	58	252	2	1455	556065
835933	779845	7484	5634	14381	228	2487	177	25697	3097548
4908394	4715658	68831	51885	35278	1695	934	30202	3911	19656436
10306	9229	29	430	216	7	23	347	25	228740
5325498	4947678	101908	62426	114759	1431	16517	71282	9497	16708999
1804500	1732128	5354	11499	45842	32	1249	109	8287	5277598
1656600	1568540	7160	12668	50846	31	4857	672	11826	4058883
1209087	1048500	3909	4021	74230	2	0	0	78425	3419642
1907532	1570388	1549	6070	97631	3	0	0	231891	5026858

中其他情况
in Higher Education

单位：人
unit：person

民主党派 Member of Non-Communist Party	香港 From H. K	澳门 From Macao	台湾 From Taiwan	华侨 Overseas Chinese	少数民族 Minorities	残疾人 Disabled
20933	**23898**	**11897**	**12327**	**2404**	**5295392**	**62960**
5602	3845	1703	3961	578	217112	1441
2217	1028	249	1212	109	33460	168
3385	2817	1454	2749	469	183652	1273
7501	18296	6822	7922	1508	1936478	26222
261	541	45	163	67	1852913	33180
0	4	3	1	0	18681	314
261	537	42	162	67	1834232	32866
2747	582	867	140	251	675831	835
1721	193	628	24	246	401948	198
1026	389	239	116	5	273883	637
4822	634	2460	141	0	613058	1282
1913	243	438	40	0	235122	530
2909	391	2022	101	0	377936	752

高等教育国际
Information on International

类别 Item	毕(结)业生数 Graduates
总　计 Total	**125858**
#女 of Which:Female	16429
按学历分 by Level of Training	39474
博士研究生 Doctor's Degree	2460
硕士研究生 Master's Degree	8928
本科生 Normal Courses	24622
专科生 Short-cycle Courese	3464
培训 In-service Training	86384
按大洲分 By Continent	
亚洲 Asia	24781
非洲 Africa	10424
欧洲 Europe	2471
北美洲 North America	1119
南美洲 South America	417
大洋洲 Australia	262

高等教育学校
Number of Educational

类别 Item	教职工数 Educational Personnel	专任教师 Full-time Teachers	行政人员 Adm. Personnel	教辅人员 Supporting Staff	工勤人员 Workers
总　计 Total	**2870866**	**2005188**	**405420**	**245438**	**122982**
#女 of Which: Female	1492634	1062189	207956	144435	34901
#在编人员 of Which: Permanent Staff	1912985	1385866	259042	153557	58462
1. 普通本科学校 Academic HEIs	1976771	1318556	301217	186934	86866
#独立学院 of Which:Independent Institutions	83915	61316	13100	5012	4342
2. 本科层次职业学校 Professional HEIs	34196	27903	3226	1662	1312
3. 高职(专科)学校 Vocational HEIs	832026	643704	94348	52410	33279
4. 成人高等学校 Adult HEIs	27873	15025	6629	4432	1525

学生情况
Students in HEIs

单位：人
unit：person

授予学位数 Degrees Awarded	招生数 Entrants	在校生数 Enrolment
32443	**114112**	**253177**
13851	18965	83862
32443	41298	200892
2076	4713	26281
7869	13183	45181
22498	20291	121048
—	3111	8382
—	72814	52285
19383	26627	135731
9196	9472	43345
2196	3044	12399
1047	1301	5430
390	543	2484
231	311	1503

教职工情况(总计)
Personnel in HEIs(Total)

单位：人
unit：person

专职科研人员 Full-time Researchers	其他附设机构人员 Personnel in Others Subsidiary Units	校外教师 Part-time Teachers	行业导师 Industry Mentor	外籍教师 Foreign Teachers	离退休人员 Retirees	附属中小学幼儿园教职工 Number of Educational Personnel in Affiliated Kindergartens, Primary and Secondary Schools
50600	**41238**	**453302**	**405037**	**19219**	**966111**	**28160**
19854	23299	203615	148433	4896	472349	20516
27350	28708	—	—	—	—	—
49279	33919	291032	208420	17548	744375	25040
50	95	35375	6205	319	60	162
68	25	6776	6380	49	2832	0
1160	7125	136160	188683	995	197976	2829
93	169	19334	1554	627	20928	291

高等教育研究生
Number of Supervisors of

类别 Item	合计 Total	29 岁及以下 29 and Under	30-34 岁 30 to 34
总　计 Total	**625061**	**3104**	**50599**
#女 of Which: Female	209745	1312	18306
#培养研究生的科研机构 of Which: Institutions Providing Postgraduate Programs	21214	15	564
按专业技术职务分:正高级 by Rank:Senior	283712	67	2970
副高级 Sub-Senior	269135	773	21124
中　级 Middle	72214	2264	26505
按指导关系分:博士导师 by Level of Programs Supervised:Supervisors of Doctoral Programs	13545	35	617
#女 of Which: Female	2212	9	156
硕士导师 Supervisors of Master's Degree Programs	466169	2892	44769
#女 of Which: Female	176108	1242	17006
博士、硕士导师 Supervisors of Doc. and Mas. Degree Programs	145347	177	5213
#女 of Which: Female	31425	61	1144

研究生指导
Number of Supervisors of

类别 Item	合计 Total	29 岁及以下 29 and Under	30-34 岁 30 to 34
总　计 Total	**603847**	**3089**	**50035**
#女 of Which: Female	204693	1302	18121
按专业技术职务分:正高级 by Rank:Senior	269396	67	2930
副高级 Sub-Senior	262433	771	20681
中　级 Middle	72018	2251	26424
分指导关系:博士导师 by Level of Programs Supervised:Supervisors of Doctoral Programs	12633	35	617
#女 of Which: Female	2120	9	156
硕士导师 Supervisors of Master's Degree Programs	449256	2877	44218
#女 of Which: Female	171780	1232	16827
博士、硕士导师 Supervisors of Doc. and Mas. Degree Programs	141958	177	5200
#女 of Which: Female	30793	61	1138

指导教师情况(总计)

Postgraduate Programs (Total)

单位：人
unit: person

35-39 岁 35 to 39	40-44 岁 40 to 44	45-49 岁 45 to 49	50v54 岁 50 to 54	55-59 岁 55 to 59	60-64 岁 60 to 64	65 岁及以上 65 and Over
97677	**140823**	**112520**	**95761**	**90299**	**23486**	**10792**
33074	52610	41883	33553	23369	4252	1386
2905	5005	3957	3696	4009	769	294
15450	44668	54957	62214	72379	20881	10126
59185	83722	52719	31548	17115	2419	530
23042	12433	4844	1999	805	186	136
1295	1825	1767	2013	3034	1493	1466
257	356	361	423	403	129	118
79458	112097	85811	70580	56927	10607	3028
29514	46352	34934	26894	17121	2475	570
16924	26901	24942	23168	30338	11386	6298
3303	5902	6588	6236	5845	1648	698

教师情况(普通高校)

Postgraduate Programs (Regular HEIs)

单位：人
unit: person

35-39 岁 35 to 39	40-44 岁 40 to 44	45-49 岁 45 to 49	50-54 岁 50 to 54	55-59 岁 55 to 59	60-64 岁 60 to 64	65 岁及以上 65 and Over
94772	**135818**	**108563**	**92065**	**86290**	**22717**	**10498**
32273	51287	40791	32629	22784	4148	1358
14749	41851	52048	59116	68649	20146	9840
57032	81562	51682	30958	16838	2385	524
22991	12405	4833	1991	803	186	134
1280	1750	1661	1825	2714	1371	1380
256	347	350	397	372	121	112
76750	107735	82542	67754	54236	10221	2923
28740	45161	34008	26151	16694	2413	554
16742	26333	24360	22486	29340	11125	6195
3277	5779	6433	6081	5718	1614	692

高等教育分学科专任教师数(普通高校)
Number of Full-time Teachers by Field of Study in HEIs (Regular HEIs)

单位：人
unit：person

类别 Item	合计 Total	正高级 Senior	副高级 Sub-Senior	中　级 Middle	初　级 Junior	未定职级 No-Ranking
总　计 Total	**1315839**	**220889**	**419490**	**490642**	**95590**	**89228**
#女 of Which：Female	660674	68794	200894	276044	62137	52805
哲　学 Philosophy	41265	5645	11060	15929	4629	4002
#马克思主义哲学 of Which：Marxist Philosophy	26085	3054	6775	10229	3313	2714
经济学 Economics	55733	9575	17728	20520	4113	3797
法　学 Law	74414	10464	20469	29079	7836	6566
教育学 Education	104340	10358	30619	40728	12950	9685
文　学 Literature	157900	16022	46271	72404	13090	10113
历史学 History	14985	3396	4884	5106	747	852
理　学 Science	159790	37461	55751	52410	5888	8280
工　学 Engineering	358135	70306	126475	126121	15814	19419
农　学 Agriculture	31993	8028	10593	10191	1150	2031
医　学 Medicine	97941	25012	33534	30353	5032	4010
管理学 Management	114640	15837	35282	43914	10604	9003
艺术学 Art	104703	8785	26824	43887	13737	11470

专任教师教学领域所属大类情况(本科层次职业高校)

Number of Full-time Teachers by Field of Study in HEIs (Professional HEIs)

单位:人
unit: person

类别 Item	合计 Total	正高级 Senior	副高级 Sub-Senior	中级 Middle	初级 Junior	未定职级 No-Ranking
总 计 Total	**27761**	**1873**	**7268**	**9253**	**4462**	**4905**
#女 of Which: Female	15301	670	3595	5439	2849	2748
#实习指导课 of Which: Practice Guidance Lessons	4422	220	1112	1791	740	559
农林牧渔大类 Agriculture, Forestry, Husbandry and Fishery	337	32	97	149	12	47
资源环境与安全大类 Resources Environment and Security	551	37	154	210	86	64
能源动力与材料大类 Energy Power and Material	631	58	193	211	88	81
土木建筑大类 Civil Engineering and Architecture	2015	138	636	660	286	295
水利大类 Water Resources	55	3	17	16	8	11
装备制造大类 Equipment Manufacturing	2178	170	751	709	240	308
生物与化工大类 Biology and Chemical Engineering	520	55	182	199	49	35
轻工纺织大类 Light Industry and Textile	136	14	43	46	12	21
食品药品与粮食大类 Food, Medicine and Grain	225	31	46	68	51	29
交通运输大类 Transport and Communication	824	56	239	294	113	122
电子信息大类 Electronic Information	3795	272	1115	1325	488	595
医药卫生大类 Medicine and Health Care	1233	124	362	445	187	115
财经商贸大类 Finance, Economics, Commerce and Trade	3480	218	854	1197	592	619
旅游大类 Tourism	362	23	86	117	55	81
文化艺术大类 Culture and Arts	2792	155	662	810	494	671
新闻传播大类 Journalism and Communication	353	7	91	89	70	96
教育与体育大类 Education and Sports	1935	115	390	568	348	514
公安与司法大类 Public Security and Justice	108	2	22	51	15	18
公共管理与服务大类 Public Administration and Service	675	67	134	190	100	184

专任教师教学领域所属大类情况(专科层次职业高校)
Number of Full-time Teachers by Field of Study in HEIs (Vocational HEIs)

单位：人
unit：person

类别 Item	合计 Total	正高级 Senior	副高级 Sub-Senior	中　级 Middle	初　级 Junior	未定职级 No-Ranking
总　计 Total	**619521**	**29720**	**150014**	**229860**	**114040**	**95887**
#女 of Which：Female	360537	13240	78595	137086	71398	60218
#实习指导课 of Which：Practice Guidance Lessons	157746	7547	41144	66787	25737	16531
农林牧渔大类 Agriculture，Forestry，Husbandry and Fishery	11798	1219	3716	3972	1577	1314
资源环境与安全大类 Resources Environment and Security	7032	369	2037	2797	1028	801
能源动力与材料大类 Energy Power and Material	9391	560	2930	3494	1303	1104
土木建筑大类 Civil Engineering and Architecture	30155	1337	7976	12226	5066	3550
水利大类 Water Resources	2316	184	735	862	337	198
装备制造大类 Equipment Manufacturing	45198	2820	12856	17226	7136	5160
生物与化工大类 Biology and Chemical Engineering	8429	695	2531	3070	1283	850
轻工纺织大类 Light Industry and Textile	3016	253	860	1129	530	244
食品药品与粮食大类 Food，Medicine and Grain	7407	521	1944	2693	1287	962
交通运输大类 Transport and Communication	24262	1160	6017	9424	4320	3341
电子信息大类 Electronic Information	63534	2864	17125	23407	10164	9974
医药卫生大类 Medicine and Health Care	56095	4056	14227	19972	10854	6986
财经商贸大类 Finance，Economics，Commerce and Trade	64451	3005	15576	24624	11478	9768
旅游大类 Tourism	13734	559	3070	5170	2695	2240
文化艺术大类 Culture and Arts	45118	1496	8616	16810	9538	8658
新闻传播大类 Journalism and Communication	4804	156	860	1718	1036	1034
教育与体育大类 Education and Sports	54657	2331	12269	19955	10545	9557
公安与司法大类 Public Security and Justice	5066	294	1264	1896	823	789
公共管理与服务大类 Public Administration and Service	14790	592	2863	5573	2922	2840

高等教育分学科专任教师数(成人高校)
Number of Full-time Teachers by Field of Study in HEIs(Adult HEIs)

单位：人
unit：person

类别 Item	合计 Total	正高级 Senior	副高级 Sub-Senior	中　级 Middle	初　级 Junior	未定职级 No-Ranking
总　计 Total	**14718**	**923**	**4932**	**6057**	**2015**	**791**
#女 of Which：Female	8852	501	2838	3740	1307	466
哲　学 Philosophy	581	44	212	192	84	49
#马克思主义哲学 of Which：Marxist Philosophy	270	25	99	83	47	16
经济学 Economics	1091	103	387	420	141	40
法　学 Law	914	101	284	360	106	63
教育学 Education	1895	140	674	736	256	89
文　学 Literature	2083	116	745	868	272	82
历史学 History	171	19	69	65	13	5
理　学 Science	1352	77	477	596	144	58
工　学 Engineering	3665	149	1226	1606	507	177
农　学 Agriculture	197	23	64	69	33	8
医　学 Medicine	350	10	122	146	35	37
管理学 Management	1723	124	518	699	268	114
艺术学 Art	696	17	154	300	156	69

高等教育专任教师分学历(位)、
Full-time Teachers by Educational Background and by

类别 Item	合计 Total	#获取博士学位 of Which: Ph. D	#获取硕士学位 of Which: Master's Degree	博士 Doctor's Degree	#获取博士学位 of Which: Ph. D	#获取硕士学位 of Which: Master's Degree
1. 专任教师 Full-time Teachers	**1977839**	**589639**	**959761**	**585297**	**583450**	**1599**
#女 of Which: Female	1045364	229646	599534	228020	227146	803
正高级 Senior	253405	165049	55941	162887	162589	200
副高级 Sub-Senior	581704	215368	245439	213566	212902	608
中　级 Middle	735812	181290	412280	180902	180195	638
初　级 Junior	216107	2049	139986	2041	1986	49
未定职级 No-Ranking	190811	25883	106115	25901	25778	104
2. 聘请校外教师 Part-time Teachers	**453302**	**93028**	**174779**	**90555**	**89152**	**645**
#女 of Which: Female	203615	28995	89178	27961	27515	201
正高级 Senior	86282	39744	21553	38917	38538	149
副高级 Sub-Senior	141661	31250	54970	30146	29685	265
中　级 Middle	137133	17881	63863	17139	16869	157
初　级 Junior	32518	454	13855	587	432	15
未定职级 No-Ranking	55708	3699	20538	3766	3628	59
3. 行业导师 Industry Mentor	**405037**	**46876**	**113650**	**44561**	**43621**	**450**
4. 外籍教师 Foreign Teachers	**19219**	**11774**	**4391**	**11811**	**11640**	**58**

分专业技术职务情况(总计)
Professional and Technical Position in HEIs(Total)

单位：人
unit：person

硕士 Master's Degree	#获取博士学位 of Which: Ph. D	#获取硕士学位 of Which: Master's Degree	本科 University Diploma	#获取博士学位 of Which: Ph. D	#获取硕士学位 of Which: Master's Degree	专科 Short-cycle Courses	#获取博士学位 of Which: Ph. D	#获取硕士学位 of Which: Master's Degree	高中阶段以下 Below High School Graduate
773302	**4849**	**759118**	**610279**	**1335**	**198613**	**8606**	**5**	**431**	**355**
492776	1902	486376	321828	598	112179	2660	0	176	80
33836	1684	31062	56262	774	24613	396	2	66	24
160337	2012	155270	206096	451	89382	1657	3	179	48
339633	997	335183	212525	98	76342	2650	0	117	102
134671	56	133682	77542	7	6210	1805	0	45	48
104825	100	103921	57854	5	2066	2098	0	24	133
154747	**3178**	**147091**	**198695**	**696**	**26970**	**9002**	**2**	**73**	**303**
78888	1173	75675	93555	306	13277	3127	1	25	84
18691	953	17089	28082	251	4299	567	2	16	25
45100	1313	42432	64801	252	12248	1578	0	25	36
57761	831	55567	59629	181	8125	2550	0	14	54
13039	21	12598	17591	1	1240	1242	0	2	59
20156	60	19405	28592	11	1058	3065	0	16	129
104900	**2752**	**98751**	**217332**	**490**	**14272**	**36303**	**13**	**177**	**1941**
4514	**127**	**4233**	**2847**	**7**	**100**	**42**	**0**	**0**	**5**

高等教育专任教师分学历(位)、
Full-time Teachers by Educational Background and by

类别 Item	合计 Total	#获取博士学位 of Which: Ph. D	#获取硕士学位 of Which: Master's Degree	博士 Doctor's Degree	#获取博士学位 of Which: Ph. D	#获取硕士学位 of Which: Master's Degree
1. 专任教师 Full-time Teachers	**1315839**	**570842**	**607397**	**566787**	**565255**	**1356**
#女 of Which: Female	660674	221561	376846	220020	219300	682
正高级 Senior	220889	160921	40390	158913	158650	173
副高级 Sub-Senior	419490	208459	160709	206795	206251	508
中　级 Middle	490642	175293	269605	174911	174318	556
初　级 Junior	95590	1795	80227	1791	1749	38
未定职级 No-Ranking	89228	24374	56466	24377	24287	81
2. 聘请校外教师 Part-time Teachers	**291032**	**87057**	**116200**	**84787**	**83695**	**509**
#女 of Which: Female	124290	27112	58238	26179	25794	165
正高级 Senior	73895	37971	17434	37178	36888	107
副高级 Sub-Senior	101570	28914	39838	27953	27584	231
中　级 Middle	80920	16465	41020	15769	15576	120
初　级 Junior	11612	371	6686	502	354	9
未定职级 No-Ranking	23035	3336	11222	3385	3293	42
3. 行业导师 Industry Mentor	**208420**	**43861**	**74378**	**41674**	**40927**	**330**
4. 外籍教师 Foreign Teachers	**17548**	**11609**	**3821**	**11630**	**11482**	**55**

分专业技术职务情况(普通高校)
Professional and Technical Position in HEIs(Regular HEIs)

单位:人
unit: person

硕士 Master's Degree	#获取博士学位 of Which: Ph. D	#获取硕士学位 of Which: Master's Degree	本科 University Diploma	#获取博士学位 of Which: Ph. D	#获取硕士学位 of Which: Master's Degree	专科 Short-cycle Courses	#获取博士学位 of Which: Ph. D	#获取硕士学位 of Which: Master's Degree	高中阶段以下 Below High School Graduate
505711	**4409**	**497805**	**241250**	**1173**	**108034**	**2031**	**5**	**202**	**60**
319272	1726	315987	120692	535	60106	681	0	71	9
26899	1571	24635	34792	698	15533	268	2	49	17
113306	1818	110152	98711	387	49969	668	3	80	10
231274	894	229194	83743	81	39796	702	0	59	12
78250	43	78057	15343	3	2120	201	0	12	5
55982	83	55767	8661	4	616	192	0	2	16
103904	**2768**	**99330**	**99871**	**592**	**16319**	**2426**	**2**	**42**	**44**
51917	1042	50055	45283	275	8004	897	1	14	14
15401	858	14083	20905	223	3232	396	2	12	15
33006	1130	31179	39769	200	8407	833	0	21	9
37948	724	36777	26593	165	4116	604	0	7	6
6507	16	6426	4499	1	251	103	0	0	1
11042	40	10865	8105	3	313	490	0	2	13
70113	**2552**	**66140**	**90743**	**372**	**7817**	**5637**	**10**	**91**	**253**
3907	**125**	**3725**	**1984**	**2**	**41**	**22**	**0**	**0**	**5**

高等教育专任教师分学历(位)、
Full-time Teachers by Educational Background and by

类别 Item	合计 Total	#获取博士学位 of Which: Ph. D	#获取硕士学位 of Which: Master's Degree	博士 Doctor's Degree	#获取博士学位 of Which: Ph. D	#获取硕士学位 of Which: Master's Degree
1. 专任教师 Full-time Teachers	**27761**	**2046**	**15893**	**2037**	**2025**	**12**
#女 of Which: Female	15301	669	9766	669	663	6
正高级 Senior	1873	468	765	465	462	3
副高级 Sub-Senior	7268	713	3734	707	703	4
中　级 Middle	9253	637	5535	638	634	4
初　级 Junior	4462	24	2869	24	24	0
未定职级 No-Ranking	4905	204	2990	203	202	1
2. 聘请校外教师 Part-time Teachers	**6776**	**1077**	**2504**	**1055**	**1043**	**1**
#女 of Which: Female	2936	341	1283	333	332	0
正高级 Senior	1199	359	293	351	348	0
副高级 Sub-Senior	2617	423	903	410	410	0
中　级 Middle	2034	260	994	260	253	1
初　级 Junior	416	5	169	5	5	0
未定职级 No-Ranking	510	30	145	29	27	0
3. 行业导师 Industry Mentor	**6380**	**218**	**1460**	**214**	**211**	**2**
4. 外籍教师 Foreign Teachers	**49**	**12**	**20**	**12**	**12**	**0**

分专业技术职务情况(本科层次职业高校)
Professional and Technical Position in HEIs(Professional HEIs)

单位：人
unit：person

硕士 Master's Degree	#获取博士学位 of Which：Ph. D	#获取硕士学位 of Which：Master's Degree	本科 University Diploma	#获取博士学位 of Which：Ph. D	#获取硕士学位 of Which：Master's Degree	专科 Short-cycle Courses	#获取博士学位 of Which：Ph. D	#获取硕士学位 of Which：Master's Degree	高中阶段以下 Below High School Graduate
13882	**18**	**13308**	**11559**	**3**	**2571**	**257**	**0**	**2**	**26**
8730	6	8404	5806	0	1355	87	0	1	9
470	3	427	924	3	334	13	0	1	1
2687	10	2495	3762	0	1235	106	0	0	6
4900	3	4682	3647	0	848	62	0	1	6
2868	0	2807	1543	0	62	26	0	0	1
2957	2	2897	1683	0	92	50	0	0	12
2200	**27**	**2001**	**3375**	**7**	**500**	**144**	**0**	**2**	**2**
1134	7	1036	1415	2	245	53	0	2	1
230	8	206	595	3	85	23	0	2	0
731	11	652	1396	2	251	79	0	0	1
904	5	834	847	2	159	22	0	0	1
182	0	167	219	0	2	10	0	0	0
153	3	142	318	0	3	10	0	0	0
1323	**6**	**1248**	**3906**	**1**	**207**	**806**	**0**	**3**	**131**
20	**0**	**20**	**17**	**0**	**0**	**0**	**0**	**0**	**0**

高等教育专任教师分学历(位)、
Full-time Teachers by Educational Background and by

类别 Item	合计 Total	#获取博士学位 of Which: Ph. D	#获取硕士学位 of Which: Master's Degree	博士 Doctor's Degree	#获取博士学位 of Which: Ph. D	#获取硕士学位 of Which: Master's Degree
1. 专任教师 Full-time Teachers	**619521**	**15818**	**329843**	**15533**	**15251**	**219**
#女 of Which: Female	360537	6850	208432	6765	6622	110
正高级 Senior	29720	3462	14402	3313	3284	21
副高级 Sub-Senior	150014	5849	78896	5714	5608	87
中　级 Middle	229860	5048	134189	5035	4933	78
初　级 Junior	114040	224	55990	220	207	11
未定职级 No-Ranking	95887	1235	46366	1251	1219	22
2. 聘请校外教师 Part-time Teachers	**136160**	**4517**	**50203**	**4388**	**4136**	**134**
#女 of Which: Female	66516	1408	26264	1329	1277	35
正高级 Senior	9486	1322	3273	1309	1229	42
副高级 Sub-Senior	32007	1760	12473	1667	1588	33
中　级 Middle	46722	1055	19462	1028	963	36
初　级 Junior	18004	75	6381	77	70	6
未定职级 No-Ranking	29941	305	8614	307	286	17
3. 行业导师 Industry Mentor	**188683**	**2777**	**37567**	**2648**	**2464**	**118**
4. 外籍教师 Foreign Teachers	**995**	**143**	**389**	**142**	**137**	**3**

分专业技术职务情况(专科层次职业高校)
Professional and Technical Position in HEIs(Vocational HEIs)

单位：人
unit：person

硕士 Master's Degree	#获取博士学位 of Which：Ph. D	#获取硕士学位 of Which：Master's Degree	本科 University Diploma	#获取博士学位 of Which：Ph. D	#获取硕士学位 of Which：Master's Degree	专科 Short-cycle Courses	#获取博士学位 of Which：Ph. D	#获取硕士学位 of Which：Master's Degree	高中阶段以下 Below High School Graduate
248701	**411**	**243220**	**349005**	**156**	**86181**	**6049**	**0**	**223**	**233**
161327	166	158651	190598	62	49568	1795	0	103	52
6243	108	5797	20044	70	8568	114	0	16	6
43029	177	41381	100378	64	37329	862	0	99	31
101168	98	99125	121820	17	34933	1761	0	53	76
52672	13	51946	59601	4	4000	1507	0	33	40
45589	15	44971	47162	1	1351	1805	0	22	80
44059	**296**	**41621**	**81495**	**85**	**8430**	**6000**	**0**	**18**	**218**
23242	104	22117	39887	27	4106	2012	0	6	46
2723	71	2501	5302	22	730	142	0	0	10
10146	127	9505	19541	45	2932	630	0	3	23
16987	79	16166	26871	13	3253	1790	0	7	46
5812	5	5499	11129	0	874	954	0	2	32
8391	14	7950	18652	5	641	2484	0	6	107
33198	**193**	**31167**	**121635**	**117**	**6199**	**29651**	**3**	**83**	**1551**
395	**2**	**377**	**444**	**4**	**9**	**14**	**0**	**0**	**0**

高等教育专任教师分学历(位)、
Full-time Teachers by Educational Background and by

类别 Item	合计 Total	#获取博士学位 of Which: Ph. D	#获取硕士学位 of Which: Master's Degree	博士 Doctor's Degree	#获取博士学位 of Which: Ph. D	#获取硕士学位 of Which: Master's Degree
1. 专任教师 Full-time Teachers	**14718**	**933**	**6628**	**940**	**919**	**12**
#女 of Which: Female	8852	566	4490	566	561	5
正高级 Senior	923	198	384	196	193	3
副高级 Sub-Senior	4932	347	2100	350	340	9
中　级 Middle	6057	312	2951	318	310	0
初　级 Junior	2015	6	900	6	6	0
未定职级 No-Ranking	791	70	293	70	70	0
2. 聘请校外教师 Part-time Teachers	**19334**	**377**	**5872**	**325**	**278**	**1**
#女 of Which: Female	9873	134	3393	120	112	1
正高级 Senior	1702	92	553	79	73	0
副高级 Sub-Senior	5467	153	1756	116	103	1
中　级 Middle	7457	101	2387	82	77	0
初　级 Junior	2486	3	619	3	3	0
未定职级 No-Ranking	2222	28	557	45	22	0
3. 行业导师 Industry Mentor	**1554**	**20**	**245**	**25**	**19**	**0**
4. 外籍教师 Foreign Teachers	**627**	**10**	**161**	**27**	**9**	**0**

分专业技术职务情况(成人高等学校)
Professional and Technical Position in HEIs(Adult HEIs)

单位：人
unit：person

硕士 Master's Degree	#获取博士学位 of Which：Ph. D	#获取硕士学位 of Which：Master's Degree	本科 University Diploma	#获取博士学位 of Which：Ph. D	#获取硕士学位 of Which：Master's Degree	专科 Short-cycle Courses	#获取博士学位 of Which：Ph. D	#获取硕士学位 of Which：Master's Degree	高中阶段以下 Below High School Graduate
5008	**11**	**4785**	**8465**	**3**	**1827**	**269**	**0**	**4**	**36**
3447	4	3334	4732	1	1150	97	0	1	10
224	2	203	502	3	178	1	0	0	0
1315	7	1242	3245	0	849	21	0	0	1
2291	2	2182	3315	0	765	125	0	4	8
881	0	872	1055	0	28	71	0	0	2
297	0	286	348	0	7	51	0	0	25
4584	**87**	**4139**	**13954**	**12**	**1721**	**432**	**0**	**11**	**39**
2595	20	2467	6970	2	922	165	0	3	23
337	16	299	1280	3	252	6	0	2	0
1217	45	1096	4095	5	658	36	0	1	3
1922	23	1790	5318	1	597	134	0	0	1
538	0	506	1744	0	113	175	0	0	26
570	3	448	1517	3	101	81	0	8	9
266	**1**	**196**	**1048**	**0**	**49**	**209**	**0**	**0**	**6**
192	**0**	**111**	**402**	**1**	**50**	**6**	**0**	**0**	**0**

高等教育专任教师
Number of Full-time Teachers

类别 Item	合计 Total	29 岁及以下 29 and Under	30-34 岁 30 to 34
总　计 Total	**1977839**	**231139**	**352938**
#女 of Which: Female	1045364	156125	206540
正高级 Senior	253405	108	2555
副高级 Sub-Senior	581704	1168	28687
中　级 Middle	735812	31090	193218
初　级 Junior	216107	91941	75674
未定职级 No-Ranking	190811	106832	52804
一、普通本科学校 Academic HEIs	**1315839**	**114033**	**224176**
正高级 Senior	220889	106	2535
副高级 Sub-Senior	419490	1085	26090
中　级 Middle	490642	21431	135144
初　级 Junior	95590	45197	32369
未定职级 No-Ranking	89228	46214	28038
二、本科层次职业学校 Professional HEIs	**27761**	**5648**	**5850**
正高级 Senior	1873	0	0
副高级 Sub-Senior	7268	7	250
中　级 Middle	9253	597	2965
初　级 Junior	4462	2218	1457
未定职级 No-Ranking	4905	2826	1178
三、专科层次职业高校 Vocational HEIs	**619521**	**110290**	**121030**
正高级 Senior	29720	2	19
副高级 Sub-Senior	150014	76	2291
中　级 Middle	229860	8949	54135
初　级 Junior	114040	43870	41184
未定职级 No-Ranking	95887	57393	23401
四、成人高等学校 Adult HEIs	**14718**	**1168**	**1882**
正高级 Senior	923	0	1
副高级 Sub-Senior	4932	0	56
中　级 Middle	6057	113	974
初　级 Junior	2015	656	664
未定职级 No-Ranking	791	399	187

分年龄结构情况
by Age in HEIs

单位：人
unit：person

35-39 岁 35 to 39	40-44 岁 40 to 44	45-49 岁 45 to 49	50-54 岁 50 to 54	55-59 岁 55 to 59	60-64 岁 60 to 64	65 岁及以上 65 and Over
365286	**399290**	**239065**	**190688**	**175472**	**17058**	**6903**
202486	217358	115468	85502	56503	3968	1414
12696	39623	47710	56588	76724	12603	4798
98607	165428	111707	91359	78991	3886	1871
205285	175437	72343	39859	18007	421	152
29792	11639	4326	1761	943	23	8
18906	7163	2979	1121	807	125	74
237977	**284325**	**176045**	**134011**	**125744**	**14523**	**5005**
12229	36471	42114	47354	64503	11669	3908
75936	121225	80565	60478	50587	2540	984
129387	118685	50449	25141	10074	250	81
11061	4536	1539	582	295	10	1
9364	3408	1378	456	285	54	31
5468	**4408**	**2021**	**1522**	**2099**	**402**	**343**
40	209	254	317	699	174	180
1524	2132	1001	844	1155	201	154
2879	1683	604	301	196	21	7
502	186	65	20	10	4	0
523	198	97	40	39	2	2
119385	**107580**	**58732**	**53067**	**45765**	**2119**	**1553**
415	2859	5193	8645	11125	753	709
20678	40998	29047	28901	26152	1138	733
71468	53465	20386	13827	7417	150	63
17872	6755	2645	1092	606	9	7
8952	3503	1461	602	465	69	41
2456	**2977**	**2267**	**2088**	**1864**	**14**	**2**
12	84	149	272	397	7	1
469	1073	1094	1136	1097	7	0
1551	1604	904	590	320	0	1
357	162	77	67	32	0	0
67	54	43	23	18	0	0

高等教育专任教师授课
Teaching Situation of Full-time

类别 Item	本学年授课专任教师 Full-time Teacher by Teaching Content	公共课基础课 Common Required Course	#思政课 of Which: Ideological and Political Courses	专业课 Specialized Course	本学年授课校外教师 Part-time Teacher by Teaching Content	公共课基础课 Common Required Course	#思政课 of Which: Ideological and Political Courses	专业课 Specialized Course
总　计 Total	**1220750**	**280533**	**66528**	**940217**	**259679**	**42086**	**5998**	**217593**
#女 of Which: Female	616873	157764	37823	459109	113301	19001	2773	94300
正高级 Senior	208969	29678	7842	179291	63136	8067	1440	55069
#为本科生上课 of Which: Teaching Undergraduate Students	193378	28191	7502	165187	50600	7075	1302	43525
副高级 Sub-Senior	398779	82377	17810	316402	92593	14329	2027	78264
#为本科生上课 of Which: Teaching Undergraduate Students	380129	79022	17119	301107	79229	12769	1923	66460
中　级 Middle	452633	117632	26393	335001	73981	13096	1703	60885
初　级 Junior	86596	29761	8532	56835	10703	2297	289	8406
未定职级 No-Ranking	73773	21085	5951	52688	19266	4297	539	14969

分类情况(普通高校)
Teachers in HEIs(Regular HEIs)

单位：人
unit：person

本学年授课行业导师 Industry Mentor by Teaching Content	公共课基础课 Common Required Course	专业课 Specialized Course	本学年授课外籍教师 Foreign Teachers by Teaching Content	公共课基础课 Common Required Course	专业课 Specialized Course	本学年不授课专任教师 Full-time Teachers by Non-teaching	进修 In-service	科研 Research	病休 Sick Leave	其他 Others
135542	**8419**	**127123**	**13907**	**2122**	**11785**	**95089**	**12801**	**26892**	**2044**	**53352**
51892	3020	48872	3823	646	3177	43801	7023	9943	1261	25574
28299	1388	26911	4379	291	4088	11920	669	5856	219	5176
17568	1104	16464	2433	247	2186	1803	124	673	53	953
42705	2129	40576	2071	191	1880	20711	2976	7575	520	9640
32643	1807	30836	1734	156	1578	3689	770	860	113	1946
36372	2079	34293	2657	604	2053	38009	6540	9677	980	20812
7092	308	6784	372	75	297	8994	1748	894	235	6117
21074	2515	18559	4428	961	3467	15455	868	2890	90	11607

高等教育专任教师授课
Teaching Situation of Full-time

类别 Item	本学年授课专任教师 Full-time Teacher by Teaching Content	公共课基础课 Common Required Course	#思政课 of Which: Ideological and Political Courses	专业(技能)课程 Professional (Skills) Courses	#双师型 of Which: Double-teacher Type	本学年授课校外教师 Part-time Teacher by Teaching Content	公共课基础课 Common Required Course	#思政课 of Which: Ideological and Political Courses
总　计 Total	**631265**	**148913**	**42988**	**482352**	**286400**	**136227**	**25078**	**4557**
#女 of Which: Female	367248	93043	28126	274205	162533	66586	13188	2467
正高级 Senior	30758	5575	2121	25183	19439	10132	1589	479
副高级 Sub-Senior	153718	32881	8889	120837	94297	33446	5803	1144
中　级 Middle	234289	53692	14727	180597	130331	46607	8212	1498
初　级 Junior	115773	30468	9223	85305	31126	17543	3721	570
未定职级 No-Ranking	96727	26297	8028	70430	11207	28499	5753	866
本科层次职业学校 Professional HEIs	27114	5393	1601	21721	14017	6026	1023	266
正高级 Senior	1821	313	109	1508	1072	1147	202	67
副高级 Sub-Senior	7181	1188	336	5993	4877	2428	376	112
中　级 Middle	9121	1823	547	7298	5559	1775	302	61
初　级 Junior	4361	1137	332	3224	1724	363	60	6
未定职级 No-Ranking	4630	932	277	3698	785	313	83	20
高职(专科)学校 Vocational HEIs	604151	143520	41387	460631	272383	130201	24055	4291
正高级 Senior	28937	5262	2012	23675	18367	8985	1387	412
副高级 Sub-Senior	146537	31693	8553	114844	89420	31018	5427	1032
中　级 Middle	225168	51869	14180	173299	124772	44832	7910	1437
初　级 Junior	111412	29331	8891	82081	29402	17180	3661	564
未定职级 No-Ranking	92097	25365	7751	66732	10422	28186	5670	846

分类情况(职业高校)
Teachers in HEIs(Vocational College)

单位:人
unit: person

专业(技能)课程 Professional (Skills) Courses	#双师型 of Which: Double-teacher Type	本学年授课行业导师 Industry Mentor by Teaching Content	#专业(技能)课程 of Which: Professional (Skills) Courses	本学年授课外籍教师 Foreign Teachers by Teaching Content	公共课基础课 Common Required Course	专业(技能)课程 Professional (Skills) Courses	本学年不授课专任教师 Full-time Teacher by Non-teaching	进修 In-service	病休 Sick Leave	其他 Others
111149	**45095**	**183574**	**170871**	**999**	**236**	**763**	**16017**	**2238**	**755**	**13024**
53398	21232	72647	67052	377	84	293	8590	1240	466	6884
8543	4543	9312	8791	57	7	50	835	59	61	715
27643	14284	32371	30668	94	24	70	3564	450	182	2932
38395	18267	53408	50378	144	28	116	4824	882	312	3630
13822	3971	19314	17403	51	17	34	2729	533	161	2035
22746	4030	69169	63631	653	160	493	4065	314	39	3712
5003	2501	5400	4925	45	15	30	647	115	18	514
945	436	283	249	3	0	3	52	8	3	41
2052	1021	1177	1064	2	0	2	87	14	8	65
1473	844	1423	1318	3	1	2	132	38	3	91
303	127	414	392	6	2	4	101	22	4	75
230	73	2103	1902	31	12	19	275	33	0	242
106146	42594	178174	165946	954	221	733	15370	2123	737	12510
7598	4107	9029	8542	54	7	47	783	51	58	674
25591	13263	31194	29604	92	24	68	3477	436	174	2867
36922	17423	51985	49060	141	27	114	4692	844	309	3539
13519	3844	18900	17011	45	15	30	2628	511	157	1960
22516	3957	67066	61729	622	148	474	3790	281	39	3470

高等教育专任
Changes of Full-time

类别 Item	上学年初报表专任教师数 Number of Full-time Teachers at Beginning of Previous Academic Year	增加教师数 Factors of Increase	招聘 Recruit	#应届毕业生 of Which: Graduates of Current Year	#师范生 of the Total: Normal University Students	调入 Teachers Recruited from Other Units	#外校 of Which: Graduated from other Institutions	校内变动 Change of Status in Their Own Institutions	#学段调整 of Which: Adjusting Teaching Stage	其他 Others
总　计 Total	**1885214**	**218832**	**154191**	**70497**	**6459**	**13884**	**7771**	**39745**	**3592**	**11012**
#女 of Which: Female	982617	122285	87820	42426	4296	6915	3734	22258	2201	5292
普通高校 Regular HEIs	1269810	127001	92748	48735	2810	7902	5118	20312	522	6039
#女 of Which: Female	629756	67130	50117	28027	1872	3373	2168	10901	285	2739
职业高校 Vocational College	596005	90847	61023	21529	3603	5885	2584	19217	3070	4722
#女 of Which: Female	341071	54550	37419	14246	2395	3474	1512	11226	1916	2431
成人高校 Adult HEIs	19399	984	420	233	46	97	69	216	0	251
#女 of Which: Female	11790	605	284	153	29	68	54	131	0	122

教师变动情况
Teachers in HEIs

单位：人
unit：person

减少教师数 Factors of Decrease	退休 Retirees	死亡 Death	调出 Transferred from teaching to Non-Teaching Posts	辞职 Resignation	校内变动 Change of Status in Their Own Institutions	#学段调整 of Which：Adjusting Teaching Stage	其他 Others	本学年初报表专任教师数 Number of Full-time Teachers at Beginning of Current Academic Year
126207	**26239**	**1094**	**9222**	**47171**	**25542**	**2282**	**16939**	**1977839**
59538	10746	328	3991	24043	12325	1427	8105	1045364
80972	18199	812	6009	31659	15458	224	8835	1315839
36212	7108	243	2263	15850	7170	130	3578	660674
39570	7645	271	2722	15418	9675	2006	3839	647282
19783	3426	82	1436	8143	4926	1274	1770	375838
5665	395	11	491	94	409	52	4265	14718
3543	212	3	292	50	229	23	2757	8852

高等教育学校校舍情况(普通高校)
Condition of School Buildings in Higher Education (Regular HEIs)

单位：平方米
unit：m^2

类别 Item	本学年学校产权校舍建筑面积 Floor Area of School Building Owned by HEIs	正在施工校舍建筑面积 Floor Area Under Construction	独立使用非学校产权校舍建筑面积 Floor Area of School Building Not Owned by HEIs
总　计 Total	**638668099.74**	**47429532.36**	**129041994.00**
一、教学及辅助用房 Buildings for Instruction and Ancillary Uses	260816187.23	23604300.96	56592767.38
教室 Classroom	78676305.09	5150517.81	18305515.41
#艺术院校专业课教室 of Which：Art School Professional Classroom	3031820.23	275630.00	677018.19
实验实习用房 Experimental Practice Room	93738617.62	7891082.16	20480189.26
专职科研机构办公及研究用房 office and Research Space for Full-time Scientific Research Institutions	25331079.36	6024722.97	4910901.88
图书馆 Library	31344668.94	1858040.81	6251878.22
室内体育用房 Gymnasium	17904582.84	1453933.05	3523044.93
师生活动用房 Multi-functional Activity Room	6732034.69	584268.71	1604175.34
会堂 Hall	5393315.56	510566.37	1152839.95
继续教育用房 Continuing Education Room	1695583.13	131169.08	364222.39
二、行政办公用房 Administrative	38984854.70	1312410.30	7774041.06
校行政办公用房 School Administrative	16708809.51	670061.27	3505410.41
院系及教师办公用房 Faculty and Faculty offices	22276045.19	642349.03	4268630.65
三、生活用房 Residential Buildings	240277371.34	14884080.90	59661653.62
学生宿舍(公寓) Students'Dormitories	179739477.98	10808886.58	43819869.39
食堂 Dining Halls	23487974.52	1072101.02	5222956.58
单身教师宿舍(公寓) Single Teacher Dormitory	18654701.59	1668222.97	5901903.01
后勤及辅助用房 Logistics and Auxiliary Rooms	18395217.25	1334870.33	4716924.64
四、教工住宅 Residential Quarters for Teachers and Workers	65876994.38	2345602.59	—
五、其他用房 Rooms for Other Purposes	32712692.09	5283137.61	5013531.94

高等教育学校校舍情况(本科层次职业高校)
Condition of School Buildings in Higher Education (Undergraduate level vocational)

单位：平方米
unit：m^2

类别 Item	本学年学校产权校舍建筑面积 Floor Area of School Building Owned by HEIs	正在施工校舍建筑面积 Floor Area Under Construction	独立使用非学校产权校舍建筑面积 Floor Area of School Building Not Owned by HEIs
总　计 Total	**11586007.87**	**1914576.25**	**4082383.13**
一、教学及辅助用房 Buildings for Instruction and Ancillary Uses	6336259.68	1267676.29	2451818.02
教室 Classroom	2135817.89	421885.18	563703.57
专业教学实训用房及场所 Professional Teaching Practice Room	2946751.40	628535.29	1547806.58
图书馆 Library	677039.91	80099.39	72492.52
培训工作用房 Practice Room	129315.47	94179.64	67044.85
室内体育用房 Gymnasium	246736.32	16122.77	116870.21
大学生活动用房 Multi-functional Activity Room	200598.69	26854.02	83900.29
二、行政办公用房 Administrative	585653.39	68036.03	117758.04
系及教师教研办公用房 Faculty and Faculty offices	317611.49	62350.65	61458.72
校级办公用房 School Administrative	268041.90	5685.38	56299.32
三、生活用房 Residential Buildings	4388319.83	444706.11	1369132.60
学生宿舍(公寓)Students'Dormitories	3544868.89	415530.85	1177509.36
食堂 Dining Halls	443196.63	9354.89	74588.75
单身教师宿舍(公寓) Single Teacher Dormitory	297681.30	11283.72	82508.34
后勤及辅助用房 Logistics and Auxiliary Rooms	102573.01	8536.65	34526.15
四、教工住宅 Residential Quarters for Teachers and Workers	156577.47	0.00	—
五、其他用房 Rooms for Other Purposes	119197.50	134157.82	143674.47

高等教育学校校舍情况(专科层次职业高校)
Condition of School Buildings in Higher Education (Higher Vocational)

单位：平方米
unit：m^2

类别 Item	本学年学校产权校舍建筑面积 Floor Area of School Building Owned by HEIs	正在施工校舍建筑面积 Floor Area Under Construction	独立使用非学校产权校舍建筑面积 Floor Area of School Building Not Owned by HEIs
总　计 Total	**255744967.14**	**20163872.87**	**91682010.37**
一、教学及辅助用房 Buildings for Instruction and Ancillary Uses	128514111.32	11517012.50	48579596.56
教室 Classroom	41268664.23	2856697.43	15300614.35
专业教学实训用房及场所 Professional Teaching Practice Room	60247657.85	5421721.16	24427936.34
图书馆 Library	13383155.46	1369914.16	4122943.36
培训工作用房 Practice Room	2682306.87	498471.39	1000808.20
室内体育用房 Gymnasium	6985160.79	909631.30	2430197.10
大学生活动用房 Multi-functional Activity Room	3947166.12	460577.06	1297097.21
二、行政办公用房 Administrative	13807044.69	654489.05	4928129.44
系及教师教研办公用房 Faculty and Faculty offices	6724944.61	322574.88	2647106.08
校级办公用房 School Administrative	7082100.08	331914.17	2281023.36
三、生活用房 Residential Buildings	97909927.18	6951931.95	36369769.91
学生宿舍(公寓) Students'Dormitories	77120992.88	5344758.57	29110790.20
食堂 Dining Halls	11910594.94	838901.10	4024384.96
单身教师宿舍(公寓) Single Teacher Dormitory	3968092.15	354574.56	1638260.00
后勤及辅助用房 Logistics and Auxiliary Rooms	4910247.21	413697.72	1596334.75
四、教工住宅 Residential Quarters for Teachers and Workers	10358753.17	174317.95	—
五、其他用房 Rooms for Other Purposes	5155130.78	866121.42	1804514.46

高等教育学校校舍情况(成人高等学校)
Condition of School Buildings in Higher Education (Adult HEIs)

单位:平方米
unit: m^2

类别 Item	本学年学校产权校舍建筑面积 Floor Area of School Building Owned by HEIs	正在施工校舍建筑面积 Floor Area Under Construction	独立使用非学校产权校舍建筑面积 Floor Area of School Building Not Owned by HEIs
总　计 Total	**5748106.89**	**142049.10**	**3903992.10**
一、教学及辅助用房 Buildings for Instruction and Ancillary Uses	2281635.44	16643.59	1955386.94
教室 Classroom	1169534.56	9542.32	1090115.20
专业教学实训用房及场所 Professional Teaching Practice Room	606797.31	2299.86	511593.56
图书馆 Library	183543.06	2931.36	137826.73
培训工作用房 Practice Room	101021.74	592.94	100322.17
室内体育用房 Gymnasium	143923.25	799.56	71851.58
大学生活动用房 Multi-functional Activity Room	76815.52	477.55	43677.70
二、行政办公用房 Administrative	830343.25	5895.10	476452.80
系及教师教研办公用房 Faculty and Faculty offices	467926.45	4367.25	194704.31
校级办公用房 School Administrative	362416.80	1527.85	281748.49
三、生活用房 Residential Buildings	1781318.87	35715.73	1259612.14
学生宿舍(公寓) Students'Dormitories	1127956.56	17685.00	831290.28
食堂 Dining Halls	236870.73	3568.81	208532.52
单身教师宿舍(公寓) Single Teacher Dormitory	95078.94	0.00	76925.74
后勤及辅助用房 Logistics and Auxiliary Rooms	321412.64	14461.92	142863.60
四、教工住宅 Residential Quarters for Teachers and Workers	525391.83	0.00	—
五、其他用房 Rooms for Other Purposes	329417.50	83794.68	212540.22

Condition of Fixed Assets and Teaching

类别 Item	占地面积(平方米) Areas Occupied (m^2)	#绿化用地面积 of Which: Green Areas	#运动场地面积 of Which: Sports Areas	校园足球场(个) Cammpus Football Field	11人制足球场 11-a-side Football Field	7人制足球场 7-a-side Football Field	5人制足球场 5-a-side Football Field	图书(册) Books and Magazines in Libraries (Volume)	#当年新增 of Which: New Added	数字资源量 Digital Resources 电子图书(册) E-Books (Book)	电子期刊(册) E-Journals (Book)	学位论文(册) Degree Thesis (Book)	音视频(小时) Audio and Video (Hour)
普通高校 Regular HEIs													
学校产权 Owned by HEIs	1373336280.57	497138981.99	89792474.70	3720	2366	477	877	2138911985	75334999	1930565664	1033495494	6542234659	142036275.75
非学校产权中独立使用 Not Owned by HEIs	155622890.67	44626180.55	7214908.85	306	211	40	55	25769797	382136	170333264	273714150	617771473	12185097.34
本科层次职业高校 Professional HEIs													
学校产权 Owned by HEIs	27602853.94	6441959.33	1605383.41	89	50	18	21	39759964	3800172	27092459	10065033	63343924	1467016.00
非学校产权中独立使用 Not Owned by HEIs	4861897.53	1440784.09	384149.59	12	5	1	6	3620177	56667	1708796	901088	6696892	4152.00
专科层次职业高校 Vocational HEIs													
学校产权 Owned by HEIs	617926417.30	188765955.09	50498789.06	2214	1518	351	345	873045561	66926938	948741359	242479675	2268117377	27673007.88
非学校产权中独立使用 Not Owned by HEIs	136162809.67	34745887.44	7404563.65	286	194	53	39	14709008	1838947	49663600	11611721	223591962	3980605.80
成人高等学校 Adult HEIs													
学校产权 Owned by HEIs	8889003.25	2288527.70	935517.81	61	26	19	16	17149608	679676	20389930	70574794	55703547	863756.43
非学校产权中独立使用 Not Owned by HEIs	5438884.79	1777717.99	851278.51	439	25	7	407	8210253	66083	2167306	454349	172396	21120.00

学校资产情况
Resources in Higher Education

职业教育仿真实训资源量(套) Vocational Education Virtual imulation Training Resources(Set)				数字终端数(台) Digital Terminals (Set)			教室(间) Classroom (Room)		固定资产总值(万元) Total Value of Fixed Asset (10,000 yuan)		
	仿真实验软件 Simulation Experiment software	仿真实训软件 Simulation Training software	仿真实习软件 Simulation Practice software		#教师终端数 of Which: Number of Teachers' Terminals	#学生终端数 of Which: Number of Student Terminals		#网络多媒体教室 of Which: Network Multimedia Classroom		#教学、科研仪器设备资产 of Which: Teaching Equipment and Instruments	
											#当年新增 of Which: New Added in Current Year
0	0	0	0	10423635	3130841	6172296	423260	256622	245089730.58	61872748.49	5373209.61
0	0	0	0	132986	31693	89076	90507	46806	10489447.32	486356.81	90059.45
8293	2116	5454	723	173660	23362	138840	11597	7546	4344402.43	631938.08	98059.75
207	10	183	14	5822	1061	4555	2511	1069	715092.49	26074.25	4046.93
1536502	1061806	113597	361099	4402815	782882	3387590	269983	188634	79046836.42	15216777.25	2054842.19
9996	1836	7473	687	77301	14536	58975	90891	52397	5601153.18	378795.56	66657.54
0	0	0	0	128321	33690	78622	8802	4447	1819547.12	339630.41	22543.85
0	0	0	0	68327	14962	52540	10806	5035	828807.62	154425.68	18370.47

三、中等教育
Secondary Education

普通高中校数、班数
Number of Regular Senior Secondary Schools and Classes

类别 Item	学校数 (所) Schools	完全中学 Combined Secondary Schools	高级中学 Regular High Schools	十二年一贯制学校 12-Year Schools	班数 (个) Classes
总　计 Total	**15026**	**5285**	**7978**	**1763**	**557897**
教育部门办 Run by Ed. Dept.	10604	4386	5849	369	448023
其他部门办 Run by Non-ed. Dept.	103	41	29	33	1975
地方企业办 Run by Local Enterprises	4	1	1	2	68
民办 Non-government	4300	856	2085	1359	107527
具有法人资格的中外合作办学	15	1	14	0	304
城区 Urban Area	7977	2857	3982	1138	286452
教育部门办 Run by Ed. Dept.	5436	2302	2877	257	227753
其他部门办 Run by Non-ed. Dept.	83	31	24	28	1691
地方企业办 Run by Local Enterprises	3	1	0	2	22
民办 Non-government	2443	522	1070	851	56704
具有法人资格的中外合作办学学	12	1	11	0	282
镇区 Counties and Towns Area	6201	2154	3565	482	248683
教育部门办 Run by Ed. Dept.	4709	1869	2757	83	206506
其他部门办 Run by Non-ed. Dept.	14	6	4	4	196
地方企业办 Run by Local Enterprises	1	0	1	0	46
民办 Non-government	1474	279	800	395	41913
具有法人资格的中外合作办学	3	0	3	0	22
乡村 Rural Area	848	274	431	143	22762
教育部门办 Run by Ed. Dept.	459	215	215	29	13764
其他部门办 Run by Non-ed. Dept.	6	4	1	1	88
地方企业办 Run by Local Enterprises	0	0	0	0	0
民办 Non-government	383	55	215	113	8910
具有法人资格的中外合作办学	0	0	0	0	0
总计中:附设普通高中班 of the Total: Subsidiary Regular Senior Secondary School Class	—	—	—	—	1903

普通高中班额情况

Size of Class in Regular Senior Secondary Schools

单位：个
unit：class

类别 Item	合计 Total	一年级 Grade 1	二年级 Grade 2	三年级 Grade 3
合　计 Total	**557897**	**193245**	**185255**	**179397**
25 人及以下 Under 25 Persons	8070	2224	2715	3131
26-30 人 Between 26-30	7509	2006	2672	2831
31-35 人 Between 31-35	14614	3892	5155	5567
36-40 人 Between 36-40	32876	9845	11223	11808
41-45 人 Between 41-45	65857	21076	21733	23048
46-50 人 Between 46-50	168558	63227	53546	51785
51-55 人 Between 51-55	249219	87767	84342	77110
56-60 人 Between 56-60	7071	2138	2477	2456
61-65 人 Between 61-65	2835	751	879	1205
66 人及以上 Over 66 Persons	1288	319	513	456
城区 Urban Area	286452	98901	94824	92727
25 人及以下 Under 25 Persons	5625	1551	1905	2169
26-30 人 Between 26-30	5191	1352	1882	1957
31-35 人 Between 31-35	9533	2370	3446	3717
36-40 人 Between 36-40	20537	6195	6981	7361
41-45 人 Between 41-45	38361	12435	12627	13299
46-50 人 Between 46-50	88581	33369	28127	27085
51-55 人 Between 51-55	112791	39932	37814	35045
56-60 人 Between 56-60	3921	1227	1371	1323
61-65 人 Between 61-65	1329	346	413	570
66 人及以上 Over 66 Persons	583	124	258	201
镇区 Counties and Towns Area	248683	85871	82873	79939
25 人及以下 Under 25 Persons	1999	559	652	788
26-30 人 Between 26-30	1963	550	675	738
31-35 人 Between 31-35	4369	1313	1477	1579
36-40 人 Between 36-40	10772	3156	3673	3943
41-45 人 Between 41-45	24665	7607	8194	8864
46-50 人 Between 46-50	73373	27201	23356	22816
51-55 人 Between 51-55	126493	44118	43098	39277
56-60 人 Between 56-60	2920	804	1053	1063
61-65 人 Between 61-65	1469	395	452	622
66 人及以上 Over 66 Persons	660	168	243	249
乡村 Rural Area	22762	8473	7558	6731
25 人及以下 Under 25 Persons	446	114	158	174
26-30 人 Between 26-30	355	104	115	136
31-35 人 Between 31-35	712	209	232	271
36-40 人 Between 36-40	1567	494	569	504
41-45 人 Between 41-45	2831	1034	912	885
46-50 人 Between 46-50	6604	2657	2063	1884
51-55 人 Between 51-55	9935	3717	3430	2788
56-60 人 Between 56-60	230	107	53	70
61-65 人 Between 61-65	37	10	14	13
66 人及以上 Over 66 Persons	45	27	12	6

普通高中教育学生分举办者情况

Number of Students in Rugular Senior Secondary Schools by Providers

单位：人
unit：person

类别 Item	毕业生数 Graduates	招生数 Entrants	在校生数 Enrolment	#女 of Which: Female	一年级 Grade 1	二年级 Grade 2	三年级 Grade 3
总　计 Total	**8241028**	**9475448**	**27138747**	**13529898**	**9483039**	**9009662**	**8646046**
教育部门 Run by Ed. Dept.	6928176	7560237	22056262	11265033	7567574	7334769	7153919
其他部门 Run by Non-ed. Dept.	31032	31936	92171	46316	31962	30406	29803
地方企业办 Run by Local Enterprises	1281	862	3113	1444	863	947	1303
民办 Non-government	1277318	1879119	4977894	2212818	1879344	1640530	1458020
具有法人资格的中外合作办学	3221	3294	9307	4287	3296	3010	3001
城区 Urban Area	4186398	4773592	13681137	6771997	4777918	4522659	4380560
教育部门 Run by Ed. Dept.	3463374	3798142	11031261	5590999	3801082	3648043	3582136
其他部门 Run by Non-ed. Dept.	26574	27470	79621	40028	27494	26519	25608
地方企业办 Run by Local Enterprises	428	176	785	368	177	207	401
民办 Non-government	692857	944616	2560487	1136423	945975	844995	769517
具有法人资格的中外合作办学	3165	3188	8983	4179	3190	2895	2898
镇区 Counties and Towns Area	3779778	4290625	12364686	6227556	4293599	4123796	3947291
教育部门 Run by Ed. Dept.	3267160	3517319	10345182	5323471	3521542	3461284	3362356
其他部门 Run by Non-ed. Dept.	2626	3133	8884	4422	3135	2764	2985
地方企业办 Run by Local Enterprises	853	686	2328	1076	686	740	902
民办 Non-government	509083	769381	2007968	898479	768130	658893	580945
具有法人资格的中外合作办学	56	106	324	108	106	115	103
乡村 Rural Area	274852	411231	1092924	530345	411522	363207	318195
教育部门 Run by Ed. Dept.	197642	244776	679819	350563	244950	225442	209427
其他部门 Run by Non-ed. Dept.	1832	1333	3666	1866	1333	1123	1210
地方企业办 Run by Local Enterprises	0	0	0	0	0	0	0
民办 Non-government	75378	165122	409439	177916	165239	136642	107558
具有法人资格的中外合作办学	0	0	0	0	0	0	0

普通高中教育学生分类型情况
Number of Students in Rugular Senior Secondary Schools by Types

单位：人
unit：person

类别 Item	毕业生数 Graduates	招生数 Entrants	在校生数 Enrolment	#女 of Which: Female	一年级 Grade 1	二年级 Grade 2	三年级 Grade 3
总　计 Total	**8241028**	**9475448**	**27138747**	**13529898**	**9483039**	**9009662**	**8646046**
#女 of Which：Female	4179927	4693813	13529898	—	4696911	4493949	4339038
#少数民族 of Which：Minority Students	909004	1053644	3000736	1616512	1054654	997425	948657
#残疾人 of Which：Schools for Handicapped	15330	8251	25681	10937	8318	8559	8804
#寄宿生 of Which：Boarders	—	6952808	19110096	9590573	6956757	6373665	5779674
#随迁子女 of Which：Migrant Children	566923	686758	1985879	933859	687461	673582	624836
#外省迁入 of Which：from Other Province	198279	260400	733623	344005	260524	252934	220165
#本省外县迁入 of Which：From Other County	368644	426358	1252256	589854	426937	420648	404671
完全中学 Complete Schools	2505450	2805115	8106884	4076912	2808622	2695278	2602984
高级中学 Regular High Schools	5291660	6027036	17342205	8700467	6030174	5761302	5550729
十二年一贯制学校 12-year Schools	419793	611519	1609055	713938	612371	528548	468136
附设普通高中班 Regular Senior School Classes Attached	24125	31778	80603	38581	31872	24534	24197

中学学校教职工数(初级中学、九年一贯制学校、

Number of Educational Personnel in

类别 Item	教职工数 Educational Personnel	专任教师 Full-time Teachers	行政人员 Adm. Personnel
总　计 Total	**7975689**	**7085365**	**186057**
#女 of Which：Female	4846229	4388658	62568
#少数民族 of Which：Minority	700116	618053	13274
#在编人员 of Which：Permanent Staff	6043383	5657883	116514
教育部门 Run by Ed. Dept.	6480034	5963849	121748
其他部门 Run by Non-ed. Dept.	44273	36448	1738
地方企业办 Run by Local Enterprises	1329	1158	69
民办 Non-government	1448595	1082952	62258
具有法人资格的中外合作办学	1458	958	244
城区 Urban Area	3650042	3204603	98609
教育部门办 Run by Ed. Dept.	2808389	2577063	61100
其他部门办 Run by Non-ed. Dept.	21993	18345	1120
地方企业办 Run by Local Enterprises	1077	923	68
民办 Non-government	817470	607464	36146
具有法人资格的中外合作办学	1113	808	175
镇区 Counties and Towns Area	3498778	3147490	66377
教育部门办 Run by Ed. Dept.	2976949	2750102	46016
其他部门办 Run by Non-ed. Dept.	18323	14816	515
地方企业办 Run by Local Enterprises	252	235	1
民办 Non-government	502909	382187	19776
具有法人资格的中外合作办学	345	150	69
乡村 Rural Area	826869	733272	21071
教育部门办 Run by Ed. Dept.	694696	636684	14632
其他部门办 Run by Non-ed. Dept.	3957	3287	103
地方企业办 Run by Local Enterprises	0	0	0
民办 Non-government	128216	93301	6336
具有法人资格的中外合作办学	0	0	0

职业初中、完全中学、高级中学、十二年一贯制学校)
General Secondary Schools

单位：人
unit：person

教辅人员 Supporting Staffs	工勤人员 Workers	其他 Others	校外教师 Part-time Teachers	外籍教师 Foreign Teachers
290738	**394989**	**18540**	**29260**	**7661**
166426	218724	9853	19156	2658
31696	35269	1824	2320	62
187906	75578	5502	—	—
216860	164311	13266	23989	801
2126	3519	442	223	0
32	70	0	0	0
71549	227022	4814	5031	6773
171	67	18	17	87
149596	190015	7219	16268	6564
101566	64212	4448	12982	786
1248	1120	160	78	0
26	60	0	0	0
46697	124570	2593	3191	5718
59	53	18	17	60
113353	163057	8501	10738	725
93162	81118	6551	9043	12
720	2029	243	129	0
6	10	0	0	0
19353	79886	1707	1566	686
112	14	0	0	27
27789	41917	2820	2254	372
22132	18981	2267	1964	3
158	370	39	16	0
0	0	0	0	0
5499	22566	514	274	369
0	0	0	0	0

普通高中教育专任教师
Number of Full-time Teachers in Regular Senior Secondary

类别 Item	合计 Total	#女 of Which: Female	思想政治 Ideological and Political Courses	语文 Language and Literature	数学 Mathe-matics	外语 Foreign Languages	#英语 of Which: English	#日语 of Which: Japanese	#俄语 of Which: Russian	历史 History	物理 Physics
总　计 Total	**2133159**	**1227203**	**133735**	**320886**	**318422**	**314729**	**307957**	**5025**	**1265**	**128121**	**180454**
#女 of Which: Female	1227203	—	83401	216532	152290	250136	244648	4191	1013	72074	63830
#少数民族 of Which: Minorities	185037	111446	12962	28578	24847	24662	24048	506	74	11476	14775
博士研究生 Doctor's Degree	2563	1487	69	224	308	75	64	5	5	87	461
硕士研究生 Master's Degree	276376	199208	19342	39049	35276	47964	46185	1200	425	19342	20668
本科毕业 Under-graduate	1833450	1019308	113150	278714	280323	264556	259616	3783	831	107636	157765
专科毕业 Associate Bachelor	20383	6991	1159	2856	2477	2095	2053	37	4	1042	1546
高中阶段毕业 High School Graduate	360	190	14	40	38	37	37	0	0	12	14
高中阶段以下毕业 Below High School Graduate	27	19	1	3	0	2	2	0	0	2	0
城区 Urban Area	1114659	667735	68522	165501	165701	164776	161291	2624	512	65873	95739
博士研究生 Doctor's Degree	2275	1348	57	193	261	52	44	3	4	79	420
硕士研究生 Master's Degree	189355	139151	12748	26941	24208	32537	31355	815	226	13210	14501
本科毕业 Under-graduate	914924	524265	55328	137266	140256	131343	129070	1786	281	52211	80245
专科毕业 Associate Bachelor	7848	2801	378	1070	948	816	794	20	1	360	560
高中阶段毕业 High School Graduate	238	154	10	28	28	26	26	0	0	11	13
高中阶段以下毕业 Below High School Graduate	19	16	1	3	0	2	2	0	0	2	0
镇区 Counties and Towns Area	936544	512214	59855	143219	140679	137971	135031	2120	701	57131	78177
博士研究生 Doctor's Degree	228	112	10	22	39	16	13	2	1	6	32
硕士研究生 Master's Degree	78696	54156	6003	11029	10027	13856	13323	335	187	5538	5560
本科毕业 Under-graduate	845788	454031	53100	130494	129162	122892	120507	1767	510	50958	71668
专科毕业 Associate Bachelor	11705	3877	738	1662	1441	1196	1177	16	3	628	916
高中阶段毕业 High School Graduate	119	35	4	12	10	11	11	0	0	1	1
高中阶段以下毕业 Below High School Graduate	8	3	0	0	0	0	0	0	0	0	0
乡村 Rural Area	81956	47254	5358	12166	12042	11982	11635	281	52	5117	6538
博士研究生 Doctor's Degree	60	27	2	9	8	7	7	0	0	2	9
硕士研究生 Master's Degree	8325	5901	591	1079	1041	1571	1507	50	12	594	607
本科毕业 Under-graduate	72738	41012	4722	10954	10905	10321	10039	230	40	4467	5852
专科毕业 Associate Bachelor	830	313	43	124	88	83	82	1	0	54	70
高中阶段毕业 High School Graduate	3	1	0	0	0	0	0	0	0	0	0
高中阶段以下毕业 Below High School Graduate	0	0	0	0	0	0	0	0	0	0	0

分课程、分学历情况
Schools by Subject Taught and Educational Background

单位：人
unit: person

化学 Chemistry	生物 Biology	地理 Geography	技术 Techn-ology	#信息技术 of Which: Infor Technology	#通用技术 of Which: General Technology	体育与健康 Physical Training and Healthy	艺术 Art	#音乐 of Which: Music	#美术 of Which: Fine Arts	综合实践活动 Composite Practice	劳动 Skills	其他 Others	本学年不授课专任教师 No Teaching Load in Current Year
172709	**151383**	**128821**	**62263**	**47117**	**15021**	**102102**	**82948**	**39778**	**42454**	**3853**	**1901**	**14872**	**15960**
96398	97639	72870	29539	23722	5804	21645	51008	27984	22545	1796	668	10006	7371
14382	13215	11413	5411	4273	1136	9272	7340	3920	3359	278	127	3169	3130
533	493	165	35	21	14	16	23	15	8	13	1	47	13
25306	26918	16987	5509	4364	1143	7825	7783	3367	4357	294	83	3107	923
145613	123024	110558	55681	42029	13531	92387	73849	35780	37425	3355	1700	11084	14055
1238	935	1098	1017	689	326	1835	1260	604	650	177	112	606	930
19	13	13	20	13	7	36	32	12	13	9	4	25	34
0	0	0	1	1	0	3	1	0	1	5	1	3	5
90608	79191	67718	33295	24932	8308	54176	43013	20519	22139	1976	863	8403	9304
492	441	152	33	21	12	10	22	15	7	12	1	38	12
16672	18317	12164	3977	3073	903	5414	5349	2426	2875	222	61	2323	711
72956	60089	55006	28814	21511	7249	47937	37107	17811	19001	1667	763	5775	8161
473	334	386	458	317	141	793	507	258	244	65	37	261	402
15	10	10	12	9	3	20	27	9	11	5	1	4	18
0	0	0	1	1	0	2	1	0	1	5	0	2	0
75774	66381	55969	26629	20520	6040	44002	36606	17682	18592	1675	909	5587	5980
32	46	10	1	0	1	4	1	0	1	1	0	7	1
7845	7813	4358	1394	1186	207	2173	2164	843	1311	61	19	669	187
67173	57958	50934	24708	18986	5656	40833	33728	16510	16897	1500	814	4576	5290
720	562	664	518	344	172	976	708	326	381	109	72	313	482
4	2	3	8	4	4	15	5	3	2	4	3	21	15
0	0	0	0	0	0	1	0	0	0	0	1	1	5
6327	5811	5134	2339	1665	673	3924	3329	1577	1723	202	129	882	676
9	6	3	1	0	1	2	0	0	0	0	0	2	0
789	788	465	138	105	33	238	270	98	171	11	3	115	25
5484	4977	4618	2159	1532	626	3617	3014	1459	1527	188	123	733	604
45	39	48	41	28	13	66	45	20	25	3	3	32	46
0	1	0	0	0	0	1	0	0	0	0	0	0	1
0	0	0	0	0	0	0	0	0	0	0	0	0	0

普通高中教育专任教师分专业
Number of Full-time Teachers in Regular Senior

类别 Item	合计 Total	#女 of Which: Female	24 岁及以下 24 and Under	25-29 岁 25 to 29	30-34 岁 30 to 34
总　计 Total	**2133159**	**1227203**	**138809**	**321920**	**313934**
#女 of Which:Female	1227203	—	104891	235823	214527
#少数民族 of Which:Minorities	185037	111446	13578	34479	34723
正高级 Senior	9098	2698	0	0	2
副高级 Sub-senior	552865	221967	34	52	1094
中　级 Middle	734590	424587	953	18686	103834
助理级 Associate	491125	345132	27481	165126	155717
员　级 Junior	29822	19976	7080	13099	5949
未定职级 No-ranking	315659	212843	103261	124957	47338
城区 Urban Area	1114659	667735	60481	157635	159020
正高级 Senior	6330	2063	0	0	1
副高级 Sub-senior	312950	140121	17	21	637
中　级 Middle	396491	243963	355	9641	56885
助理级 Associate	234533	169012	12110	79891	74377
员　级 Junior	12740	8553	2877	5478	2555
未定职级 No-ranking	151615	104023	45122	62604	24565
镇区 Counties and Towns Area	936544	512214	69046	145657	140945
正高级 Senior	2533	580	0	0	1
副高级 Sub-senior	225749	76730	17	31	420
中　级 Middle	316144	168702	502	7900	43253
助理级 Associate	238148	163535	14412	78311	75419
员　级 Junior	15016	10059	3754	6766	2915
未定职级 No-ranking	138954	92608	50361	52649	18937
乡村 Rural Area	81956	47254	9282	18628	13969
正高级 Senior	235	55	0	0	0
副高级 Sub-senior	14166	5116	0	0	37
中　级 Middle	21955	11922	96	1145	3696
助理级 Associate	18444	12585	959	6924	5921
员　级 Junior	2066	1364	449	855	479
未定职级 No-ranking	25090	16212	7778	9704	3836

技术职务、分年龄结构情况
Secondary Schools by Professional Rank and Age

单位：人
unit：person

35-39 岁 35 to 39	40-44 岁 40 to 44	45-49 岁 45 to 49	50-54 岁 50 to 54	55-59 岁 55 to 59	60 岁及以上 60 and Over
326393	**374558**	**262234**	**239657**	**149611**	**6043**
206673	208730	128043	104260	23630	626
28558	26117	19846	17777	9741	218
19	286	1304	3266	3881	340
20599	88477	135988	178285	124697	3639
196975	235381	110798	50627	16642	694
87349	40092	9496	4179	1622	63
2108	900	344	189	116	37
19343	9422	4304	3111	2653	1270
169962	208016	140208	131733	84288	3316
11	206	928	2268	2667	249
11415	51886	75679	100119	71110	2066
105915	131374	57267	26155	8527	372
41478	19633	4449	1833	727	35
1019	466	158	102	70	15
10124	4451	1727	1256	1187	579
145193	155839	114592	101802	61327	2143
8	70	347	938	1113	56
8553	34237	56778	73996	50518	1199
85116	97889	50491	23071	7656	266
43056	19168	4700	2212	846	24
936	365	151	71	40	18
7524	4110	2125	1514	1154	580
11238	10703	7434	6122	3996	584
0	10	29	60	101	35
631	2354	3531	4170	3069	374
5944	6118	3040	1401	459	56
2815	1291	347	134	49	4
153	69	35	16	6	4
1695	861	452	341	312	111

普通高中专任
Changes of Full-time Teachers in

类别 Item	上学年初报表专任教师数 Number of Full-time Teachers at Beginning of Previous Academic Year	增加教师 Factors of Increase	招聘 Recruit	#应届毕业生 of Which: Graduates of Current Year	#师范生 of Which: Normal University Students	调入 Teachers Recruited from Other Units	#外校 of Which: Graduated from other Institutions	校内变动 With Change of Status in Their Own Institutions	#学段调整 of Which: Adjusting Teaching Stage
总　计 Total	**2028341**	**257988**	**171607**	**81972**	**56376**	**55309**	**34083**	**24660**	**13378**
#女 of Which: Female	1146403	161169	113472	59404	41318	30511	18827	13476	7815
城区 Urban Area	1068932	123928	84765	38831	25853	23174	13626	12993	7120
#女 of Which: Female	631530	78975	56686	28602	19190	13133	7772	7392	4458
镇区 Counties and Towns Area	886683	117323	74480	38197	27114	29028	18863	10682	5695
#女 of Which: Female	474004	71967	49106	27377	19710	15569	10136	5507	3015
乡村 Rural Area	72726	16737	12362	4944	3409	3107	1594	985	563
#女 of Which: Female	40869	10227	7680	3425	2418	1809	919	577	342

普通高中学生、专任
Supplementary Information on Students and Full-time

类别 Item	在校学生中 of Total Students					
	共产党员 Member of C. P. C.	共青团员 Member of C. Y. L. C	华侨 Overseas Chinese	香港 From H. K	澳门 From Macao	台湾 From Taiwan
总　计 Total	**265**	**7575492**	**1175**	**19279**	**1118**	**3840**
#女 of Which: Female	117	4117550	574	9300	514	1844
城区 Urban Area	146	3955508	753	16344	950	3477
#女 of Which: Female	45	2155684	369	7947	432	1683
镇区 Counties and Towns Area	119	3399989	392	1861	67	250
#女 of Which: Female	72	1841017	192	856	32	118
乡村 Rural Area	0	219995	30	1074	101	113
#女 of Which: Female	0	120849	13	497	50	43

教师变动情况
Regular Senior Secondary Schools

单位：人
unit: person

其他 Others	减少教师 Factors of Decrease	退休 Retire	死亡 Dead	调出 Transferred from teaching to Non-Teaching Posts	辞职 Resignation	校内变动 With Change of Status in Their Own Institutions	#学段调整 of Which: Adjusting Teaching Stage	其他 Others	本学年初报表专任教师数 Number of Full-time Teachers at Beginning of Current Academic Year
6412	**153170**	**25355**	**957**	**54172**	**47169**	**21616**	**9601**	**3901**	**2133159**
3710	80369	10957	259	28714	27320	11050	5482	2069	1227203
2996	78201	15205	497	22201	26275	11976	5733	2047	1114659
1764	42770	7167	147	12252	15457	6631	3546	1116	667735
3133	67462	9644	432	29509	17282	8891	3498	1704	936544
1785	33757	3570	104	15149	9984	4081	1747	869	512214
283	7507	506	28	2462	3612	749	370	150	81956
161	3842	220	8	1313	1879	338	189	84	47254

教师政治面貌及其他
Teachers of Regular Senior Secondary Schools

单位：人
unit: person

专任教师中 of Total Full-time Teachers			
共产党员 Member of C. P. C	共青团员 Member of C. Y. L. C	民主党派 Member of Non-Communist Party	华侨 Overseas Chinese
672064	**140351**	**33394**	**17**
345256	104884	15533	15
400528	73843	27578	12
222395	55780	13291	10
251232	57390	5041	3
112645	42486	1881	3
20304	9118	775	2
10216	6618	361	2

普通高中学校

Condition of School Buildings in

类别 Item	合计 Total
总　计 Total	**680349048.53**
完全中学 Complete Schools	223938360.18
高级中学 Regular High Schools	358302282.56
十二年一贯制学校 12-year Schools	98108405.79
一、教学及辅助用房 Buildings for Instruction and Ancillary Uses	256156277.92
教室 Classroom	130604586.47
专用教室 Professional Classroom	55744903.89
理化生实验室 Physical and Chemical Biology Laboratory	34204292.56
其他 Others	21540611.33
公共教学用房 Public Teaching Space	69806787.56
图书阅览室 Library	20112335.92
室内体育用房 Gymnasium	25876527.03
心理辅导室 Psychological Counseling Room	1958424.48
其他 Others	21859500.13
二、行政办公用房 Administrative	50789621.02
教师办公室 for Teachers	30526136.00
其他 Others	20263485.02
三、生活用房 Residential and Welfare	326683399.49
教工值班宿舍 Dormitories for Faculty	21806208.22
教师周转宿舍 Accommodation for Circulation of Teachers	23824322.20
学生宿舍 Students'Dormitories	175042557.76
学生餐厅 Students'Canteen	55688082.74
厕所 Toilets	20282497.79
其他 Others	30039730.78
四、其他用房 Rooms for Other Purposes	46719750.10

校舍情况
Regular Senior Secondary Schools

单位：平方米
unit：m^2

城区 Urban Area	镇区 Counties and Towns Area	乡村 Rural Area
377231116.15	**266813772.15**	**36304160.23**
127633664.84	84945070.39	11359624.95
183672071.72	158246966.37	16383244.47
65925379.59	23621735.39	8561290.81
146638469.56	97795302.02	11722506.34
70505081.54	53974803.25	6124701.68
32408805.71	20967700.61	2368397.57
19068361.20	13769672.27	1366259.09
13340444.51	7198028.34	1002138.48
43724582.31	22852798.16	3229407.09
11620767.79	7638793.01	852775.12
17206302.32	7421522.22	1248702.49
1203203.02	677906.50	77314.96
13694309.18	7114576.43	1050614.52
29659313.03	18884301.26	2246006.73
17243125.28	11904324.53	1378686.19
12416187.75	6979976.73	867320.54
171836665.95	135033565.84	19813167.70
10669008.82	9559070.77	1578128.63
10078167.80	11853991.00	1892163.40
90476986.48	74109878.63	10455692.65
29475175.63	23027093.30	3185813.81
11927702.43	7241318.89	1113476.47
19209624.79	9242213.25	1587892.74
29096667.61	15100603.03	2522479.46

普通高中学校

Condition of Fixed Assets and Teaching Resources

类别 Item	占地面积 (平方米) Areas Occupied (m^2)	#绿化 用地面积 of Which: Green Areas	#运动 场地面积 of Which: Sports Areas	校园足球场 (个) Campus Football	11人制 足球场 11-a-side Football Field	7人制 足球场 7-a-side Football Field	5人制 足球场 5-a-side Football Field
合　计 Total	**1208089981.65**	**321255923.37**	**296905336.13**	**16363**	**9618**	**4066**	**2679**
完全中学 Complete Schools	392500350.29	99174193.48	114109091.01	5755	3148	1597	1010
高级中学 Regular High Schools	667154438.58	185804816.06	146586851.72	8154	5335	1719	1100
十二年一贯制学校 12-year Schools	148435192.78	36276913.83	36209393.40	2454	1135	750	569
城区 Urban Area	613783384.03	169042512.91	155568393.46	9067	5045	2401	1621
镇区 Counties and Towns Area	521415954.61	132324171.69	126442917.51	6407	4066	1440	901
乡村 Rural Area	72890643.01	19889238.77	14894025.16	889	507	225	157

普通高中学校

Other school running conditions in

类别 Item	体育运动场(馆) 面积达标校数 Schools No: Sports Areas Reached Standard	体育器械配备 达标校数 Schools No: Sports Equip. Reached Standard	音乐器械配备 达标校数 Schools No: Musical Instru. Reached Standard	美术器械配备 达标校数 Schools No: Fine Arts Instru. Reached Standard
合　计 Total	**14193**	**14500**	**14402**	**14432**
完全中学 Complete Schools	4971	5185	5171	5176
高级中学 Regular High Schools	7518	7587	7511	7537
十二年一贯制学校 12-year Schools	1704	1728	1720	1719
城区 Urban Area	7471	7717	7683	7702
镇区 Counties and Towns Area	5906	5968	5912	5918
乡村 Rural Area	816	815	807	812

资产情况
in Regular Senior Secondary Schools

图书（册）Books and Magazines in Libraries (Volume)	数字终端数（台）Number of Digital Terminals (Set)	#教师终端数 of Which: Number of Teachers' Terminals	#学生终端数 of Which: Number of Student Terminals	教室（间）Classroom (Room)	#网络多媒体教室 of Which: Network Multimedia Classroom	固定资产总值（万元）Total Value of Fixed Asset (10,000 yuan)	#教学仪器设备资产值 of Which: Total Value of Equip and Instru.
1123784627	**7363792**	**2904563**	**4238616**	**1337074**	**997394**	**137607182. 72**	**13858988. 67**
471470629	2828262	1050060	1691074	484455	376260	44230727. 69	5203592. 99
539999814	3623761	1482013	2038503	651263	462203	72836029. 82	6702756. 37
112314184	911769	372490	509039	201356	158931	20540425. 21	1952639. 31
623151328	4377310	1755877	2477436	733357	563866	80908059. 49	8853813. 44
455106306	2698121	1039868	1590390	538420	388105	49296266. 39	4453257. 60
45526993	288361	108818	170790	65297	45423	7402856. 84	551917. 63

其它办学条件
Regular Senior Secondary Schools

单位：所
unit: school

理科实验仪器达标校数 Schools No: Equip. of Natural Sci. Reached Standard	有学校首席信息官校数 Chief Information Officer	无线网全覆盖 Full Wi-Fi Coverage	有校医院（卫生室）校数 Campus Hospital	有专职校医校数 Number of full-Time Medical Schools	有专职保健人员校数 Number of Schools With Allied Health Staff
14452	**7877**	**11800**	**12806**	**10105**	**6268**
5176	2793	4001	4461	3364	2038
7560	4065	6305	6791	5462	3310
1716	1019	1494	1554	1279	920
7698	4445	6490	7030	5785	3618
5941	2974	4680	5069	3834	2320
813	458	630	707	486	330

中等职业学校
Number of Secondary

类别 Item	合计 Total	中央 Under Central Ministries and Agencies
中等职业学校 Secondary Vocational Schools	7201	18
普通中专学校 Reg. Specialized Sec. Schools	3275	16
成人中专学校 Adults Specialized Sec. Schools	774	1
职业高中学校 Vocational High Schools	3152	1
其他中等职业教育机构(不计校数) Other Secondary Vocational Education Institutions	269	1

中等职业学校分办学类型及举办者的
Number of Students and Educational Personnel of

类别 Item	合计 Total			中职全日制学生 Full-time Students of SVSs		
	毕业生数 Graduates	招生数 Entrants	在校学生数 Enrolment	毕业生数 Graduates	招生数 Entrants	在校学生数 Enrolment
总 计 Total	**3992725**	**4847810**	**13392903**	**3625180**	**4387081**	**12377341**
#女 of Which: Female	1795740	2170400	6003885	1626987	1952977	5537990
分办学类型:普通中专学校 by Type:Reg. Specialized Sec. Schools	1973535	2384965	6713511	1806020	2227783	6236065
成人中专学校 Adults Specialized Sec. Schools	135614	154890	344757	69488	82551	217071
职业高中学校 Vocational High Schools	1494379	1963328	5250873	1391731	1754490	4872146
其他中等职业教育机构 Other Secondary Vocational Education Institutions	39908	41334	115397	36320	38567	109431
附设中职班 Secondary Vocational Classes Attached	349289	303293	968365	321621	283690	942628
分举办者:1. 中央 by Providers:Central Ministries and Agencies	1653	1717	6223	1653	1717	6221
2. 地方 Local Authorities	3991072	4846093	13386680	3623527	4385364	12371120
教育部门 Under Ed. Dept	2700629	3320042	9120491	2432792	2954042	8302428
其他部门 Run by Non-ed. Dept	481762	500148	1449187	433691	450685	1337894
地方企业 Run by Local Enterprises	17996	20260	53665	17580	17704	50699
民办 Non-government	790372	1005269	2762408	739151	962559	2679170
具有法人资格的中外合作办学	313	374	929	313	374	929

(机构)数

Vocational Schools(Institution)

单位：所
unit：institution

地方 Under Local Authorities					
小计 Subtotal	教育部门 Run by Ed. Dept.	其他部门 Run by other Dept.	地方企业 Run by Local Enterprises	民办 Non-government	具有法人资格的中外合作办学
7183	4178	870	61	2073	1
3259	1620	672	34	933	0
773	564	97	18	94	0
3151	1994	101	9	1046	1
268	146	75	5	42	0

中职学生及教职工情况

Secondary Vocational Schools by Types and Providers

单位：人
unit：person

中职非全日制学生 Part-time Students of SVSs			教职工数 Educational Personnel	#专任教师 of Which: Full-time Teachers						校外教师 Part-time Teachers	行业导师 Industry Mentor	外籍教师 Foreign Teachers
毕业生数 Graduates	招生数 Entrants	在校学生数 Enrolment			正高级 Senior	副高级 Sub-Senior	中级 Middle	初级 Junior	未定职级 No Rank			
367545	**460729**	**1015562**	**848464**	**718306**	**5330**	**168979**	**249485**	**158943**	**135569**	**60551**	**15127**	**141**
168753	217423	465895	467671	416682	2536	84937	142993	100189	86027	32035	6780	43
167515	157182	477446	429811	339430	3035	79187	117196	76067	63945	31893	9462	109
66126	72339	127686	39438	30802	417	9510	11487	4416	4972	9032	949	0
102648	208838	378727	367338	306088	1304	71939	106650	69166	57029	18348	4644	32
3588	2767	5966	11877	8904	113	2342	3385	1553	1511	1278	72	0
27668	19603	25737	—	33082	461	6001	10767	7741	8112	—	—	—
0	0	2	840	535	29	179	185	83	59	54	14	1
367545	460729	1015560	847624	717771	5301	168800	249300	158860	135510	60497	15113	140
267837	366000	818063	585041	512301	3123	141583	197547	115721	54327	36021	9049	118
48071	49463	111293	94735	73162	1153	18081	27150	17200	9578	15543	3803	18
416	2556	2966	5199	3448	33	855	1259	922	379	318	56	0
51221	42710	83238	162584	128800	992	8280	23325	24989	71214	8609	2203	4
0	0	0	65	60	0	1	19	28	12	6	2	0

中等职业学校(机构)

Number of Students in Secondary

类别 Item	毕业生数 Graduates	#职业类证书 of Which: Vocational Certificate	#职业技能等级证书 of Which: Vocational Skill Level Certificate	招生数 Entrants	在校学生数 Enrolment
中职学生计 Students of SVSs Total	3992725	2023971	1035039	4847810	13392903
#女 of Which: Female	1795740	907078	469424	2170400	6003885
#五年制高职中职段 of Which: 5-year Secondary Vocational Education	508306	196494	100297	595304	1798145
#附设中职班 of Which: Secondary Vocational Classes Attached	349289	72570	24507	303293	968365
全日制 Full-time	3625180	1891368	968556	4387081	12377341
非全日制 Part-time	367545	132603	66483	460729	1015562

各类学生数
Vocational Schools (Institution)

单位：人
unit: person

#现代学徒制 of Which: Modern Apprenticeships	一年级 Grade 1	二年级 Grade 2	三年级 Grade 3	四年级及以上 Over Grade 4	预计毕业生数 Estimated Graduates for Next Year
267646	4848814	4434953	4059931	49205	4261152
105222	2169905	1992898	1811710	29372	1874742
31986	595269	613891	588150	835	584447
1197	303064	325395	332680	7226	352810
248889	4388141	4163527	3787226	38447	3847890
18757	460673	271426	272705	10758	413262

中等职业学校(机构)学生分科类情况
Number of Students by Field of Education in Secondary Vocational Schools(Institution)

单位：人
unit：person

类别 Item	毕业生数 Graduates	#职业类证书 of Which：Vocational certificate	#职业技能等级证书 of Which：Vocational Skill Level Certificate	招生数 Entrants	在校学生数 Enrolment	预计毕业生数 Estimated Graduates for Next Year
总　计 Total	**3992725**	**2023971**	**1035039**	**4847810**	**13392903**	**4261152**
#女 of Which：Female	1795740	907078	469424	2170400	6003885	1874742
农林牧渔大类 Agriculture，Forestry，Husbandry and Fishery	202654	76309	41682	287337	694559	214064
资源环境与安全大类 Resources Environment and Security	25224	11007	5500	31972	75270	23237
能源动力与材料大类 Energy Power and Materials	9922	3923	1354	14625	38480	11173
土木建筑大类 Civil and Construction	122979	65889	32062	144892	403922	143929
水利大类 Equipment Manufacturing	3209	1647	1279	3063	9826	3084
装备制造大类 Equipment Manufacturing	396520	220581	123835	539500	1425950	424636
生物与化工大类 Biological and Chemical	14561	5986	2941	23574	59249	17786
轻工纺织大类 Light Industry Textile	46870	24602	11583	53400	140270	43748
食品药品与粮食大类 Food and Drugs and Grain	17233	6735	3491	30404	71437	18030
交通运输大类 Communication and Transport	435785	230763	118602	460263	1335418	441255
电子与信息大类 Electronics and Information	780726	425257	221543	1004040	2762606	867714
医药卫生大类 Medicine,Pharmaceuticals and Health Care	358386	132474	61441	444787	1267670	396203
财经商贸大类 Finance，Economics，Commerce and Trade	454794	246033	133077	531799	1522006	503646
旅游大类 Tourism	254328	131550	68468	276738	777386	252370
文化艺术大类 Culture and Arts	266684	139828	63242	328606	968709	296013
新闻传播大类 News Communication	30439	16325	8032	37862	110163	32218
教育与体育大类 Education and Sports	469421	244518	117111	501593	1446082	472984
公安与司法大类 Public Security and Judicial	16066	6394	1814	21620	55623	15709
公共管理与服务大类 Public Administration and Services	86924	34150	17982	111735	228277	83353

中等职业学校(机构)学生分科类情况(全日制学生)
Number of Students by Field of Education in Secondary Vocational Schools (Full-time Students)

单位：人
unit: person

类别 Item	毕业生数 Graduates	#职业类证书 of Which: Vocational certificate	#职业技能等级证书 of Which: Vocational Skill Level Certificate	招生数 Entrants	在校学生数 Enrolment	预计毕业生数 Estimated Graduates for Next Year
总　计 Total	**3625180**	**1891368**	**968556**	**4387081**	**12377341**	**3847890**
#女 of Which: Female	—	—	—	—	—	—
农林牧渔大类 Agriculture, Forestry, Husbandry and Fishery	122855	61290	32555	138787	400512	129820
资源环境与安全大类 Resources Environment and Security	13655	6972	2698	25242	63183	17600
能源动力与材料大类 Energy Power and Materials	8977	3523	1354	13893	34959	9796
土木建筑大类 Civil and Construction	110465	58992	31891	121060	370681	122165
水利大类 Equipment Manufacturing	2570	1117	879	3049	9224	2807
装备制造大类 Equipment Manufacturing	370160	206782	114243	512416	1347557	391755
生物与化工大类 Biological and Chemical	13195	5786	2742	22143	53224	14656
轻工纺织大类 Light Industry Textile	41934	21561	9910	44091	123893	39007
食品药品与粮食大类 Food and Drugs and Grain	15830	6436	3249	27268	67094	17472
交通运输大类 Communication and Transport	409424	222209	114523	444380	1277500	410483
电子与信息大类 Electronics and Information	714642	401013	208297	933450	2584096	788369
医药卫生大类 Medicine,Pharmaceuticals and Health Care	356803	132148	61230	443152	1262941	393998
财经商贸大类 Finance, Economics,Commerce and Trade	429765	236800	131049	499233	1429698	461447
旅游大类 Tourism	234527	126799	66853	242948	705359	227641
文化艺术大类 Culture and Arts	255752	135203	62049	317552	924908	279707
新闻传播大类 News Communication	29526	15646	7353	36667	103238	31688
教育与体育大类 Education and Sports	440105	221752	106469	480742	1411099	449175
公安与司法大类 Public Security and Judicial	15485	6015	1518	21124	54923	15281
公共管理与服务大类 Public Administration and Services	39510	21324	9694	59884	153252	45023

中等职业学校(机构)

Number of Students by Age in Secondary

类别 Item	合计 Total	14岁及以下 14 Years and Under	15岁 15 Years	16岁 16 Years
总　计 Total	**13392903**	**204591**	**2830611**	**3963915**
中职全日制学生 Full-time Students of SVSs	12377341	204361	2806275	3923798
中职非全日制学生 Part-time Students of SVSs	1015562	230	24336	40117

中等职业学校(机构)

Number of Female Students by Age in Secondary

类别 Item	合计 Total	14岁及以下 14 Years and Under	15岁 15 Years	16岁 16 Years
总　计 Total	**6003885**	**108602**	**1305125**	**1777012**
中职全日制学生 Full-time Students of SVSs	5537990	108499	1296742	1761232
中职非全日制学生 Part-time Students of SVSs	465895	103	8383	15780

中等职业学校(机构)

Changes in Enrolment of Secondary

类别 Item	上学年初报表在校学生数 Enrolment at Beginning of Previous Academic Year	增加学生数 Factors of Increase				
			招生 No. of Students Admitted	复学 Students Resuming Studies	转入 Transfers from Other Inst.	其他 Others
总　计 Total	**13118146**	**5049319**	**4847810**	**11585**	**183080**	**6844**
中职全日制学生 Full-time Students of SVSs	12103298	4563031	4387081	9781	160646	5523
中职非全日制学生 Part-time Students of SVSs	1014848	486288	460729	1804	22434	1321

中等职业学校(机构)

Changes in Female Enrolment of Secondary

类别 Item	上学年初报表在校学生数 Enrolment at Beginning of Previous Academic Year	增加学生数 Factors of Increase				
			招生 No. of Students Admitted	复学 Students Resuming Studies	转入 Transfers from Other Inst.	其他 Others
总　计 Total	**5855494**	**2261145**	**2170400**	**4822**	**83604**	**2319**
中职全日制学生 Full-time Students of SVSs	5396338	2035456	1952977	4741	75957	1781
中职非全日制学生 Part-time Students of SVSs	459156	225689	217423	81	7647	538

分年龄学生数
Vocational Schools (Institutions)

单位：人
unit: person

17岁 17 Years	18岁 18 Years	19岁 19 Years	20岁 20 Years	21岁 21 Years	22岁及以上 22 Years and Over
3549283	**1522877**	**340099**	**112050**	**60658**	**808819**
3503086	1474432	301807	76932	26127	60523
46197	48445	38292	35118	34531	748296

分年龄女学生数
Vocational Schools (Institutions)

单位：人
unit: person

17岁 17 Years	18岁 18 Years	19岁 19 Years	20岁 20 Years	21岁 21 Years	22岁及以上 22 Years and Over
1571906	**641550**	**141099**	**46379**	**25331**	**386881**
1551036	622074	125732	32641	11591	28443
20870	19476	15367	13738	13740	358438

学生变动情况
Vocational Schools (Institutions)

单位：人
unit: person

减少学生数 Factors of Decrease	毕业 Graduates	结业 Completers of Courses Without Formal Awards	休学 Suspended	退学 Quitting	死亡 Dead	转出 Transfers to Other Inst.	其他 Others	本学年初报表在校学生数 Total Enrolment at Beginning of Current Academic Year
4774562	**3992725**	**78890**	**16923**	**441724**	**627**	**228502**	**15171**	**13392903**
4288988	3625180	35300	16814	405067	622	191829	14176	12377341
485574	367545	43590	109	36657	5	36673	995	1015562

女学生变动情况
Vocational Schools (Institutions)

单位：人
unit: person

减少学生数 Factors of Decrease	毕业 Graduates	结业 Completers of Courses Without Formal Awards	休学 Suspended	退学 Quitting	死亡 Dead	转出 Transfers to Other Inst.	其他 Others	本学年初报表在校学生数 Total Enrolment at Beginning of Current Academic Year
2112754	**1795740**	**32146**	**7834**	**172636**	**186**	**98232**	**5980**	**6003885**
1893804	1626987	13342	7785	157474	184	82464	5568	5537990
218950	168753	18804	49	15162	2	15768	412	465895

中等职业学校(机构)

Supplementary Information on Students in

类别 Item	共产党员 Member of C. P. C	共青团员 Member of C. Y. L. C
总　计 Total	**16022**	**1698917**
中职全日制学生 Full-time Students of SVSs	1233	1603250
#女 of Which: Female	413	843992
中职非全日制学生 Part-time Students of SVSs	14789	95667
#女 of Which: Female	4277	47604

中等职业学校(机构)

Information on International Students in

类别 Item	毕(结)业生数 Graduates
总　计 Total	**727**
#女 of Which: Female	281
按大洲分:by Continent	
亚洲 Asia	688
非洲 Africa	0
欧洲 Europe	30
北美洲 North America	6
南美洲 South America	2
大洋洲 Oceania	1

中等职业学校

Number of Educational Personnel in

类别 Item	教职工数 Educational Personnel	专任教师 Full-time Teachers	行政人员 Adm. Personnel	教辅人员 Supporting Staff
总　计 Total	**848464**	**694182**	**57307**	**49395**
#女 of Which: Female	467671	402117	22774	25811
#在编人员 of Which: Permanent Staff	601569	519069	34772	28704

其他学生情况
Secondary Vocational Schools (Institutions)

单位：人
unit：person

香港 From HK	澳门 Macao	台湾 From Taiwan	华侨 Overseas Chinese	少数民族 Minorities	残疾人 Disabled
3558	**795**	**469**	**147**	**1477845**	**29853**
3549	176	469	145	1292130	29358
1542	91	222	90	568883	11435
9	619	0	2	185715	495
4	364	0	1	87144	168

国际学生基本情况
Secondary Vocational Schools (Institutions)

单位：人、人次
unit：person、person-time

招生数 Entrants	在校生数(注册) Enrolment
277	**976**
154	572
187	745
2	7
31	94
17	40
38	80
2	10

(机构)教职工数
Secondary Vocational Schools(Institution)

单位：人
unit：person

工勤人员 Workers	其他附设机构人员 Personnel in Others Subsidiary Units	校外教师 Part-time Teachers	行业导师 Industry Mentor	外籍教师 Foreign Teachers
46852	**728**	**60551**	**15127**	**141**
16591	378	32035	6780	43
18597	427	—	—	—

中等职业学校专任教师教学
Number of Full-time Teachers by Field of

类别 Item		合计 Total	#女 of Which: Female
总　计　Total		**718306**	**416682**
#女 of Which: Female		416682	—
#实习指导课 of Which: Practice Guidance Lessons		41350	18737
专业课 Specialized Subjects	农林牧渔大类 Agriculture, Forestry, Animal Husbandry and Fisheries	18594	9366
	资源环境与安全大类 Resources Environment and Security	2161	956
	能源动力与材料大类 Energy Power and Materials	3019	1178
	土木建筑大类 Civil and Construction	12450	6117
	水利大类 Water Conservancy	900	392
	装备制造大类 Equipment Manufacturing	48951	17686
	生物与化工大类 Biological and Chemical	4660	2423
	轻工纺织大类 Light Industry Textile	4422	3104
	食品药品与粮食大类 Food and Drugs and Grain	3574	1965
	交通运输大类 Communication and Transport	32365	12413
	电子与信息大类 Electronics and Information	84854	43833
	医药卫生大类 Medicine, Pharmacy and Health Care	33475	23896
	财经商贸大类 Finance, Economics, Commerce and Trade	46570	32388
	旅游大类 Tourism	22677	15400
	文化艺术大类 Culture and Arts	65905	43924
	新闻传播大类 News Communication	2404	1445
	教育与体育大类 Education and Sports	124893	71481
	公安与司法大类 Public Security and Judicial	2158	1083
	公共管理与服务大类 Public Administration and Services	9426	5452

领域所属大类情况
Study in Secondary Vocational Schools

单位：人
unit：person

正高级 Senior	副高级 Sub-Senior	中 级 Middle	初 级 Junior	未定职级 No-Ranking
5330	**168979**	**249485**	**158943**	**135569**
2536	84937	142993	100189	86027
271	8318	14853	9756	8152
330	5730	6790	3612	2132
29	470	678	476	508
23	683	902	642	769
89	2785	4345	3139	2092
13	216	287	246	138
460	11541	18357	11597	6996
73	1450	1700	880	557
33	860	1570	1228	731
23	651	1038	895	967
181	4634	9625	8875	9050
532	18243	30298	18526	17255
589	6840	11831	8382	5833
316	10268	16102	11539	8345
95	4401	7538	5866	4777
490	11849	22313	16477	14776
13	334	637	616	804
777	32907	45959	26025	19225
20	355	577	469	737
51	1713	2888	2207	2567

中等职业学校教师
Full-time Teachers by Educational Background

类别 Item	合计 Total	博士研究生 Doctors	#获取博士学位 of Which: Ph. D	#获取硕士学位 of Which: Master's Degree	硕士研究生 Masters	#获取博士学位 of Which: Ph. D	#获取硕士学位 of Which: Master's Degree
1. 专任教师 Full-time Teacher	**718306**	**692**	**560**	**46**	**63287**	**34**	**54440**
#女 of Which: Female	416682	341	267	27	44814	16	39350
正高级 Senior	5330	119	109	1	744	3	515
副高级 Sub-senior	168979	262	218	17	10677	15	8194
中 级 Middle	249485	220	162	18	25148	15	21726
初 级 Junior	158943	29	21	5	14326	0	12903
未定职级 No-ranking	135569	62	50	5	12392	1	11102
2. 校外教师 Part-time Teacher	**60551**	**306**	**199**	**5**	**5129**	**11**	**4005**
#女 of Which: Female	32035	100	82	3	2981	8	2309
#两年以上 of Which: Two Years and Over	17066	89	69	3	1562	1	1296
正高级 Senior	1227	90	60	0	279	1	190
副高级 Sub-senior	9254	124	91	3	1184	4	893
中 级 Middle	15889	47	39	1	1583	4	1299
初 级 Junior	8209	4	2	0	795	1	656
未定职级 No-ranking	25972	41	7	1	1288	1	967
3. 行业导师 Industry Mentor	**15127**	**91**	**76**	**1**	**1386**	**17**	**1009**
4. 外籍教师 Foreign Teachers	**141**	**9**	**4**	**0**	**61**	**0**	**33**

分学历(位)情况
in Secondary Vocational Schools

单位：人
unit：person

本科 University Diploma	#获取博士学位 of Which：Ph. D	#获取硕士学位 of Which：Master's Degree	专科 Short-cycle Courses	#获取博士学位 of Which：Ph. D	#获取硕士学位 of Which：Master's Degree	高中阶段以下 Below High School Graduate
617420	**33**	**24905**	**35577**	**0**	**56**	**1330**
358681	21	16320	12568	0	12	278
4392	3	600	58	0	0	17
155153	10	10393	2825	0	13	62
215234	18	10501	8682	0	18	201
136193	2	2320	8128	0	16	267
106448	0	1091	15884	0	9	783
47553	**93**	**691**	**6752**	**0**	**4**	**811**
26254	13	398	2511	0	0	189
13889	0	246	1298	0	0	228
784	38	29	60	0	0	14
7302	9	181	611	0	1	33
12204	46	234	1969	0	1	86
6574	0	76	767	0	2	69
20689	0	171	3345	0	0	609
9634	**1**	**228**	**3240**	**0**	**3**	**776**
70	**2**	**10**	**1**	**0**	**0**	**0**

中等职业教育专任
Number of Full-time Teachers by Age in

类别 Item		合计 Total	29 岁以下 29 and Under	30-34 岁 30 to 34
总　计 Total		**718306**	**140110**	**108148**
#女 of Which: Female		416682	96949	70844
按专业技术职务分 by Ranks	正高级 Senior	5330	0	0
	副高级 Sub-senior	168979	6	659
	中　级 Middle	249485	5440	31248
	初　级 Junior	158943	50389	48741
	未定职级 No-ranking	135569	84275	27500
按学历(学位)分 by Academic Qualification	博士研究生 Doctoral Degree	692	23	90
	#获博士学位 Of Which: PhD	560	10	60
	#获硕士学位 Of Which: Master's Degree	46	6	10
	硕士研究生 Master's Degree	63287	14227	17158
	#获博士学位 Of Which: PhD	34	0	1
	#获硕士学位 Of Which: Master's Degree	54440	12908	15526
	本科 University Diploma	617420	116048	86311
	#获博士学位 Of Which: PhD	33	1	1
	#获硕士学位 Of Which: Master's Degree	24905	1395	1883
	专科 Short-cycle Courses	35577	9587	4484
	#获博士学位 Of Which: PhD	0	0	0
	#获硕士学位 Of Which: Master's Degree	56	5	5
	高中阶段以下 Below High School Graduate	1330	225	105

教师分年龄情况
Secondary Vocational Schools

单位：人
unit：person

35-39 岁 35 to 39	40-44 岁 40 to 44	45-49 岁 45 to 49	50-54 岁 50 to 54	55-59 岁 55 to 59	60-64 岁 60 to 64	65 岁以上 65 and Over
111137	**109296**	**97853**	**91396**	**58006**	**1788**	**572**
69309	65159	53449	45133	15272	409	158
63	252	783	1768	2072	237	155
7933	23807	40679	54009	40565	1100	221
59437	63922	45216	30935	12917	250	120
30928	15716	7994	3459	1661	48	7
12776	5599	3181	1225	791	153	69
139	150	128	90	49	11	12
102	123	115	85	44	10	11
8	12	5	4	0	1	0
14022	9144	4604	2815	1212	87	18
7	8	4	13	1	0	0
12033	7642	3525	1992	738	61	15
92994	96404	89030	83540	51302	1400	391
3	10	6	6	6	0	0
5135	7532	4725	3248	959	20	8
3893	3478	3929	4707	5119	251	129
0	0	0	0	0	0	0
2	5	9	14	16	0	0
89	120	162	244	324	39	22

中等职业学校(机构)

Teaching Situation of Full-time Teachers in

类别 Item	本学年授课专任教师 Full-time Teacher by Teaching Content	公共基础课 Common Required Course	#思政课 of Which: Ideological and Political Courses	专业(技能)课程 Specialized Course	#双师型 of Which: Double-teacher Type	本学年授课校外教师 Part-time Teacher by Teaching Content	公共基础课 Common Required Course	#思政课 of Which: Ideological and Political Courses
总 计 Total	**706407**	**311219**	**47292**	**395188**	**222018**	**57997**	**18414**	**2202**
#女 of Which: Female	410539	191554	28152	218985	121769	30687	11331	1373
正高级 Senior	5132	1793	418	3339	2492	1195	241	33
副高级 Sub-senior	164978	82199	13387	82779	58585	8995	2301	334
中 级 Middle	245203	107716	15629	137487	91329	15369	3611	513
初 级 Junior	156898	61587	8630	95311	48559	7946	2687	306
未定职级 No-ranking	134196	57924	9228	76272	21053	24492	9574	1016

中等职业学校(机构)

Changes of Full-time Teachers in Secondary

类别 Item	上学年初报表专任教师数 Number of Full-time Teachers at Beginning of Previous Academic Year	增加专任教师数 Factors of Increase	招聘 Recruit	#应届毕业生 of Which: Graduates of Current Year	#师范生 of Which: Normal University Students	调入 Teachers Recruited from Other Units	其中:外校 of Which: from Other SVSs	校内变动 With Change of Status in Their Own Institutions	#学段调整 of Which: Adjusting Teaching Stage	其他 Others
总 计 Total	**695447**	**86927**	**57219**	**18495**	**8155**	**14285**	**7508**	**13867**	**2809**	**1556**
#女 of Which: Female	396426	54219	37290	12861	5741	8217	4286	7802	1705	910

教师授课分类情况

Secondary Vocational Schools (Institutions)

单位：人
unit: person

专业(技能)课程 Specialized Course	#双师型 of Which: Double-teacher Type	本学年授课行业导师 Industry Mentor by Teaching Content	#专业(技能)课程 of Which: Specialized Course	本学年授课外籍教师 Foreign Teachers by Teaching Content	公共基础课 Common Required Course	专业(技能)课程 Specialized Course	本学年不授课专任教师 Full-time Teacher by Non-teaching	进修 In-service	病休 Sick-Leave	其他 Others
39583	**15124**	**13599**	**11575**	**97**	**32**	**65**	**11899**	**493**	**1005**	**10401**
19356	7348	6213	5175	42	16	26	6143	313	617	5213
954	448	422	390	8	0	8	198	2	6	190
6694	3219	2134	1971	8	1	7	4001	145	217	3639
11758	5348	3115	2782	20	1	19	4282	204	405	3673
5259	2084	1522	1334	5	3	2	2045	102	315	1628
14918	4025	6406	5098	56	27	29	1373	40	62	1271

专任教师变动情况

Vocational Schools (Institutions)

单位：人
unit: person

减少专任教师数 Factors of Decrease	退休 Retirees	死亡 Death	调出 Transferred from teaching to Non-Teaching Posts	辞职 Resignation	校内变动 With Change of Status in Their Own Institutions	#学段调整 of Which: Adjusting Teaching Stage	其他 Others	本学年初报表专任教师数 Number of Full-time Teachers at Beginning of Current Academic Year
64068	**10955**	**427**	**17201**	**19076**	**15306**	**4267**	**1103**	**718306**
33963	5093	122	9312	10556	8296	2589	584	416682

中等职业学校(机构)
Supplementary Information on Educational Personnel in

类别 Item	共产党员 Member of C. P. C	共青团员 Member of C. Y. L. C	民主党派 Member of Non-Communist Party
教职工 Educational Personnel	276361	48335	11586
#女 of Which: Female	131970	32643	6409
专任教师 Full-time Teachers	237703	44623	10751
#女 of Which: Female	122361	30797	6070

中等职业学校
Condition of Fixed Assets and Teaching Resources

类别 Item	占地面积(平方米) Areas Occupied (m^2)	#绿化用地面积 of Which: Green Areas	#运动场地面积 of Which: Sports Areas	校园足球场(个) Cammpus Football Field	11人制足球场 11-a-side Football Field	7人制足球场 7-a-side Football Field	5人制足球场 5-a-side Football Field	图书(册) Books and Magazines in Libraries (Volume)	#当年新增 of Which: New Added in Current Year	数字资源量 Digital Resources 电子图书(册) Ebooks (Book)	电子期刊(册) Electronic Journals (Book)	学位论文(册) Degree Thesis (Book)	音视频(小时) Audio and Video (Hour)
学校产权 Owned by SVSs	449156457. 01	111800389. 12	70399948. 99	3982	2210	1043	729	331054368	36977507	249892796	20765200	127728391	4331194. 24
非学校产权中独立使用 Not Owned by SVSs	81549909. 89	16905505. 84	12221377. 32	12694	11067	197	1430	11750487	1144598	8169554	1046567	4567086	248269. 45

中等职业学校
Conditions of School Buildings in Secondary

类别 Item	学校产权校舍建筑面积 Floor Area of School Building Owned by SVSs
总　计 Total	**229141331. 50**
一、教学及辅助用房 Buildings for Instruction and Ancillary Uses	**112945296. 65**
普通教室 Classroom	43497152. 42
合班教室 Co-class Classroom	2276740. 97
基础课实验室 Basic Course Lab	5264341. 15
实训用房 Training Room	46451941. 81
图书阅览室 Reading Room	5933572. 36
心理咨询室 Psychological Consultation Room	454495. 04
风雨操场 Outdoor playground	9067052. 90
二、行政办公用房 Administrative	**14730993. 16**
行政办公室 Office	12347642. 74
教研室 Teaching&Research Office	2383350. 42
三、生活用房 Residential Buildings	**86122209. 97**
学生宿舍 Students´ Dormitories	58886004. 56
食堂 Dining Halls	15449515. 33
单身教工宿舍 Apartments for Single	5013156. 38
其他附属用房 Other Auxiliary Buildings	6773533. 70
四、教工住宅 Residential Quarters for Teachers andWorkers	**6613405. 21**
五、其他用房 Rooms for Other Purposes	**8729426. 51**

教职工其他情况

Secondary Vocational Schools (Institutions)

单位：人
unit: person

香港 From HK	澳门 From Macao	台湾 From Taiwan	华侨 Overseas Chinese	少数民族 Minorities
38	1	25	6	60253
29	1	12	3	33125
14	1	25	5	51323
11	1	12	3	29481

(机构)资产情况

in Secondary Vocational Schools (Institutions)

职业教育仿真实训资源量(套) Vocational Education Virtual imulation Training Resources (Set)	仿真实验软件 Simulation Experiment software	仿真实训软件 Simulation Training software	仿真实习软件 Simulation Practice software	数字终端数(台) Number of Digital Terminals (Set)	#教师终端数 of Which: Number of Teachers' Terminals	#学生终端数 of Which: Number of Student Terminals	教室(间) General Classroom (Room)	#网络多媒体教室 of Which: Network Multimedia Classroom	固定资产总值(万元) Total Value of Fixed Asset (10,000 yuan)	#教学、科研仪器设备资产 of Which: Teaching Equipment & Instruments	#当年新增 of Which: New Added in Current Year
191989	46791	132421	12777	3641732	812727	2732100	377913	248602	49086652.31	11064393.92	1247517.34
4095	1172	2335	588	110685	21692	82870	93692	51426	4822950.50	325360.05	36771.24

(机构)校舍情况

Vocational Schools (Institutions)

单位：平方米
unit: m^2

正在施工校舍建筑面积 Floor Area Under Construction	非学校产权中独立使用校舍建筑面积 Floor Area of School Building Not Owned by SVSs
10999159.82	**46019591.66**
5803964.28	**22044375.73**
1796412.26	9599882.88
131138.16	748110.05
162961.55	823330.19
2816483.93	6946514.08
380213.38	978088.31
14613.74	93003.15
502141.26	2855447.07
459320.62	**2917805.65**
372340.34	2345298.79
86980.28	572506.86
3820840.11	19398101.23
2698732.00	14420096.03
648284.64	2772241.37
218755.89	1108668.18
255067.58	1097095.65
143701.40	—
771333.41	**1659309.05**

初中阶段
Number of Schools, Classes in

类别 Item	学校数(所) Schools	初级中学 Regular Junior Secondary Schools
总　计 Total	**52480**	**34304**
教育部门 Run by Ed. Dept.	46652	33256
其他部门 Run by Non-ed. Dept.	344	65
地方企业办 Run by Local Enterprises	5	1
民办 Non-government	5479	982
具有法人资格的中外合作办学	0	0
城区 Urban Area	15199	9174
教育部门 Run by Ed. Dept.	12368	8645
其他部门 Run by Non-ed. Dept.	135	49
地方企业办 Run by Local Enterprises	4	1
民办 Non-government	2692	479
具有法人资格的中外合作办学	0	0
镇区 Counties and Towns Area	24436	17459
教育部门 Run by Ed. Dept.	22244	17078
其他部门 Run by Non-ed. Dept.	178	14
地方企业办 Run by Local Enterprises	1	0
民办 Non-government	2013	367
具有法人资格的中外合作办学	0	0
乡村 Rural Area	12845	7671
教育部门 Run by Ed. Dept.	12040	7533
其他部门 Run by Non-ed. Dept.	31	2
地方企业办 Run by Local Enterprises	0	0
民办 Non-government	774	136
具有法人资格的中外合作办学	0	0
总计中:附设初中班 of the Total:Classes Attached to Others Schools	—	—

校数、班数
Junior Secondary Education

九年一贯制学校 9-Year Schools	职业初中 Vocational Junior Secondary Schools	班数(个) Classes	一年级 Grade 1	二年级 Grade 2	三年级 Grade 3	四年级 Grade 4
18168	**8**	**1118464**	**376981**	**372885**	**357333**	**11265**
13391	5	980759	338103	323325	309224	10107
278	1	4400	1481	1424	1424	71
4	0	130	52	45	33	0
4495	2	133165	37345	48087	46646	1087
0	0	10	0	4	6	0
6022	3	461093	156564	152223	144923	7383
3721	2	386012	134432	125655	119445	6480
85	1	2312	789	746	739	38
3	0	124	50	43	31	0
2213	0	72635	21293	25775	24702	865
0	0	10	0	4	6	0
6974	3	519405	174683	174167	167413	3142
5164	2	469212	161294	155748	149234	2936
164	0	1697	557	553	554	33
1	0	6	2	2	2	0
1645	1	48490	12830	17864	17623	173
0	0	0	0	0	0	0
5172	2	137966	45734	46495	44997	740
4506	1	125535	42377	41922	40545	691
29	0	391	135	125	131	0
0	0	0	0	0	0	0
637	1	12040	3222	4448	4321	49
0	0	0	0	0	0	0
—	—	2344	723	780	811	30

初中班

Size of Classes in Junior

类别 Item	合计 Total	一年级 Grade 1
合　计 Total	**1118464**	**376981**
25 人及以下 Under 25 Persons	26386	8496
26-30 人 Between 26-30	29212	9229
31-35 人 Between 31-35	52970	16443
36-40 人 Between 36-40	98919	31766
41-45 人 Between 41-45	204536	67428
46-50 人 Between 46-50	433879	149962
51-55 人 Between 51-55	268040	92176
56-60 人 Between 56-60	2767	874
61-65 人 Between 61-65	1581	551
66 人及以上 Over 66 Persons	174	56
城区 Urban Area	461093	156564
25 人及以下 Under 25 Persons	9216	2751
26-30 人 Between 26-30	10523	3032
31-35 人 Between 31-35	20537	5896
36-40 人 Between 36-40	41421	13093
41-45 人 Between 41-45	83152	27252
46-50 人 Between 46-50	182002	63761
51-55 人 Between 51-55	112205	39978
56-60 人 Between 56-60	1197	448
61-65 人 Between 61-65	756	321
66 人及以上 Over 66 Persons	84	32
镇区 CountiesandTowns Area	519405	174683
25 人及以下 Under 25 Persons	9704	3244
26-30 人 Between 26-30	11593	3933
31-35 人 Between 31-35	21354	6831
36-40 人 Between 36-40	39837	12982
41-45 人 Between 41-45	91882	30383
46-50 人 Between 46-50	210290	72037
51-55 人 Between 51-55	132768	44748
56-60 人 Between 56-60	1184	317
61-65 人 Between 61-65	705	184
66 人及以上 Over 66 Persons	88	24
乡村 Rural Area	137966	45734
25 人及以下 Under 25 Persons	7466	2501
26-30 人 Between 26-30	7096	2264
31-35 人 Between 31-35	11079	3716
36-40 人 Between 36-40	17661	5691
41-45 人 Between 41-45	29502	9793
46-50 人 Between 46-50	41587	14164
51-55 人 Between 51-55	23067	7450
56-60 人 Between 56-60	386	109
61-65 人 Between 61-65	120	46
66 人及以上 Over 66 Persons	2	0

额情况

Secondary Schools

单位：个
unit：class

二年级 Grade 2	三年级 Grade 3	四年级 Grade 4
372885	**357333**	**11265**
8409	8549	932
9288	9811	884
17189	18052	1286
32175	33162	1816
67689	67077	2342
145357	135234	3326
91393	83792	679
852	1041	0
483	547	0
50	68	0
152223	144923	7383
2858	3054	553
3186	3739	566
6583	7239	819
13218	13961	1149
27602	26813	1485
60402	55544	2295
37853	33858	516
318	431	0
189	246	0
14	38	0
174167	167413	3142
3044	3157	259
3726	3707	227
7056	7097	370
13077	13253	525
30258	30522	719
70842	66513	898
45494	42382	144
373	494	0
262	259	0
35	29	0
46495	44997	740
2507	2338	120
2376	2365	91
3550	3716	97
5880	5948	142
9829	9742	138
14113	13177	133
8046	7552	19
161	116	0
32	42	0
1	1	0

类别 Item	毕业生数 Graduates	招生数 Entrants
总　计 Total	**16239236**	**17313811**
教育部门 Run by Ed. Dept.	14039314	15657478
其他部门 Run by Non-ed. Dept.	56778	58428
地方企业办 Run by Local Enterprises	2143	2117
民办 Non-government	2140733	1595788
具有法人资格的中外合作办学	268	0
城区 Urban Area	6437404	7260493
教育部门 Run by Ed. Dept.	5293625	6322764
其他部门 Run by Non-ed. Dept.	30170	32474
地方企业办 Run by Local Enterprises	1782	2033
民办 Non-government	1111559	903222
具有法人资格的中外合作办学	268	0
镇区 Counties and Towns Area	7812351	8097199
教育部门 Run by Ed. Dept.	6947039	7518510
其他部门 Run by Non-ed. Dept.	21070	20109
地方企业办 Run by Local Enterprises	361	84
民办 Non-government	843881	558496
具有法人资格的中外合作办学	0	0
乡村 Rural Area	1989481	1956119
教育部门 Run by Ed. Dept.	1798650	1816204
其他部门 Run by Non-ed. Dept.	5538	5845
地方企业办 Run by Local Enterprises	0	0
民办 Non-government	185293	134070
具有法人资格的中外合作办学	0	0

分举办者情况
Secondary Schools

单位：人
unit: person

在校生数 Enrolment	#女 of Which: Female	一年级 Grade 1	二年级 Grade 2	三年级 Grade 3	四年级 Grade 4	预计毕业生数 Estimated Graduates for Next Year
51205965	**23803431**	**17345306**	**17120512**	**16287583**	**452564**	**16276730**
45205844	21313708	15686225	14939836	14170898	408885	14160597
174540	80731	58528	56658	56962	2392	57268
5268	2532	2118	1758	1392	0	1392
5819863	2406239	1598435	2122065	2058076	41287	2057218
450	221	0	195	255	0	255
21233052	9832328	7279845	7030451	6622668	300088	6613411
18010581	8483987	6340823	5879559	5524117	266082	5515840
95472	43592	32527	30792	30870	1283	31205
5028	2410	2034	1676	1318	0	1318
3121521	1302118	904461	1118229	1066108	32723	1064793
450	221	0	195	255	0	255
24065858	11221419	8107175	8092041	7741046	125596	7738924
21826397	10296602	7527644	7262658	6918372	117723	6916005
62560	29193	20150	20724	20577	1109	20548
240	122	84	82	74	0	74
2176661	895502	559297	808577	802023	6764	802297
0	0	0	0	0	0	0
5907055	2749684	1958286	1998020	1923869	26880	1924395
5368866	2533119	1817758	1797619	1728409	25080	1728752
16508	7946	5851	5142	5515	0	5515
0	0	0	0	0	0	0
521681	208619	134677	195259	189945	1800	190128
0	0	0	0	0	0	0

初中教育学生
Number of Students in Junior

类别 Item	毕业生数 Graduates	招生数 Entrants
总　计 Total	**16239236**	**17313811**
#女 of Which：Female	7548001	8062395
#少数民族 of Which：Minority Students	1892696	2143870
#寄宿生 of Which：Boarders	—	7547993
#随迁子女 of Which：Migrant Children	1664723	1973779
#外省迁入 of Which：from Other Province	661500	826268
#本省外县迁入 of Which：From Other County	1003223	1147511
#进城务工人员随迁子女 of Which：Children of Migrant Workers	1151331	1355415
#外省迁入 of Which：from Other Province	459326	558514
#本省外县迁入 of Which：From Other County	692005	796901
#农村留守儿童 of Which：Children Left Behind	1282496	1294177
初级中学 Regular Junior Secondary Schools	10931077	11701021
九年一贯制学校 9-Year Schools	2782794	3081503
职业初中 Vocational Junior Secondary Schools	299	228
完全中学 Complete Secondary Schools	1949906	2023524
十二年一贯制学校 12-Year Schools	534715	478043
附设普通初中班 Junior Sec. Classes Attached	40399	29492
附设职业初中班 Vocational Junior Sec. Classes Attached	46	0

分类型情况
Secondary Schools by Types

单位：人
unit：person

在校生数 Enrolment	#女 of Which：Female	一年级 Grade 1	二年级 Grade 2	三年级 Grade 3	四年级 Grade 4	预计毕业生数 Estimated Graduates for Next Year
51205965	**23803431**	**17345306**	**17120512**	**16287583**	**452564**	**16276730**
23803431	—	8076097	7967876	7545783	213675	7539393
6152200	2942815	2145337	2057300	1937782	11781	1936611
23152262	10715956	7558006	7881056	7646756	66444	7654171
5767574	2591432	1980332	1939466	1781702	66074	1774634
2366448	1054475	826849	793195	709994	36410	703615
3401126	1536957	1153483	1146271	1071708	29664	1071019
3948277	1780057	1360184	1320460	1225080	42553	1220561
1605083	714259	558797	537160	488825	20301	484737
2343194	1065798	801387	783300	736255	22252	735824
3965931	1838382	1295260	1356753	1309034	4884	1308268
34305553	16105175	11718130	11384382	10895414	307627	10889342
9141608	4125797	3093070	3094858	2849832	103848	2846071
715	295	228	280	207	0	207
6073135	2857597	2025789	2049331	1967535	30480	1966874
1588544	670577	478295	559318	541433	9498	540805
96354	43979	29794	32323	33143	1094	33414
56	11	0	20	19	17	17

初中阶段学龄人口及
Number of School-age Population and Enrolment

类别 Item	在校学龄人口数 School-age Population	#女 of Which: Female
总 计 Total	**47424306**	**22113181**
10 岁及以下 Under 10 Years	—	—
11 岁 11 Years	417922	201793
12 岁 12 Years	13236536	6243638
13 岁 13 Years	17061395	7959301
14 岁 14 Years	15962647	7363187
15 岁 15 Years	745806	345262
16 岁 16 Years	0	0
17 岁 17 Years	—	—
18 岁及以上 Over 18 Years	—	—
城区 Urban Area	19907004	9248278
10 岁及以下 Under 10 Years	—	—
11 岁 11 Years	298357	143984
12 岁 12 Years	5921676	2785424
13 岁 13 Years	7043075	3271577
14 岁 14 Years	6509955	2986919
15 岁 15 Years	133941	60374
16 岁 16 Years	0	0
17 岁 17 Years	—	—
18 岁及以上 Over 18 Years	—	—
镇区 Counties and Towns Area	22137457	10352700
10 岁及以下 Under 10 Years	—	—
11 岁 11 Years	101869	49414
12 岁 12 Years	5953325	2814842
13 岁 13 Years	8054867	3770548
14 岁 14 Years	7573255	3506757
15 岁 15 Years	454141	211139
16 岁 16 Years	0	0
17 岁 17 Years	—	—
18 岁及以上 Over 18 Years	—	—
乡村 Rural Area	5379845	2512203
10 岁及以下 Under 10 Years	—	—
11 岁 11 Years	17696	8395
12 岁 12 Years	1361535	643372
13 岁 13 Years	1963453	917176
14 岁 14 Years	1879437	869511
15 岁 15 Years	157724	73749
16 岁 16 Years	0	0
17 岁 17 Years	—	—
18 岁及以上 Over 18 Years	—	—

在校学生情况
of Junior Secondary Schools

单位：人
unit：person

在校生数 Enrolment	#女 of Which：Female	一年级 Grade 1	二年级 Grade 2	三年级 Grade 3	四年级 Grade 4
51205965	**23803431**	**17345306**	**17120512**	**16287583**	**452564**
3053	1610	2814	172	67	0
660719	330292	655579	4527	595	18
13747615	6498362	12987206	748624	11705	80
17061395	7959301	3444086	12775317	838814	3178
15963244	7363460	218751	3317017	12057494	369982
3428236	1501596	25808	233192	3095821	73415
284528	122334	6833	29959	242357	5379
40200	18349	2418	7809	29541	432
16975	8127	1811	3895	11189	80
21233052	9832328	7279845	7030451	6622668	300088
1875	976	1791	56	28	0
399752	199192	396949	2557	238	8
6060869	2855610	5634801	420729	5288	51
7043075	3271577	1189895	5411950	439101	2129
6510483	2987172	50718	1135837	5072902	251026
1143896	487264	4217	52245	1043177	44257
64422	26823	1045	5423	55531	2423
6270	2696	254	1098	4753	165
2410	1018	175	556	1650	29
24065858	11221419	8107175	8092041	7741046	125596
890	473	787	77	26	0
212625	107203	210896	1468	251	10
6248303	2961346	5974911	268252	5116	24
8054867	3770548	1773112	5955065	325838	852
7573304	3506773	125317	1709841	5638689	99457
1780419	789666	15241	133824	1608403	22951
162105	69893	4097	16865	139039	2104
23210	10568	1573	4426	17044	167
10135	4949	1241	2223	6640	31
5907055	2749684	1958286	1998020	1923869	26880
288	161	236	39	13	0
48342	23897	47734	502	106	0
1438443	681406	1377494	59643	1301	5
1963453	917176	481079	1408302	73875	197
1879457	869515	42716	471339	1345903	19499
503921	224666	6350	47123	444241	6207
58001	25618	1691	7671	47787	852
10720	5085	591	2285	7744	100
4430	2160	395	1116	2899	20

初中阶段教育专任教师

Number of Full-time Teachers in Junior Secondary

类别 Item	合计 Total	#女 of Which: Female	道德与法治 Morality and Legal System	语文 Language and Literature	数学 Mathematics	外语 Foreign Languages	#英语 of Which: English	#日语 of Which: Japanese	#俄语 of Which: Russian	科学 Science	物理 Physics
总　计 Total	**4025197**	**2447249**	**265467**	**691297**	**673992**	**630703**	**629225**	**333**	**172**	**31649**	**267015**
#女 of Which: Female	2447249	—	164506	495319	379193	526758	525856	283	150	16025	109107
#少数民族 of Which: Minorities	369702	216708	27162	63686	58203	50130	50036	56	10	425	25183
博士研究生 Doctor's Degree	995	676	34	100	134	41	40	1	0	24	140
硕士研究生 Master's Degree	202149	163981	14875	33249	27964	39996	39655	102	56	2236	11404
本科毕业 Under-graduate	3488357	2157198	226543	611454	592326	557256	556298	222	108	27847	232080
专科毕业 Associate Bachelor	331164	124732	23886	46272	53312	33304	33130	7	8	1522	23307
高中阶段毕业 High School Graduate	2448	645	127	217	250	100	98	1	0	20	83
高中阶段以下毕业 Below High School Graduate	84	17	2	5	6	6	4	0	0	0	1
城区 Urban Area	1630482	1105530	104611	276851	272442	264915	264050	261	131	16576	108616
博士研究生 Doctor's Degree	831	596	25	81	113	26	25	1	0	17	128
硕士研究生 Master's Degree	158299	130587	11663	26514	22077	30875	30581	90	53	1731	9088
本科毕业 Under-graduate	1396002	941989	88146	239968	237916	225667	225134	166	76	14460	93958
专科毕业 Associate Bachelor	74554	32153	4749	10249	12276	8328	8291	4	2	358	5429
高中阶段毕业 High School Graduate	773	198	28	39	60	18	18	0	0	10	13
高中阶段以下毕业 Below High School Graduate	23	7	0	0	0	1	1	0	0	0	0
镇区 Counties and Towns Area	1882053	1067224	125761	326247	316578	291296	290834	58	21	12155	124129
博士研究生 Doctor's Degree	122	57	6	16	14	10	10	0	0	6	9
硕士研究生 Master's Degree	35715	27220	2637	5470	4833	7411	7370	12	3	394	1901
本科毕业 Under-graduate	1652410	968960	108841	293797	280482	264535	264209	44	16	10947	108619
专科毕业 Associate Bachelor	192514	70637	14199	26825	31099	19275	19183	2	2	803	13550
高中阶段毕业 High School Graduate	1247	341	76	135	144	62	61	0	0	5	49
高中阶段以下毕业 Below High School Graduate	45	9	2	4	6	3	1	0	0	0	1
乡村 Rural Area	512662	274495	35095	88199	84972	74492	74341	14	20	2918	34270
博士研究生 Doctor's Degree	42	23	3	3	7	5	5	0	0	1	3
硕士研究生 Master's Degree	8135	6174	575	1265	1054	1710	1704	0	0	111	415
本科毕业 Under-graduate	439945	246249	29556	77689	73928	67054	66955	12	16	2440	29503
专科毕业 Associate Bachelor	64096	21942	4938	9198	9937	5701	5656	1	4	361	4328
高中阶段毕业 High School Graduate	428	106	23	43	46	20	19	1	0	5	21
高中阶段以下毕业 Below High School Graduate	16	1	0	1	0	2	2	0	0	0	0

分课程、分学历情况
Schools by Subject Taught & Educational Attainment

单位：人
unit：person

化学 Chemistry	生物 Biclogy	地理 Geography	历史 History	体育与健康 Physical Training and Healthy	艺术 Art	音乐 Music	美术 Fine Arts	综合实践活动 Compre-hensive Practice	信息科技 Information Technology	劳动 Skills	其他 Others	本学年不授课专任教师 No Teaching Load in Current Year
167722	**170130**	**165420**	**240617**	**249933**	**225621**	**113393**	**111048**	**43135**	**96263**	**36094**	**34179**	**35960**
95739	108559	96681	140898	53753	152804	83621	68709	16846	43106	12695	18867	16393
15639	15921	15594	22647	23435	19865	10538	9265	3729	9127	2806	6987	9163
132	160	76	46	19	28	18	9	9	10	8	24	10
10001	10908	7936	13523	10623	9902	4495	5355	775	4065	504	3143	1045
145269	143133	140046	204622	213049	195925	99438	95453	34191	83551	27944	25746	27375
12271	15830	17258	22312	25666	19613	9368	10152	8046	8589	7470	5104	7402
49	99	103	112	568	149	73	76	107	44	154	147	119
0	0	1	2	8	4	1	3	7	4	14	15	9
67329	66604	63481	96007	108467	90152	45396	44239	13429	39816	11259	14492	15435
119	139	68	37	11	22	14	7	4	6	8	20	7
7477	8397	6260	10717	8415	7574	3489	4038	543	3248	391	2554	775
56927	54919	53779	80732	92948	77743	39657	37647	11269	34504	9482	10712	12872
2795	3136	3361	4499	6717	4778	2215	2533	1595	2047	1337	1158	1742
11	13	12	21	374	34	20	14	17	11	34	42	36
0	0	1	1	2	1	1	0	1	0	7	6	3
78258	81186	79765	113584	111534	106171	53209	52427	22790	43562	18772	15427	14838
12	15	6	2	6	5	3	2	5	4	0	4	2
2055	2072	1335	2331	1799	1865	801	1059	193	666	95	482	176
69067	69494	67988	97860	95201	93054	47011	45563	17724	38061	14062	11849	10829
7097	9539	10364	13318	14381	11159	5358	5751	4798	4802	4534	3003	3768
27	66	72	73	144	87	36	51	65	25	78	81	58
0	0	0	0	3	1	0	1	5	4	3	8	5
22135	22340	22174	31026	29932	29298	14788	14382	6916	12885	6063	4260	5687
1	6	2	7	2	1	1	0	0	0	0	0	1
469	439	341	475	409	463	205	258	39	151	18	107	94
19275	18720	18279	26030	24900	25128	12770	12243	5198	10986	4400	3185	3674
2379	3155	3533	4495	4568	3676	1795	1868	1653	1740	1599	943	1892
11	20	19	18	50	28	17	11	25	8	42	24	25
0	0	0	1	3	2	0	2	1	0	4	1	1

初中阶段教育专任教师分专业技术

Number of Full-time Teachers in Junior Secondary

类别 Item	合计 Total	#女 of Which: Female	24岁及以下 24 and Under	25-29岁 25 to 29	30-34岁 30 to 34
总　计 Total	**4025197**	**2447249**	**227779**	**596536**	**549246**
#女 of Which:Female	2447249	—	178713	458575	403171
#少数民族 of Which: Minorities	369702	216708	19414	59526	54584
正高级 Senior	5178	2223	0	0	5
副高级 Sub-senior	864737	398794	53	76	1017
中　级 Middle	1505141	860528	1243	29367	148588
助理级 Associate	1033268	738534	46596	315560	301116
员　级 Junior	65885	46577	14696	28502	12301
未定职级 No-ranking	550988	400593	165191	223031	86219
城区 Urban Area	1630482	1105530	90507	246882	229159
正高级 Senior	2743	1456	0	0	4
副高级 Sub-senior	337456	196974	18	47	486
中　级 Middle	612670	401670	517	10936	63034
助理级 Associate	410620	308305	18128	126143	119641
员　级 Junior	20762	14782	3998	8621	4082
未定职级 No-ranking	246231	182343	67846	101135	41912
镇区 Counties and Towns Area	1882053	1067224	105198	260079	247028
正高级 Senior	1979	633	0	0	1
副高级 Sub-senior	412890	163812	21	26	393
中　级 Middle	717745	375951	549	13632	65249
助理级 Associate	484789	337163	21707	141490	141378
员　级 Junior	33944	23906	8194	14595	6289
未定职级 No-ranking	230706	165759	74727	90336	33718
乡村 Rural Area	512662	274495	32074	89575	73059
正高级 Senior	456	134	0	0	0
副高级 Sub-senior	114391	38008	14	3	138
中　级 Middle	174726	82907	177	4799	20305
助理级 Associate	137859	93066	6761	47927	40097
员　级 Junior	11179	7889	2504	5286	1930
未定职级 No-ranking	74051	52491	22618	31560	10589

职务、分年龄结构情况
Schools by Professional Rank and Age

单位：人
unit：person

35-39 岁 35 to 39	40-44 岁 40 to 44	45-49 岁 45 to 49	50-54 岁 50 to 54	55-59 岁 55 to 59	60 岁及以上 60 and Over
536838	**646528**	**649175**	**546049**	**269960**	**3086**
365389	386959	344283	266406	43113	640
54019	59509	57509	44811	20233	97
22	195	1019	2213	1626	98
22258	108055	236660	311309	183960	1349
283497	407967	354802	205824	73181	672
186249	109072	46980	19979	7635	81
5440	2677	1164	739	336	30
39372	18562	8550	5985	3222	856
225894	262763	247778	226772	99144	1583
9	95	538	1178	857	62
8683	41827	87622	128983	69024	766
120134	167948	138105	86289	25351	356
75584	43448	17458	7654	2522	42
2084	1057	478	295	132	15
19400	8388	3577	2373	1258	342
247965	306376	320872	257465	135901	1169
6	80	388	848	634	22
10095	50595	115916	144743	90630	471
130094	193807	176525	98711	38915	263
89685	52748	23676	10017	4056	32
2575	1235	517	354	172	13
15510	7911	3850	2792	1494	368
62979	77389	80525	61812	34915	334
7	20	93	187	135	14
3480	15633	33122	37583	24306	112
33269	46212	40172	20824	8915	53
20980	12876	5846	2308	1057	7
781	385	169	90	32	2
4462	2263	1123	820	470	146

初中专任教师
Changes of Full-time Teachers in

类别 Item	上学年初报表专任教师数 Number of Full-time Teachers at Beginning of Previous Academic Year	增加教师 Factors of Increase	招聘 Recruit	#应届毕业生 of Which: Graduates of Current Year	#师范生 of Which: Normal University Students	调入 Teachers Recruited from Other Units	#外校 of Which: Graduated from other Institutions	校内变动 With Change of Status in Their Own Institutions	#学段调整 of Which: Adjusting Teaching Stage
总　计 Total	**3971121**	**496664**	**229641**	**99003**	**64767**	**211597**	**127811**	**41108**	**17941**
#女 of Which: Female	2373454	325892	168033	74948	49006	127413	76492	21795	10687
城区 Urban Area	1582341	219396	113875	46410	29631	80386	52232	17849	8840
#女 of Which: Female	1061313	152770	84391	35668	22756	52894	34276	10608	5687
镇区 Counties and Towns Area	1866543	219009	89604	40343	26791	106367	62574	17528	6882
#女 of Which: Female	1038378	137406	64572	30162	20069	61337	35627	8514	3746
乡村 Rural Area	522237	58259	26162	12250	8345	24844	13005	5731	2219
#女 of Which: Female	273763	35716	19070	9118	6181	13182	6589	2673	1254

初中学生、专任教师
Supplementary Information on Students and Full-time

类别 Item	在校学生中 of Total Students				
	共青团员 Member of C. Y. L. C	华侨 Overseas Chinese	香港 From H. K	澳门 From Macao	台湾 From Taiwan
总　计 Total	**1625001**	**4821**	**58193**	**1764**	**5828**
#女 of Which: Female	843973	2264	25659	721	2814
城区 Urban Area	519327	3364	51035	1514	5281
#女 of Which: Female	268648	1577	22579	611	2553
镇区 Counties and Towns Area	861792	773	5026	167	435
#女 of Which: Female	446437	384	2171	74	213
乡村 Rural Area	243882	684	2132	83	112
#女 of Which: Female	128888	303	909	36	48

变动情况
Junior Secondary Schools

单位：人
unit: person

其他 Others	减少教师 Factors of Decrease	退休 Retire	死亡 Dead	调出 Transferred from teaching to Non-Teaching Posts	辞职 Resignation	校内变动 With Change of Status in Their Own Institutions	#学段调整 of Which: Adjusting Teaching Stage	其他 Others	本学年初报表专任教师数 Number of Full-time Teachers at Beginning of Current Academic Year
14318	**442588**	**60277**	**2238**	**224990**	**91875**	**51133**	**21943**	**12075**	**4025197**
8651	252097	28600	598	128723	60712	26598	12609	6866	2447249
7286	171255	25340	807	69906	49072	20781	9732	5349	1630482
4877	108553	15317	291	44082	33091	12369	6159	3403	1105530
5510	203499	28147	1131	113043	33714	22382	9326	5082	1882053
2983	108560	11161	260	62099	21719	10658	5029	2663	1067224
1522	67834	6790	300	42041	9089	7970	2885	1644	512662
791	34984	2122	47	22542	5902	3571	1421	800	274495

政治面貌及其他
Teachers of Junior Secondary Schools

单位：人
unit: person

专任教师中 of Total Full-time Teachers			
共产党员 Member of C. P. C	共青团员 Member of C. Y. L. C	民主党派 Member of Non-Communist Party	华侨 Overseas Chinese
1146624	**251895**	**26836**	**22**
560763	196880	16346	15
523004	124811	22457	18
319326	99363	14245	14
485217	94340	3527	3
192084	72715	1688	1
138403	32744	852	1
49353	24802	413	0

类别 Item	合计 Total
总 计 Total	**786483520.77**
初级中学 Regular Junior Secondary Schools	490045809.41
九年一贯制学校 9-Year Schools	296382753.21
职业初中 Vocational Junior Secondary Schools	54958.16
一、教学及辅助用房 Buildings for Instruction and Ancillary Uses	335728599.45
教室 Classroom	188865414.67
专用教室 Professional Classroom	73515722.93
理化生实验室 Physical and Chemical Biology Laboratory	39539544.70
其他 Others	33976178.23
公共教学用房 Public Teaching Space	73347461.85
图书阅览室 Library	19337421.33
室内体育用房 Gymnasium	21078897.32
心理辅导室 Psychological Counseling Room	3074627.54
其他 Others	29856515.66
二、行政办公用房 Administrative	62703103.69
教师办公室 for Teachers	38696979.46
其他 Others	24006124.23
三、生活用房 Residential and Welfare	322332740.74
教工值班宿舍 Dormitories for Faculty	25565243.44
教师周转宿舍 Accommodation for Circulation of Teachers	32501988.82
学生宿舍 Students´Dormitories	137191282.70
学生餐厅 Students´Canteen	60496312.15
厕所 Toilets	26659541.55
其他 Others	39918372.08
四、其他用房 Rooms for Other Purposes	65719076.89

校舍情况
Junior Secondary Schools

单位：平方米
unit：m^2

城区 Urban Area	镇区 Counties and Towns Area	乡村 Rural Area
301153004. 60	**366573910. 69**	**118756605. 48**
167756645. 85	251916052. 93	70373110. 63
133379361. 76	114630825. 60	48372565. 85
16997. 00	27032. 16	10929. 00
142572263. 25	148319580. 98	44836755. 22
74334535. 15	87510661. 74	27020217. 78
30700711. 75	32561957. 28	10253053. 90
14837729. 49	18595369. 95	6106445. 26
15862982. 26	13966587. 33	4146608. 64
37537016. 35	28246961. 96	7563483. 54
8331081. 23	8404791. 55	2601548. 55
13427120. 62	6399693. 14	1252083. 56
1271492. 43	1330810. 66	472324. 45
14507322. 07	12111666. 61	3237526. 98
27527176. 29	26719047. 26	8456880. 14
16117861. 47	17088211. 43	5490906. 56
11409314. 82	9630835. 83	2965973. 58
97041376. 26	167879407. 46	57411957. 02
5586161. 55	14642279. 73	5336802. 16
5699316. 36	18702983. 01	8099689. 45
34728176. 03	77329981. 63	25133125. 04
20004172. 26	30522989. 75	9969150. 14
11463848. 20	11502655. 74	3693037. 61
19559701. 86	15178517. 60	5180152. 62
34012188. 80	23655874. 99	8051013. 10

初中学校
Condition of Fixed Assets and Teaching

类别 Item	占地面积（平方米）Areas Occupied (m^2)	#绿化用地面积 of Which: Green Areas	#运动场地面积 of Which: Sports Areas	校园足球场（个）Campus Football	11人制足球场 11-a-side Football Field	7人制足球场 7-a-side Football Field	5人制足球场 5-a-side Football Field
总　计 Total	**1768857411.18**	**380166154.07**	**535846406.93**	**40774**	**12896**	**16194**	**11684**
初级中学 Regular Junior Secondary Schools	1149216020.29	248496032.93	346233420.99	26017	8529	10632	6856
九年一贯制学校 9-Year Schools	619515401.50	131642912.14	189566062.94	14752	4366	5562	4824
职业初中 Vocational Junior Secondary Schools	125989.39	27209.00	46923.00	5	1	0	4
城区 Urban Area	540809494.89	126004531.77	190829067.97	13917	4731	5651	3535
镇区 Counties and Towns Area	890616481.18	186674662.94	258453796.13	19202	6471	7517	5214
乡村 Rural Area	337431435.11	67486959.36	86563542.83	7655	1694	3026	2935

初中学校
Other school running conditions in

类别 Item	体育运动场（馆）面积达标校数 Schools No: Sports Areas Reached Standard	体育器械配备达标校数 Schools No: Sports Equip. Reached Standard	音乐器械配备达标校数 Schools No: Musical Instru. Reached Standard	美术器械配备达标校数 Schools No: Fine Arts Instru. Reached Standard
总　计 Total	**50214**	**51475**	**51369**	**51365**
初级中学 Regular Junior Secondary Schools	32749	33695	33642	33636
九年一贯制学校 9-Year Schools	17462	17776	17723	17726
职业初中 Vocational Junior Secondary Schools	3	4	4	3
城区 Urban Area	14151	14737	14680	14677
镇区 Counties and Towns Area	23661	24112	24082	24088
乡村 Rural Area	12402	12626	12607	12600

资产情况
Resources in Junior Secondary Schools

图书（册）Books and Magazines in Libraries (Volume)	数字终端数（台）Number of Digital Terminals (Set)	#教师终端数 of Which: Number of Teachers' Terminals	#学生终端数 of Which: Number of Student Terminals	教室（间）Classroom (Room)	#网络多媒体教室 of Which: Network Multimedia Classroom	固定资产总值（万元）Total Value of Fixed Asset (10,000 yuan)	#教学仪器设备资产值 of Which: Total Value of Equip & Instru.
1954559041	**11118035**	**4051930**	**6761631**	**2104875**	**1593524**	**141714848. 69**	**16175164. 77**
1292680929	6994040	2559398	4247521	1238511	929363	83853427. 27	9818795. 22
661789514	4123521	1492358	2513820	866257	664094	57852909. 40	6355658. 70
88598	474	174	290	107	67	8512. 02	710. 85
775374924	4828279	1859563	2832883	830725	671924	60790500. 92	7717054. 35
910441393	4805717	1700020	2979722	952196	702878	63587215. 65	6545940. 74
268742724	1484039	492347	949026	321954	218722	17337132. 11	1912169. 69

其它办学条件
Junior Secondary Schools

单位：所
unit: school

理科实验仪器达标校数 Schools No: Equip. of Natural Sci. Reached Standard	有学校首席信息官校数 Chief Information Officer	无线网全覆盖 Full Wi-Fi Coverage	有校医院（卫生室）校数 Campus Hospital	有专职校医校数 Number of full-Time Medical Schools	有专职保健人员校数 Number of Schools With Allied Health Staff
51299	**24450**	**41265**	**36416**	**15980**	**12524**
33732	15306	26413	23568	9863	7501
17563	9144	14848	12846	6115	5023
4	0	4	2	2	0
14611	8444	12584	12250	7386	5571
24085	10755	18903	16618	6586	5008
12603	5251	9778	7548	2008	1945

四、初等教育
Primary Education

小学校数、教学点数及班数

Number of Schools, External Teaching Sites and Classes in Primary Schools

类别 Item	学校数(所) Schools	班数(个) Classes	一年级 Grade 1	二年级 Grade 2	三年级 Grade 3	四年级 Grade 4	五年级 Grade 5	六年级 Grade 6	复式班 Multiple-grade Classes
总　计 Total	**149117**	**2847473**	**478442**	**490749**	**483113**	**484927**	**474249**	**433048**	**2945**
教育部门 Run by Ed. Dept.	143912	2633344	452128	456714	447452	445892	433778	394443	2937
其他部门 Run by Non-ed. Dept.	135	7795	1357	1332	1317	1314	1286	1189	0
地方企业办 Run by Local Enterprises	14	464	126	102	90	60	50	36	0
民办 Non-government	5056	205870	24831	32601	34254	37661	39135	37380	8
具有法人资格的中外合作办学	0	0	0	0	0	0	0	0	0
城区 Urban Area	30690	1070119	187093	186943	182934	182059	177303	153759	28
教育部门 Run by Ed. Dept.	28763	949091	170581	166720	162544	160096	155204	133920	26
其他部门 Run by Non-ed. Dept.	80	3361	637	589	550	551	538	496	0
地方企业办 Run by Local Enterprises	12	429	120	96	84	54	44	31	0
民办 Non-government	1835	117238	15755	19538	19756	21358	21517	19312	2
具有法人资格的中外合作办学	0	0	0	0	0	0	0	0	0
镇区 Counties and Towns Area	42334	989171	155486	162438	164263	170866	171593	164267	258
教育部门 Run by Ed. Dept.	40533	921533	148433	152411	153303	158510	158174	150447	255
其他部门办 Run by Non-ed. Dept.	33	3601	578	601	615	621	619	567	0
地方企业办 Run by Local Enterprises	0	12	2	2	2	2	2	2	0
民办 Non-government	1768	64025	6473	9424	10343	11733	12798	13251	3
具有法人资格的中外合作办学	0	0	0	0	0	0	0	0	0
乡村 Rural Area	76093	788183	135863	141368	135916	132002	125353	115022	2659
教育部门 Run by Ed. Dept.	74616	762720	133114	137583	131605	127286	120400	110076	2656
其他部门 Run by Non-ed. Dept.	22	833	142	142	152	142	129	126	0
地方企业办 Run by Local Enterprises	2	23	4	4	4	4	4	3	0
民办 Non-government	1453	24607	2603	3639	4155	4570	4820	4817	3
具有法人资格的中外合作办学	0	0	0	0	0	0	0	0	0
总计中:小学教学点(不计校数) External Teaching Sites	76933	194089	46595	46142	35274	27689	21063	15014	2312
附设小学班 Other Primary Schools Attached	—	4522	382	468	496	556	697	1923	0

小学班额情况

Size Classes in Primary Schools

单位：个
unit：class

类别 Item	合计 Total	一年级 Grade 1	二年级 Grade 2	三年级 Grade 3	四年级 Grade 4	五年级 Grade 5	六年级 Grade 6	复式班 Multiple-grade Classes
合　计 Total	**2847473**	**478442**	**490749**	**483113**	**484927**	**474249**	**433048**	**2945**
25 人及以下 Under 25 Persons	507611	111146	105427	89146	76588	66350	56071	2883
26-30 人 Between 26-30	174295	27256	29078	30489	30383	29521	27530	38
31-35 人 Between 31-35	230080	35680	37527	39537	40043	39459	37823	11
36-40 人 Between 36-40	383817	61579	63388	65562	66043	65013	62225	7
41-45 人 Between 41-45	765670	130448	130733	129237	133078	127159	115011	4
46-50 人 Between 46-50	381204	56962	61393	63262	65660	69367	64558	2
51-55 人 Between 51-55	391012	54322	61654	64187	70492	74148	66209	0
56-60 人 Between 56-60	8684	748	1005	1207	1567	1960	2197	0
61-65 人 Between 61-65	4727	268	479	459	986	1202	1333	0
66 人及以上 Over 66 Persons	373	33	65	27	87	70	91	0
城区 Urban Area	1070119	187093	186943	182934	182059	177303	153759	28
25 人及以下 Under 25 Persons	36804	7274	7069	6257	5890	5464	4822	28
26-30 人 Between 26-30	30239	5309	5437	5254	4938	4858	4443	0
31-35 人 Between 31-35	57851	10287	10185	9917	9626	9099	8737	0
36-40 人 Between 36-40	142534	26302	25435	24939	23472	22069	20317	0
41-45 人 Between 41-45	375922	71055	67979	65035	63554	59243	49056	0
46-50 人 Between 46-50	200984	33217	33967	33988	33903	34818	31091	0
51-55 人 Between 51-55	217530	32857	35804	36540	39160	39921	33248	0
56-60 人 Between 56-60	5047	557	664	736	825	1062	1203	0
61-65 人 Between 61-65	2929	215	352	251	616	708	787	0
66 人及以上 Over 66 Persons	279	20	51	17	75	61	55	0
镇区 CountiesandTowns Area	989171	155486	162438	164263	170866	171593	164267	258
25 人及以下 Under 25 Persons	95121	20499	18930	16580	14479	13004	11384	245
26-30 人 Between 26-30	53215	9018	9113	9292	9062	8534	8186	10
31-35 人 Between 31-35	81821	13263	13274	13954	14029	13807	13491	3
36-40 人 Between 36-40	152254	23830	24673	25503	26414	26080	25754	0
41-45 人 Between 41-45	306368	49324	50517	50537	53840	52187	49963	0
46-50 人 Between 46-50	142967	19845	22336	23389	24832	26843	25722	0
51-55 人 Between 51-55	152686	19515	23192	24428	27252	29894	28405	0
56-60 人 Between 56-60	3059	140	284	390	628	782	835	0
61-65 人 Between 61-65	1602	41	106	181	323	454	497	0
66 人及以上 Over 66 Persons	78	11	13	9	7	8	30	0
乡村 Rural Area	788183	135863	141368	135916	132002	125353	115022	2659
25 人及以下 Under 25 Persons	375686	83373	79428	66309	56219	47882	39865	2610
26-30 人 Between 26-30	90841	12929	14528	15943	16383	16129	14901	28
31-35 人 Between 31-35	90408	12130	14068	15666	16388	16553	15595	8
36-40 人 Between 36-40	89029	11447	13280	15120	16157	16864	16154	7
41-45 人 Between 41-45	83380	10069	12237	13665	15684	15729	15992	4
46-50 人 Between 46-50	37253	3900	5090	5885	6925	7706	7745	2
51-55 人 Between 51-55	20796	1950	2658	3219	4080	4333	4556	0
56-60 人 Between 56-60	578	51	57	81	114	116	159	0
61-65 人 Between 61-65	196	12	21	27	47	40	49	0
66 人及以上 Over 66 Persons	16	2	1	1	5	1	6	0

小学教育分
Number of Students

类别 Item	毕业生数 Graduates	招生数 Entrants	招生中接受学前教育 of Which: Those Received the Pre-school Education			
			未接受过 Not trained	一年 One Year	两年 Two Years	三年 Three Years
总　计 Total	**17406127**	**17013874**	**80057**	**703966**	**528092**	**15701759**
教育部门 Run by Ed. Dept.	15724827	16083085	77193	667814	509728	14828350
其他部门 Run by Non-ed. Dept.	44721	51318	221	1402	945	48750
地方企业办 Run by Local Enterprises	1413	5046	0	0	0	5046
民办 Non-government	1635166	874425	2643	34750	17419	819613
具有法人资格的中外合作办学	0	0	0	0	0	0
城区 Urban Area	6816489	8093630	44938	250565	144593	7653534
教育部门 Run by Ed. Dept.	5971713	7483260	42801	230767	132255	7077437
其他部门 Run by Non-ed. Dept.	19780	25891	166	689	616	24420
地方企业办 Run by Local Enterprises	1241	4878	0	0	0	4878
民办 Non-government	823755	579601	1971	19109	11722	546799
具有法人资格的中外合作办学	0	0	0	0	0	0
镇区 Counties and Towns Area	6930763	6041383	17344	214796	187714	5621529
教育部门 Run by Ed. Dept.	6302816	5803671	16708	202362	183548	5401053
其他部门 Run by Non-ed. Dept.	20721	20536	54	706	317	19459
地方企业办 Run by Local Enterprises	92	90	0	0	0	90
民办 Non-government	607134	217086	582	11728	3849	200927
具有法人资格的中外合作办学	0	0	0	0	0	0
乡村 Rural Area	3658875	2878861	17775	238605	195785	2426696
教育部门 Run by Ed. Dept.	3450298	2796154	17684	234685	193925	2349860
其他部门 Run by Non-ed. Dept.	4220	4891	1	7	12	4871
地方企业办 Run by Local Enterprises	80	78	0	0	0	78
民办 Non-government	204277	77738	90	3913	1848	71887
具有法人资格的中外合作办学	0	0	0	0	0	0

举办者学生数
in Primary Schools by Providers

单位：人
unit：person

在校生数 Enrolment	#女 of Which：Female	一年级 Grade 1	二年级 Grade 2	三年级 Grade 3	四年级 Grade 4	五年级 Grade 5	六年级 Grade 6	预计毕业生数 Estimated Graduates for Next Year
107320594	**50285671**	**17021937**	**17844445**	**18070513**	**18663830**	**18617559**	**17102310**	**17643010**
99252752	46851612	16090908	16608594	16752103	17175388	17045059	15580700	16088556
301196	143717	51323	51569	51169	51361	49932	45842	47063
18014	8591	5046	3878	3462	2301	1966	1361	1361
7748632	3281751	874660	1180404	1263779	1434780	1520602	1474407	1506030
0	0	0	0	0	0	0	0	0
46943898	21874299	8095630	8143122	8003946	8034517	7869234	6797449	7175195
42291385	19862182	7485109	7385978	7231304	7180737	6999073	6009184	6360743
136472	64577	25891	24084	22235	22452	21945	19865	20089
16968	8062	4878	3708	3287	2105	1799	1191	1191
4499073	1939478	579752	729352	747120	829223	846417	767209	793172
0	0	0	0	0	0	0	0	0
40079874	18720100	6045056	6447762	6609567	7000883	7128827	6847779	6972687
37542850	17669547	5807265	6091033	6208896	6532439	6605972	6297245	6416713
133121	63990	20539	22365	23032	23199	22888	21098	22095
556	264	90	95	96	94	95	86	86
2403347	986299	217162	334269	377543	445151	499872	529350	533793
0	0	0	0	0	0	0	0	0
20296822	9691272	2881251	3253561	3457000	3628430	3619498	3457082	3495128
19418517	9319883	2798534	3131583	3311903	3462212	3440014	3274271	3311100
31603	15150	4893	5120	5902	5710	5099	4879	4879
490	265	78	75	79	102	72	84	84
846212	355974	77746	116783	139116	160406	174313	177848	179065
0	0	0	0	0	0	0	0	0

小学教育分
Number of Students

类别 Item	毕业生数 Graduates	招生数 Entrants	在校生数 Enrolment	#女 of Which:Female
总　计 Total	**17406127**	**17013874**	**107320594**	**50285671**
#女 of Which: Female	8097817	8056817	50285671	—
#少数民族 of Which: Minority Students	2111845	2189329	13755922	6616122
#寄宿生 of Which: Boarders	—	649628	9671326	4338944
#随迁子女 of Which: Migrant Children	2202874	2192541	14234752	6467009
#外省迁入 of Which: from Other Province	983688	966071	6302729	2843135
#本省外县迁入 of Which: From Other County	1219186	1226470	7932023	3623874
#进城务工人员随迁子女 of Which: Children of Migrant Workers	1527399	1477912	9698568	4422020
#外省迁入 of Which: from Other Province	658572	626259	4135759	1868350
#本省外县迁入 of Which: From Other County	868827	851653	5562809	2553670
#农村留守儿童 of Which: Children Left Behind	1230667	900892	6900082	3195534
小学 Primary Schools	14524425	14227134	89894656	42294118
九年一贯制学校 9-Year Schools	2202222	2027725	13015991	5953881
十二年一贯制学校 12-Year Schools	295704	229406	1627608	700549
小学教学点 External Teaching Sites	303084	515265	2607423	1256768
附设小学班 Primary School Classes	80692	14344	174916	80355

类型学生数
in Primary Schools by Types

单位：人
unit: person

一年级 Grade 1	二年级 Grade 2	三年级 Grade 3	四年级 Grade 4	五年级 Grade 5	六年级 Grade 6	预计毕业生数 Estimated Graduates for Next Year
17021937	**17844445**	**18070513**	**18663830**	**18617559**	**17102310**	**17643010**
8059973	8359361	8478013	8712363	8707984	7967977	8225993
2191038	2335781	2366018	2417588	2303249	2142248	2157383
650065	893403	1246930	1830433	2294792	2755703	2764594
2192748	2363276	2399869	2525660	2512868	2240331	2347101
966160	1043757	1068987	1128817	1124870	970138	1043781
1226588	1319519	1330882	1396843	1387998	1270193	1303320
1478063	1596093	1627265	1722249	1725413	1549485	1608300
626298	677294	694727	741251	743704	652485	687948
851765	918799	932538	980998	981709	897000	920352
901887	1042947	1133479	1241264	1291188	1289317	1294142
14233326	14836957	15134002	15677143	15662409	14350819	14784486
2028671	2154188	2152049	2248014	2290259	2142810	2238432
229427	267549	269727	288281	296596	276028	285510
516166	568402	496467	429949	342112	254327	255945
14347	17349	18268	20443	26183	78326	78637

小学学龄人口及

Number of School-age Population and

类别 Item	在校学龄人口数 School-age Population	#女 of Which: Female	在校生数 Enrolment	#女 of Which: Female
总　计 Total	**104477703**	**49019623**	**107320594**	**50285671**
5 岁及以下 Under 5 Years	—	—	81462	44791
6 岁 6 Years	14229334	6805408	14783062	7079701
7 岁 7 Years	17244699	8103634	17244699	8103634
8 岁 8 Years	18118002	8500543	18118002	8500543
9 岁 9 Years	18352800	8593668	18352800	8593668
10 岁 10 Years	18796174	8778915	18796174	8778915
11 岁 11 Years	16931677	7861276	16980969	7882619
12 岁 12 Years	805017	376179	2758825	1212516
13 岁 13 Years	—	—	158335	67691
14 岁 14 Years	—	—	30324	14078
15 岁及以上 Over 15 Years	—	—	15942	7515
城区 Urban Area	46010156	21468060	46943898	21874299
5 岁及以下 Under 5 Years	—	—	28578	16629
6 岁 6 Years	7152740	3410894	7291354	3480803
7 岁 7 Years	7926640	3702913	7926640	3702913
8 岁 8 Years	8099959	3779369	8099959	3779369
9 岁 9 Years	7936153	3690788	7936153	3690788
10 岁 10 Years	7997247	3710004	7997247	3710004
11 岁 11 Years	6778243	3120887	6804402	3131869
12 岁 12 Years	119174	53205	829240	350099
13 岁 13 Years	—	—	26015	10015
14 岁 14 Years	—	—	3009	1261
15 岁及以上 Over 15 Years	—	—	1301	549
镇区 Counties and Towns Area	38903783	18196323	40079874	18720100
5 岁及以下 Under 5 Years	—	—	35594	19102
6 岁 6 Years	4976555	2378225	5225670	2500445
7 岁 7 Years	6228144	2921094	6228144	2921094
8 岁 8 Years	6614613	3094253	6614613	3094253
9 岁 9 Years	6853342	3199041	6853342	3199041
10 岁 10 Years	7157523	3330256	7157523	3330256
11 岁 11 Years	6735500	3117252	6754059	3125556
12 岁 12 Years	338106	156202	1129956	495369
13 岁 13 Years	—	—	63460	26881
14 岁 14 Years	—	—	11335	5205
15 岁及以上 Over 15 Years	—	—	6178	2898
乡村 Rural Area	19563764	9355240	20296822	9691272
5 岁及以下 Under 5 Years	—	—	17290	9060
6 岁 6 Years	2100039	1016289	2266038	1098453
7 岁 7 Years	3089915	1479627	3089915	1479627
8 岁 8 Years	3403430	1626921	3403430	1626921
9 岁 9 Years	3563305	1703839	3563305	1703839
10 岁 10 Years	3641404	1738655	3641404	1738655
11 岁 11 Years	3417934	1623137	3422508	1625194
12 岁 12 Years	347737	166772	799629	367048
13 岁 13 Years	—	—	68860	30795
14 岁 14 Years	—	—	15980	7612
15 岁及以上 Over 15 Years	—	—	8463	4068

在校学生情况
Enrolment of Primary Schools

单位：人
unit：person

一年级 Grade 1	二年级 Grade 2	三年级 Grade 3	四年级 Grade 4	五年级 Grade 5	六年级 Grade 6
17021937	**17844445**	**18070513**	**18663830**	**18617559**	**17102310**
81370	87	5	—	—	—
14688842	93891	320	9	—	—
2197302	14928948	117796	646	7	—
49132	2748089	15184018	135571	1182	10
3781	66369	2676540	15415845	188318	1947
984	5234	81578	2976093	15530826	201459
295	1087	7148	112407	2735630	14124402
118	422	1984	15987	133230	2607084
43	194	596	3917	19049	134536
25	76	266	1781	5470	22706
45	48	262	1574	3847	10166
8095630	8143122	8003946	8034517	7869234	6797449
28562	14	2	—	—	—
7257648	33631	75	0	—	—
793531	7089480	43418	209	2	—
14627	999450	7034767	50905	208	2
856	19115	902308	6941248	72251	375
282	1131	21311	1014583	6884337	75603
82	211	1428	24801	883424	5894456
16	50	512	2213	26187	800262
4	20	69	359	2059	23504
5	6	26	127	458	2387
17	14	30	72	308	860
6045056	6447762	6609567	7000883	7128827	6847779
35553	39	2	—	—	—
5185807	39740	118	5	—	—
802997	5376102	48884	158	3	—
18743	1003573	5535651	56195	449	2
1420	25617	989461	5757619	78262	963
352	2055	31950	1136197	5900737	86232
98	393	2554	42491	1086205	5622318
49	148	601	5420	52756	1070982
16	54	197	1473	6914	54806
9	28	71	654	1961	8612
12	13	78	671	1540	3864
2881251	3253561	3457000	3628430	3619498	3457082
17255	34	1	—	—	—
2245387	20520	127	4	—	—
600774	2463366	25494	279	2	—
15762	745066	2613600	28471	525	6
1505	21637	784771	2716978	37805	609
350	2048	28317	825313	2745752	39624
115	483	3166	45115	766001	2607628
53	224	871	8354	54287	735840
23	120	330	2085	10076	56226
11	42	169	1000	3051	11707
16	21	154	831	1999	5442

类别 Item	教职工数 Educational Personnel	专任教师 Full-time Teachers
总　计 Total	**6246969**	**5818633**
#女 of Which：Female	4471187	4253919
#少数民族 of Which：Minority	688051	616425
#在编人员 of Which：Permanent Staff	5272078	5048847
教育部门 Run by Ed. Dept.	5980639	5620859
其他部门 Run by Non-ed. Dept.	8294	7313
地方企业办 Run by Local Enterprises	782	720
民办 Non-government	257254	189741
具有法人资格的中外合作办学	0	0
城区 Urban Area	2331673	2186075
教育部门 Run by Ed. Dept.	2195927	2084915
其他部门 Run by Non-ed. Dept.	4278	3897
地方企业办 Run by Local Enterprises	714	660
民办 Non-government	130754	96603
具有法人资格的中外合作办学	0	0
镇区 Counties and Towns Area	2281580	2127058
教育部门 Run by Ed. Dept.	2193255	2062137
其他部门 Run by Non-ed. Dept.	2850	2462
地方企业办 Run by Local Enterprises	0	0
民办 Non-government	85475	62459
具有法人资格的中外合作办学	0	0
乡村 Rural Area	1633716	1505500
教育部门 Run by Ed. Dept.	1591457	1473807
其他部门 Run by Non-ed. Dept.	1166	954
地方企业办 Run by Local Enterprises	68	60
民办 Non-government	41025	30679
具有法人资格的中外合作办学	0	0

教职工数
in Primary Schools

单位：人
unit: person

行政人员 Adm. Personnel	教辅人员 Supporting Staffs	工勤人员 Workers	其他 Others	校外教师 Part-time Teachers	外籍教师 Foreign Teachers
112733	**120393**	**175358**	**19852**	**43010**	**503**
38676	68232	98391	11969	34696	187
10434	23786	34516	2890	4740	11
97823	85127	35551	4730	—	—
101894	110480	128762	18644	42093	125
259	238	454	30	46	0
15	21	20	6	0	0
10565	9654	46122	1172	871	378
0	0	0	0	0	0
41817	37856	60707	5218	17791	472
36436	32194	37832	4550	17289	108
145	149	66	21	3	0
15	16	17	6	0	0
5221	5497	22792	641	499	364
0	0	0	0	0	0
38157	46488	63500	6377	13007	17
34479	43435	47154	6050	12685	7
80	60	241	7	43	0
0	0	0	0	0	0
3598	2993	16105	320	279	10
0	0	0	0	0	0
32759	36049	51151	8257	12212	14
30979	34851	43776	8044	12119	10
34	29	147	2	0	0
0	5	3	0	0	0
1746	1164	7225	211	93	4
0	0	0	0	0	0

小学教育专任教师

Number of Full-time Teachers in Primary School by

类别 Item	总计 Total	#女 of Which: Female	道德与法治 Morality and Rule of Law	语文 Language and Literature	数学 Mathematics	外语 Foreign Languages	#英语 of Which: English	#日语 of Which: Japanese
总　计 Total	**6629421**	**4859779**	**269096**	**2274391**	**1782338**	**569084**	**568051**	**168**
#女 of Which:Female	4859779	—	155288	1939790	1285161	517243	516706	149
#少数民族 of Which: Minorities	670771	442037	30178	223487	188905	40582	40495	2
博士研究生 Doctor´s Degree	333	237	25	57	68	35	35	0
硕士研究生 Master´s Degree	141868	124221	3319	48065	25249	21000	20937	11
本科毕业 Under-graduate	4798398	3728261	169554	1689881	1262851	469665	469030	117
专科毕业 Associate Bachelor	1615601	984369	90708	518502	473828	77324	77001	39
高中阶段毕业 High School Graduate	72341	22433	5422	17679	20118	1049	1037	1
高中阶段以下毕业 Below High School Graduate	880	258	68	207	224	11	11	0
城区 Urban Area	2629557	2139561	87594	919953	643238	243663	243308	43
博士研究生 Doctor´s Degree	247	186	16	38	50	25	25	0
硕士研究生 Master´s Degree	116063	103001	2533	40358	20260	16642	16596	8
本科毕业 Under-graduate	2100231	1741369	64828	747248	511869	206287	206083	33
专科毕业 Associate Bachelor	403129	290515	19644	130275	108962	20565	20461	2
高中阶段毕业 High School Graduate	9776	4427	570	2014	2085	139	138	0
高中阶段以下毕业 Below High School Graduate	111	63	3	20	12	5	5	0
镇区 Counties and Towns Area	2423093	1765336	104757	816710	681384	199183	198818	62
博士研究生 Doctor´s Degree	50	29	5	8	10	6	6	0
硕士研究生 Master´s Degree	18476	15474	551	5544	3527	3023	3016	2
本科毕业 Under-graduate	1715783	1319238	63154	600215	475824	164456	164222	47
专科毕业 Associate Bachelor	663175	422005	38900	205530	195419	31302	31182	12
高中阶段毕业 High School Graduate	25388	8525	2131	5377	6554	392	388	1
高中阶段以下毕业 Below High School Graduate	221	65	16	36	50	4	4	0
乡村 Rural Area	1576771	954882	76745	537728	457716	126238	125925	63
博士研究生 Doctor´s Degree	36	22	4	11	8	4	4	0
硕士研究生 Master´s Degree	7329	5746	235	2163	1462	1335	1325	1
本科毕业 Under-graduate	982384	667654	41572	342418	275158	98922	98725	37
专科毕业 Associate Bachelor	549297	271849	32164	182697	169447	25457	25358	25
高中阶段毕业 High School Graduate	37177	9481	2721	10288	11479	518	511	0
高中阶段以下毕业 Below High School Graduate	548	130	49	151	162	2	2	0

分课程、分学历情况

Subject Taught and Academic Qualifications

单位：人
unit: person

	体育与健康 Physical	科学 Science	艺术 Arts			综合实践活动 Comprehensive Practice	信息科技 Information Technology	劳动 Skills	其他 Others	本学年不授课专任教师 Full-time Teacher by Non-teaching
#俄语 of Which: Russian				音乐 Music	美术 Fine Arts					
22	**451301**	**239452**	**594101**	**302466**	**287544**	**96947**	**156068**	**84607**	**64550**	**47486**
18	132062	131890	463563	248039	213253	52184	72297	42910	40436	26955
0	42683	24774	52964	28053	24043	10079	16053	7997	17372	15697
0	24	64	23	12	11	11	7	5	8	6
4	12576	6371	16888	7688	9057	979	3536	623	2370	892
12	316485	155420	451232	232622	215941	58089	111409	48711	38735	26366
6	114383	73497	120853	59964	59677	35149	39591	32308	21588	17870
0	7745	4053	5058	2159	2833	2681	1510	2914	1792	2320
0	88	47	47	21	25	38	15	46	57	32
8	204601	95583	266544	135051	129665	33853	58651	29026	27449	19402
0	14	60	14	7	7	10	3	4	7	6
2	10262	5378	13694	6270	7309	750	2940	487	2012	747
3	158519	70781	217560	111820	104455	24172	46271	20328	18883	13485
3	34146	18766	34445	16609	17422	8531	9221	7774	6160	4640
0	1645	590	823	342	468	382	214	427	370	517
0	15	8	8	3	4	8	2	6	17	7
10	156140	88893	211512	107338	102619	38667	54363	34006	23005	14473
0	8	2	7	4	3	0	3	0	1	0
2	1723	751	2349	1022	1308	149	418	89	251	101
6	104914	54226	155931	80176	74786	21477	37489	17933	12622	7542
2	46558	32207	51266	25307	25422	15854	15915	14688	9361	6175
0	2908	1698	1945	824	1091	1169	536	1280	754	644
0	29	9	14	5	9	18	2	16	16	11
4	90560	54976	116045	60077	55260	24427	43054	21575	14096	13611
0	2	2	2	1	1	1	1	1	0	0
0	591	242	845	396	440	80	178	47	107	44
3	53052	30413	77741	40626	36700	12440	27649	10450	7230	5339
1	33679	22524	35142	18048	16833	10764	14455	9846	6067	7055
0	3192	1765	2290	993	1274	1130	760	1207	668	1159
0	44	30	25	13	12	12	11	24	24	14

小学教育专任教师分专业技术

Number of Full-time Teachers in Primary

类别 Item	合计 Total	#女 of Which Female	24 岁及以下 24 and Under	25-29 岁 25 to 29
合　计 Total	**6629421**	**4859779**	**409393**	**1131034**
#女 of Which:Female	4859779	—	346342	958266
#少数民族 of Which: Minorities	670771	442037	38738	107321
正高级 Senior	3610	1944	0	0
副高级 Sub-senior	737242	405719	36	100
中　级 Middle	2679052	1829631	1505	43793
助理级 Associate	1987049	1604443	81364	601061
员　级 Junior	185046	148493	37168	79222
未定职级 No-ranking	1037422	869549	289320	406858
城区 Urban Area	2629557	2139561	169222	489535
正高级 Senior	1925	1299	0	0
副高级 Sub-senior	213732	153519	9	29
中　级 Middle	1059266	835453	454	15232
助理级 Associate	814825	689905	34188	255619
员　级 Junior	54526	45577	9358	22678
未定职级 No-ranking	485283	413808	125213	195977
镇区 Counties and Towns Area	2423093	1765336	143395	372816
正高级 Senior	1178	535	0	0
副高级 Sub-senior	302522	167265	18	40
中　级 Middle	1008503	684712	612	17141
助理级 Associate	714770	580353	29055	205142
员　级 Junior	68308	55677	15209	29255
未定职级 No-ranking	327812	276794	98501	121238
乡村 Rural Area	1576771	954882	96776	268683
正高级 Senior	507	110	0	0
副高级 Sub-senior	220988	84935	9	31
中　级 Middle	611283	309466	439	11420
助理级 Associate	457454	334185	18121	140300
员　级 Junior	62212	47239	12601	27289
未定职级 No-ranking	224327	178947	65606	89643

职务、分年龄结构情况
Schools by Professional Rank and Age

单位：人
unit: person

30-34 岁 30 to 34	35-39 岁 35 to 39	40-44 岁 40 to 44	45-49 岁 45 to 49	50-54 岁 50 to 54	55-59 岁 55 to 59	60 岁及以上 60 and Over
1107873	**936921**	**1097352**	**873589**	**730846**	**340228**	**2185**
930628	740494	797887	587333	458792	39354	683
103573	103708	112475	92795	75009	37001	151
1	36	264	822	1522	926	39
1320	22297	120469	195884	245416	151216	504
250342	464685	738983	579460	432488	166894	902
631759	350163	193782	75367	37594	15881	78
40454	16171	6260	2876	1921	953	21
183997	83569	37594	19180	11905	4358	641
460940	386072	427441	345240	281104	69058	945
1	9	127	482	856	420	30
350	6299	36797	63049	77514	29443	242
98599	184222	293789	246103	185817	34646	404
257355	147736	77942	27019	12038	2893	35
12551	5838	2216	1053	636	189	7
92084	41968	16570	7534	4243	1467	227
398555	356495	423259	325937	269214	132761	661
0	15	107	241	494	317	4
612	9562	49921	79973	99893	62357	146
95040	183070	286735	211249	151315	63114	227
232823	131578	71371	26858	12741	5178	24
14611	5504	2034	813	575	299	8
55469	26766	13091	6803	4196	1496	252
248378	194354	246652	202412	180528	138409	579
0	12	30	99	172	189	5
358	6436	33751	52862	68009	59416	116
56703	97393	158459	122108	95356	69134	271
141581	70849	44469	21490	12815	7810	19
13292	4829	2010	1010	710	465	6
36444	14835	7933	4843	3466	1395	162

小学专任教
Changes of Full-time

类别 Item	上学年初报表专任教师数 Number of Full-time Teachers at Beginning of Previous Academic Year	增加教师 Factors of Increase	招聘 Recruit	#应届毕业生 of Which: Graduates of Current Year	#师范生 of Which: Normal University Students	调入 Teachers Recruited from Other Units	#外校 of Which: Graduated from other Institutions	校内变动 With Change of Status in Their Own Institutions
总　计 Total	**6601042**	**901781**	**336455**	**130848**	**86635**	**472864**	**272165**	**67058**
#女 of Which: Female	4772144	648241	274597	106304	70369	316439	185149	38098
城区 Urban Area	2531484	355066	179765	64773	40888	146129	94280	15715
#女 of Which: Female	2050692	282539	149035	53770	34138	111846	72443	10786
镇区 Counties and Towns Area	2403068	316465	95747	40369	27828	189117	109758	24609
#女 of Which: Female	1732694	225628	77550	32542	22414	129200	75534	13763
乡村 Rural Area	1666490	230250	60943	25706	17919	137618	68127	26734
#女 of Which: Female	988758	140074	48012	19992	13817	75393	37172	13549

小学学生、教职工
Supplementary Information on Students and

类别 Item	在校学生中 of Total Students				
	共青团员 Member of C. Y. L. C	华侨 Overseas Chinese	香港 From H. K	澳门 From Macao	台湾 From Taiwan
总　计 Total	**61**	**9682**	**74215**	**4188**	**13407**
#女 of Which: Female	33	4592	32356	1847	6323
城区 Urban Area	8	6056	65780	3516	11795
#女 of Which: Female	3	2824	28730	1545	5535
镇区 Counties and Towns Area	11	2756	6121	497	1221
#女 of Which: Female	7	1349	2671	218	605
乡村 Rural Area	42	870	2314	175	391
#女 of Which: Female	23	419	955	84	183

师变动情况
Teachers in Primary Schools

单位：人
unit：person

#学段调整 of Which：Adjusting Teaching Stage	其他 Others	减少教师 Factors of Decrease	退休 Retire	死亡 Dead	调出 Transferred from teaching to Non-Teaching Posts	辞职 Resignation	校内变动 With Change of Status in Their Own Institutions	#学段调整 of Which Adjusting Teaching Stage	其他 Others	本学年初报表专任教师数 Number of Full-time Teachers at Beginning of Current Academic Year
12438	**25404**	**873402**	**111347**	**3264**	**519700**	**133796**	**83470**	**14709**	**21825**	**6629421**
7721	19107	560606	51707	1154	338398	105509	48504	10104	15334	4859779
3541	13457	256993	31272	908	120553	76700	17985	3838	9575	2629557
2348	10872	193670	21785	489	90047	61408	12509	2696	7432	2139561
4866	6992	296440	41666	1164	181120	38094	27774	5418	6622	2423093
3052	5115	192986	19225	403	122701	29948	16130	3681	4579	1765336
4031	4955	319969	38409	1192	218027	19002	37711	5453	5628	1576771
2321	3120	173950	10697	262	125650	14153	19865	3727	3323	954882

政治面貌及其他
Educational Personnelof Primary Schools

单位：人
unit：person

教职工中 of Total Staff and Workers				专任教师中 of Total Full-time Teachers			
共产党员 Member of C. P. C	共青团员 Member of C. Y. L. C	民主党派 Member of Non-Communist Party	华侨 Overseas Chinese	共产党员 Member of C. P. C	共青团员 Member of C. Y. L. C	民主党派 Member of Non-Communist Party	华侨 Overseas Chinese
1606665	**399830**	**17412**	**23**	**1674831**	**479810**	**18782**	**25**
939273	337802	12896	14	1019850	406487	14078	16
686668	220056	12679	13	746113	271917	13930	15
502677	189682	9780	9	557369	234131	10801	10
549045	106773	3050	7	568868	128031	3288	7
289808	90722	2171	4	312477	108956	2390	5
370952	73001	1683	3	359850	79862	1564	3
146788	57398	945	1	150004	63400	887	1

小学学校
Condition of School Buildings

类别 Item	合计 Total
总　计 Total	**889617971.54**
小学 Primary Schools	824138040.71
小学教学点 External Teaching Sites	65479930.83
一、教学及辅助用房 Buildings for Instruction and Ancillary Uses	486639810.79
教室 Classroom	325606574.28
专用教室 Professional Classroom	68662563.68
公共教学用房 Public Teaching Space	92370672.83
图书阅览室 Library	24949682.62
室内体育用房 Gymnasium	20978120.79
心理辅导室 Psychological Counseling Room	4943274.98
其他 Others	41499594.44
二、行政办公用房 Administrative	74616452.22
教师办公室 for Teachers	49187822.87
其他 Others	25428629.35
三、生活用房 Residential and Welfare	237226423.81
教工值班宿舍 Dormitories for Faculty	22039538.50
教师周转宿舍 Accommodation for Circulation of Teachers	32841599.15
学生宿舍 Students'Dormitories	46904395.91
学生餐厅 Students'Canteen	48180615.19
厕所 Toilets	38524530.32
其他 Others	48735744.74
四、其他用房 Rooms for Other Purposes	91135284.72

校舍情况
in Primary Schools

单位：平方米
unit：m^2

城区 Urban Area	镇区 Counties and Towns Area	乡村 Rural Area
313926578.47	**308254888.75**	**267436504.32**
311690232.05	299457960.18	212989848.48
2236346.42	8796928.57	54446655.84
183044127.49	168644700.16	134950983.14
111110235.56	117325777.58	97170561.14
28228200.14	22853473.54	17580890.00
43705691.79	28465449.04	20199532.00
8367195.42	8121953.98	8460533.22
13780586.58	5329831.87	1867702.34
1638534.29	1566186.05	1738554.64
19919375.50	13447477.14	8132741.80
29052091.72	25027371.80	20536988.70
17691929.37	16806946.57	14688946.93
11360162.35	8220425.23	5848041.77
61876030.03	87685404.20	87664989.58
3180529.35	8313744.26	10545264.89
3785968.82	13444566.02	15611064.31
5843498.97	20926447.14	20134449.80
13056754.93	18412092.77	16711767.49
13955317.33	12697114.76	11872098.23
22053960.63	13891439.25	12790344.86
39954329.23	26897412.59	24283542.90

小学学校
Condition of Fixed Assets and

类别 Item	占地面积（平方米） Areas Occupied（㎡）	#绿化用地面积 of Which Green Areas	#运动场地面积 of Which Sports Areas	校园足球场（个） Campus Football	11 人制足球场 11-a-side Football Field	7 人制足球场 7-a-side Football Field	5 人制足球场 5-a-side Football Field
合　计 Total	**2343965707. 06**	**437133086. 79**	**771565725. 63**	**79684**	**7989**	**24327**	**47368**
小学 Primary Schools	2050722641. 90	388736690. 78	695625951. 87	73664	7891	23769	42004
小学教学点 External Teaching Sites	293243065. 16	48396396. 01	75939773. 76	6020	98	558	5364
城区 Urban Area	562454157. 92	115920340. 66	229573345. 28	23940	2797	9391	11752
镇区 Counties and Towns Area	787430108. 56	143154191. 16	271108987. 50	25328	3452	8171	13705
乡村 Rural Area	994081440. 58	178058554. 97	270883392. 85	30416	1740	6765	21911

小学学校其
Other school running conditions

类别 Item	体育运动场(馆)面积达标校数 Schools No：Sports Areas Reached Standard	体育器械配备达标校数 Schools No：Sports Equip. Reached Standard	音乐器械配备达标校数 Schools No：Musical Instru. Reached Standard	美术器械配备达标校数 Schools No：Fine Arts Instru. Reached Standard
合　计 Total	**139456**	**144755**	**144365**	**144337**
城区 Urban Area	27575	29755	29703	29674
镇区 Counties and Towns Area	40084	41483	41414	41429
乡村 Rural Area	71797	73517	73248	73234

资产情况
Teaching Resources in Primary Schools

图书(册) Books and Magazines in Libraries (Volume)	数字终端数(台) Number of Digital Terminals (Set)	#教师终端数 of Which: Number of Teachers' Terminals	#学生终端数 of Which: Number of Student Terminals	教室(间) Classroom (Room)	#网络多媒体教室 of Which: Network Multimedia Classroom	固定资产总值(万元) Total Value of Fixed Asset (10,000 yuan)	#教学仪器设备资产值 of Which: Total Value of Equip and Instru.
2699645426	**16506208**	**5547067**	**10525559**	**3865337**	**2852109**	**156514439. 36**	**22245816. 84**
2575389766	15721537	5282637	10032875	3452639	2653743	148512108. 43	21265380. 82
124255660	784672	264430	492684	412698	198366	8002330. 93	980436. 52
1074696126	6615115	2435014	3999360	1251498	1069989	65050346. 71	10435939. 44
981586876	5615160	1840270	3641968	1293876	974740	52643598. 01	7177618. 73
643362424	4275934	1271783	2884231	1319963	807380	38820494. 64	4632258. 67

它办学条件
in Primary Schools

单位：所
unit: school

教学自然实验仪器达标校数 Schools No: Equip. of Natural Sci. Reached Standard	有学校首席信息官校数 Chief Information Officer	无线网全覆盖 Full Wi-Fi Coverage	有校医院(卫生室)校数 Campus Hospital	有专职校医校数 Number of full-Time Medical Schools	有专职保健人员校数 Number of Schools With Allied Health Staff
144078	**55987**	**115185**	**83177**	**21217**	**21436**
29578	16047	25502	22643	9695	8761
41332	16492	34114	25178	6891	6144
73168	23448	55569	35356	4631	6531

五、特殊教育
Special Education

特殊教育
Basic Statistics of

类别 Item	班数（个） Classes	毕业生数 Graduates	招生数 Entrants	在校生数 Enrolment	#女 of Which: Female	学前教育阶段 Pre-primary Education
总　计 Total	**32959**	**158703**	**146257**	**918502**	**335358**	**5062**
#女 of Which: Female	—	60248	53893	335358	—	1634
#少数民族学生 of Which: Minority Students	—	24665	21202	132035	52613	327
#寄宿生 of Which: Boarders	—	—	29782	180819	67694	431
#特殊教育学校中:寄宿生 of the Special Education Schools:Boarders	—	—	12282	104383	37263	427
#送教上门 of Which: On-site Teaching	—	32290	28625	197541	72102	76
视力残疾 Visual Impairment	1345	9048	6339	38686	15635	101
听力残疾 Hearing Impairment	4130	17095	15209	90006	38336	1135
言语残疾 Speech Disability	529	6172	6197	37655	13252	88
肢体残疾 Extremity Disability	679	34814	28414	170804	65283	87
智力残疾 Intellectual Disability	22551	72087	67448	447712	159666	2435
精神残疾 Mental Disability	936	7092	8447	47674	12108	784
多重残疾 Multiple Disability	2789	12395	14203	85965	31078	432
特殊教育学校 Special Education Schools	32234	50581	47646	335659	119042	4840
#送教上门 of Which: On-site Teaching	—	10131	9018	81576	30206	76
小学附设特教班 Classes Attached to Primary Schools	530	396	458	3115	1050	9
小学随班就读 Followers In Primary Schools	—	42964	32398	311583	115542	—
小学学校送教上门 On-site Teaching in Primary Schools	—	10066	7500	75536	26817	—
初中附设特教班 Special Classes Attached to Junior High Schools	47	45	80	320	81	0
初中随班就读 Followers in Junior High Schools	—	42323	45709	150580	57304	—
初中学校送教上门 On-site Teaching in Junior High Schools	—	12093	12107	40429	15079	—
其他学校附设特教班 Special Classes Attached to Other Schools	148	235	359	1280	443	213
城区 Urban Area	18096	55178	53518	328292	115761	4049
镇区 County and Town Area	12787	72458	64508	388642	143872	825
乡村 Rural Area	2076	31067	28231	201568	75725	188

基本情况
Special Education

单位：人
unit：person

小学阶段 Primary Education						初中阶段 Junior Secondary Education				高中阶段 Senior Secondary Education		
一年级 Grade 1	二年级 Grade 2	三年级 Grade 3	四年级 Grade 4	五年级 Grade 5	六年级 Grade 6	一年级 Grade 1	二年级 Grade 2	三年级 Grade 3	四年级 Grade 4	一年级 Grade 1	二年级 Grade 2	三年级及以上 Over Grade 3
67699	**86301**	**100158**	**111654**	**117913**	**118625**	**94222**	**100400**	**99468**	**3073**	**4884**	**4523**	**4520**
23785	30737	36257	40391	42692	43346	35462	37446	36903	1140	1953	1826	1786
9548	12198	14544	16834	17196	17748	14020	14733	14025	42	314	234	272
7128	9366	12160	15210	17886	20121	28996	31087	31056	293	2541	2325	2219
6112	7718	9499	10629	12070	12924	12436	12755	12576	208	2526	2306	2197
13770	16798	21097	22683	27000	28863	21330	22183	22486	508	219	280	248
2113	2927	3680	4235	4785	4891	4334	5133	5318	91	331	369	378
6330	8240	9269	10557	10347	10212	9210	9787	9861	219	1667	1530	1642
3165	4037	4578	4915	5062	4722	3500	3812	3654	41	29	29	23
9762	13362	16749	19587	21349	22850	19849	22756	23745	474	86	75	73
33141	42559	49953	55660	58794	58572	45525	46803	45636	1952	2449	2148	2085
5079	5793	5735	5935	6109	5541	3902	4264	4093	106	122	119	92
8109	9383	10194	10765	11467	11837	7902	7845	7161	190	200	253	227
26929	31017	35012	38138	40573	40228	36130	35310	33141	1430	4585	4220	4106
6207	7048	8795	9835	11302	11488	9168	8626	7891	393	219	280	248
438	445	503	532	564	560	23	20	21	0	0	0	0
32708	45020	52291	60100	61038	60426	—	—	—	—	—	—	—
7563	9750	12302	12848	15698	17375	—	—	—	—	—	—	—
61	57	41	26	30	36	47	10	12	0	0	0	0
—	—	—	—	—	—	45858	51500	51694	1528	—	—	—
—	—	—	—	—	—	12162	13557	14595	115	—	—	—
0	12	9	10	10	0	2	3	5	0	299	303	414
26606	32572	35778	38635	38796	37681	32135	33772	33776	2150	4289	4005	4048
25509	31928	37855	43432	47704	49588	48307	51472	50400	769	369	273	211
15584	21801	26525	29587	31413	31356	13780	15156	15292	154	226	245	261

特殊教育学
Basic Statistics of

类别 Item	学校数（所） Schools	班数（个） Classes	毕业生数 Graduates	招生数 Entrants	在校生数 Total In-school Students	#女 of Which: Female	学前教育阶段 Pre-primary Education	小学阶段 一年级 Grade 1	二年级 Grade 2
总　计 Total	**2314**	**32234**	**50581**	**47646**	**335659**	**119042**	**4840**	**26929**	**31017**
#女 of Which: Female	—	—	18885	16465	119042	—	1573	8860	10493
#少数民族学生 of Which: Minority Students	—	—	5360	4642	35721	13506	317	3007	3354
#寄宿生 of Which: Boarders	—	—	—	12282	104383	37263	427	6112	7718
#送教上门 of Which: On-site Teaching	—	—	10131	9018	81576	30206	76	6207	7048
盲人学校 Visual Impairment	26	386	757	633	3506	1319	76	222	299
聋人学校 Hearing Impairment	375	5763	9445	8654	64325	23644	943	5085	6019
培智学校 Intellectual Disability	607	7215	10123	10188	69520	23389	1130	5833	6977
其他特殊教育学校 Other Disability	1306	18870	30256	28171	198308	70690	2691	15789	17722
城区 Urban Area	1176	17652	29549	28642	184526	64835	3893	14757	17332
镇区 County and Town Area	959	12546	18450	16172	131047	47112	773	10659	11881
乡村 Rural Area	179	2036	2582	2832	20086	7095	174	1513	1804

特殊教育学
Number of Educational Personnel

类别 Item	教职工数 Educational Personnel	专任教师 Full-time Teachers
合　计 Total	**85989**	**74390**
#女 of Which: Female	62675	56049
#少数民族 of Which: Minorities	8344	7222
#在编人员 of Which: Permanent Staff	75706	68844
#接受过专业教育 of Which: Professionally Educated	69430	63499

特殊教育专任
Number of Full-time Teachers of Special

类别 Item	合计 Total	博士研究生 Doctor's Degree	硕士研究生 Master's Degree
总　计 Total	**72714**	**11**	**2519**
#女 of Which: Female	54815	8	2103
城区 Urban Area	44678	10	2275
#女 of Which: Female	34171	8	1902
镇区 County and Town Area	23897	0	170
#女 of Which: Female	17581	0	140
乡村 Rural Area	4139	1	74
#女 of Which: Female	3063	0	61

校基本情况
Special Education Schools

单位：人
unit：person

Primary School				初中阶段 Lower Secondary School				高中阶段 Senior Secondary School		
三年级 Grade 3	四年级 Grade 4	五年级 Grade 5	六年级 Grade 6	一年级 Grade 1	二年级 Grade 2	三年级 Grade 3	四年级 Grade 4	一年级 Grade 1	二年级 Grade 2	三年级及以上 Over Grade 3
35012	**38138**	**40573**	**40228**	**36130**	**35310**	**33141**	**1430**	**4585**	**4220**	**4106**
12217	13322	14318	14523	12889	12940	12182	522	1847	1719	1637
3860	4462	4391	4627	3890	3813	3167	24	307	234	268
9499	10629	12070	12924	12436	12755	12576	208	2526	2306	2197
8795	9835	11302	11488	9168	8626	7891	393	219	280	248
279	295	324	316	327	337	362	5	214	245	205
6283	7265	7744	8094	6798	6722	5983	265	1059	976	1089
7346	7929	8138	7499	7140	7309	6623	473	1125	1037	961
21104	22649	24367	24319	21865	20942	20173	687	2187	1962	1851
19057	20187	20553	20198	19270	18617	18158	1107	4006	3729	3662
13946	15607	17530	17586	14600	14500	12820	313	360	265	207
2009	2344	2490	2444	2260	2193	2163	10	219	226	237

校教职工数
in Special Education Schools

单位：人
unit：person

行政人员 Adm. Personnel	教辅人员 Supporting Staffs	工勤人员 Workers	校外教师 Part-time Teachers	外籍教师 Foreign Teachers
3493	**3685**	**4421**	**456**	**0**
1639	2692	2295	377	0
293	307	522	68	0
3201	2046	1615	—	—
2413	2095	1423	173	0

教师分学历情况
Education by Academic Qualifications

单位：人
unit：person

本科毕业 Under-graduate	专科毕业 Associate Bachelor	高中阶段毕业 High School Graduate	高中阶段以下毕业 Below High School Graduate
55465	**14076**	**605**	**38**
42456	9820	393	35
35491	6563	331	8
27474	4551	230	6
16924	6537	237	29
12671	4602	140	28
3050	976	37	1
2311	667	23	1

特殊教育专任教师分专业

Number of Full-time Teachers of Special

类别 Item	合计 Total	#女 of Which Female	24 岁及以下 24 and Under	25-29 岁 25 to 29
总　计 Total	**72714**	**54815**	**4946**	**12193**
#女 of Which:Female	54815	—	4238	10260
#少数民族 of Which: Minority Students	7052	5315	460	1466
正高级 Senior	133	90	0	0
副高级 Sub-senior	13129	8641	0	0
中　级 Middle	28777	21144	15	391
助理级 Associate	19633	15756	1217	7677
员　级 Junior	2479	1969	678	1205
未定职级 No-ranking	8563	7215	3036	2920
城区 Urban Area	44678	34171	3063	7521
正高级 Senior	103	75	0	0
副高级 Sub-senior	7952	5513	0	0
中　级 Middle	17953	13504	13	266
助理级 Associate	12133	9707	841	4816
员　级 Junior	1274	990	330	601
未定职级 No-ranking	5263	4382	1879	1838
镇区 Counties and Towns Area	23897	17581	1492	3760
正高级 Senior	29	14	0	0
副高级 Sub-senior	4626	2804	0	0
中　级 Middle	9478	6740	2	104
助理级 Associate	6218	5027	317	2325
员　级 Junior	963	786	286	482
未定职级 No-ranking	2583	2210	887	849
乡村 Rural Area	4139	3063	391	912
正高级 Senior	1	1	0	0
副高级 Sub-senior	551	324	0	0
中　级 Middle	1346	900	0	21
助理级 Associate	1282	1022	59	536
员　级 Junior	242	193	62	122
未定职级 No-ranking	717	623	270	233

技术职务、分年龄结构情况

Education by Professional Rank and Age

单位：人
unit：person

30-34 岁 30 to 34	35-39 岁 35 to 39	40-44 岁 40 to 44	45-49 岁 45 to 49	50-54 岁 50 to 54	55-59 岁 55 to 59	60 岁及以上 60 and Over
9864	**9532**	**11424**	**11103**	**10116**	**3520**	**16**
8179	7621	8620	7921	6928	1039	9
1038	997	1155	914	766	256	0
0	1	5	36	44	45	2
11	463	1957	3637	4683	2372	6
3151	5576	7450	6434	4799	958	3
5181	2661	1575	766	453	101	2
345	136	62	24	21	8	0
1176	695	375	206	116	36	3
6465	5948	6685	6795	6216	1972	13
0	1	3	29	35	34	1
8	289	1173	2283	2852	1341	6
2230	3552	4438	3936	3002	514	2
3280	1615	834	428	262	55	2
211	62	33	16	16	5	0
736	429	204	103	49	23	2
2827	3030	4176	3799	3453	1357	3
0	0	2	7	8	11	1
3	153	700	1221	1637	912	0
778	1762	2674	2196	1582	379	1
1589	840	647	292	168	40	0
102	55	24	6	5	3	0
355	220	129	77	53	12	1
572	554	563	509	447	191	0
0	0	0	0	1	0	0
0	21	84	133	194	119	0
143	262	338	302	215	65	0
312	206	94	46	23	6	0
32	19	5	2	0	0	0
85	46	42	26	14	1	0

特殊教育专任
Changes of Full-time Teachers

类别 Item	上学年初报表专任教师数 Number of Full-time Teachers at Beginning of Previous Academic Year	增加教师 Factors of Increase	招聘 Recruit	#应届毕业生 of Which: Graduates of Current Year	#师范生 of Which: Normal University Students	调入 Teachers Recruited from Other Units	#外校 of Which: Graduated from other Institutions	校内变动 With Change of Status in Their Own Institutions
总　计 Total	**69353**	**7350**	**4136**	**1906**	**1478**	**2311**	**1306**	**680**
#女 of Which: Female	51997	5484	3413	1576	1239	1462	809	432
城区 Urban Area	42798	4349	2792	1306	1006	1025	578	439
#女 of Which: Female	32562	3298	2276	1068	842	654	360	292
镇区 Counties and Towns Area	22703	2372	1036	446	348	1044	584	201
#女 of Which: Female	16593	1728	875	378	291	659	372	125
乡村 Rural Area	3852	629	308	154	124	242	144	40
#女 of Which: Female	2842	458	262	130	106	149	77	15

教师变动情况
of Special Education

单位：人
unit: person

#学段调整 of Which: Adjusting Teaching Stage	其他 Others	减少教师 Factors of Decrease	退休 Retire	死亡 Dead	调出 Transferred from teaching to Non-Teaching Posts	辞职 Resignation	校内变动 With Change of Status in Their Own Institutions	#学段调整 of Which Adjusting Teaching Stage	其他 Others	本学年初报表专任教师数 Number of Full-time Teachers at Beginning of Current Academic Year
134	**223**	**3989**	**1086**	**47**	**1182**	**894**	**664**	**202**	**116**	**72714**
99	177	2666	638	19	784	708	431	129	86	54815
90	93	2469	632	29	671	609	445	147	83	44678
63	76	1689	406	11	449	472	286	94	65	34171
35	91	1178	398	15	432	155	164	32	14	23897
33	69	740	204	6	285	130	108	20	7	17581
9	39	342	56	3	79	130	55	23	19	4139
3	32	237	28	2	50	106	37	15	14	3063

特殊教育学校校舍情况
Condition of School Buildings in Special Education Schools

单位：平方米
unit: m^2

类别 Item	合计 Total
总　计 Total	**12895613.43**
一、教学及辅助用房 Buildings for Instruction and Ancillary Uses	5990045.82
普通教室 Classroom	2615505.55
专用教室 Professional Classroom	1923214.88
公共活动及康复用房 Public Activity and Rehabilitation Room	1451325.39
图书阅览室 Reading Room	219196.63
体育康复训练室 Physical Rehabilitation Training Room	355350.76
心理咨询室 Psychological Consultation Room	87276.05
其他 Others	789501.95
二、行政办公用房 Administrative	1239122.69
教师办公室 for Teachers	670268.71
其他 Others	568853.98
三、生活用房 Residential and Welfare	3969340.40
学生宿舍 Students'Dormitories	1836039.59
学生餐厅 Students'Canteen	728336.99
学生厕所 Students'Toilets	465245.70
其他 Others	939718.12
四、其他用房 Rooms for Other Purposes	1697104.52

类别 Item	占地面积（平方米） Areas Occupied (m^2)	#绿化用地面积 of Which: Green Areas	#运动场地面积 of Which: Sports Areas	校园足球场（个） Campus Football (Set)	11人制足球场 11-a-side Football Field	7人制足球场 7-a-side Football Field	5人制足球场 5-a-side Football Field
总　计 Total	**25391372.83**	**5590632.27**	**6285928.03**	**668**	**60**	**188**	**420**
城区 Urban Area	14617024.78	3496071.04	3494379.62	396	34	123	239
镇区 Counties and Towns Area	8454391.70	1613496.04	2258529.27	220	22	46	152
乡村 Rural Area	2319956.35	481065.19	533019.14	52	4	19	29

校资产情况
Resources in Special Education Schools

图书(册) Books and Magazines in Libraries (Volume)	数字终端数(台) Number of Digital Terminals (Set)	#教师终端数 of Which: Number of Teachers' Terminals	#学生终端数 of Which: Number of Student Terminals	教室(间) Classroom (Room)	#网络多媒体教室 of Which: Network Multimedia Classroom	固定资产总值(万元) Total Value of Fixed Asset (10,000 yuan)	#教学仪器设备资产值 of Which: Total Value of Equip and Instru.
12640509	**154095**	**88867**	**57619**	**44395**	**24100**	**2991813. 73**	**473496. 47**
8246109	104245	60760	37725	27257	14620	2053553. 48	330519. 15
3745392	41817	23542	16644	14728	8157	745250. 41	120265. 85
649008	8033	4565	3250	2410	1323	193009. 84	22711. 47

六、学前教育
Pre-primary Education

幼儿园园数、班数
Number of Kindergartens, Classes in Pre-Primary Education

类别 Item	园数(所) Kindergartens	班数(个) Classes
总　计 Total	289222	1757862
教育部门 Run by Ed. Dept.	109531	770211
其他部门办 Run by Non-ed. Dept.	1753	21944
地方企业 Run by Local Enterprises	1779	15966
事业单位 Run by Public Institutions	3832	25185
部队 Run by Army	487	3828
集体办 Run by Communities	11347	69949
民办 Non-government	160489	850742
#普惠性民办幼儿园 of Which: Inclusive Voluntary Kindergartens	117002	637010
具有法人资格的中外合作办学	4	37
城区 Urban Area	102490	777409
教育部门 Run by Ed. Dept.	22834	260462
其他部门办 Run by Non-ed. Dept.	1120	13246
地方企业 Run by Local Enterprises	1449	13547
事业单位 Run by Public Institutions	1787	16246
部队 Run by Army	455	3687
集体办 Run by Communities	4887	39332
民办 Non-government	69954	430852
#普惠性民办幼儿园 of Which: Inclusive Voluntary Kindergartens	48455	303851
具有法人资格的中外合作办学	4	37
镇区 County and Town Area	94993	616187
教育部门 Run by Ed. Dept.	33157	282400
其他部门办 Run by Non-ed. Dept.	471	6629
地方企业 Run by Local Enterprises	252	1932
事业单位 Run by Public Institutions	923	5527
部队 Run by Army	12	50
集体办 Run by Communities	2375	16692
民办 Non-government	57803	302957
#普惠性民办幼儿园 of Which: Inclusive Voluntary Kindergartens	43320	235792
具有法人资格的中外合作办学	0	0
乡村 Rural Area	91739	364266
教育部门 Run by Ed. Dept.	53540	227349
其他部门办 Run by Non-ed. Dept.	162	2069
地方企业 Run by Local Enterprises	78	487
事业单位 Run by Public Institutions	1122	3412
部队 Run by Army	20	91
集体办 Run by Communities	4085	13925
民办 Non-government	32732	116933
#普惠性民办幼儿园 of Which: Inclusive Voluntary Kindergartens	25227	97367
具有法人资格的中外合作办学	0	0
总计中:附设幼儿班 of the Total: Kinder. Classes Attached to School	—	107310

学前教育幼儿数

Number of Children in Pre-primary Education

单位：人

unit：person

类别 Item	入园(班)人数 Entrants	在园(班)人数 Enrolment							离园(班)人数 Leavers
			#女 of Which：Female	托班 Nursery Class	小班 K1	中班 K2	大班 K3	混合班 Mixed Class	
总　计 Total	**13604348**	**46275486**	**21909237**	**467360**	**11041888**	**14346285**	**18911509**	**1508444**	**16783163**
#女 of Which：Female	6456443	21909237	—	220033	5234169	6799387	8945201	710447	7945359
#少数民族 of Which：Minorities	1572825	4951223	2351323	34437	1069530	1457503	1954784	434969	1926802
#残疾人 of Which：Disability	6969	28635	9584	292	4097	7434	13867	2945	10533
教育部门 Run by Ed. Dept.	6632375	21125262	10062918	148718	5227216	6466615	8248858	1033855	7601833
其他部门 Run by Non-ed. Dept.	192257	652368	310162	9074	162394	189679	238457	52764	219491
地方企业 Run by Local Enterprises	146866	470026	223389	6397	127095	149934	181442	5158	137829
事业单位 Run by Public Institutions	202509	721692	341915	11076	170434	220023	304580	15579	241778
部队 Run by Army	31852	108209	51601	1522	30162	34000	41119	1406	31318
集体 Run by Communities	547197	1929346	916167	12585	477568	612791	797022	29380	653379
民办 Non-government	5851052	21267768	10002689	277916	4846794	6672988	9099768	370302	7897188
#普惠性民办幼儿园 of Which：Inclusive Voluntary Kindergartens	4446404	16433556	7739553	195540	3703271	5174348	7112873	247524	6136410
具有法人资格的中外合作办学	240	815	396	72	225	255	263	0	347
城区 Urban Area	6240234	21455478	10147304	247014	5470034	6765436	8674881	298113	7130192
教育部门 Run by Ed. Dept.	2513951	7991228	3807734	69211	2259991	2547597	3005746	108683	2464857
其他部门 Run by Non-ed. Dept.	123493	411868	194728	7181	111424	129613	154212	9438	134170
地方企业 Run by Local Enterprises	123070	402492	191460	5670	109264	128202	154401	4955	118528
事业单位 Run by Public Institutions	138161	488837	231767	9445	123092	151423	197261	7616	153032
部队 Run by Army	30951	104918	50047	1500	29268	32897	39855	1398	30450
集体 Run by Communities	331235	1162345	550917	7986	297161	373534	475872	7792	382758
民办 Non-government	2979133	10892975	5120255	145949	2539609	3401915	4647271	158231	3846050
#普惠性民办幼儿园 of Which：Inclusive Voluntary Kindergartens	2153493	7985745	3759780	93373	1842840	2503957	3456746	88829	2821193
具有法人资格的中外合作办学	240	815	396	72	225	255	263	0	347
镇区 County and Town Area	4872188	16858460	7970761	173968	3924520	5262616	7083482	413874	6207116
教育部门 Run by Ed. Dept.	2506450	8305578	3947951	58329	2018151	2589930	3396530	242638	2964083
其他部门 Run by Non-ed. Dept.	52611	185638	89150	1569	41357	47655	66668	28389	63029
地方企业 Run by Local Enterprises	19444	53548	25443	454	14293	17319	21343	139	13545
事业单位 Run by Public Institutions	42687	152988	72680	1297	31658	45080	71989	2964	57749
部队 Run by Army	318	1166	521	0	317	374	467	8	280
集体 Run by Communities	130637	461380	219785	3281	112107	146010	193360	6622	161999
民办 Non-government	2120041	7698162	3615231	109038	1706637	2416248	3333125	133114	2946431
#普惠性民办幼儿园 of Which：Inclusive Voluntary Kindergartens	1656940	6146512	2889743	82642	1344348	1932895	2687616	99011	2372907
具有法人资格的中外合作办学	0	0	0	0	0	0	0	0	0
乡村 Rural Area	2491926	7961548	3791172	46378	1647334	2318233	3153146	796457	3445855
教育部门 Run by Ed. Dept.	1611974	4828456	2307233	21178	949074	1329088	1846582	682534	2172893
其他部门 Run by Non-ed. Dept.	16153	54862	26284	324	9613	12411	17577	14937	22292
地方企业 Run by Local Enterprises	4352	13986	6486	273	3538	4413	5698	64	5756
事业单位 Run by Public Institutions	21661	79867	37468	334	15684	23520	35330	4999	30997
部队 Run by Army	583	2125	1033	22	577	729	797	0	588
集体 Run by Communities	85325	305621	145465	1318	68300	93247	127790	14966	108622
民办 Non-government	751878	2676631	1267203	22929	600548	854825	1119372	78957	1104707
#普惠性民办幼儿园 of Which：Inclusive Voluntary Kindergartens	635971	2301299	1090030	19525	516083	737496	968511	59684	942310
具有法人资格的中外合作办学	0	0	0	0	0	0	0	0	0

学前教育分年龄幼儿数(总计)
Number of Children in Pre-primary Education by Age(Total)

单位：人
unit：person

类别 Item	入园(班)人数 Entrants	在园(班)人数 Enrolment	离园(班)人数 Leavers
总　计 Total	**13604348**	**46275486**	**16783163**
#女 of Which：Female	6456443	21909237	7945359
#少数民族 of Which：Minorities	1572825	4951223	1926802
#残疾人 of Which：Disability	6969	28635	10533
2岁及以下 2 Years and Under	513242	547877	—
3岁 3 years	9888235	11099715	—
4岁 4 years	1736428	14573935	—
5岁 5 years	1290701	18610551	224118
6岁及以上 6 years and over	175742	1443408	16559045
教育部门 Run by Ed. Dept.	6632375	21125262	7601833
2岁及以下 2 Years and Under	185891	195627	—
3岁 3 years	4803460	5205461	—
4岁 4 years	833083	6608191	—
5岁 5 years	693604	8352532	110286
6岁及以上 6 years and over	116337	763451	7491547
其他部门 Run by Non-ed. Dept.	192257	652368	219491
2岁及以下 2 Years and Under	9579	9898	—
3岁 3 years	150248	164091	—
4岁 4 years	21217	202878	—
5岁 5 years	9510	243059	4490
6岁及以上 6 years and over	1703	32442	215001
地方企业 Run by Local Enterprises	146866	470026	137829
2岁及以下 2 Years and Under	6492	6799	—
3岁 3 years	116599	129634	—
4岁 4 years	14110	151017	—
5岁 5 years	9110	174845	1670
6岁及以上 6 years and over	555	7731	136159
事业单位 Run by Public Institutions	202509	721692	241778
2岁及以下 2 Years and Under	10383	11820	—
3岁 3 years	143850	167572	—
4岁 4 years	24855	221337	—
5岁 5 years	18831	288162	3979
6岁及以上 6 years and over	4590	32801	237799
部队 Run by Army	31852	108209	31318
2岁及以下 2 Years and Under	1862	1880	—
3岁 3 years	27456	30433	—
4岁 4 years	1660	34443	—
5岁 5 years	802	40269	322
6岁及以上 6 years and over	72	1184	30996
集体 Run by Communities	547197	1929346	653379
2岁及以下 2 Years and Under	13217	14066	—
3岁 3 years	445600	481833	—
4岁 4 years	52673	617827	—
5岁 5 years	33188	785091	3165
6岁及以上 6 years and over	2519	30529	650214
民办 Non-government	5851052	21267768	7897188
2岁及以下 2 Years and Under	285746	307715	—
3岁 3 years	4200854	4920466	—
4岁 4 years	788830	6737987	—
5岁 5 years	525656	8726330	100206
6岁及以上 6 years and over	49966	575270	7796982
具有法人资格的中外合作办学	240	815	347
2岁及以下 2 Years and Under	72	72	—
3岁 3 years	168	225	—
4岁 4 years	0	255	—
5岁 5 years	0	263	0
6岁及以上 6 years and over	0	0	347

学前教育分年龄幼儿数(城区)

Number of Children in Pre-primary Education by Age(Urban Area)

单位：人
unit：person

类别 Item	入园(班)人数 Entrants	在园(班)人数 Enrolment	离园(班)人数 Leavers
总　计 Total	**6240234**	**21455478**	**7130192**
#女 of Which：Female	2957669	10147304	3370799
#少数民族 of Which：Minorities	430414	1391200	454865
#残疾人 of Which：Disability	3495	13953	4412
2 岁及以下 2 Years and Under	251841	270321	—
3 岁 3 years	4957642	5520803	—
4 岁 4 years	583941	6807203	—
5 岁 5 years	407085	8438104	82773
6 岁及以上 6 years and over	39725	419047	7047419
教育部门 Run by Ed. Dept.	2513951	7991228	2464857
2 岁及以下 2 Years and Under	75916	80048	—
3 岁 3 years	2117927	2259268	—
4 岁 4 years	176299	2553205	—
5 岁 5 years	128625	2967070	34123
6 岁及以上 6 years and over	15184	131637	2430734
其他部门 Run by Non-ed. Dept.	123493	411868	134170
2 岁及以下 2 Years and Under	7245	7470	—
3 岁 3 years	105105	113811	—
4 岁 4 years	7077	132695	—
5 岁 5 years	3766	153311	1906
6 岁及以上 6 years and over	300	4581	132264
地方企业 Run by Local Enterprises	123070	402492	118528
2 岁及以下 2 Years and Under	5742	6042	—
3 岁 3 years	100311	111519	—
4 岁 4 years	10131	129489	—
5 岁 5 years	6410	148878	1359
6 岁及以上 6 years and over	476	6564	117169
事业单位 Run by Public Institutions	138161	488837	153032
2 岁及以下 2 Years and Under	8638	9844	—
3 岁 3 years	107466	123869	—
4 岁 4 years	11069	153105	—
5 岁 5 years	9024	189718	2499
6 岁及以上 6 years and over	1964	12301	150533
部队 Run by Army	30951	104918	30450
2 岁及以下 2 Years and Under	1848	1866	—
3 岁 3 years	26684	29598	—
4 岁 4 years	1580	33410	—
5 岁 5 years	782	38999	315
6 岁及以上 6 years and over	57	1045	30135
集体 Run by Communities	331235	1162345	382758
2 岁及以下 2 Years and Under	8130	8714	—
3 岁 3 years	277107	299165	—
4 岁 4 years	28089	374227	—
5 岁 5 years	17093	465498	1493
6 岁及以上 6 years and over	816	14741	381265
民办 Non-government	2979133	10892975	3846050
2 岁及以下 2 Years and Under	144250	156265	—
3 岁 3 years	2222874	2583348	—
4 岁 4 years	349696	3430817	—
5 岁 5 years	241385	4474367	41078
6 岁及以上 6 years and over	20928	248178	3804972
具有法人资格的中外合作办学	240	815	347
2 岁及以下 2 Years and Under	72	72	—
3 岁 3 years	168	225	—
4 岁 4 years	0	255	—
5 岁 5 years	0	263	0
6 岁及以上 6 years and over	0	0	347

学前教育分年龄幼儿数(镇区)
Number of Children in Pre-primary Education by Age(County and Town Area)

单位：人
unit：person

类别 Item	入园(班)人数 Entrants	在园(班)人数 Enrolment	离园(班)人数 Leavers
总　计 Total	**4872188**	**16858460**	**6207116**
#女 of Which：Female	2309162	7970761	2931964
#少数民族 of Which：Minorities	624867	2061460	763206
#残疾人 of Which：Disability	2140	9139	3084
2岁及以下 2 Years and Under	196501	208436	—
3岁 3 years	3454406	3921970	—
4岁 4 years	667730	5300851	—
5岁 5 years	488290	6848220	95168
6岁及以上 6 years and over	65261	578983	6111948
教育部门 Run by Ed. Dept.	2506450	8305578	2964083
2岁及以下 2 Years and Under	76822	80291	—
3岁 3 years	1821828	1996279	—
4岁 4 years	314539	2603278	—
5岁 5 years	254457	3342362	46987
6岁及以上 6 years and over	38804	283368	2917096
其他部门 Run by Non-ed. Dept.	52611	185638	63029
2岁及以下 2 Years and Under	1834	1892	—
3岁 3 years	35936	40168	—
4岁 4 years	10812	54687	—
5岁 5 years	3337	68946	1830
6岁及以上 6 years and over	692	19945	61199
地方企业 Run by Local Enterprises	19444	53548	13545
2岁及以下 2 Years and Under	513	518	—
3岁 3 years	13101	14510	—
4岁 4 years	3371	17093	—
5岁 5 years	2409	20505	284
6岁及以上 6 years and over	50	922	13261
事业单位 Run by Public Institutions	42687	152988	57749
2岁及以下 2 Years and Under	1201	1361	—
3岁 3 years	24574	29542	—
4岁 4 years	8507	44170	—
5岁 5 years	6175	63330	964
6岁及以上 6 years and over	2230	14585	56785
部队 Run by Army	318	1166	280
2岁及以下 2 Years and Under	0	0	—
3岁 3 years	310	343	—
4岁 4 years	8	348	—
5岁 5 years	0	448	7
6岁及以上 6 years and over	0	27	273
集体 Run by Communities	130637	461380	161999
2岁及以下 2 Years and Under	3132	3284	—
3岁 3 years	104110	112409	—
4岁 4 years	13069	146108	—
5岁 5 years	9149	189476	783
6岁及以上 6 years and over	1177	10103	161216
民办 Non-government	2120041	7698162	2946431
2岁及以下 2 Years and Under	112999	121090	—
3岁 3 years	1454547	1728719	—
4岁 4 years	317424	2435167	—
5岁 5 years	212763	3163153	44313
6岁及以上 6 years and over	22308	250033	2902118
具有法人资格的中外合作办学	0	0	0
2岁及以下 2 Years and Under	0	0	—
3岁 3 years	0	0	—
4岁 4 years	0	0	—
5岁 5 years	0	0	0
6岁及以上 6 years and over	0	0	0

学前教育分年龄幼儿数(乡村)

Number of Children in Pre-primary Education by Age(Rural Area)

单位：人
unit: person

类别 Item	入园(班)人数 Entrants	在园(班)人数 Enrolment	离园(班)人数 Leavers
总　计 Total	**2491926**	**7961548**	**3445855**
#女 of Which: Female	1189612	3791172	1642596
#少数民族 of Which: Minorities	517544	1498563	708731
#残疾人 of Which: Disability	1334	5543	3037
2岁及以下 2 Years and Under	64900	69120	—
3岁 3 years	1476187	1656942	—
4岁 4 years	484757	2465881	—
5岁 5 years	395326	3324227	46177
6岁及以上 6 years and over	70756	445378	3399678
教育部门 Run by Ed. Dept.	1611974	4828456	2172893
2岁及以下 2 Years and Under	33153	35288	—
3岁 3 years	863705	949914	—
4岁 4 years	342245	1451708	—
5岁 5 years	310522	2043100	29176
6岁及以上 6 years and over	62349	348446	2143717
其他部门 Run by Non-ed. Dept.	16153	54862	22292
2岁及以下 2 Years and Under	500	536	—
3岁 3 years	9207	10112	—
4岁 4 years	3328	15496	—
5岁 5 years	2407	20802	754
6岁及以上 6 years and over	711	7916	21538
地方企业 Run by Local Enterprises	4352	13986	5756
2岁及以下 2 Years and Under	237	239	—
3岁 3 years	3187	3605	—
4岁 4 years	608	4435	—
5岁 5 years	291	5462	27
6岁及以上 6 years and over	29	245	5729
事业单位 Run by Public Institutions	21661	79867	30997
2岁及以下 2 Years and Under	544	615	—
3岁 3 years	11810	14161	—
4岁 4 years	5279	24062	—
5岁 5 years	3632	35114	516
6岁及以上 6 years and over	396	5915	30481
部队 Run by Army	583	2125	588
2岁及以下 2 Years and Under	14	14	—
3岁 3 years	462	492	—
4岁 4 years	72	685	—
5岁 5 years	20	822	0
6岁及以上 6 years and over	15	112	588
集体 Run by Communities	85325	305621	108622
2岁及以下 2 Years and Under	1955	2068	—
3岁 3 years	64383	70259	—
4岁 4 years	11515	97492	—
5岁 5 years	6946	130117	889
6岁及以上 6 years and over	526	5685	107733
民办 Non-government	751878	2676631	1104707
2岁及以下 2 Years and Under	28497	30360	—
3岁 3 years	523433	608399	—
4岁 4 years	121710	872003	—
5岁 5 years	71508	1088810	14815
6岁及以上 6 years and over	6730	77059	1089892
具有法人资格的中外合作办学	0	0	0
2岁及以下 2 Years and Under	0	0	—
3岁 3 years	0	0	—
4岁 4 years	0	0	—
5岁 5 years	0	0	0
6岁及以上 6 years and over	0	0	0

幼儿园
Number of Educational

类别 Item	教职工数 Educational Personnel	园长 Kindergarten Principals	专任教师 Full-time Teachers
总　计 Total	**5756829**	**299767**	**3123018**
#女 of Which：Female	5337613	270875	3054752
#少数民族 of Which：Minorities	449079	24276	259781
#在编人员 of Which：Permanent Staff	847965	81204	673465
#接受过专业教育 of Which：Pre-primary Education Programmes	4341147	250826	2824394
教育部门 Run by Ed. Dept.	2202777	96338	1305980
其他部门 Run by Non-ed. Dept.	80115	2737	42309
地方企业 Run by Local Enterprises	67693	2698	34557
事业单位 Run by Public Institutions	90422	4610	49093
部队 Run by Army	19067	754	9342
集体 Run by Communities	253425	11955	138194
民办 Non-government	3043142	180669	1543455
#普惠性民办幼儿园 of Which：Inclusive Voluntary Kindergartens	2211801	134001	1125357
具有法人资格的中外合作办学	188	6	88
城区 Urban Area	3082521	133340	1606430
教育部门 Run by Ed. Dept.	1012254	31973	570774
其他部门 Run by Non-ed. Dept.	60161	1991	31763
地方企业 Run by Local Enterprises	58029	2276	29626
事业单位 Run by Public Institutions	66086	2688	34415
部队 Run by Army	18509	719	9015
集体 Run by Communities	155867	6333	82348
民办 Non-government	1711427	87354	848401
#普惠性民办幼儿园 of Which：Inclusive Voluntary Kindergartens	1167662	61140	581862
具有法人资格的中外合作办学	188	6	88
镇区 County and Town Area	1909302	102119	1081177
教育部门 Run by Ed. Dept.	811811	34435	500733
其他部门 Run by Non-ed. Dept.	16696	573	8893
地方企业 Run by Local Enterprises	7728	326	3917
事业单位 Run by Public Institutions	15701	1038	9605
部队 Run by Army	210	14	128
集体 Run by Communities	58045	2654	32911
民办 Non-government	999111	63079	524990
#普惠性民办幼儿园 of Which：Inclusive Voluntary Kindergartens	764141	48392	400217
具有法人资格的中外合作办学	0	0	0
乡村 Rural Area	765006	64308	435411
教育部门 Run by Ed. Dept.	378712	29930	234473
其他部门 Run by Non-ed. Dept.	3258	173	1653
地方企业 Run by Local Enterprises	1936	96	1014
事业单位 Run by Public Institutions	8635	884	5073
部队 Run by Army	348	21	199
集体 Run by Communities	39513	2968	22935
民办 Non-government	332604	30236	170064
#普惠性民办幼儿园 of Which：Inclusive Voluntary Kindergartens	279998	24469	143278
具有法人资格的中外合作办学	0	0	0

教职工数
Personnel in Kindergartens

单位：人
unit：person

保育员 Caretakers	卫生保健人员 Health Care Workers	行政人员 Adm. Personnel	教辅人员 Supporting Staffs	工勤人员 Workers	校外教师 Part-time Teachers	外籍教师 Foreign Teachers
1257340	**173379**	**132188**	**103053**	**668084**	**53389**	**3575**
1245548	163943	114106	83364	405025	46815	1700
92115	7696	6990	9670	48551	14059	57
26666	14078	21108	18206	13238	—	—
761164	107434	85697	56212	255420	30414	2071
445265	53531	36206	48899	216558	39620	45
15696	2602	2713	2262	11796	8313	41
14786	2184	2410	1332	9726	97	5
18525	2764	2918	1882	10630	599	1
3489	807	1001	633	3041	35	0
54115	8403	4712	3295	32751	1311	11
705423	103079	82220	44738	383558	3414	3449
520058	74948	52762	28058	276617	2234	312
41	9	8	12	24	0	23
683429	104150	93598	62860	398714	12668	3298
209300	31367	24899	26557	117384	9933	38
11778	2102	2385	1763	8379	548	41
12724	1922	2110	1087	8284	75	5
14066	2345	2678	1309	8585	270	1
3415	788	981	615	2976	32	0
34481	5442	3194	2404	21665	247	9
397624	60175	57343	29113	231417	1563	3181
275977	41506	34642	16559	155976	925	276
41	9	8	12	24	0	23
418284	50216	30332	30301	196873	23545	217
164262	15885	8688	16501	71307	16089	4
3333	424	244	377	2852	5471	0
1649	206	263	199	1168	19	0
2901	290	173	386	1308	184	0
25	5	7	9	22	0	0
12515	1797	884	577	6707	577	2
233599	31609	20073	12252	113509	1205	211
180810	24019	14162	8746	87795	801	33
0	0	0	0	0	0	0
155627	19013	8258	9892	72497	17176	60
71703	6279	2619	5841	27867	13598	3
585	76	84	122	565	2294	0
413	56	37	46	274	3	0
1558	129	67	187	737	145	0
49	14	13	9	43	3	0
7119	1164	634	314	4379	487	0
74200	11295	4804	3373	38632	646	57
63271	9423	3958	2753	32846	508	3
0	0	0	0	0	0	0

学前教育专任

Breakdown of Kindergarten Full-time

类别 Item	合计 Total	博士研究生 Doctor's Degree	硕士研究生 Master's Degree
总　计 Total	**3244204**	**87**	**8552**
#女 of Which:Female	3166616	85	8174
城区 Urban Area	1625070	33	7481
镇区 County and Town Area	1116149	20	806
乡村 Rural Area	502985	34	265

学前教育专任教师分专业

Number of Full-time Teachers in Pre-primary

类别 Item	合计 Total	#女 of Which Female	24 岁及以下 24 and Under	25-29 岁 25 to 29
总　计 Total	**3244204**	**3166616**	**727882**	**941930**
#女 of Which:Female	3166616	—	715424	923826
#少数民族 of Which: Minority Students	269210	255759	61701	84159
正高级 Senior	395	282	0	0
副高级 Sub-senior	41819	33475	23	46
中　级 Middle	249625	232215	651	10299
助理级 Associate	463526	446462	26235	184250
员　级 Junior	154981	150191	34822	63661
未定职级 No-ranking	2333858	2303991	666151	683674
城区 Urban Area	1625070	1601946	418571	479574
正高级 Senior	184	167	0	0
副高级 Sub-senior	13923	13318	17	14
中　级 Middle	123231	120174	267	4380
助理级 Associate	233531	227479	13613	92397
员　级 Junior	73650	72438	15721	28878
未定职级 No-ranking	1180551	1168370	388953	353905
镇区 Counties and Towns Area	1116149	1090212	227329	319563
正高级 Senior	137	83	0	0
副高级 Sub-senior	17749	14610	2	21
中　级 Middle	90564	84128	264	4066
助理级 Associate	162317	156388	8984	65179
员　级 Junior	51994	50361	12736	22250
未定职级 No-ranking	793388	784642	205343	228047
乡村 Rural Area	502985	474458	81982	142793
正高级 Senior	74	32	0	0
副高级 Sub-senior	10147	5547	4	11
中　级 Middle	35830	27913	120	1853
助理级 Associate	67678	62595	3638	26674
员　级 Junior	29337	27392	6365	12533
未定职级 No-ranking	359919	350979	71855	101722

教师分学历情况
Teachers by Academic Qualifications

单位：人
unit：person

本科毕业 Under-graduate	专科毕业 Associate Bachelor	高中阶段毕业 High School Graduate	高中阶段以下毕业 Below High School Graduate
1049433	**1871322**	**294939**	**19871**
1014287	1834426	290160	19484
594646	929256	89852	3802
333091	654491	119651	8090
121696	287575	85436	7979

技术职务、分年龄结构情况
Education by Professional Rank and Age

单位：人
unit：person

30-34 岁 30 to 34	35-39 岁 35 to 39	40-44 岁 40 to 44	45-49 岁 45 to 49	50-54 岁 50 to 54	55-59 岁 55 to 59	60 岁及以上 60 and Over
715385	**411103**	**222530**	**119582**	**86023**	**18874**	**895**
704270	403977	216273	114085	79486	8494	781
54381	33326	17184	9623	6754	2045	37
16	17	29	38	154	127	14
325	1947	6389	9641	15688	7734	26
47409	55079	55541	40319	34836	5380	111
138345	64569	29621	12330	7161	979	36
30725	14639	6715	2806	1366	227	20
498565	274852	124235	54448	26818	4427	688
335907	195969	101518	51834	37009	4295	393
9	3	15	18	76	56	7
182	962	2568	3595	5260	1312	13
24991	29142	26257	19352	17950	842	50
69481	33494	14967	5852	3463	238	26
14942	7904	3822	1570	687	112	14
226302	124464	53889	21447	9573	1735	283
259005	146895	82178	44362	30099	6450	268
3	13	12	9	52	42	6
95	756	2852	4278	6771	2968	6
16870	19935	21551	14729	11398	1726	25
49298	21983	10014	4253	2304	297	5
9799	4168	1863	751	374	51	2
182940	100040	45886	20342	9200	1366	224
120473	68239	38834	23386	18915	8129	234
4	1	2	11	26	29	1
48	229	969	1768	3657	3454	7
5548	6002	7733	6238	5488	2812	36
19566	9092	4640	2225	1394	444	5
5984	2567	1030	485	305	64	4
89323	50348	24460	12659	8045	1326	181

幼儿园教职工政治面貌及其他
Supplementary Information on Educational Personnel of Kindergarten Buildings

单位：人
unit：person

类别 Item	教职工中 of Total Staff and Workers				专任教师中 of Total Full-time Teachers			
	共产党员 Member of C. P. C	共青团员 Member of C. Y. L. C	民主党派 Member of Non-Communist Party	华侨 Overseas Chinese	共产党员 Member of C. P. C	共青团员 Member of C. Y. L. C	民主党派 Member of Non-Communist Party	华侨 Overseas Chinese
总　计 Total	**336666**	**632985**	**10413**	**89**	**229055**	**551614**	**5225**	**5**
#女 of Which：Female	294713	615859	9731	79	214035	539755	5134	5
城区 Urban Area	181901	420336	6556	16	123004	367238	3146	1
#女 of Which：Female	167200	410714	6147	13	119205	360800	3113	1
镇区 Counties and Towns Area	109396	159411	2972	71	75993	137342	1549	0
#女 of Which：Female	94248	154895	2776	65	70470	134175	1518	0
乡村 Rural Area	45369	53238	885	2	30058	47034	530	4
#女 of Which：Female	33265	50250	808	1	24360	44780	503	4

幼儿园校舍情况
Condition of Kindergarten Buildings

单位：平方米
unit：m^2

类别 Item	合计 Total	城区 Urban Area	镇区 Counties and Towns Area	乡村 Rural Area
总　计 Total	**485580801.84**	**232788063.87**	**172247566.03**	**80545171.94**
一、教学及辅助用房 Buildings for Instruction and Ancillary Uses	349379484.82	167979608.10	124513363.62	56886513.10
班级活动单元 Class Activities Unit	317654940.60	150924539.02	114258784.87	52471616.71
活动室 Recreational	188202231.19	89785522.93	67540539.62	30876168.64
寝室 Bedroom	74641477.69	34941751.68	27453409.36	12246316.65
卫生间 Toilet	32808526.48	15317099.94	11777687.44	5713739.10
其他 Others	22002705.24	10880164.47	7487148.45	3635392.32
综合活动室 Multi-functional Room	31724544.22	17055069.08	10254578.75	4414896.39
二、行政办公用房 Administrative	38839613.23	17428965.05	13898840.33	7511807.85
办公室 Office	21076262.69	9173401.03	7678376.17	4224485.49
保健观察室 Health Observation Room	7306780.09	2864668.53	2690234.70	1751876.86
其他 Others	10456570.45	5390895.49	3530229.46	1535445.50
三、生活用房 Residential and Welfare	48038426.46	22965745.44	16326855.20	8745825.82
厨房 Kitchen	24494960.07	11476456.75	8442887.17	4575616.15
其他 Others	23543466.39	11489288.69	7883968.03	4170209.67
四、其他用房 Rooms for Other Purposes	49323277.33	24413745.28	17508506.88	7401025.17

幼儿园资产情况

Condition of Fixed Assets and Teaching Resources in Kindergarten

类别 Item	占地面积 （平方米） Areas Occupied （m^2）	#绿化用地面积 of Which: Green Areas	#室外游戏场地 of Which: Outdoor Playground	图书 （册） Books and Magazines in Libraries （Volume）
总　计 Total	**779581105.71**	**142086613.58**	**273527874.52**	**563879546**
城区 Urban Area	305416962.13	56666782.19	113351189.51	272807766
镇区 Counties and Towns Area	279191459.83	49976577.30	96868368.95	202278063
乡村 Rural Area	194972683.75	35443254.09	63308316.06	88793717

七、专门学校
Specialized Schools

专门学校基本情况
Basic Statistics of Specialized Schools

单位：人
unit：person

类别 Item	学校数（所） Schools	班数（个） Classes	离校人数 Sclools Leavers	入校人数 No. of Persons Enrolled	在校生数 Enrolment	教职工数 Educational Personnel	#专任教师 of Which: Full-time Teachers
合　计 Total	**119**	**395**	**4295**	**5291**	**8109**	**3620**	**2437**
# 女 of Which:Female	—	—	576	740	1301	1517	1125

八、成人中小学
Adult Primary and Secondary Schools

成人中、小学
Basic Statistics of Adult

类别 Item	学校数 (所) Schools	教学班 (点)(个) External Teaching Sites	离校人数 No. of Persons Left School	#女 of Which: Female	入校人数 No. of Persons Enrolled	#女 of Which: Female
一、成人中学 Adult Secondary Schools	**34**	**259**	**5702**	**2327**	**6126**	**3260**
#少数民族 of which: Minority	—	—	173	—	234	—
职工中学 Sec. Schools for Staff and workers	1	45	1403	781	1381	985
高中 Senior Sec. Schools for Staff and workers	1	45	1403	781	1381	985
初中 Junior Secondary Schools for Staff and workers	0	0	0	0	0	0
农民中学 Sec. Schools for Peasants	33	214	4299	1546	4745	2275
高中 Senior Sec. Schools for Peasants	4	25	1197	539	1468	854
初中 Junior Secondary Schools for Peasants	29	189	3102	1007	3277	1421
二、成人小学 Adult Primary Schools	**23**	**44**	**646**	**477**	**3926**	**2003**
#少数民族 of which: Minority	—	—	476	—	3601	—
职工小学 General Primary Schools for Staff & workers	0	0	0	0	0	0
农民小学 General Primary Schools for Peasants	23	44	646	477	3926	2003

基本情况
Primary and Secondary Schools

单位：人
unit：person

在校生数 Total In-schcol Students	#女 of Which：Female	教职工数 Educational Personnel	#女 of Which：Female	专任教师 Full-time Teacher	#女 of Which：Female
10635	**5061**	**332**	**118**	**256**	**95**
280	—	6	—	3	—
3968	2007	22	7	19	6
3968	2007	22	7	19	6
0	0	0	0	0	0
6667	3054	310	111	237	89
1880	984	79	18	45	8
4787	2070	231	93	192	81
4142	**2127**	**161**	**53**	**138**	**46**
3647	—	129	—	119	—
0	0	0	0	0	0
4142	2127	161	53	138	46

九、各级各类学校分布情况
Geographical Distribution of Schools by Type and Level

地区 Region	普通、职业高校 Regular HEIs	#中央部门办 of Which: HEIs under Central Ministries and Agencies	普通本科学校 Academic HEIs
总　计 Total	**2760**	**118**	**1239**
北　京 Beijing	92	39	67
天　津 Tianjin	56	3	30
河　北 Hebei	124	4	58
山　西 Shanxi	82	0	32
内蒙古 Inner Mongolia	54	0	17
辽　宁 Liaoning	114	5	62
吉　林 Jilin	66	2	37
黑龙江 Heilongjiang	78	3	39
上　海 Shanghai	64	10	39
江　苏 Jiangsu	168	10	77
浙　江 Zhejiang	109	1	58
安　徽 Anhui	121	2	46
福　建 Fujian	89	2	38
江　西 Jiangxi	106	0	42
山　东 Shandong	153	3	67
河　南 Henan	156	1	56
湖　北 Hubei	130	8	68
湖　南 Hunan	130	3	51
广　东 Guangdong	161	4	66
广　西 Guangxi	85	0	36
海　南 Hainan	21	0	7
重　庆 Chongqing	70	2	25
四　川 Sichuan	134	6	52
贵　州 Guizhou	75	0	28
云　南 Yunnan	82	1	32
西　藏 Tibet	7	0	4
陕　西 Shaanxi	97	6	55
甘　肃 Gansu	49	2	20
青　海 Qinghai	12	0	4
宁　夏 Ningxia	20	1	8
新　疆 Xinjiang	55	0	18

学校(机构)数
Education Institutions

单位：所
unit：institution

本科层次职业学校 Professional HEIs	高职(专科)院校 Vocational HEIs	成人高等学校 Adult HEIs	#中央部门办 of Which: HEIs under Central Ministries and Agencies
32	**1489**	**253**	**13**
0	25	23	8
0	26	13	0
3	63	5	1
2	48	9	0
0	37	2	0
1	51	18	2
0	29	14	0
0	39	16	0
1	24	12	0
1	90	8	1
2	49	8	0
0	75	6	0
1	50	3	0
3	61	5	0
3	83	11	0
1	99	10	0
0	62	13	0
1	78	12	0
2	93	14	0
2	47	4	0
1	13	1	0
1	44	3	0
1	81	12	1
1	46	3	0
0	50	1	0
0	3	0	0
2	40	14	0
2	27	4	0
0	8	2	0
0	12	1	0
1	36	6	0

高等学校(机

Number of Postgraduates Students in

地区 Region	毕(结)业生数 Graduates	#女 of Which: Female	博士 Doctor's Degree	硕士 Master's Degree	授予学位数 Degree Awarded	招生数 Entrants	#女 of Which: Female	博士 Doctor's Degree
总　计 Total	**862165**	**471740**	**82320**	**779845**	**778873**	**1242479**	**650280**	**138951**
北　京 Beijing	122475	64157	23818	98657	98864	158163	79986	34601
天　津 Tianjin	23991	13984	2376	21615	21861	31602	17413	4038
河　北 Hebei	19316	11219	683	18633	18628	28887	15655	1357
山　西 Shanxi	14127	8409	581	13546	13711	20201	11347	1151
内蒙古 Inner Mongolia	9422	5898	338	9084	9122	13546	7920	608
辽　宁 Liaoning	42505	23741	2776	39729	39267	58776	30652	4513
吉　林 Jilin	25232	15889	2381	22851	22823	32395	18746	3671
黑龙江 Heilongjiang	27478	14245	2630	24848	24918	40018	19562	4907
上　海 Shanghai	62750	33846	7536	55214	55375	79720	40973	12714
江　苏 Jiangsu	66943	34839	6204	60739	61516	99490	48563	10629
浙　江 Zhejiang	27470	13815	2810	24660	24215	51477	26347	5667
安　徽 Anhui	24105	11814	2330	21775	21613	39012	18017	3995
福　建 Fujian	18722	10447	1458	17264	17322	28581	15128	2389
江　西 Jiangxi	15832	8664	548	15284	15217	23421	12086	1160
山　东 Shandong	38935	22377	2211	36724	36658	56935	31067	4196
河　南 Henan	20633	12552	629	20004	19829	33234	19128	1379
湖　北 Hubei	49567	25908	5146	44421	44743	71231	36238	8239
湖　南 Hunan	28509	16039	2544	25965	25955	38490	20606	4164
广　东 Guangdong	45084	24391	4506	40578	40352	68644	35051	7687
广　西 Guangxi	14311	8279	487	13824	13835	22998	12768	992
海　南 Hainan	3083	1873	112	2971	3045	5361	2965	456
重　庆 Chongqing	23141	13382	1374	21767	21811	34657	19706	2521
四　川 Sichuan	38517	20239	3235	35282	35331	53186	26726	5347
贵　州 Guizhou	7590	4656	130	7460	7796	13352	8319	701
云　南 Yunnan	16297	9643	674	15623	15724	24899	14332	1392
西　藏 Tibet	920	510	28	892	887	2254	1351	106
陕　西 Shaanxi	44888	23308	3335	41553	39231	66556	32936	7045
甘　肃 Gansu	14649	8111	888	13761	13920	21097	12283	1914
青　海 Qinghai	2422	1480	65	2357	2370	3625	2222	198
宁　夏 Ningxia	3509	2185	166	3343	3312	4837	2980	287
新　疆 Xinjiang	9742	5840	321	9421	9622	15834	9207	927

构)研究生数
Higher Education Institutions

单位：人
unit：person

硕士 Master's Degree	在校生数 Enrolment	#女 of Which：Female	博士 Doctor's Degree	硕士 Master's Degree	预计毕业生数 Estimated Graduates for Next Year	#女 of Which：Female	博士 Doctor's Degree	硕士 Master's Degree
1103528	**3653613**	**1871376**	**556065**	**3097548**	**1288119**	**660433**	**204641**	**1083478**
123562	471431	230269	139078	332353	173607	85628	50327	123280
27564	92805	49473	15675	77130	32356	17865	5239	27117
27530	81834	44037	5392	76442	27443	14744	2167	25276
19050	55730	31047	4272	51458	18327	10428	1853	16474
12938	37630	21816	2486	35144	14291	8558	1283	13008
54263	172259	88353	19276	152983	60646	31289	8086	52560
28724	96850	56014	15434	81416	37443	21813	7663	29780
35111	113422	54930	20419	93003	39893	20117	7338	32555
67006	244924	122626	51336	193588	89855	44774	16229	73626
88861	299597	141359	44396	255201	104996	49860	16680	88316
45810	151207	75352	21939	129268	50410	24255	7222	43188
35017	111060	49241	15074	95986	36516	16638	4651	31865
26192	85302	43915	9755	75547	30131	15596	3721	26410
22261	66333	33824	3999	62334	22258	11535	1690	20568
52739	165208	89003	16650	148558	56747	30233	6123	50624
31855	91916	52030	5307	86609	30580	17746	1705	28875
62992	217095	108670	34330	182765	81545	37175	14245	67300
34326	117663	61426	18378	99285	42244	23345	7789	34455
60957	195410	98499	27906	167504	67619	33150	10174	57445
22006	64109	34886	3448	60661	21842	11783	1313	20529
4905	15033	8183	1416	13617	5284	2911	359	4925
32136	105474	59738	9806	95668	37763	22402	2971	34792
47839	159262	78759	20943	138319	57475	28761	9013	48462
12651	36844	22615	1939	34905	11501	7010	575	10926
23507	71563	40402	5415	66148	24170	13081	2141	22029
2148	5590	3183	348	5242	1645	917	86	1559
59511	201571	98492	29590	171981	68730	34872	9652	59078
19183	60493	34441	7226	53267	20074	10597	2683	17391
3427	9918	6054	670	9248	3446	2176	249	3197
4550	12737	7809	917	11820	4744	2911	294	4450
14907	43343	24930	3245	40098	14538	8263	1120	13418

普通高校
Number of Postgraduates in Regular

地区 Region	毕(结)业生数 Graduates	#女 of Which: Female	博士 Doctor's Degree	硕士 Master's Degree	授予学位数 Degree Awarded	招生数 Entrants	#女 of Which: Female	博士 Doctor's Degree
总　计 Total	**853377**	**467522**	**80772**	**772605**	**852094**	**1230409**	**644407**	**136717**
北　京 Beijing	116747	61254	22421	94326	116883	150514	76176	32642
天　津 Tianjin	23967	13977	2376	21591	24193	31575	17404	4038
河　北 Hebei	19313	11218	683	18630	19278	28883	15654	1357
山　西 Shanxi	14050	8372	581	13469	14216	20078	11290	1151
内蒙古 Inner Mongolia	9415	5897	338	9077	9437	13526	7917	608
辽　宁 Liaoning	42453	23728	2772	39681	41882	58694	30619	4505
吉　林 Jilin	25175	15857	2381	22794	25067	32319	18700	3671
黑龙江 Heilongjiang	27167	14088	2605	24562	27312	39496	19311	4877
上　海 Shanghai	62052	33519	7496	54556	62436	78994	40581	12650
江　苏 Jiangsu	66778	34786	6176	60602	67709	99199	48477	10548
浙　江 Zhejiang	27344	13756	2809	24535	26556	51111	26116	5665
安　徽 Anhui	24100	11814	2330	21770	23852	39004	18016	3995
福　建 Fujian	18621	10381	1458	17163	18670	28441	15035	2389
江　西 Jiangxi	15827	8662	548	15279	15752	23418	12086	1160
山　东 Shandong	38845	22337	2211	36634	38765	56777	30980	4196
河　南 Henan	20561	12536	627	19934	20288	33143	19103	1377
湖　北 Hubei	49246	25807	5140	44106	49760	70815	36072	8233
湖　南 Hunan	28398	15988	2544	25854	28252	38354	20540	4164
广　东 Guangdong	44954	24328	4500	40454	44674	68443	34952	7676
广　西 Guangxi	14311	8279	487	13824	14303	22998	12768	992
海　南 Hainan	3083	1873	112	2971	3163	5361	2965	456
重　庆 Chongqing	23091	13353	1374	21717	23107	34557	19651	2521
四　川 Sichuan	38153	20039	3222	34931	38393	52689	26485	5309
贵　州 Guizhou	7583	4655	130	7453	8034	13333	8311	701
云　南 Yunnan	16271	9638	672	15599	16362	24846	14320	1384
西　藏 Tibet	920	510	28	892	915	2254	1351	106
陕　西 Shaanxi	44682	23266	3319	41363	42206	66239	32852	7023
甘　肃 Gansu	14597	8099	880	13717	14774	21052	12266	1911
青　海 Qinghai	2422	1480	65	2357	2434	3625	2222	198
宁　夏 Ningxia	3509	2185	166	3343	3461	4837	2980	287
新　疆 Xinjiang	9742	5840	321	9421	9960	15834	9207	927

研究生数
Higher Education Institutions

单位：人
unit：person

硕士 Master's Degree	在校生数 Enrolment	#女 of Which：Female	博士 Doctor's Degree	硕士 Master's Degree	预计毕业生数 Estimated Graduates for Next Year	#女 of Which：Female	博士 Doctor's Degree	硕士 Master's Degree
1093692	**3618049**	**1854830**	**547323**	**3070726**	**1275179**	**654722**	**200480**	**1074699**
117872	448426	219322	131524	316902	164804	81779	46668	118136
27537	92726	49453	15675	77051	32329	17857	5239	27090
27526	81824	44034	5392	76432	27441	14743	2167	25274
18927	55379	30870	4272	51107	18214	10360	1853	16361
12918	37588	21812	2486	35102	14285	8558	1283	13002
54189	172033	88274	19244	152789	60584	31269	8083	52501
28648	96646	55896	15434	81212	37384	21782	7663	29721
34619	111806	54144	20273	91533	39369	19853	7282	32087
66344	242732	121529	51024	191708	88973	44304	16050	72923
88651	298659	141078	44064	254595	104685	49771	16560	88125
45446	150296	74819	21930	128366	50172	24133	7221	42951
35009	111037	49240	15074	95963	36509	16638	4651	31858
26052	84885	43631	9755	75130	29992	15504	3721	26271
22258	66320	33823	3999	62321	22252	11534	1690	20562
52581	164766	88787	16650	148116	56603	30162	6123	50480
31766	91659	51966	5293	86366	30499	17726	1699	28800
62582	215928	108230	34293	181635	81175	37031	14238	66937
34190	117299	61259	18378	98921	42135	23290	7789	34346
60767	194919	98253	27877	167042	67474	33078	10164	57310
22006	64109	34886	3448	60661	21842	11783	1313	20529
4905	15033	8183	1416	13617	5284	2911	359	4925
32036	105239	59602	9806	95433	37694	22360	2971	34723
47380	157846	78101	20817	137029	56995	28551	8956	48039
12632	36789	22603	1939	34850	11484	7007	575	10909
23462	71434	40367	5393	66041	24129	13067	2131	21998
2148	5590	3183	348	5242	1645	917	86	1559
59216	200726	98299	29479	171247	68470	34822	9606	58864
19141	60357	34393	7208	53149	20029	10582	2676	17353
3427	9918	6054	670	9248	3446	2176	249	3197
4550	12737	7809	917	11820	4744	2911	294	4450
14907	43343	24930	3245	40098	14538	8263	1120	13418

地区 Region	毕(结)业生数 Graduates	#女 of Which: Female	博士 Doctor's Degree	硕士 Master's Degree	授予学位数 Degree Awarded	招生数 Entrants	#女 of Which: Female	博士 Doctor's Degree
总　计 Total	**8788**	**4218**	**1548**	**7240**	**7155**	**12070**	**5873**	**2234**
北　京 Beijing	5728	2903	1397	4331	4257	7649	3810	1959
天　津 Tianjin	24	7	0	24	23	27	9	0
河　北 Hebei	3	1	0	3	3	4	1	0
山　西 Shanxi	77	37	0	77	77	123	57	0
内蒙古 Inner Mongolia	7	1	0	7	7	20	3	0
辽　宁 Liaoning	52	13	4	48	48	82	33	8
吉　林 Jilin	57	32	0	57	57	76	46	0
黑龙江 Heilongjiang	311	157	25	286	286	522	251	30
上　海 Shanghai	698	327	40	658	658	726	392	64
江　苏 Jiangsu	165	53	28	137	137	291	86	81
浙　江 Zhejiang	126	59	1	125	121	366	231	2
安　徽 Anhui	5	0	0	5	5	8	1	0
福　建 Fujian	101	66	0	101	101	140	93	0
江　西 Jiangxi	5	2	0	5	5	3	0	0
山　东 Shandong	90	40	0	90	91	158	87	0
河　南 Henan	72	16	2	70	69	91	25	2
湖　北 Hubei	321	101	6	315	315	416	166	6
湖　南 Hunan	111	51	0	111	110	136	66	0
广　东 Guangdong	130	63	6	124	120	201	99	11
广　西 Guangxi	0	0	0	0	0	0	0	0
海　南 Hainan	0	0	0	0	0	0	0	0
重　庆 Chongqing	50	29	0	50	50	100	55	0
四　川 Sichuan	364	200	13	351	351	497	241	38
贵　州 Guizhou	7	1	0	7	7	19	8	0
云　南 Yunnan	26	5	2	24	24	53	12	8
西　藏 Tibet	0	0	0	0	0	0	0	0
陕　西 Shaanxi	206	42	16	190	189	317	84	22
甘　肃 Gansu	52	12	8	44	44	45	17	3
青　海 Qinghai	0	0	0	0	0	0	0	0
宁　夏 Ningxia	0	0	0	0	0	0	0	0
新　疆 Xinjiang	0	0	0	0	0	0	0	0

研究生数
in Research Institutions

单位：人
unit：person

硕　士 Master's Degree	在校生数 Enrolment	#女 of Which：Female	博　士 Doctor's Degree	硕　士 Master's Degree	预计毕业生数 Estimated Graduates for Next Year	#女 of Which：Female	博　士 Doctor's Degree	硕　士 Master's Degree
9836	**35564**	**16546**	**8742**	**26822**	**12940**	**5711**	**4161**	**8779**
5690	23005	10947	7554	15451	8803	3849	3659	5144
27	79	20	0	79	27	8	0	27
4	10	3	0	10	2	1	0	2
123	351	177	0	351	113	68	0	113
20	42	4	0	42	6	0	0	6
74	226	79	32	194	62	20	3	59
76	204	118	0	204	59	31	0	59
492	1616	786	146	1470	524	264	56	468
662	2192	1097	312	1880	882	470	179	703
210	938	281	332	606	311	89	120	191
364	911	533	9	902	238	122	1	237
8	23	1	0	23	7	0	0	7
140	417	284	0	417	139	92	0	139
3	13	1	0	13	6	1	0	6
158	442	216	0	442	144	71	0	144
89	257	64	14	243	81	20	6	75
410	1167	440	37	1130	370	144	7	363
136	364	167	0	364	109	55	0	109
190	491	246	29	462	145	72	10	135
0	0	0	0	0	0	0	0	0
0	0	0	0	0	0	0	0	0
100	235	136	0	235	69	42	0	69
459	1416	658	126	1290	480	210	57	423
19	55	12	0	55	17	3	0	17
45	129	35	22	107	41	14	10	31
0	0	0	0	0	0	0	0	0
295	845	193	111	734	260	50	46	214
42	136	48	18	118	45	15	7	38
0	0	0	0	0	0	0	0	0
0	0	0	0	0	0	0	0	0
0	0	0	0	0	0	0	0	0

地区 Region	毕(结)业生数 Graduates	#女 of Which：Female	授予学位数 Degree Awarded
总　计 Total	**4715658**	**2606039**	**4697118**
北　京 Beijing	131477	67803	131871
天　津 Tianjin	90370	48553	90800
河　北 Hebei	225861	127034	225588
山　西 Shanxi	136315	77735	135484
内蒙古 Inner Mongolia	70626	41199	69876
辽　宁 Liaoning	177447	89311	177277
吉　林 Jilin	125940	69292	125445
黑龙江 Heilongjiang	140769	75791	140722
上　海 Shanghai	98317	53588	97908
江　苏 Jiangsu	301245	159598	298512
浙　江 Zhejiang	171415	99061	170819
安　徽 Anhui	190427	96450	189913
福　建 Fujian	137182	76341	137174
江　西 Jiangxi	165267	85969	164274
山　东 Shandong	301424	168351	302139
河　南 Henan	343007	195986	342911
湖　北 Hubei	249208	132487	247343
湖　南 Hunan	194962	110065	193759
广　东 Guangdong	316869	169471	316573
广　西 Guangxi	144425	87088	143455
海　南 Hainan	31335	18429	30875
重　庆 Chongqing	122605	71129	122440
四　川 Sichuan	253299	142607	253835
贵　州 Guizhou	100642	60482	99352
云　南 Yunnan	136465	83239	135814
西　藏 Tibet	6326	3299	6249
陕　西 Shaanxi	184287	100178	182209
甘　肃 Gansu	80494	44594	79605
青　海 Qinghai	10439	6127	10381
宁　夏 Ningxia	21476	12401	21023
新　疆 Xinjiang	55737	32381	53492

本科学生数
Normal in Higher Education

单位：人
unit：person

招生数 Entrants	#女 of Which：Female	在校生数 Enrolment	#女 of Which：Female	预计毕业生数 Estimated Graduates for NextYear	#女 of Which：Female
4679358	**2947991**	**19656436**	**10397461**	**5044832**	**2653831**
139992	71415	559191	273203	141389	68996
91509	49990	375558	196767	95314	49472
229050	146715	962736	520836	246194	131429
124931	80764	543231	297770	139568	76813
64386	45947	288595	163113	76775	43788
181027	102343	752201	365517	188722	86652
129460	78389	528199	282581	133087	71267
141679	78854	587214	300199	146864	76080
100446	54592	413570	212310	105706	54903
300057	164854	1239560	616218	317437	162559
167592	107307	705515	379992	183125	99179
181943	106626	767426	373199	199381	97000
137430	85583	578208	304647	148460	79768
172715	106964	698423	354619	177378	90866
280081	195482	1222647	662077	328913	170554
315204	221879	1357256	741860	354291	192543
237094	144478	1003610	511902	261769	129395
224788	130455	867601	461498	209721	111849
310912	200055	1321922	683656	342311	175196
146205	107217	627621	361563	160603	91657
30793	20428	129941	71452	33148	17767
122690	85413	532586	294650	137224	74765
262142	170279	1091431	581838	280799	148255
89941	60326	407741	236237	108483	64740
123643	101054	540756	327384	139591	85599
7033	3795	29442	15013	6970	3442
181413	113361	764831	400004	194035	102178
75506	47721	329384	175097	86002	41826
12262	7236	47456	27004	11763	6422
25265	15908	101366	57395	24441	13747
72169	42561	281218	147860	65368	35124

高等教育职业

Number of Regular Students for Vocational

地区 Region	毕(结)业生数 Graduates	#女 of Which: Female	本　科 Normal Courses	专　科 Short-cycle Courses	授予学位数 Degree Awarded	招生数 Entrants	#女 of Which: Female	本　科 Normal Courses
总　计 Total	**4956907**	**2395571**	**9229**	**4947678**	**9052**	**5466063**	**2864833**	**76302**
北　京 Beijing	26989	12971	0	26989	0	22639	12568	0
天　津 Tianjin	65602	29635	0	65602	0	69939	32115	0
河　北 Hebei	262183	134353	0	262183	0	273134	140447	6721
山　西 Shanxi	111859	52872	0	111859	0	143719	72303	5882
内蒙古 Inner Mongolia	69633	33026	0	69633	0	81380	34791	0
辽　宁 Liaoning	141144	58094	0	141144	0	113979	56127	1350
吉　林 Jilin	92200	35957	0	92200	0	93246	46450	0
黑龙江 Heilongjiang	111772	41866	0	111772	0	115666	53611	0
上　海 Shanghai	48982	24210	37	48945	37	39940	22635	1378
江　苏 Jiangsu	272328	127730	891	271437	874	309865	172897	3541
浙　江 Zhejiang	174849	87525	184	174665	184	157845	99511	4374
安　徽 Anhui	228486	103644	0	228486	0	220291	120596	0
福　建 Fujian	143750	67821	0	143750	0	162531	88979	2504
江　西 Jiangxi	213871	98732	519	213352	502	267871	131116	6994
山　东 Shandong	432843	211898	0	432843	0	420324	239450	7623
河　南 Henan	434992	212209	600	434392	599	485228	251305	3392
湖　北 Hubei	222400	103602	0	222400	0	260727	127797	0
湖　南 Hunan	254273	127736	0	254273	0	290959	148309	1251
广　东 Guangdong	316891	162245	4154	312737	4098	404746	207394	5307
广　西 Guangxi	217517	100612	1039	216478	1020	271555	133984	6130
海　南 Hainan	37530	16246	289	37241	289	42015	20719	2380
重　庆 Chongqing	148397	68398	789	147608	789	172820	85660	3383
四　川 Sichuan	257148	139573	0	257148	0	343948	168152	2494
贵　州 Guizhou	150606	80467	0	150606	0	171371	87514	2982
云　南 Yunnan	160967	91475	0	160967	0	163420	108781	0
西　藏 Tibet	3892	2038	0	3892	0	4673	2237	0
陕　西 Shaanxi	169159	71640	206	168953	206	150011	75811	3793
甘　肃 Gansu	85404	41852	0	85404	0	74662	46090	3480
青　海 Qinghai	10320	5246	0	10320	0	11868	6047	0
宁　夏 Ningxia	19010	10445	0	19010	0	20988	11273	0
新　疆 Xinjiang	71910	41453	521	71389	454	104703	60164	1343

本专科学生数
Undergraduate in Higher Education

单位：人
unit: person

					预计毕业生数			
专　科 Short-cycle Courses	在校生数 Enrolment	其中:女 of Which: Female	本　科 Normal Courses	专　科 Short-cycle Courses	Estimated Graduates for Next Year	#女 of Which: Female	本　科 Normal Courses	专　科 Short-cycle Courses
5389761	**16937739**	**7914606**	**228740**	**16708999**	**5808517**	**2669389**	**40159**	**5768358**
22639	67399	32035	0	67399	23660	11052	0	23660
69939	218947	92029	0	218947	82165	33680	0	82165
266413	810957	386823	7728	803229	269595	128261	0	269595
137837	402479	176663	11607	390872	124160	53597	0	124160
81380	245914	101981	0	245914	84514	35426	0	84514
112629	428000	165942	4148	423852	195210	63315	35	195175
93246	260478	113018	0	260478	75048	34592	0	75048
115666	324797	139383	0	324797	109931	45661	0	109931
38562	141237	65963	2744	138493	52389	22995	107	52282
306324	979554	445523	8450	971104	343098	151856	1346	341752
153471	547750	267571	9503	538247	190173	94488	313	189860
220291	786109	347122	0	786109	273144	118273	0	273144
160027	497842	239685	9207	488635	158267	75933	2000	156267
260877	766014	349022	19850	746164	257466	118224	4177	253289
412701	1304426	635694	31984	1272442	427770	213740	6399	421371
481836	1466014	702529	14157	1451857	497485	238095	3008	494477
260727	769001	345496	0	769001	258574	110218	0	258574
289708	817490	396845	1580	815910	260880	125769	0	260880
399439	1348991	652421	24610	1324381	553954	252559	6573	547381
265425	779882	369308	21704	758178	230373	110096	3975	226398
39635	128205	53850	11160	117045	43616	17603	3190	40426
169437	533547	231601	11372	522175	177766	75069	2936	174830
341454	960095	452745	8942	951153	304236	147907	2212	302024
168389	486984	242807	3964	483020	155227	77159	0	155227
163420	559534	292359	0	559534	198947	103253	0	198947
4673	13076	6458	0	13076	5156	2431	0	5156
146218	539525	232038	13371	526154	204646	83509	3008	201638
71182	318757	144924	7840	310917	111632	48857	0	111632
11868	33459	17214	0	33459	11321	5918	0	11321
20988	71091	32946	0	71091	22942	11767	0	22942
103360	330185	182611	4819	325366	105172	58086	880	104292

高等教育成人

Number of Adult Students for Normal and

地区 Region	毕(结)业生数 Graduates	#女 of Which: Female	本科 Normal Courses	专科 Short-cycle Courses	授予学位数 Degree Awarded	招生数 Entrants	#女 of Which: Female	本科 Normal Courses
总 计 Total	**3300668**	**1947163**	**1732128**	**1568540**	**238370**	**4400196**	**2485531**	**2446444**
北 京 Beijing	41794	21772	32537	9257	4992	31819	14960	27271
天 津 Tianjin	19410	10595	10222	9188	202	32751	16367	20604
河 北 Hebei	170173	103096	86479	83694	5903	196305	115897	92882
山 西 Shanxi	37597	21617	27556	10041	2284	71105	37097	50171
内蒙古 Inner Mongolia	10297	6009	8403	1894	428	12680	7130	9683
辽 宁 Liaoning	100743	53045	53373	47370	6764	157314	79600	90837
吉 林 Jilin	104137	65394	57810	46327	983	161887	96739	113797
黑龙江 Heilongjiang	41927	23242	30006	11921	2875	72782	38955	53988
上 海 Shanghai	46938	25751	32680	14258	5646	49962	26873	33607
江 苏 Jiangsu	270839	136601	153422	117417	29151	315238	157402	178202
浙 江 Zhejiang	161356	87436	75152	86204	25580	208787	109997	103102
安 徽 Anhui	111543	70709	69519	42024	9686	174650	102978	94266
福 建 Fujian	40841	25807	18629	22212	2855	94657	58550	48986
江 西 Jiangxi	124097	70376	70786	53311	18185	188570	109181	128831
山 东 Shandong	397487	243709	243654	153833	32275	529350	301761	285107
河 南 Henan	274798	178565	128036	146762	10653	334274	205088	164805
湖 北 Hubei	162738	95900	87035	75703	3973	220432	129604	134743
湖 南 Hunan	262385	148261	126072	136313	4264	325904	177401	188191
广 东 Guangdong	337601	208031	116328	221273	14193	483544	280594	199271
广 西 Guangxi	128811	80481	62282	66529	36430	167296	100184	88238
海 南 Hainan	8604	6164	3233	5371	236	13133	7489	4720
重 庆 Chongqing	21022	11269	7980	13042	1480	28784	14920	10139
四 川 Sichuan	152222	93739	72720	79502	4461	184121	107898	102716
贵 州 Guizhou	31933	21040	21047	10886	5003	25077	15248	14932
云 南 Yunnan	72508	46093	46051	26457	3988	108410	63024	68048
西 藏 Tibet	3913	2416	3047	866	494	3490	2109	2982
陕 西 Shaanxi	95023	47268	48373	46650	2803	116863	57046	77395
甘 肃 Gansu	22659	12550	12154	10505	120	34532	17833	24758
青 海 Qinghai	3835	2602	2977	858	2064	6531	3943	5159
宁 夏 Ningxia	16308	11521	10765	5543	6	18468	11631	11397
新 疆 Xinjiang	27129	16104	13800	13329	393	31480	18032	17616

本专科学生数
Short-cycle Courses in Higher Education

单位：人
unit：person

专 科 Short-cycle Courses	在校生数 Enrolment	#女 of Which：Female	本 科 Normal Courses	专 科 Short-cycle Courses	预计毕业生数 Estimated Graduates for Next Year	#女 of Which：Female	本 科 Normal Courses	专 科 Short-cycle Courses
1953752	**9336481**	**5314001**	**5277598**	**4058883**	**3838342**	**2184606**	**2045979**	**1792363**
4548	83342	40206	73747	9595	37537	18156	32503	5034
12147	57932	31240	33984	23948	24374	14750	13201	11173
103423	431362	254355	216173	215189	192290	110676	96126	96164
20934	177681	92841	126762	50919	44951	24668	30840	14111
2997	26219	14906	20558	5661	12887	7356	10223	2664
66477	309866	161486	188066	121800	125742	64343	73754	51988
48090	299342	178403	194549	104793	127240	76679	70547	56693
18794	141565	75680	103649	37916	61661	32822	43153	18508
16355	135150	72235	95638	39512	48045	26657	32813	15232
137036	649879	323950	384729	265150	291695	144999	171963	119732
105685	402557	214163	198144	204413	183982	98649	90235	93747
80384	342221	205441	198241	143980	134802	80073	80344	54458
45671	210937	128694	106471	104466	67440	41112	29457	37983
59739	467065	268962	304936	162129	139017	79132	82227	56790
244243	1032978	586990	597795	435183	453565	264119	265532	188033
169469	694437	423605	352509	341928	309966	191460	148429	161537
85689	406618	234639	255275	151343	162707	90265	97413	65294
137713	672671	362406	386263	286408	296708	160295	155461	141247
284273	1102687	656080	456527	646160	399804	237816	140466	259338
79058	367623	228646	194682	172941	172243	106049	83182	89061
8413	32696	20326	13169	19527	16617	10358	5727	10890
18645	61143	31685	22934	38209	26515	14480	8391	18124
81405	406861	243176	224381	182480	185044	106725	93315	91729
10145	73092	46040	43159	29933	40500	26278	22329	18171
40362	280869	164748	177353	103516	93498	54973	57134	36364
508	12884	7233	9986	2898	5301	2658	3480	1821
39468	237203	114807	150325	86878	99664	47581	56614	43050
9774	91996	49265	66128	25868	31400	17265	17931	13469
1372	12394	7482	9619	2775	5461	3362	4337	1124
7071	51952	35566	36263	15689	22418	15195	15268	7150
13864	63259	38745	35583	27676	25268	15655	13584	11684

高等教育网络本

Number of Web-based Students for Normal

地区 Region	毕(结)业生数 Graduates	#女 of Which: Female	本 科 Normal Courses	专 科 Short-cycle Courses	授予学位数 Degree Awarded
总 计 Total	**2618888**	**1181141**	**1048500**	**1570388**	**0**
北 京 Beijing	1498458	662917	448647	1049811	0
天 津 Tianjin	49595	23282	28483	21112	0
河 北 Hebei	0	0	0	0	0
山 西 Shanxi	0	0	0	0	0
内蒙古 Inner Mongolia	0	0	0	0	0
辽 宁 Liaoning	143010	66848	93581	49429	0
吉 林 Jilin	71026	39874	44304	26722	0
黑龙江 Heilongjiang	21371	7865	13269	8102	0
上 海 Shanghai	49841	27593	24990	24851	0
江 苏 Jiangsu	53217	23905	23776	29441	0
浙 江 Zhejiang	1075	683	1024	51	0
安 徽 Anhui	6	2	6	0	0
福 建 Fujian	45247	27205	26262	18985	0
江 西 Jiangxi	0	0	0	0	0
山 东 Shandong	52388	21221	30875	21513	0
河 南 Henan	29747	15088	26247	3500	0
湖 北 Hubei	75803	30899	39648	36155	0
湖 南 Hunan	3580	1877	2976	604	0
广 东 Guangdong	129334	66654	30242	99092	0
广 西 Guangxi	0	0	0	0	0
海 南 Hainan	0	0	0	0	0
重 庆 Chongqing	58475	26418	41591	16884	0
四 川 Sichuan	175411	70512	97038	78373	0
贵 州 Guizhou	0	0	0	0	0
云 南 Yunnan	36399	14349	2921	33478	0
西 藏 Tibet	0	0	0	0	0
陕 西 Shaanxi	101952	42225	58601	43351	0
甘 肃 Gansu	22953	11724	14019	8934	0
青 海 Qinghai	0	0	0	0	0
宁 夏 Ningxia	0	0	0	0	0
新 疆 Xinjiang	0	0	0	0	0

科、专科生学生数
and Short-cycle Courses in Higher Education

单位：人
unit: person

招生数 Entrants	#女 of Which: Female	本 科 Normal Courses	专 科 Short-cycle Courses	在校生数 Enrolment	#女 of Which: Female	本 科 Normal Courses	专 科 Short-cycle Courses
2808900	**1178603**	**1289961**	**1518939**	**8446500**	**3535191**	**3419642**	**5026858**
1658824	690967	601238	1057586	5470464	2271419	1664536	3805928
9732	3645	9732	0	83946	37071	72988	10958
0	0	0	0	0	0	0	0
0	0	0	0	0	0	0	0
0	0	0	0	0	0	0	0
108295	51129	91392	16903	293627	137241	246826	46801
70832	35971	50163	20669	180699	92434	125417	55282
45561	15220	26001	19560	80017	27543	50298	29719
54225	27427	25132	29093	144715	76531	73497	71218
76686	32428	43525	33161	231038	93549	108497	122541
0	0	0	0	660	335	659	1
0	0	0	0	100	16	100	0
47323	29847	37971	9352	98185	61385	78459	19726
0	0	0	0	0	0	0	0
22591	4779	16425	6166	88970	26549	64494	24476
19133	9123	19133	0	75765	35853	67172	8593
46370	12610	26743	19627	139489	43019	76494	62995
0	0	0	0	1742	669	869	873
203164	86832	56870	146294	457604	201208	107329	350275
0	0	0	0	0	0	0	0
0	0	0	0	0	0	0	0
74173	33537	57907	16266	161192	70042	126440	34752
181486	67992	107956	73530	427438	155866	259999	167439
0	0	0	0	0	0	0	0
60937	22134	17226	43711	163847	58690	31676	132171
0	0	0	0	0	0	0	0
113957	48190	86936	27021	294748	121746	217119	77629
15611	6772	15611	0	52254	24025	46773	5481
0	0	0	0	0	0	0	0
0	0	0	0	0	0	0	0
0	0	0	0	0	0	0	0

高等教育学校(机构)
Number of Educational

地区 Region	教职工数 Educational Personnel	专任教师 Full-time Teachers	行政人员 Adm. Personnel	教辅人员 Supporting Staffs	工勤人员 Workers	专职科研人员 Full-time Researchers
总　计 Total	**2870866**	**2005188**	**405420**	**245438**	**122982**	**50600**
北　京 Beijing	163447	78168	30513	20167	11633	11936
天　津 Tianjin	49749	33912	8817	4815	1260	695
河　北 Hebei	127226	95831	15903	8705	6149	369
山　西 Shanxi	65731	44105	9203	6749	3139	2180
内蒙古 Inner Mongolia	42929	29310	7015	4299	1728	222
辽　宁 Liaoning	99773	66103	17576	10350	4540	696
吉　林 Jilin	62921	41485	10966	6549	3387	349
黑龙江 Heilongjiang	77272	50849	13084	6775	4669	1373
上　海 Shanghai	86866	51315	16419	12054	2727	2968
江　苏 Jiangsu	180254	125680	28010	15059	6185	3041
浙　江 Zhejiang	114892	78817	18531	9980	2174	3133
安　徽 Anhui	98845	76695	10876	5878	3306	1385
福　建 Fujian	83505	58723	14077	6768	2676	851
江　西 Jiangxi	98192	75758	8694	9939	3303	327
山　东 Shandong	183487	138429	22294	14809	4561	2370
河　南 Henan	192907	150441	18654	9817	8701	993
湖　北 Hubei	143553	95763	21415	13786	7956	3154
湖　南 Hunan	118404	86921	14786	9816	4810	957
广　东 Guangdong	199601	137132	27800	16850	7279	8000
广　西 Guangxi	84770	62075	11245	5952	4696	305
海　南 Hainan	20612	14034	2986	1779	1501	165
重　庆 Chongqing	74493	56583	9753	4326	2398	491
四　川 Sichuan	148502	105477	19258	11135	7026	2330
贵　州 Guizhou	58009	43744	7548	4403	1915	255
云　南 Yunnan	65006	47048	8700	5284	3566	257
西　藏 Tibet	4042	2844	654	291	155	27
陕　西 Shaanxi	116984	80499	17139	10759	4544	1112
甘　肃 Gansu	46024	34266	5080	2962	1741	345
青　海 Qinghai	8348	5133	1148	862	964	235
宁　夏 Ningxia	13703	9897	2105	1103	395	50
新　疆 Xinjiang	40819	28151	5171	3417	3898	29

教职工情况(总计)
Personnel in HEIs(Total)

单位：人
unit：person

其他附设机构人员 Personnel in Others Subsidiary Units	校外教师 Part-time Teachers	行业导师 Industry Mentor	外籍教师 Foreign Teachers	离退休人员 Retirees	附属中小学幼儿园职工 Affiliated Kindergarten, Primary and Secondary Schools Staff
41238	**453302**	**405037**	**19219**	**966111**	**28160**
11030	13557	13666	1917	84529	3498
250	9138	7594	383	28660	289
269	19449	13163	370	38200	207
355	5459	6933	47	26509	1265
355	5774	4335	90	16978	448
508	12970	14150	1029	53231	468
185	11045	9675	290	30622	1212
522	14576	7841	378	31423	56
1383	13801	12711	2177	57162	930
2279	39300	36958	2126	65247	610
2257	18407	22629	2356	32547	387
705	19186	13579	207	24842	945
410	15270	13491	593	19989	746
171	16744	10919	463	20089	1887
1024	21368	38890	1003	49732	1700
4301	29433	17759	577	39921	662
1479	25032	20220	499	60851	1615
1114	22649	23282	437	41456	1601
2540	33557	31130	1543	38607	1855
497	16890	16862	244	15552	1117
147	2684	1193	160	2495	173
942	15719	10632	290	21160	515
3276	19684	20809	606	47218	907
144	10038	5799	121	16918	341
151	9990	15424	376	19339	278
71	145	40	0	1707	349
2931	11736	8965	721	45516	1649
1630	8984	1412	120	13900	703
6	427	442	1	3727	576
153	1802	604	37	2944	17
153	8488	3930	58	15040	1154

地区 Region	教职工数 Educational Personnel	专任教师 Full-time Teachers	行政人员 Adm. Personnel	教辅人员 Supporting Staffs	工勤人员 Workers	专职科研人员 Full-time Researchers
总 计 Total	**1492634**	**1062189**	**207956**	**144435**	**34901**	**19854**
北 京 Beijing	85358	36470	19016	13172	4311	5249
天 津 Tianjin	26795	18203	4895	2882	374	304
河 北 Hebei	71667	57212	7538	5175	1508	159
山 西 Shanxi	37921	27551	4049	4350	712	1026
内蒙古 Inner Mongolia	24468	18061	3249	2579	253	123
辽 宁 Liaoning	53989	37671	8906	6238	655	336
吉 林 Jilin	33607	24245	4947	3863	366	134
黑龙江 Heilongjiang	40105	28886	5817	3842	747	591
上 海 Shanghai	46003	25767	10642	6943	875	1121
江 苏 Jiangsu	88864	61002	15468	8734	1439	1026
浙 江 Zhejiang	57078	37748	10727	5797	747	1078
安 徽 Anhui	47240	37017	5147	3390	948	443
福 建 Fujian	42665	29788	7414	3853	1011	348
江 西 Jiangxi	49190	38321	4124	5626	876	125
山 东 Shandong	95530	75844	9052	8506	807	976
河 南 Henan	103056	83381	8339	5604	2390	374
湖 北 Hubei	70059	47323	10574	8174	2327	1005
湖 南 Hunan	60710	45651	7331	5918	1079	291
广 东 Guangdong	101473	69277	15291	9354	2761	3121
广 西 Guangxi	45439	33200	6150	3428	2280	143
海 南 Hainan	10980	7603	1510	1088	641	57
重 庆 Chongqing	37775	28952	5142	2601	541	175
四 川 Sichuan	77686	56746	9745	6096	2569	833
贵 州 Guizhou	31273	23985	3888	2737	471	117
云 南 Yunnan	36209	27005	4450	3132	1428	107
西 藏 Tibet	2064	1458	342	180	29	12
陕 西 Shaanxi	59627	42112	8123	6361	737	332
甘 肃 Gansu	22132	16971	2252	1684	319	100
青 海 Qinghai	4340	2849	536	507	353	91
宁 夏 Ningxia	7760	5943	944	689	112	37
新 疆 Xinjiang	21571	15947	2348	1932	1235	20

女教职工情况(总计)
Personnel in HEIs(Total)

单位：人
unit：person

其他附设机构人员 Personnel in Others Subsidiary Units	校外教师 Part-time Teachers	行业导师 Industry Mentor	外籍教师 Foreign Teachers	离退休人员 Retirees	附属中小学幼儿园职工 Affiliated Kindergarten, Primary and Secondary Schools Staff
23299	**203615**	**148433**	**4896**	**472349**	**20516**
7140	6466	4479	484	46724	2400
137	4251	2738	118	13735	249
75	9291	4570	116	19158	185
233	2896	2804	12	12225	926
203	2855	1983	49	8324	311
183	6854	5415	270	24712	346
52	5697	3989	106	14761	801
222	7308	3195	180	15361	54
655	6189	3918	571	27492	627
1195	16383	12109	498	31047	548
981	7479	8287	361	15791	330
295	7077	4478	59	10445	610
251	6305	5034	107	9291	637
118	7610	3959	101	9164	1340
345	9412	15879	315	22429	1257
2968	13757	6861	178	18504	559
656	11280	7060	123	30545	1114
440	9297	7969	103	21029	1277
1669	15093	10704	395	20966	1303
238	7858	7171	108	8274	891
81	1048	462	67	1266	149
364	7044	3417	68	10189	328
1697	8588	7201	122	22724	637
75	4688	2529	38	8901	245
87	5068	7094	109	9998	222
43	47	13	0	846	227
1962	4556	2971	147	20649	1230
806	3916	351	48	6516	458
4	172	176	1	1795	378
35	905	253	13	1487	14
89	4225	1364	29	8001	863

地区 Region	教职工数 Educational Personnel	专任教师 Full-time Teachers	行政人员 Adm. Personnel	教辅人员 Supporting Staffs	工勤人员 Workers	专职科研人员 Full-time Researchers
总　计 Total	**1976771**	**1318556**	**301217**	**186934**	**86866**	**49279**
北　京 Beijing	151863	72411	27266	18441	10919	11878
天　津 Tianjin	38555	25919	7118	3640	977	668
河　北 Hebei	81717	59708	11154	6367	3988	277
山　西 Shanxi	45018	30237	5949	4400	2057	2177
内蒙古 Inner Mongolia	26385	17209	4683	3039	947	202
辽　宁 Liaoning	77695	50947	13838	8340	3535	651
吉　林 Jilin	49405	32126	8374	5504	2872	347
黑龙江 Heilongjiang	56494	36466	9930	5129	3171	1355
上　海 Shanghai	76958	44509	14598	11144	2424	2917
江　苏 Jiangsu	127053	85068	21025	11700	4347	2992
浙　江 Zhejiang	82111	54820	13912	7242	980	3011
安　徽 Anhui	62010	46316	7750	4117	2031	1347
福　建 Fujian	55464	37291	9807	5306	1969	762
江　西 Jiangxi	57089	42035	6111	6495	1980	297
山　东 Shandong	120975	87874	15904	11454	2665	2315
河　南 Henan	111212	84043	13176	6975	5721	936
湖　北 Hubei	108672	69749	17165	11206	6249	3093
湖　南 Hunan	71820	50772	9442	6746	2905	950
广　东 Guangdong	129859	82647	19709	12290	4864	7869
广　西 Guangxi	51929	36409	7306	4098	3495	255
海　南 Hainan	13331	8850	2031	1098	1151	131
重　庆 Chongqing	45154	33172	6346	3128	1530	419
四　川 Sichuan	96902	66754	13870	6798	4128	2233
贵　州 Guizhou	32651	23257	4865	3226	957	232
云　南 Yunnan	43809	30961	5835	4093	2571	244
西　藏 Tibet	3008	2077	470	236	127	27
陕　西 Shaanxi	89788	60568	13710	8533	3120	1069
甘　肃 Gansu	30182	21091	3993	2408	1037	337
青　海 Qinghai	5947	3314	868	647	883	229
宁　夏 Ningxia	9768	7021	1557	734	255	49
新　疆 Xinjiang	23947	14935	3455	2400	3011	10

教职工情况(普通高校)
Personnel in HEIs(Regular HEIs)

单位：人
unit：person

其他附设机构人员 Personnel in Others Subsidiary Units	校外教师 Part-time Teachers	行业导师 Industry Mentor	外籍教师 Foreign Teachers	离退休人员 Retirees	附属中小学幼儿园职工 Affiliated Kindergarten, Primary and Secondary Schools Staff
33919	**291032**	**208420**	**17548**	**744375**	**25040**
10948	12322	13032	1908	76809	3498
233	5496	3683	382	20652	289
223	11057	8340	336	28393	207
198	4043	3768	41	18551	1166
305	4026	2222	77	10949	448
384	9588	11116	1026	38982	451
182	8951	5618	279	24349	1212
443	10707	2869	372	21043	13
1366	10586	11261	2131	53254	930
1921	30692	14684	2060	53322	520
2146	9253	9880	1575	27022	361
449	10161	5273	180	18161	914
329	8959	6388	528	15456	266
171	9663	6181	435	14570	1747
763	13157	24384	846	37725	1371
361	15436	8361	532	26450	409
1210	18191	10111	469	47271	1566
1005	14928	15216	406	28894	1282
2480	20695	10715	1420	30921	1564
366	9445	4654	226	11534	929
70	1519	222	112	1826	173
559	8353	4274	287	16645	515
3119	12403	10701	570	34718	768
114	5238	1360	117	11031	287
105	6779	6579	307	13982	278
71	98	27	0	1438	215
2788	8018	4750	717	35865	1541
1316	4596	810	118	10283	608
6	175	71	1	2914	552
152	1490	273	36	2537	17
136	5007	1597	54	8828	943

高等教育学校(机构)
Number of Female Educational

地区 Region	教职工数 Educational Personnel	专任教师 Full-time Teachers	行政人员 Adm. Personnel	教辅人员 Supporting Staffs	工勤人员 Workers	专职科研人员 Full-time Researchers
总 计 Total	**994399**	**662510**	**158449**	**111190**	**24222**	**19204**
北 京 Beijing	78345	32603	17223	12091	4118	5207
天 津 Tianjin	20096	13193	4061	2123	306	283
河 北 Hebei	44510	34339	5339	3819	848	110
山 西 Shanxi	25285	18161	2658	2874	424	1025
内蒙古 Inner Mongolia	14688	10250	2182	1837	137	115
辽 宁 Liaoning	41574	28329	7177	5114	500	302
吉 林 Jilin	25684	18214	3757	3221	311	132
黑龙江 Heilongjiang	28734	20076	4466	2986	463	582
上 海 Shanghai	39646	21208	9542	6400	759	1088
江 苏 Jiangsu	59144	37791	11686	6818	872	1013
浙 江 Zhejiang	39148	24438	8289	4215	260	1022
安 徽 Anhui	28131	20892	3796	2416	433	429
福 建 Fujian	26854	17532	5071	2968	785	296
江 西 Jiangxi	27172	19781	3057	3674	428	114
山 东 Shandong	61294	46250	6589	6787	419	951
河 南 Henan	57682	45525	6002	4141	1521	344
湖 北 Hubei	51294	32827	8625	6664	1652	980
湖 南 Hunan	34194	23946	4860	4127	592	286
广 东 Guangdong	64376	39493	11211	6945	2038	3063
广 西 Guangxi	27112	18544	4040	2400	1816	118
海 南 Hainan	6924	4543	1059	716	518	45
重 庆 Chongqing	21627	15734	3408	1896	258	135
四 川 Sichuan	48300	33636	7287	3651	1340	796
贵 州 Guizhou	17225	12202	2629	2041	191	107
云 南 Yunnan	23683	17044	2905	2473	1086	104
西 藏 Tibet	1493	1022	248	141	27	12
陕 西 Shaanxi	45012	30654	6680	5068	427	315
甘 肃 Gansu	14575	10368	1857	1417	171	99
青 海 Qinghai	2948	1726	419	370	341	88
宁 夏 Ningxia	5407	4081	700	457	98	37
新 疆 Xinjiang	12242	8108	1626	1340	1083	6

女教职工情况(普通高校)
Personnel in HEIs(Regular HEIs)

单位：人
unit：person

其他附设机构人员 Personnel in Others Subsidiary Units	校外教师 Part-time Teachers	行业导师 Industry Mentor	外籍教师 Foreign Teachers	离退休人员 Retirees	附属中小学幼儿园职工 Affiliated Kindergarten, Primary and Secondary Schools Staff
18824	**124290**	**70748**	**4513**	**365723**	**17888**
7103	5737	4151	482	42313	2400
130	2467	1406	118	9905	249
55	4969	2522	104	14180	185
143	2005	1359	11	8742	829
167	2050	1089	37	5342	311
152	4993	4144	268	18336	329
49	4640	2637	97	11723	801
161	5440	882	175	10244	13
649	4394	3292	557	25788	627
964	12439	4619	468	25430	461
924	3564	3358	316	13020	310
165	3144	995	53	7489	579
202	3111	2120	87	7144	233
118	4095	2131	92	6733	1215
298	5214	10068	241	16936	986
149	6756	3096	165	12380	326
546	7798	2899	114	23939	1069
383	5544	4829	97	14990	1005
1626	8881	3767	360	16722	1084
194	4078	1376	102	6146	725
43	574	69	42	1029	149
196	3555	764	65	7989	328
1590	5328	3190	112	16756	533
55	2239	417	37	5768	193
71	3400	3266	80	7140	222
43	21	12	0	718	132
1868	2951	1551	144	16462	1148
663	1872	155	46	4955	384
4	71	37	1	1413	355
34	747	112	13	1256	14
79	2213	435	29	4735	693

地区 Region	教职工数 Educational Personnel	专任教师 Full-time Teachers	行政人员 Adm. Personnel	教辅人员 Supporting Staffs	工勤人员 Workers	专职科研人员 Full-time Researchers
总　计 Total	**34196**	**27903**	**3226**	**1662**	**1312**	**68**
北　京 Beijing	0	0	0	0	0	0
天　津 Tianjin	0	0	0	0	0	0
河　北 Hebei	3566	3045	258	134	121	8
山　西 Shanxi	2242	1627	389	126	99	1
内蒙古 Inner Mongolia	0	0	0	0	0	0
辽　宁 Liaoning	530	393	103	31	3	0
吉　林 Jilin	0	0	0	0	0	0
黑龙江 Heilongjiang	0	0	0	0	0	0
上　海 Shanghai	665	542	82	33	5	0
江　苏 Jiangsu	1098	850	142	97	9	0
浙　江 Zhejiang	1654	1360	162	102	30	0
安　徽 Anhui	0	0	0	0	0	0
福　建 Fujian	631	470	111	19	31	0
江　西 Jiangxi	3037	2370	249	314	91	13
山　东 Shandong	3398	2862	407	51	75	3
河　南 Henan	1448	1224	59	122	43	0
湖　北 Hubei	0	0	0	0	0	0
湖　南 Hunan	851	659	83	22	87	0
广　东 Guangdong	2648	2147	140	125	227	9
广　西 Guangxi	3322	2804	299	62	125	24
海　南 Hainan	1290	1076	99	115	0	0
重　庆 Chongqing	1001	793	129	16	61	2
四　川 Sichuan	1089	797	102	76	114	0
贵　州 Guizhou	923	760	109	26	28	0
云　南 Yunnan	0	0	0	0	0	0
西　藏 Tibet	0	0	0	0	0	0
陕　西 Shaanxi	1822	1451	178	119	52	8
甘　肃 Gansu	2342	2101	110	56	75	0
青　海 Qinghai	0	0	0	0	0	0
宁　夏 Ningxia	0	0	0	0	0	0
新　疆 Xinjiang	639	572	15	16	36	0

情况(本科层次职业高校)
(Professional HEIs)

单位：人
unit: person

其他附设机构人员 Personnel in Others Subsidiary Units	校外教师 Part-time Teachers	行业导师 Industry Mentor	外籍教师 Foreign Teachers	离退休人员 Retirees	附属中小学幼儿园职工 Affiliated Kindergarten, Primary and Secondary Schools Staff
25	**6776**	**6380**	**49**	**2832**	**0**
0	0	0	0	0	0
0	0	0	0	0	0
0	1097	283	9	1168	0
0	357	903	3	361	0
0	0	0	0	0	0
0	155	147	0	0	0
0	0	0	0	0	0
0	0	0	0	0	0
3	112	22	2	26	0
0	45	188	3	197	0
0	74	449	1	80	0
0	0	0	0	0	0
0	120	257	0	0	0
0	434	564	0	0	0
0	844	1208	21	0	0
0	131	130	0	0	0
0	0	0	0	0	0
0	158	25	0	0	0
0	167	440	5	0	0
8	886	797	2	501	0
0	140	285	2	0	0
0	285	90	0	0	0
0	253	157	0	0	0
0	626	14	0	181	0
0	0	0	0	0	0
0	0	0	0	0	0
14	173	229	0	0	0
0	505	0	1	318	0
0	0	0	0	0	0
0	0	0	0	0	0
0	214	192	0	0	0

高等教育学校(机构)女教

Number of Female Educational

地区 Region	教职工数 Educational Personnel	专任教师 Full-time Teachers	行政人员 Adm. Personnel	教辅人员 Supporting Staffs	工勤人员 Workers	专职科研人员 Full-time Researchers
总　计 Total	**18294**	**15378**	**1510**	**924**	**445**	**24**
北　京 Beijing	0	0	0	0	0	0
天　津 Tianjin	0	0	0	0	0	0
河　北 Hebei	1779	1614	75	67	20	3
山　西 Shanxi	1350	1038	187	87	37	1
内蒙古 Inner Mongolia	0	0	0	0	0	0
辽　宁 Liaoning	277	231	33	11	2	0
吉　林 Jilin	0	0	0	0	0	0
黑龙江 Heilongjiang	0	0	0	0	0	0
上　海 Shanghai	415	347	49	18	0	0
江　苏 Jiangsu	606	463	94	49	0	0
浙　江 Zhejiang	912	754	90	61	7	0
安　徽 Anhui	0	0	0	0	0	0
福　建 Fujian	351	259	68	15	9	0
江　西 Jiangxi	1497	1196	89	196	11	5
山　东 Shandong	2054	1820	186	33	13	2
河　南 Henan	805	678	37	71	19	0
湖　北 Hubei	0	0	0	0	0	0
湖　南 Hunan	422	308	51	17	46	0
广　东 Guangdong	1468	1216	89	68	93	2
广　西 Guangxi	1721	1496	142	25	42	9
海　南 Hainan	676	576	36	64	0	0
重　庆 Chongqing	470	384	63	8	14	1
四　川 Sichuan	609	420	67	35	87	0
贵　州 Guizhou	568	493	51	16	8	0
云　南 Yunnan	0	0	0	0	0	0
西　藏 Tibet	0	0	0	0	0	0
陕　西 Shaanxi	940	781	77	60	16	1
甘　肃 Gansu	1016	973	23	17	3	0
青　海 Qinghai	0	0	0	0	0	0
宁　夏 Ningxia	0	0	0	0	0	0
新　疆 Xinjiang	358	331	3	6	18	0

职工情况(本科层次职业高校)
Personnel in HEIs(Professional HEIs)

单位：人
unit: person

其他附设机构人员 Personnel in Others Subsidiary Units	校外教师 Part-time Teachers	行业导师 Industry Mentor	外籍教师 Foreign Teachers	离退休人员 Retirees	附属中小学幼儿园职工 Affiliated Kindergarten, Primary and Secondary Schools Staff
13	**2936**	**2316**	**23**	**1545**	**0**
0	0	0	0	0	0
0	0	0	0	0	0
0	475	89	3	652	0
0	198	310	0	184	0
0	0	0	0	0	0
0	61	59	0	0	0
0	0	0	0	0	0
0	0	0	0	0	0
1	51	10	1	10	0
0	23	48	2	92	0
0	21	177	0	43	0
0	0	0	0	0	0
0	53	78	0	0	0
0	139	181	0	0	0
0	342	514	13	0	0
0	55	57	0	0	0
0	0	0	0	0	0
0	63	4	0	0	0
0	66	133	1	0	0
7	425	312	1	315	0
0	36	110	1	0	0
0	101	35	0	0	0
0	90	56	0	0	0
0	381	7	0	109	0
0	0	0	0	0	0
0	0	0	0	0	0
5	105	24	0	0	0
0	150	0	1	140	0
0	0	0	0	0	0
0	0	0	0	0	0
0	101	112	0	0	0

高等教育学校(机构)教职工
Number of Educational Personnel

地区 Region	教职工数 Educational Personnel	专任教师 Full-time Teachers	行政人员 Adm. Personnel	教辅人员 Supporting Staffs	工勤人员 Workers	专职科研人员 Full-time Researchers
总　计 Total	**832026**	**643704**	**94348**	**52410**	**33279**	**1160**
北　京 Beijing	8416	4408	2366	1064	524	25
天　津 Tianjin	10408	7539	1549	1005	272	27
河　北 Hebei	41511	32919	4293	2168	2001	84
山　西 Shanxi	17240	11714	2547	1971	859	2
内蒙古 Inner Mongolia	16111	11862	2254	1158	767	20
辽　宁 Liaoning	19394	13725	2959	1716	826	44
吉　林 Jilin	11976	8421	2283	828	439	2
黑龙江 Heilongjiang	18937	13355	2736	1417	1352	1
上　海 Shanghai	8042	5707	1439	600	271	18
江　苏 Jiangsu	50678	38928	6500	3058	1785	49
浙　江 Zhejiang	30144	22212	4058	2506	1139	118
安　徽 Anhui	36418	30156	3034	1682	1252	38
福　建 Fujian	26523	20560	3914	1260	619	89
江　西 Jiangxi	37190	30806	2159	3031	1177	17
山　东 Shandong	57852	46929	5717	3140	1753	52
河　南 Henan	79386	64617	5244	2631	2897	57
湖　北 Hubei	34748	25956	4192	2571	1699	61
湖　南 Hunan	44605	34762	5032	2935	1771	7
广　东 Guangdong	65608	51537	7633	4166	2090	122
广　西 Guangxi	28924	22483	3539	1720	1033	26
海　南 Hainan	5709	4027	788	528	337	29
重　庆 Chongqing	28222	22579	3230	1164	803	70
四　川 Sichuan	49559	37350	5086	4168	2701	97
贵　州 Guizhou	24308	19647	2536	1147	925	23
云　南 Yunnan	21133	16025	2865	1189	995	13
西　藏 Tibet	1034	767	184	55	28	0
陕　西 Shaanxi	23496	17409	2982	1640	1301	35
甘　肃 Gansu	13158	10829	915	471	621	8
青　海 Qinghai	2271	1750	260	178	77	6
宁　夏 Ningxia	3769	2760	508	359	140	1
新　疆 Xinjiang	15256	11965	1546	884	825	19

情况(专科层次职业高校)

in HEIs(Vocational HEIs)

单位:人
unit: person

其他附设机构人员 Personnel in Others Subsidiary Units	校外教师 Part-time Teachers	行业导师 Industry Mentor	外籍教师 Foreign Teachers	离退休人员 Retirees	附属中小学幼儿园职工 Affiliated Kindergarten, Primary and Secondary Schools Staff
7125	**136160**	**188683**	**995**	**197976**	**2829**
29	697	629	9	5017	0
16	2218	3911	1	6880	0
46	6805	4499	25	8347	0
147	1025	2262	3	6605	99
50	1696	2113	13	5786	0
124	1524	2884	3	9786	17
3	2064	4046	11	5017	0
76	3630	4972	6	9019	43
7	1838	1425	44	2134	0
358	8369	22025	63	11431	90
111	3485	11221	154	5146	26
256	8940	8306	27	6537	31
81	6057	6846	65	3920	189
0	6548	4075	28	5044	140
261	7287	13298	136	11743	329
3940	11430	9218	45	12704	253
269	6841	10109	30	13443	49
98	7506	8019	31	12251	319
60	9905	19890	118	7352	291
123	6545	11400	15	3092	188
0	1025	686	46	564	0
376	6616	6268	3	4220	0
157	6310	9924	36	12032	139
30	3801	4425	4	5500	54
46	3189	8841	69	5186	0
0	47	13	0	269	134
129	3309	3933	4	8663	108
314	3883	602	1	3170	95
0	252	371	0	729	24
1	312	331	1	403	0
17	3006	2141	4	5986	211

高等教育学校(机构)女教职工
Number of Female Educational Personnel

地区 Region	教职工数 Educational Personnel	专任教师 Full-time Teachers	行政人员 Adm. Personnel	教辅人员 Supporting Staffs	工勤人员 Workers	专职科研人员 Full-time Researchers
总　计 Total	**464575**	**375252**	**44847**	**29634**	**9879**	**563**
北　京 Beijing	5046	2959	1271	645	135	17
天　津 Tianjin	6192	4698	758	641	67	21
河　北 Hebei	25138	21151	2018	1266	637	46
山　西 Shanxi	10617	8003	1080	1239	205	0
内蒙古 Inner Mongolia	9524	7641	1043	681	115	8
辽　宁 Liaoning	11052	8481	1388	996	123	33
吉　林 Jilin	6994	5371	1063	504	51	2
黑龙江 Heilongjiang	10447	8223	1183	722	257	1
上　海 Shanghai	5170	3828	865	349	113	11
江　苏 Jiangsu	28279	22268	3470	1741	556	13
浙　江 Zhejiang	16512	12300	2171	1454	476	54
安　徽 Anhui	18882	15997	1309	928	504	14
福　建 Fujian	14970	11745	2158	768	198	52
江　西 Jiangxi	20088	17056	893	1699	434	6
山　东 Shandong	31579	27354	2204	1599	352	23
河　南 Henan	44086	36841	2217	1333	846	30
湖　北 Hubei	18702	14456	1932	1505	674	25
湖　南 Hunan	25538	21014	2313	1721	431	5
广　东 Guangdong	34861	28150	3830	2179	603	56
广　西 Guangxi	16275	12943	1914	960	405	16
海　南 Hainan	3230	2426	395	281	121	7
重　庆 Chongqing	15621	12815	1650	685	266	39
四　川 Sichuan	28282	22364	2295	2358	1121	37
贵　州 Guizhou	13413	11241	1191	679	272	10
云　南 Yunnan	12485	9921	1545	658	342	3
西　藏 Tibet	571	436	94	39	2	0
陕　西 Shaanxi	12624	10069	1257	917	276	16
甘　肃 Gansu	6377	5509	348	234	142	1
青　海 Qinghai	1318	1078	111	114	12	3
宁　夏 Ningxia	2253	1783	230	225	14	0
新　疆 Xinjiang	8449	7131	651	514	129	14

情况（专科层次职业高校）
in HEIs(Vocational HEIs)

单位：人
unit：person

其他附设机构人员 Personnel in Others Subsidiary Units	校外教师 Part-time Teachers	行业导师 Industry Mentor	外籍教师 Foreign Teachers	离退休人员 Retirees	附属中小学幼儿园职工 Affiliated Kindergarten, Primary and Secondary Schools Staff
4400	**66516**	**74899**	**360**	**95729**	**2389**
19	380	327	2	2857	0
7	854	1332	0	3351	0
20	3555	1929	9	4196	0
90	673	1135	1	2924	97
36	781	894	12	2873	0
31	842	1210	2	4635	17
3	1050	1348	9	2438	0
61	1715	2313	5	4438	41
4	972	614	13	926	0
231	3837	7407	28	5368	87
57	1405	4519	45	2589	20
130	3903	3483	6	2886	31
49	3074	2836	20	1895	165
0	3329	1611	9	2280	125
47	3812	5297	61	5442	271
2819	5725	3669	13	5781	233
110	3482	4161	9	6532	45
54	3660	3130	6	5914	272
43	4779	6768	34	4122	219
37	3349	5476	5	1580	166
0	438	283	24	188	0
166	3145	2618	3	2051	0
107	2955	3938	10	5742	104
20	1842	2105	1	2923	52
16	1657	3826	29	2783	0
0	26	1	0	128	95
89	1373	1376	3	3725	82
143	1894	196	1	1366	74
0	101	139	0	345	23
1	158	141	0	228	0
10	1750	817	0	3223	170

高等教育学校(机构)

Number of Educational

地区 Region	教职工数 Educational Personnel	专任教师 Full-time Teachers	行政人员 Adm. Personnel	教辅人员 Supporting Staffs	工勤人员 Workers	专职科研人员 Full-time Researchers
总　计 Total	**27873**	**15025**	**6629**	**4432**	**1525**	**93**
北　京 Beijing	3168	1349	881	662	190	33
天　津 Tianjin	786	454	150	170	11	0
河　北 Hebei	432	159	198	36	39	0
山　西 Shanxi	1231	527	318	252	124	0
内蒙古 Inner Mongolia	433	239	78	102	14	0
辽　宁 Liaoning	2154	1038	676	263	176	1
吉　林 Jilin	1540	938	309	217	76	0
黑龙江 Heilongjiang	1841	1028	418	229	146	17
上　海 Shanghai	1201	557	300	277	27	33
江　苏 Jiangsu	1425	834	343	204	44	0
浙　江 Zhejiang	983	425	399	130	25	4
安　徽 Anhui	417	223	92	79	23	0
福　建 Fujian	887	402	245	183	57	0
江　西 Jiangxi	876	547	175	99	55	0
山　东 Shandong	1262	764	266	164	68	0
河　南 Henan	861	557	175	89	40	0
湖　北 Hubei	133	58	58	9	8	0
湖　南 Hunan	1128	728	229	113	47	0
广　东 Guangdong	1486	801	318	269	98	0
广　西 Guangxi	595	379	101	72	43	0
海　南 Hainan	282	81	68	38	13	5
重　庆 Chongqing	116	39	48	18	4	0
四　川 Sichuan	952	576	200	93	83	0
贵　州 Guizhou	127	80	38	4	5	0
云　南 Yunnan	64	62	0	2	0	0
西　藏 Tibet	0	0	0	0	0	0
陕　西 Shaanxi	1878	1071	269	467	71	0
甘　肃 Gansu	342	245	62	27	8	0
青　海 Qinghai	130	69	20	37	4	0
宁　夏 Ningxia	166	116	40	10	0	0
新　疆 Xinjiang	977	679	155	117	26	0

教职工情况(成人高校)
Personnel in HEIs(Adult HEIs)

单位：人
unit: person

其他附设机构人员 Personnel in Others Subsidiary Units	校外教师 Part-time Teachers	行业导师 Industry Mentor	外籍教师 Foreign Teachers	离退休人员 Retirees	附属中小学幼儿园职工 Affiliated Kindergarten, Primary and Secondary Schools Staff
169	**19334**	**1554**	**627**	**20928**	**291**
53	538	5	0	2703	0
1	1424	0	0	1128	0
0	490	41	0	292	0
10	34	0	0	992	0
0	52	0	0	243	0
0	1703	3	0	4463	0
0	30	11	0	1256	0
3	239	0	0	1361	0
7	1265	3	0	1748	0
0	194	61	0	297	0
0	5595	1079	626	299	0
0	85	0	0	144	0
0	134	0	0	613	291
0	99	99	0	475	0
0	80	0	0	264	0
0	2436	50	0	767	0
0	0	0	0	137	0
11	57	22	0	311	0
0	2790	85	0	334	0
0	14	11	1	425	0
77	0	0	0	105	0
7	465	0	0	295	0
0	718	27	0	468	0
0	373	0	0	206	0
0	22	4	0	171	0
0	0	0	0	0	0
0	236	53	0	988	0
0	0	0	0	129	0
0	0	0	0	84	0
0	0	0	0	4	0
0	261	0	0	226	0

地区 Region	教职工数 Educational Personnel	专任教师 Full-time Teachers	行政人员 Adm. Personnel	教辅人员 Supporting Staffs	工勤人员 Workers	专职科研人员 Full-time Researchers
总 计 Total	**15366**	**9049**	**3150**	**2687**	**355**	**63**
北 京 Beijing	1967	908	522	436	58	25
天 津 Tianjin	507	312	76	118	1	0
河 北 Hebei	240	108	106	23	3	0
山 西 Shanxi	669	349	124	150	46	0
内蒙古 Inner Mongolia	256	170	24	61	1	0
辽 宁 Liaoning	1086	630	308	117	30	1
吉 林 Jilin	929	660	127	138	4	0
黑龙江 Heilongjiang	924	587	168	134	27	8
上 海 Shanghai	772	384	186	176	3	22
江 苏 Jiangsu	835	480	218	126	11	0
浙 江 Zhejiang	506	256	177	67	4	2
安 徽 Anhui	227	128	42	46	11	0
福 建 Fujian	490	252	117	102	19	0
江 西 Jiangxi	433	288	85	57	3	0
山 东 Shandong	603	420	73	87	23	0
河 南 Henan	483	337	83	59	4	0
湖 北 Hubei	63	40	17	5	1	0
湖 南 Hunan	556	383	107	53	10	0
广 东 Guangdong	768	418	161	162	27	0
广 西 Guangxi	331	217	54	43	17	0
海 南 Hainan	150	58	20	27	2	5
重 庆 Chongqing	57	19	21	12	3	0
四 川 Sichuan	495	326	96	52	21	0
贵 州 Guizhou	67	49	17	1	0	0
云 南 Yunnan	41	40	0	1	0	0
西 藏 Tibet	0	0	0	0	0	0
陕 西 Shaanxi	1051	608	109	316	18	0
甘 肃 Gansu	164	121	24	16	3	0
青 海 Qinghai	74	45	6	23	0	0
宁 夏 Ningxia	100	79	14	7	0	0
新 疆 Xinjiang	522	377	68	72	5	0

女教职工情况(成人高校)
Personnel in HEIs(Adult HEIs)

单位：人
unit：person

其他附设机构人员 Personnel in Others Subsidiary Units	校外教师 Part-time Teachers	行业导师 Industry Mentor	外籍教师 Foreign Teachers	离退休人员 Retirees	附属中小学幼儿园职工 Affiliated Kindergarten, Primary and Secondary Schools Staff
62	**9873**	**470**	**0**	**9352**	**239**
18	349	1	0	1554	0
0	930	0	0	479	0
0	292	30	0	130	0
0	20	0	0	375	0
0	24	0	0	109	0
0	958	2	0	1741	0
0	7	4	0	600	0
0	153	0	0	679	0
1	772	2	0	768	0
0	84	35	0	157	0
0	2489	233	0	139	0
0	30	0	0	70	0
0	67	0	0	252	239
0	47	36	0	151	0
0	44	0	0	51	0
0	1221	39	0	343	0
0	0	0	0	74	0
3	30	6	0	125	0
0	1367	36	0	122	0
0	6	7	0	233	0
38	0	0	0	49	0
2	243	0	0	149	0
0	215	17	0	226	0
0	226	0	0	101	0
0	11	2	0	75	0
0	0	0	0	0	0
0	127	20	0	462	0
0	0	0	0	55	0
0	0	0	0	37	0
0	0	0	0	3	0
0	161	0	0	43	0

高等教育专任教师学历、
Number of Full-time Teacher by Academic Qualification

地区 Region	合计 Total	按学历分 By Academic Qualifications				
		博士 Doctor's Degree	硕士 Master's Degree	本科 Normal Courses	专科 Short-cycle Courses	高中阶段以下 Below High School Graduate
总计 Total	**1977839**	**585297**	**773302**	**610279**	**8606**	**355**
北京 Beijing	77496	54904	15846	6647	97	2
天津 Tianjin	33840	13810	11721	8160	142	7
河北 Hebei	94958	17279	40358	36868	445	8
山西 Shanxi	43109	11035	18826	13039	209	0
内蒙古 Inner Mongolia	27911	5887	11583	10203	225	13
辽宁 Liaoning	65414	21031	25711	18416	250	6
吉林 Jilin	41056	13599	16501	10895	57	4
黑龙江 Heilongjiang	50310	14207	19406	16490	198	9
上海 Shanghai	50983	30635	14486	5737	121	4
江苏 Jiangsu	124685	53698	42038	28764	175	10
浙江 Zhejiang	78817	31460	28448	18701	195	13
安徽 Anhui	75182	17725	33766	23262	413	16
福建 Fujian	57505	16232	21288	19773	208	4
江西 Jiangxi	73894	13151	28935	31379	416	13
山东 Shandong	136256	38737	54009	42887	580	43
河南 Henan	145945	26045	64142	54891	847	20
湖北 Hubei	95358	31028	36471	27241	602	16
湖南 Hunan	85146	21443	32338	30899	432	34
广东 Guangdong	136708	41482	53234	41287	659	46
广西 Guangxi	62075	10300	30768	20793	203	11
海南 Hainan	13946	3447	5709	4692	97	1
重庆 Chongqing	55343	14392	23487	17213	243	8
四川 Sichuan	103685	23472	43797	36051	357	8
贵州 Guizhou	43483	7638	17059	18554	229	3
云南 Yunnan	46008	8715	18894	18128	264	7
西藏 Tibet	2834	479	1438	906	11	0
陕西 Shaanxi	79522	28866	31654	18386	578	38
甘肃 Gansu	34266	7357	12838	13971	96	4
青海 Qinghai	5098	1098	1435	2528	37	0
宁夏 Ningxia	9747	2218	4094	3381	51	3
新疆 Xinjiang	27259	3927	13022	10137	169	4

专业技术职务情况(总计)
and Professional Rank in HEIs (Total)

单位：人
unit: person

按专业技术职务分 By Professional Rank				
正高级 Senior	副高级 Sub-Senior	中 级 Middle	初 级 Junior	未定职级 No-Ranking
253405	**581704**	**735812**	**216107**	**190811**
22343	28709	22226	1998	2220
5098	10857	13633	2842	1410
11215	27147	36179	8898	11519
3165	12250	18420	6476	2798
3417	9250	11278	1923	2043
10037	21617	26875	4600	2285
6915	13493	14573	4942	1133
8633	17092	17941	3998	2646
10298	16667	19140	3218	1660
18805	42296	47040	9214	7330
11697	22285	32662	6260	5913
7740	20456	27960	10680	8346
6768	18163	20970	7297	4307
5862	17443	26745	10678	13166
15426	40792	53197	18223	8618
11169	36261	55833	25724	16958
13288	32035	32510	9444	8081
9590	24015	33348	7441	10752
17167	35614	51343	12173	20411
6179	15612	22790	3628	13866
1865	3891	4726	1314	2150
6312	15115	22172	6052	5692
10562	26579	38421	19323	8800
4307	12936	13891	5783	6566
4837	12624	16038	6081	6428
409	845	1055	379	146
11084	25729	29105	8382	5222
4728	11237	12050	3849	2402
697	1576	1544	636	645
1631	2660	2858	1487	1111
2161	6458	9289	3164	6187

高等教育专任教师学历、专业
Number of Full-time Teacher by Academic Qualification

地区 Region	合计 Total	按学历分 By Academic Qualifications				
		博　士 Doctor's Degree	硕　士 Master's Degree	本　科 Normal Courses	专　科 Short-cycle Courses	高中阶段以下 Below High School Graduate
总　计 Total	**1315839**	**566787**	**505711**	**241250**	**2031**	**60**
北　京 Beijing	72188	53994	13444	4680	70	0
天　津 Tianjin	25900	13640	8504	3721	35	0
河　北 Hebei	59672	16710	25865	16929	166	2
山　西 Shanxi	29726	10926	13489	5290	21	0
内蒙古 Inner Mongolia	16985	5715	7729	3520	21	0
辽　宁 Liaoning	50858	20781	20463	9539	73	2
吉　林 Jilin	32126	13420	12791	5888	25	2
黑龙江 Heilongjiang	36466	14067	15549	6798	46	6
上　海 Shanghai	44411	30056	10972	3312	68	3
江　苏 Jiangsu	84979	50344	24450	10137	47	1
浙　江 Zhejiang	54820	30227	15610	8909	69	5
安　徽 Anhui	46316	17382	21442	7449	40	3
福　建 Fujian	37291	15714	13670	7879	28	0
江　西 Jiangxi	42021	12681	16670	12595	74	1
山　东 Shandong	87583	37686	32696	17056	139	6
河　南 Henan	83185	25334	39376	18196	275	4
湖　北 Hubei	69739	30668	26511	12364	191	5
湖　南 Hunan	50572	20888	18677	10963	41	3
广　东 Guangdong	82627	37857	30755	13917	94	4
广　西 Guangxi	36409	10017	19097	7238	57	0
海　南 Hainan	8850	3219	3641	1963	27	0
重　庆 Chongqing	33172	13620	13219	6288	44	1
四　川 Sichuan	66754	22886	30032	13693	141	2
贵　州 Guizhou	23232	7320	10460	5436	15	1
云　南 Yunnan	30961	8579	13863	8447	71	1
西　藏 Tibet	2067	468	1163	426	10	0
陕　西 Shaanxi	60568	28416	23487	8587	74	4
甘　肃 Gansu	21091	7226	9060	4781	23	1
青　海 Qinghai	3314	1089	1014	1205	6	0
宁　夏 Ningxia	7021	2189	3028	1787	14	3
新　疆 Xinjiang	14935	3668	8984	2257	26	0

技术职务情况(普通高校)

and Professional Rank in HEIs (Regular HEIs)

单位：人
unit: person

按专业技术职务分 By Professional Rank				
正高级 Senior	副高级 Sub-Senior	中 级 Middle	初 级 Junior	未定职级 No-Ranking
220889	**419490**	**490642**	**95590**	**89228**
21961	26757	19875	1584	2011
4771	8299	10167	1727	936
8914	18629	23390	3480	5259
2920	8493	12731	3632	1950
2743	5847	7072	656	667
8716	17466	20357	2974	1345
6209	11152	11356	3070	339
7465	12655	12796	2029	1521
9983	15227	16218	1966	1017
16405	30051	31110	4145	3268
10138	16272	22512	2647	3251
6605	13889	17692	4926	3204
5856	13179	14133	2600	1523
4613	11702	17189	4014	4503
12595	28222	35389	7536	3841
8524	22772	33794	10119	7976
12308	25197	22762	4528	4944
8003	15022	19608	2837	5102
14762	23125	30173	5916	8651
5247	10364	13676	1076	6046
1643	2672	2949	479	1107
5168	10172	13770	2254	1808
9123	18712	25416	9400	4103
3559	8409	6822	1491	2951
4199	9219	11369	2790	3384
373	679	825	154	36
10190	20507	22112	4485	3274
4059	7537	7184	1393	918
607	1218	1089	112	288
1467	2050	1953	787	764
1763	3995	5153	783	3241

高等教育专任教师学历、专业

Number of Full-time Teacher by Academic Qualification and

地区 Region	合计 Total	按学历分 By Academic Qualifications				
		博士 Doctor's Degree	硕士 Master's Degree	本科 Normal Courses	专科 Short-cycle Courses	高中阶段以下 Below High School Graduate
总 计 Total	**27761**	**2037**	**13882**	**11559**	**257**	**26**
北 京 Beijing	0	0	0	0	0	0
天 津 Tianjin	0	0	0	0	0	0
河 北 Hebei	3045	173	1700	1160	12	0
山 西 Shanxi	1627	33	839	752	3	0
内蒙古 Inner Mongolia	0	0	0	0	0	0
辽 宁 Liaoning	388	37	206	137	8	0
吉 林 Jilin	0	0	0	0	0	0
黑龙江 Heilongjiang	0	0	0	0	0	0
上 海 Shanghai	542	44	266	228	4	0
江 苏 Jiangsu	850	296	391	163	0	0
浙 江 Zhejiang	1360	121	738	481	15	5
安 徽 Anhui	0	0	0	0	0	0
福 建 Fujian	470	12	162	287	9	0
江 西 Jiangxi	2370	205	1214	945	6	0
山 东 Shandong	2812	158	1592	1010	36	16
河 南 Henan	1224	51	551	609	13	0
湖 北 Hubei	0	0	0	0	0	0
湖 南 Hunan	659	77	262	313	7	0
广 东 Guangdong	2147	177	1108	825	37	0
广 西 Guangxi	2804	74	1578	1140	12	0
海 南 Hainan	1076	149	450	462	15	0
重 庆 Chongqing	793	50	419	313	10	1
四 川 Sichuan	791	6	307	457	21	0
贵 州 Guizhou	760	130	375	255	0	0
云 南 Yunnan	0	0	0	0	0	0
西 藏 Tibet	0	0	0	0	0	0
陕 西 Shaanxi	1370	143	771	407	45	4
甘 肃 Gansu	2101	48	706	1343	4	0
青 海 Qinghai	0	0	0	0	0	0
宁 夏 Ningxia	0	0	0	0	0	0
新 疆 Xinjiang	572	53	247	272	0	0

技术职务情况(本科层次职业高校)
Professional Rank in HEIs (Professional HEIs)

单位：人
unit：person

按专业技术职务分 By Professional Rank				
正高级 Senior	副高级 Sub-Senior	中　级 Middle	初　级 Junior	未定职级 No-Ranking
1873	**7268**	**9253**	**4462**	**4905**
0	0	0	0	0
0	0	0	0	0
203	854	1253	259	476
46	550	702	189	140
0	0	0	0	0
13	82	130	98	65
0	0	0	0	0
0	0	0	0	0
42	127	104	215	54
73	301	425	51	0
126	369	428	94	343
0	0	0	0	0
11	104	190	116	49
132	416	364	414	1044
178	584	801	801	448
132	238	323	248	283
0	0	0	0	0
58	177	208	31	185
215	493	559	486	394
142	748	1021	187	706
41	312	478	199	46
33	213	340	48	159
23	136	209	260	163
73	294	300	37	56
0	0	0	0	0
0	0	0	0	0
108	363	451	332	116
185	749	806	329	32
0	0	0	0	0
0	0	0	0	0
39	158	161	68	146

高等教育专任教师学历、专业
Number of Full-time Teacher by Academic Qualification

地区 Region	合计 Total	按学历分 By Academic Qualifications				
		博 士 Doctor's Degree	硕 士 Master's Degree	本 科 Normal Courses	专 科 Short-cycle Courses	高中阶段以下 Below High School Graduate
总 计 Total	**619521**	**15533**	**248701**	**349005**	**6049**	**233**
北 京 Beijing	3966	461	1919	1570	14	2
天 津 Tianjin	7486	161	3085	4127	106	7
河 北 Hebei	32086	395	12752	18667	266	6
山 西 Shanxi	11260	72	4372	6646	170	0
内蒙古 Inner Mongolia	10687	165	3733	6572	204	13
辽 宁 Liaoning	13193	199	4773	8074	143	4
吉 林 Jilin	8014	123	3228	4629	32	2
黑龙江 Heilongjiang	12816	131	3691	8847	145	2
上 海 Shanghai	5473	476	3004	1943	49	1
江 苏 Jiangsu	38027	2918	16857	18125	118	9
浙 江 Zhejiang	22212	1091	11959	9052	107	3
安 徽 Anhui	28643	336	12203	15718	373	13
福 建 Fujian	19342	478	7297	11392	171	4
江 西 Jiangxi	28956	251	10832	17530	331	12
山 东 Shandong	45097	881	19487	24304	404	21
河 南 Henan	61083	650	24025	35836	556	16
湖 北 Hubei	25561	360	9945	14834	411	11
湖 南 Hunan	33187	468	13272	19080	336	31
广 东 Guangdong	51133	3428	21123	26060	508	14
广 西 Guangxi	22483	191	9875	12273	133	11
海 南 Hainan	3939	78	1590	2215	55	1
重 庆 Chongqing	21339	722	9840	10585	186	6
四 川 Sichuan	35564	562	13236	21574	186	6
贵 州 Guizhou	19411	188	6203	12807	211	2
云 南 Yunnan	14985	135	4992	9659	193	6
西 藏 Tibet	767	11	275	480	1	0
陕 西 Shaanxi	16523	300	7124	8685	391	23
甘 肃 Gansu	10829	80	2996	7696	54	3
青 海 Qinghai	1715	8	384	1292	31	0
宁 夏 Ningxia	2610	29	1055	1501	25	0
新 疆 Xinjiang	11134	185	3574	7232	139	4

技术职务情况(专科层次职业高校)

and Professional Rank in HEIs (Vocational HEIs)

单位：人
unit: person

按专业技术职务分 By Professional Rank				
正高级 Senior	副高级 Sub-Senior	中　级 Middle	初　级 Junior	未定职级 No-Ranking
29720	**150014**	**229860**	**114040**	**95887**
250	1460	1744	358	154
315	2392	3262	1046	471
2083	7608	11490	5129	5776
190	3031	4795	2561	683
655	3321	4136	1218	1357
1238	3648	6003	1442	862
594	2020	2890	1718	792
1071	3979	4755	1892	1119
256	1177	2503	965	572
2238	11677	15177	4928	4007
1406	5475	9529	3493	2309
1129	6490	10181	5723	5120
874	4735	6497	4512	2724
1070	5158	8977	6148	7603
2628	11714	16650	9787	4318
2490	13110	21556	15246	8681
978	6810	9724	4912	3137
1517	8599	13241	4456	5374
2176	11800	20293	5675	11189
755	4373	7905	2352	7098
175	890	1269	608	997
1111	4714	8040	3749	3725
1391	7577	12537	9550	4509
671	4205	6734	4242	3559
633	3384	4648	3285	3035
36	166	230	225	110
743	4589	6087	3403	1701
473	2852	3951	2101	1452
79	335	437	515	349
158	592	865	654	341
337	2133	3754	2147	2763

高等教育专任教师学历、专业

Number of Full-time Teacher by Academic Qualification

地区 Region	合计 Total	按学历分 By Academic Qualifications				
		博士 Doctor's Degree	硕士 Master's Degree	本科 Normal Courses	专科 Short-cycle Courses	高中阶段以下 Below High School Graduate
总计 Total	**14718**	**940**	**5008**	**8465**	**269**	**36**
北京 Beijing	1342	449	483	397	13	0
天津 Tianjin	454	9	132	312	1	0
河北 Hebei	155	1	41	112	1	0
山西 Shanxi	496	4	126	351	15	0
内蒙古 Inner Mongolia	239	7	121	111	0	0
辽宁 Liaoning	975	14	269	666	26	0
吉林 Jilin	916	56	482	378	0	0
黑龙江 Heilongjiang	1028	9	166	845	7	1
上海 Shanghai	557	59	244	254	0	0
江苏 Jiangsu	829	140	340	339	10	0
浙江 Zhejiang	425	21	141	259	4	0
安徽 Anhui	223	7	121	95	0	0
福建 Fujian	402	28	159	215	0	0
江西 Jiangxi	547	14	219	309	5	0
山东 Shandong	764	12	234	517	1	0
河南 Henan	453	10	190	250	3	0
湖北 Hubei	58	0	15	43	0	0
湖南 Hunan	728	10	127	543	48	0
广东 Guangdong	801	20	248	485	20	28
广西 Guangxi	379	18	218	142	1	0
海南 Hainan	81	1	28	52	0	0
重庆 Chongqing	39	0	9	27	3	0
四川 Sichuan	576	18	222	327	9	0
贵州 Guizhou	80	0	21	56	3	0
云南 Yunnan	62	1	39	22	0	0
西藏 Tibet	0	0	0	0	0	0
陕西 Shaanxi	1061	7	272	707	68	7
甘肃 Gansu	245	3	76	151	15	0
青海 Qinghai	69	1	37	31	0	0
宁夏 Ningxia	116	0	11	93	12	0
新疆 Xinjiang	618	21	217	376	4	0

技术职务情况(成人高校)
and Professional Rank in HEIs (Adult HEIs)

单位：人
unit: person

按专业技术职务分 By Professional Rank				
正高级 Senior	副高级 Sub-Senior	中 级 Middle	初 级 Junior	未定职级 No-Ranking
923	**4932**	**6057**	**2015**	**791**
132	492	607	56	55
12	166	204	69	3
15	56	46	30	8
9	176	192	94	25
19	82	70	49	19
70	421	385	86	13
112	321	327	154	2
97	458	390	77	6
17	136	315	72	17
89	267	328	90	55
27	169	193	26	10
6	77	87	31	22
27	145	150	69	11
47	167	215	102	16
25	272	357	99	11
23	141	160	111	18
2	28	24	4	0
12	217	291	117	91
14	196	318	96	177
35	127	188	13	16
6	17	30	28	0
0	16	22	1	0
25	154	259	113	25
4	28	35	13	0
5	21	21	6	9
0	0	0	0	0
43	270	455	162	131
11	99	109	26	0
11	23	18	9	8
6	18	40	46	6
22	172	221	166	37

高等教育资产情况
Condition of Fixed Assets and Teaching

地区 Region	占地面积（平方米）Areas Occupied (m^2)	#绿化用地面积 of Which: Green Areas	#运动场地面积 of Which: Sports Areas	校园足球场（个）Cammpus Football Field	11人制足球场 11-a-side Football Field	7人制足球场 7-a-side Football Field	5人制足球场 5-a-side Football Field	图书(册) Books and Magazines in Libraries (Volume)	#当年新增 of Which: New Added	数字资源量 Digital Resources 电子图书（册）E-Books (Book)	电子期刊（册）E-Journals (Book)	学位论文（册）Degree Thesis (Book)
总 计 Total	**2027754555.06**	**694635424.11**	**142832164.98**	**6084**	**3960**	**865**	**1259**	**3068867118**	**146741785**	**2926789412**	**1356614996**	**8929399507**
北 京 Beijing	55119698.89	18060172.46	3929646.94	244	116	59	69	124192404	2638189	122057575	46079324	524136412
天 津 Tianjin	36447361.80	10763334.88	2711985.53	116	66	28	22	53953009	1090435	59826369	24605452	235781425
河 北 Hebei	83003393.36	23555991.28	6460640.73	254	181	30	43	134976312	7841089	95203344	21353337	267200604
山 西 Shanxi	54691980.36	10094298.10	3166185.85	134	94	23	17	62615292	2419090	57263219	18605248	234146584
内蒙古 Inner Mongolia	36207289.27	10474969.46	2715836.30	172	80	25	67	40690717	1510299	52503964	9532697	135725511
辽 宁 Liaoning	69547821.99	22545887.89	5722603.87	262	173	38	51	107193811	2926707	99024086	37523339	305571563
吉 林 Jilin	35045457.91	12101530.83	2415218.16	108	77	15	16	72227298	2813566	54411681	76562789	279723489
黑龙江 Heilongjiang	62220211.13	18003858.11	4894061.95	133	104	13	16	85261598	2204589	71556441	35633416	248414267
上 海 Shanghai	38281317.18	14070643.72	2581503.12	172	91	44	37	83139304	2501753	30821247	11652033	42983820
江 苏 Jiangsu	129768066.65	47111983.65	9186739.70	354	254	47	53	202711516	7481504	251549447	93312269	1108575474
浙 江 Zhejiang	73472767.50	24266260.57	6486164.29	280	179	40	61	135424153	5878496	105659762	95782352	459884447
安 徽 Anhui	78666988.49	28367501.17	6107190.88	236	182	18	36	111708623	5434884	124384667	71969799	363663138
福 建 Fujian	58745146.93	19878367.72	4147251.26	196	123	30	43	93401548	4784502	80986209	57618628	252311608
江 西 Jiangxi	78886446.10	29508186.74	5586922.10	212	161	28	23	115797383	6955045	97574222	20716128	255855885
山 东 Shandong	139246368.98	50764045.68	10357822.95	384	246	52	86	211481264	9538564	149494764	132280247	575293713
河 南 Henan	132743543.12	38230082.93	9648784.89	292	250	24	18	214007930	12047015	142284435	38787740	469530106
湖 北 Hubei	95753406.39	36234652.88	6930438.58	278	182	49	47	153284599	6001374	120552678	34562535	362604217
湖 南 Hunan	76693677.77	26124375.10	5293096.27	240	170	26	44	130167470	6858384	425925146	102175707	352202492
广 东 Guangdong	119033058.73	42194786.30	9072581.55	399	244	79	76	213052569	12018289	154894352	68258949	516867606
广 西 Guangxi	80523516.86	19123776.95	4173434.48	220	117	26	77	90127043	6684783	92766342	39457684	361120897
海 南 Hainan	14511083.53	3944321.34	852765.60	40	23	8	9	22229112	1414113	16005440	4536372	46984817
重 庆 Chongqing	56806512.43	18423406.03	3816578.94	151	99	21	31	86565753	6360440	70921640	71811450	216904982
四 川 Sichuan	102538212.32	35126686.83	7394487.41	317	212	28	77	158493580	9869730	143273704	33644087	404808783
贵 州 Guizhou	45613993.37	15781102.74	3363642.77	142	101	9	32	59830123	4430271	55647103	14167070	132186025
云 南 Yunnan	47292464.17	17362783.54	3245933.30	184	96	24	64	77297749	3443692	51377511	130846495	107388836
西 藏 Tibet	3796511.38	1108224.17	323974.74	17	11	2	4	4661076	268440	4422347	1622433	22579032
陕 西 Shaanxi	70517189.93	21774930.35	5985211.71	223	144	25	54	123789307	5162515	118458860	38911311	268400663
甘 肃 Gansu	39966132.21	9847792.51	2850061.95	140	76	25	39	45144379	2329537	40382150	13149857	138391486
青 海 Qinghai	5740059.57	1927962.68	409854.55	30	13	6	11	7742976	325850	4712722	991878	20740014
宁 夏 Ningxia	12299901.76	4831132.20	739274.51	38	24	4	10	14704326	730807	10377990	2841145	49215688
新 疆 Xinjiang	94574974.98	63032375.30	2262270.10	116	71	19	26	32994894	2777833	22469995	7623225	170205923

(学校产权)(总计)

Resources in HEIs (Owned by HEIs) (Total)

	职业教育仿真实训资源量(套) Vocational Education Virtual imulation Training Resources(Set)				数字终端数(台) Digital Terminals (Set)			教室(间) Classroom (Room)		固定资产总值(万元) Total Value of Fixed Asset (10,000 yuan)		
音视频(小时) Audio and Video (Hour)		仿真实验软件 Simulation Experiment software	仿真实训软件 Simulation Training software	仿真实习软件 Simulation Practice software		#教师终端数 of Which: Number of Teachers' Terminals	#学生终端数 of Which: Number of Student Terminals		#网络多媒体教室 of Which: Network Multimedia Classroom		#教学、科研仪器设备资产 of Which: Teaching Equipment and Instruments	#当年新增 of Which: New Added in Current Year
172040056.06	**1544795**	**1063922**	**119051**	**361822**	**15128431**	**3970775**	**9777348**	**713642**	**457249**	**330300516.55**	**78061094.24**	**7548655.40**
9527478.41	2464	751	1692	21	898871	292691	512701	21562	15362	24187865.94	7718146.13	582294.82
8794968.20	2789	532	1917	340	291877	80034	205600	10186	6008	8424165.21	2035359.41	168402.87
31981682.79	9418	2280	6648	490	554826	149713	363992	37583	22251	10904563.86	2254980.60	202682.80
6799230.81	3481	239	3165	77	277734	86742	158567	20056	11190	6560275.97	1350041.87	142650.05
3317246.47	2291	306	1887	98	240534	85584	147904	14384	9901	5781685.53	1271826.99	125245.34
8824992.42	4582	997	3207	378	593298	140205	353563	27957	15368	11491889.73	2641984.56	195927.32
3246239.35	2508	444	1987	77	403119	92794	231777	8136	4944	6689452.46	1922319.44	158241.20
3125773.05	1769	259	1202	308	364504	109835	229964	21270	11409	8538998.51	2245371.37	188220.44
850259.65	3316	302	2898	116	566915	232996	303274	17640	12703	14406014.02	4802479.19	461931.08
10045587.09	11496	2462	7336	1698	1240754	334255	729372	43430	30694	23742410.50	5935246.66	450984.60
6667117.92	5121	775	4023	323	699069	236711	416415	31662	22649	16486019.97	3785784.61	394935.92
10190535.73	1392520	1034959	12197	345364	491210	120434	345670	32347	19679	10431220.05	2634992.35	302096.82
2665595.84	4614	1097	3192	325	412303	88662	303784	18904	12352	9656099.83	2340972.19	203780.30
6626477.03	3778	1148	2384	246	435438	82269	331507	32544	22031	9168274.73	1765736.41	172237.06
5698117.35	9160	1336	7315	509	907602	265921	602605	54361	34768	19627333.63	4485135.67	497881.95
5176623.89	13645	3024	9768	853	930039	180917	678330	17649	11839	14979549.28	3670196.69	377324.30
5234034.85	3559	674	2271	614	715470	153872	482130	41083	24583	15038875.27	3723704.81	359024.20
5126016.71	4089	680	2984	425	571875	149796	385991	34890	22324	10720412.85	2298864.61	267499.19
8576008.69	18698	4496	12768	1434	1181763	262130	743362	35590	26653	24299506.42	6046521.97	711482.75
2844802.21	3009	878	1960	171	464191	85978	362231	23512	14814	9537575.70	1934408.14	203597.72
4644719.00	1604	599	982	23	96080	15258	68023	5024	3491	2205902.38	404315.91	47019.34
4465786.76	19877	748	12593	6536	406394	102988	280324	22982	15876	8516951.92	1516527.64	174609.57
4505043.30	6706	1791	4633	282	706896	165655	457827	37718	22901	14444912.71	3468720.07	389191.12
2384211.20	3297	862	2288	147	287046	62100	192037	23964	14513	7984051.63	1069127.11	119211.30
2189859.64	1674	266	1370	38	287237	51371	202365	9869	4535	7402665.50	1171750.19	110876.48
286596.00	61	28	33	0	24395	12100	9982	1091	864	528596.30	121107.23	13842.29
4914241.45	2497	456	1928	113	620288	211383	364717	31972	19780	15867418.13	3090069.34	250699.94
1081872.10	2294	615	1111	568	192605	58532	123835	15187	9588	5633667.85	1023034.39	116518.84
228304.47	897	50	832	15	51296	10104	39835	1998	1591	1069086.77	267952.87	29490.30
514928.00	1666	374	1144	148	70989	18848	50935	4809	2765	1750883.70	384349.52	39949.46
1505705.68	1915	494	1336	85	143813	30897	98729	14282	9823	4224190.21	680066.29	90806.02

高等教育资产情况
Condition of Fixed Assets and Teaching

地区 Region	占地面积(平方米) Areas Occupied (m^2)	#绿化用地面积 of Which: Green Areas	#运动场地面积 of Which: Sports Areas	校园足球场(个) Cammpus Football Field	11人制足球场 11-a-side Football Field	7人制足球场 7-a-side Football Field	5人制足球场 5-a-side Football Field	图书(册) Books and Magazines in Libraries (Volume)	#当年新增 of Which: New Added	数字资源量 Digital Resources 电子图书(册) E-Books (Book)	电子期刊(册) E-Journals (Book)	学位论文(册) Degree Thesis (Book)
总 计 Total	**1373336280.57**	**497138981.99**	**89792474.70**	**3720**	**2366**	**477**	**877**	**2138911985**	**75334999**	**1930565664**	**1033495494**	**6542234659**
北 京 Beijing	48926581.38	15961913.31	3372487.14	209	96	49	64	110838578	2451651	108069930	41704308	410783912
天 津 Tianjin	29030127.19	9072293.81	2048762.30	79	45	17	17	41744635	753163	50078160	22765016	189062099
河 北 Hebei	53645769.57	16508036.22	4444489.29	160	114	15	31	90227516	4231758	71622596	16709496	204457262
山 西 Shanxi	43860253.50	7015238.03	2018502.50	82	57	11	14	43486143	1750559	46099843	15376672	174634997
内蒙古 Inner Mongolia	20425853.73	5634392.98	1454518.71	86	45	11	30	27595177	977697	40560190	8238490	105654793
辽 宁 Liaoning	55608264.65	18526825.47	4226597.47	196	126	29	41	85943574	1738787	84408580	34498325	252503694
吉 林 Jilin	29772811.43	10109728.50	1740462.85	80	59	10	11	60306529	1248937	45369197	74857009	241704282
黑龙江 Heilongjiang	41412358.52	13080626.84	3477229.14	80	58	10	12	64664161	1273421	63552770	25423430	207727670
上 海 Shanghai	33218634.96	12918811.20	2133339.50	139	75	30	34	72915296	1811637	28663364	10418126	39737944
江 苏 Jiangsu	88759476.06	30308168.58	5596638.96	211	148	24	39	138247195	4584554	185843886	70880644	711056440
浙 江 Zhejiang	49634189.00	17437156.37	4182650.62	174	111	20	43	93819722	3357145	79110940	48037841	285727583
安 徽 Anhui	48536049.81	19221146.35	3416819.49	130	105	6	19	68491354	2223068	80162332	56690082	288082003
福 建 Fujian	40417202.47	14484062.06	2728631.58	122	75	16	31	66610969	2343705	64670089	15446353	176129071
江 西 Jiangxi	49865328.22	20809543.13	3390626.14	119	91	14	14	74121758	3440724	63025047	9638396	189172700
山 东 Shandong	86405297.01	32080986.02	5737593.12	214	150	20	44	136206654	3899564	107339554	115895024	384837963
河 南 Henan	79630996.68	24297550.64	5443930.37	157	137	12	8	134080408	4449527	100664205	27152160	332304673
湖 北 Hubei	69739565.30	27872670.57	4533466.16	189	114	37	38	117000028	3916650	92577788	29664323	298846568
湖 南 Hunan	46995722.11	17075856.22	2966301.54	129	89	12	28	83862124	3040646	79218297	29606863	237804011
广 东 Guangdong	75260984.25	27315821.14	5307431.53	215	133	36	46	135369966	6146110	101801423	56824425	350067854
广 西 Guangxi	53226997.35	12731917.43	2705342.86	122	64	10	48	59738247	3472471	57799677	28723255	243222984
海 南 Hainan	10630569.26	2905691.05	528630.31	21	12	4	5	14079481	433083	7037981	3551599	33655057
重 庆 Chongqing	35955112.67	12472097.25	2178679.44	74	53	6	15	54248886	3186122	48757955	69060607	164926864
四 川 Sichuan	71780988.94	25760155.28	4818337.02	210	116	20	74	105284279	3875764	94732790	24393971	248922015
贵 州 Guizhou	22827797.68	8913419.49	1671321.39	67	47	5	15	36284354	2024295	36785293	12065418	113976608
云 南 Yunnan	30292111.16	11736191.40	1955103.70	125	52	16	57	54273492	1545522	40449294	128904947	97583848
西 藏 Tibet	2956218.05	831854.02	238042.85	13	7	2	4	3706259	92875	4177065	1467479	19657661
陕 西 Shaanxi	53153547.79	17443611.16	4204021.35	148	96	15	37	98225595	3826580	92256208	34413508	221858296
甘 肃 Gansu	21116189.30	5484202.55	1407261.75	72	40	11	21	31441272	999482	31986489	10886260	113167729
青 海 Qinghai	3783721.19	1426748.98	223268.16	19	6	4	9	5024586	132563	3728341	956028	19802120
宁 夏 Ningxia	7569641.99	2903697.49	512016.82	25	13	2	10	10781221	561251	7932254	2339438	38080714
新 疆 Xinjiang	68897919.35	54798568.45	1129970.64	53	32	3	18	20292526	1545688	12084126	6906001	147085244

(学校产权)(普通高校)

Resources in HEIs (Owned by HEIs) (Regular HEIs)

音视频（小时）Audio and Video (Hour)	数字终端数（台）Digital Terminals (Set)	#教师终端数 of Which: Number of Teachers' Terminals	#学生终端数 of Which: Number of Student Terminals	教室（间）Classroom (Room)	#网络多媒体教室 of Which: Network Multimedia Classroom	固定资产总值（万元）Total Value of Fixed Asset (10,000 yuan)	#教学、科研仪器设备资产 of Which: Teaching Equipment and Instruments	#当年新增 of Which: New Added in Current Year
142036275.75	**10423635**	**3130841**	**6172296**	**423260**	**256622**	**245089730.59**	**61872748.49**	**5373209.61**
8621776.41	817279	280169	450973	16776	12322	22359411.40	7242893.17	551100.47
8534200.40	224721	69512	149329	6738	4163	7034616.99	1709409.28	121400.64
31402492.40	356262	113780	214742	24247	12842	7706282.80	1639517.65	125608.96
6601664.46	188476	66627	94679	12646	6791	4909189.72	1044751.77	106106.34
2377626.12	152126	61546	85975	7438	4537	3497519.11	867211.52	82298.18
7668037.27	447193	115658	247483	20442	11144	9421833.14	2196486.23	139135.86
3186647.63	329613	78711	181145	5938	3284	5674442.80	1623848.08	100944.74
2829050.05	269399	88970	160497	14099	7119	6981068.17	1886687.15	144714.24
746974.77	485475	211593	247420	13465	9784	13109665.84	4455141.84	403313.98
7563534.65	826868	264471	422790	23771	15839	17083427.66	4676403.47	324000.33
5344082.64	456351	188059	231721	19564	13523	12531839.55	3017434.61	302523.75
8397841.20	303856	83781	199611	17414	9918	7345550.28	2011252.60	188972.55
1988277.53	285404	73217	202221	11100	7169	7374367.59	1879320.41	141553.19
5323963.22	276085	56528	206873	16081	10538	5913351.65	1212524.00	96733.19
3941730.54	587236	203597	352378	30544	17602	13842134.65	3336573.34	344259.54
4061911.84	574457	121270	407171	9297	6149	9881203.52	2546449.44	219135.79
4729873.36	515085	121459	316328	26941	14437	12077527.39	3148336.25	284581.38
3304814.58	363529	112015	223338	17034	9646	6786676.86	1622181.08	180435.63
5438838.47	732775	193736	384847	19163	13910	16883685.92	4635289.04	486303.02
2241025.92	278526	57678	208722	13037	8190	6046238.42	1316045.77	109862.72
388426.00	62031	10699	39153	3113	2055	1569564.94	297849.77	36716.57
3059389.76	269828	75599	177382	13411	8639	5619249.86	1078664.97	102802.55
3602594.64	481363	129074	286035	22774	13192	10113817.87	2719388.81	284805.05
1917540.15	161859	42099	95704	12382	7067	5054331.44	620649.14	59424.51
1503709.97	189609	37448	129218	5396	2346	4905049.98	840913.14	75381.52
255124.00	18345	10605	5427	646	548	419517.06	100991.68	11795.14
4133533.45	483520	182681	262622	21374	12957	13128583.80	2596194.14	197135.73
892553.31	123760	43877	71656	7904	4313	3466910.02	688704.12	56764.65
173717.05	33749	6908	25700	1173	821	693682.73	172584.69	22337.45
372067.00	48743	12756	35944	2998	1495	1069289.03	266373.10	27872.81
1433256.96	80112	16718	55212	6354	4282	2589700.41	422678.22	45189.13

高等教育资产情况(学校
Condition of Fixed Assets and Teaching Resources in HEIs

地区 Region	占地面积(平方米) Areas Occupied (m^2)	#绿化用地面积 of Which: Green Areas	#运动场地面积 of Which: Sports Areas	校园足球场(个) Cammpus Football Field	11人制足球场 11-a-side Football Field	7人制足球场 7-a-side Football Field	5人制足球场 5-a-side Football Field	图书(册) Books and Magazines in Libraries (Volume)	#当年新增 of Which: New Added	数字资源量 Digital Resources 电子图书(册) E-Books (Book)	电子期刊(册) E-Journals (Book)	学位论文(册) Degree Thesis (Book)
总　计 Total	**27602853.94**	**6441959.33**	**1605383.41**	**89**	**50**	**18**	**21**	**39759964**	**3800172**	**27092459**	**10065033**	**63343924**
北　京 Beijing	0.00	0.00	0.00	0	0	0	0	0	0	0	0	0
天　津 Tianjin	0.00	0.00	0.00	0	0	0	0	0	0	0	0	0
河　北 Hebei	2797547.11	599413.11	122730.87	6	5	1	0	4152478	205400	2155283	467052	2650000
山　西 Shanxi	1432114.03	401116.95	65069.76	3	3	0	0	3063574	233574	712375	64950	3035066
内蒙古 Inner Mongolia	0.00	0.00	0.00	0	0	0	0	0	0	0	0	0
辽　宁 Liaoning	627729.05	71700.00	65305.00	2	1	1	0	554454	17154	330000	502928	90000
吉　林 Jilin	0.00	0.00	0.00	0	0	0	0	0	0	0	0	0
黑龙江 Heilongjiang	0.00	0.00	0.00	0	0	0	0	0	0	0	0	0
上　海 Shanghai	361633.00	64384.00	22000.00	1	1	0	0	808000	175000	181300	922881	1623268
江　苏 Jiangsu	804143.77	321568.64	62600.00	5	3	0	2	1367947	51355	651899	1244141	11143273
浙　江 Zhejiang	1673659.92	365790.00	97349.88	3	3	0	0	2054458	115121	1152896	73480	5390361
安　徽 Anhui	0.00	0.00	0.00	0	0	0	0	0	0	0	0	0
福　建 Fujian	343325.00	46527.00	38178.00	3	2	0	1	689689	161389	550000	557810	0
江　西 Jiangxi	2144820.79	818464.20	119641.51	5	4	1	0	3208719	557642	3250000	14520	7493095
山　东 Shandong	2966773.09	1153405.83	195032.82	22	4	6	12	5188636	1186910	4151286	4809510	20365226
河　南 Henan	637624.50	173982.69	113469.05	2	2	0	0	1284960	24960	1679999	5637	127361
湖　北 Hubei	0.00	0.00	0.00	0	0	0	0	0	0	0	0	0
湖　南 Hunan	568891.74	137561.00	46520.00	2	1	1	0	842112	45000	40000	8000	20000
广　东 Guangdong	1670847.60	347470.90	98203.19	5	4	1	0	3315600	60000	2343600	838727	5723148
广　西 Guangxi	3603590.97	645587.60	132896.83	6	3	1	2	4017103	161580	2193918	4800	1020
海　南 Hainan	1539696.99	227878.91	46380.71	7	2	2	3	1943804	312900	1730000	18000	90344
重　庆 Chongqing	715533.87	148974.00	75352.00	2	1	1	0	1067000	136000	450000	6388	694165
四　川 Sichuan	521456.12	160128.00	25230.00	5	3	1	1	1152294	161494	1200000	218292	0
贵　州 Guizhou	454276.28	101535.50	30001.19	1	1	0	0	620608	20720	775038	117268	0
云　南 Yunnan	0.00	0.00	0.00	0	0	0	0	0	0	0	0	0
西　藏 Tibet	0.00	0.00	0.00	0	0	0	0	0	0	0	0	0
陕　西 Shaanxi	764494.96	234290.00	85214.00	2	2	0	0	1495791	93591	1742411	107701	891085
甘　肃 Gansu	3129586.23	163679.00	130950.60	6	5	1	0	2024516	80380	1402454	82840	4003512
青　海 Qinghai	0.00	0.00	0.00	0	0	0	0	0	0	0	0	0
宁　夏 Ningxia	0.00	0.00	0.00	0	0	0	0	0	0	0	0	0
新　疆 Xinjiang	845108.92	258502.00	33258.00	1	0	1	0	908221	2	400000	108	3000

产权)(本科层次职业高校)
(Owned by HEIs)(Professional HEIs)

音视频(小时) Audio and Video (Hour)	职业教育仿真实训资源量(套) Vocational Education Virtual imulation Training Resources(Set)	仿真实验软件 Simulation Experiment software	仿真实训软件 Simulation Training software	仿真实习软件 Simulation Practice software	数字终端数(台) Digital Terminals (Set)	#教师终端数 of Which: Number of Teachers' Terminals	#学生终端数 of Which: Number of Student Terminals	教室(间) Classroom (Room)	#网络多媒体教室 of Which: Network Multimedia Classroom	固定资产总值(万元) Total Value of Fixed Asset (10,000 yuan)	#教学、科研仪器设备资产 of Which: Teaching Equipment and Instruments	#当年新增 of Which: New Added in Current Year
1467016.00	**8293**	**2116**	**5454**	**723**	**173660**	**23362**	**138840**	**11597**	**7546**	**4344402.43**	**631938.08**	**98059.75**
0.00	0	0	0	0	0	0	0	0	0	0.00	0.00	0.00
0.00	0	0	0	0	0	0	0	0	0	0.00	0.00	0.00
31254.00	800	156	574	70	20278	3062	17216	1209	683	313875.97	86408.13	5341.95
6600.00	964	29	916	19	12605	2448	10006	835	460	463871.29	46217.41	4479.17
0.00	0	0	0	0	0	0	0	0	0	0.00	0.00	0.00
400000.00	62	7	53	2	5020	705	3970	262	187	73296.38	7490.21	2918.75
0.00	0	0	0	0	0	0	0	0	0	0.00	0.00	0.00
0.00	0	0	0	0	0	0	0	0	0	0.00	0.00	0.00
4000.00	153	12	140	1	3748	397	3351	254	140	58804.95	8897.98	1179.74
41727.00	468	90	374	4	6822	1080	4987	490	490	146921.64	35561.98	2539.64
121042.00	348	12	336	0	10738	1574	8262	419	415	242781.55	30971.44	4047.20
0.00	0	0	0	0	0	0	0	0	0	0.00	0.00	0.00
9875.00	36	13	23	0	2032	32	2000	214	107	55496.13	12036.97	1721.21
283412.50	869	384	421	64	11679	1448	10231	1319	791	206762.23	39168.16	11067.80
34529.00	418	64	337	17	16993	2794	14199	1067	759	388632.66	50430.69	15517.18
681.00	109	49	42	18	5152	1248	3784	0	0	22576.18	5959.07	1425.00
0.00	0	0	0	0	0	0	0	0	0	0.00	0.00	0.00
12000.00	11	5	6	0	11542	204	11338	321	120	156129.48	8842.33	742.79
52824.50	198	1	196	1	15511	1071	14440	985	945	562728.87	40716.56	8102.14
0.00	260	84	172	4	12785	2034	10751	1003	475	300593.04	66643.36	7029.04
36466.00	1155	550	600	5	6516	1142	5374	619	554	184983.07	23012.83	3159.03
31000.00	815	194	571	50	1690	141	1549	134	107	184817.69	17744.25	4202.83
349361.00	1	0	0	1	3324	234	2990	525	154	71585.30	15128.20	5587.87
886.00	30	1	29	0	1592	958	548	312	108	93892.46	12498.46	1495.78
0.00	0	0	0	0	0	0	0	0	0	0.00	0.00	0.00
0.00	0	0	0	0	0	0	0	0	0	0.00	0.00	0.00
39798.00	95	9	82	4	8228	1211	2017	351	259	268510.93	30784.36	3126.59
11050.00	1435	451	534	450	12238	1531	10707	956	505	380846.39	82467.94	11933.66
0.00	0	0	0	0	0	0	0	0	0	0.00	0.00	0.00
0.00	0	0	0	0	0	0	0	0	0	0.00	0.00	0.00
510.00	66	5	48	13	5167	48	1120	322	287	167296.22	10957.75	2442.38

高等教育资产情况(学校
Condition of Fixed Assets and Teaching Resources

地区 Region	占地面积(平方米) Areas Occupied (m^2)			校园足球场(个) Campus Football Field				图书(册) Books and Magazines in Libraries (Volume)		数字资源量 Digital Resources		
		#绿化用地面积 of Which: Green Areas	#运动场地面积 of Which: Sports Areas		11人制足球场 11-a-side Football Field	7人制足球场 7-a-side Football Field	5人制足球场 5-a-side Football Field		#当年新增 of Which: New Added	电子图书(册) E-Books (Book)	电子期刊(册) E-Journals (Book)	学位论文(册) Degree Thesis (Book)
总　计 Total	**617926417.30**	**188765955.09**	**50498789.06**	**2214**	**1518**	**351**	**345**	**873045561**	**66926938**	**948741359**	**242479675**	**2268117377**
北　京 Beijing	5470590.15	1906792.47	504658.80	32	20	9	3	11350911	176583	9726374	2952887	107755923
天　津 Tianjin	7238529.87	1661204.07	649571.23	35	21	10	4	11708554	336672	9700637	1840436	46719326
河　北 Hebei	26410481.88	6416663.25	1881110.57	87	61	14	12	40272640	3375531	20345490	4012463	54366089
山　西 Shanxi	9263989.21	2661883.40	1059137.59	48	34	12	2	15720669	432862	10230991	3160476	56476021
内蒙古 Inner Mongolia	15748289.54	4830750.48	1259977.59	85	35	14	36	13002864	503896	11905715	1294207	30070718
辽　宁 Liaoning	12496332.27	3865752.45	1295582.88	59	43	6	10	18774354	793715	14053269	2433524	48488182
吉　林 Jilin	5160477.68	1966892.30	659936.30	28	18	5	5	11042056	1559895	8478124	1592365	34859947
黑龙江 Heilongjiang	20372353.16	4826505.99	1368517.71	49	42	3	4	19330636	921309	7188508	10152952	38718742
上　海 Shanghai	4472106.22	1051752.60	415032.74	31	15	13	3	8886788	514169	1955863	311026	1622608
江　苏 Jiangsu	39764260.63	16387157.13	3484869.74	136	103	22	11	62175778	2842843	64436328	21169744	381618611
浙　江 Zhejiang	21864305.20	6354887.22	2162649.79	99	63	19	17	38861558	2399227	24695886	18258718	165792865
安　徽 Anhui	29757095.48	9116382.12	2632599.39	105	76	12	17	43046098	3211816	44163335	15270474	75579035
福　建 Fujian	17886172.73	5319832.66	1368399.68	70	46	13	11	25530727	2274850	15398263	4463324	70085935
江　西 Jiangxi	26328301.25	7641743.41	2034024.45	86	64	13	9	37476899	2934672	28421153	10960712	55919090
山　东 Shandong	48976871.06	17209889.83	4328476.01	144	91	24	29	69170066	4442024	37959179	11496211	167792331
河　南 Henan	52364195.46	13736070.86	4072258.55	130	111	11	8	77995368	7572028	39884178	11620743	137098072
湖　北 Hubei	26009997.48	8361892.31	2396872.42	89	68	12	9	36254387	2054543	27974890	4898212	63757649
湖　南 Hunan	28808842.90	8807496.47	2253356.73	106	79	12	15	44947855	3755908	345817778	71902806	109876501
广　东 Guangdong	41249547.64	14279817.89	3631635.83	174	106	38	30	73593682	5759743	49887857	10393260	159669866
广　西 Guangxi	23626611.31	5724368.08	1330643.79	92	50	15	27	25873745	3045484	32722747	10442517	117466893
海　南 Hainan	2258689.85	774791.09	275354.58	12	9	2	1	6110578	667108	7000959	966773	13239416
重　庆 Chongqing	20048534.95	5778335.78	1550268.50	71	45	12	14	31003167	3038318	21713685	2744455	51283953
四　川 Sichuan	29668261.09	9118507.26	2494522.92	99	90	7	2	51598475	5832472	46463370	8393672	155886437
贵　州 Guizhou	22220113.60	6748017.27	1628668.28	71	51	3	17	22835182	2384289	16848272	1984384	18209417
云　南 Yunnan	16971455.23	5618426.14	1289829.60	59	44	8	7	23024257	1898170	10818217	1856493	8670566
西　藏 Tibet	840293.33	276370.15	85931.89	4	4	0	0	954817	175565	245282	154954	2921371
陕　西 Shaanxi	15889850.56	3922557.79	1607644.36	67	43	10	14	22749339	1218620	21299816	4320456	43461208
甘　肃 Gansu	15689793.88	4193710.96	1306849.60	61	30	13	18	11474096	1248640	6059707	2180757	21220245
青　海 Qinghai	1946500.98	500113.70	184486.39	11	7	2	2	2688990	193287	984381	35850	937894
宁　夏 Ningxia	4730259.77	1927434.71	227257.69	13	11	2	0	3923105	169556	2445736	501707	11134974
新　疆 Xinjiang	24393312.94	7779955.25	1058663.46	61	38	15	8	11667920	1193143	9915369	713117	17417492

产权)(专科层次职业高校)
in HEIs (Owned by HEIs)(Vocational HEIs)

音视频(小时) Audio and Video (Hour)	职业教育仿真实训资源量(套) Vocational Education Virtual imulation Training Resources(Set)	仿真实验软件 Simulation Experiment software	仿真实训软件 Simulation Training software	仿真实习软件 Simulation Practice software	数字终端数(台) Digital Terminals (Set)	#教师终端数 of Which: Number of Teachers' Terminals	#学生终端数 of Which: Number of Student Terminals	教室(间) Classroom (Room)	#网络多媒体教室 of Which: Network Multimedia Classroom	固定资产总值(万元) Total Value of Fixed Asset (10,000 yuan)	#教学、科研仪器设备资产 of Which: Teaching Equipment and Instruments	#当年新增 of Which: New Added in Current Year
27673007.88	**1536502**	**1061806**	**113597**	**361099**	**4402815**	**782882**	**3387590**	**269983**	**188634**	**79046836.42**	**15216777.25**	**2054842.19**
798678.50	2464	751	1692	21	69895	8091	56776	3958	2526	1450195.81	446422.22	29297.92
260767.80	2789	532	1917	340	63391	9652	53380	3311	1776	1347869.40	315217.61	46856.88
501630.35	8618	2124	6074	420	176223	32593	130249	12005	8643	2869811.83	524907.46	71268.79
189301.35	2517	210	2249	58	74390	16176	53171	6330	3889	1169796.26	255290.64	32032.39
939620.35	2291	306	1887	98	87833	23679	61929	6906	5329	2275318.66	402419.76	42913.18
718848.90	4520	990	3154	376	131143	21123	97048	6527	3818	1863154.09	413685.87	50782.49
56385.72	2508	444	1987	77	64131	10847	46346	2017	1573	935656.87	277764.27	56677.40
296250.00	1769	259	1202	308	89166	19380	66104	6756	4128	1501259.65	346454.76	42865.13
96106.88	3163	290	2758	115	66805	17824	44798	3223	2259	1085353.54	289310.99	54233.44
2416925.44	11028	2372	6962	1694	399080	67505	295741	18859	14175	6467308.82	1215463.54	124295.21
1194231.28	4773	763	3687	323	226772	45434	172868	11245	8480	3594958.25	723717.83	86489.21
1698862.53	1392520	1034959	12197	345364	185601	36342	144617	14460	9624	3045485.68	617103.62	112887.97
653036.31	4578	1084	3169	325	123226	14919	98865	7489	4992	2198312.64	442019.26	60167.37
909601.31	2909	764	1963	182	139744	23422	108684	14822	10432	2948285.04	489886.43	63911.51
1714545.81	8742	1272	6978	492	296865	57905	232194	22195	16076	5290038.80	1078005.10	136901.13
1097392.05	13536	2975	9726	835	347273	57744	264975	8205	5639	5049184.09	1108574.51	156549.57
504161.49	3559	674	2271	614	199953	32188	165609	14132	10142	2959628.47	575175.02	74431.24
1568051.13	4078	675	2978	425	195451	37120	150419	17200	12432	3754192.39	660367.03	85502.74
2976142.72	18500	4495	12572	1433	424519	65174	337628	15015	11563	6739798.88	1353279.42	215302.27
603776.29	2749	794	1788	167	169097	25795	140299	9301	6095	3166904.44	543316.88	86445.92
4219827.00	449	49	382	18	25893	3161	22112	1216	846	433454.34	77870.74	6809.02
1372115.00	19062	554	12022	6486	134013	26882	100978	9277	7022	2697382.17	414014.46	66636.44
532118.81	6705	1791	4633	281	216877	35350	165484	13938	9325	4198707.34	726975.06	98308.09
463650.05	3267	861	2259	147	121651	18833	94492	11140	7279	2812724.41	431768.14	57776.45
684911.67	1674	266	1370	38	96553	13676	72448	4473	2189	2471832.47	327606.32	35099.07
31472.00	61	28	33	0	6050	1495	4555	445	316	109079.24	20115.55	2047.15
729621.00	2402	447	1846	109	121556	25323	95867	9433	6277	2360505.03	437344.79	49327.56
177880.00	859	164	577	118	54197	12790	40331	6214	4700	1758519.81	247783.09	47147.07
53085.42	897	50	832	15	16983	3093	13674	794	754	370550.18	93651.95	6991.95
142861.00	1666	374	1144	148	22246	6092	14991	1811	1270	681594.67	117976.42	12076.65
71149.72	1849	489	1288	72	56238	13274	40958	7286	5065	1439973.15	243288.51	42810.98

高等教育资产情况(学校
Condition of Fixed Assets and Teaching Resources

地区 Region	占地面积(平方米) Areas Occupied (m^2)			校园足球场(个) Campus Football Field				图书(册) Books and Magazines in Libraries (Volume)		数字资源量 Digital Resources		
		#绿化用地面积 of Which: Green Areas	#运动场地面积 of Which: Sports Areas		11人制足球场 11-a-side Football Field	7人制足球场 7-a-side Football Field	5人制足球场 5-a-side Football Field		#当年新增 of Which: New Added	电子图书(册) E-Books (Book)	电子期刊(册) E-Journals (Book)	学位论文(册) Degree Thesis (Book)
总　计 Total	**8889003.25**	**2288527.70**	**935517.81**	**61**	**26**	**19**	**16**	**17149608**	**679676**	**20389930**	**70574794**	**55703547**
北　京 Beijing	722527.36	191466.68	52501.00	3	0	1	2	2002915	9955	4261271	1422129	5596577
天　津 Tianjin	178704.74	29837.00	13652.00	2	0	1	1	499820	600	47572	0	0
河　北 Hebei	149594.80	31878.70	12310.00	1	1	0	0	323678	28400	1079975	164326	5727253
山　西 Shanxi	135623.62	16059.72	23476.00	1	0	0	1	344906	2095	220010	3150	500
内蒙古 Inner Mongolia	33146.00	9826.00	1340.00	1	0	0	1	92676	28706	38059	0	0
辽　宁 Liaoning	815496.02	81609.97	135118.52	5	3	2	0	1921429	377051	232237	88562	4489687
吉　林 Jilin	112168.80	24910.03	14819.01	0	0	0	0	878713	4734	564360	113415	3159260
黑龙江 Heilongjiang	435499.45	96725.28	48315.10	4	4	0	0	1266801	9859	815163	57034	1967855
上　海 Shanghai	228943.00	35695.92	11130.88	1	0	1	0	529220	947	20720	0	0
江　苏 Jiangsu	440186.19	95089.30	42631.00	2	0	1	1	920596	2752	617334	17740	4757150
浙　江 Zhejiang	300613.38	108426.98	43514.00	4	2	1	1	688415	7003	700040	29412313	2973638
安　徽 Anhui	373843.20	29972.70	57772.00	1	1	0	0	171171	0	59000	9243	2100
福　建 Fujian	98446.73	27946.00	12042.00	1	0	1	0	570163	4558	367857	37151141	6096602
江　西 Jiangxi	547995.84	238436.00	42630.00	2	2	0	0	990007	22007	2878022	102500	3271000
山　东 Shandong	897427.82	319764.00	96721.00	4	1	2	1	915908	10066	44745	79502	2298193
河　南 Henan	110726.48	22478.74	19126.92	3	0	1	2	647194	500	56053	9200	0
湖　北 Hubei	3843.61	90.00	100.00	0	0	0	0	30184	30181	0	0	0
湖　南 Hunan	320221.02	103461.41	26918.00	3	1	1	1	515379	16830	849071	658038	4501980
广　东 Guangdong	851679.24	251676.37	35311.00	5	1	4	0	773321	52436	861472	202537	1406738
广　西 Guangxi	66317.23	21903.84	4551.00	0	0	0	0	497948	5248	50000	287112	430000
海　南 Hainan	82127.43	35960.29	2400.00	0	0	0	0	95249	1022	236500	0	0
重　庆 Chongqing	87330.94	23999.00	12279.00	4	0	2	2	246700	0	0	0	0
四　川 Sichuan	567506.17	87896.29	56397.47	3	3	0	0	458532	0	877544	638152	331
贵　州 Guizhou	111805.81	18130.48	33651.91	3	2	1	0	89979	967	1238500	0	0
云　南 Yunnan	28897.78	8166.00	1000.00	0	0	0	0	0	0	110000	85055	1134422
西　藏 Tibet	0.00	0.00	0.00	0	0	0	0	0	0	0	0	0
陕　西 Shaanxi	709296.62	174471.40	88332.00	6	3	0	3	1318582	23724	3160425	69646	2190074
甘　肃 Gansu	30562.80	6200.00	5000.00	1	1	0	0	204495	1035	933500	0	0
青　海 Qinghai	9837.40	1100.00	2100.00	0	0	0	0	29400	0	0	0	0
宁　夏 Ningxia	0.00	0.00	0.00	0	0	0	0	0	0	0	0	0
新　疆 Xinjiang	438633.77	195349.60	40378.00	1	1	0	0	126227	39000	70500	3999	5700187

产权)(成人高校)
in HEIs (Owned by HEIs)(Adult HEIs)

音视频(小时) Audio and Video (Hour)	职业教育仿真实训资源量(套) Vocational Education Virtual imulation Training Resources(Set)	仿真实验软件 Simulation Experiment software	仿真实训软件 Simulation Training software	仿真实习软件 Simulation Practice software	数字终端数(台) Digital Terminals (Set)	#教师终端数 of Which: Number of Teachers' Terminals	#学生终端数 of Which: Number of Student Terminals	教室(间) Classroom (Room)	#网络多媒体教室 of Which: Network Multimedia Classroom	固定资产总值(万元) Total Value of Fixed Asset (10,000 yuan)	#教学、科研仪器设备资产 of Which: Teaching Equipment and Instruments	#当年新增 of Which: New Added in Current Year
863756.43	**0**	**0**	**0**	**0**	**128321**	**33690**	**78622**	**8802**	**4447**	**1819547.14**	**339630.42**	**22543.85**
107023.50	0	0	0	0	11697	4431	4952	828	514	378258.74	28830.74	1896.43
0.00	0	0	0	0	3765	870	2891	137	69	41678.82	10732.52	145.36
46306.04	0	0	0	0	2063	278	1785	122	83	14593.26	4147.36	463.10
1665.00	0	0	0	0	2263	1491	711	245	50	17418.69	3782.06	32.16
0.00	0	0	0	0	575	359	0	40	35	8847.76	2195.71	33.98
38106.25	0	0	0	0	9942	2719	5062	726	219	133606.13	24322.26	3090.21
3206.00	0	0	0	0	9375	3236	4286	181	87	79352.78	20707.09	619.06
473.00	0	0	0	0	5939	1485	3363	415	162	56670.69	12229.46	641.07
3178.00	0	0	0	0	10887	3182	7705	698	520	152189.69	49128.39	3203.92
23400.00	0	0	0	0	7984	1199	5854	310	190	44752.39	7817.67	149.42
7762.00	0	0	0	0	5208	1644	3564	434	231	116440.62	13660.73	1875.76
93832.00	0	0	0	0	1753	311	1442	473	137	40184.09	6636.13	236.30
14407.00	0	0	0	0	1641	494	698	101	84	27923.47	7595.55	338.53
109500.00	0	0	0	0	7930	871	5719	322	270	99875.81	24157.82	524.56
7312.00	0	0	0	0	6508	1625	3834	555	331	106527.52	20126.54	1204.10
16639.00	0	0	0	0	3157	655	2400	147	51	26585.49	9213.66	213.95
0.00	0	0	0	0	432	225	193	10	4	1719.41	193.54	11.58
241151.00	0	0	0	0	1353	457	896	335	126	23414.12	7474.17	818.03
108203.00	0	0	0	0	8958	2149	6447	427	235	113292.76	17236.95	1775.32
0.00	0	0	0	0	3783	471	2459	171	54	23839.80	8402.13	260.04
0.00	0	0	0	0	1640	256	1384	76	36	17900.03	5582.57	334.72
3282.00	0	0	0	0	863	366	415	160	108	15502.20	6103.95	967.75
20968.85	0	0	0	0	5332	997	3318	481	230	60802.20	7228.00	490.11
2135.00	0	0	0	0	1944	210	1293	130	59	23103.32	4211.37	514.55
1238.00	0	0	0	0	1075	247	699	0	0	25783.05	3230.73	395.89
0.00	0	0	0	0	0	0	0	0	0	0.00	0.00	0.00
11289.00	0	0	0	0	6984	2168	4211	814	287	109818.38	25746.05	1110.06
388.79	0	0	0	0	2410	334	1141	113	70	27391.63	4079.24	673.46
1502.00	0	0	0	0	564	103	461	31	16	4853.86	1716.23	160.90
0.00	0	0	0	0	0	0	0	0	0	0.00	0.00	0.00
789.00	0	0	0	0	2296	857	1439	320	189	27220.43	3141.80	363.53

高等教育资产情况(非学校
Condition of Fixed Assets and Teaching Resources

地区 Region	占地面积(平方米) Areas Occupied (m^2)	#绿化用地面积 of Which: Green Areas	#运动场地面积 of Which: Sports Areas	校园足球场(个) Cammpus Football Field	11人制足球场 11-a-side Football Field	7人制足球场 7-a-side Football Field	5人制足球场 5-a-side Football Field	图书(册) Books and Magazines in Libraries (Volume)	#当年新增 of Which: New Added	数字资源量 Digital Resources: 电子图书(册) E-Books (Book)	电子期刊(册) E-Journals (Book)	学位论文(册) Degree Thesis (Book)
总 计 Total	**302086482.66**	**82590570.07**	**15854900.60**	**1043**	**435**	**101**	**507**	**52309235**	**2343833**	**223872966**	**286681308**	**848232723**
北 京 Beijing	6674988.72	1899854.80	430013.13	28	14	7	7	11725462	6379	21736055	5300008	50075377
天 津 Tianjin	4829609.70	671527.48	320924.80	410	8	1	401	97907	13954	780315	372814	6450754
河 北 Hebei	14692243.63	2064894.26	673787.78	35	18	6	11	3149738	268452	23880991	11759079	82501992
山 西 Shanxi	6066190.27	1180176.68	574165.84	15	14	1	0	1282163	19425	2712606	2110033	24255773
内蒙古 Inner Mongolia	2733045.40	627372.63	347865.96	19	3	5	11	208690	0	1662272	288930	5366321
辽 宁 Liaoning	5768898.74	1518729.77	411221.86	15	12	2	1	343468	15000	2998413	550004	6884464
吉 林 Jilin	7317971.05	2484325.28	661505.82	25	16	6	3	290380	36580	0	0	0
黑龙江 Heilongjiang	5135718.59	1367751.52	195122.61	9	8	0	1	114829	18830	6934451	210502088	31879251
上 海 Shanghai	2631529.10	804711.00	215003.33	8	4	4	0	272231	0	52630919	20729707	190970228
江 苏 Jiangsu	22797445.48	8103663.70	1258070.36	63	43	9	11	2267693	53414	5344671	127908	19405603
浙 江 Zhejiang	13209649.98	3115917.77	631489.21	36	24	6	6	2739034	63713	14111962	4263178	65278661
安 徽 Anhui	5747202.78	1019860.67	381256.98	12	11	1	0	649771	4000	1953045	8885	2109546
福 建 Fujian	11669536.46	3203676.11	719256.80	18	11	1	6	3392238	158552	821354	843217	4586888
江 西 Jiangxi	12687445.43	3687313.25	700856.41	13	7	3	3	146117	13200	5387456	475477	9303537
山 东 Shandong	22929083.83	7086572.89	932655.07	43	25	3	15	563042	61046	2344228	817998	10299756
河 南 Henan	17508951.63	3675524.18	878742.33	39	31	6	2	8404027	819379	11774504	5745017	66614878
湖 北 Hubei	12674674.67	2663525.34	635616.78	26	18	4	4	1039586	23180	11145786	2407196	41670699
湖 南 Hunan	12437548.81	3283942.53	667413.43	27	18	5	4	2163545	45858	12164175	2884863	29585329
广 东 Guangdong	35092140.48	10515345.93	1617059.98	45	30	10	5	5309507	288086	9795889	4078588	61037388
广 西 Guangxi	8234398.74	1749038.72	435321.90	12	8	4	0	0	0	4031340	690157	9810893
海 南 Hainan	2030190.86	497461.54	75729.00	3	3	0	0	172880	37880	2169800	1166064	9361103
重 庆 Chongqing	7599825.12	2235776.21	118593.85	6	6	0	0	858191	54300	253122	66592	1115543
四 川 Sichuan	29846669.77	9320322.94	1670224.98	58	49	4	5	1939556	202205	12835340	7726980	58474629
贵 州 Guizhou	7450227.22	3810790.30	290199.73	15	10	2	3	3664609	61792	1832271	803585	7752577
云 南 Yunnan	7165382.67	1794084.33	341892.31	25	16	5	4	431549	19454	5844798	2263970	23676523
西 藏 Tibet	0.00	0.00	0.00	1	0	0	1	13234	0	0	0	0
陕 西 Shaanxi	9446588.40	2697557.50	320366.82	15	9	3	3	283307	59154	1639000	448537	4501906
甘 肃 Gansu	4772554.49	464708.31	138905.57	11	11	0	0	734081	0	5885203	204526	13797414
青 海 Qinghai	33333.00	13333.00	1260.00	1	1	0	0	0	0	0	0	0
宁 夏 Ningxia	643868.32	225415.53	53662.04	3	3	0	0	0	0	1200000	45907	11465690
新 疆 Xinjiang	2259569.32	807395.90	156715.92	7	4	3	0	52400	0	3000	0	0

产权中独立使用)(总计)
in HEIs (Not Owned by HEIs)(Total)

音视频(小时) Audio and Video (Hour)	职业教育仿真实训资源量(套) Vocational Education Virtual imulation Training Resources(Set)	仿真实验软件 Simulation Experiment software	仿真实训软件 Simulation Training software	仿真实习软件 Simulation Practice software	数字终端数(台) Digital Terminals (Set)	#教师终端数 of Which: Number of Teachers' Terminals	#学生终端数 of Which: Number of Student Terminals	教室(间) Classroom (Room)	#网络多媒体教室 of Which: Network Multimedia Classroom	固定资产总值(万元) Total Value of Fixed Asset (10,000 yuan)	#教学、科研仪器设备资产 of Which: Teaching Equipment and Instruments	#当年新增 of Which: New Added in Current Year
16190975.14	**10203**	**1846**	**7656**	**701**	**284436**	**62252**	**205146**	**194715**	**105307**	**17634500.62**	**1045652.30**	**179134.38**
1199071.56	998	19	976	3	6423	3919	2485	2190	1495	1754599.66	106608.94	25640.38
63709.18	105	3	101	1	2286	597	1495	2906	1534	163332.11	3649.96	464.64
1035823.44	1804	843	928	33	5782	1516	3517	4780	1650	264268.59	42239.66	21296.49
330513.10	13	3	7	3	5801	1700	3257	5079	1689	419408.69	27258.84	135.21
59220.70	1	0	1	0	4150	965	2557	890	495	149258.99	3608.61	120.70
82047.60	63	13	33	17	2714	470	1915	3089	1346	559108.81	22319.50	279.23
0.00	2	2	0	0	2080	600	1448	10456	5901	19050.02	11182.63	288.00
234566.44	78	9	68	1	3206	1920	1195	2038	902	169007.62	21134.98	2495.59
6056449.75	99	12	74	13	504	98	404	2669	1019	481606.00	5078.51	104.31
9459.60	501	78	395	28	31074	4537	25548	7026	4523	618363.20	77859.19	16921.29
1389067.55	277	35	228	14	53263	9340	43915	5132	3319	989567.31	76953.46	10417.35
21511.00	451	224	208	19	8642	815	7827	4323	2122	184340.80	23865.21	2729.58
29756.72	2166	25	2115	26	10218	625	9593	4190	2508	737994.92	28524.78	4551.35
162797.20	96	65	25	6	5788	740	3107	4691	2357	331723.26	27000.24	1954.92
161582.50	301	33	225	43	5815	2138	3677	7561	3766	683028.64	43525.09	1826.08
776542.28	556	159	332	65	21144	2710	18063	51771	29068	1376037.17	81982.31	8906.92
822993.89	194	26	131	37	11884	5113	6754	4948	2581	658687.87	44482.47	3950.91
389970.80	93	2	91	0	5720	987	2144	4486	2535	803418.65	62840.48	4062.16
722858.25	987	12	821	154	29659	7958	21243	14023	8932	2155982.42	99594.25	23031.04
259425.68	25	1	22	2	10412	1145	2505	2262	1116	262577.84	18051.03	3552.47
574048.60	196	35	146	15	10569	1266	9303	307	238	212912.84	6511.93	682.03
25710.00	304	78	168	58	15223	7122	8001	3198	2013	150755.83	7420.66	1007.92
1096574.55	485	93	246	146	12817	2640	9975	13726	8705	3294310.11	117584.41	28708.00
4302.00	6	3	3	0	5299	1078	4015	3425	1461	438575.36	29576.73	663.71
467319.00	71	23	48	0	8195	1541	6424	23434	11067	582146.15	23046.28	3703.50
0.00	0	0	0	0	0	0	0	12	0	608.50	0.00	0.00
45378.75	62	10	52	0	1120	1	922	3980	1900	40594.10	8912.14	5496.63
101143.00	264	40	207	17	2547	379	2088	623	232	53448.12	12421.96	0.00
0.00	0	0	0	0	0	0	0	227	219	6105.90	998.00	0.00
69132.00	0	0	0	0	0	0	0	368	142	1660.88	1414.51	0.00
0.00	5	0	5	0	2101	332	1769	905	472	72020.26	10005.53	6143.98

高等教育资产情况(非学校
Condition of Fixed Assets and Teaching Resources

地区 Region	占地面积(平方米) Areas Occupied (m^2)	#绿化用地面积 of Which: Green Areas	#运动场地面积 of Which: Sports Areas	校园足球场(个) Cammpus Football Field	11人制足球场 11-a-side Football Field	7人制足球场 7-a-side Football Field	5人制足球场 5-a-side Football Field	图书(册) Books and Magazines in Libraries (Volume)	#当年新增 of Which: New Added	数字资源量 Digital Resources 电子图书(册) E-Books (Book)	电子期刊(册) E-Journals (Book)	学位论文(册) Degree Thesis (Book)
总　计 Total	**155622890.67**	**44626180.55**	**7214908.85**	**306**	**211**	**40**	**55**	**25769797**	**382136**	**170333264**	**273714150**	**617771473**
北　京 Beijing	4866610.30	1218635.36	263778.13	21	9	5	7	11623510	5846	20515855	5257905	38303385
天　津 Tianjin	2039016.66	182532.00	106191.80	3	3	0	0	19631	0	756648	331396	6450754
河　北 Hebei	9309932.89	795046.61	219037.33	7	7	0	0	249467	0	20543638	11007679	49432172
山　西 Shanxi	2772872.15	461792.67	221604.31	7	6	1	0	322185	0	2712606	1820965	19528544
内蒙古 Inner Mongolia	523210.49	145319.00	52721.00	6	2	0	4	201690	0	1662272	288930	5366321
辽　宁 Liaoning	2631012.04	769405.50	120343.00	6	5	1	0	2892	0	2887869	550004	6884464
吉　林 Jilin	5150656.04	1859059.90	398562.47	14	10	2	2	212600	0	0	0	0
黑龙江 Heilongjiang	4060034.93	1161627.52	102718.61	7	7	0	0	55829	18830	5335842	210470717	29817492
上　海 Shanghai	1198704.13	391551.40	57753.97	1	1	0	0	0	0	43679800	19428502	161894483
江　苏 Jiangsu	12324555.83	4114297.24	886409.48	48	33	8	7	1893996	43531	4335129	58335	11643628
浙　江 Zhejiang	7917269.61	1993673.97	258272.38	16	9	3	4	67000	0	7583964	1558711	27389301
安　徽 Anhui	981372.87	163772.50	71904.38	2	2	0	0	0	0	0	0	0
福　建 Fujian	7218665.73	2065812.88	477241.89	11	6	0	5	2136408	77	636354	632817	3818685
江　西 Jiangxi	4956197.51	1527567.75	311636.59	6	5	1	0	13200	13200	1103000	78480	4718070
山　东 Shandong	11508735.55	3582853.79	432928.14	32	16	2	14	10000	0	2144228	707316	8509561
河　南 Henan	5005494.31	1397253.86	415535.70	14	12	1	1	4046948	48483	7482940	4865492	55008746
湖　北 Hubei	8547158.33	1434148.98	476627.70	20	12	4	4	910986	22180	10799907	1813713	35754935
湖　南 Hunan	6344756.11	1939526.48	294269.97	12	9	3	0	1532845	37858	9679521	2583865	19966278
广　东 Guangdong	20052459.80	7110900.67	622663.22	19	14	4	1	321965	8008	6185042	1390980	21400000
广　西 Guangxi	2437699.53	275335.03	79733.47	3	2	1	0	0	0	2687599	678891	3010893
海　南 Hainan	201110.15	75861.34	0.00	0	0	0	0	0	0	1424800	713568	5692898
重　庆 Chongqing	2957316.76	1500379.21	11978.80	2	2	0	0	444991	0	0	0	0
四　川 Sichuan	15006184.35	4295454.34	771054.33	22	16	3	3	634663	124969	9251699	6831335	50425617
贵　州 Guizhou	4069380.24	2608646.22	84580.00	5	3	0	2	101450	0	0	0	0
云　南 Yunnan	3088518.38	1157512.88	128857.46	5	5	0	0	118919	0	4839348	2263970	23676523
西　藏 Tibet	0.00	0.00	0.00	0	0	0	0	13234	0	0	0	0
陕　西 Shaanxi	5702147.08	1680363.32	178911.82	6	4	1	1	283307	59154	0	130146	3815619
甘　肃 Gansu	3151741.22	202222.17	55425.57	8	8	0	0	552081	0	2885203	204526	13797414
青　海 Qinghai	33333.00	13333.00	1260.00	0	0	0	0	0	0	0	0	0
宁　夏 Ningxia	138020.32	3155.53	4762.04	0	0	0	0	0	0	1200000	45907	11465690
新　疆 Xinjiang	1428724.36	499139.43	108145.29	3	3	0	0	0	0	0	0	0

产权中独立使用)(普通高校)
in HEIs (Not Owned by HEIs)(Regular HEIs)

音视频 (小时) Audio and Video (Hour)	数字终端数 (台) Digital Terminals (Set)	#教师终端数 of Which: Number of Teachers' Terminals	#学生终端数 of Which: Number of Student Terminals	教室(间) Classroom (Room)	#网络多媒体教室 of Which: Network Multimedia Classroom	固定资产总值 (万元) Total Value of Fixed Asset (10,000 yuan)	#教学、科研仪器设备资产 of Which: Teaching Equipment and Instruments	#当年新增 of Which: New Added in Current Year
12185097. 34	**132986**	**31693**	**89076**	**90507**	**46806**	**10489447. 32**	**486356. 81**	**90059. 45**
948548. 06	4112	2387	1717	1778	1200	1648768. 38	102239. 76	25589. 39
63369. 18	0	0	0	1056	610	147363. 68	1100. 00	0. 00
911633. 11	1446	129	568	2590	300	74608. 55	7781. 18	34. 60
330513. 10	2444	547	1259	1255	656	97568. 32	16872. 07	2. 90
59220. 70	1948	745	1181	160	107	29078. 69	3605. 61	120. 70
42313. 00	370	47	323	1077	516	332394. 22	989. 67	0. 00
0. 00	1586	461	1125	7264	3991	15180. 36	10534. 96	0. 00
218033. 44	2962	1847	1024	1072	568	143759. 19	18424. 60	2155. 09
5679079. 28	0	0	0	1179	184	31490. 22	633. 46	32. 31
3466. 00	28851	4248	23709	5082	3314	418001. 97	55869. 59	15101. 97
40652. 79	17694	1585	16101	1638	1038	473988. 81	12517. 91	2765. 78
0. 00	60	0	60	591	0	7524. 86	190. 50	0. 00
29756. 72	6285	515	5770	1963	1037	539403. 15	15092. 89	2381. 46
69197. 50	1189	204	985	2090	722	174611. 36	16110. 60	911. 84
128479. 50	2596	1210	1386	3424	1289	429487. 55	11686. 75	605. 26
498430. 78	7054	1165	5739	22592	12813	649411. 92	19986. 53	1098. 46
512089. 40	11696	5095	6587	2668	1726	360040. 54	35510. 83	2362. 78
316952. 80	4253	803	1390	2961	1918	717449. 64	40446. 61	1488. 61
235100. 00	4733	2750	1525	5417	4045	1229157. 85	13807. 85	7141. 79
203525. 68	10412	1145	2505	990	450	134566. 79	8572. 03	3103. 19
555495. 00	0	0	0	0	0	0. 00	0. 00	0. 00
10409. 00	9759	4034	5725	320	119	29138. 74	937. 35	14. 18
683276. 55	6581	1225	5200	6276	3439	2192700. 45	65447. 73	20062. 60
0. 00	1084	715	369	649	281	99126. 97	1760. 88	0. 00
451326. 00	2484	321	1956	13278	5101	417385. 96	8371. 80	445. 94
0. 00	0	0	0	0	0	608. 50	0. 00	0. 00
23954. 75	898	0	898	2183	1137	27345. 35	2895. 14	496. 63
101143. 00	1570	252	1318	331	117	45434. 98	7319. 62	0. 00
0. 00	0	0	0	19	19	6105. 90	998. 00	0. 00
69132. 00	0	0	0	161	36	0. 00	0. 00	0. 00
0. 00	919	263	656	443	73	17744. 42	6652. 87	4143. 98

高等教育资产情况(非学校产权中

Condition of Fixed Assets and Teaching Resources in HEIs (Not

地区 Region	占地面积(平方米) Areas Occupied (m^2)	#绿化用地面积 of Which: Green Areas	#运动场地面积 of Which: Sports Areas	校园足球场(个) Cammpus Football Field	11人制足球场 11-a-side Football Field	7人制足球场 7-a-side Football Field	5人制足球场 5-a-side Football Field	图书(册) Books and Magazines in Libraries (Volume)	#当年新增 of Which: New Added	数字资源量 Digital Resources: 电子图书(册) E-Books (Book)	电子期刊(册) E-Journals (Book)	学位论文(册) Degree Thesis (Book)
总　计 Total	**4861897.53**	**1440784.09**	**384149.59**	**12**	**5**	**1**	**6**	**3620177**	**56667**	**1708796**	**901088**	**6696892**
北　京 Beijing	0.00	0.00	0.00	0	0	0	0	0	0	0	0	0
天　津 Tianjin	0.00	0.00	0.00	0	0	0	0	0	0	0	0	0
河　北 Hebei	291623.58	60656.00	63674.00	7	2	1	4	627711	0	2000	100000	0
山　西 Shanxi	206818.01	65186.48	26974.07	1	1	0	0	0	0	0	0	0
内蒙古 Inner Mongolia	0.00	0.00	0.00	0	0	0	0	0	0	0	0	0
辽　宁 Liaoning	0.00	0.00	0.00	0	0	0	0	0	0	0	0	0
吉　林 Jilin	0.00	0.00	0.00	0	0	0	0	0	0	0	0	0
黑龙江 Heilongjiang	0.00	0.00	0.00	0	0	0	0	0	0	0	0	0
上　海 Shanghai	0.00	0.00	0.00	0	0	0	0	0	0	0	0	0
江　苏 Jiangsu	0.00	0.00	0.00	0	0	0	0	0	0	0	0	0
浙　江 Zhejiang	13464.00	0.00	0.00	0	0	0	0	60000	0	0	0	0
安　徽 Anhui	0.00	0.00	0.00	0	0	0	0	0	0	0	0	0
福　建 Fujian	32572.00	11180.00	15400.00	0	0	0	0	0	0	0	0	0
江　西 Jiangxi	1423124.28	549061.69	120836.98	2	0	0	2	0	0	0	0	0
山　东 Shandong	380612.70	0.00	37000.00	0	0	0	0	0	0	0	0	0
河　南 Henan	0.00	0.00	0.00	0	0	0	0	0	0	0	0	0
湖　北 Hubei	0.00	0.00	0.00	0	0	0	0	0	0	0	0	0
湖　南 Hunan	46748.26	0.00	0.00	0	0	0	0	0	0	0	0	0
广　东 Guangdong	313261.52	180046.00	17734.63	0	0	0	0	0	0	0	0	0
广　西 Guangxi	857286.26	187352.67	1057.50	0	0	0	0	0	0	0	0	0
海　南 Hainan	0.00	0.00	0.00	0	0	0	0	0	0	0	0	0
重　庆 Chongqing	0.00	0.00	0.00	0	0	0	0	0	0	0	0	0
四　川 Sichuan	153600.59	65039.00	26113.00	0	0	0	0	0	0	0	0	0
贵　州 Guizhou	482107.99	107585.38	47359.41	1	1	0	0	2932466	56667	1706796	801088	6696892
云　南 Yunnan	0.00	0.00	0.00	0	0	0	0	0	0	0	0	0
西　藏 Tibet	0.00	0.00	0.00	0	0	0	0	0	0	0	0	0
陕　西 Shaanxi	660678.34	214676.87	28000.00	1	1	0	0	0	0	0	0	0
甘　肃 Gansu	0.00	0.00	0.00	0	0	0	0	0	0	0	0	0
青　海 Qinghai	0.00	0.00	0.00	0	0	0	0	0	0	0	0	0
宁　夏 Ningxia	0.00	0.00	0.00	0	0	0	0	0	0	0	0	0
新　疆 Xinjiang	0.00	0.00	0.00	0	0	0	0	0	0	0	0	0

独立使用)(本科层次职业高校)
Owned by HEIs)(Professional HEIs)

音视频(小时) Audio and Video (Hour)	职业教育仿真实训资源量(套) Vocational Education Virtual imulation Training Resources(Set)	仿真实验软件 Simulation Experiment software	仿真实训软件 Simulation Training software	仿真实习软件 Simulation Practice software	数字终端数(台) Digital Terminals (Set)	#教师终端数 of Which: Number of Teachers' Terminals	#学生终端数 of Which: Number of Student Terminals	教室(间) Classroom (Room)	#网络多媒体教室 of Which: Network Multimedia Classroom	固定资产总值(万元) Total Value of Fixed Asset (10,000 yuan)	#教学、科研仪器设备资产 of Which: Teaching Equipment and Instruments	#当年新增 of Which: New Added in Current Year
4152.00	**207**	**10**	**183**	**14**	**5822**	**1061**	**4555**	**2511**	**1069**	**715092.49**	**26074.25**	**4046.93**
0.00	0	0	0	0	0	0	0	0	0	0.00	0.00	0.00
0.00	0	0	0	0	0	0	0	0	0	0.00	0.00	0.00
0.00	49	5	44	0	1822	716	1106	189	120	19173.50	2958.80	105.70
0.00	0	0	0	0	0	0	0	86	44	0.00	0.00	0.00
0.00	0	0	0	0	0	0	0	0	0	0.00	0.00	0.00
0.00	10	0	9	1	54	0	54	0	0	866.53	580.52	0.00
0.00	0	0	0	0	0	0	0	0	0	0.00	0.00	0.00
0.00	0	0	0	0	0	0	0	0	0	0.00	0.00	0.00
0.00	0	0	0	0	0	0	0	0	0	386773.73	0.00	0.00
0.00	0	0	0	0	0	0	0	0	0	0.00	0.00	0.00
0.00	0	0	0	0	514	169	345	13	13	2435.51	2031.31	404.20
0.00	0	0	0	0	0	0	0	0	0	0.00	0.00	0.00
0.00	0	0	0	0	2032	32	2000	67	15	0.00	0.00	0.00
0.00	0	0	0	0	0	0	0	134	93	82641.37	1688.14	873.32
0.00	0	0	0	0	0	0	0	111	0	300.00	40.00	0.00
0.00	0	0	0	0	0	0	0	558	338	72380.22	10429.77	0.00
0.00	0	0	0	0	0	0	0	0	0	0.00	0.00	0.00
0.00	0	0	0	0	0	0	0	0	0	0.00	0.00	0.00
0.00	12	0	12	0	0	0	0	134	0	98198.00	0.00	0.00
0.00	0	0	0	0	0	0	0	47	0	0.00	0.00	0.00
0.00	0	0	0	0	0	0	0	0	0	0.00	0.00	0.00
0.00	0	0	0	0	0	0	0	0	0	0.00	0.00	0.00
0.00	0	0	0	0	0	0	0	113	113	17072.82	339.00	0.00
4152.00	0	0	0	0	1400	144	1050	530	133	33250.81	6006.71	663.71
0.00	0	0	0	0	0	0	0	0	0	0.00	0.00	0.00
0.00	0	0	0	0	0	0	0	0	0	0.00	0.00	0.00
0.00	0	0	0	0	0	0	0	529	200	0.00	0.00	0.00
0.00	136	5	118	13	0	0	0	0	0	0.00	0.00	0.00
0.00	0	0	0	0	0	0	0	0	0	0.00	0.00	0.00
0.00	0	0	0	0	0	0	0	0	0	0.00	0.00	0.00
0.00	0	0	0	0	0	0	0	0	0	2000.00	2000.00	2000.00

高等教育资产情况(非学校产权中

Condition of Fixed Assets and Teaching Resources

地区 Region	占地面积(平方米) Areas Occupied (m^2)	#绿化用地面积 of Which: Green Areas	#运动场地面积 of Which: Sports Areas	校园足球场(个) Cammpus Football Field	11人制足球场 11-a-side Football Field	7人制足球场 7-a-side Football Field	5人制足球场 5-a-side Football Field	图书(册) Books and Magazines in Libraries (Volume)	#当年新增 of Which: New Added	数字资源量 Digital Resources 电子图书(册) E-Books (Book)	电子期刊(册) E-Journals (Book)	学位论文(册) Degree Thesis (Book)
总　计 Total	**136162809.67**	**34745887.44**	**7404563.65**	**286**	**194**	**53**	**39**	**14709008**	**1838947**	**49663600**	**11611721**	**223591962**
北　京 Beijing	1434062.60	386048.84	164735.00	6	5	1	0	0	0	1220200	42103	11771992
天　津 Tianjin	2659270.24	478336.48	198769.00	4	3	1	0	12000	0	0	37290	0
河　北 Hebei	5090687.16	1209191.65	391076.45	20	8	5	7	2028560	268452	3335353	651400	33069820
山　西 Shanxi	2930547.46	623736.53	306887.46	6	6	0	0	685778	19425	0	289068	4727229
内蒙古 Inner Mongolia	2209834.91	482053.63	295144.96	13	1	5	7	7000	0	0	0	0
辽　宁 Liaoning	2772123.32	666326.52	217224.88	7	5	1	1	231800	15000	110544	0	0
吉　林 Jilin	2042975.75	610124.61	225660.90	10	5	4	1	36580	36580	0	0	0
黑龙江 Heilongjiang	1062887.66	206018.00	84953.00	2	1	0	1	59000	0	1598609	31371	2061759
上　海 Shanghai	1415376.97	409507.60	155989.36	7	3	4	0	269231	0	8951109	1301205	29075745
江　苏 Jiangsu	10472132.09	3989306.46	371600.88	15	10	1	4	373697	9883	1009542	69573	7761975
浙　江 Zhejiang	3713838.22	478577.22	133422.78	8	7	0	1	367362	33952	5693320	2677367	37717060
安　徽 Anhui	4765829.91	856088.17	309352.60	10	9	1	0	551600	4000	950045	8885	2109546
福　建 Fujian	4418298.73	1126683.23	226614.91	7	5	1	1	1255830	158475	185000	210400	768203
江　西 Jiangxi	6292790.23	1600083.81	265401.84	5	2	2	1	132917	0	4284456	396997	4585467
山　东 Shandong	11039735.58	3503719.10	462726.93	11	9	1	1	553042	61046	200000	110682	1790195
河　南 Henan	12348579.92	2239379.61	446131.25	25	19	5	1	2788933	770896	4291564	879525	11606132
湖　北 Hubei	4127516.34	1229376.36	158989.08	6	6	0	0	128600	1000	345879	593483	5915764
湖　南 Hunan	5964197.42	1327564.05	368343.46	10	8	0	2	293000	0	2484645	300998	9619051
广　东 Guangdong	12885880.58	2768019.65	626507.12	16	9	5	2	2009268	267524	3304905	2264487	39637292
广　西 Guangxi	4931909.25	1282903.02	353816.93	9	6	3	0	0	0	1343741	11266	6800000
海　南 Hainan	1829080.71	421600.20	75729.00	3	3	0	0	172880	37880	745000	452496	3668205
重　庆 Chongqing	4642508.36	735397.00	106615.05	4	4	0	0	413200	54300	253122	66592	1115543
四　川 Sichuan	14445841.59	4861770.17	841033.94	35	32	1	2	1304893	77236	3583641	895645	8049012
贵　州 Guizhou	2667144.42	1047439.50	129913.39	8	5	2	1	499153	3844	125475	2497	1055685
云　南 Yunnan	4076864.29	636571.45	213034.85	20	11	5	4	312630	19454	1005450	0	0
西　藏 Tibet	0.00	0.00	0.00	1	0	0	1	0	0	0	0	0
陕　西 Shaanxi	3014554.98	785379.31	100965.00	7	4	2	1	0	0	1639000	318391	686287
甘　肃 Gansu	1620813.27	262486.14	83480.00	3	3	0	0	182000	0	3000000	0	0
青　海 Qinghai	0.00	0.00	0.00	1	1	0	0	0	0	0	0	0
宁　夏 Ningxia	505848.00	222260.00	48900.00	3	3	0	0	0	0	0	0	0
新　疆 Xinjiang	781679.71	299939.13	41543.63	4	1	3	0	40054	0	3000	0	0

独立使用)(专科层次职业高校)
in HEIs (Not Owned by HEIs)(Vocational HEIs)

音视频(小时) Audio and Video (Hour)	职业教育仿真实训资源量(套) Vocational Education Virtual imulation Training Resources(Set)	仿真实验软件 Simulation Experiment software	仿真实训软件 Simulation Training software	仿真实习软件 Simulation Practice software	数字终端数(台) Digital Terminals (Set)	#教师终端数 of Which: Number of Teachers' Terminals	#学生终端数 of Which: Number of Student Terminals	教室(间) Classroom (Room)	#网络多媒体教室 of Which: Network Multimedia Classroom	固定资产总值(万元) Total Value of Fixed Asset (10,000 yuan)	#教学、科研仪器设备资产 of Which: Teaching Equipment and Instruments	#当年新增 of Which: New Added in Current Year
3980605.80	**9996**	**1836**	**7473**	**687**	**77301**	**14536**	**58975**	**90891**	**52397**	**5601153.18**	**378795.56**	**66657.54**
250523.50	998	19	976	3	82	82	0	286	205	30541.13	677.77	0.00
0.00	105	3	101	1	312	120	192	1193	626	8559.64	343.37	335.52
124190.33	1755	838	884	33	2514	671	1843	1799	1201	169236.54	31044.68	21156.19
0.00	13	3	7	3	2481	763	1718	2797	983	299917.84	4954.36	100.21
0.00	1	0	1	0	2202	220	1376	730	388	120180.30	3.00	0.00
39734.60	53	13	24	16	1018	41	747	1691	757	210193.99	14110.17	279.23
0.00	2	2	0	0	348	119	197	2914	1824	2368.66	288.00	288.00
16533.00	78	9	68	1	214	48	166	897	280	9850.52	1901.29	253.50
377370.47	99	12	74	13	504	98	404	1406	795	63329.05	4445.05	72.00
5993.60	501	78	395	28	2223	289	1839	1936	1204	200331.23	21981.60	1819.32
1335566.76	277	35	228	14	7250	829	6421	979	551	159061.46	9297.59	3822.31
19716.00	451	224	208	19	1423	815	608	2199	1487	117773.55	16374.71	2729.58
0.00	2166	25	2115	26	1901	78	1823	2160	1456	198591.77	13431.89	2169.89
93599.70	96	65	25	6	4499	504	2054	2440	1515	73841.99	9145.70	169.76
32710.00	301	33	225	43	3219	928	2291	4026	2477	253241.09	31798.34	1220.82
278111.50	556	159	332	65	14090	1545	12324	28210	15778	606685.66	38457.91	7808.16
310904.49	194	26	131	37	188	18	167	2280	855	297147.52	8778.10	1576.55
73018.00	93	2	91	0	740	0	329	1307	530	78932.19	20368.64	2453.55
482014.25	975	12	809	154	1828	218	1610	5692	3387	626912.71	32390.87	1374.94
55900.00	25	1	22	2	0	0	0	1205	658	128011.05	9479.00	449.28
18553.60	196	35	146	15	10569	1266	9303	307	238	212912.84	6511.93	682.03
15301.00	304	78	168	58	5464	3088	2276	2878	1894	121617.09	6483.31	993.74
413298.00	485	93	246	146	6236	1415	4775	7234	5070	1084536.84	51797.68	8645.40
150.00	6	3	3	0	1243	15	1228	1931	948	289867.72	16529.61	0.00
15993.00	71	23	48	0	5711	1220	4468	10116	5956	164760.19	14674.48	3257.56
0.00	0	0	0	0	0	0	0	12	0	0.00	0.00	0.00
21424.00	62	10	52	0	0	0	0	1130	530	13212.75	6000.00	5000.00
0.00	128	35	89	4	977	127	770	292	115	8013.14	5102.34	0.00
0.00	0	0	0	0	0	0	0	208	200	0.00	0.00	0.00
0.00	0	0	0	0	0	0	0	207	106	1660.88	1414.51	0.00
0.00	5	0	5	0	65	19	46	429	383	49863.84	1009.66	0.00

高等教育资产情况(非学校产权中

Condition of Fixed Assets and Teaching Resources

地区 Region	占地面积(平方米) Areas Occupied (m^2)			校园足球场(个) Cammpus Football Field				图书(册) Books and Magazines in Libraries (Volume)		数字资源量 Digital Resources		
		#绿化用地面积 of Which: Green Areas	#运动场地面积 of Which: Sports Areas		11人制足球场 11-a-side Football Field	7人制足球场 7-a-side Football Field	5人制足球场 5-a-side Football Field		#当年新增 of Which: New Added	电子图书(册) E-Books (Book)	电子期刊(册) E-Journals (Book)	学位论文(册) Degree Thesis (Book)
总 计 Total	**5438884.79**	**1777717.99**	**851278.51**	**439**	**25**	**7**	**407**	**8210253**	**66083**	**2167306**	**454349**	**172396**
北 京 Beijing	374315.82	295170.60	1500.00	1	0	1	0	101952	533	0	0	0
天 津 Tianjin	131322.80	10659.00	15964.00	403	2	0	401	66276	13954	23667	4128	0
河 北 Hebei	0.00	0.00	0.00	1	1	0	0	244000	0	0	0	0
山 西 Shanxi	155952.65	29461.00	18700.00	1	1	0	0	274200	0	0	0	0
内蒙古 Inner Mongolia	0.00	0.00	0.00	0	0	0	0	0	0	0	0	0
辽 宁 Liaoning	365763.38	82997.75	73653.98	2	2	0	0	108776	0	0	0	0
吉 林 Jilin	124339.26	15140.77	37282.45	1	1	0	0	41200	0	0	0	0
黑龙江 Heilongjiang	12796.00	106.00	7451.00	0	0	0	0	0	0	0	0	0
上 海 Shanghai	17448.00	3652.00	1260.00	0	0	0	0	3000	0	10	0	0
江 苏 Jiangsu	757.56	60.00	60.00	0	0	0	0	0	0	0	0	0
浙 江 Zhejiang	1565078.15	643666.58	239794.05	12	8	3	1	2244672	29761	834678	27100	172300
安 徽 Anhui	0.00	0.00	0.00	0	0	0	0	98171	0	1003000	0	0
福 建 Fujian	0.00	0.00	0.00	0	0	0	0	0	0	0	0	0
江 西 Jiangxi	15333.41	10600.00	2981.00	0	0	0	0	0	0	0	0	0
山 东 Shandong	0.00	0.00	0.00	0	0	0	0	0	0	0	0	0
河 南 Henan	154877.40	38890.71	17075.38	0	0	0	0	1568146	0	0	0	0
湖 北 Hubei	0.00	0.00	0.00	0	0	0	0	0	0	0	0	0
湖 南 Hunan	81847.02	16852.00	4800.00	5	1	2	2	337700	8000	9	0	0
广 东 Guangdong	1840538.58	456379.61	350155.01	10	7	1	2	2978274	12554	305942	423121	96
广 西 Guangxi	7503.70	3448.00	714.00	0	0	0	0	0	0	0	0	0
海 南 Hainan	0.00	0.00	0.00	0	0	0	0	0	0	0	0	0
重 庆 Chongqing	0.00	0.00	0.00	0	0	0	0	0	0	0	0	0
四 川 Sichuan	241043.24	98059.43	32023.71	1	1	0	0	0	0	0	0	0
贵 州 Guizhou	231594.57	47119.20	28346.93	1	1	0	0	131540	1281	0	0	0
云 南 Yunnan	0.00	0.00	0.00	0	0	0	0	0	0	0	0	0
西 藏 Tibet	0.00	0.00	0.00	0	0	0	0	0	0	0	0	0
陕 西 Shaanxi	69208.00	17138.00	12490.00	1	0	0	1	0	0	0	0	0
甘 肃 Gansu	0.00	0.00	0.00	0	0	0	0	0	0	0	0	0
青 海 Qinghai	0.00	0.00	0.00	0	0	0	0	0	0	0	0	0
宁 夏 Ningxia	0.00	0.00	0.00	0	0	0	0	0	0	0	0	0
新 疆 Xinjiang	49165.25	8317.34	7027.00	0	0	0	0	12346	0	0	0	0

独立使用)(成人高校)
in HEIs (Not Owned by HEIs)(Adult HEIs)

音视频(小时) Audio and Video (Hour)	职业教育仿真实训资源量(套) Vocational Education Virtual imulation Training Resources(Set)	仿真实验软件 Simulation Experiment software	仿真实训软件 Simulation Training software	仿真实习软件 Simulation Practice software	数字终端数(台) Digital Terminals (Set)	#教师终端数 of Which: Number of Teachers' Terminals	#学生终端数 of Which: Number of Student Terminals	教室(间) Classroom (Room)	#网络多媒体教室 of Which: Network Multimedia Classroom	固定资产总值(万元) Total Value of Fixed Asset (10,000 yuan)	#教学、科研仪器设备资产 of Which: Teaching Equipment and Instruments	#当年新增 of Which: New Added in Current Year
21120.00	**0**	**0**	**0**	**0**	**68327**	**14962**	**52540**	**10806**	**5035**	**828807.62**	**154425.68**	**18370.47**
0.00	0	0	0	0	2229	1450	768	126	90	75290.15	3691.41	50.99
340.00	0	0	0	0	1974	477	1303	657	298	7408.79	2206.59	129.12
0.00	0	0	0	0	0	0	0	202	29	1250.00	455.00	0.00
0.00	0	0	0	0	876	390	280	941	6	21922.53	5432.41	32.10
0.00	0	0	0	0	0	0	0	0	0	0.00	0.00	0.00
0.00	0	0	0	0	1272	382	791	321	73	15654.07	6639.14	0.00
0.00	0	0	0	0	146	20	126	278	86	1501.00	359.67	0.00
0.00	0	0	0	0	30	25	5	69	54	15397.91	809.09	87.00
0.00	0	0	0	0	0	0	0	84	40	13.00	0.00	0.00
0.00	0	0	0	0	0	0	0	8	5	30.00	8.00	0.00
12848.00	0	0	0	0	27805	6757	21048	2502	1717	354081.53	53106.65	3425.06
1795.00	0	0	0	0	7159	0	7159	1533	635	59042.39	7300.00	0.00
0.00	0	0	0	0	0	0	0	0	0	0.00	0.00	0.00
0.00	0	0	0	0	100	32	68	27	27	628.54	55.80	0.00
393.00	0	0	0	0	0	0	0	0	0	0.00	0.00	0.00
0.00	0	0	0	0	0	0	0	411	139	47559.37	13108.10	0.30
0.00	0	0	0	0	0	0	0	0	0	1499.81	193.54	11.58
0.00	0	0	0	0	727	184	425	218	87	7036.82	2025.23	120.00
5744.00	0	0	0	0	23098	4990	18108	2780	1500	201713.86	53395.53	14514.32
0.00	0	0	0	0	0	0	0	20	8	0.00	0.00	0.00
0.00	0	0	0	0	0	0	0	0	0	0.00	0.00	0.00
0.00	0	0	0	0	0	0	0	0	0	0.00	0.00	0.00
0.00	0	0	0	0	0	0	0	103	83	0.00	0.00	0.00
0.00	0	0	0	0	1572	204	1368	315	99	16329.85	5279.53	0.00
0.00	0	0	0	0	0	0	0	40	10	0.00	0.00	0.00
0.00	0	0	0	0	0	0	0	0	0	0.00	0.00	0.00
0.00	0	0	0	0	222	1	24	138	33	36.00	17.00	0.00
0.00	0	0	0	0	0	0	0	0	0	0.00	0.00	0.00
0.00	0	0	0	0	0	0	0	0	0	0.00	0.00	0.00
0.00	0	0	0	0	0	0	0	0	0	0.00	0.00	0.00
0.00	0	0	0	0	1117	50	1067	33	16	2412.00	343.00	0.00

高等教育校舍情况(总计)
Conditions of School Buildings in HEIs (Total)

单位：平方米
unit：m^2

地区 Region	学校产权校舍建筑面积 Floor Area of School Building Owned by HEIs	正在施工校舍建筑面积 Floor Area Under Construction	非学校产权中独立使用建筑面积 Floor Area of School Building Not Owned by HEIs
总　计 Total	**911747181.60**	**69650030.58**	**228710379.60**
北　京 Beijing	44672288.06	2093081.48	3059889.10
天　津 Tianjin	16602731.03	521375.64	3055964.82
河　北 Hebei	41083632.50	1724493.77	4774459.17
山　西 Shanxi	22566313.87	1376122.51	3584669.66
内蒙古 Inner Mongolia	15289452.85	1146456.13	913428.82
辽　宁 Liaoning	33254809.18	2367641.85	4050018.75
吉　林 Jilin	7907301.91	802440.98	11877201.76
黑龙江 Heilongjiang	26816543.93	978627.04	4147391.15
上　海 Shanghai	25434556.45	3593766.52	2372941.24
江　苏 Jiangsu	62408185.52	3059850.72	10651382.14
浙　江 Zhejiang	43162023.04	1731634.18	7646713.44
安　徽 Anhui	39675493.54	2010188.64	3234430.76
福　建 Fujian	25499808.78	2554108.68	6814750.91
江　西 Jiangxi	38222624.17	1815962.14	6395421.96
山　东 Shandong	66262534.07	5696350.29	9984537.69
河　南 Henan	19133198.45	3350244.92	57264822.16
湖　北 Hubei	53638212.05	3146606.57	6072622.52
湖　南 Hunan	39089412.93	1734022.51	6297881.30
广　东 Guangdong	56768123.14	6092939.63	22975505.19
广　西 Guangxi	32937267.37	2676522.86	3861537.16
海　南 Hainan	6231064.84	745446.01	1147541.34
重　庆 Chongqing	26986201.59	2457343.20	3606485.96
四　川 Sichuan	41785632.60	4369049.47	18055519.25
贵　州 Guizhou	24517406.98	2657965.02	2753250.15
云　南 Yunnan	6625184.48	3340276.20	18700457.41
西　藏 Tibet	1634713.49	159963.08	19329.30
陕　西 Shaanxi	50093733.83	3743783.40	3294983.54
甘　肃 Gansu	19403245.58	1641002.68	486966.36
青　海 Qinghai	2907543.90	212332.46	138001.95
宁　夏 Ningxia	4032138.68	270120.55	469159.81
新　疆 Xinjiang	17105802.83	1580311.45	1003114.83

高等教育校舍情况(普通高校)

Conditions of School Buildings in HEIs (Regular HEIs)

单位：平方米
unit：m^2

地区 Region	学校产权校舍建筑面积 Floor Area of School Building Owned by HEIs	正在施工校舍建筑面积 Floor Area Under Construction	非学校产权中独立使用建筑面积 Floor Area of School Building Not Owned by HEIs
总　计 Total	**638668099.74**	**47429532.36**	**129041994.00**
北　京 Beijing	40478217.43	2071097.28	2618047.06
天　津 Tianjin	13536070.79	425442.44	1778264.65
河　北 Hebei	26779059.26	979511.73	2098018.64
山　西 Shanxi	16345147.87	917051.71	1384300.77
内蒙古 Inner Mongolia	9150736.62	589556.29	344779.40
辽　宁 Liaoning	27200145.03	1789611.59	2447848.75
吉　林 Jilin	6360854.13	551307.91	9350494.63
黑龙江 Heilongjiang	20777177.98	819852.20	3344582.31
上　海 Shanghai	22599559.55	3399405.47	1368600.91
江　苏 Jiangsu	41341336.40	2825779.44	7515662.41
浙　江 Zhejiang	30723938.24	1439584.33	4472391.74
安　徽 Anhui	25418700.40	1468447.25	1184952.37
福　建 Fujian	18339026.57	1552529.11	3509972.14
江　西 Jiangxi	23825236.91	797325.53	2261372.89
山　东 Shandong	44167688.06	2902053.23	5717808.10
河　南 Henan	12667839.32	1725070.02	32199952.89
湖　北 Hubei	39695062.65	2812680.01	4001232.57
湖　南 Hunan	23401479.16	943229.67	3772476.99
广　东 Guangdong	36215657.32	4439273.33	12411946.36
广　西 Guangxi	21421329.36	1072681.13	1318963.50
海　南 Hainan	4508956.17	669361.69	389041.22
重　庆 Chongqing	18251368.18	1640902.65	711742.91
四　川 Sichuan	29995252.03	2898003.32	9051061.41
贵　州 Guizhou	13785427.10	1114314.67	825558.45
云　南 Yunnan	4054341.79	1841755.29	11597340.79
西　藏 Tibet	1244159.44	158950.52	5558.35
陕　西 Shaanxi	39587075.20	3054235.22	2209117.46
甘　肃 Gansu	11668712.21	1334028.51	318818.93
青　海 Qinghai	1894560.13	176434.42	24149.00
宁　夏 Ningxia	2775619.92	254962.05	312441.07
新　疆 Xinjiang	10458364.52	765094.35	495495.33

高等教育校舍情况(本科层次职业高校)
Conditions of School Buildings in HEIs (Professional HEIs)

单位：平方米
unit：m^2

地区 Region	学校产权校舍建筑面积 Floor Area of School Building Owned by HEIs	正在施工校舍建筑面积 Floor Area Under Construction	非学校产权中独立使用建筑面积 Floor Area of School Building Not Owned by HEIs
总　计 Total	**11586007. 87**	**1914576. 25**	**4082383. 13**
北　京 Beijing	0. 00	0. 00	0. 00
天　津 Tianjin	0. 00	0. 00	0. 00
河　北 Hebei	1604574. 34	0. 00	120492. 28
山　西 Shanxi	907999. 02	81093. 10	179342. 73
内蒙古 Inner Mongolia	0. 00	0. 00	0. 00
辽　宁 Liaoning	246581. 94	86338. 59	1384. 20
吉　林 Jilin	0. 00	0. 00	0. 00
黑龙江 Heilongjiang	0. 00	0. 00	0. 00
上　海 Shanghai	160096. 57	99195. 84	0. 00
江　苏 Jiangsu	444456. 21	144. 00	16025. 37
浙　江 Zhejiang	600109. 87	25008. 00	250424. 79
安　徽 Anhui	0. 00	0. 00	0. 00
福　建 Fujian	171930. 71	217292. 45	225145. 85
江　西 Jiangxi	1134573. 26	14946. 24	757749. 09
山　东 Shandong	1167063. 53	571107. 77	112549. 64
河　南 Henan	0. 00	0. 00	522165. 16
湖　北 Hubei	0. 00	0. 00	0. 00
湖　南 Hunan	312535. 72	0. 00	0. 00
广　东 Guangdong	879690. 67	85000. 00	430190. 24
广　西 Guangxi	767751. 64	0. 00	584463. 72
海　南 Hainan	476307. 65	53723. 33	0. 00
重　庆 Chongqing	359986. 12	65802. 63	80122. 00
四　川 Sichuan	267217. 64	162000. 00	176286. 85
贵　州 Guizhou	254725. 75	175494. 50	254087. 23
云　南 Yunnan	0. 00	0. 00	0. 00
西　藏 Tibet	0. 00	0. 00	0. 00
陕　西 Shaanxi	444823. 45	90369. 00	371953. 98
甘　肃 Gansu	1141782. 77	50585. 00	0. 00
青　海 Qinghai	0. 00	0. 00	0. 00
宁　夏 Ningxia	0. 00	0. 00	0. 00
新　疆 Xinjiang	243801. 01	136475. 80	0. 00

高等教育校舍情况(专科层次职业高校)
Conditions of School Buildings in HEIs (Vocational HEIs)

单位：平方米
unit：m^2

地区 Region	学校产权校舍建筑面积 Floor Area of School Building Owned by HEIs	正在施工校舍建筑面积 Floor Area Under Construction	非学校产权中独立使用建筑面积 Floor Area of School Building Not Owned by HEIs
总　计 Total	**255744967.14**	**20163872.87**	**91682010.37**
北　京 Beijing	3559144.11	0.00	387924.42
天　津 Tianjin	2994700.90	95933.20	1095528.27
河　北 Hebei	12582328.54	744982.04	2419818.48
山　西 Shanxi	5163609.08	377977.70	1857347.28
内蒙古 Inner Mongolia	6081219.26	556899.84	568649.42
辽　宁 Liaoning	5464860.95	491691.67	1420917.04
吉　林 Jilin	1459720.93	251133.07	2362639.74
黑龙江 Heilongjiang	5762498.30	158774.84	747013.93
上　海 Shanghai	2381031.86	95165.21	974285.51
江　苏 Jiangsu	20408452.56	233927.28	3119084.71
浙　江 Zhejiang	11547582.68	254641.35	1620974.18
安　徽 Anhui	14077305.99	541741.39	2034311.89
福　建 Fujian	6875272.57	784287.12	3079632.92
江　西 Jiangxi	13041546.15	1003690.37	3264812.70
山　东 Shandong	20469486.69	2115524.89	4154179.95
河　南 Henan	6411739.18	1625174.90	24407136.31
湖　北 Hubei	13934243.46	333926.56	2071389.95
湖　南 Hunan	15089271.96	790792.84	2453482.18
广　东 Guangdong	19350859.79	1568666.30	9077348.11
广　西 Guangxi	10641008.32	1603841.73	1954346.22
海　南 Hainan	1168913.70	22360.99	758500.12
重　庆 Chongqing	8290576.29	750637.92	2806009.07
四　川 Sichuan	11286430.89	1309046.15	8701101.91
贵　州 Guizhou	10412940.07	1368155.85	1673604.47
云　南 Yunnan	2566121.69	1498520.91	7085979.62
西　藏 Tibet	390554.05	1012.56	13770.95
陕　西 Shaanxi	9455689.96	599179.18	637113.13
甘　肃 Gansu	6532902.58	256389.17	168147.43
青　海 Qinghai	993823.27	35898.04	113852.95
宁　夏 Ningxia	1256518.76	15158.50	156718.74
新　疆 Xinjiang	6094612.60	678741.30	496388.77

高等教育校舍情况(成人高校)

Conditions of School Buildings in HEIs (Adult HEIs)

单位：平方米
unit：m^2

地区 Region	学校产权校舍建筑面积 Floor Area of School Building Owned by HEIs	正在施工校舍建筑面积 Floor Area Under Construction	非学校产权中独立使用建筑面积 Floor Area of School Building Not Owned by HEIs
总　计 Total	**5748106.89**	**142049.10**	**3903992.10**
北　京 Beijing	634926.52	21984.20	53917.62
天　津 Tianjin	71959.34	0.00	182171.90
河　北 Hebei	117670.36	0.00	136129.77
山　西 Shanxi	149557.90	0.00	163678.88
内蒙古 Inner Mongolia	57496.97	0.00	0.00
辽　宁 Liaoning	343221.26	0.00	179868.76
吉　林 Jilin	86726.85	0.00	164067.39
黑龙江 Heilongjiang	276867.65	0.00	55794.91
上　海 Shanghai	293868.47	0.00	30054.82
江　苏 Jiangsu	213940.35	0.00	609.65
浙　江 Zhejiang	290392.25	12400.50	1302922.73
安　徽 Anhui	179487.15	0.00	15166.50
福　建 Fujian	113578.93	0.00	0.00
江　西 Jiangxi	221267.85	0.00	111487.28
山　东 Shandong	458295.79	107664.40	0.00
河　南 Henan	53619.95	0.00	135567.80
湖　北 Hubei	8905.94	0.00	0.00
湖　南 Hunan	286126.09	0.00	71922.13
广　东 Guangdong	321915.36	0.00	1056020.48
广　西 Guangxi	107178.05	0.00	3763.72
海　南 Hainan	76887.32	0.00	0.00
重　庆 Chongqing	84271.00	0.00	8611.98
四　川 Sichuan	236732.04	0.00	127069.08
贵　州 Guizhou	64314.06	0.00	0.00
云　南 Yunnan	4721.00	0.00	17137.00
西　藏 Tibet	0.00	0.00	0.00
陕　西 Shaanxi	606145.22	0.00	76798.97
甘　肃 Gansu	59848.02	0.00	0.00
青　海 Qinghai	19160.50	0.00	0.00
宁　夏 Ningxia	0.00	0.00	0.00
新　疆 Xinjiang	309024.70	0.00	11230.73

普通高中校数、班数(总计)
Number of Schools and Classes in Regular Senior Secondary Schools(Total)

地区 Region	学校数(所) Schools	完全中学 Combined Secondary Schools	高级中学 Regular High Schools	十二年一贯制学校 12-Year Schools	班数(个) Classes	一年级 Grade 1	二年级 Grade 2	三年级 Grade 3
总　计 Total	**15026**	**5285**	**7978**	**1763**	**557897**	**193245**	**185255**	**179397**
北　京 Beijing	351	175	39	137	5831	2092	1839	1900
天　津 Tianjin	201	113	71	17	4626	1573	1538	1515
河　北 Hebei	775	250	451	74	34551	11857	11674	11020
山　西 Shanxi	508	216	238	54	14616	4856	4999	4761
内蒙古 Inner Mongolia	311	119	167	25	9946	3343	3267	3336
辽　宁 Liaoning	434	49	352	33	14034	4720	4647	4667
吉　林 Jilin	266	59	185	22	9162	3021	3060	3081
黑龙江 Heilongjiang	363	72	269	22	11793	3878	3945	3970
上　海 Shanghai	280	90	154	36	5140	1858	1647	1635
江　苏 Jiangsu	644	80	493	71	28530	10207	9463	8860
浙　江 Zhejiang	641	69	505	67	20468	7024	6756	6688
安　徽 Anhui	679	252	341	86	24449	8475	7986	7988
福　建 Fujian	578	449	82	47	15634	5559	5147	4928
江　西 Jiangxi	561	256	212	93	24035	8456	7874	7705
山　东 Shandong	753	101	558	94	39926	13895	13026	13005
河　南 Henan	1050	134	767	149	49222	17347	16552	15323
湖　北 Hubei	563	55	447	61	19805	6999	6542	6264
湖　南 Hunan	726	212	452	62	27641	9677	9288	8676
广　东 Guangdong	1121	547	370	204	43397	15154	14397	13846
广　西 Guangxi	537	191	315	31	23991	8351	8030	7610
海　南 Hainan	135	87	12	36	4260	1491	1432	1337
重　庆 Chongqing	277	230	33	14	12978	4528	4248	4202
四　川 Sichuan	809	511	168	130	29759	10173	9923	9663
贵　州 Guizhou	494	128	309	57	19228	6216	6541	6471
云　南 Yunnan	641	348	253	40	20822	7278	6807	6737
西　藏 Tibet	40	6	31	3	1584	534	528	522
陕　西 Shaanxi	444	186	230	28	14410	4998	4837	4575
甘　肃 Gansu	368	138	212	18	11216	3809	3709	3698
青　海 Qinghai	106	34	62	10	2754	923	927	904
宁　夏 Ningxia	70	19	49	2	3343	1138	1107	1098
新　疆 Xinjiang	300	109	151	40	10746	3815	3519	3412

普通高中校数、班数(城区)
Number of Schools and Classes in Regular Senior Secondary Schools (Urban Area)

地区 Region	学校数(所) Schools	完全中学 Combined Secondary Schools	高级中学 Regular High Schools	十二年一贯制学校 12-Year Schools	班数(个) Classes	一年级 Grade 1	二年级 Grade 2	三年级 Grade 3
总　计 Total	**7977**	**2857**	**3982**	**1138**	**286452**	**98901**	**94824**	**92727**
北　京 Beijing	311	161	33	117	5566	1987	1761	1818
天　津 Tianjin	167	112	39	16	3862	1328	1280	1254
河　北 Hebei	320	130	166	24	13780	4640	4677	4463
山　西 Shanxi	282	159	87	36	7630	2559	2601	2470
内蒙古 Inner Mongolia	163	61	85	17	5134	1735	1679	1720
辽　宁 Liaoning	329	42	261	26	10121	3424	3346	3351
吉　林 Jilin	156	29	115	12	5868	1955	1939	1974
黑龙江 Heilongjiang	199	40	145	14	6837	2276	2268	2293
上　海 Shanghai	248	79	135	34	4575	1651	1469	1455
江　苏 Jiangsu	383	41	291	51	16005	5638	5246	5121
浙　江 Zhejiang	378	48	285	45	12397	4264	4083	4050
安　徽 Anhui	249	91	123	35	9475	3234	3080	3161
福　建 Fujian	238	171	36	31	7777	2754	2559	2464
江　西 Jiangxi	257	129	74	54	10283	3516	3387	3380
山　东 Shandong	415	52	306	57	22214	7700	7223	7291
河　南 Henan	426	63	313	50	18355	6396	6155	5804
湖　北 Hubei	360	39	274	47	12806	4501	4248	4057
湖　南 Hunan	309	108	169	32	10985	3879	3656	3450
广　东 Guangdong	744	310	274	160	30683	10691	10205	9787
广　西 Guangxi	266	99	146	21	11655	4013	3941	3701
海　南 Hainan	73	50	5	18	2493	859	843	791
重　庆 Chongqing	162	135	18	9	7536	2657	2440	2439
四　川 Sichuan	398	221	82	95	14403	4996	4777	4630
贵　州 Guizhou	211	63	109	39	7763	2506	2641	2616
云　南 Yunnan	290	152	104	34	7946	2777	2576	2593
西　藏 Tibet	24	5	16	3	924	302	303	319
陕　西 Shaanxi	253	136	97	20	7231	2521	2426	2284
甘　肃 Gansu	123	39	76	8	3860	1317	1282	1261
青　海 Qinghai	48	16	26	6	1136	382	386	368
宁　夏 Ningxia	40	11	28	1	1980	672	649	659
新　疆 Xinjiang	155	65	64	26	5172	1771	1698	1703

普通高中校数、班数(镇区)
Number of Schools and Classes in Regular Senior Secondary Schools (County and Town Area)

地区 Region	学校数(所) Schools	完全中学 Combined Secondary Schools	高级中学 Regular High Schools	十二年一贯制学校 12-Year Schools	班数(个) Classes	一年级 Grade 1	二年级 Grade 2	三年级 Grade 3
总　计 Total	**6201**	**2154**	**3565**	**482**	**248683**	**85871**	**82873**	**79939**
北　京 Beijing	20	6	4	10	135	45	43	47
天　津 Tianjin	28	1	26	1	670	210	229	231
河　北 Hebei	394	103	251	40	18359	6349	6154	5856
山　西 Shanxi	193	43	136	14	6209	2045	2129	2035
内蒙古 Inner Mongolia	138	53	78	7	4626	1542	1524	1560
辽　宁 Liaoning	91	6	80	5	3504	1153	1168	1183
吉　林 Jilin	95	27	63	5	2970	966	1002	1002
黑龙江 Heilongjiang	152	30	115	7	4658	1506	1565	1587
上　海 Shanghai	23	6	16	1	443	163	139	141
江　苏 Jiangsu	254	38	199	17	12398	4507	4179	3712
浙　江 Zhejiang	227	15	196	16	7226	2473	2398	2355
安　徽 Anhui	399	151	203	45	14368	5011	4719	4638
福　建 Fujian	294	242	41	11	7117	2491	2351	2275
江　西 Jiangxi	279	115	132	32	13234	4753	4312	4169
山　东 Shandong	293	46	221	26	16427	5689	5381	5357
河　南 Henan	547	69	398	80	28547	10027	9628	8892
湖　北 Hubei	187	15	158	14	6595	2314	2178	2103
湖　南 Hunan	369	97	244	28	15196	5248	5143	4805
广　东 Guangdong	300	203	69	28	10264	3558	3403	3303
广　西 Guangxi	248	86	154	8	11882	4123	3951	3808
海　南 Hainan	47	33	5	9	1433	507	480	446
重　庆 Chongqing	99	80	14	5	4495	1547	1490	1458
四　川 Sichuan	378	269	79	30	14471	4861	4841	4769
贵　州 Guizhou	244	56	174	14	10289	3305	3502	3482
云　南 Yunnan	305	174	128	3	11795	4130	3866	3799
西　藏 Tibet	3	0	3	0	106	33	37	36
陕　西 Shaanxi	166	41	120	5	6578	2250	2206	2122
甘　肃 Gansu	234	92	132	10	7178	2417	2374	2387
青　海 Qinghai	52	17	31	4	1468	483	492	493
宁　夏 Ningxia	28	8	20	0	1320	447	440	433
新　疆 Xinjiang	114	32	75	7	4722	1718	1549	1455

普通高中校数、班数(乡村)
Number of Schools and Classes in Regular Senior Secondary Schools (Rural Area)

地区 Region	学校数(所) Schools	完全中学 Combined Secondary Schools	高级中学 Regular High Schools	十二年一贯制学校 12-Year Schools	班数(个) Classes	一年级 Grade 1	二年级 Grade 2	三年级 Grade 3
总　计 Total	**848**	**274**	**431**	**143**	**22762**	**8473**	**7558**	**6731**
北　京 Beijing	20	8	2	10	130	60	35	35
天　津 Tianjin	6	0	6	0	94	35	29	30
河　北 Hebei	61	17	34	10	2412	868	843	701
山　西 Shanxi	33	14	15	4	777	252	269	256
内蒙古 Inner Mongolia	10	5	4	1	186	66	64	56
辽　宁 Liaoning	14	1	11	2	409	143	133	133
吉　林 Jilin	15	3	7	5	324	100	119	105
黑龙江 Heilongjiang	12	2	9	1	298	96	112	90
上　海 Shanghai	9	5	3	1	122	44	39	39
江　苏 Jiangsu	7	1	3	3	127	62	38	27
浙　江 Zhejiang	36	6	24	6	845	287	275	283
安　徽 Anhui	31	10	15	6	606	230	187	189
福　建 Fujian	46	36	5	5	740	314	237	189
江　西 Jiangxi	25	12	6	7	518	187	175	156
山　东 Shandong	45	3	31	11	1285	506	422	357
河　南 Henan	77	2	56	19	2320	924	769	627
湖　北 Hubei	16	1	15	0	404	184	116	104
湖　南 Hunan	48	7	39	2	1460	550	489	421
广　东 Guangdong	77	34	27	16	2450	905	789	756
广　西 Guangxi	23	6	15	2	454	215	138	101
海　南 Hainan	15	4	2	9	334	125	109	100
重　庆 Chongqing	16	15	1	0	947	324	318	305
四　川 Sichuan	33	21	7	5	885	316	305	264
贵　州 Guizhou	39	9	26	4	1176	405	398	373
云　南 Yunnan	46	22	21	3	1081	371	365	345
西　藏 Tibet	13	1	12	0	554	199	188	167
陕　西 Shaanxi	25	9	13	3	601	227	205	169
甘　肃 Gansu	11	7	4	0	178	75	53	50
青　海 Qinghai	6	1	5	0	150	58	49	43
宁　夏 Ningxia	2	0	1	1	43	19	18	6
新　疆 Xinjiang	31	12	12	7	852	326	272	254

普通高中教育学生数(总计)

Number of Students in Regular Senior Secondary Schools (Total)

单位：人
unit: person

地区 Region	毕业生数 Graduates	招生数 Entrants	在校生数 Enrolment	#女 of Which: Female	一年级 Grade 1	二年级 Grade 2	三年级 Grade 3
总　计 Total	**8241028**	**9475448**	**27138747**	**13529898**	**9483039**	**9009662**	**8646046**
北　京 Beijing	49775	74681	198928	99190	75141	62428	61359
天　津 Tianjin	58108	71652	209086	105260	71697	69512	67877
河　北 Hebei	500372	598825	1752465	892874	598858	595031	558576
山　西 Shanxi	224880	228491	686908	346548	228535	236780	221593
内蒙古 Inner Mongolia	129220	144285	425686	218558	144342	138415	142929
辽　宁 Liaoning	200196	211826	618553	316604	211888	203881	202784
吉　林 Jilin	145802	148060	449767	228988	148094	150884	150789
黑龙江 Heilongjiang	188628	187916	570246	291086	188256	189770	192220
上　海 Shanghai	53461	72813	192936	95849	73155	60519	59262
江　苏 Jiangsu	380642	486602	1350908	633954	487527	447591	415790
浙　江 Zhejiang	269212	299950	864408	422030	300182	284404	279822
安　徽 Anhui	380654	420893	1200980	554696	421169	391120	388691
福　建 Fujian	206117	268921	746398	364773	268996	245343	232059
江　西 Jiangxi	373189	421740	1206507	551356	423611	397052	385844
山　东 Shandong	570297	673587	1902982	943311	673657	619753	609572
河　南 Henan	742170	884485	2504510	1245851	884486	844061	775963
湖　北 Hubei	298814	355972	1002594	473702	356516	331242	314836
湖　南 Hunan	425201	504382	1422277	692238	503096	477760	441421
广　东 Guangdong	631295	749127	2117786	1043195	749607	702393	665786
广　西 Guangxi	380141	440538	1260477	658415	440906	419837	399734
海　南 Hainan	59821	71721	204564	99690	71893	68361	64310
重　庆 Chongqing	205272	232081	663252	338111	232499	216489	214264
四　川 Sichuan	474281	503117	1464997	754870	503775	490276	470946
贵　州 Guizhou	313442	308531	950612	484409	308873	322881	318858
云　南 Yunnan	312794	371435	1052863	567695	371935	344050	336878
西　藏 Tibet	23397	27583	79265	43135	27667	26271	25327
陕　西 Shaanxi	210877	238624	677049	337802	238878	226350	211821
甘　肃 Gansu	170330	181958	525737	264939	181817	171972	171948
青　海 Qinghai	41573	45752	133924	70231	45920	44712	43292
宁　夏 Ningxia	53161	58653	172385	92052	58738	57306	56341
新　疆 Xinjiang	167906	191247	529697	298486	191325	173218	165154

普通高中教育学生数(城区)
Number of Students in Regular Senior Secondary Schools (Urban Area)

单位：人
unit: person

地区 Region	毕业生数 Graduates	招生数 Entrants	在校生数 Enrolment	#女 of Which: Female	一年级 Grade 1	二年级 Grade 2	三年级 Grade 3
总　计 Total	**4186398**	**4773592**	**13681137**	**6771997**	**4777918**	**4522659**	**4380560**
北　京 Beijing	48213	70888	190241	94822	71338	59875	59028
天　津 Tianjin	48400	60068	173206	86822	60105	57301	55800
河　北 Hebei	204071	232599	692845	354576	232618	236656	223571
山　西 Shanxi	115623	119934	355750	178333	119946	121886	113918
内蒙古 Inner Mongolia	65307	75065	219161	111570	75106	70513	73542
辽　宁 Liaoning	142388	152787	441164	223913	152846	144979	143339
吉　林 Jilin	93604	95763	287282	145963	95771	95443	96068
黑龙江 Heilongjiang	107819	109750	327495	166977	110085	108303	109107
上　海 Shanghai	47064	64425	170800	84476	64734	53632	52434
江　苏 Jiangsu	222483	266072	750598	350709	266388	245651	238559
浙　江 Zhejiang	163111	182615	525234	253865	182784	172380	170070
安　徽 Anhui	149211	159308	458856	212069	159501	148451	150904
福　建 Fujian	106132	133984	374034	181345	134014	122721	117299
江　西 Jiangxi	161374	173634	508138	230951	173781	167517	166840
山　东 Shandong	316054	368615	1045220	524359	368657	338785	337778
河　南 Henan	276771	326070	930091	461652	326070	312224	291797
湖　北 Hubei	192135	227545	642488	301433	227657	213027	201804
湖　南 Hunan	164031	198666	556247	264361	199326	184387	172534
广　东 Guangdong	447380	525028	1488854	726244	525309	494949	468596
广　西 Guangxi	185582	210757	608581	312276	210952	204522	193107
海　南 Hainan	36316	41446	119574	56793	41464	39986	38124
重　庆 Chongqing	118550	134608	380579	194811	134847	123151	122581
四　川 Sichuan	221952	242141	692414	352341	242537	230395	219482
贵　州 Guizhou	122168	119966	368755	184845	120054	124900	123801
云　南 Yunnan	121135	141418	402044	217724	141519	131169	129356
西　藏 Tibet	14885	15146	45065	24578	15209	14742	15114
陕　西 Shaanxi	105066	119830	336354	166484	119909	112014	104431
甘　肃 Gansu	59257	64026	181905	89783	63823	59268	58814
青　海 Qinghai	18231	19028	55189	28952	19076	18476	17637
宁　夏 Ningxia	31469	34788	102063	53781	34829	33501	33733
新　疆 Xinjiang	80616	87622	250910	135189	87663	81855	81392

普通高中教育学生数(镇区)
Number of Students in Regular Senior Secondary Schools (County and Town Area)

单位：人
unit：person

地区 Region	毕业生数 Graduates	招生数 Entrants	在校生数 Enrolment	#女 of Which: Female	一年级 Grade 1	二年级 Grade 2	三年级 Grade 3
总　计 Total	**3779778**	**4290625**	**12364686**	**6227556**	**4293599**	**4123796**	**3947291**
北　京 Beijing	979	1583	4225	2154	1588	1345	1292
天　津 Tianjin	8639	10084	31701	16318	10092	10876	10733
河　北 Hebei	272865	322336	936010	481150	322350	314628	299032
山　西 Shanxi	96451	96884	294955	150412	96915	102180	95860
内蒙古 Inner Mongolia	61666	66502	198894	103273	66518	65418	66958
辽　宁 Liaoning	51959	53120	160260	84074	53122	53398	53740
吉　林 Jilin	46583	47288	146334	75321	47314	49448	49572
黑龙江 Heilongjiang	76534	73765	229254	117876	73770	76506	78978
上　海 Shanghai	5066	6641	17601	9123	6667	5435	5499
江　苏 Jiangsu	157316	217986	595317	280893	218593	200501	176223
浙　江 Zhejiang	95505	104943	303853	151200	104998	100538	98317
安　徽 Anhui	222620	250529	713407	329621	250612	233782	229013
福　建 Fujian	93078	120183	338223	167175	120225	111761	106237
江　西 Jiangxi	205233	239366	674484	310748	241089	221512	211883
山　东 Shandong	243300	281570	799967	391951	281596	262086	256285
河　南 Henan	443012	511310	1457414	726691	511311	493017	453086
湖　北 Hubei	102202	119597	340701	163118	120023	112670	108008
湖　南 Hunan	240977	277245	791943	392618	275292	268590	248061
广　东 Guangdong	154365	179283	510110	261062	179462	169303	161345
广　西 Guangxi	189556	218819	629090	335433	218984	208398	201708
海　南 Hainan	19329	24559	69939	35771	24713	23477	21749
重　庆 Chongqing	71630	80744	233553	118372	80891	76924	75738
四　川 Sichuan	241441	245672	730192	381008	245930	245293	238969
贵　州 Guizhou	173977	169057	525481	272007	169273	178983	177225
云　南 Yunnan	179026	212089	599526	323629	212385	195594	191547
西　藏 Tibet	1572	1797	5514	2904	1797	1924	1793
陕　西 Shaanxi	99110	108635	314224	158680	108797	105465	99962
甘　肃 Gansu	108743	114444	335420	170719	114505	110122	110793
青　海 Qinghai	21706	23949	71602	37688	24064	23873	23665
宁　夏 Ningxia	21508	22975	68287	37311	23019	22907	22361
新　疆 Xinjiang	73830	87670	237205	139256	87704	77842	71659

普通高中教育学生数(乡村)
Number of Students in Regular Senior Secondary Schools (Rural Area)

单位：人
unit: person

地区 Region	毕业生数 Graduates	招生数 Entrants	在校生数 Enrolment	#女 of Which: Female	一年级 Grade 1	二年级 Grade 2	三年级 Grade 3
总　计 Total	**274852**	**411231**	**1092924**	**530345**	**411522**	**363207**	**318195**
北　京 Beijing	583	2210	4462	2214	2215	1208	1039
天　津 Tianjin	1069	1500	4179	2120	1500	1335	1344
河　北 Hebei	23436	43890	123610	57148	43890	43747	35973
山　西 Shanxi	12806	11673	36203	17803	11674	12714	11815
内蒙古 Inner Mongolia	2247	2718	7631	3715	2718	2484	2429
辽　宁 Liaoning	5849	5919	17129	8617	5920	5504	5705
吉　林 Jilin	5615	5009	16151	7704	5009	5993	5149
黑龙江 Heilongjiang	4275	4401	13497	6233	4401	4961	4135
上　海 Shanghai	1331	1747	4535	2250	1754	1452	1329
江　苏 Jiangsu	843	2544	4993	2352	2546	1439	1008
浙　江 Zhejiang	10596	12392	35321	16965	12400	11486	11435
安　徽 Anhui	8823	11056	28717	13006	11056	8887	8774
福　建 Fujian	6907	14754	34141	16253	14757	10861	8523
江　西 Jiangxi	6582	8740	23885	9657	8741	8023	7121
山　东 Shandong	10943	23402	57795	27001	23404	18882	15509
河　南 Henan	22387	47105	117005	57508	47105	38820	31080
湖　北 Hubei	4477	8830	19405	9151	8836	5545	5024
湖　南 Hunan	20193	28471	74087	35259	28478	24783	20826
广　东 Guangdong	29550	44816	118822	55889	44836	38141	35845
广　西 Guangxi	5003	10962	22806	10706	10970	6917	4919
海　南 Hainan	4176	5716	15051	7126	5716	4898	4437
重　庆 Chongqing	15092	16729	49120	24928	16761	16414	15945
四　川 Sichuan	10888	15304	42391	21521	15308	14588	12495
贵　州 Guizhou	17297	19508	56376	27557	19546	18998	17832
云　南 Yunnan	12633	17928	51293	26342	18031	17287	15975
西　藏 Tibet	6940	10640	28686	15653	10661	9605	8420
陕　西 Shaanxi	6701	10159	26471	12638	10172	8871	7428
甘　肃 Gansu	2330	3488	8412	4437	3489	2582	2341
青　海 Qinghai	1636	2775	7133	3591	2780	2363	1990
宁　夏 Ningxia	184	890	2035	960	890	898	247
新　疆 Xinjiang	13460	15955	41582	24041	15958	13521	12103

普通高中教育女学生数
Number of Female Students in Regular Senior Secondary Schools

单位：人
unit：person

地区 Region	毕业生数 Graduates	招生数 Entrants	在校生数 Enrolment	一年级 Grade 1	二年级 Grade 2	三年级 Grade 3
总　计 Total	**4179927**	**4693813**	**13529898**	**4696911**	**4493949**	**4339038**
北　京 Beijing	25803	37040	99190	37302	31114	30774
天　津 Tianjin	29808	35790	105260	35816	35239	34205
河　北 Hebei	260301	302372	892874	302386	302936	287552
山　西 Shanxi	117150	114351	346548	114377	119731	112440
内蒙古 Inner Mongolia	67536	73642	218558	73669	71359	73530
辽　宁 Liaoning	105937	108621	316604	108647	103996	103961
吉　林 Jilin	75766	74954	228988	74967	77006	77015
黑龙江 Heilongjiang	97832	95780	291086	95937	96842	98307
上　海 Shanghai	27274	35926	95849	36076	30177	29596
江　苏 Jiangsu	184032	228319	633954	228647	210230	195077
浙　江 Zhejiang	135205	145263	422030	145353	138509	138168
安　徽 Anhui	177924	193829	554696	193953	179877	180866
福　建 Fujian	104645	130507	364773	130547	119322	114904
江　西 Jiangxi	168912	193642	551356	194539	181018	175799
山　东 Shandong	293233	329788	943311	329823	307766	305722
河　南 Henan	372998	436106	1245851	436107	421730	388014
湖　北 Hubei	143855	166024	473702	166140	156897	150665
湖　南 Hunan	207427	243829	692238	243089	232944	216205
广　东 Guangdong	312120	368873	1043195	369090	345559	328546
广　西 Guangxi	202868	227399	658415	227576	219840	210999
海　南 Hainan	29827	34677	99690	34733	33400	31557
重　庆 Chongqing	104307	118705	338111	118855	110378	108878
四　川 Sichuan	245019	258988	754870	259308	252580	242982
贵　州 Guizhou	162489	154354	484409	154502	164985	164922
云　南 Yunnan	174593	197659	567695	197886	185453	184356
西　藏 Tibet	13114	15040	43135	15062	14250	13823
陕　西 Shaanxi	106702	118629	337802	118747	113332	105723
甘　肃 Gansu	86722	91527	264939	91432	86859	86648
青　海 Qinghai	22148	23952	70231	24044	23358	22829
宁　夏 Ningxia	28542	30945	92052	30981	30499	30572
新　疆 Xinjiang	95838	107282	298486	107320	96763	94403

中学学校教职工数(初级中学、九年一贯制学校、职业初中、完全中学、高级中学、十二年一贯制学校)(总计)

Number of Educational Personnel in General Secondary Schools(Total)

单位：人
unit: person

地区 Region	教职工数 Educational Personnel	专任教师 Full-time Teachers	行政人员 Adm. Personnel	教辅人员 Supporting Staffs	工勤人员 Workers	其他 Others	校外教师 Part-time Teachers	外籍教师 Foreign Teachers
总　计 Total	**7975689**	**7085365**	**186057**	**290738**	**394989**	**18540**	**29260**	**7661**
北　京 Beijing	99779	79839	6945	9749	3139	107	827	1674
天　津 Tianjin	60638	53144	3269	3117	984	124	426	115
河　北 Hebei	457852	405699	12863	16223	22916	151	463	15
山　西 Shanxi	223842	189476	6228	11909	15458	771	617	9
内蒙古 Inner Mongolia	143925	117188	5528	14685	6042	482	488	6
辽　宁 Liaoning	207660	180261	16862	7098	3118	321	276	1
吉　林 Jilin	143485	119886	6918	13615	2985	81	162	3
黑龙江 Heilongjiang	172891	147750	7410	11809	5575	347	889	24
上　海 Shanghai	98815	82592	4883	7010	4058	272	479	1592
江　苏 Jiangsu	442550	396308	6196	17269	21877	900	1456	944
浙　江 Zhejiang	278532	249957	5158	9453	13337	627	490	683
安　徽 Anhui	340027	304405	7679	7479	19616	848	683	55
福　建 Fujian	211423	188374	5188	8327	8316	1218	1022	162
江　西 Jiangxi	290193	272386	2213	7231	8317	46	371	7
山　东 Shandong	590836	549917	8377	17260	14954	328	1666	189
河　南 Henan	683053	618026	14862	14917	34271	977	3842	40
湖　北 Hubei	287828	251208	7297	9629	18576	1118	3112	153
湖　南 Hunan	384361	354557	7108	9222	12878	596	1637	34
广　东 Guangdong	737172	629020	15335	30804	59501	2512	878	1425
广　西 Guangxi	295083	258940	3569	8564	22266	1744	1027	28
海　南 Hainan	67083	56712	1510	1714	6559	588	395	132
重　庆 Chongqing	150461	138210	3000	3389	5578	284	860	84
四　川 Sichuan	455425	411047	7561	11146	24602	1069	2553	139
贵　州 Guizhou	253472	217893	4785	4890	25782	122	365	25
云　南 Yunnan	249523	228837	2836	3919	12955	976	1083	17
西　藏 Tibet	20231	19614	216	257	144	0	431	0
陕　西 Shaanxi	209267	184604	7302	9664	6909	788	19	83
甘　肃 Gansu	158865	149935	1876	3778	3090	186	173	22
青　海 Qinghai	36720	32688	336	313	3185	198	243	0
宁　夏 Ningxia	38701	36875	267	762	725	72	157	0
新　疆 Xinjiang	185996	160017	2480	15536	7276	687	2170	0

中学学校教职工数(初级中学、九年一贯制学校、职业初中、完全中学、高级中学、十二年一贯制学校)(城区)

Number of Educational Personnel in General Secondary Schools (Urban Area)

单位：人
unit: person

地区 Region	教职工数 Educational Personnel	专任教师 Full-time Teachers	行政人员 Adm. Personnel	教辅人员 Supporting Staffs	工勤人员 Workers	其他 Others	校外教师 Part-time Teachers	外籍教师 Foreign Teachers
总　计 Total	**3650042**	**3204603**	**98609**	**149596**	**190015**	**7219**	**16268**	**6564**
北　京 Beijing	85734	69345	5729	7909	2673	78	807	1491
天　津 Tianjin	47730	41395	2683	2778	762	112	423	110
河　北 Hebei	158870	141124	4719	5822	7159	46	189	4
山　西 Shanxi	103348	86153	3608	4981	8392	214	283	5
内蒙古 Inner Mongolia	59836	50671	2951	4500	1636	78	296	3
辽　宁 Liaoning	121910	106452	9525	3761	2035	137	189	1
吉　林 Jilin	66239	56433	2803	5184	1819	0	113	1
黑龙江 Heilongjiang	80125	69671	3436	4461	2469	88	347	23
上　海 Shanghai	84866	71344	4162	6214	2952	194	401	1459
江　苏 Jiangsu	241483	216333	3743	9952	11010	445	789	805
浙　江 Zhejiang	169365	151136	3165	6000	8722	342	383	556
安　徽 Anhui	108019	97007	2372	2517	5958	165	292	30
福　建 Fujian	98434	86974	2946	4072	3833	609	589	159
江　西 Jiangxi	106978	100369	1348	2368	2884	9	218	7
山　东 Shandong	292865	272789	4192	9328	6423	133	462	105
河　南 Henan	215541	193306	5940	5137	10853	305	1550	17
湖　北 Hubei	156365	135381	4542	5515	10506	421	2435	111
湖　南 Hunan	129716	116751	2764	4603	5377	221	547	7
广　东 Guangdong	496957	416152	9067	25537	44703	1498	717	1281
广　西 Guangxi	116188	99485	2103	4625	9651	324	435	26
海　南 Hainan	32197	26818	801	944	3397	237	216	41
重　庆 Chongqing	79850	73061	1851	2151	2619	168	629	71
四　川 Sichuan	191128	164560	3946	7545	14715	362	893	118
贵　州 Guizhou	84687	72183	2107	1682	8648	67	248	11
云　南 Yunnan	75850	69199	1545	1643	3271	192	700	17
西　藏 Tibet	8027	7713	112	113	89	0	286	0
陕　西 Shaanxi	94713	82973	4334	3805	3108	493	14	83
甘　肃 Gansu	46540	43338	834	1112	1213	43	95	22
青　海 Qinghai	12542	11788	106	144	423	81	40	0
宁　夏 Ningxia	18296	17387	180	337	376	16	77	0
新　疆 Xinjiang	65643	57312	995	4856	2339	141	1605	0

中学学校教职工数（初级中学、九年一贯制学校、职业初中、完全中学、高级中学、十二年一贯制学校）（镇区）
Number of Educational Personnel in General Secondary Schools (County and Town Area)

单位：人
unit：person

地区 Region	教职工数 Educational Personnel	专任教师 Full-time Teachers	行政人员 Adm. Personnel	教辅人员 Supporting Staffs	工勤人员 Workers	其他 Others	校外教师 Part-time Teachers	外籍教师 Foreign Teachers
总　计 Total	**3498778**	**3147490**	**66377**	**113353**	**163057**	**8501**	**10738**	**725**
北　京 Beijing	8041	6027	653	1099	248	14	2	96
天　津 Tianjin	9476	8614	405	287	160	10	3	5
河　北 Hebei	240854	212821	6267	9102	12566	98	219	11
山　西 Shanxi	97591	84776	1980	5288	5200	347	306	1
内蒙古 Inner Mongolia	74423	58905	2186	9141	3852	339	175	3
辽　宁 Liaoning	66419	56993	5599	2792	879	156	49	0
吉　林 Jilin	53506	45173	2386	5117	764	66	29	1
黑龙江 Heilongjiang	71575	61132	2912	4730	2591	210	354	1
上　海 Shanghai	10726	8792	564	569	765	36	47	77
江　苏 Jiangsu	188194	168761	2145	6714	10168	406	596	108
浙　江 Zhejiang	91696	83405	1588	2791	3663	249	76	92
安　徽 Anhui	185924	165739	4208	4081	11378	518	343	23
福　建 Fujian	89169	80569	1560	3436	3152	452	321	2
江　西 Jiangxi	149069	140027	662	3835	4518	27	99	0
山　东 Shandong	257637	239323	3442	7168	7545	159	1147	84
河　南 Henan	376153	341125	7180	8299	19041	508	2083	22
湖　北 Hubei	109405	96484	2221	3610	6498	592	655	42
湖　南 Hunan	202335	188728	3244	3968	6132	263	889	26
广　东 Guangdong	184039	165799	4454	3785	9203	798	109	59
广　西 Guangxi	155060	138617	1256	3473	10553	1161	506	2
海　南 Hainan	25210	21781	424	511	2294	200	100	29
重　庆 Chongqing	57727	53631	883	969	2197	47	127	13
四　川 Sichuan	215867	201676	2709	3063	7936	483	1345	20
贵　州 Guizhou	139653	121139	2008	2617	13836	53	88	8
云　南 Yunnan	126290	116120	837	1851	7036	446	264	0
西　藏 Tibet	6901	6780	48	44	29	0	26	0
陕　西 Shaanxi	99197	88425	2321	4887	3341	223	4	0
甘　肃 Gansu	92337	87435	901	2341	1558	102	65	0
青　海 Qinghai	17974	15520	175	147	2061	71	162	0
宁　夏 Ningxia	16220	15521	74	362	219	44	76	0
新　疆 Xinjiang	80110	67652	1085	7276	3674	423	473	0

中学学校教职工数(初级中学、九年一贯制学校、职业初中、完全中学、高级中学、十二年一贯制学校)(乡村)

Number of Educational Personnel in General Secondary Schools (Rural Area)

单位：人
unit: person

地区 Region	教职工数 Educational Personnel	专任教师 Full-time Teachers	行政人员 Adm. Personnel	教辅人员 Supporting Staffs	工勤人员 Workers	其他 Others	校外教师 Part-time Teachers	外籍教师 Foreign Teachers
总　计 Total	**826869**	**733272**	**21071**	**27789**	**41917**	**2820**	**2254**	**372**
北　京 Beijing	6004	4467	563	741	218	15	18	87
天　津 Tianjin	3432	3135	181	52	62	2	0	0
河　北 Hebei	58128	51754	1877	1299	3191	7	55	0
山　西 Shanxi	22903	18547	640	1640	1866	210	28	3
内蒙古 Inner Mongolia	9666	7612	391	1044	554	65	17	0
辽　宁 Liaoning	19331	16816	1738	545	204	28	38	0
吉　林 Jilin	23740	18280	1729	3314	402	15	20	1
黑龙江 Heilongjiang	21191	16947	1062	2618	515	49	188	0
上　海 Shanghai	3223	2456	157	227	341	42	31	56
江　苏 Jiangsu	12873	11214	308	603	699	49	71	31
浙　江 Zhejiang	17471	15416	405	662	952	36	31	35
安　徽 Anhui	46084	41659	1099	881	2280	165	48	2
福　建 Fujian	23820	20831	682	819	1331	157	112	1
江　西 Jiangxi	34146	31990	203	1028	915	10	54	0
山　东 Shandong	40334	37805	743	764	986	36	57	0
河　南 Henan	91359	83595	1742	1481	4377	164	209	1
湖　北 Hubei	22058	19343	534	504	1572	105	22	0
湖　南 Hunan	52310	49078	1100	651	1369	112	201	1
广　东 Guangdong	56176	47069	1814	1482	5595	216	52	85
广　西 Guangxi	23835	20838	210	466	2062	259	86	0
海　南 Hainan	9676	8113	285	259	868	151	79	62
重　庆 Chongqing	12884	11518	266	269	762	69	104	0
四　川 Sichuan	48430	44811	906	538	1951	224	315	1
贵　州 Guizhou	29132	24571	670	591	3298	2	29	6
云　南 Yunnan	47383	43518	454	425	2648	338	119	0
西　藏 Tibet	5303	5121	56	100	26	0	119	0
陕　西 Shaanxi	15357	13206	647	972	460	72	1	0
甘　肃 Gansu	19988	19162	141	325	319	41	13	0
青　海 Qinghai	6204	5380	55	22	701	46	41	0
宁　夏 Ningxia	4185	3967	13	63	130	12	4	0
新　疆 Xinjiang	40243	35053	400	3404	1263	123	92	0

普通中学学校女教职工数
Number of Female Educational Personnel in General Secondary Schools

单位：人
unit：person

地区 Region	教职工数 Educational Personnel	专任教师 Full-time Teachers	行政人员 Adm. Personnel	教辅人员 Supporting Staffs	工勤人员 Workers	其他 Others	校外教师 Part-time Teachers	外籍教师 Foreign Teachers
总　计 Total	**4846229**	**4388658**	**62568**	**166426**	**218724**	**9853**	**19156**	**2658**
北　京 Beijing	73434	61613	3887	6765	1110	59	601	628
天　津 Tianjin	43114	39308	1412	2032	280	82	296	41
河　北 Hebei	321633	295731	4145	9184	12499	74	318	6
山　西 Shanxi	153223	134746	2258	6829	8959	431	426	3
内蒙古 Inner Mongolia	93630	81935	1730	7667	2107	191	278	0
辽　宁 Liaoning	142272	130170	6425	4723	772	182	162	0
吉　林 Jilin	96812	86474	2111	6930	1251	46	118	0
黑龙江 Heilongjiang	109973	99821	2271	5782	1912	187	675	2
上　海 Shanghai	71458	61522	2718	5100	1950	168	291	484
江　苏 Jiangsu	256857	234140	1910	8943	11471	393	766	371
浙　江 Zhejiang	172688	156753	1932	5549	8117	337	319	242
安　徽 Anhui	168930	151767	1807	3407	11583	366	354	13
福　建 Fujian	115685	103952	1841	4966	4275	651	699	30
江　西 Jiangxi	165268	155265	923	4416	4639	25	263	1
山　东 Shandong	358645	340209	2476	8292	7532	136	1195	61
河　南 Henan	454903	421796	4928	8049	19674	456	2787	11
湖　北 Hubei	154084	135819	2110	4390	11299	466	1907	60
湖　南 Hunan	225996	211514	1696	5483	7007	296	1131	7
广　东 Guangdong	458460	398181	4120	21399	33344	1416	579	548
广　西 Guangxi	180267	158390	1533	5462	13832	1050	658	9
海　南 Hainan	40109	34193	643	1147	3817	309	315	40
重　庆 Chongqing	82242	76454	1043	1810	2762	173	534	21
四　川 Sichuan	257078	232793	2217	7065	14372	631	1536	43
贵　州 Guizhou	131582	109959	1422	2379	17746	76	202	4
云　南 Yunnan	139463	128685	1062	2125	6991	600	611	2
西　藏 Tibet	10982	10722	45	166	49	0	133	0
陕　西 Shaanxi	127518	116489	2580	4979	2995	475	10	23
甘　肃 Gansu	75056	72014	293	1652	1029	68	77	8
青　海 Qinghai	21752	19274	101	182	2063	132	140	0
宁　夏 Ningxia	22889	22091	83	361	325	29	129	0
新　疆 Xinjiang	120226	106878	846	9192	2962	348	1646	0

普通中学教职工总数中民办教职工数

Number of Educational Personnel in Non-Government General Secondary Schools

单位：人
unit：person

地区 Region	教职工数 Educational Personnel	专任教师 Full-time Teachers	行政人员 Adm. Personnel	教辅人员 Supporting Staffs	工勤人员 Workers	其他 Others	校外教师 Part-time Teachers	外籍教师 Foreign Teachers
总　计 Total	**1448595**	**1082952**	**62258**	**71549**	**227022**	**4814**	**5031**	**6773**
北　京 Beijing	14101	7949	2313	1988	1826	25	52	1389
天　津 Tianjin	6241	4744	625	445	350	77	59	93
河　北 Hebei	118758	92786	5316	4071	16534	51	32	8
山　西 Shanxi	52475	35744	2759	2436	11364	172	101	7
内蒙古 Inner Mongolia	10156	7493	637	438	1577	11	17	6
辽　宁 Liaoning	17528	14287	1532	731	962	16	209	1
吉　林 Jilin	12426	9463	746	751	1460	6	13	1
黑龙江 Heilongjiang	10249	7523	667	511	1527	21	11	1
上　海 Shanghai	17477	13003	1178	2113	1144	39	182	1495
江　苏 Jiangsu	76569	59974	2585	3808	10076	126	290	807
浙　江 Zhejiang	66214	50081	2511	3330	9975	317	163	613
安　徽 Anhui	78748	57193	3570	2857	14756	372	51	46
福　建 Fujian	36256	26364	2188	2354	4976	374	37	147
江　西 Jiangxi	38097	29540	1459	2971	4120	7	36	7
山　东 Shandong	104079	86410	3688	4032	9860	89	306	178
河　南 Henan	182675	141806	7676	5389	27304	500	701	37
湖　北 Hubei	57347	40020	2720	2453	11981	173	1141	148
湖　南 Hunan	62056	47803	2302	3572	8073	306	159	31
广　东 Guangdong	240808	174663	6197	15009	43596	1343	272	1258
广　西 Guangxi	34733	24445	1713	1538	6884	153	285	25
海　南 Hainan	16699	11090	929	720	3866	94	44	116
重　庆 Chongqing	11842	8762	640	626	1764	50	49	76
四　川 Sichuan	77701	53988	2788	5179	15566	180	348	139
贵　州 Guizhou	41181	28283	2191	1483	9202	22	122	25
云　南 Yunnan	29705	23738	1355	957	3546	109	280	17
西　藏 Tibet	0	0	0	0	0	0	0	0
陕　西 Shaanxi	21047	15604	1333	1080	2882	148	2	83
甘　肃 Gansu	6943	5316	336	389	874	28	36	19
青　海 Qinghai	991	718	94	9	170	0	5	0
宁　夏 Ningxia	2474	1999	119	132	224	0	0	0
新　疆 Xinjiang	3019	2163	91	177	583	5	28	0

普通高中教育专任教师分学历、
Number of Full-time Teachers in Regular Senior Secondary

地区 Region	合计 Total	#女 of Which: Female	按学历分 By Academic Qualifications					
			博士研究生 Doctoral Degree	硕士研究生 Master's Degree	本科毕业 Under-graduate	专科毕业 Associate Bachelor	高中阶段毕业 High School Graduate	高中阶段毕业以下 Below High School Graduate
总　计 Total	**2133159**	**1227203**	**2563**	**276376**	**1833450**	**20383**	**360**	**27**
北　京 Beijing	22789	16505	897	8345	13512	34	1	0
天　津 Tianjin	17959	13058	59	3664	14193	43	0	0
河　北 Hebei	134101	92165	21	13989	118803	1280	7	1
山　西 Shanxi	64989	42835	5	9245	55056	680	3	0
内蒙古 Inner Mongolia	40737	26798	17	7759	32607	351	3	0
辽　宁 Liaoning	54275	38218	24	7306	46508	417	20	0
吉　林 Jilin	35129	24264	62	4953	29970	144	0	0
黑龙江 Heilongjiang	44979	30025	8	4896	39671	241	163	0
上　海 Shanghai	20127	13710	295	6734	13096	2	0	0
江　苏 Jiangsu	121392	65517	105	27094	94060	130	1	2
浙　江 Zhejiang	78339	43787	115	13341	64768	114	1	0
安　徽 Anhui	90183	40589	24	8541	80911	705	2	0
福　建 Fujian	57662	30696	30	6414	50517	699	2	0
江　西 Jiangxi	81583	42415	5	8356	70345	2835	25	17
山　东 Shandong	161771	93509	61	24168	136607	920	14	1
河　南 Henan	184224	112007	60	20937	161105	2121	1	0
湖　北 Hubei	76048	35502	69	8706	66360	887	26	0
湖　南 Hunan	102263	51728	57	8709	91846	1639	11	1
广　东 Guangdong	164739	93754	492	28972	134401	855	17	2
广　西 Guangxi	83638	52349	7	5322	76901	1388	20	0
海　南 Hainan	15909	9560	9	1526	14182	192	0	0
重　庆 Chongqing	44213	23585	29	5741	38068	366	9	0
四　川 Sichuan	111409	57149	52	11548	99180	626	3	0
贵　州 Guizhou	71721	36031	17	5119	65535	1049	1	0
云　南 Yunnan	76425	43775	6	4778	71104	521	14	2
西　藏 Tibet	6588	3614	2	463	6083	40	0	0
陕　西 Shaanxi	57339	32789	23	9013	47864	436	3	0
甘　肃 Gansu	47955	21687	4	5767	41277	903	4	0
青　海 Qinghai	10789	6130	5	884	9725	171	4	0
宁　夏 Ningxia	13063	7681	0	1628	11363	68	4	0
新　疆 Xinjiang	40821	25771	3	2458	37832	526	1	1

分专业技术职务情况(总计)

Schools by Academic Qualification and Professional Rank(Total)

单位：人
unit：person

按专业技术职务分 By Professional Rank					
正高级 Senior	副高级 Sub-senior	中　级 Middle	助理级 Associate	员　级 Junior	未定职级 No-Ranking
9098	**552865**	**734590**	**491125**	**29822**	**315659**
293	8616	6643	4898	71	2268
94	6728	7129	2537	134	1337
392	25450	46379	26449	4143	31288
201	13440	22705	17934	670	10039
146	10808	15384	8789	437	5173
114	24257	18449	5849	287	5319
210	10710	13609	6453	351	3796
142	13380	18882	9067	478	3030
212	5416	8165	4529	132	1673
715	41142	42400	21624	1271	14240
292	26365	26231	16982	382	8087
239	25276	28595	17412	1945	16716
219	17659	19915	12781	400	6688
248	20909	22835	16744	1446	19401
674	34020	58678	42350	1433	24616
149	33672	52657	54607	4238	38901
367	21489	29642	13613	1611	9326
450	26155	33393	22415	2884	16966
572	39822	63333	36115	2267	22630
189	15757	25917	24198	1338	16239
73	3904	5354	3756	248	2574
267	11376	16718	11807	112	3933
582	34257	40378	24039	422	11731
356	16472	24294	18342	596	11661
514	22039	22552	21013	520	9787
21	1108	2406	2350	310	393
247	14910	22865	12977	352	5988
776	13124	19944	10583	116	3412
36	2641	3234	3167	265	1446
63	3338	4748	3016	316	1582
245	8625	11156	14729	647	5419

普通高中教育专任教师分学历、
Number of Full-time Teachers in Regular Senior Secondary

地区 Region	合计 Total	#女 of Which: Female	按学历分 By Academic Qualifications					
			博士研究生 Doctoral Degree	硕士研究生 Master's Degree	本科毕业 Under-graduate	专科毕业 Associate Bachelor	高中阶段毕业 High School Graduate	高中阶段毕业以下 Below High School Graduate
总　计 Total	**1114659**	**667735**	**2275**	**189355**	**914924**	**7848**	**238**	**19**
北　京 Beijing	21705	15728	868	7892	12915	29	1	0
天　津 Tianjin	14915	11048	58	3391	11436	30	0	0
河　北 Hebei	55478	38961	7	7479	47695	297	0	0
山　西 Shanxi	33009	22284	4	4988	27776	239	2	0
内蒙古 Inner Mongolia	21159	14146	13	4835	16200	110	1	0
辽　宁 Liaoning	39509	28245	22	5857	33391	230	9	0
吉　林 Jilin	22795	15876	57	3522	19115	101	0	0
黑龙江 Heilongjiang	26786	18257	8	3730	22748	138	162	0
上　海 Shanghai	17939	12319	281	6256	11401	1	0	0
江　苏 Jiangsu	70592	39842	99	18735	51687	70	1	0
浙　江 Zhejiang	47949	27214	94	9406	38387	61	1	0
安　徽 Anhui	35503	17034	13	4441	30796	253	0	0
福　建 Fujian	28664	17313	20	4682	23763	198	1	0
江　西 Jiangxi	35384	19102	3	5187	29026	1146	6	16
山　东 Shandong	92636	55315	41	15662	76449	476	8	0
河　南 Henan	68514	42407	13	10046	57528	926	1	0
湖　北 Hubei	50375	24573	35	6869	43068	392	11	0
湖　南 Hunan	41232	21566	44	5080	35423	683	1	1
广　东 Guangdong	117343	68394	468	24755	91703	411	4	2
广　西 Guangxi	41657	26732	7	4073	37175	388	14	0
海　南 Hainan	9363	5766	3	886	8386	88	0	0
重　庆 Chongqing	26691	14566	28	4436	22087	136	4	0
四　川 Sichuan	55437	29326	48	8146	46977	263	3	0
贵　州 Guizhou	29489	16081	6	3198	25830	454	1	0
云　南 Yunnan	30042	17825	5	3258	26677	102	0	0
西　藏 Tibet	3995	2173	2	346	3628	19	0	0
陕　西 Shaanxi	27925	17038	21	5696	22026	179	3	0
甘　肃 Gansu	16068	8200	4	2963	12913	186	2	0
青　海 Qinghai	4564	2670	1	514	3976	72	1	0
宁　夏 Ningxia	7787	4642	0	1193	6558	35	1	0
新　疆 Xinjiang	20154	13092	2	1833	18184	135	0	0

分专业技术职务情况(城区)

Schools by Academic Qualification and Professional Rank (Urban Area)

单位：人
unit: person

按专业技术职务分 By Professional Rank					
正高级 Senior	副高级 Sub-senior	中 级 Middle	助理级 Associate	员 级 Junior	未定职级 No-Ranking
6330	**312950**	**396491**	**234533**	**12740**	**151615**
290	8342	6337	4645	69	2022
91	5677	5811	2058	125	1153
241	11603	21373	10735	1863	9663
134	6964	11170	8743	415	5583
101	6148	7557	4373	180	2800
95	17870	13168	3994	139	4243
160	6975	9092	4058	228	2282
107	8521	11458	4798	253	1649
199	4884	7266	4015	55	1520
568	25897	24927	10714	458	8028
228	16504	16048	10180	254	4735
140	10548	12012	6894	558	5351
158	8512	9257	6568	221	3948
147	10365	10550	7079	645	6598
465	20483	36108	22586	400	12594
103	14334	21137	19165	1562	12213
296	15388	19242	8376	811	6262
243	10933	13560	8217	783	7496
498	29849	44241	23683	1531	17541
143	8066	13623	11197	468	8160
54	2372	3101	2237	111	1488
196	7186	10354	6253	50	2652
393	17807	20423	10810	271	5733
252	6746	9766	7224	242	5259
346	9061	8919	6846	174	4696
18	825	1555	1252	199	146
140	7371	10711	6237	141	3325
272	4567	6804	3110	43	1272
21	1186	1326	1398	77	556
50	2228	2893	1480	208	928
181	5738	6702	5608	206	1719

普通高中教育专任教师分学历、
Number of Full-time Teachers in Regular Senior Secondary Schools by

地区 Region	合计 Total	#女 of Which: Female	按学历分 By Academic Qualifications					
			博士研究生 Doctoral Degree	硕士研究生 Master's Degree	本科毕业 Under-graduate	专科毕业 Associate Bachelor	高中阶段毕业 High School Graduate	高中阶段毕业以下 Below High School Graduate
总　计 Total	**936544**	**512214**	**228**	**78696**	**845788**	**11705**	**119**	**8**
北　京 Beijing	584	411	19	227	336	2	0	0
天　津 Tianjin	2626	1750	1	255	2359	11	0	0
河　北 Hebei	69865	47269	9	5836	63152	860	7	1
山　西 Shanxi	28620	18414	1	3654	24560	405	0	0
内蒙古 Inner Mongolia	18825	12191	4	2843	15761	215	2	0
辽　宁 Liaoning	13153	8846	0	1258	11734	150	11	0
吉　林 Jilin	11172	7610	5	1278	9849	40	0	0
黑龙江 Heilongjiang	16995	10993	0	1119	15775	100	1	0
上　海 Shanghai	1697	1081	9	394	1294	0	0	0
江　苏 Jiangsu	50242	25329	6	8247	41927	60	0	2
浙　江 Zhejiang	27149	14733	16	3345	23744	44	0	0
安　徽 Anhui	52459	22606	5	4001	48009	442	2	0
福　建 Fujian	26454	12255	9	1566	24399	479	1	0
江　西 Jiangxi	44809	22640	2	3095	40070	1623	18	1
山　东 Shandong	64818	35555	19	7958	56405	429	6	1
河　南 Henan	107237	64296	41	10030	96046	1120	0	0
湖　北 Hubei	24285	10323	34	1688	22061	487	15	0
湖　南 Hunan	55781	27387	12	3239	51628	892	10	0
广　东 Guangdong	38455	20637	12	2986	35093	351	13	0
广　西 Guangxi	40476	24722	0	1120	38370	980	6	0
海　南 Hainan	5295	3012	5	437	4756	97	0	0
重　庆 Chongqing	14788	7520	1	1061	13515	206	5	0
四　川 Sichuan	53049	26324	4	3226	49476	343	0	0
贵　州 Guizhou	38123	17773	10	1483	36069	561	0	0
云　南 Yunnan	42476	23692	1	1365	40686	408	14	2
西　藏 Tibet	495	255	0	20	475	0	0	0
陕　西 Shaanxi	27122	14592	0	2975	23920	227	0	0
甘　肃 Gansu	31106	13138	0	2736	27663	705	2	0
青　海 Qinghai	5781	3220	2	330	5351	95	3	0
宁　夏 Ningxia	5133	2939	0	419	4678	33	3	0
新　疆 Xinjiang	17474	10701	1	505	16627	340	0	1

分专业技术职务情况(镇区)
Academic Qualification and Professional Rank (County and Town Area)

单位：人
unit: person

按专业技术职务分 By Professional Rank					
正高级 Senior	副高级 Sub-senior	中 级 Middle	助理级 Associate	员 级 Junior	未定职级 No-Ranking
2533	**225749**	**316144**	**238148**	**15016**	**138954**
1	147	185	136	2	113
3	888	1150	418	9	158
139	13104	23346	14887	1661	16728
57	6100	10595	8305	115	3448
40	4491	7649	4330	254	2061
14	5801	4884	1629	113	712
44	3500	4188	2164	110	1166
33	4514	7053	4065	211	1119
6	399	707	411	76	98
145	15130	17357	10844	813	5953
54	9017	9146	6072	125	2735
98	14369	16085	10121	1261	10525
59	8566	9855	5612	172	2190
96	10343	12058	9451	768	12093
198	13178	21841	18911	880	9810
42	18330	29708	33226	2495	23436
69	5717	9984	4925	797	2793
194	14085	18442	13184	1947	7929
46	8173	15884	10469	549	3334
42	7454	11929	12751	850	7450
11	1254	1797	1265	95	873
62	3593	5300	4740	46	1047
182	15757	19080	12524	145	5361
79	8996	13564	10044	248	5192
154	12279	12624	12994	322	4103
1	46	143	246	21	38
91	7043	11291	6280	207	2210
487	8389	12818	7339	73	2000
14	1397	1801	1702	120	747
11	1099	1848	1452	108	615
61	2590	3832	7651	423	2917

普通高中教育专任教师分学历、

Number of Full-time Teachers in Regular Senior Secondary Schools by

地区 Region	合计 Total	#女 of Which: Female	按学历分 By Academic Qualifications					
			博士研究生 Doctoral Degree	硕士研究生 Master's Degree	本科毕业 Under-graduate	专科毕业 Associate Bachelor	高中阶段毕业 High School Graduate	高中阶段毕业以下 Below High School Graduate
总　计 Total	**81956**	**47254**	**60**	**8325**	**72738**	**830**	**3**	**0**
北　京 Beijing	500	366	10	226	261	3	0	0
天　津 Tianjin	418	260	0	18	398	2	0	0
河　北 Hebei	8758	5935	5	674	7956	123	0	0
山　西 Shanxi	3360	2137	0	603	2720	36	1	0
内蒙古 Inner Mongolia	753	461	0	81	646	26	0	0
辽　宁 Liaoning	1613	1127	2	191	1383	37	0	0
吉　林 Jilin	1162	778	0	153	1006	3	0	0
黑龙江 Heilongjiang	1198	775	0	47	1148	3	0	0
上　海 Shanghai	491	310	5	84	401	1	0	0
江　苏 Jiangsu	558	346	0	112	446	0	0	0
浙　江 Zhejiang	3241	1840	5	590	2637	9	0	0
安　徽 Anhui	2221	949	6	99	2106	10	0	0
福　建 Fujian	2544	1128	1	166	2355	22	0	0
江　西 Jiangxi	1390	673	0	74	1249	66	1	0
山　东 Shandong	4317	2639	1	548	3753	15	0	0
河　南 Henan	8473	5304	6	861	7531	75	0	0
湖　北 Hubei	1388	606	0	149	1231	8	0	0
湖　南 Hunan	5250	2775	1	390	4795	64	0	0
广　东 Guangdong	8941	4723	12	1231	7605	93	0	0
广　西 Guangxi	1505	895	0	129	1356	20	0	0
海　南 Hainan	1251	782	1	203	1040	7	0	0
重　庆 Chongqing	2734	1499	0	244	2466	24	0	0
四　川 Sichuan	2923	1499	0	176	2727	20	0	0
贵　州 Guizhou	4109	2177	1	438	3636	34	0	0
云　南 Yunnan	3907	2258	0	155	3741	11	0	0
西　藏 Tibet	2098	1186	0	97	1980	21	0	0
陕　西 Shaanxi	2292	1159	2	342	1918	30	0	0
甘　肃 Gansu	781	349	0	68	701	12	0	0
青　海 Qinghai	444	240	2	40	398	4	0	0
宁　夏 Ningxia	143	100	0	16	127	0	0	0
新　疆 Xinjiang	3193	1978	0	120	3021	51	1	0

分专业技术职务情况(乡村)
Academic Qualification and Professional Rank (Rural Area)

单位：人
unit：person

按专业技术职务分 By Professional Rank					
正高级 Senior	副高级 Sub-senior	中 级 Middle	助理级 Associate	员 级 Junior	未定职级 No-Ranking
235	**14166**	**21955**	**18444**	**2066**	**25090**
2	127	121	117	0	133
0	163	168	61	0	26
12	743	1660	827	619	4897
10	376	940	886	140	1008
5	169	178	86	3	312
5	586	397	226	35	364
6	235	329	231	13	348
2	345	371	204	14	262
7	133	192	103	1	55
2	115	116	66	0	259
10	844	1037	730	3	617
1	359	498	397	126	840
2	581	803	601	7	550
5	201	227	214	33	710
11	359	729	853	153	2212
4	1008	1812	2216	181	3252
2	384	416	312	3	271
13	1137	1391	1014	154	1541
28	1800	3208	1963	187	1755
4	237	365	250	20	629
8	278	456	254	42	213
9	597	1064	814	16	234
7	693	875	705	6	637
25	730	964	1074	106	1210
14	699	1009	1173	24	988
2	237	708	852	90	209
16	496	863	460	4	453
17	168	322	134	0	140
1	58	107	67	68	143
2	11	7	84	0	39
3	297	622	1470	18	783

普通高中学校

Condition of School Buildings in Regular

类别 Item	校舍建筑面积 Floor Space	教学及辅助用房 Buildings for Instruction and Ancillary Uses	教　室 Classroom	专用教室 Professional Classroom	理化生实验室 Physical and Chemical Biology Laboratory	其他 Others	公共教学用房 Public Teaching Space	图书阅览室 Library	室内体育用房 Gymnasium	心理辅导室 Psychological Counseling Room	其他 Others
总　计 Total	**680349048.53**	**256156277.92**	**130604586.47**	**55744903.89**	**34204292.56**	**21540611.33**	**69806787.56**	**20112335.92**	**25876527.03**	**1958424.48**	**21859500.13**
北　京 Beijing	13649056.40	6046922.14	2125652.75	1540947.53	598113.22	942834.31	2380321.86	372669.24	780637.88	44214.59	1182800.15
天　津 Tianjin	5982552.78	2529396.72	1152193.28	609592.98	356312.57	253280.41	767610.46	182666.46	356371.94	34075.28	194496.78
河　北 Hebei	37051292.11	13343705.94	7497494.53	2945287.54	2083372.13	861915.41	2900923.87	1162980.19	871281.03	76026.38	790636.27
山　西 Shanxi	20450935.17	6963741.89	3182877.80	1804014.95	1011197.72	792817.23	1976849.14	677872.49	463927.35	63813.33	771235.97
内蒙古 Inner Mongolia	11411812.74	4755525.16	1916668.97	1205869.51	606348.25	599521.26	1632986.68	338611.19	670825.86	49729.47	573820.16
辽　宁 Liaoning	12635626.10	5058800.46	2237749.75	1041724.55	553570.58	488153.97	1779326.16	414786.29	745146.36	37482.25	581911.26
吉　林 Jilin	7202408.87	2619415.40	1383936.51	524985.13	312646.28	212338.85	710493.76	158155.44	343546.23	24395.36	184396.73
黑龙江 Heilongjiang	9473627.83	3704012.05	1847359.18	793645.61	503034.12	290611.49	1063007.26	257543.55	555337.75	20813.81	229312.15
上　海 Shanghai	8288854.36	3857434.46	1365721.13	982415.20	473267.06	509148.14	1509298.13	296398.44	715209.20	42125.94	455564.55
江　苏 Jiangsu	37570412.59	15878999.65	6580589.86	4004543.34	2315490.10	1689053.24	5293866.45	1570638.50	2105865.33	128722.41	1488640.21
浙　江 Zhejiang	30522802.08	11672149.92	4950897.89	2674302.39	1612178.52	1062123.87	4046949.64	1095492.22	1929837.28	104373.74	917246.40
安　徽 Anhui	31885466.19	11966328.40	6862449.30	2392577.60	1668714.63	723862.97	2711301.50	954850.88	871288.32	104671.24	780491.06
福　建 Fujian	25753641.28	10877569.99	4461545.98	2753768.38	1761410.83	992357.55	3662255.63	1057720.63	1172670.71	117226.65	1314637.64
江　西 Jiangxi	26261072.99	10817872.85	6003772.10	2084274.63	1273220.11	811054.52	2729826.12	847887.58	931245.97	67070.70	883621.87
山　东 Shandong	46842539.38	16244324.16	7963459.81	3892246.67	2410927.20	1481319.47	4388617.68	1216458.72	1504308.21	126401.69	1541449.06
河　南 Henan	45211675.48	14993265.63	9617388.98	2495264.32	1730611.05	764653.27	2880612.33	1136143.09	861786.22	91473.30	791209.72
湖　北 Hubei	22859957.46	7498365.23	4163500.24	1537978.19	1085958.52	452019.67	1796886.80	571242.42	672252.65	65679.95	487711.78
湖　南 Hunan	32488520.37	11931409.91	6227212.53	2085873.98	1388090.13	697783.85	3618323.40	1001382.29	1738916.93	83691.79	794332.39
广　东 Guangdong	66570241.64	25128527.58	12684846.62	5277543.66	3106434.29	2171109.37	7166137.30	1821691.57	2854914.21	170807.78	2318723.74
广　西 Guangxi	24875838.52	8728557.61	5233405.94	1606295.63	1057304.82	548990.81	1888856.04	684543.74	680288.04	63844.35	460179.91
海　南 Hainan	6263024.56	2329599.47	1258067.36	492872.65	295277.25	197595.40	578659.46	179626.20	262243.62	11631.05	125158.59
重　庆 Chongqing	17194550.02	7407899.32	4049996.77	1478397.48	893673.53	584723.95	1879505.07	408519.64	619128.09	33875.04	817982.30
四　川 Sichuan	40258840.63	15917424.39	9517302.92	3098365.37	1895018.07	1203347.30	3301756.10	931750.86	1036385.45	130749.49	1202870.30
贵　州 Guizhou	23708904.77	7589828.93	3800734.51	1682787.39	1146255.82	536531.57	2106307.03	666486.06	747580.58	52764.99	639475.40
云　南 Yunnan	26458419.37	9395004.21	5175730.87	1894521.84	1170777.46	723744.38	2324751.50	701581.10	662306.92	50803.92	910059.56
西　藏 Tibet	1883909.15	584169.14	292119.80	142831.95	92352.11	50479.84	149217.39	38617.47	78630.52	2373.04	29596.36
陕　西 Shaanxi	17362567.25	6291611.80	3039869.62	1641643.59	930564.53	711079.06	1610098.59	471526.56	527173.35	57839.59	553559.09
甘　肃 Gansu	10765310.30	3928412.65	2140437.75	946154.71	644054.27	302100.44	841820.19	308664.35	242100.27	40425.46	250630.11
青　海 Qinghai	3415864.03	1382193.35	625477.87	457521.05	237339.73	220181.32	299194.43	100034.35	117586.00	10085.22	71488.86
宁　夏 Ningxia	3288060.20	1426418.68	598064.92	397619.87	267080.54	130539.33	430733.89	114747.82	158519.65	11106.44	146359.98
新　疆 Xinjiang	12761263.91	5287390.83	2648060.93	1259036.20	723697.12	535339.08	1380293.70	371046.58	599215.11	40130.23	369901.78

校舍情况(总计)

Senior Secondary Schools(Total)

单位：平方米
unit：m²

行政办公用房 Administrative	教师办公室 for Teachers	其他 Others	生活用房 Residential and Welfare	教工值班宿舍 Dormitories for Faculty	教师周转宿舍 Accommodation for Circulation of Teachers	学生宿舍 Students' Dormitories	学生餐厅 Students' Canteen	厕所 Toilets	其他 Others	其他用房 Rooms for Other Purposes
50789621.02	**30526136.00**	**20263485.02**	**326683399.49**	**21806208.22**	**23824322.20**	**175042557.76**	**55688082.74**	**20282497.79**	**30039730.78**	**46719750.10**
1540409.63	627452.21	912957.42	5515979.42	249542.93	242770.28	1450991.81	807652.78	511634.09	2253387.53	545745.21
680000.97	408211.88	271789.09	2113465.54	80087.22	57961.27	851001.06	424983.21	249098.07	450334.71	659689.55
2664077.03	1811976.26	852100.77	18626727.65	1148962.09	687548.64	10948141.95	3721284.21	926165.90	1194624.86	2416781.49
1710156.25	1078676.83	631479.42	9878951.93	866604.85	423021.38	5411932.77	1904858.35	601751.87	670782.71	1898085.10
1051721.91	655840.47	395881.44	4788840.68	120819.63	138879.01	2655399.80	954953.62	419868.84	498919.78	815724.99
1261824.29	676766.97	585057.32	6299134.45	200409.97	81691.96	3003049.37	1209513.38	470467.23	1334002.54	15866.90
684315.41	409120.01	275195.40	3006353.66	50713.70	60714.34	1529196.25	674586.00	258991.72	432151.65	892324.40
916117.17	546432.71	369684.46	3883731.17	79470.21	55779.42	2020059.15	739800.72	289367.07	699254.60	969767.44
892335.89	392121.07	500214.82	2841144.55	74282.53	97713.75	1198103.46	454983.66	324141.97	691919.18	697939.46
3271841.66	1849652.89	1422188.77	15260642.83	825354.38	720249.69	8019021.12	3018931.36	1008369.46	1668716.82	3158928.45
2187541.78	1219299.14	968242.64	13717435.96	906402.91	808462.45	7599843.84	2588138.14	852323.99	962264.63	2945674.42
2254479.63	1267816.61	986663.02	15764594.66	1328514.26	1069738.11	8810307.33	2694123.91	825212.37	1036698.68	1900063.50
1796249.61	923340.27	872909.34	10587238.75	238981.32	1383656.63	5368552.77	1620827.29	610847.89	1364372.85	2492582.93
1992382.69	1132132.96	860249.73	11763383.79	348686.71	1239055.48	6762773.75	1946327.16	771568.56	694972.13	1687433.66
3741940.24	2353274.41	1388665.83	23177735.92	827302.44	1134832.92	12009498.72	4556977.78	1659895.26	2989228.80	3678539.06
3435940.30	2369233.88	1066706.42	24425311.43	1760869.84	1436180.79	14201252.85	4524678.05	1188453.55	1313876.35	2357158.12
1657351.99	1072586.76	584765.23	12208248.23	1512714.63	1172202.73	6172268.86	1930682.09	549819.48	870560.44	1495992.01
1979048.17	1237264.27	741783.90	16767662.86	1840612.13	2352859.15	8231979.69	2751115.93	793742.15	797353.81	1810399.43
4247625.48	2524684.41	1722941.07	31789152.54	3440092.88	2660574.70	16591087.03	4418730.68	2038778.17	2639889.08	5404936.04
1395661.76	956845.95	438815.81	13964426.58	1220758.81	1597773.41	7972176.05	1949767.40	668306.96	555643.95	787192.57
396158.73	254020.71	142138.02	3246058.84	269921.51	516808.71	1598385.12	460225.62	184597.48	216120.40	291207.52
1017315.77	588867.49	428448.28	7692739.25	501436.20	586543.54	4413914.00	1304467.78	400351.35	486026.38	1076595.68
2384921.93	1421786.82	963135.11	19702452.35	1308582.40	1282426.61	11455314.31	3161960.26	1149118.97	1345049.80	2254041.96
1536473.08	942114.50	594358.58	13106295.40	632840.11	1340300.17	7750675.61	1954158.41	682181.36	746139.74	1476307.36
1824508.35	1146288.73	678219.62	14052992.40	827164.11	820195.17	7527291.17	2166379.33	950439.03	1761523.59	1185914.41
113104.80	84678.74	28426.06	1118354.44	22808.79	336389.20	467649.37	162709.15	48575.09	80222.84	68280.77
1349324.57	913364.10	435960.47	8155567.60	716234.53	613022.39	4106258.18	1303115.05	675132.61	741804.84	1566063.28
995658.58	673208.60	322449.98	4628649.33	273660.93	293652.17	2261589.18	746750.44	427496.85	625499.76	1212589.74
332154.68	165383.34	166771.34	1554282.57	7804.73	127746.76	719448.56	259756.24	164441.24	275085.04	147233.43
320744.93	187087.48	133657.45	1341480.11	27319.05	26490.56	780604.94	275773.24	124136.38	107155.94	199416.48
1158233.74	636605.53	521628.21	5704364.60	97252.42	459080.81	3154789.69	999871.50	457222.83	536147.35	611274.74

普通高中学校

Condition of School Buildings in

类别 Item	校舍建筑面积 Floor Space	教学及辅助用房 Buildings for Instruction and Ancillary Uses	教室 Classroom	专用教室 Professional Classroom	理化生实验室 Physical and Chemical Biology Laboratory	其他 Others	公共教学用房 Public Teaching Space	图书阅览室 Library	室内体育用房 Gymnasium	心理辅导室 Psychological Counseling Room	其他 Others
总 计 Total	**377231116.15**	**146638469.56**	**70505081.54**	**32408805.71**	**19068361.20**	**13340444.51**	**43724582.31**	**11620767.79**	**17206302.32**	**1203203.02**	**13694309.18**
北 京 Beijing	12332362.51	5563115.40	1946400.74	1424453.16	540653.76	883799.40	2192261.50	341034.26	728155.60	40447.43	1082624.21
天 津 Tianjin	5346190.91	2315668.07	1043624.05	553345.56	319767.15	233578.41	718698.46	171095.85	335220.03	31779.15	180603.43
河 北 Hebei	14621747.30	5600710.15	3042389.37	1256858.18	898889.54	357968.64	1301462.60	543805.75	380746.43	38151.10	338759.32
山 西 Shanxi	11662751.51	4033570.34	1868233.04	1051947.64	562350.72	489596.92	1113389.66	364669.75	290715.44	37100.61	420903.86
内蒙古 Inner Mongolia	6042933.30	2543399.19	1016357.61	633766.87	307963.07	325803.80	893274.71	186345.47	380989.56	27101.76	298837.92
辽 宁 Liaoning	9485430.59	3860165.08	1635159.01	789602.49	404625.85	384976.64	1435403.58	326901.76	589739.14	31097.26	487665.42
吉 林 Jilin	4340570.60	1597310.07	786321.68	340609.45	213887.33	126722.12	470378.94	107694.03	238787.93	15113.94	108783.04
黑龙江 Heilongjiang	5627056.92	2242328.32	1070060.94	479358.37	307611.82	171746.55	692909.01	177875.76	351607.31	12809.74	150616.20
上 海 Shanghai	7286754.22	3457245.40	1234313.89	885783.90	434027.00	451756.90	1337147.61	266371.93	638375.69	36733.44	395666.55
江 苏 Jiangsu	23771490.79	9990189.56	4003490.71	2463552.96	1398773.14	1064779.82	3523145.89	958852.65	1435556.33	82920.07	1045816.84
浙 江 Zhejiang	19210458.14	7454596.24	3095616.15	1718608.07	1014039.29	704568.78	2640372.02	699466.39	1288240.01	68032.95	584632.67
安 徽 Anhui	12818556.62	5165195.04	2798383.44	1061625.25	745500.31	316124.94	1305186.35	426127.29	471430.88	46335.20	361292.98
福 建 Fujian	13064872.54	5645824.33	2132079.35	1494481.42	898539.71	595941.71	2019263.56	572527.06	673916.05	62451.75	710368.70
江 西 Jiangxi	11940682.50	5044609.73	2690534.83	1016985.81	606122.46	410863.35	1337089.09	401181.29	451972.63	41679.20	442255.97
山 东 Shandong	27082914.95	9430295.35	4326857.76	2348729.01	1375508.32	973220.69	2754708.58	709918.61	940858.26	80313.31	1023618.40
河 南 Henan	17559626.78	6037421.28	3642461.53	1100982.75	763921.30	337061.45	1293977.00	514392.17	415357.93	36494.72	327732.18
湖 北 Hubei	14968614.62	5155689.18	2835923.33	1043029.81	748589.58	294440.23	1276736.04	397634.48	499100.32	44328.90	335672.34
湖 南 Hunan	14296471.01	5621415.65	2681320.61	1029554.70	662414.25	367140.45	1910540.34	466309.63	1013124.20	41214.94	389891.57
广 东 Guangdong	48542139.69	18625528.96	9171937.82	3884667.02	2207281.26	1677385.76	5568924.12	1352906.35	2331360.10	133827.77	1750829.90
广 西 Guangxi	13250780.35	4882140.66	2704704.80	955198.99	606838.29	348360.70	1222236.87	406434.23	475530.55	41350.49	298921.60
海 南 Hainan	3506935.67	1249147.61	727326.54	248473.95	128853.74	119620.21	273347.12	77678.05	101565.35	6744.33	87359.39
重 庆 Chongqing	11368544.91	5008791.91	2674352.66	991251.89	595694.25	395557.64	1343187.36	288135.14	512450.12	25666.01	516936.09
四 川 Sichuan	22363563.74	8749017.36	5015678.63	1674731.07	946974.21	727756.86	2058607.66	509168.52	695368.10	75930.77	778140.27
贵 州 Guizhou	10243773.26	3270217.56	1552598.68	715880.15	453893.72	261986.43	1001738.73	300816.94	355188.78	27063.53	318669.48
云 南 Yunnan	11983447.34	4333143.42	2167214.50	873580.31	536314.98	337265.33	1292348.61	330124.72	454287.70	29511.23	478424.96
西 藏 Tibet	1120268.92	359412.67	175932.01	94252.14	56031.85	38220.29	89228.52	19693.59	49180.54	1654.59	18699.80
陕 西 Shaanxi	9129147.39	3508873.59	1671248.51	878650.45	471248.25	407402.20	958974.63	245514.03	346282.73	31787.51	335390.36
甘 肃 Gansu	3864721.66	1433847.09	729907.39	325329.27	233581.60	91747.67	378610.43	102996.59	162127.17	19049.65	94437.02
青 海 Qinghai	1636211.56	678900.01	290132.51	231459.20	109191.38	122267.82	157308.30	49456.68	62286.09	6572.08	38993.45
宁 夏 Ningxia	2015887.69	877121.37	364905.57	231006.20	157488.28	73517.92	281209.60	78098.49	112575.79	7383.30	83152.02
新 疆 Xinjiang	6746208.16	2903578.97	1409613.88	611049.67	361784.79	249264.88	882915.42	227540.33	424205.56	22556.29	208613.24

校舍情况(城区)

Regular Senior Secondary Schools (Urban Area)

单位：平方米
unit：m^2

行政办公用房 Administrative	教师办公室 for Teachers	其他 Others	生活用房 Residential and Welfare	教工值班宿舍 Dormitories for Faculty	教师周转宿舍 Accommodation for Circulation of Teachers	学生宿舍 Students' Dormitories	学生餐厅 Students' Canteen	厕所 Toilets	其他 Others	其他用房 Rooms for Other Purposes
29659313. 03	**17243125. 28**	**12416187. 75**	**171836665. 95**	**10669008. 82**	**10078167. 80**	**90476986. 48**	**29475175. 63**	**11927702. 43**	**19209624. 79**	**29096667. 61**
1427372. 03	576934. 54	850437. 49	4878368. 28	211822. 92	231233. 99	1219789. 88	723949. 84	470698. 85	2020872. 80	463506. 80
617965. 32	371489. 57	246475. 75	1797341. 42	64181. 98	41169. 72	686633. 18	357210. 42	224217. 39	423928. 73	615216. 10
1146784. 18	791271. 33	355512. 85	6859488. 29	327702. 61	226058. 06	4026325. 90	1366932. 52	370432. 70	542036. 50	1014764. 68
1020320. 04	651068. 89	369251. 15	5389854. 44	433265. 14	214474. 90	2966982. 13	1010784. 61	348493. 22	415854. 44	1219006. 69
525890. 68	337296. 51	188594. 17	2468030. 57	63422. 00	94132. 21	1353506. 72	471388. 00	215449. 41	270132. 23	505612. 86
969133. 67	495107. 38	474026. 29	4640264. 94	166058. 05	67950. 73	2079085. 13	874938. 14	373009. 55	1079223. 34	15866. 90
447097. 41	268111. 81	178985. 60	1778560. 82	34607. 36	27330. 75	812125. 29	396961. 71	163430. 48	344105. 23	517602. 30
525765. 38	304255. 53	221509. 85	2205220. 99	38607. 81	33857. 14	1088668. 81	422578. 13	171192. 96	450316. 14	653742. 23
793735. 31	350426. 19	443309. 12	2424102. 58	62991. 41	76199. 27	1001839. 81	397333. 04	288725. 07	597013. 98	611670. 93
2120696. 35	1146448. 17	974248. 18	9277873. 24	397098. 63	289491. 36	4844367. 81	1873288. 33	688053. 46	1185573. 65	2382731. 64
1429602. 15	757330. 63	672271. 52	8390320. 74	530595. 45	427420. 45	4726911. 31	1589031. 12	542201. 85	574160. 56	1935939. 01
1025187. 10	544246. 88	480940. 22	5733776. 82	382756. 99	222630. 52	3368218. 73	1031999. 07	350549. 97	377621. 54	894397. 66
981215. 32	517784. 72	463430. 60	5113903. 94	112351. 67	611031. 11	2654013. 71	757705. 69	334465. 58	644336. 18	1323928. 95
973503. 92	572748. 34	400755. 58	4976521. 43	150658. 35	409328. 66	2818984. 69	922798. 62	376764. 04	297987. 07	946047. 42
2200780. 33	1348677. 25	852103. 08	13050102. 91	446913. 84	563288. 80	6466229. 34	2506648. 50	987053. 11	2079969. 32	2401736. 36
1444169. 92	942021. 28	502148. 64	9093363. 17	660204. 16	399919. 49	5240589. 50	1719728. 49	477622. 76	595298. 77	984672. 41
1131976. 14	740624. 06	391352. 08	7670249. 73	967466. 13	542107. 91	3970273. 96	1247790. 64	387201. 71	555409. 38	1010699. 57
870937. 37	527976. 26	342961. 11	6956780. 86	680353. 61	766516. 67	3562127. 11	1165556. 66	397543. 72	384683. 09	847337. 13
3087295. 49	1808532. 20	1278763. 29	22667494. 42	2270520. 29	1636550. 72	11913863. 54	3302855. 60	1578109. 12	1965595. 15	4161820. 82
725386. 73	506057. 52	219329. 21	7142781. 28	546162. 54	689478. 02	4152305. 52	1022979. 33	401757. 15	330098. 72	500471. 68
250431. 59	162198. 12	88233. 47	1820764. 96	169301. 76	257064. 11	877880. 83	254374. 81	104720. 72	157422. 73	186591. 51
736419. 83	410601. 15	325818. 68	4793072. 55	232786. 86	255034. 46	2819299. 07	808674. 44	282668. 85	394608. 87	830260. 62
1448739. 80	814460. 66	634279. 14	10557996. 02	642883. 07	497015. 69	6245045. 16	1767172. 83	696056. 74	709822. 53	1607810. 56
657455. 73	405331. 44	252124. 29	5645554. 36	287598. 49	456691. 26	3360530. 52	850085. 33	305184. 57	385464. 19	670545. 61
910047. 11	569850. 36	340196. 75	6208040. 85	334588. 99	315473. 31	3054578. 46	908250. 94	427232. 96	1167916. 19	532215. 96
69575. 50	51154. 78	18420. 72	642798. 35	3927. 27	188672. 04	262685. 67	98507. 71	30422. 72	58582. 94	48482. 40
762209. 84	511083. 16	251126. 68	3846758. 37	274826. 41	200794. 64	1945906. 15	603825. 24	385539. 67	435866. 26	1011305. 59
365809. 84	227324. 80	138485. 04	1514612. 51	92134. 24	79837. 47	710081. 75	221815. 00	172568. 68	238175. 37	550452. 22
189708. 94	87046. 72	102662. 22	681046. 03	1623. 98	52607. 02	299829. 87	104315. 07	77877. 73	144792. 36	86556. 58
204153. 26	107507. 57	96645. 69	816566. 86	14579. 52	14149. 39	462016. 53	176420. 49	82108. 18	67292. 75	118046. 20
599946. 75	338157. 46	261789. 29	2795054. 22	67017. 29	190657. 93	1486290. 40	519275. 31	216349. 51	315463. 78	447628. 22

普通高中学校

Condition of School Buildings in Regular Senior

类别 Item	校舍建筑面积 Floor Space	教学及辅助用房 Buildings for Instruction and Ancillary Uses	教 室 Classroom	专用教室 Professional Classroom	理化生实验室 Physical and Chemical Biology Laboratory	其他 Others	公共教学用房 Public Teaching Space	图书阅览室 Library	室内体育用房 Gymnasium	心理辅导室 Psychological Counseling Room	其他 Others
总 计 Total	**266813772.15**	**97795302.02**	**53974803.25**	**20967700.61**	**13769672.27**	**7198028.34**	**22852798.16**	**7638793.01**	**7421522.22**	**677906.50**	**7114576.43**
北 京 Beijing	575468.96	213080.61	83714.73	60287.78	28886.26	31401.52	69078.10	13045.73	21375.06	1587.68	33069.63
天 津 Tianjin	519666.22	174656.10	90029.14	48669.19	29783.82	18885.37	35957.77	9835.93	12388.66	1725.59	12007.59
河 北 Hebei	18934794.88	6748680.10	3845077.03	1538395.40	1084818.51	453576.89	1365207.67	538364.79	392397.14	33745.36	400700.38
山 西 Shanxi	7414622.20	2523645.93	1097082.05	670251.26	401712.35	268538.91	756312.62	262897.79	149902.78	24643.72	318868.33
内蒙古 Inner Mongolia	5053880.93	2091951.21	846986.74	548437.40	287135.76	261301.64	696527.07	145431.13	266794.18	21618.99	262682.77
辽 宁 Liaoning	2696037.11	1055960.96	529475.79	229396.46	135883.50	93512.96	297088.71	78494.42	123866.11	5626.68	89101.50
吉 林 Jilin	2297100.94	849443.33	472640.76	167410.82	92883.93	74526.89	209391.75	43226.76	92934.19	8618.42	64612.38
黑龙江 Heilongjiang	3576944.05	1369021.05	723416.05	293749.15	183284.34	110464.81	351855.85	74998.39	196441.44	7458.07	72957.95
上 海 Shanghai	673932.92	274955.24	91813.02	66212.95	27957.18	38255.77	116929.27	21426.95	57992.71	4007.58	33502.03
江 苏 Jiangsu	13555999.54	5800852.24	2532129.80	1521216.52	903007.20	618209.32	1747505.92	606230.97	654477.46	45330.34	441467.15
浙 江 Zhejiang	9643595.32	3637171.82	1622263.88	834963.14	542291.65	292671.49	1179944.80	341882.02	541105.31	30853.98	266103.49
安 徽 Anhui	17956797.86	6464158.49	3851851.72	1263582.71	881775.21	381807.50	1348724.06	509953.39	382638.38	56147.47	399984.82
福 建 Fujian	10700208.86	4532973.60	2076154.60	1064093.30	748261.21	315832.09	1392725.70	423477.91	445511.85	48399.36	475336.58
江 西 Jiangxi	13515829.99	5501968.57	3153451.88	1036480.39	647849.41	388630.98	1312036.30	425020.78	449664.60	23454.50	413896.42
山 东 Shandong	17759256.21	6082755.80	3274238.02	1407193.64	962204.16	444989.48	1401324.14	451122.08	495583.25	41581.02	413037.79
河 南 Henan	24788517.84	8110228.06	5438629.36	1264467.29	893545.76	370921.53	1407131.41	575085.18	387355.00	49291.38	395399.85
湖 北 Hubei	7380510.05	2196131.32	1255016.64	467041.73	320273.94	146767.79	474072.95	163971.94	152715.42	20037.30	137348.29
湖 南 Hunan	16547538.96	5818022.70	3239560.16	987691.49	684447.31	303244.18	1590771.05	505183.02	659164.69	38722.27	387701.07
广 东 Guangdong	13604928.44	5169740.85	2832817.55	1094079.23	742290.96	351788.27	1242844.07	364364.44	359325.76	28037.95	491115.92
广 西 Guangxi	10803861.04	3599136.83	2391528.57	610106.92	425353.96	184752.96	597501.34	257431.23	191484.79	21181.45	127403.87
海 南 Hainan	1966838.30	800183.49	417497.70	160639.58	97328.01	63311.57	222046.21	84351.15	101847.41	3424.85	32422.80
重 庆 Chongqing	4797635.64	1972040.49	1142480.74	394538.74	249306.98	145231.76	435021.01	102520.00	80315.00	7262.52	244923.49
四 川 Sichuan	16493666.35	6663358.87	4210251.64	1320208.96	889711.08	430497.88	1132898.27	397511.73	314119.56	50640.72	370626.26
贵 州 Guizhou	11414821.63	3757505.39	1975164.80	837901.18	608180.01	229721.17	944439.41	322422.60	301614.75	22233.72	298168.34
云 南 Yunnan	12780917.21	4474725.34	2684584.97	899759.27	564567.89	335191.38	890381.10	336740.40	159679.09	19181.73	374779.88
西 藏 Tibet	118300.22	28443.28	7668.02	5685.90	2319.30	3366.60	15089.36	676.08	6005.00	171.75	8236.53
陕 西 Shaanxi	7102967.14	2444472.63	1213964.70	690242.33	424420.01	265822.32	540265.60	203249.76	126829.89	23198.62	186987.33
甘 肃 Gansu	6665163.97	2423130.13	1378278.04	594199.51	395264.44	198935.07	450652.58	200359.74	79071.10	20691.61	150530.13
青 海 Qinghai	1604644.13	647548.08	299530.36	215765.86	122634.32	93131.54	132251.86	46287.34	52385.91	3345.05	30233.56
宁 夏 Ningxia	1215261.80	522979.71	224383.55	161171.87	104965.66	56206.21	137424.29	35339.33	45142.86	3452.14	53489.96
新 疆 Xinjiang	4654063.44	1846379.80	973121.24	513860.64	287328.15	226532.49	359397.92	97890.03	121392.87	12234.68	127880.34

校舍情况(镇区)

Secondary Schools (County and Town Area)

单位：平方米
unit：m^2

行政办公用房 Administrative	教师办公室 for Teachers	其他 Others	生活用房 Residential and Welfare	教工值班宿舍 Dormitories for Faculty	教师周转宿舍 Accommodation for Circulation of Teachers	学生宿舍 Students' Dormitories	学生餐厅 Students' Canteen	厕所 Toilets	其他 Others	其他用房 Rooms for Other Purposes
18884301.26	**11904324.53**	**6979976.73**	**135033565.84**	**9559070.77**	**11853991.00**	**74109878.63**	**23027093.30**	**7241318.89**	**9242213.25**	**15100603.03**
57961.25	22130.76	35830.49	297729.87	23708.55	7577.29	116320.27	43884.72	20180.89	86058.15	6697.23
52441.36	32374.84	20066.52	248095.31	14315.24	9899.55	132911.40	49423.13	20909.92	20636.07	44473.45
1334193.93	890258.08	443935.85	9777427.96	624693.43	376401.95	5787756.77	1967769.96	472960.39	547845.46	1074492.89
599410.47	377185.79	222224.68	3725521.86	349063.25	157865.26	2068375.59	735021.73	213386.27	201809.76	566043.94
486045.02	306213.12	179831.90	2189323.95	48992.94	40280.80	1226738.50	461035.24	189280.75	222995.72	286560.75
258705.46	158400.65	100304.81	1381370.69	22567.31	6291.18	802550.11	292066.33	81446.81	176448.95	0.00
217864.80	124502.84	93361.96	954950.57	9981.34	3239.85	557691.64	214867.94	84655.02	84514.78	274842.24
368846.33	226682.84	142163.49	1547468.01	33854.08	21322.28	861770.00	295685.17	108239.94	226596.54	291608.66
65661.03	26458.01	39203.02	277639.01	10070.63	5403.40	140253.13	42638.93	20879.02	58393.90	55677.64
1128336.47	687619.12	440717.35	5860412.26	419325.44	423512.33	3092890.80	1130130.41	313654.89	480898.39	766398.57
672836.52	413019.00	259817.52	4512241.25	310444.23	315104.33	2446432.73	867086.67	263429.14	309744.15	821345.73
1158187.83	692413.24	465774.59	9419484.03	858440.35	789675.16	5149213.69	1574758.49	451030.75	596365.59	914967.51
689443.79	354939.12	334504.67	4499620.92	118781.59	626675.93	2236440.16	696332.27	236528.97	584862.00	978170.55
974852.94	537275.13	437577.81	6367818.52	175954.18	788937.23	3671483.93	965821.83	377478.70	388142.65	671189.96
1425091.77	922501.44	502590.33	9065132.18	336888.85	530790.85	4944008.37	1830253.36	589863.42	833327.33	1186276.46
1756441.59	1253248.76	503192.83	13703270.18	986466.58	937861.24	8027483.13	2495151.48	614175.80	642131.95	1218578.01
499161.72	315699.89	183461.83	4234529.33	500649.82	593345.12	2037775.34	640780.66	152288.33	309690.06	450687.68
1028422.72	659621.12	368801.60	8792724.38	1018504.64	1458093.85	4159263.41	1431813.44	344695.32	380353.72	908369.16
909346.69	545591.50	363755.19	6607160.09	894691.24	730704.09	3480192.92	798702.32	339321.51	363548.01	918680.81
611771.70	419645.66	192126.04	6341408.71	641954.89	864533.87	3556219.18	851997.53	233778.01	192925.23	251543.80
105168.82	62716.25	42452.57	1010853.43	81504.90	189466.30	504389.47	148171.95	52667.68	34653.13	50632.56
238780.84	148013.17	90767.67	2355080.48	227305.73	251635.24	1304019.40	409119.86	94237.64	68762.61	231733.83
868888.56	564614.51	304274.05	8352952.52	576078.55	730818.47	4761479.65	1290331.27	406222.64	588021.94	608466.40
756172.85	475376.02	280796.83	6295374.91	280187.92	764382.24	3709026.84	929168.44	305063.51	307545.96	605768.48
798881.52	511434.53	287446.99	6908475.02	416742.77	412142.39	3961762.99	1110357.04	471687.50	535782.33	598835.33
6037.78	3531.68	2506.10	74770.60	155.00	30588.00	30217.00	7609.00	2208.60	3993.00	9048.56
527581.39	358502.52	169078.87	3738120.22	370496.55	331668.43	1885323.63	623353.18	243000.12	284278.31	392792.90
604555.83	433517.81	171038.02	2999334.25	169794.09	198223.70	1495437.73	509885.44	246271.91	379721.38	638143.76
134310.76	75353.16	58957.60	765749.84	6155.75	63824.74	367126.50	141109.78	78584.04	108949.03	57035.45
112374.80	77544.61	34830.19	499870.41	10139.20	9326.17	311040.70	92594.79	37944.20	38825.35	80036.88
436524.72	227939.36	208585.36	2229655.08	21161.73	184399.76	1284283.65	380170.94	175247.20	184391.80	141503.84

普通高中学校

Condition of School Buildings in Regular

类别 Item	校舍建筑面积 Floor Space	教学及辅助用房 Buildings for Instruction and Ancillary Uses	教 室 Classroom	专用教室 Professional Classroom	理化生实验室 Physical and Chemical Biology Laboratory	其他 Others	公共教学用房 Public Teaching Space	图书阅览室 Library	室内体育用房 Gymnasium	心理辅导室 Psychological Counseling Room	其他 Others
总 计 Total	**36304160.23**	**11722506.34**	**6124701.68**	**2368397.57**	**1366259.09**	**1002138.48**	**3229407.09**	**852775.12**	**1248702.49**	**77314.96**	**1050614.52**
北 京 Beijing	741224.93	270726.13	95537.28	56206.59	28573.20	27633.39	118982.26	18589.25	31107.22	2179.48	67106.31
天 津 Tianjin	116695.65	39072.55	18540.09	7578.23	6761.60	816.63	12954.23	1734.68	8763.25	570.54	1885.76
河 北 Hebei	3494749.93	994315.69	610028.13	150033.96	99664.08	50369.88	234253.60	80809.65	98137.46	4129.92	51176.57
山 西 Shanxi	1373561.46	406525.62	217562.71	81816.05	47134.65	34681.40	107146.86	50304.95	23309.13	2069.00	31463.78
内蒙古 Inner Mongolia	314998.51	120174.76	53324.62	23665.24	11249.42	12415.82	43184.90	6834.59	23042.12	1008.72	12299.47
辽 宁 Liaoning	454158.40	142674.42	73114.95	22725.60	13061.23	9664.37	46833.87	9390.11	31541.11	758.31	5144.34
吉 林 Jilin	564737.33	172662.00	124974.07	16964.86	5875.02	11089.84	30723.07	7234.65	11824.11	663.00	11001.31
黑龙江 Heilongjiang	269626.86	92662.68	53882.19	20538.09	12137.96	8400.13	18242.40	4669.40	7289.00	546.00	5738.00
上 海 Shanghai	328167.22	125233.82	39594.22	30418.35	11282.88	19135.47	55221.25	8599.56	18840.80	1384.92	26395.97
江 苏 Jiangsu	242922.26	87957.85	44969.35	19773.86	13709.76	6064.10	23214.64	5554.88	15831.54	472.00	1356.22
浙 江 Zhejiang	1668748.62	580381.86	233017.86	120731.18	55847.58	64883.60	226632.82	54143.81	100491.96	5486.81	66510.24
安 徽 Anhui	1110111.71	336974.87	212214.14	67369.64	41439.11	25930.53	57391.09	18770.20	17219.06	2188.57	19213.26
福 建 Fujian	1988559.88	698772.06	253312.03	195193.66	114609.91	80583.75	250266.37	61715.66	53242.81	6375.54	128932.36
江 西 Jiangxi	804560.50	271294.55	159785.39	30808.43	19248.24	11560.19	80700.73	21685.51	29608.74	1937.00	27469.48
山 东 Shandong	2000368.22	731273.01	362364.03	136324.02	73214.72	63109.30	232584.96	55418.03	67866.70	4507.36	104792.87
河 南 Henan	2863530.86	845616.29	536298.09	129814.28	73143.99	56670.29	179503.92	46665.74	59073.29	5687.20	68077.69
湖 北 Hubei	510832.79	146544.73	72560.27	27906.65	17095.00	10811.65	46077.81	9636.00	20436.91	1313.75	14691.15
湖 南 Hunan	1644510.40	491971.56	306331.76	68627.79	41228.57	27399.22	117012.01	29889.64	66628.04	3754.58	16739.75
广 东 Guangdong	4423173.51	1333257.77	680091.25	298797.41	156862.07	141935.34	354369.11	104420.78	164228.35	8942.06	76777.92
广 西 Guangxi	821197.13	247280.12	137172.57	40989.72	25112.57	15877.15	69117.83	20678.28	13272.70	1312.41	33854.44
海 南 Hainan	789250.59	280268.37	113243.12	83759.12	69095.50	14663.62	83266.13	17597.00	58830.86	1461.87	5376.40
重 庆 Chongqing	1028369.47	427066.92	233163.37	92606.85	48672.30	43934.55	101296.70	17864.50	26362.97	946.51	56122.72
四 川 Sichuan	1401610.54	505048.16	291372.65	103425.34	58332.78	45092.56	110250.17	25070.61	26897.79	4178.00	54103.77
贵 州 Guizhou	2050309.88	562105.98	272971.03	129006.06	84182.09	44823.97	160128.89	43246.52	90777.05	3467.74	22637.58
云 南 Yunnan	1694054.82	587135.45	323931.40	121182.26	69894.59	51287.67	142021.79	34715.98	48340.13	2110.96	56854.72
西 藏 Tibet	645340.01	196313.19	108519.77	42893.91	34000.96	8892.95	44899.51	18247.80	23444.98	546.70	2660.03
陕 西 Shaanxi	1130452.72	338265.58	154656.41	72750.81	34896.27	37854.54	110858.36	22762.77	54060.73	2853.46	31181.40
甘 肃 Gansu	235424.67	71435.43	32252.32	26625.93	15208.23	11417.70	12557.18	5308.02	902.00	684.20	5662.96
青 海 Qinghai	175008.34	55745.26	35815.00	10295.99	5514.03	4781.96	9634.27	4290.33	2914.00	168.09	2261.85
宁 夏 Ningxia	56910.71	26317.60	8775.80	5441.80	4626.60	815.20	12100.00	1310.00	801.00	271.00	9718.00
新 疆 Xinjiang	1360992.31	537432.06	265325.81	134125.89	74584.18	59541.71	137980.36	45616.22	53616.68	5339.26	33408.20

校舍情况(乡村)

Senior Secondary Schools（Rural Area）

单位：平方米
unit：m^2

行政办公用房 Administrative	教师办公室 for Teachers	其他 Others	生活用房 Residential and Welfare	教工值班宿舍 Dormitories for Faculty	教师周转宿舍 Accommodation for Circulation of Teachers	学生宿舍 Students' Dormitories	学生餐厅 Students' Canteen	厕所 Toilets	其他 Others	其他用房 Rooms for Other Purposes
2246006.73	**1378686.19**	**867320.54**	**19813167.70**	**1578128.63**	**1892163.40**	**10455692.65**	**3185813.81**	**1113476.47**	**1587892.74**	**2522479.46**
55076.35	28386.91	26689.44	339881.27	14011.46	3959.00	114881.66	39818.22	20754.35	146456.58	75541.18
9594.29	4347.47	5246.82	68028.81	1590.00	6892.00	31456.48	18349.66	3970.76	5769.91	0.00
183098.92	130446.85	52652.07	1989811.40	196566.05	85088.63	1134059.28	386581.73	82772.81	104742.90	327523.92
90425.74	50422.15	40003.59	763575.63	84276.46	50681.22	376575.05	159052.01	39872.38	53118.51	113034.47
39786.21	12330.84	27455.37	131486.16	8404.69	4466.00	75154.58	22530.38	15138.68	5791.83	23551.38
33985.16	23258.94	10726.22	277498.82	11784.61	7450.05	121414.13	42508.91	16010.87	78330.25	0.00
19353.20	16505.36	2847.84	272842.27	6125.00	30143.74	159379.32	62756.35	10906.22	3531.64	99879.86
21505.46	15494.34	6011.12	131042.17	7008.32	600.00	69620.34	21537.42	9934.17	22341.92	24416.55
32939.55	15236.87	17702.68	139402.96	1220.49	16111.08	56010.52	15011.69	14537.88	36511.30	30590.89
22808.84	15585.60	7223.24	122357.33	8930.31	7246.00	81762.51	15512.62	6661.11	2244.78	9798.24
85103.11	48949.51	36153.60	814873.97	65363.23	65937.67	426499.80	132020.35	46693.00	78359.92	188389.68
71104.70	31156.49	39948.21	611333.81	87316.92	57432.43	292874.91	87366.35	23631.65	62711.55	90698.33
125590.50	50616.43	74974.07	973713.89	7848.06	145949.59	478098.90	166789.33	39853.34	135174.67	190483.43
44025.83	22109.49	21916.34	419043.84	22074.18	40789.59	272305.13	57706.71	17325.82	8842.41	70196.28
116068.14	82095.72	33972.42	1062500.83	43499.75	40753.27	599261.01	220075.92	82978.73	75932.15	90526.24
235328.79	173963.84	61364.95	1628678.08	114199.10	98400.06	933180.22	309798.08	96654.99	76445.63	153907.70
26214.13	16262.81	9951.32	303469.17	44598.68	36749.70	164219.56	42110.79	10329.44	5461.00	34604.76
79688.08	49666.89	30021.19	1018157.62	141753.88	128248.63	510589.17	153745.83	51503.11	32317.00	54693.14
250983.30	170560.71	80422.59	2514498.03	274881.35	293319.89	1197030.57	317172.76	121347.54	310745.92	324434.41
58503.33	31142.77	27360.56	480236.59	32641.38	43761.52	263651.35	74790.54	32771.80	32620.00	35177.09
40558.32	29106.34	11451.98	414440.45	19114.85	70278.30	216114.82	57678.86	27209.08	24044.54	53983.45
42115.10	30253.17	11861.93	544586.22	41343.61	79873.84	290595.53	86673.48	23444.86	22654.90	14601.23
67293.57	42711.65	24581.92	791503.81	89620.78	54592.45	448789.50	104456.16	46839.59	47205.33	37765.00
122844.50	61407.04	61437.46	1165366.13	65053.70	119226.67	681118.25	174904.64	71933.28	53129.59	199993.27
115579.72	65003.84	50575.88	936476.53	75832.35	92579.47	510949.72	147771.35	51518.57	57825.07	54863.12
37491.52	29992.28	7499.24	400785.49	18726.52	117129.16	174746.70	56592.44	15943.77	17646.90	10749.81
59533.34	43778.42	15754.92	570689.01	70911.57	80559.32	275028.40	75936.63	46592.82	21660.27	161964.79
25292.91	12365.99	12926.92	114702.57	11732.60	15591.00	56069.70	15050.00	8656.26	7603.01	23993.76
8134.98	2983.46	5151.52	107486.70	25.00	11315.00	52492.19	14331.39	7979.47	21343.65	3641.40
4216.87	2035.30	2181.57	25042.84	2600.33	3015.00	7547.71	6757.96	4084.00	1037.84	1333.40
121762.27	70508.71	51253.56	679655.30	9073.40	84023.12	384215.64	100425.25	65626.12	36291.77	22142.68

地区 Region	占地面积（平方米）Areas Occupied（m^2）	#绿化用地面积 of Which: Green Areas	#运动场地面积 of Which: Sports Areas	校园足球场（个）Campus Football	11人制足球场 11-a-side Football Field	7人制足球场 7-a-side Football Field	5人制足球场 5-a-side Football Field
总 计 Total	**1208089981.65**	**321255923.37**	**296905336.13**	**16363**	**9618**	**4066**	**2679**
北 京 Beijing	18065278.50	4123005.89	5554525.63	435	169	145	121
天 津 Tianjin	10030874.62	1808479.36	3335212.54	204	103	76	25
河 北 Hebei	64534765.22	13721045.03	15250060.70	838	526	197	115
山 西 Shanxi	36648845.55	7298140.87	8000405.71	451	265	110	76
内蒙古 Inner Mongolia	25292228.66	5187367.23	6599709.36	442	253	68	121
辽 宁 Liaoning	24919183.26	5072767.57	6834961.95	458	275	125	58
吉 林 Jilin	14142628.71	2990318.19	4460837.15	246	139	73	34
黑龙江 Heilongjiang	21699583.50	3482821.55	5553127.27	301	184	81	36
上 海 Shanghai	11840753.84	3823381.41	2968282.44	269	104	109	56
江 苏 Jiangsu	63937616.25	21911215.21	15388583.12	905	567	198	140
浙 江 Zhejiang	51325782.33	16856652.89	12440937.62	756	423	164	169
安 徽 Anhui	58855670.54	15387090.58	12864264.88	742	451	198	93
福 建 Fujian	43647169.24	11798150.34	12194737.78	660	362	147	151
江 西 Jiangxi	50759346.75	14472363.27	12996910.96	621	372	122	127
山 东 Shandong	85060925.65	24059367.06	19355550.91	950	637	206	107
河 南 Henan	82479902.56	18383443.36	15861008.74	974	557	231	186
湖 北 Hubei	44168949.74	12932201.50	8688378.98	611	360	151	100
湖 南 Hunan	57758722.95	16850659.70	12979105.83	676	451	151	74
广 东 Guangdong	101140954.84	30969835.65	26670498.22	1427	737	466	224
广 西 Guangxi	42719563.78	11109232.75	9799363.02	531	318	125	88
海 南 Hainan	12416936.45	3691202.71	2834651.33	195	109	54	32
重 庆 Chongqing	25322315.74	7300360.71	7803056.83	343	206	94	43
四 川 Sichuan	66173713.50	15849414.66	21076757.01	962	530	253	179
贵 州 Guizhou	43104996.23	12069955.67	10458910.86	476	300	101	75
云 南 Yunnan	53374218.77	15474037.41	12713297.39	548	378	104	66
西 藏 Tibet	4388220.76	966053.37	680126.54	54	34	9	11
陕 西 Shaanxi	29246856.51	6662464.67	7672099.71	445	257	132	56
甘 肃 Gansu	20994600.04	4321768.25	5646239.94	336	183	97	56
青 海 Qinghai	7245348.35	1851150.27	1705898.16	89	53	21	15
宁 夏 Ningxia	8883099.63	2709615.25	1784062.36	107	70	13	24
新 疆 Xinjiang	27910929.18	8122360.99	6733773.19	311	245	45	21

资产情况(总计)
Resources in Senior Secondary Schools(Total)

图　书 (册) Books and Magazines in Libraries (Volume)	数字终端数 (台) Number of Digital Terminals (Set)	#教师终端数 of Which: Number of Teachers' Terminals	#学生终端数 of Which: Number of Student Terminals	教　室 (间) Classroom (Room)	#网络多媒体教室 of Which: Network Multimedia Classroom	固定资产总值 (万元) Total Value of Fixed Asset (10,000 yuan)	#教学仪器设备资产值 of Which: Total Value of Equip & Instru.
1123784627	**7363792**	**2904563**	**4238616**	**1337074**	**997394**	**137607182.72**	**13858988.67**
22043292	267057	106276	128787	31339	28767	4170909.41	1023645.04
13659109	88859	40798	45181	13341	11142	1184562.27	170224.04
70587316	376043	173152	196321	79662	58166	5772939.41	503742.76
27659207	185810	78204	100911	43336	27795	4163021.90	314992.82
15392136	118522	54361	61292	19623	15525	2921434.50	273828.24
18545422	147113	63388	74604	26005	18911	2307875.76	239232.00
12489929	79947	36636	37353	20011	11865	1470576.77	144142.04
10939522	97377	43623	51155	22794	15493	1757431.50	185931.99
15690068	154559	71496	78753	17466	14565	3164736.42	471526.80
65074936	453217	169914	269579	66486	52946	8958093.22	832914.35
56117049	333556	124703	199675	51014	39081	6547968.65	789040.83
44480976	456188	121900	327453	64690	44146	5559291.34	533521.67
56466360	276493	114361	156995	56151	41557	4927642.74	593190.91
48043234	258906	105399	145821	55717	43438	4287145.25	483586.53
70948715	454682	220427	222969	87774	63942	9945356.45	798017.79
45502301	365880	159192	198698	89088	59735	7240561.37	512378.55
25173390	177485	74997	99350	42732	27731	4635505.10	368558.00
48662229	251146	100513	145157	57936	44028	6387633.88	569891.95
120897023	905504	329457	554933	121103	103010	12886892.11	1442476.50
45965995	229919	108997	114530	43903	33857	3854114.82	380301.98
10416838	69038	29008	38174	11974	9230	1308170.82	159930.13
25764467	167339	58110	101407	32040	28196	3640072.29	289540.07
77333061	432624	144177	273547	82442	61590	8133308.07	908198.49
41668992	211441	75984	125875	40064	31407	5392288.46	411647.58
42925558	258578	83077	171912	58771	37780	5627623.03	404752.74
1851266	16149	8627	6846	2427	1873	381729.66	18721.78
38445961	206350	80059	121186	34318	26440	3939172.09	420728.84
21220667	119042	46364	71391	23678	16190	2360171.29	208295.92
6559237	35760	13494	21949	7302	4294	966370.53	68059.05
6554301	50870	15353	33634	6701	5002	869809.06	96759.37
16706070	118338	52516	63178	27186	19692	2844774.57	241209.92

地区 Region	占地面积（平方米） Areas Occupied (m^2)	#绿化用地面积 of Which: Green Areas	#运动场地面积 of Which: Sports Areas	校园足球场（个） Campus Football	11人制足球场 11-a-side Football Field	7人制足球场 7-a-side Football Field	5人制足球场 5-a-side Football Field
总　计 Total	**613783384.03**	**169042512.91**	**155568393.46**	**9067**	**5045**	**2401**	**1621**
北　京 Beijing	15398972.79	3388577.61	4908789.34	382	144	128	110
天　津 Tianjin	8468124.32	1572568.18	2904919.98	175	93	60	22
河　北 Hebei	24032606.39	5449827.40	5880693.35	361	213	95	53
山　西 Shanxi	18894748.46	3826369.91	4384274.19	262	141	70	51
内蒙古 Inner Mongolia	11944096.42	2583077.26	3023127.75	232	123	41	68
辽　宁 Liaoning	18218446.05	3827295.10	5119573.01	354	207	99	48
吉　林 Jilin	7305120.54	1519182.93	2468480.01	136	68	44	24
黑龙江 Heilongjiang	11491963.57	1853066.49	3155691.61	162	97	46	19
上　海 Shanghai	10118555.61	3265035.21	2584593.96	237	88	96	53
江　苏 Jiangsu	38936972.97	13738941.53	9082041.64	542	332	119	91
浙　江 Zhejiang	30773360.05	10226525.09	7701042.11	478	257	110	111
安　徽 Anhui	20776822.67	6001703.96	4692580.35	275	162	73	40
福　建 Fujian	18729900.38	5068900.14	5382782.62	307	152	65	90
江　西 Jiangxi	21461731.44	5912018.19	5319477.01	283	157	69	57
山　东 Shandong	46590596.55	13401922.42	11055584.65	539	343	126	70
河　南 Henan	30216355.96	6660638.13	6380598.83	414	206	108	100
湖　北 Hubei	29166837.92	8966963.86	5750931.50	420	239	103	78
湖　南 Hunan	22240945.15	6575908.84	5272844.62	305	200	61	44
广　东 Guangdong	65965333.60	20576760.75	18283518.83	976	512	318	146
广　西 Guangxi	21654999.11	6277371.75	4830506.14	282	159	75	48
海　南 Hainan	6276075.23	1693790.88	1523031.65	96	56	28	12
重　庆 Chongqing	15016189.44	4226905.50	4762467.18	207	132	56	19
四　川 Sichuan	34708672.25	8691811.02	10536174.48	511	291	133	87
贵　州 Guizhou	17786204.12	5149417.47	4516020.54	204	126	38	40
云　南 Yunnan	21114737.63	6623744.45	5191487.92	252	163	49	40
西　藏 Tibet	2724011.42	625150.91	451577.97	34	20	7	7
陕　西 Shaanxi	14776897.00	3249992.64	3779674.39	250	125	91	34
甘　肃 Gansu	6698334.71	1594993.42	1679858.71	120	58	43	19
青　海 Qinghai	3312808.38	885940.82	727161.36	43	21	13	9
宁　夏 Ningxia	5068978.06	1627095.24	1020373.37	66	42	9	15
新　疆 Xinjiang	13913985.84	3981015.81	3198514.39	162	118	28	16

资产情况(城区)
in Senior Secondary Schools (Urban Area)

图书(册) Books and Magazines in Libraries (Volume)	数字终端数(台) Number of Digital Terminals (Set)	#教师终端数 of Which: Number of Teachers' Terminals	#学生终端数 of Which: Number of Student Terminals	教室(间) Classroom (Room)	#网络多媒体教室 of Which: Network Multimedia Classroom	固定资产总值(万元) Total Value of Fixed Asset (10,000 yuan)	#教学仪器设备资产值 of Which: Total Value of Equip & Instru.
623151328	**4377310**	**1755877**	**2477436**	**733357**	**563866**	**80908059.49**	**8853813.44**
20753746	252078	100930	121208	28882	26792	3943262.68	977205.07
11989998	81517	36932	41778	11995	10174	1061163.17	156554.95
30332522	163061	76332	84812	31856	23448	2394802.98	233189.19
16199169	112608	47509	60698	24970	15806	2555499.37	205048.77
8212472	64321	29177	33427	10783	8459	1508167.79	155018.91
14686597	117320	50900	59906	19327	14208	1841459.71	195210.29
7857802	51415	23599	23624	11080	7045	933703.24	93429.37
6637410	57963	27634	28567	13279	9154	1070660.65	117817.79
14234993	141313	64983	72251	15678	13327	2820644.50	434252.17
38659927	274833	106306	161688	40793	32404	5884044.39	572873.17
34663275	214197	81080	126806	32038	24920	4082599.26	499160.78
16940084	214901	53107	158266	25477	17930	2176300.49	253179.63
27704514	145991	60993	81693	28396	21879	2800270.39	318260.38
21271053	119868	52175	63775	25143	19517	1965188.26	217537.63
43291984	269440	130666	133776	49886	35854	5885237.90	478627.21
19632242	149974	67355	78703	33624	22859	2730524.09	202193.95
16424733	127243	53825	71536	28643	19286	3176082.49	265598.55
20425482	117225	48882	65689	25682	19765	3235014.22	284648.99
85436791	667325	245691	406465	86991	75599	9613845.41	1107424.53
23742337	126541	58794	63468	23152	18261	2157432.55	235341.29
5446846	41389	17348	23017	6761	5381	805434.17	97341.80
16138807	111237	41204	64006	20943	18400	2641931.58	207835.31
39769698	246552	87427	151100	44469	34031	4823315.32	555990.92
16926429	93372	33176	55883	16973	13846	2430450.56	198604.97
18216089	120158	42043	75454	25177	17038	2179616.10	203145.55
1135552	10595	5782	4551	1544	1182	204318.31	13618.12
22090529	118844	45125	70493	19437	15337	2281701.45	263018.66
7963162	45954	19640	25516	8184	5820	998487.46	81386.81
3110987	17391	6240	10880	3442	2011	561965.52	28865.51
3726521	33977	9926	22776	4041	3018	589391.80	60360.27
9529577	68707	31096	35624	14711	11115	1555543.65	141072.87

普通高中学校

Condition of Fixed Assets and Teaching Resources in

地区 Region	占地面积（平方米） Areas Occupied（m^2）	#绿化用地面积 of Which: Green Areas	#运动场地面积 of Which: Sports Areas	校园足球场（个） Campus Football	11人制足球场 11-a-side Football Field	7人制足球场 7-a-side Football Field	5人制足球场 5-a-side Football Field
总　计 Total	**521415954.61**	**132324171.69**	**126442917.51**	**6407**	**4066**	**1440**	**901**
北　京 Beijing	1241394.90	286307.41	319534.80	31	12	12	7
天　津 Tianjin	1318926.30	175683.18	364388.56	24	9	13	2
河　北 Hebei	34589386.75	6830433.94	8201050.24	412	271	88	53
山　西 Shanxi	15146574.58	2942855.96	3157679.25	162	106	36	20
内蒙古 Inner Mongolia	12755642.31	2519421.42	3412853.60	197	125	22	50
辽　宁 Liaoning	5801249.65	1082936.25	1484127.30	89	61	21	7
吉　林 Jilin	5327245.05	1131981.14	1633489.26	96	63	24	9
黑龙江 Heilongjiang	9185550.93	1464442.06	2228778.30	129	81	31	17
上　海 Shanghai	1162278.23	398277.40	271988.31	23	12	9	2
江　苏 Jiangsu	24522872.51	7976317.53	6206116.15	355	230	78	47
浙　江 Zhejiang	17833650.02	5733948.64	4178404.44	236	149	41	46
安　徽 Anhui	35681667.44	8807202.10	7727301.29	435	270	118	47
福　建 Fujian	21066910.11	5644561.07	5892021.54	300	179	69	52
江　西 Jiangxi	26856869.44	7830050.94	7209996.91	311	201	46	64
山　东 Shandong	33861889.35	9360040.64	7538458.27	362	262	66	34
河　南 Henan	46243861.82	10407683.47	8379161.01	488	315	102	71
湖　北 Hubei	14051091.98	3709238.51	2762964.18	177	112	44	21
湖　南 Hunan	32224731.77	9239152.61	7012211.25	333	228	78	27
广　东 Guangdong	27124566.67	7712109.99	6796825.68	360	176	127	57
广　西 Guangxi	19232049.64	4405016.24	4570531.58	226	145	45	36
海　南 Hainan	4549300.58	1417219.67	993230.59	75	42	19	14
重　庆 Chongqing	8383861.15	2457528.82	2470389.77	110	61	28	21
四　川 Sichuan	28713862.64	6471003.45	9921665.83	420	221	114	85
贵　州 Guizhou	21825099.28	5854517.57	5336965.63	232	151	54	27
云　南 Yunnan	27856892.67	7647321.00	6567139.28	251	185	46	20
西　藏 Tibet	387087.22	62986.00	59020.13	4	3	0	1
陕　西 Shaanxi	12502158.12	2986638.22	3501757.39	163	115	35	13
甘　肃 Gansu	13770524.83	2618666.88	3866318.93	209	122	52	35
青　海 Qinghai	3508205.97	905484.45	896479.80	43	30	7	6
宁　夏 Ningxia	3587667.57	1014514.01	710826.99	35	26	3	6
新　疆 Xinjiang	11102885.13	3230631.12	2771241.25	119	103	12	4

资产情况（镇区）

Senior Secondary Schools (County and Town Area)

图书（册）Books and Magazines in Libraries (Volume)	数字终端数（台）Number of Digital Terminals (Set)	#教师终端数 of Which: Number of Teachers' Terminals	#学生终端数 of Which: Number of Student Terminals	教室（间）Classroom (Room)	#网络多媒体教室 of Which: Network Multimedia Classroom	固定资产总值（万元）Total Value of Fixed Asset (10,000 yuan)	#教学仪器设备资产值 of Which: Total Value of Equip & Instru.
455106306	**2698121**	**1039868**	**1590390**	**538420**	**388105**	**49296266.39**	**4453257.60**
717122	8452	3160	4105	1329	1040	137828.80	27852.50
1475074	6381	3406	2903	1111	866	115309.06	12525.42
35339326	188263	86183	97731	41730	30059	3031344.40	240585.03
10065529	64696	27135	35440	15608	9953	1292962.95	92637.94
6883206	51640	24022	26507	8301	6640	1347383.23	113277.19
3415968	26229	11111	12740	5853	4059	358085.28	37870.01
4198245	25693	12025	12095	6674	4420	428234.96	46025.80
4044898	37395	15107	21455	8887	5982	628025.33	64534.82
1083188	9771	4940	4603	1230	878	188888.01	26403.33
26121398	176239	62644	106710	25207	20175	3017421.59	256994.24
19081589	104918	37377	65137	16330	12140	1921818.30	258166.46
26163899	227947	65933	159001	37117	24899	3221446.39	266609.90
25454311	116297	47983	66805	23990	17187	1817555.02	235170.01
25568569	133547	51242	78898	28971	22757	2191223.42	256149.60
25790545	166749	81292	79912	34014	25123	3439647.50	286009.81
23282064	196924	83343	109804	50369	33333	3968958.43	262574.48
8089699	47116	19956	25950	13280	7974	1351147.26	95444.18
26031685	123851	48316	73074	29220	21922	2878279.33	259392.33
29584439	191345	66735	120792	26945	21586	2366495.06	263153.43
21351111	98575	48059	48403	19512	14754	1492039.87	133525.10
4031938	20956	8953	11392	3995	2924	381914.50	45877.19
8107502	46647	14427	30556	9119	8175	815245.24	67606.64
35606160	174960	53289	115198	35234	25929	2955240.63	324638.62
21751497	104271	38038	61410	20250	15393	2459661.08	177730.25
22393841	124441	37252	86294	29635	18750	2979726.69	181096.87
242512	915	498	230	130	114	34426.04	741.46
14786460	80129	32070	46300	13347	10062	1544024.22	144552.62
12920880	71053	25931	44702	15041	10131	1324553.18	123787.33
3219271	17348	6934	10368	3540	2153	359953.09	36041.74
2743280	16342	5255	10492	2564	1925	269461.26	35262.29
5561100	39031	17252	21383	9887	6802	977966.30	81021.02

地区 Region	占地面积（平方米） Areas Occupied (m^2)	#绿化用地面积 of Which: Green Areas	#运动场地面积 of Which: Sports Areas	校园足球场（个） Campus Football	11人制足球场 11-a-side Football Field	7人制足球场 7-a-side Football Field	5人制足球场 5-a-side Football Field
总　计 Total	**72890643. 01**	**19889238. 77**	**14894025. 16**	**889**	**507**	**225**	**157**
北　京 Beijing	1424910. 81	448120. 87	326201. 49	22	13	5	4
天　津 Tianjin	243824. 00	60228. 00	65904. 00	5	1	3	1
河　北 Hebei	5912772. 08	1440783. 69	1168317. 11	65	42	14	9
山　西 Shanxi	2607522. 51	528915. 00	458452. 27	27	18	4	5
内蒙古 Inner Mongolia	592489. 93	84868. 55	163728. 01	13	5	5	3
辽　宁 Liaoning	899487. 56	162536. 22	231261. 64	15	7	5	3
吉　林 Jilin	1510263. 12	339154. 12	358867. 88	14	8	5	1
黑龙江 Heilongjiang	1022069. 00	165313. 00	168657. 36	10	6	4	0
上　海 Shanghai	559920. 00	160068. 80	111700. 17	9	4	4	1
江　苏 Jiangsu	477770. 77	195956. 15	100425. 33	8	5	1	2
浙　江 Zhejiang	2718772. 26	896179. 16	561491. 07	42	17	13	12
安　徽 Anhui	2397180. 43	578184. 52	444383. 24	32	19	7	6
福　建 Fujian	3850358. 75	1084689. 13	919933. 62	53	31	13	9
江　西 Jiangxi	2440745. 87	730294. 14	467437. 04	27	14	7	6
山　东 Shandong	4608439. 75	1297404. 00	761507. 99	49	32	14	3
河　南 Henan	6019684. 78	1315121. 76	1101248. 90	72	36	21	15
湖　北 Hubei	951019. 84	255999. 13	174483. 30	14	9	4	1
湖　南 Hunan	3293046. 03	1035598. 25	694049. 96	38	23	12	3
广　东 Guangdong	8051054. 57	2680964. 91	1590153. 71	91	49	21	21
广　西 Guangxi	1832515. 03	426844. 76	398325. 30	23	14	5	4
海　南 Hainan	1591560. 64	580192. 16	318389. 09	24	11	7	6
重　庆 Chongqing	1922265. 15	615926. 39	570199. 88	26	13	10	3
四　川 Sichuan	2751178. 61	686600. 19	618916. 70	31	18	6	7
贵　州 Guizhou	3493692. 83	1066020. 63	605924. 69	40	23	9	8
云　南 Yunnan	4402588. 47	1202971. 96	954670. 19	45	30	9	6
西　藏 Tibet	1277122. 12	277916. 46	169528. 44	16	11	2	3
陕　西 Shaanxi	1967801. 39	425833. 81	390667. 93	32	17	6	9
甘　肃 Gansu	525740. 50	108107. 95	100062. 30	7	3	2	2
青　海 Qinghai	424334. 00	59725. 00	82257. 00	3	2	1	0
宁　夏 Ningxia	226454. 00	68006. 00	52862. 00	6	2	1	3
新　疆 Xinjiang	2894058. 21	910714. 06	764017. 55	30	24	5	1

资产情况(乡村)
in Senior Secondary Schools (Rural Area)

图　书（册）Books and Magazines in Libraries (Volume)	数字终端数（台）Number of Digital Terminals (Set)	#教师终端数 of Which: Number of Teachers' Terminals	#学生终端数 of Which: Number of Student Terminals	教　室（间）Classroom (Room)	#网络多媒体教室 of Which: Network Multimedia Classroom	固定资产总值（万元）Total Value of Fixed Asset (10,000 yuan)	#教学仪器设备资产值 of Which: Total Value of Equip & Instru.
45526993	**288361**	**108818**	**170790**	**65297**	**45423**	**7402856.84**	**551917.63**
572424	6527	2186	3474	1128	935	89817.93	18587.47
194037	961	460	500	235	102	8090.04	1143.67
4915468	24719	10637	13778	6076	4659	346792.03	29968.55
1394509	8506	3560	4773	2758	2036	314559.58	17306.11
296458	2561	1162	1358	539	426	65883.47	5532.14
442857	3564	1377	1958	825	644	108330.76	6151.70
433882	2839	1012	1634	2257	400	108638.57	4686.87
257214	2019	882	1133	628	357	58745.52	3579.37
371887	3475	1573	1899	558	360	155203.91	10871.30
293611	2145	964	1181	486	367	56627.25	3046.94
2372185	14441	6246	7732	2646	2021	543551.08	31713.60
1376993	13340	2860	10186	2096	1317	161544.46	13732.14
3307535	14205	5385	8497	3765	2491	309817.33	39760.52
1203612	5491	1982	3148	1603	1164	130733.56	9899.30
1866186	18493	8469	9281	3874	2965	620471.04	33380.76
2587995	18982	8494	10191	5095	3543	541078.85	47610.12
658958	3126	1216	1864	809	471	108275.35	7515.27
2205062	10070	3315	6394	3034	2341	274340.34	25850.63
5875793	46834	17031	27676	7167	5825	906551.65	71898.54
872547	4803	2144	2659	1239	842	204642.41	11435.58
938054	6693	2707	3765	1218	925	120822.15	16711.14
1518158	9455	2479	6845	1978	1621	182895.47	14098.12
1957203	11112	3461	7249	2739	1630	354752.11	27568.95
2991066	13798	4770	8582	2841	2168	502176.82	35312.37
2315628	13979	3782	10164	3959	1992	468280.24	20510.32
473202	4639	2347	2065	753	577	142985.31	4362.20
1568972	7377	2864	4393	1534	1041	113446.42	13157.56
336625	2035	793	1173	453	239	37130.65	3121.77
228979	1021	320	701	320	130	44451.92	3151.80
84500	551	172	366	96	59	10956.00	1136.80
1615393	10600	4168	6171	2588	1775	311264.63	19116.02

中等职业学校
Number of Upper Secondary

地区 Region	中等职业学校 Secondary Vocational Schools	#中央部门 of Which: HEIs under Central Ministries and Agencies	#地方公办 of Which: HEIs under Local Auth.	#民办 of Which: Non-government	#具有法人资格的中外合作办学	普通中专学校 Reg. Specialized Sec. Schools	#中央部门 of Which: HEIs under Central Ministries and Agencies	#地方公办 of Which: HEIs under Local Auth.	#民办 of Which: Non-government	#具有法人资格的中外合作办学
总　计 Total	**7201**	**18**	**5109**	**2073**	**1**	**3275**	**16**	**2326**	**933**	**0**
北　京 Beijing	77	8	52	17	0	28	7	20	1	0
天　津 Tianjin	58	0	50	8	0	35	0	32	3	0
河　北 Hebei	622	3	420	199	0	275	3	106	166	0
山　西 Shanxi	340	0	228	112	0	85	0	73	12	0
内蒙古 Inner Mongolia	174	0	118	56	0	53	0	21	32	0
辽　宁 Liaoning	267	0	178	89	0	105	0	90	15	0
吉　林 Jilin	237	0	174	63	0	32	0	28	4	0
黑龙江 Heilongjiang	190	0	143	47	0	68	0	29	39	0
上　海 Shanghai	81	2	75	3	1	52	2	48	2	0
江　苏 Jiangsu	201	0	173	28	0	150	0	131	19	0
浙　江 Zhejiang	247	0	201	46	0	47	0	41	6	0
安　徽 Anhui	249	0	158	91	0	234	0	149	85	0
福　建 Fujian	167	0	145	22	0	167	0	145	22	0
江　西 Jiangxi	263	1	166	96	0	102	1	87	14	0
山　东 Shandong	414	1	275	138	0	270	0	178	92	0
河　南 Henan	535	1	366	168	0	160	1	115	44	0
湖　北 Hubei	255	2	189	64	0	201	2	150	49	0
湖　南 Hunan	495	0	261	234	0	32	0	26	6	0
广　东 Guangdong	372	0	271	101	0	282	0	200	82	0
广　西 Guangxi	241	0	169	72	0	241	0	169	72	0
海　南 Hainan	57	0	31	26	0	25	0	19	6	0
重　庆 Chongqing	128	0	104	24	0	24	0	20	4	0
四　川 Sichuan	363	0	217	146	0	177	0	67	110	0
贵　州 Guizhou	183	0	140	43	0	63	0	58	5	0
云　南 Yunnan	364	0	319	45	0	90	0	73	17	0
西　藏 Tibet	13	0	13	0	0	13	0	13	0	0
陕　西 Shaanxi	225	0	147	78	0	27	0	25	2	0
甘　肃 Gansu	177	0	142	35	0	97	0	87	10	0
青　海 Qinghai	33	0	26	7	0	31	0	25	6	0
宁　夏 Ningxia	32	0	23	9	0	11	0	6	5	0
新　疆 Xinjiang	141	0	135	6	0	98	0	95	3	0

(机构)数

Vocational Schools (Institutions)

单位：所
unit：institution

成人中专学校 Adults Specialized Sec. Schools	#中央部门 of Which: HEIs under Central Ministries and Agencies	#地方公办 of Which: HEIs under Local Auth.	#民办 of Which: Non-government	#具有法人资格的中外合作办学	职业高中学校 Vocational High Schools	#中央部门 of Which: HEIs under Central Ministries and Agencies	#地方公办 of Which: HEIs under Local Auth.	#民办 of Which: Non-government	#具有法人资格的中外合作办学
774	**1**	**679**	**94**	**0**	**3152**	**1**	**2104**	**1046**	**1**
10	1	8	1	0	39	0	24	15	0
9	0	9	0	0	14	0	9	5	0
153	0	147	6	0	194	0	167	27	0
15	0	15	0	0	240	0	140	100	0
9	0	9	0	0	112	0	88	24	0
0	0	0	0	0	162	0	88	74	0
69	0	69	0	0	136	0	77	59	0
17	0	15	2	0	105	0	99	6	0
6	0	5	1	0	23	0	22	0	1
10	0	9	1	0	41	0	33	8	0
12	0	12	0	0	188	0	148	40	0
6	0	5	1	0	9	0	4	5	0
0	0	0	0	0	0	0	0	0	0
20	0	20	0	0	141	0	59	82	0
18	0	11	7	0	126	1	86	39	0
136	0	89	47	0	239	0	162	77	0
5	0	2	3	0	49	0	37	12	0
80	0	66	14	0	383	0	169	214	0
1	0	1	0	0	89	0	70	19	0
0	0	0	0	0	0	0	0	0	0
1	0	1	0	0	31	0	11	20	0
41	0	38	3	0	63	0	46	17	0
12	0	7	5	0	174	0	143	31	0
5	0	5	0	0	115	0	77	38	0
117	0	116	1	0	157	0	130	27	0
0	0	0	0	0	0	0	0	0	0
2	0	2	0	0	196	0	120	76	0
12	0	10	2	0	68	0	45	23	0
1	0	1	0	0	1	0	0	1	0
2	0	2	0	0	19	0	15	4	0
5	0	5	0	0	38	0	35	3	0

地区 Region	毕业生数 Graduates	#职业类证书 of Which: Vocational Certificate	#职业技能等级证书 of Which: Vocational Skill Level Certificate	招生数 Entrants
总　计 Total	**3992725**	**2023971**	**1035039**	**4847810**
北　京 Beijing	12515	1999	1156	19571
天　津 Tianjin	24853	10728	4449	27386
河　北 Hebei	287782	163805	85105	326559
山　西 Shanxi	99445	79446	45671	118028
内蒙古 Inner Mongolia	51229	18825	6210	66452
辽　宁 Liaoning	78006	23464	7308	93365
吉　林 Jilin	41466	9951	1763	45857
黑龙江 Heilongjiang	55290	21326	6863	62452
上　海 Shanghai	36441	14411	6769	39282
江　苏 Jiangsu	194742	119777	55412	235122
浙　江 Zhejiang	177633	151694	95290	173590
安　徽 Anhui	238826	153415	88976	276133
福　建 Fujian	110034	54399	25613	143517
江　西 Jiangxi	142125	28387	17194	195219
山　东 Shandong	253917	94703	45802	299584
河　南 Henan	373566	228579	128591	430983
湖　北 Hubei	139894	59659	25655	140076
湖　南 Hunan	226792	138782	74845	260676
广　东 Guangdong	271921	158343	78151	349075
广　西 Guangxi	187836	78871	35743	227023
海　南 Hainan	33839	8799	4410	47685
重　庆 Chongqing	106766	58519	41831	138144
四　川 Sichuan	261971	128129	67305	345628
贵　州 Guizhou	114579	53433	26512	283821
云　南 Yunnan	192777	56858	20091	158216
西　藏 Tibet	11750	632	422	12702
陕　西 Shaanxi	90232	32218	9673	107806
甘　肃 Gansu	51665	27307	14250	79215
青　海 Qinghai	21866	9927	1664	30527
宁　夏 Ningxia	23672	8421	5021	28930
新　疆 Xinjiang	79295	29164	7294	85186

(机构)学生数
Vocational Schools (Institutions)

单位：人
unit: person

在校学生数 Enrolment	#现代学徒制 of Which: Modern Apprenticeships	一年级 Grade 1	二年级 Grade 2	三年级 Grade 3	四年级及以上 Grade 4 and Over	预计毕业生数 Estimated Graduates for Next Year
13392903	**267646**	**4848814**	**4434953**	**4059931**	**49205**	**4261152**
54596	127	19618	16469	15731	2778	15730
82867	84	27405	26957	27658	847	28085
922712	6000	326689	310507	282456	3060	317976
332805	6411	118055	112199	99521	3030	101387
187098	1986	66460	63339	56742	557	58663
276285	5134	93376	89009	87825	6075	88779
132660	1197	45859	46853	39704	244	41762
178287	1596	62452	58609	55587	1639	56112
112571	1773	39374	36286	33645	3266	40442
673401	33013	235166	231736	203071	3428	208552
532324	56003	173870	176551	180662	1241	186347
727997	20849	276143	228765	222873	216	253071
395217	14549	143576	132801	118840	0	118762
557069	4798	195268	196544	163631	1626	165088
880975	4961	299594	288965	290973	1443	291712
1193613	13399	431027	401854	358780	1952	375054
438156	8011	140118	150388	144971	2679	142668
746324	21954	260925	262639	220218	2542	228763
942235	6313	349087	313180	279594	374	281943
652704	5634	227086	235935	189286	397	219009
128311	85	47633	43262	36959	457	37007
379710	4336	138146	126641	113733	1190	114203
907951	23787	345657	299306	261560	1428	288961
524361	10292	283823	129338	111200	0	111874
485528	6335	157958	132575	194686	309	212817
32956	12	12740	12919	7285	12	9104
301382	2144	107810	99400	93528	644	91758
200563	2683	79219	75811	45303	230	49904
90251	55	30566	27557	26505	5623	25588
77874	825	28931	25924	22859	160	22429
244120	3300	85183	82634	74545	1758	77602

地区 Region	毕业生数 Graduates	#职业类证书 of Which: Vocational Certificate	#职业技能等级证书 of Which: Vocational Skill Level Certificate	招生数 Entrants
总 计 Total	**1795740**	**907078**	**469424**	**2170400**
北 京 Beijing	5926	1098	550	9502
天 津 Tianjin	10663	4446	1870	11962
河 北 Hebei	134095	77230	39337	147259
山 西 Shanxi	45142	34411	19990	55411
内蒙古 Inner Mongolia	22688	8503	2825	28799
辽 宁 Liaoning	33961	10432	2917	41358
吉 林 Jilin	17948	4308	500	20261
黑龙江 Heilongjiang	24689	10507	3265	26963
上 海 Shanghai	16142	5531	2634	17325
江 苏 Jiangsu	91737	51995	24909	110402
浙 江 Zhejiang	82455	69006	42981	82258
安 徽 Anhui	112570	72040	41692	124605
福 建 Fujian	49737	25270	12113	64291
江 西 Jiangxi	65843	13669	8572	88406
山 东 Shandong	109324	38904	19551	128982
河 南 Henan	166030	101394	57396	178918
湖 北 Hubei	61948	27043	11439	62988
湖 南 Hunan	107345	65133	35462	121802
广 东 Guangdong	123429	72679	37646	159496
广 西 Guangxi	80175	32351	15617	96074
海 南 Hainan	15485	3980	2391	20499
重 庆 Chongqing	45230	25029	16908	61142
四 川 Sichuan	115617	56345	30150	155414
贵 州 Guizhou	52173	24646	11832	138236
云 南 Yunnan	83735	25221	9561	67130
西 藏 Tibet	5134	376	220	5126
陕 西 Shaanxi	38879	13091	3841	48571
甘 肃 Gansu	24380	12915	7072	36073
青 海 Qinghai	9648	4304	743	12981
宁 夏 Ningxia	10793	3650	1974	12455
新 疆 Xinjiang	32819	11571	3466	35711

(机构)女学生数
Vocational Schools (Institutions)

单位：人
unit：person

在校学生数 Enrolment	#现代学徒制 of Which: Modern Apprenticeships	一年级 Grade 1	二年级 Grade 2	三年级 Grade 3	四年级及以上 Grade 4 and Over	预计毕业生数 Estimated Graduates for Next Year
6003885	**105222**	**2169905**	**1992898**	**1811710**	**29372**	**1874742**
26429	72	9512	7672	7586	1659	7508
35983	41	11973	11732	11772	506	11862
415389	2289	147105	141256	125101	1927	138369
156082	2685	55419	52920	46452	1291	46658
81476	293	28804	27367	24903	402	25609
123782	1273	41364	39258	38114	5046	37947
58681	573	20262	20782	17421	216	18417
78545	272	26963	26575	24034	973	24029
49588	524	17354	16313	14164	1757	18280
307892	13707	110426	103968	91174	2324	91886
250620	25958	82346	82922	84793	559	87344
334147	9626	124608	106210	103144	185	112444
178626	7037	64323	60151	54152	0	53088
255896	2001	88431	90042	76458	965	77151
381738	1528	128984	126078	125775	901	126099
507365	4653	178268	172000	156057	1040	163993
197282	2753	63001	68294	64365	1622	62988
351632	7602	121954	125176	103167	1335	105986
430069	2044	159542	143022	127239	266	125994
279070	1234	96122	101050	81603	295	89054
57602	0	20508	19502	17273	319	16700
165664	1015	61142	55564	48444	514	48504
410706	8119	155429	136000	118360	917	125302
246915	3945	138237	57904	50774	0	50631
201003	2528	66860	55504	78412	227	87407
13372	6	5145	5245	2976	6	3574
136148	573	48589	44934	42200	425	41251
93827	1135	36074	36143	21417	193	22963
39223	37	12991	11930	12083	2219	11681
33918	338	12455	11415	9943	105	9511
105215	1361	35714	35969	32354	1178	32512

中等职业学校(机构)分年龄学生数

Number of Students by age in Secondary Vocational Schools (Institutions)

单位：人
unit：person

地区 Region	合计 Total	14岁及以下 14 Years and Under	15岁 15 Years	16岁 16 Years	17岁 17 Years	18岁 18 Years	19岁 19 Years	20岁 20 Years	21岁 21 Years	22岁及以上 22 Years and Over
总　计 Total	**13392903**	**204591**	**2830611**	**3963915**	**3549283**	**1522877**	**340099**	**112050**	**60658**	**808819**
北　京 Beijing	54596	2352	14741	15421	14246	3825	476	157	22	3356
天　津 Tianjin	82867	658	17744	25393	24864	10576	1076	311	76	2169
河　北 Hebei	922712	9887	169102	273181	257206	118513	21717	6188	3031	63887
山　西 Shanxi	332805	5887	81044	104741	89089	32408	4643	1165	411	13417
内蒙古 Inner Mongolia	187098	2297	35962	57178	53693	26605	5029	1012	332	4990
辽　宁 Liaoning	276285	5834	56592	81275	80203	37502	6782	1750	687	5660
吉　林 Jilin	132660	2704	30683	39351	34468	14359	3628	1114	420	5933
黑龙江 Heilongjiang	178287	1608	26468	43495	42535	21240	4405	1702	1515	35319
上　海 Shanghai	112571	807	22070	29495	29770	13104	2311	346	71	14597
江　苏 Jiangsu	673401	3057	144821	209618	190290	60935	7573	1330	342	55435
浙　江 Zhejiang	532324	2055	125758	168763	174368	48324	5268	687	254	6847
安　徽 Anhui	727997	8826	145704	203493	178167	78013	20452	7880	5071	80391
福　建 Fujian	395217	2267	93969	127363	114079	38217	4118	570	271	14363
江　西 Jiangxi	557069	25957	163980	183491	137154	36868	5662	1227	471	2259
山　东 Shandong	880975	13226	229336	283702	267985	67194	8705	2664	695	7468
河　南 Henan	1193613	19190	255360	347893	305029	140980	35619	10048	5343	74151
湖　北 Hubei	438156	5259	109394	144734	129318	41934	4647	969	184	1717
湖　南 Hunan	746324	26233	202534	231130	182183	55764	8936	3392	3026	33126
广　东 Guangdong	942235	14302	206909	296632	260390	125859	23163	4660	1599	8721
广　西 Guangxi	652704	4840	85731	181005	149056	89963	28909	12209	8041	92950
海　南 Hainan	128311	1156	23648	31572	30373	13704	2303	518	269	24768
重　庆 Chongqing	379710	5794	89239	119144	103889	48426	9532	2601	641	444
四　川 Sichuan	907951	10908	186792	275133	245232	116293	32221	13432	8517	19423
贵　州 Guizhou	524361	1497	53682	100280	94741	68274	26625	10186	5679	163397
云　南 Yunnan	485528	4807	71722	119689	121645	87296	28871	13398	8023	30077
西　藏 Tibet	32956	1258	3852	8055	8741	5842	1987	730	380	2111
陕　西 Shaanxi	301382	12924	88640	94824	74092	22870	4110	1095	469	2358
甘　肃 Gansu	200563	3115	38102	65218	51563	27009	7459	2109	886	5102
青　海 Qinghai	90251	846	7181	13741	14407	11039	6187	3906	2278	30666
宁　夏 Ningxia	77874	1284	15354	22317	20453	13030	3900	1000	317	219
新　疆 Xinjiang	244120	3756	34497	66588	70054	46911	13785	3694	1337	3498

中等职业学校(机构)分年龄女学生数
Number of Female Students by age in Secondary Vocational Schools (Institutions)

单位：人
unit: person

地区 Region	合计 Total	14岁及以下 14 Years and Under	15岁 15 Years	16岁 16 Years	17岁 17 Years	18岁 18 Years	19岁 19 Years	20岁 20 Years	21岁 21 Years	22岁及以上 22 Years and Over
总　计 Total	**6003885**	**108602**	**1305125**	**1777012**	**1571906**	**641550**	**141099**	**46379**	**25331**	**386881**
北　京 Beijing	26429	1421	7304	6918	6606	1630	191	64	11	2284
天　津 Tianjin	35983	421	7904	11006	10695	4350	353	118	34	1102
河　北 Hebei	415389	5001	77572	122798	113815	50668	8295	2299	1285	33656
山　西 Shanxi	156082	2997	38672	49454	41686	14508	1784	462	159	6360
内蒙古 Inner Mongolia	81476	1277	15894	25213	23211	11297	2151	451	148	1834
辽　宁 Liaoning	123782	4235	27081	35960	34384	15361	2847	857	288	2769
吉　林 Jilin	58681	1536	14115	17269	14877	5832	1369	527	187	2969
黑龙江 Heilongjiang	78545	898	12148	19462	18753	8882	1994	724	602	15082
上　海 Shanghai	49588	417	10202	12634	12921	5000	811	107	24	7472
江　苏 Jiangsu	307892	1519	69015	93501	86641	25699	3300	537	156	27524
浙　江 Zhejiang	250620	1029	60399	79624	82197	21349	2323	300	98	3301
安　徽 Anhui	334147	4788	68989	92666	81864	32925	8169	2921	2036	39789
福　建 Fujian	178626	1059	43387	58713	52014	16373	1795	181	90	5014
江　西 Jiangxi	255896	13839	76227	84143	61977	15377	2388	479	182	1284
山　东 Shandong	381738	6328	100689	123458	115841	27284	3411	1032	262	3433
河　南 Henan	507365	9527	111842	146993	125827	55643	13935	3925	2265	37408
湖　北 Hubei	197282	3065	50691	65855	57193	17261	1917	456	65	779
湖　南 Hunan	351632	14117	98566	109578	83399	23279	3711	1616	1304	16062
广　东 Guangdong	430069	8186	97600	136515	117819	54511	9422	1961	707	3348
广　西 Guangxi	279070	2388	37564	77467	64263	37591	11960	5020	3147	39670
海　南 Hainan	57602	683	10817	14678	13670	5671	817	210	101	10955
重　庆 Chongqing	165664	3071	40758	52873	44153	19416	3819	1079	288	207
四　川 Sichuan	410706	6067	88286	124905	109200	50236	13915	5576	3633	8888
贵　州 Guizhou	246915	661	24111	44219	42858	30177	12083	4742	2805	85259
云　南 Yunnan	201003	2067	29907	49909	50763	36681	12015	5203	3007	11451
西　藏 Tibet	13372	500	1489	3303	3601	2385	830	336	143	785
陕　西 Shaanxi	136148	6796	41176	42966	32599	9210	1692	429	173	1107
甘　肃 Gansu	93827	1726	17802	30946	23983	12403	3186	1050	357	2374
青　海 Qinghai	39223	439	3124	5969	6595	5020	2862	1584	937	12693
宁　夏 Ningxia	33918	693	6988	9535	8688	5524	1760	496	146	88
新　疆 Xinjiang	105215	1851	14806	28482	29813	20007	5994	1637	691	1934

中等职业学校（机构）
Changes of Enrolment in Secondary

地区 Region	上学年初报表在校学生数 Enrolment at Beginning of Previous Academic Year	增加学生数 Factors of Increase				
			招生 No. of Students Admitted	复学 Students Resuming Studies	转入 Transfers from Other Inst.	其他 Others
总　计 Total	**13118146**	**5049319**	**4847810**	**11585**	**183080**	**6844**
北　京 Beijing	48028	19852	19571	95	186	0
天　津 Tianjin	80117	30297	27386	70	2815	26
河　北 Hebei	910748	334047	326559	543	6945	0
山　西 Shanxi	322092	121582	118028	129	3403	22
内蒙古 Inner Mongolia	178668	70639	66452	189	3843	155
辽　宁 Liaoning	267638	94968	93365	85	1358	160
吉　林 Jilin	131079	48075	45857	505	1283	430
黑龙江 Heilongjiang	176725	65172	62452	23	2457	240
上　海 Shanghai	108907	49058	39282	237	9517	22
江　苏 Jiangsu	641184	246431	235122	836	10465	8
浙　江 Zhejiang	556039	182074	173590	647	7836	1
安　徽 Anhui	752140	286257	276133	1085	8996	43
福　建 Fujian	375367	145153	143517	352	824	460
江　西 Jiangxi	519162	201215	195219	371	5255	370
山　东 Shandong	839144	323984	299584	263	24122	15
河　南 Henan	1180043	462054	430983	281	30075	715
湖　北 Hubei	441214	148743	140076	336	8330	1
湖　南 Hunan	746552	272510	260676	166	11312	356
广　东 Guangdong	903049	360060	349075	679	10200	106
广　西 Guangxi	690913	230433	227023	1542	1815	53
海　南 Hainan	121256	48076	47685	28	363	0
重　庆 Chongqing	364201	140938	138144	77	1053	1664
四　川 Sichuan	872310	361011	345628	1137	13292	954
贵　州 Guizhou	397515	290551	283821	374	6348	8
云　南 Yunnan	550892	165731	158216	242	7201	72
西　藏 Tibet	33196	13221	12702	115	280	124
陕　西 Shaanxi	296995	109541	107806	279	1148	308
甘　肃 Gansu	202176	80958	79215	157	1586	0
青　海 Qinghai	89118	31169	30527	618	24	0
宁　夏 Ningxia	76339	29457	28930	56	333	138
新　疆 Xinjiang	245339	86062	85186	68	415	393

学生数变动情况

Vocational Schools (Institutions)

单位：人
unit: person

减少学生数 Factors of Decrease	毕业 Graduates	结业 Completers of Courses without Formal Awards	休学 Suspended	退学 Quitting	死亡 Death	转出 Transfers to Other Inst.	其他 Others	本学年初报表在校学生数 Enrolment at Beginning of Current Academic Year
4774562	**3992725**	**78890**	**16923**	**441724**	**627**	**228502**	**15171**	**13392903**
13284	12515	52	133	479	6	99	0	54596
27547	24853	0	84	2066	10	52	482	82867
322083	287782	2813	449	21531	14	9494	0	922712
110869	99445	387	137	6519	15	4356	10	332805
62209	51229	58	333	7043	8	3538	0	187098
86321	78006	19	166	7425	8	696	1	276285
46494	41466	72	461	3701	6	788	0	132660
63610	55290	314	80	4992	7	2895	32	178287
45394	36441	210	296	3301	11	5107	28	112571
214214	194742	404	1066	13143	41	4652	166	673401
205789	177633	555	1230	7844	26	18059	442	532324
310400	238826	17020	405	17612	16	36133	388	727997
125303	110034	3839	959	9169	15	759	528	395217
163308	142125	268	149	13184	21	7517	44	557069
282153	253917	590	480	23073	27	4056	10	880975
448484	373566	3445	488	32582	9	36958	1436	1193613
151801	139894	262	531	6004	39	5035	36	438156
272738	226792	4316	1406	24765	39	15420	0	746324
320874	271921	554	1337	34285	61	12547	169	942235
268642	187836	22730	1507	51069	30	4183	1287	652704
41021	33839	2	92	6434	8	646	0	128311
125429	106766	162	310	17132	41	1018	0	379710
325370	261971	4334	2419	35011	43	21583	9	907951
163705	114579	6852	507	28654	17	10376	2720	524361
231095	192777	2822	640	30061	39	3802	954	485528
13461	11750	0	220	1093	1	273	124	32956
105154	90232	836	280	10077	9	3719	1	301382
82571	51665	3427	372	10295	4	10601	6207	200563
30036	21866	1369	100	3536	0	3160	5	90251
27922	23672	318	69	3673	9	131	50	77874
87281	79295	860	217	5971	47	849	42	244120

地区 Region	上学年初报表在校学生数 Enrolment at Beginning of Previous Academic Year	增加学生数 Factors of Increase	招生 No. of Students Admitted	复学 Students Resuming Studies	转入 Transfers from Other Inst.	其他 Others
总 计 Total	**5855494**	**2261145**	**2170400**	**4822**	**83604**	**2319**
北 京 Beijing	23032	9624	9502	45	77	0
天 津 Tianjin	34405	13296	11962	39	1294	1
河 北 Hebei	413143	150091	147259	176	2656	0
山 西 Shanxi	148982	57032	55411	64	1549	8
内蒙古 Inner Mongolia	78123	30911	28799	94	1995	23
辽 宁 Liaoning	119222	41908	41358	47	463	40
吉 林 Jilin	57580	21320	20261	297	597	165
黑龙江 Heilongjiang	79068	27816	26963	13	748	92
上 海 Shanghai	46902	21252	17325	91	3827	9
江 苏 Jiangsu	293284	113880	110402	374	3101	3
浙 江 Zhejiang	257849	86114	82258	369	3487	0
安 徽 Anhui	350210	129432	124605	570	4236	21
福 建 Fujian	169117	65003	64291	160	358	194
江 西 Jiangxi	238803	91028	88406	163	2290	169
山 东 Shandong	361802	141056	128982	122	11947	5
河 南 Henan	507836	196893	178918	95	17620	260
湖 北 Hubei	198386	67041	62988	142	3910	1
湖 南 Hunan	350024	127777	121802	82	5793	100
广 东 Guangdong	406917	163022	159496	378	3104	44
广 西 Guangxi	295338	96691	96074	160	452	5
海 南 Hainan	54893	20618	20499	12	107	0
重 庆 Chongqing	156178	62464	61142	29	812	481
四 川 Sichuan	390005	162615	155414	592	6254	355
贵 州 Guizhou	178057	141308	138236	273	2796	3
云 南 Yunnan	228797	70147	67130	107	2864	46
西 藏 Tibet	13805	5284	5126	49	53	56
陕 西 Shaanxi	131488	49100	48571	97	375	57
甘 肃 Gansu	95549	36519	36073	47	399	0
青 海 Qinghai	38804	13074	12981	83	10	0
宁 夏 Ningxia	33518	12645	12455	13	143	34
新 疆 Xinjiang	104377	36184	35711	39	287	147

女学生数变动情况
Vocational Schools (Institutions)

单位：人
unit: person

减少学生数 Factors of Decrease	毕业 Graduates	结业 Completers of Courses without Formal Awards	休学 Suspended	退学 Quitting	死亡 Death	转出 Transfers to Other Inst.	其他 Others	本学年初报表在校学生数 Enrolment at Beginning of Current Academic Year
2112754	**1795740**	**32146**	**7834**	**172636**	**186**	**98232**	**5980**	**6003885**
6227	5926	19	59	185	2	36	0	26429
11718	10663	0	39	940	5	17	54	35983
147845	134095	1423	189	8347	4	3787	0	415389
49932	45142	145	61	2640	6	1932	6	156082
27558	22688	12	130	3104	2	1622	0	81476
37348	33961	7	70	3019	1	290	0	123782
20219	17948	0	325	1660	0	286	0	58681
28339	24689	97	18	2359	2	1164	10	78545
18566	16142	33	134	973	4	1271	9	49588
99272	91737	109	576	4931	13	1870	36	307892
93343	82455	171	689	3134	9	6782	103	250620
145495	112570	7359	164	8253	10	16938	201	334147
55494	49737	1679	403	3179	7	264	225	178626
73935	65843	59	70	5022	5	2926	10	255896
121120	109324	390	202	9294	8	1901	1	381738
197364	166030	1302	167	11434	1	18179	251	507365
68145	61948	27	263	2330	14	3533	30	197282
126169	107345	1263	542	9682	10	7327	0	351632
139870	123429	210	657	11711	18	3798	47	430069
112959	80175	8923	754	20001	8	2126	972	279070
17909	15485	0	55	2099	0	270	0	57602
52978	45230	67	142	6622	13	904	0	165664
141914	115617	2348	1047	14509	15	8378	0	410706
72450	52173	3373	245	12238	4	3810	607	246915
97941	83735	441	302	11965	11	1218	269	201003
5717	5134	0	91	373	0	63	56	13372
44440	38879	217	129	3950	2	1263	0	136148
38241	24380	1585	157	4185	0	4868	3066	93827
12655	9648	645	19	1316	0	1027	0	39223
12245	10793	89	23	1276	0	50	14	33918
35346	32819	153	112	1905	12	332	13	105215

中等职业学校(机构)国际学生基本情况

Information on International Students in Secondary Vocational Schools (Institutions)

单位：人、次

unit：person、person-time

地区 Region	结业生数 Graduates							
	合计 Total	#女 of Which: Female	按大洲分 by Continent					
			亚洲 Asia	非洲 Africa	欧洲 Europe	北美洲 North America	南美洲 South America	大洋洲 Australia
总计 Total	**727**	**281**	**688**	**0**	**30**	**6**	**2**	**1**
北京 Beijing	38	20	7	0	29	1	1	0
天津 Tianjin	0	0	0	0	0	0	0	0
河北 Hebei	0	0	0	0	0	0	0	0
山西 Shanxi	0	0	0	0	0	0	0	0
内蒙古 Inner Mongolia	20	4	20	0	0	0	0	0
辽宁 Liaoning	2	1	2	0	0	0	0	0
吉林 Jilin	0	0	0	0	0	0	0	0
黑龙江 Heilongjiang	0	0	0	0	0	0	0	0
上海 Shanghai	0	0	0	0	0	0	0	0
江苏 Jiangsu	0	0	0	0	0	0	0	0
浙江 Zhejiang	3	1	1	0	1	1	0	0
安徽 Anhui	0	0	0	0	0	0	0	0
福建 Fujian	20	8	19	0	0	1	0	0
江西 Jiangxi	0	0	0	0	0	0	0	0
山东 Shandong	14	2	14	0	0	0	0	0
河南 Henan	0	0	0	0	0	0	0	0
湖北 Hubei	0	0	0	0	0	0	0	0
湖南 Hunan	0	0	0	0	0	0	0	0
广东 Guangdong	6	4	1	0	0	3	1	1
广西 Guangxi	0	0	0	0	0	0	0	0
海南 Hainan	0	0	0	0	0	0	0	0
重庆 Chongqing	0	0	0	0	0	0	0	0
四川 Sichuan	0	0	0	0	0	0	0	0
贵州 Guizhou	0	0	0	0	0	0	0	0
云南 Yunnan	624	241	624	0	0	0	0	0
西藏 Tibet	0	0	0	0	0	0	0	0
陕西 Shaanxi	0	0	0	0	0	0	0	0
甘肃 Gansu	0	0	0	0	0	0	0	0
青海 Qinghai	0	0	0	0	0	0	0	0
宁夏 Ningxia	0	0	0	0	0	0	0	0
新疆 Xinjiang	0	0	0	0	0	0	0	0

中等职业学校(机构)教职工数
Number of Educational Personnel in Secondary Vocational Schools (Institutions)

单位：人
unit: person

地区 Region	教职工数 Educational Personnel	专任教师 Full-time Teachers	行政人员 Adm. Personnel	教辅人员 Supporting Staffs	工勤人员 Workers	其他附设机构人员 Personnel in Others Subsidiary Units	校外教师 Part-time Teachers	行业导师 Industry Mentor	外籍教师 Foreign Teachers
总　计 Total	**848464**	**694182**	**57307**	**49395**	**46852**	**728**	**60551**	**15127**	**141**
北　京 Beijing	8390	5391	1395	1086	518	0	388	202	5
天　津 Tianjin	7054	5180	1035	413	244	182	497	10	0
河　北 Hebei	68139	55305	5039	4380	3413	2	2948	579	0
山　西 Shanxi	31270	24980	2212	1855	2199	24	3690	250	1
内蒙古 Inner Mongolia	17869	13687	1593	1595	990	4	660	93	0
辽　宁 Liaoning	25381	18882	3033	1824	1642	0	1316	561	1
吉　林 Jilin	17594	13359	1612	2083	540	0	674	774	2
黑龙江 Heilongjiang	15611	11698	1507	1385	1021	0	928	219	1
上　海 Shanghai	11105	7904	1556	1000	640	5	996	478	66
江　苏 Jiangsu	53280	45651	2315	2400	2874	40	3430	1001	10
浙　江 Zhejiang	42168	37997	1117	1933	1117	4	3269	1559	16
安　徽 Anhui	35772	30944	1768	1072	1975	13	6337	831	0
福　建 Fujian	21987	18553	1281	1425	728	0	2069	281	20
江　西 Jiangxi	25858	19973	1622	2965	1298	0	1622	1281	1
山　东 Shandong	62874	53924	3154	3478	2318	0	2806	548	1
河　南 Henan	60011	50670	3914	2672	2675	80	7120	391	0
湖　北 Hubei	27906	22856	2052	1499	1499	0	1898	141	0
湖　南 Hunan	45745	37934	3093	2193	2520	5	2283	270	0
广　东 Guangdong	57553	45678	3440	3913	4238	284	2563	1286	14
广　西 Guangxi	28890	22530	2739	1702	1908	11	1894	1332	2
海　南 Hainan	5062	3647	544	316	555	0	487	249	0
重　庆 Chongqing	19986	17105	1282	548	1038	13	1827	548	0
四　川 Sichuan	51260	42294	2790	2205	3930	41	3167	1224	0
贵　州 Guizhou	21270	17528	1379	543	1805	15	2215	358	0
云　南 Yunnan	23762	19552	1232	1232	1746	0	1509	216	0
西　藏 Tibet	2624	2508	77	11	28	0	37	121	0
陕　西 Shaanxi	22362	17267	2173	1759	1163	0	626	17	0
甘　肃 Gansu	16268	14170	726	500	872	0	940	17	0
青　海 Qinghai	2759	2276	154	73	251	5	468	80	0
宁　夏 Ningxia	4301	3533	378	160	230	0	836	107	1
新　疆 Xinjiang	14353	11206	1095	1175	877	0	1051	103	0

中等职业学校(机

Number of Female Educational Personnel in

地区 Region	教职工数 Educational Personnel	专任教师 Full-time Teachers	行政人员 Adm. Personnel	教辅人员 Supporting Staffs
总　计 Total	**467671**	**402117**	**22774**	**25811**
北　京 Beijing	5185	3803	701	573
天　津 Tianjin	4466	3586	479	261
河　北 Hebei	42078	36766	1985	2241
山　西 Shanxi	18342	15813	799	943
内蒙古 Inner Mongolia	10446	8802	568	789
辽　宁 Liaoning	15176	12471	1255	1015
吉　林 Jilin	11131	9153	660	1189
黑龙江 Heilongjiang	8821	7366	590	670
上　海 Shanghai	6872	5237	858	569
江　苏 Jiangsu	29453	26119	1018	1249
浙　江 Zhejiang	24395	22422	397	1089
安　徽 Anhui	16938	15038	586	498
福　建 Fujian	11983	10405	568	815
江　西 Jiangxi	14088	11307	664	1533
山　东 Shandong	32977	30006	954	1551
河　南 Henan	32584	29039	1473	1276
湖　北 Hubei	13469	11517	735	691
湖　南 Hunan	24760	21458	1106	1204
广　东 Guangdong	31248	25577	1455	2157
广　西 Guangxi	15834	12698	1353	948
海　南 Hainan	2507	1941	227	164
重　庆 Chongqing	11098	9801	547	297
四　川 Sichuan	28147	24118	1101	1170
贵　州 Guizhou	10877	9289	564	239
云　南 Yunnan	12181	10440	480	688
西　藏 Tibet	1370	1333	18	8
陕　西 Shaanxi	12316	10141	871	931
甘　肃 Gansu	7270	6581	185	240
青　海 Qinghai	1342	1138	46	43
宁　夏 Ningxia	2493	2180	155	79
新　疆 Xinjiang	7824	6572	376	691

构)女教职工数

Secondary Vocational Schools (Institutions)

单位：人
unit: person

工勤人员 Workers	其他附设机构人员 Personnel in Others Subsidiary Units	校外教师 Part-time Teachers	行业导师 Industry Mentor	外籍教师 Foreign Teachers
16591	**378**	**32035**	**6780**	**43**
108	0	229	101	1
58	82	308	8	0
1084	2	1802	315	0
770	17	1579	101	0
286	1	384	41	0
435	0	821	300	1
129	0	428	393	0
195	0	483	84	1
206	2	511	188	17
1052	15	1702	300	1
487	0	1487	613	8
810	6	2860	296	0
195	0	1171	107	9
584	0	1058	670	1
466	0	1627	285	0
750	46	3369	146	0
526	0	1081	56	0
989	3	1264	154	0
1910	149	1338	473	4
826	9	935	654	0
175	0	210	58	0
442	11	1008	281	0
1730	28	1869	734	0
783	2	1248	167	0
573	0	888	86	0
11	0	10	18	0
373	0	354	7	0
264	0	530	1	0
110	5	294	24	0
79	0	580	46	0
185	0	607	73	0

中等职业学校(机构)专任教师

Number of Full-time Teachers By Professional Rank and Academic

地区 Region	合计 Total	按专业技术职务分 By Professional Rank					按学历分		
		正高级 Senior	副高级 Sub-Senior	中级 Middle	初级 Junior	未定职级 No-Ranking	博士研究生 Doctor's Degrees	#获取博士学位 of Which: Ph. D	#获取硕士学位 of Which: Master's Degree
总 计 Total	**718306**	**5330**	**168979**	**249485**	**158943**	**135569**	**692**	**560**	**46**
北 京 Beijing	5930	82	1978	2306	1173	391	78	76	1
天 津 Tianjin	5286	31	1919	2312	825	199	7	7	0
河 北 Hebei	56521	371	13744	20923	10945	10538	9	8	1
山 西 Shanxi	26088	41	5008	9122	6571	5346	6	3	0
内蒙古 Inner Mongolia	14694	56	3571	5023	3118	2926	6	6	0
辽 宁 Liaoning	19595	823	6290	7966	2128	2388	6	4	1
吉 林 Jilin	13611	168	4825	5297	2144	1177	5	4	1
黑龙江 Heilongjiang	12039	205	3946	4188	2432	1268	1	1	0
上 海 Shanghai	8021	60	1732	4018	1966	245	64	64	0
江 苏 Jiangsu	46334	382	15841	16970	8178	4963	136	64	23
浙 江 Zhejiang	38837	121	11585	13784	9466	3881	7	7	0
安 徽 Anhui	32263	160	8637	10020	7295	6151	19	17	2
福 建 Fujian	19480	79	4735	7247	4514	2905	9	8	0
江 西 Jiangxi	21865	156	3482	4796	4176	9255	7	6	1
山 东 Shandong	56263	650	12305	19788	12352	11168	35	29	1
河 南 Henan	54150	296	10735	18609	14204	10306	52	35	10
湖 北 Hubei	23127	120	4716	8937	5591	3763	9	9	0
湖 南 Hunan	39648	297	7017	12533	9276	10525	104	101	0
广 东 Guangdong	45885	88	7266	18239	10036	10256	40	35	0
广 西 Guangxi	22397	195	3942	7494	5603	5163	15	14	0
海 南 Hainan	3735	10	744	1225	809	947	4	3	0
重 庆 Chongqing	18208	234	4420	6323	4295	2936	2	2	0
四 川 Sichuan	42886	198	10105	12450	9812	10321	20	20	0
贵 州 Guizhou	17773	105	3067	5487	4653	4461	9	8	0
云 南 Yunnan	20957	98	7405	6386	3835	3233	4	4	0
西 藏 Tibet	2518	2	287	598	1019	612	0	0	0
陕 西 Shaanxi	18200	40	3494	6631	4173	3862	11	9	1
甘 肃 Gansu	13775	146	3061	5677	3470	1421	14	9	4
青 海 Qinghai	2308	25	544	676	474	589	3	3	0
宁 夏 Ningxia	3746	34	678	1108	818	1108	2	2	0
新 疆 Xinjiang	12166	57	1900	3352	3592	3265	8	2	0

专业技术职务、学历(位)情况
Qualifications in Secondary Vocational Schools(Institution)

单位：人
unit：person

By Academic Qualifications

硕士研究生 Master's Degrees	#获取博士学位 of Which：Ph. D	#获取硕士学位 of Which：Master's Degree	本科 Normal Courses	#获取博士学位 of Which：Ph. D	#获取硕士学位 of Which：Master's Degree	专科 Short-cycle Courses	#获取博士学位 of Which：Ph. D	#获取硕士学位 of Which：Master's Degree	高中阶段及以下 Below High School Graduate
63287	**34**	**54440**	**617420**	**33**	**24905**	**35577**	**0**	**56**	**1330**
1189	3	1143	4575	0	841	82	0	0	6
721	0	679	4467	0	526	82	0	1	9
3439	3	2720	49444	0	1295	3534	0	17	95
1927	0	1503	22914	0	974	1198	0	0	43
1273	0	1060	12752	1	526	630	0	0	33
1564	2	1311	17262	2	1277	725	0	3	38
1096	0	882	12092	0	339	410	0	6	8
687	0	531	10912	0	207	417	0	0	22
2073	9	1989	5776	1	766	97	0	1	11
7121	1	6581	38569	3	5968	496	0	0	12
3692	3	3478	34532	0	1263	597	0	0	9
3091	0	2697	28418	0	1066	728	0	0	7
1400	8	1297	17304	0	1009	702	0	0	65
1327	0	1207	17514	0	298	2940	0	0	77
5822	1	5142	48354	0	1889	1962	0	0	90
4967	0	4331	45778	2	1005	3305	0	4	48
1738	0	1465	19979	1	300	1324	0	1	77
2767	0	2300	33298	20	297	3353	0	0	126
4991	0	4311	38927	0	2229	1836	0	0	91
2042	0	1030	18835	0	415	1407	0	15	98
235	0	189	3168	0	117	267	0	0	61
1497	0	1182	15530	1	339	1132	0	1	47
2332	1	2101	37589	1	682	2898	0	0	47
1192	0	1049	15198	0	181	1340	0	1	34
1069	0	831	18768	0	390	1025	0	0	91
181	0	111	2282	0	0	55	0	0	0
1707	2	1522	15572	1	243	879	0	4	31
819	0	623	12223	0	70	701	0	0	18
93	0	68	1916	0	55	282	0	2	14
346	0	307	3270	0	69	127	0	0	1
889	1	800	10202	0	269	1046	0	0	21

中等职业学校(机构)

Condition of Fixed Assets and Teaching Resources in Secondary

地区 Region	占地面积(平方米) Areas Occupied (m^2)	#绿化用地面积 of Which: Green Areas	#运动场地面积 of Which: Sports Areas	校园足球场(个) Cammpus Football	11人制足球场 11-a-side Football Field	7人制足球场 7-a-side Football Field	5人制足球场 5-a-side Football Field	图书(册) Books and Magazines in Libraries (Volume)	#当年新增 of Which: New Added in Current Year	数字资源量 Digital Resources 电子图书(册) Ebooks (Book)	电子期刊(册) Electronic Journals (Book)	学位论文(册) Degree Thesis (Book)
总 计 Total	**449156457.01**	**111800389.12**	**70399948.99**	**3982**	**2210**	**1043**	**729**	**331054368**	**36977507**	**249892796**	**20765200**	**127728391**
北 京 Beijing	3440727.34	722200.88	762537.00	29	12	11	6	3404315	23826	2162003	315746	1587531
天 津 Tianjin	2580073.67	465948.70	441661.00	28	13	11	4	2955231	21882	2245332	70394	5098
河 北 Hebei	25682865.40	4315136.69	4399051.23	204	138	26	40	22171441	2339130	13834681	145114	15190
山 西 Shanxi	15118014.27	2684192.11	2296883.70	134	67	31	36	9057846	870382	4149663	23219	189
内蒙古 Inner Mongolia	9270612.97	1911850.99	1687269.09	107	55	27	25	4749871	376045	2880255	11555	210
辽 宁 Liaoning	9185897.18	1508827.74	1867366.59	122	54	46	22	6700277	349161	5160492	195503	50217
吉 林 Jilin	5989918.09	1516115.80	989364.80	55	29	14	12	4383520	177405	4476153	14111	78
黑龙江 Heilongjiang	8134009.56	1217298.58	1373845.43	65	25	25	15	3619329	604166	2098837	713	23
上 海 Shanghai	3247245.35	1041003.51	662772.38	52	14	30	8	5394820	208434	3651012	94935	1495299
江 苏 Jiangsu	30437327.18	10488232.89	4455092.88	240	157	56	27	23865612	2576325	23172342	1241068	84023849
浙 江 Zhejiang	20108241.00	5963974.97	3810416.06	212	120	51	41	22924261	2223480	11428398	33129	2455
安 徽 Anhui	33106825.44	8847648.07	3925869.20	223	140	56	27	22571248	2662658	32971119	315319	38521
福 建 Fujian	12151542.48	3075479.76	2208316.71	116	58	30	28	8404628	393171	8497663	1614985	9106165
江 西 Jiangxi	18677585.17	4330205.65	2635601.20	191	99	45	47	12507708	2446174	10305804	605511	1316426
山 东 Shandong	34598459.27	8545813.25	5559448.33	276	180	60	36	27123168	2667411	11691336	17928	546
河 南 Henan	28813108.73	5393150.93	4143710.75	228	122	60	46	19865782	3186583	7812334	283841	2115
湖 北 Hubei	15306937.24	4329702.93	2593972.78	164	101	46	17	9191589	901445	3115056	202030	19516
湖 南 Hunan	26641065.85	6564277.16	3476410.80	175	101	44	30	14904564	2714434	10537813	657569	142320
广 东 Guangdong	21884895.49	7211975.51	4351447.96	233	122	78	33	24577632	3280124	15021601	403649	19636318
广 西 Guangxi	15720790.48	4452744.30	1926901.38	124	56	33	35	16358213	1325487	12256272	3251399	7834220
海 南 Hainan	1966814.75	546202.83	328239.25	20	9	8	3	1750228	205688	2405241	31687	20
重 庆 Chongqing	8978416.11	2554108.64	1505081.86	81	47	18	16	5968903	454140	22804819	10087219	48596
四 川 Sichuan	22146201.85	5385685.87	4413679.39	260	136	77	47	18526771	1940207	9588665	155002	704
贵 州 Guizhou	15873168.96	4059709.21	2395423.46	125	76	33	16	9765375	1663982	7087099	167200	1715245
云 南 Yunnan	16914038.45	4852010.91	2223925.80	115	59	31	25	7329405	363062	4206761	33502	13919
西 藏 Tibet	2558027.59	499198.47	188598.05	13	10	1	2	1174447	24468	1859921	1500	0
陕 西 Shaanxi	9355984.45	2051156.87	1603727.16	124	53	38	33	9278990	898274	3168545	93355	450538
甘 肃 Gansu	8914051.73	1488215.51	1368140.52	96	46	23	27	4799743	605807	4016361	108797	121992
青 海 Qinghai	2320608.02	446306.57	330024.00	21	15	5	1	1479287	322825	952601	364700	0
宁 夏 Ningxia	5094307.52	1506040.02	504829.08	28	19	5	4	1822530	342742	3471180	2865	990
新 疆 Xinjiang	14938695.42	3825973.80	1970341.15	121	77	24	20	4427634	808589	2863437	221655	100101

资产情况(学校产权)

Vocational Schools(Institution)(Owned by SVSs)

音视频(小时) Audio and video (Hour)	职业教育仿真实训资源量(套) Vocational Education Virtual imulation Training Resources	仿真实验软件 Simulation Experiment software	仿真实训软件 Simulation Training software	仿真实习软件 Simulation Practice software	数字终端数(台) Number of Digital Terminals (Set)	#教师终端数 of Which: Number of Teachers' Terminals	#学生终端数 of Which: Number of Student Terminals	普通教室(间) Classroom (Room)	#网络多媒体教室 of Which: Network Multimedia Classroom	固定资产总值(万元) Total Value of Fixed Asset (10,000 yuan)	#教学科研实习仪器设备资产值 of Which: Teaching Equipment and Instruments	#当年新增 of Which: New Added in Current Year
4331194.24	**191989**	**46791**	**132421**	**12777**	**3641732**	**812727**	**2732100**	**377913**	**248602**	**49086652.31**	**11064393.92**	**1247517.34**
38333.70	3248	104	2973	171	54382	10797	38288	3642	2546	934089.65	347580.00	13421.03
65205.93	763	34	646	83	36630	7674	26630	2814	1918	476059.35	133377.30	5413.71
252278.55	4306	905	2424	977	241095	66453	171222	28829	17138	1815580.10	456772.48	51199.42
68532.00	2119	425	1471	223	103398	22556	77316	12738	6866	1331102.31	274519.01	27914.90
14453.50	1440	39	1141	260	55826	15813	38053	6272	4284	915950.24	232556.93	24174.73
23416.00	1185	217	895	73	103934	25352	75475	8482	5110	1126152.55	285406.06	21843.92
15098.80	984	184	625	175	55178	17052	32527	5252	2410	667941.89	175335.04	23314.85
35717.50	1075	281	699	95	49482	12110	37028	5998	3316	637470.26	163149.61	15615.32
464663.18	3193	499	2444	250	80949	20345	58543	5363	4350	1682404.47	549610.71	61593.28
421978.00	4339	952	2597	790	283780	64542	210768	27429	19636	4315563.49	926110.40	86666.45
389213.50	3178	496	2475	207	207168	50575	152538	16612	14112	2954618.75	724687.17	88370.72
265653.50	4477	1071	2535	871	177684	35218	137810	23835	14688	2625947.28	514746.91	78004.34
204309.40	3650	590	2911	149	115192	21689	90854	10267	7665	1439410.50	357603.23	36316.78
146614.20	4314	924	2727	663	120774	21684	97382	12486	9232	1340158.01	302632.53	46470.36
169111.00	109145	28989	78828	1328	257404	68466	182817	29276	20151	3791704.07	779867.20	89641.04
324648.00	6913	1676	3968	1269	203383	45161	152795	27287	15115	2239595.28	463839.00	59785.48
179897.00	3390	1128	1458	804	122351	27619	93249	12974	8835	1627876.69	325957.36	38216.25
181730.78	3110	1002	1526	582	178765	35530	139944	19413	13285	2331336.01	453688.30	68891.46
311582.51	7210	954	5784	472	345495	61656	272736	19245	15508	3260459.39	914282.60	105443.20
83959.20	3679	449	3095	135	142299	26689	113004	10433	7823	1534428.32	495733.57	54174.35
13721.00	596	112	468	16	21493	4534	16564	1847	1438	386612.97	104144.29	11280.96
49155.00	3999	1246	2044	709	87805	18867	63927	9142	7237	1319543.20	253843.40	29621.62
178161.35	2571	923	1468	180	182234	39259	138727	22940	15094	2675716.87	521190.46	70827.70
56584.64	1029	273	598	158	89232	19184	67614	11637	6609	1595350.23	262705.37	25693.04
51442.00	1438	332	936	170	92493	19051	71851	13399	7616	1988101.27	264633.97	26079.64
51606.00	83	1	25	57	8901	2664	6132	1014	611	317025.13	32208.14	3957.17
130256.00	6413	2179	2577	1657	71870	18118	52558	9203	4711	808994.92	172724.20	19925.56
38165.00	1344	417	714	213	49849	13191	36031	6955	3766	807442.94	158256.97	12202.44
5928.00	251	8	242	1	17473	4053	13410	2002	1060	414702.53	121905.74	12097.21
78113.00	1882	190	1673	19	32500	4447	26518	2804	1815	431751.46	90547.56	10829.10
21666.00	665	191	454	20	52713	12378	39789	8323	4657	1293562.18	204778.41	28531.31

中等职业学校(机构)资产

Condition of Fixed Assets and Teaching Resources in Secondary

地区 Region	占地面积(平方米) Areas Occupied (m^2)	#绿化用地面积 of Which: Green Areas	#运动场地面积 of Which: Sports Areas	校园足球场(个) Cammpus Football	11人制足球场 11-a-side Football Field	7人制足球场 7-a-side Football Field	5人制足球场 5-a-side Football Field	图书(册) Books and Magazines in Libraries (Volume)	#当年新增 of Which: New Added in Current Year	数字资源量 Digital Resources: 电子图书(册) Ebooks (Book)	电子期刊(册) Electronic Journals (Book)	学位论文(册) Degree Thesis (Book)
总 计 Total	**81549909.89**	**16905505.84**	**12221377.32**	**12694**	**11067**	**197**	**1430**	**11750487**	**1144598**	**8169554**	**1046567**	**4567086**
北 京 Beijing	419543.94	185163.25	28212.66	1	0	1	0	0	0	1058	9275	13343
天 津 Tianjin	978231.49	185715.04	165222.78	8	4	2	2	182090	500	3886	30	0
河 北 Hebei	8097541.81	923120.46	1253540.14	74	36	18	20	868266	74553	242208	7973	20085
山 西 Shanxi	2274584.24	334575.19	407867.75	21	7	8	6	937015	72670	18690	110	0
内蒙古 Inner Mongolia	1636847.97	246196.57	342151.03	33	7	9	17	102918	38623	53000	1000	0
辽 宁 Liaoning	2873218.83	430639.53	665904.99	54	26	18	10	164964	36270	7000	1000	0
吉 林 Jilin	1589100.74	366905.32	294756.30	15	5	1	9	150900	24990	600	520	0
黑龙江 Heilongjiang	1165138.90	135243.42	213200.88	13	5	3	5	113522	313	7050	0	0
上 海 Shanghai	514179.83	71867.13	79641.60	8	2	5	1	99255	13483	93294	355452	0
江 苏 Jiangsu	1975699.96	469184.69	321093.17	31	14	6	11	348831	61642	3036958	8924	4462378
浙 江 Zhejiang	1972113.94	362338.03	230433.97	14	4	4	6	99385	7350	0	0	0
安 徽 Anhui	3844673.11	891014.74	378423.00	18	10	5	3	902389	17474	308940	1178	9608
福 建 Fujian	867545.95	222385.34	132807.99	7	3	2	2	120047	1000	218380	8581	0
江 西 Jiangxi	4782659.74	1483995.43	678501.50	35	17	6	12	572266	125323	212650	6500	200
山 东 Shandong	6131776.33	1245447.04	1093056.53	52	28	13	11	347148	106169	313732	324	4
河 南 Henan	5819971.65	1100909.63	654824.23	38	18	12	8	1297763	19759	162234	32812	9
湖 北 Hubei	1503886.98	313432.50	237338.20	20	6	5	9	301396	5300	23338	11110	11
湖 南 Hunan	5208731.53	1010025.65	747903.73	9903	8671	13	1219	1008455	41075	440346	326913	11
广 东 Guangdong	7146057.58	1920312.04	1200996.74	2156	2125	14	17	336919	66494	482505	6431	1111
广 西 Guangxi	4478544.89	1240107.97	493615.91	27	12	10	5	649770	129497	127945	12508	0
海 南 Hainan	548410.93	123582.70	75198.49	2	0	1	1	81760	5332	31900	30	0
重 庆 Chongqing	1396195.21	208478.20	113457.57	4	2	1	1	316255	300	179356	4705	0
四 川 Sichuan	6004683.28	1307018.54	847453.03	59	23	19	17	1307274	110514	474661	4207	146
贵 州 Guizhou	2898227.65	621458.54	314789.59	24	12	3	9	485008	87028	78003	18057	60000
云 南 Yunnan	2505530.49	488104.48	406661.66	16	7	4	5	186815	1020	100560	1250	0
西 藏 Tibet	0.00	0.00	0.00	0	0	0	0	0	0	0	0	0
陕 西 Shaanxi	2122678.69	339733.45	360405.89	27	10	7	10	353989	54700	1150480	205976	20
甘 肃 Gansu	1628810.51	376002.51	253619.88	25	9	5	11	363667	41858	400775	21697	154
青 海 Qinghai	12826.00	50.00	7846.00	1	0	0	1	0	0	0	0	0
宁 夏 Ningxia	288589.05	111000.00	41801.00	5	2	2	1	33357	0	0	0	0
新 疆 Xinjiang	863908.67	191498.45	180651.11	3	2	0	1	19063	1361	5	4	6

情况(非学校产权中独立使用)
Vocational Schools (Institutions) (Not Owned by SVSs)

音视频(小时) Audio and video (Hour)	职业教育仿真实训资源量(套) Vocational Education Virtual imulation Training Resources	仿真实验软件 Simulation Experiment software	仿真实训软件 Simulation Training software	仿真实习软件 Simulation Practice software	数字终端数(台) Number of Digital Terminals (Set)	#教师终端数 of Which: Number of Teachers' Terminals	#学生终端数 of Which: Number of Student Terminals	普通教室(间) Classroom (Room)	#网络多媒体教室 of Which: Network Multimedia Classroom	固定资产总值(万元) Total Value of Fixed Asset (10,000 yuan)	#教学科研实习仪器设备资产值 of Which: Teaching Equipment and Instruments	#当年新增 of Which: New Added in Current Year
248269.45	**4095**	**1172**	**2335**	**588**	**110685**	**21692**	**82870**	**93692**	**51426**	**4822950.50**	**325360.05**	**36771.24**
0.00	2	0	2	0	204	135	0	422	178	20002.32	871.26	26.07
836.25	4	0	4	0	1112	188	921	872	405	98082.61	5167.77	2.00
16508.50	581	104	375	102	9051	1619	6309	9163	3553	242534.62	21282.86	2696.23
206.00	42	10	27	5	2335	590	1123	2507	1158	76143.60	4803.22	503.63
21.00	56	3	51	2	1494	271	1089	1016	431	77123.95	5157.67	1028.88
212.00	232	99	128	5	2866	794	2067	3498	1580	350975.30	10972.03	2079.06
0.00	0	0	0	0	733	155	541	1935	922	5254.36	0.00	0.00
110.00	14	3	5	6	1463	319	1144	1603	689	46200.47	5743.30	219.52
59200.00	0	0	0	0	1226	306	812	542	299	16170.06	5434.92	0.00
3585.00	84	17	50	17	1890	552	1324	1714	858	90353.31	7824.23	322.40
2404.00	213	70	73	70	4853	1091	3757	2087	1405	249512.15	14362.00	1523.08
31404.00	145	18	109	18	7902	1058	6764	2346	1187	158459.42	26239.72	4090.32
55687.00	427	282	128	17	3038	580	2445	764	392	57766.07	2007.60	294.31
2486.60	316	126	152	38	3204	708	2405	2799	1822	162047.94	24065.00	3075.13
882.00	173	20	100	53	3538	909	2629	4991	2742	373471.21	17537.38	3424.99
9314.00	432	133	199	100	10246	1217	7049	5767	2513	279324.77	18415.14	1889.81
1050.00	274	127	94	53	2352	861	1462	1157	849	72079.32	7294.47	887.31
37628.50	154	53	52	49	6081	898	5045	24419	14919	170035.84	17984.05	2719.27
3600.00	401	10	389	2	7161	1879	5281	6445	4640	897964.74	30107.81	1936.69
626.00	26	4	22	0	4589	956	3587	3249	2145	227597.36	9318.33	795.91
660.00	171	0	153	18	522	124	398	415	193	49454.34	2557.80	429.40
300.00	71	53	18	0	1300	274	1026	1416	435	106554.31	4091.02	465.36
6959.00	78	29	29	20	17514	2955	13650	5384	3185	391519.31	30440.70	3840.12
644.00	124	8	107	9	3590	548	2816	2031	1015	107781.39	12109.67	1051.88
4000.00	20	1	17	2	4677	1168	3319	2353	1138	174054.35	7572.93	259.95
190.00	1	0	1	0	0	0	0	0	0	0.00	0.00	0.00
5883.00	51	0	49	2	2195	681	1360	2572	1578	91614.06	5911.91	310.10
3865.60	3	2	1	0	4910	646	4127	1259	718	126063.53	23333.80	2587.64
0.00	0	0	0	0	0	0	0	65	55	3788.00	49.00	0.00
0.00	0	0	0	0	260	51	200	292	241	15421.50	550.00	150.00
7.00	0	0	0	0	379	159	220	609	181	85600.29	4154.46	162.18

中等职业学校(机构)校舍情况
Conditions of School Buildings in Secondary Vocational Schools (Institutions)

单位：平方米
unit：m^2

地区 Region	学校产权校舍建筑面积 Floor Area of School Building Owned by SVSs	正在施工校舍建筑面积 Floor Area Under Construction	非学校产权中独立使用校舍建筑面积 Floor Area of School Building Not Owned by SVSs
总　计 Total	**229141331. 50**	**10999159. 82**	**46019591. 66**
北　京 Beijing	2145538. 75	59127. 96	172270. 26
天　津 Tianjin	1390028. 63	26520. 00	445561. 23
河　北 Hebei	12835522. 19	590638. 98	4225979. 59
山　西 Shanxi	7474796. 51	400600. 17	1343875. 89
内蒙古 Inner Mongolia	3741764. 53	61189. 73	559911. 92
辽　宁 Liaoning	4491790. 46	220717. 64	2066501. 77
吉　林 Jilin	2271413. 81	122164. 29	1070733. 34
黑龙江 Heilongjiang	2739275. 08	82546. 80	794639. 53
上　海 Shanghai	2719375. 32	39982. 00	356509. 49
江　苏 Jiangsu	16992082. 41	487171. 31	1310516. 06
浙　江 Zhejiang	11955740. 74	902672. 24	1403342. 92
安　徽 Anhui	16565674. 16	1132626. 13	1735213. 95
福　建 Fujian	6420943. 94	490530. 62	378600. 81
江　西 Jiangxi	7869007. 20	561762. 44	2353933. 02
山　东 Shandong	17094524. 91	701425. 92	3212930. 31
河　南 Henan	15009411. 24	346686. 00	2925887. 92
湖　北 Hubei	8423528. 24	309415. 55	769803. 22
湖　南 Hunan	12989409. 25	861233. 72	3199988. 23
广　东 Guangdong	13165267. 31	631681. 25	4568682. 19
广　西 Guangxi	8227743. 54	548000. 61	2686330. 11
海　南 Hainan	1383855. 48	9364. 13	283463. 23
重　庆 Chongqing	5697570. 75	221754. 89	965113. 12
四　川 Sichuan	12944065. 54	791225. 65	3480721. 51
贵　州 Guizhou	8268523. 99	393614. 17	1462293. 14
云　南 Yunnan	7740136. 19	253388. 87	1323821. 55
西　藏 Tibet	929006. 00	0. 00	0. 00
陕　西 Shaanxi	5044187. 74	45326. 10	1690689. 85
甘　肃 Gansu	3945449. 60	311951. 38	783524. 70
青　海 Qinghai	1146808. 34	117878. 25	18682. 00
宁　夏 Ningxia	1765325. 51	45626. 71	204866. 06
新　疆 Xinjiang	5753564. 14	232336. 31	225204. 74

初中校数、班数(总计)
Number of Schools, Classes of Junior Secondary Schools(Total)

地区 Region	学校数(所) Schools	初级中学 Regular Lower Secondary Schools	九年一贯制学校 9-Year Schools	职业初中 Vocational Lower Secondary Schools	班数(个) Classes	一年级 Grade 1	二年级 Grade 2	三年级 Grade 3	四年级 Grade 4
总　计 Total	**52480**	**34304**	**18168**	**8**	**1118464**	**376981**	**372885**	**357333**	**11265**
北　京 Beijing	333	176	157	0	11003	3669	3631	3665	38
天　津 Tianjin	341	281	60	0	8491	2829	2725	2711	226
河　北 Hebei	2517	1865	652	0	65878	22458	22618	20800	2
山　西 Shanxi	1403	938	465	0	25162	8499	8505	8158	0
内蒙古 Inner Mongolia	721	467	254	0	15761	5295	5230	5195	41
辽　宁 Liaoning	1532	976	556	0	23408	7643	7812	7953	0
吉　林 Jilin	1180	782	394	4	14920	5035	5063	4822	0
黑龙江 Heilongjiang	1405	843	562	0	20148	5867	6040	5926	2315
上　海 Shanghai	608	372	236	0	14659	3948	3749	3551	3411
江　苏 Jiangsu	2304	1753	551	0	60380	20564	20212	19596	8
浙　江 Zhejiang	1782	1257	525	0	40638	13615	13579	13386	58
安　徽 Anhui	2780	1680	1100	0	51275	16922	17277	17076	0
福　建 Fujian	1262	1007	255	0	33876	11345	11380	11151	0
江　西 Jiangxi	2233	1342	891	0	45822	15141	15544	15137	0
山　东 Shandong	3302	2172	1130	0	85793	26872	26941	26831	5149
河　南 Henan	4658	3423	1235	0	102850	35242	35219	32389	0
湖　北 Hubei	2168	1529	639	0	38321	13097	13027	12180	17
湖　南 Hunan	3419	2027	1392	0	55632	19163	18939	17530	0
广　东 Guangdong	3903	1962	1941	0	98456	34899	33203	30354	0
广　西 Guangxi	1746	1465	281	0	46857	16328	15524	15005	0
海　南 Hainan	410	205	205	0	8688	2993	2909	2786	0
重　庆 Chongqing	843	655	188	0	23427	7632	7679	8116	0
四　川 Sichuan	3353	1573	1778	2	60039	20017	20145	19877	0
贵　州 Guizhou	1902	1427	475	0	39083	13592	13214	12277	0
云　南 Yunnan	1696	1411	283	2	39682	13492	13302	12888	0
西　藏 Tibet	105	103	2	0	3111	1085	1022	1004	0
陕　西 Shaanxi	1666	1087	579	0	28114	9982	9254	8878	0
甘　肃 Gansu	1453	820	633	0	20837	7250	7029	6558	0
青　海 Qinghai	263	109	154	0	4864	1690	1612	1562	0
宁　夏 Ningxia	250	177	73	0	5970	2062	1997	1911	0
新　疆 Xinjiang	942	420	522	0	25319	8755	8504	8060	0

初中校数、班数(城区)

Number of Schools, Classes of Junior Secondary Schools (Urban Area)

地区 Region	学校数(所) Schools	初级中学 Regular Junior Secondary Schools	九年一贯制学校 9-Year Schools	职业初中 Vocational Junior Secondary Schools	班数(个) Classes	一年级 Grade 1	二年级 Grade 2	三年级 Grade 3	四年级 Grade 4
总 计 Total	**15199**	**9174**	**6022**	**3**	**461093**	**156564**	**152223**	**144923**	**7383**
北 京 Beijing	208	100	108	0	9430	3152	3110	3130	38
天 津 Tianjin	179	136	43	0	6256	2166	2047	2000	43
河 北 Hebei	557	386	171	0	20283	6969	6943	6371	0
山 西 Shanxi	365	241	124	0	11423	3918	3838	3667	0
内蒙古 Inner Mongolia	211	156	55	0	6451	2169	2133	2110	39
辽 宁 Liaoning	674	503	171	0	13966	4616	4680	4670	0
吉 林 Jilin	293	210	80	3	6723	2303	2307	2113	0
黑龙江 Heilongjiang	402	282	120	0	9652	2808	2814	2724	1306
上 海 Shanghai	491	313	178	0	12831	3437	3282	3117	2995
江 苏 Jiangsu	1031	772	259	0	31103	10860	10356	9879	8
浙 江 Zhejiang	916	620	296	0	23747	8008	7900	7781	58
安 徽 Anhui	475	285	190	0	14394	4815	4878	4701	0
福 建 Fujian	306	207	99	0	15115	5109	5102	4904	0
江 西 Jiangxi	433	200	233	0	15044	5101	5154	4789	0
山 东 Shandong	1246	754	492	0	38471	12189	11773	11630	2879
河 南 Henan	998	638	360	0	28735	10005	9689	9041	0
湖 北 Hubei	750	486	264	0	18130	6307	6129	5677	17
湖 南 Hunan	544	317	227	0	17429	6176	5903	5350	0
广 东 Guangdong	1927	717	1210	0	57560	20316	19427	17817	0
广 西 Guangxi	428	265	163	0	14532	5161	4819	4552	0
海 南 Hainan	99	35	64	0	3689	1275	1235	1179	0
重 庆 Chongqing	232	172	60	0	11976	4077	3935	3964	0
四 川 Sichuan	691	335	356	0	22296	7553	7495	7248	0
贵 州 Guizhou	451	277	174	0	11096	3900	3747	3449	0
云 南 Yunnan	261	158	103	0	9514	3229	3178	3107	0
西 藏 Tibet	26	25	1	0	862	302	288	272	0
陕 西 Shaanxi	444	279	165	0	12968	4641	4287	4040	0
甘 肃 Gansu	187	107	80	0	5621	1964	1860	1797	0
青 海 Qinghai	58	31	27	0	1643	563	550	530	0
宁 夏 Ningxia	75	70	5	0	2645	906	884	855	0
新 疆 Xinjiang	241	97	144	0	7508	2569	2480	2459	0

初中校数、班数(镇区)
Number of Schools, Classes of Junior Secondary Schools (County and Town Area)

地区 Region	学校数(所) Schools	初级中学 Regular Junior Secondary Schools	九年一贯制学校 9-Year Schools	职业初中 Vocational Junior Secondary Schools	班数(个) Classes	一年级 Grade 1	二年级 Grade 2	三年级 Grade 3	四年级 Grade 4
总　计 Total	**24436**	**17459**	**6974**	**3**	**519405**	**174683**	**174167**	**167413**	**3142**
北　京 Beijing	64	39	25	0	911	293	306	312	0
天　津 Tianjin	99	89	10	0	1539	462	467	496	114
河　北 Hebei	1275	960	315	0	35018	11978	11969	11069	2
山　西 Shanxi	687	490	197	0	11025	3734	3699	3592	0
内蒙古 Inner Mongolia	399	273	126	0	8295	2791	2749	2753	2
辽　宁 Liaoning	569	325	244	0	7161	2301	2379	2481	0
吉　林 Jilin	495	345	149	1	5845	1967	1970	1908	0
黑龙江 Heilongjiang	645	416	229	0	8333	2460	2571	2527	775
上　海 Shanghai	96	50	46	0	1420	393	365	339	323
江　苏 Jiangsu	1112	860	252	0	27034	8978	9088	8968	0
浙　江 Zhejiang	667	529	138	0	14331	4761	4802	4768	0
安　徽 Anhui	1288	842	446	0	28300	9287	9508	9505	0
福　建 Fujian	536	475	61	0	14556	4870	4853	4833	0
江　西 Jiangxi	1001	661	340	0	23686	7754	8031	7901	0
山　东 Shandong	1614	1128	486	0	39795	12424	12761	12684	1926
河　南 Henan	2273	1714	559	0	56537	19340	19454	17743	0
湖　北 Hubei	1018	784	234	0	16464	5536	5630	5298	0
湖　南 Hunan	1720	1112	608	0	29893	10224	10199	9470	0
广　东 Guangdong	1380	944	436	0	32556	11597	10991	9968	0
广　西 Guangxi	986	910	76	0	27270	9462	9041	8767	0
海　南 Hainan	199	127	72	0	3800	1310	1272	1218	0
重　庆 Chongqing	446	368	78	0	9423	2905	3099	3419	0
四　川 Sichuan	1744	1004	739	1	31444	10478	10522	10444	0
贵　州 Guizhou	1014	855	159	0	22809	7897	7709	7203	0
云　南 Yunnan	737	673	63	1	19916	6792	6707	6417	0
西　藏 Tibet	58	58	0	0	1530	528	503	499	0
陕　西 Shaanxi	967	659	308	0	13044	4599	4267	4178	0
甘　肃 Gansu	723	475	248	0	12041	4205	4097	3739	0
青　海 Qinghai	104	52	52	0	2290	800	759	731	0
宁　夏 Ningxia	100	77	23	0	2624	908	871	845	0
新　疆 Xinjiang	420	165	255	0	10515	3649	3528	3338	0

初中校数、班数(乡村)

Number of Schools, Classes of Junior Secondary Schools (Rural Area)

地区 Region	学校数(所) Schools	初级中学 Regular Junior Secondary Schools	九年一贯制学校 9-Year Schools	职业初中 Vocational Junior Secondary Schools	班数(个) Classes	一年级 Grade 1	二年级 Grade 2	三年级 Grade 3	四年级 Grade 4
总　计 Total	**12845**	**7671**	**5172**	**2**	**137966**	**45734**	**46495**	**44997**	**740**
北　京 Beijing	61	37	24	0	662	224	215	223	0
天　津 Tianjin	63	56	7	0	696	201	211	215	69
河　北 Hebei	685	519	166	0	10577	3511	3706	3360	0
山　西 Shanxi	351	207	144	0	2714	847	968	899	0
内蒙古 Inner Mongolia	111	38	73	0	1015	335	348	332	0
辽　宁 Liaoning	289	148	141	0	2281	726	753	802	0
吉　林 Jilin	392	227	165	0	2352	765	786	801	0
黑龙江 Heilongjiang	358	145	213	0	2163	599	655	675	234
上　海 Shanghai	21	9	12	0	408	118	102	95	93
江　苏 Jiangsu	161	121	40	0	2243	726	768	749	0
浙　江 Zhejiang	199	108	91	0	2560	846	877	837	0
安　徽 Anhui	1017	553	464	0	8581	2820	2891	2870	0
福　建 Fujian	420	325	95	0	4205	1366	1425	1414	0
江　西 Jiangxi	799	481	318	0	7092	2286	2359	2447	0
山　东 Shandong	442	290	152	0	7527	2259	2407	2517	344
河　南 Henan	1387	1071	316	0	17578	5897	6076	5605	0
湖　北 Hubei	400	259	141	0	3727	1254	1268	1205	0
湖　南 Hunan	1155	598	557	0	8310	2763	2837	2710	0
广　东 Guangdong	596	301	295	0	8340	2986	2785	2569	0
广　西 Guangxi	332	290	42	0	5055	1705	1664	1686	0
海　南 Hainan	112	43	69	0	1199	408	402	389	0
重　庆 Chongqing	165	115	50	0	2028	650	645	733	0
四　川 Sichuan	918	234	683	1	6299	1986	2128	2185	0
贵　州 Guizhou	437	295	142	0	5178	1795	1758	1625	0
云　南 Yunnan	698	580	117	1	10252	3471	3417	3364	0
西　藏 Tibet	21	20	1	0	719	255	231	233	0
陕　西 Shaanxi	255	149	106	0	2102	742	700	660	0
甘　肃 Gansu	543	238	305	0	3175	1081	1072	1022	0
青　海 Qinghai	101	26	75	0	931	327	303	301	0
宁　夏 Ningxia	75	30	45	0	701	248	242	211	0
新　疆 Xinjiang	281	158	123	0	7296	2537	2496	2263	0

初中教育学生数(总计)
Number of Students in Lower Secondary Schools (Total)

单位：人
unit: person

地区 Region	毕业生数 Graduates	招生数 Entrants	在校生数 Enrolment	#女 of Which: Female	一年级 Grade 1	二年级 Grade 2	三年级 Grade 3	四年级 Grade 4	预计毕业生数 Estimated Graduates for Next Year
总　计 Total	**16239236**	**17313811**	**51205965**	**23803431**	**17345306**	**17120512**	**16287583**	**452564**	**16276730**
北　京 Beijing	103514	121270	355820	170892	121324	119444	113888	1164	113721
天　津 Tianjin	106489	121167	361994	169085	121334	116551	115692	8417	115497
河　北 Hebei	1001993	1098109	3201373	1494081	1098819	1098100	1004394	60	1004454
山　西 Shanxi	380278	374595	1093643	526704	375018	371192	347433	0	347433
内蒙古 Inner Mongolia	222365	224702	667936	318871	224864	220773	220578	1721	220629
辽　宁 Liaoning	343951	311212	960797	454896	311236	321653	327908	0	327908
吉　林 Jilin	210447	201034	592175	281955	201057	202327	188791	0	188791
黑龙江 Heilongjiang	265175	230733	799675	383134	230800	242092	232635	94148	225387
上　海 Shanghai	108885	150012	524383	251518	150157	135685	122665	115876	115946
江　苏 Jiangsu	851930	923398	2702990	1244599	923401	906035	873294	260	873554
浙　江 Zhejiang	537824	575729	1692936	783544	575761	566903	548164	2108	548045
安　徽 Anhui	769189	754202	2287654	1043624	754254	771162	762238	0	762238
福　建 Fujian	480400	522436	1565702	715703	522510	526683	516509	0	516459
江　西 Jiangxi	765644	684497	2083521	938497	688387	708421	686713	0	686713
山　东 Shandong	1158116	1248560	3973359	1805048	1249706	1251185	1244316	228152	1247580
河　南 Henan	1551883	1676411	4930153	2265409	1693754	1694132	1542267	0	1542267
湖　北 Hubei	562504	620366	1830472	831507	622278	625738	581798	658	581808
湖　南 Hunan	846629	910637	2637410	1221407	910668	901087	825655	0	825655
广　东 Guangdong	1331734	1616328	4536040	2084137	1616823	1532229	1386988	0	1386988
广　西 Guangxi	762295	821277	2361962	1096335	822787	781505	757670	0	757670
海　南 Hainan	124202	138008	405256	181874	138474	136456	130326	0	130326
重　庆 Chongqing	396746	350526	1087521	514847	350687	354362	382472	0	382472
四　川 Sichuan	934450	923379	2775296	1336990	924291	931370	919635	0	919635
贵　州 Guizhou	561114	665790	1898517	889360	666271	642116	590130	0	590130
云　南 Yunnan	604502	637172	1863347	885941	637300	626628	599419	0	599419
西　藏 Tibet	48234	53291	150557	73749	53292	49370	47895	0	47895
陕　西 Shaanxi	388756	457239	1271445	596482	457853	414507	399085	0	399085
甘　肃 Gansu	298799	318185	903571	425788	318297	305759	279515	0	279515
青　海 Qinghai	73330	79868	228255	110863	80023	74932	73300	0	73300
宁　夏 Ningxia	99851	97084	284170	135877	97176	94415	92579	0	92579
新　疆 Xinjiang	348007	406594	1178035	570714	406704	397700	373631	0	373631

初中教育学生数(城区)
Number of Students in Lower Secondary Schools (Urban Area)

单位：人
unit：person

地区 Region	毕业生数 Graduates	招生数 Entrants	在校生数 Enrolment	#女 of Which: Female	一年级 Grade 1	二年级 Grade 2	三年级 Grade 3	四年级 Grade 4	预计毕业生数 Estimated Graduates for Next Year
总　计 Total	**6437404**	**7260493**	**21233052**	**9832328**	**7279845**	**7030451**	**6622668**	**300088**	**6613411**
北　京 Beijing	89234	105995	310466	148896	106026	104456	98820	1164	98653
天　津 Tianjin	78534	94763	273258	127466	94915	89292	87294	1757	87353
河　北 Hebei	303784	349391	1001213	470823	349391	341529	310293	0	310293
山　西 Shanxi	169036	178161	510739	246101	178410	172496	159833	0	159833
内蒙古 Inner Mongolia	98127	99301	292604	140981	99310	96232	95372	1690	95421
辽　宁 Liaoning	207721	195759	595641	281069	195775	201312	198554	0	198554
吉　林 Jilin	102018	101648	294365	139270	101651	101573	91141	0	91141
黑龙江 Heilongjiang	126675	119426	413311	197259	119468	122469	115292	56082	111518
上　海 Shanghai	96728	131887	465157	223271	132022	120456	109234	103445	103515
江　苏 Jiangsu	421676	487653	1388828	638192	487654	462976	437938	260	438198
浙　江 Zhejiang	309020	342802	996508	460209	342813	332190	319397	2108	319278
安　徽 Anhui	214293	221887	661230	299124	221909	224914	214407	0	214407
福　建 Fujian	213688	243354	723102	329922	243376	244513	235213	0	235213
江　西 Jiangxi	236086	239646	703606	313943	240015	240294	223297	0	223297
山　东 Shandong	505683	572450	1794700	823991	573525	548364	539887	132924	540031
河　南 Henan	439542	485750	1415283	638279	498631	477152	439500	0	439500
湖　北 Hubei	260023	302596	875830	392557	303554	297669	273949	658	273959
湖　南 Hunan	261328	306061	857514	392979	306074	290688	260752	0	260752
广　东 Guangdong	777159	946050	2665751	1207360	946399	900719	818633	0	818633
广　西 Guangxi	217905	258167	731205	334877	259568	242678	228959	0	228959
海　南 Hainan	53353	60646	177681	77698	60894	59832	56955	0	56955
重　庆 Chongqing	186499	191309	565346	271053	191369	184921	189056	0	189056
四　川 Sichuan	329434	356391	1050270	507590	357116	353199	339955	0	339955
贵　州 Guizhou	150356	193039	540737	252239	193089	182634	165014	0	165014
云　南 Yunnan	138088	154251	449234	215869	154273	150393	144568	0	144568
西　藏 Tibet	13324	14676	41079	20134	14676	13509	12894	0	12894
陕　西 Shaanxi	176699	221500	610608	286059	221900	199464	189244	0	189244
甘　肃 Gansu	84350	94496	267478	124182	94521	88570	84387	0	84387
青　海 Qinghai	24509	27133	78456	37984	27161	26086	25209	0	25209
宁　夏 Ningxia	43860	44252	130419	61993	44276	43117	43026	0	43026
新　疆 Xinjiang	108672	120053	351433	170958	120084	116754	114595	0	114595

初中教育学生数(镇区)
Number of Students in Junior Secondary Schools (County and Town Area)

单位：人
unit: person

地区 Region	毕业生数 Graduates	招生数 Entrants	在校生数 Enrolment	#女 of Which: Female	一年级 Grade 1	二年级 Grade 2	三年级 Grade 3	四年级 Grade 4	预计毕业生数 Estimated Graduates for Next Year
总　计 Total	**7812351**	**8097199**	**24065858**	**11221419**	**8107175**	**8092041**	**7741046**	**125596**	**7738924**
北　京 Beijing	8404	8877	26722	12965	8887	8999	8836	0	8836
天　津 Tianjin	19720	18708	62159	29249	18720	19263	20123	4053	20034
河　北 Hebei	540149	585124	1707805	797625	585833	583649	538263	60	538323
山　西 Shanxi	171538	163646	477834	231915	163817	160821	153196	0	153196
内蒙古 Inner Mongolia	112532	113768	340180	161860	113918	112562	113669	31	113671
辽　宁 Liaoning	104698	89920	282856	134331	89925	93178	99753	0	99753
吉　林 Jilin	79799	75451	223780	106979	75470	76118	72192	0	72192
黑龙江 Heilongjiang	112544	94205	321125	154409	94223	99837	96587	30478	93272
上　海 Shanghai	9372	13919	45885	21867	13926	11813	10499	9647	9647
江　苏 Jiangsu	398578	405193	1218783	562136	405195	410154	403434	0	403434
浙　江 Zhejiang	196593	199794	596671	277750	199813	200154	196704	0	196704
安　徽 Anhui	432158	418695	1278240	581813	418718	429668	429854	0	429854
福　建 Fujian	209638	222907	669221	305851	222946	223488	222787	0	222737
江　西 Jiangxi	405974	353244	1090994	489503	356018	371187	363789	0	363789
山　东 Shandong	547614	576623	1844273	832557	576684	595570	590692	81327	592814
河　南 Henan	854539	926757	2723676	1258495	930878	941594	851204	0	851204
湖　北 Hubei	249393	263268	788789	363734	263723	271210	253856	0	253856
湖　南 Hunan	459961	488596	1431970	665117	488609	491174	452187	0	452187
广　东 Guangdong	446580	538937	1505131	708669	539017	508917	457197	0	457197
广　西 Guangxi	456957	481653	1388220	650416	481734	459530	446956	0	446956
海　南 Hainan	54905	59977	176213	81046	60012	59237	56964	0	56964
重　庆 Chongqing	173177	131138	433798	203330	131208	141623	160967	0	160967
四　川 Sichuan	505684	486438	1469203	708417	486605	491897	490701	0	490701
贵　州 Guizhou	338942	389504	1120133	525406	389906	378940	351287	0	351287
云　南 Yunnan	311582	325488	949533	454675	325571	320398	303564	0	303564
西　藏 Tibet	23631	25925	73532	35575	25926	24106	23500	0	23500
陕　西 Shaanxi	187402	206630	579145	272505	206821	188103	184221	0	184221
甘　肃 Gansu	173323	185312	525004	247981	185363	179626	160015	0	160015
青　海 Qinghai	35293	38235	108639	52667	38327	35601	34711	0	34711
宁　夏 Ningxia	45208	42665	124884	60046	42714	41241	40929	0	40929
新　疆 Xinjiang	146463	166602	481460	232530	166668	162383	152409	0	152409

初中教育学生数(乡村)

Number of Students in Junior Secondary Schools (Rural Area)

单位：人
unit: person

地区 Region	毕业生数 Graduates	招生数 Entrants	在校生数 Enrolment	#女 of Which: Female	一年级 Grade 1	二年级 Grade 2	三年级 Grade 3	四年级 Grade 4	预计毕业生数 Estimated Graduates for Next Year
总　计 Total	**1989481**	**1956119**	**5907055**	**2749684**	**1958286**	**1998020**	**1923869**	**26880**	**1924395**
北　京 Beijing	5876	6398	18632	9031	6411	5989	6232	0	6232
天　津 Tianjin	8235	7696	26577	12370	7699	7996	8275	2607	8110
河　北 Hebei	158060	163594	492355	225633	163595	172922	155838	0	155838
山　西 Shanxi	39704	32788	105070	48688	32791	37875	34404	0	34404
内蒙古 Inner Mongolia	11706	11633	35152	16030	11636	11979	11537	0	11537
辽　宁 Liaoning	31532	25533	82300	39496	25536	27163	29601	0	29601
吉　林 Jilin	28630	23935	74030	35706	23936	24636	25458	0	25458
黑龙江 Heilongjiang	25956	17102	65239	31466	17109	19786	20756	7588	20597
上　海 Shanghai	2785	4206	13341	6380	4209	3416	2932	2784	2784
江　苏 Jiangsu	31676	30552	95379	44271	30552	32905	31922	0	31922
浙　江 Zhejiang	32211	33133	99757	45585	33135	34559	32063	0	32063
安　徽 Anhui	122738	113620	348184	162687	113627	116580	117977	0	117977
福　建 Fujian	57074	56175	173379	79930	56188	58682	58509	0	58509
江　西 Jiangxi	123584	91607	288921	135051	92354	96940	99627	0	99627
山　东 Shandong	104819	99487	334386	148500	99497	107251	113737	13901	114735
河　南 Henan	257802	263904	791194	368635	264245	275386	251563	0	251563
湖　北 Hubei	53088	54502	165853	75216	55001	56859	53993	0	53993
湖　南 Hunan	125340	115980	347926	163311	115985	119225	112716	0	112716
广　东 Guangdong	107995	131341	365158	168108	131407	122593	111158	0	111158
广　西 Guangxi	87433	81457	242537	111042	81485	79297	81755	0	81755
海　南 Hainan	15944	17385	51362	23130	17568	17387	16407	0	16407
重　庆 Chongqing	37070	28079	88377	40464	28110	27818	32449	0	32449
四　川 Sichuan	99332	80550	255823	120983	80570	86274	88979	0	88979
贵　州 Guizhou	71816	83247	237647	111715	83276	80542	73829	0	73829
云　南 Yunnan	154832	157433	464580	215397	157456	155837	151287	0	151287
西　藏 Tibet	11279	12690	35946	18040	12690	11755	11501	0	11501
陕　西 Shaanxi	24655	29109	81692	37918	29132	26940	25620	0	25620
甘　肃 Gansu	41126	38377	111089	53625	38413	37563	35113	0	35113
青　海 Qinghai	13528	14500	41160	20212	14535	13245	13380	0	13380
宁　夏 Ningxia	10783	10167	28867	13838	10186	10057	8624	0	8624
新　疆 Xinjiang	92872	119939	345142	167226	119952	118563	106627	0	106627

初中教育女学生数
Number of Female Students in Junior Secondary Schools

单位：人
unit：person

地区 Region	毕业生数 Graduates	招生数 Entrants	在校生数 Enrolment	一年级 Grade 1	二年级 Grade 2	三年级 Grade 3	四年级 Grade 4	预计毕业生数 Estimated Graduates for Next Year
总　计 Total	**7548001**	**8062395**	**23803431**	**8076097**	**7967876**	**7545783**	**213675**	**7539393**
北　京 Beijing	49666	58311	170892	58345	57354	54623	570	54565
天　津 Tianjin	49736	56832	169085	56891	54429	53766	3999	53652
河　北 Hebei	468514	512975	1494081	513299	512734	468019	29	468048
山　西 Shanxi	182142	180960	526704	181134	179254	166316	0	166316
内蒙古 Inner Mongolia	106402	107016	318871	107059	105575	105393	844	105451
辽　宁 Liaoning	164227	146683	454896	146692	153935	154269	0	154269
吉　林 Jilin	100357	96632	281955	96635	97089	88231	0	88231
黑龙江 Heilongjiang	127113	110974	383134	110982	117072	110904	44176	106535
上　海 Shanghai	52330	71663	251518	71705	65206	58954	55653	55693
江　苏 Jiangsu	391312	426112	1244599	426114	417477	400879	129	401008
浙　江 Zhejiang	250526	264748	783544	264759	263259	254524	1002	254462
安　徽 Anhui	351420	343632	1043624	343646	351320	348658	0	348658
福　建 Fujian	220436	238565	715703	238588	240875	236240	0	236240
江　西 Jiangxi	343283	308735	938497	310442	320271	307784	0	307784
山　东 Shandong	529960	565487	1805048	566022	567029	565055	106942	566308
河　南 Henan	704936	776030	2265409	783900	779956	701553	0	701553
湖　北 Hubei	255286	282214	831507	282906	285082	263188	331	263193
湖　南 Hunan	392000	422497	1221407	422504	417076	381827	0	381827
广　东 Guangdong	612058	743436	2084137	743594	705842	634701	0	634701
广　西 Guangxi	355826	381874	1096335	382560	362930	350845	0	350845
海　南 Hainan	56148	61831	181874	61943	60788	59143	0	59143
重　庆 Chongqing	188753	166497	514847	166565	167666	180616	0	180616
四　川 Sichuan	448052	446104	1336990	446514	449077	441399	0	441399
贵　州 Guizhou	260987	312158	889360	312374	300253	276733	0	276733
云　南 Yunnan	287304	304527	885941	304587	297780	283574	0	283574
西　藏 Tibet	23819	26162	73749	26163	24146	23440	0	23440
陕　西 Shaanxi	182452	215742	596482	216003	194214	186265	0	186265
甘　肃 Gansu	140927	150941	425788	150965	144844	129979	0	129979
青　海 Qinghai	35423	38939	110863	39005	36418	35440	0	35440
宁　夏 Ningxia	47844	46629	135877	46656	45498	43723	0	43723
新　疆 Xinjiang	168762	197489	570714	197545	193427	179742	0	179742

初中教育专任教师分学历、
Number of Full-time Teachers in Junior Secondary Schools

地区 Region	合计 Total	#女 of Which: Female	按学历分 By Academic Qualifications					
			博士研究生 Doctoral Degree	硕士研究生 Master's Degree	本科毕业 Under-graduate	专科毕业 Associate Bachelor	高中阶段毕业 High School Graduate	高中阶段毕业以下 Below High School Graduate
总　计 Total	**4025197**	**2447249**	**995**	**202149**	**3488357**	**331164**	**2448**	**84**
北　京 Beijing	40078	30943	454	11395	27902	325	2	0
天　津 Tianjin	30737	22523	14	4500	25788	417	13	5
河　北 Hebei	235970	173434	18	7278	209194	19411	69	0
山　西 Shanxi	103536	74017	1	4722	87894	10848	70	1
内蒙古 Inner Mongolia	63969	45427	3	4887	55179	3894	6	0
辽　宁 Liaoning	99425	71614	10	6284	86312	6762	49	8
吉　林 Jilin	65834	47107	12	3847	58329	3636	9	1
黑龙江 Heilongjiang	84557	56495	2	2322	74403	7718	108	4
上　海 Shanghai	47295	35344	73	10245	36776	201	0	0
江　苏 Jiangsu	228398	132603	40	19401	207307	1641	9	0
浙　江 Zhejiang	136717	85463	16	9992	124189	2514	5	1
安　徽 Anhui	171110	80863	7	4555	150792	15753	3	0
福　建 Fujian	116146	61822	18	5359	101356	9373	40	0
江　西 Jiangxi	152405	82469	2	3121	124761	24410	107	4
山　东 Shandong	316572	191483	17	19165	282496	14681	207	6
河　南 Henan	360795	247213	30	11626	305181	43264	694	0
湖　北 Hubei	143911	76679	15	5943	117073	20650	220	10
湖　南 Hunan	199076	119974	38	6996	171647	20210	179	6
广　东 Guangdong	327891	196392	175	24145	286376	17128	66	1
广　西 Guangxi	162141	95461	3	2464	138905	20554	196	19
海　南 Hainan	30258	16888	4	993	26006	3226	29	0
重　庆 Chongqing	85541	46875	13	5143	75398	4911	70	6
四　川 Sichuan	223840	122388	7	8149	186703	28944	37	0
贵　州 Guizhou	131513	63939	4	1801	118076	11555	73	4
云　南 Yunnan	138550	75492	3	2476	126419	9535	112	5
西　藏 Tibet	12614	6846	4	234	11638	730	8	0
陕　西 Shaanxi	106155	67720	6	8802	91916	5408	21	2
甘　肃 Gansu	82617	38838	2	2691	71573	8333	18	0
青　海 Qinghai	16777	9891	2	613	14303	1841	18	0
宁　夏 Ningxia	21441	12922	0	884	19487	1069	0	1
新　疆 Xinjiang	89328	58124	2	2116	74978	12222	10	0

分专业技术职务情况(总计)
by Academic Qualifications and Professional Rank (Total)

单位：人
unit: person

按专业技术职务分 By Professional Rank					
正高级 Senior	副高级 Sub-Senior	中　级 Middle	助理级 Associate	员　级 Junior	未定职级 No-Ranking
5178	**864737**	**1505141**	**1033268**	**65885**	**550988**
104	11132	13701	11451	323	3367
17	10458	13254	5023	159	1826
209	44040	84477	55091	6060	46093
103	12073	32867	37925	543	20025
63	15817	25577	13184	783	8545
114	54820	28215	9223	787	6266
171	17775	23847	16340	884	6817
67	24049	36475	18396	669	4901
60	5626	22344	15694	404	3167
365	55530	94281	46969	2420	28833
141	35344	57192	33644	754	9642
101	34451	66354	37334	3937	28933
70	25096	45195	30111	1183	14491
106	34349	49992	39044	3500	25414
869	70008	113309	85977	2613	43796
116	67794	113465	108893	7608	62919
187	27315	63597	32163	4289	16360
196	29671	80022	50810	8167	30210
284	49830	131030	71785	7480	67482
75	30119	62292	41711	3466	24478
35	5305	10266	9264	364	5024
98	13342	37710	26923	416	7052
172	49884	83486	66122	2753	21423
104	25223	53691	34491	1139	16865
278	54863	43584	29841	604	9380
3	1923	4667	4998	606	417
71	16174	41190	32368	1084	15268
768	18149	32670	24505	516	6009
26	4144	6271	4545	263	1528
16	4792	8434	6072	433	1694
189	15641	25686	33371	1678	12763

初中教育专任教师分学历、
Number of Full-time Teachers in Junior Secondary Schools by

地区 Region	合计 Total	#女 of Which: Female	按学历分 By Academic Qualifications					
			博士研究生 Doctoral Degree	硕士研究生 Master's Degree	本科毕业 Under-graduate	专科毕业 Associate Bachelor	高中阶段毕业 High School Graduate	高中阶段毕业以下 Below High School Graduate
总　计 Total	**1630482**	**1105530**	**831**	**158299**	**1396002**	**74554**	**773**	**23**
北　京 Beijing	33300	26300	427	10152	22490	229	2	0
天　津 Tianjin	22500	17694	13	4228	18035	216	3	5
河　北 Hebei	72978	56460	3	4105	64634	4221	15	0
山　西 Shanxi	43697	32468	0	3060	37067	3552	18	0
内蒙古 Inner Mongolia	25387	19042	2	3302	21054	1028	1	0
辽　宁 Liaoning	56425	43498	10	5473	48514	2410	17	1
吉　林 Jilin	27914	21329	7	2323	24621	962	1	0
黑龙江 Heilongjiang	37516	27131	1	1890	33243	2324	57	1
上　海 Shanghai	40962	31171	64	9238	31528	132	0	0
江　苏 Jiangsu	118950	77043	36	15380	102886	643	5	0
浙　江 Zhejiang	79395	52213	12	7741	70565	1075	2	0
安　徽 Anhui	47838	26988	1	2551	42291	2993	2	0
福　建 Fujian	49439	32636	6	4568	42941	1917	7	0
江　西 Jiangxi	49039	30215	1	2420	41283	5315	19	1
山　东 Shandong	141932	94787	5	13312	125149	3431	33	2
河　南 Henan	99228	70826	14	7047	83106	8724	337	0
湖　北 Hubei	66774	39602	11	5241	55358	6078	84	2
湖　南 Hunan	60918	41114	26	5192	51364	4299	37	0
广　东 Guangdong	193794	127288	160	22192	164921	6497	23	1
广　西 Guangxi	49362	34344	0	2022	43745	3555	32	8
海　南 Hainan	12686	8377	1	528	11375	772	10	0
重　庆 Chongqing	41689	25693	12	4387	36047	1231	12	0
四　川 Sichuan	79361	50390	7	6996	67849	4501	8	0
贵　州 Guizhou	36608	22541	1	1268	32940	2376	21	2
云　南 Yunnan	32651	20968	2	1887	29503	1252	7	0
西　藏 Tibet	3498	2131	0	107	3223	165	3	0
陕　西 Shaanxi	44437	31731	6	7303	35864	1262	2	0
甘　肃 Gansu	21629	12414	1	1848	18015	1757	8	0
青　海 Qinghai	5701	3841	0	325	4971	399	6	0
宁　夏 Ningxia	9199	6299	0	625	8355	219	0	0
新　疆 Xinjiang	25675	18996	2	1588	23065	1019	1	0

分专业技术职务情况(城区)
Academic Qualifications and Professional Rank (Urban Area)

单位：人
unit: person

按专业技术职务分 By Professional Rank					
正高级 Senior	副高级 Sub-Senior	中　级 Middle	助理级 Associate	员　级 Junior	未定职级 No-Ranking
2743	**337456**	**612670**	**410620**	**20762**	**246231**
92	9342	11217	9525	307	2817
15	7564	9265	3879	144	1633
131	13882	29435	15565	1038	12927
61	5604	13407	13897	164	10564
31	6821	9312	5265	234	3724
81	29255	16833	5242	363	4651
102	6976	10764	7159	354	2559
43	11168	16552	7861	271	1621
53	4942	19182	13671	336	2778
257	29850	47938	24264	831	15810
102	20916	32811	19625	348	5593
43	8488	18678	11532	1241	7856
48	9198	17135	13675	462	8921
51	11443	17032	12336	927	7250
326	24682	54726	40975	872	20351
89	18988	31818	31010	1290	16033
113	13818	27343	14689	1709	9102
87	7531	24636	15412	1598	11654
233	28527	68379	41107	4660	50888
55	6643	19052	14211	937	8464
17	2074	3761	3896	137	2801
74	6534	17424	12697	279	4681
92	15662	29878	23648	799	9282
58	6045	13428	9475	332	7270
118	10454	10542	7481	130	3926
3	656	1553	1115	95	76
45	6319	16782	13084	303	7904
197	4943	9091	5655	98	1645
18	1369	2038	1616	51	609
9	1786	3833	2517	305	749
99	5976	8825	8536	147	2092

初中教育专任教师分学历、
Number of Full-time Teachers in Junior Secondary Schools by

地区 Region	合计 Total	#女 of Which: Female	按学历分 By Academic Qualifications					
			博士研究生 Doctoral Degree	硕士研究生 Master's Degree	本科毕业 Under-graduate	专科毕业 Associate Bachelor	高中阶段毕业 High School Graduate	高中阶段毕业以下 Below High School Graduate
总　计 Total	**1882053**	**1067224**	**122**	**35715**	**1652410**	**192514**	**1247**	**45**
北　京 Beijing	3907	2700	15	760	3082	50	0	0
天　津 Tianjin	5692	3410	1	228	5331	126	6	0
河　北 Hebei	125153	91009	12	2554	111091	11454	42	0
山　西 Shanxi	48043	33753	1	1241	41035	5718	47	1
内蒙古 Inner Mongolia	34200	23466	1	1402	30272	2521	4	0
辽　宁 Liaoning	32645	21508	0	563	28759	3302	15	6
吉　林 Jilin	25812	17948	5	1267	22799	1739	2	0
黑龙江 Heilongjiang	36355	23221	1	376	32285	3653	40	0
上　海 Shanghai	4979	3250	7	733	4193	46	0	0
江　苏 Jiangsu	100465	51418	3	3746	95831	881	4	0
浙　江 Zhejiang	48468	28190	3	1799	45442	1221	2	1
安　徽 Anhui	93386	42432	5	1711	82750	8919	1	0
福　建 Fujian	50868	23185	12	635	44676	5522	23	0
江　西 Jiangxi	78764	41125	1	594	63832	14267	68	2
山　东 Shandong	147042	82888	12	5254	132370	9257	145	4
河　南 Henan	197551	135657	12	3765	168533	25001	240	0
湖　北 Hubei	62679	30488	2	551	50357	11673	92	4
湖　南 Hunan	106618	62072	12	1564	93511	11418	108	5
广　东 Guangdong	106549	54532	5	1359	96500	8651	34	0
广　西 Guangxi	94756	52008	3	381	80487	13727	148	10
海　南 Hainan	13467	6456	2	275	11359	1815	16	0
重　庆 Chongqing	36367	17384	1	618	32679	3028	35	6
四　川 Sichuan	118971	59708	0	992	98810	19143	26	0
贵　州 Guizhou	77430	33830	2	348	69545	7488	45	2
云　南 Yunnan	70049	36617	1	390	64069	5523	65	1
西　藏 Tibet	6285	3155	2	92	5805	381	5	0
陕　西 Shaanxi	52995	31194	0	1048	48444	3482	19	2
甘　肃 Gansu	47662	21406	0	695	41875	5084	8	0
青　海 Qinghai	7914	4458	1	226	6669	1012	6	0
宁　夏 Ningxia	9554	5378	0	208	8709	636	0	1
新　疆 Xinjiang	37427	23378	0	340	31310	5776	1	0

分专业技术职务情况(镇区)

Academic Qualifications and Professional Rank (County and Town Area)

单位：人
unit: person

按专业技术职务分 By Professional Rank					
正高级 Senior	副高级 Sub-Senior	中　级 Middle	助理级 Associate	员　级 Junior	未定职级 No-Ranking
1979	**412890**	**717745**	**484789**	**33944**	**230706**
11	1028	1437	1121	7	303
1	1991	2758	786	11	145
71	22931	43350	30550	3973	24278
33	5409	15957	19974	296	6374
30	8071	14657	7010	491	3941
28	19821	8502	2816	291	1187
53	7190	8996	6409	385	2779
19	9936	15788	7993	290	2329
7	540	2554	1586	54	238
94	23582	42578	21004	1447	11760
34	12496	20767	11669	269	3233
43	18929	35578	19209	2016	17611
20	11953	21611	12499	560	4225
47	17422	26351	19994	1791	13159
461	37229	49484	38296	1460	20112
24	35170	62144	59933	4655	35625
57	10700	30153	14148	2017	5604
81	16554	43805	27094	4879	14205
34	17557	51195	24146	1906	11711
18	19688	37646	23035	2131	12238
13	2594	5117	4087	117	1539
18	5764	17199	11800	105	1481
72	28127	44719	34801	1439	9813
37	16218	33609	19769	635	7162
125	30891	22408	12997	268	3360
0	963	2243	2491	407	181
19	8581	21136	16504	674	6081
453	10408	18917	14758	206	2920
5	2007	3027	2143	136	596
4	2324	3702	2646	108	770
67	6816	10357	13521	920	5746

初中教育专任教师分学历、
Number of Full-time Teachers in Junior Secondary Schools

地区 Region	合计 Total	#女 of Which: Female	按学历分 By Academic Qualifications					
			博士研究生 Doctoral Degree	硕士研究生 Master's Degree	本科毕业 Under-graduate	专科毕业 Associate Bachelor	高中阶段毕业 High School Graduate	高中阶段毕业以下 Below High School Graduate
总 计 Total	**512662**	**274495**	**42**	**8135**	**439945**	**64096**	**428**	**16**
北 京 Beijing	2871	1943	12	483	2330	46	0	0
天 津 Tianjin	2545	1419	0	44	2422	75	4	0
河 北 Hebei	37839	25965	3	619	33469	3736	12	0
山 西 Shanxi	11796	7796	0	421	9792	1578	5	0
内蒙古 Inner Mongolia	4382	2919	0	183	3853	345	1	0
辽 宁 Liaoning	10355	6608	0	248	9039	1050	17	1
吉 林 Jilin	12108	7830	0	257	10909	935	6	1
黑龙江 Heilongjiang	10686	6143	0	56	8875	1741	11	3
上 海 Shanghai	1354	923	2	274	1055	23	0	0
江 苏 Jiangsu	8983	4142	1	275	8590	117	0	0
浙 江 Zhejiang	8854	5060	1	452	8182	218	1	0
安 徽 Anhui	29886	11443	1	293	25751	3841	0	0
福 建 Fujian	15839	6001	0	156	13739	1934	10	0
江 西 Jiangxi	24602	11129	0	107	19646	4828	20	1
山 东 Shandong	27598	13808	0	599	24977	1993	29	0
河 南 Henan	64016	40730	4	814	53542	9539	117	0
湖 北 Hubei	14458	6589	2	151	11358	2899	44	4
湖 南 Hunan	31540	16788	0	240	26772	4493	34	1
广 东 Guangdong	27548	14572	10	594	24955	1980	9	0
广 西 Guangxi	18023	9109	0	61	14673	3272	16	1
海 南 Hainan	4105	2055	1	190	3272	639	3	0
重 庆 Chongqing	7485	3798	0	138	6672	652	23	0
四 川 Sichuan	25508	12290	0	161	20044	5300	3	0
贵 州 Guizhou	17475	7568	1	185	15591	1691	7	0
云 南 Yunnan	35850	17907	0	199	32847	2760	40	4
西 藏 Tibet	2831	1560	2	35	2610	184	0	0
陕 西 Shaanxi	8723	4795	0	451	7608	664	0	0
甘 肃 Gansu	13326	5018	1	148	11683	1492	2	0
青 海 Qinghai	3162	1592	1	62	2663	430	6	0
宁 夏 Ningxia	2688	1245	0	51	2423	214	0	0
新 疆 Xinjiang	26226	15750	0	188	20603	5427	8	0

分专业技术职务情况(乡村)
by Academic Qualifications and Professional Rank (Rural Area)

单位：人
unit: person

按专业技术职务分 By Professional Rank					
正高级 Senior	副高级 Sub-senior	中级 Middle	助理级 Associate	员级 Junior	未定职级 No-Ranking
456	**114391**	**174726**	**137859**	**11179**	**74051**
1	762	1047	805	9	247
1	903	1231	358	4	48
7	7227	11692	8976	1049	8888
9	1060	3503	4054	83	3087
2	925	1608	909	58	880
5	5744	2880	1165	133	428
16	3609	4087	2772	145	1479
5	2945	4135	2542	108	951
0	144	608	437	14	151
14	2098	3765	1701	142	1263
5	1932	3614	2350	137	816
15	7034	12098	6593	680	3466
2	3945	6449	3937	161	1345
8	5484	6609	6714	782	5005
82	8097	9099	6706	281	3333
3	13636	19503	17950	1663	11261
17	2797	6101	3326	563	1654
28	5586	11581	8304	1690	4351
17	3746	11456	6532	914	4883
2	3788	5594	4465	398	3776
5	637	1388	1281	110	684
6	1044	3087	2426	32	890
8	6095	8889	7673	515	2328
9	2960	6654	5247	172	2433
35	13518	10634	9363	206	2094
0	304	871	1392	104	160
7	1274	3272	2780	107	1283
118	2798	4662	4092	212	1444
3	768	1206	786	76	323
3	682	899	909	20	175
23	2849	6504	11314	611	4925

初中学校校舍

Condition of School Buildings in

地区 Region	校舍建筑面积 Floor Space	教学及辅助用房 Buildings for Instruction and Ancillary Uses	教室 Classroom	专用教室 Professional Classroom	理化生实验室 Physical and Chemical Biology Laboratory	其他 Others	公共教学用房 Public Teaching Space	图书阅览室 Library	室内体育用房 Gymnasium	心理辅导室 Psychological Counseling Room	其他 Others
总 计 Total	**786483520.77**	**335728599.45**	**188865414.67**	**73515722.93**	**39539544.70**	**33976178.23**	**73347461.85**	**19337421.33**	**21078897.32**	**3074627.54**	**29856515.66**
北 京 Beijing	4927236.36	2385401.08	948214.10	684795.92	225032.02	459763.90	752391.06	121707.65	194115.84	25428.74	411138.83
天 津 Tianjin	3413494.71	1834311.88	978522.17	393375.13	202957.58	190417.55	462414.58	104999.18	157192.67	26436.68	173786.05
河 北 Hebei	37976726.91	16073830.01	9686024.37	3641065.72	2333268.94	1307796.78	2746739.92	936606.60	485008.90	105442.17	1219682.25
山 西 Shanxi	16187016.55	5973827.89	3017566.37	1567424.24	733299.24	834125.00	1388837.28	388750.69	164711.80	59068.42	776306.37
内蒙古 Inner Mongolia	11235178.60	5186348.05	2131217.93	1497678.45	590552.95	907125.50	1557451.67	263718.59	695143.24	61935.68	536654.16
辽 宁 Liaoning	16468127.63	7964557.84	4055999.42	1978484.51	933351.12	1045133.39	1930073.91	392358.52	564919.05	72830.98	899965.36
吉 林 Jilin	9964529.95	4492137.95	2511069.14	995428.88	558505.83	436923.05	985639.93	240333.57	263855.69	40200.26	441250.41
黑龙江 Heilongjiang	11814360.63	5859572.64	3329186.78	1359317.82	747285.30	612032.52	1171068.04	231952.00	356674.12	51944.59	530497.33
上 海 Shanghai	9719605.18	5263996.23	2158828.40	1344055.39	486339.83	857715.56	1761112.44	344327.51	739335.54	65419.69	612029.70
江 苏 Jiangsu	50268014.67	25189252.42	12591546.82	6107922.41	3132739.96	2975182.45	6489783.19	1925608.31	2390220.07	264950.46	1909004.35
浙 江 Zhejiang	40683594.94	17451360.78	8400628.76	3726539.33	1535873.14	2190666.19	5324192.69	1136272.08	2306555.08	207548.83	1673816.70
安 徽 Anhui	36849288.35	16575244.96	10286075.16	3166202.81	1894251.55	1271951.26	3122966.99	960884.63	763770.45	169469.63	1228842.28
福 建 Fujian	15427043.86	6727153.94	3237199.23	1599083.37	905533.86	693549.51	1890871.34	484831.98	474185.11	76939.99	854914.26
江 西 Jiangxi	28994464.14	12957454.65	7884565.31	2513346.82	1334134.42	1179212.40	2559542.52	773149.86	575208.84	117064.12	1094119.70
山 东 Shandong	67813208.45	30723611.06	15318750.18	7703295.25	3804118.72	3899176.53	7701565.63	1858853.92	1968437.81	258294.56	3615979.34
河 南 Henan	67700089.61	24720102.34	17065189.56	4163802.48	2836188.07	1327614.41	3491110.30	1224871.10	731049.51	225114.60	1310075.09
湖 北 Hubei	31914582.75	11940696.89	7360243.28	2434226.05	1442920.03	991306.02	2146227.56	649768.19	478523.68	108623.00	909312.69
湖 南 Hunan	44355282.89	18318326.41	10980424.72	3439511.72	2062639.74	1376871.98	3898389.97	980598.74	1302963.74	152697.18	1462130.31
广 东 Guangdong	74673674.36	33698097.01	18620116.56	6558436.66	3305981.25	3252455.41	8519543.79	1790699.23	2984543.77	293804.86	3450495.93
广 西 Guangxi	30353988.59	11655047.80	7580531.31	2291277.92	1478154.46	813123.46	1783238.57	600669.40	467123.15	75050.15	640395.87
海 南 Hainan	5003414.85	1992825.27	1340859.15	354711.79	228602.47	126109.32	297254.33	115079.65	72998.06	10321.22	98855.40
重 庆 Chongqing	13527330.56	5689658.31	3069604.30	1305764.55	647929.15	657835.40	1314289.46	246361.19	250245.01	38919.72	778763.54
四 川 Sichuan	41055382.40	17733070.97	11411468.18	3476949.87	2171947.08	1305002.79	2844652.92	940646.10	665076.25	162898.87	1076031.70
贵 州 Guizhou	27262471.28	9123949.80	5620611.85	1910894.34	1189752.75	721141.59	1592443.61	512131.19	325617.87	70099.82	684594.73
云 南 Yunnan	24197271.05	8742306.52	5142591.96	1997505.06	1202138.30	795366.76	1602209.50	520811.40	216046.55	52102.92	813248.63
西 藏 Tibet	2796004.55	892270.96	515764.49	192838.88	101327.79	91511.09	183667.59	37212.55	72924.63	3383.58	70146.83
陕 西 Shaanxi	20391081.30	7993147.95	3867376.03	2057612.39	981984.14	1075628.25	2068159.53	493720.96	390248.47	85495.98	1098694.12
甘 肃 Gansu	14034763.98	5639162.07	3189228.78	1398875.83	796152.05	602723.78	1051057.46	359458.21	168056.88	69769.50	453772.87
青 海 Qinghai	4193130.21	1901309.14	925314.79	612071.82	283149.39	328922.43	363922.53	126954.11	148119.52	15707.26	73141.64
宁 夏 Ningxia	4141381.35	1950429.01	886690.85	649372.82	317626.03	331746.79	414365.34	107074.79	99934.22	19898.05	187458.28
新 疆 Xinjiang	19141780.11	9080137.62	4754004.72	2393854.70	1075807.54	1318047.16	1932278.20	467009.43	606091.80	87766.03	771410.94

情况(总计)

Junior Secondary Schools (Total)

单位:平方米
unit: m^2

行政办公用房 Administrative	教师办公室 for Teachers	其他 Others	生活用房 Residential and Welfare	教工值班宿舍 Dormitories for Faculty	教师周转宿舍 Accommodation for Circulation of Teachers	学生宿舍 Students' Dormitories	学生餐厅 Students' Canteen	厕所 Toilets	其他 Others	其他用房 Rooms for Other Purposes
62703103.69	**38696979.46**	**24006124.23**	**322332740.74**	**25565243.44**	**32501988.82**	**137191282.70**	**60496312.15**	**26659541.55**	**39918372.08**	**65719076.89**
738418.45	312887.90	425530.55	1733863.63	70821.75	56756.14	216298.61	249438.73	229334.36	911214.04	69553.20
452970.48	265455.21	187515.27	707239.85	25509.11	16668.11	67699.11	127476.53	163362.66	306524.33	418972.50
2535030.63	1763566.44	771464.19	16432527.43	972261.12	689363.51	9016558.53	3250396.44	1103031.96	1400915.87	2935338.84
1508629.96	1020356.30	488273.66	6876451.81	685379.45	277934.63	3407283.16	1274714.00	541987.11	689153.46	1828106.89
1096069.38	706063.26	390006.12	3999772.34	106134.54	247230.93	1858544.50	743360.72	460261.77	584239.88	952988.83
2243438.33	1124864.17	1118574.16	6250839.13	80397.36	148601.24	1196585.06	1324687.95	651024.88	2849542.64	9292.33
1093079.43	659907.63	433171.80	2954816.17	35154.23	103279.25	907026.69	726476.64	380284.29	802595.07	1424496.40
1354263.71	837428.04	516835.67	3159255.08	56865.87	92526.01	975994.71	558401.37	472230.95	1003236.17	1441269.20
1234555.34	576955.43	657599.91	2012161.57	21259.35	39020.43	130911.11	529478.69	449141.77	842350.22	1208892.04
4698231.09	2510423.37	2187807.72	15771299.64	829589.98	732584.03	4891591.95	4414462.89	1608950.90	3294119.89	4609231.52
3132743.40	1788246.77	1344496.63	14182341.10	995850.89	818313.52	4983294.31	3495592.21	1342444.92	2546845.25	5917149.66
2990289.17	1853214.09	1137075.08	13872516.49	1234089.92	1654483.74	5948559.94	2614012.48	1116884.04	1304486.37	3411237.73
1245980.55	650820.29	595160.26	5529594.16	124959.77	1197822.56	1856671.04	881204.46	495314.44	973621.89	1924315.21
2412154.79	1443651.11	968503.68	11380510.74	599252.21	1783471.26	4879887.07	2068679.57	1014708.66	1034511.97	2244343.96
5697009.13	3673479.37	2023529.76	24964002.36	940197.96	1472087.62	9715340.48	5743381.74	2788783.33	4304211.23	6428585.90
5855152.61	3908303.80	1946848.81	32487921.18	2525070.51	2437099.11	16514924.00	6541499.66	2261066.06	2208261.84	4636913.48
2335889.88	1452625.74	883264.14	15133871.57	2389462.58	2111749.02	5608697.11	2538747.89	859244.11	1625970.86	2504124.41
2854564.25	1999804.21	854760.04	20177279.27	2637418.90	3305465.67	7665312.02	3741501.28	1305524.92	1522056.48	3005112.96
4954373.23	3061515.55	1892857.68	28498992.91	4076606.93	3220258.49	11183535.62	3832568.31	2485353.19	3700670.37	7522211.21
1407977.16	1018911.47	389065.69	16490962.00	1601480.92	2036043.00	9084721.34	2352379.00	752635.72	663702.02	800001.63
259675.06	179330.53	80344.53	2503685.63	331845.07	468674.09	1072672.10	330664.36	160510.40	139319.61	247228.89
873183.17	514667.00	358516.17	5773011.81	476213.56	624413.13	2849931.36	1079140.15	365301.35	378012.26	1191477.27
2468718.37	1616761.42	851956.95	17683085.37	1333448.37	2557528.75	7618883.60	3115319.11	1311384.21	1746521.33	3170507.69
1873207.54	1115251.06	757956.48	14416123.28	612002.12	1964401.31	7999674.62	2158308.48	949004.59	732732.16	1849190.66
1391578.28	880969.33	510608.95	13285518.36	1141558.27	1441633.68	6576004.12	2197074.32	784826.80	1144421.17	777867.89
160099.32	111454.11	48645.21	1671923.23	11014.44	563853.07	714443.72	237428.84	53691.97	91491.19	71711.04
1934896.92	1305337.97	629558.95	8017169.35	985148.96	734651.68	2941978.38	1457792.99	823162.91	1074434.43	2445867.08
1331984.40	918538.64	413445.76	5603942.09	475146.99	659299.07	2168842.74	959187.93	546944.61	794520.75	1459675.42
407175.19	224122.75	183052.44	1681136.01	31898.16	197075.03	625309.74	295406.83	211812.06	319634.19	203509.87
396094.79	225890.82	170203.97	1425708.03	54961.76	121981.14	662882.79	258580.99	189530.89	137770.46	369149.52
1765669.68	976175.68	789494.00	7655219.15	104242.39	727719.60	3851223.17	1398947.59	781801.72	791284.68	640753.66

初中学校校舍
Condition of School Buildings in

地区 Region	校舍建筑面积 Floor Space	教学及辅助用房 Buildings for Instruction and Ancillary Uses	教 室 Classroom	专用教室 Professional Classroom	理化生实验室 Physical and Chemical Biology Laboratory	其他 Others	公共教学用房 Public Teaching Space	图书阅览室 Library	室内体育用房 Gymnasium	心理辅导室 Psychological Counseling Room	其他 Others
总 计 Total	**301153004.60**	**142572263.25**	**74334535.15**	**30700711.75**	**14837729.49**	**15862982.26**	**37537016.35**	**8331081.23**	**13427120.62**	**1271492.43**	**14507322.07**
北 京 Beijing	3220281.56	1669575.17	674503.39	466579.05	140587.99	325991.06	528492.73	87465.89	143333.40	16720.21	280973.23
天 津 Tianjin	2389845.00	1209951.79	600622.28	254056.18	128825.73	125230.45	355273.33	76649.76	136758.89	16936.78	124927.90
河 北 Hebei	10695498.69	4836713.81	2857110.50	1045679.89	649482.36	396197.53	933923.42	311292.63	209410.40	32860.99	380359.40
山 西 Shanxi	5321762.03	2204595.45	1120749.73	574704.36	263108.16	311596.20	509141.36	151089.33	85131.56	21319.28	251601.19
内蒙古 Inner Mongolia	3562662.27	1932763.25	797675.24	564037.36	211296.90	352740.46	571050.65	103624.16	262710.28	21235.00	183481.21
辽 宁 Liaoning	8702460.37	4378782.84	2044364.83	1089946.59	467201.28	622745.31	1244471.42	211099.28	446020.08	37921.25	549430.81
吉 林 Jilin	3344199.50	1754809.60	1005667.19	338663.45	183220.74	155442.71	410478.96	82950.45	128470.28	15638.35	183419.88
黑龙江 Heilongjiang	4423907.52	2450634.69	1328912.84	537556.28	282946.74	254609.54	584165.57	96851.35	228501.92	19086.50	239725.80
上 海 Shanghai	7931336.15	4365622.65	1784121.41	1099821.74	394900.00	704921.74	1481679.50	282069.69	641219.76	52932.43	505457.62
江 苏 Jiangsu	27874838.54	14147436.02	6599974.05	3413921.52	1673146.99	1740774.53	4133540.45	1107309.27	1698295.81	130570.11	1197365.26
浙 江 Zhejiang	24577826.57	10704623.35	4975009.64	2293116.76	882558.16	1410558.60	3436496.95	717280.79	1542058.96	121261.15	1055896.05
安 徽 Anhui	9851348.31	4963573.28	2836098.59	964847.73	533525.50	431322.23	1162626.96	292633.18	405710.44	44085.71	420197.63
福 建 Fujian	6087970.74	3021377.58	1366715.08	670399.39	297192.22	373207.17	984263.11	217865.19	262196.63	37059.65	467141.64
江 西 Jiangxi	8753394.29	4455190.50	2579418.20	768766.02	379671.52	389094.50	1107006.28	271101.54	351800.53	31844.73	452259.48
山 东 Shandong	29383001.23	14542412.58	6895626.70	3653719.16	1647310.71	2006408.45	3993066.72	873738.22	1197435.78	114721.64	1807171.08
河 南 Henan	17834861.74	7356485.74	4803673.48	1271683.31	847642.93	424040.38	1281128.95	370879.40	382019.14	72556.14	455674.27
湖 北 Hubei	12778526.54	5566429.20	3335671.10	1114751.38	621753.60	492997.78	1116006.72	272649.24	324080.39	49131.12	470145.97
湖 南 Hunan	11209738.02	5085507.98	2814954.60	871377.77	487251.58	384126.19	1399175.61	253634.13	648090.32	40679.59	456771.57
广 东 Guangdong	45284582.88	21697267.35	11523649.03	4046038.79	1909761.09	2136277.70	6127579.53	1116593.98	2392279.82	175030.41	2443675.32
广 西 Guangxi	7705089.99	3424136.78	2046240.83	665237.70	356178.26	309059.44	712658.25	167005.57	262856.56	26594.34	256201.78
海 南 Hainan	1413604.78	581176.81	415110.49	79340.60	48805.22	30535.38	86725.72	26305.15	33788.56	2873.09	23758.92
重 庆 Chongqing	5355183.73	2502334.01	1286644.30	497395.69	242894.58	254501.11	718294.02	106997.23	195933.80	16924.20	398438.79
四 川 Sichuan	12910166.49	6047197.54	3568001.47	1169272.83	618537.73	550735.10	1309923.24	325626.06	435268.53	52245.19	496783.46
贵 州 Guizhou	7155056.25	2630765.17	1507777.57	565029.46	311362.56	253666.90	557958.14	163401.32	187250.72	19839.32	187466.78
云 南 Yunnan	4488569.17	1889848.19	990132.85	428774.56	221889.72	206884.84	470940.78	117550.36	111919.58	11911.47	229559.37
西 藏 Tibet	676679.12	241694.48	137632.86	63277.37	30209.89	33067.48	40784.25	7588.59	16531.10	1357.57	15306.99
陕 西 Shaanxi	7739799.86	3289045.56	1565921.07	795314.33	353741.42	441572.91	927810.16	201684.98	263628.30	27358.40	435138.48
甘 肃 Gansu	3075162.87	1474279.19	793854.14	332419.51	167861.48	164558.03	348005.54	97365.58	97919.60	18699.21	134021.15
青 海 Qinghai	1115867.78	592245.05	270472.43	192420.79	86526.08	105894.71	129351.83	45908.74	47584.27	8073.66	27785.16
宁 夏 Ningxia	1325665.65	746326.41	312239.90	240604.62	119008.06	121596.56	193481.89	39183.80	57732.37	7952.10	88613.62
新 疆 Xinjiang	4964116.96	2809461.23	1495989.36	631957.56	279330.29	352627.27	681514.31	135686.37	231182.84	26072.84	288572.26

情况(城区)

Junior Secondary Schools (Urban Area)

单位：平方米
unit：m^2

行政办公用房 Administrative	教师办公室 for Teachers	其他 Others	生活用房 Residential and Welfare	教工值班宿舍 Dormitories for Faculty	教师周转宿舍 Accommodation for Circulation of Teachers	学生宿舍 Students' Dormitories	学生餐厅 Students' Canteen	厕所 Toilets	其他 Others	其他用房 Rooms for Other Purposes
27527176.29	**16117861.47**	**11409314.82**	**97041376.26**	**5586161.55**	**5699316.36**	**34728176.03**	**20004172.26**	**11463848.20**	**19559701.86**	**34012188.80**
484712.22	208611.90	276100.32	999163.18	18964.87	19540.09	63475.67	146802.17	147901.79	602478.59	66830.99
324521.21	184993.21	139528.00	514824.02	9387.67	8443.77	51272.65	98447.21	117337.52	229935.20	340547.98
859179.50	597440.78	261738.72	3846765.34	206983.03	62284.09	2037835.71	729353.39	333967.57	476341.55	1152840.04
544708.37	360920.28	183788.09	1908520.20	162531.12	56664.26	930164.29	350401.22	184426.20	224333.11	663938.01
414284.25	265388.03	148896.22	808931.07	22563.07	32164.53	271539.28	122133.38	150104.61	210426.20	406683.70
1249303.33	567530.35	681772.98	3073205.40	23630.93	52624.06	304152.54	554508.89	369807.12	1768481.86	1168.80
403895.28	235595.67	168299.61	683361.61	5173.30	1056.00	138557.17	181017.78	134761.40	222795.96	502133.01
574949.47	329711.26	245238.21	908577.44	10245.43	4911.85	163863.03	122785.44	194278.06	412493.63	489745.92
995326.16	478908.60	516417.56	1634390.20	15167.23	27099.72	102389.14	415997.82	364305.29	709431.00	935997.14
2809273.54	1411756.36	1397517.18	7696598.05	252681.24	228362.01	1770385.38	2343675.13	934957.70	2166536.59	3221530.93
1941755.51	1104303.55	837451.96	7637156.75	364885.44	347052.01	2368712.43	2020442.10	819834.40	1716230.37	4294290.96
1013780.11	589973.15	423806.96	2381337.72	122035.67	100535.77	918243.56	510403.92	350621.47	379497.33	1492657.20
521351.83	266416.18	254935.65	1631831.99	34955.60	271583.51	471790.65	291868.85	234624.26	327009.12	913409.34
829191.40	506712.64	322478.76	2387312.77	54397.25	255703.70	830463.93	529980.12	394324.07	322443.70	1081699.62
2732174.24	1693603.14	1038571.10	8981663.43	257814.45	293325.05	2513832.54	2151644.07	1335134.82	2429912.50	3126750.98
1880912.77	1214576.19	666336.58	6849025.47	393254.96	231804.10	3349676.52	1455478.34	652239.52	766572.03	1748437.76
1159488.03	736520.40	422967.63	4572634.17	450773.10	458884.90	1553412.81	932345.60	422407.71	754810.05	1479975.14
770882.86	511519.87	259362.99	4331050.55	346518.95	446407.00	1722007.37	978002.91	391863.71	446250.61	1022296.63
3069030.79	1865630.16	1203400.63	15471518.02	1711774.66	1320524.47	5934198.46	2253663.74	1655451.59	2595905.10	5046766.72
525374.03	343083.05	182290.98	3403159.57	185617.70	298303.69	1905749.47	533263.95	269117.28	211107.48	352419.61
79433.96	54409.80	25024.16	670644.72	102169.50	79255.58	288793.34	78326.19	60482.30	61617.81	82349.29
410399.59	226164.47	184235.12	1650683.01	42085.55	76107.54	741984.04	387433.19	170526.12	232546.57	791767.12
873871.63	568412.79	305458.84	4402709.90	235133.27	268587.56	1896910.72	941435.57	477520.86	583121.92	1586387.42
674438.27	372457.15	301981.12	3090369.88	137018.28	203263.98	1696126.34	500343.38	295017.81	258600.09	759482.93
368191.02	207319.45	160871.57	2025333.96	158930.70	164016.31	834765.30	336215.89	175082.02	356323.74	205196.00
55084.36	37880.87	17203.49	363248.10	1514.59	136690.34	131063.47	60327.65	12839.09	20812.96	16652.18
738842.92	487483.47	251359.45	2373429.93	165771.84	108315.34	741579.67	495968.73	349696.39	512097.96	1338481.45
339662.01	229668.54	109993.47	777529.54	58743.51	24353.45	275210.53	116308.34	138770.14	164143.57	483692.13
156594.24	71215.77	85378.47	293105.18	6258.00	18323.94	60428.94	31197.95	63903.51	112992.84	73923.31
142472.82	87155.60	55317.22	315369.21	5354.19	13097.18	125327.38	59503.62	69816.69	42270.15	121497.21
584090.57	302498.79	281591.78	1357925.88	23826.45	90030.56	534263.70	274895.72	192727.18	242182.27	212639.28

初中学校校舍

Condition of School Buildings in Junior

地区 Region	校舍建筑面积 Floor Space	教学及辅助用房 Buildings for Instruction and Ancillary Uses	教 室 Classroom	专用教室 Professional Classroom	理化生实验室 Physical and Chemical Biology Laboratory	其他 Others	公共教学用房 Public Teaching Space	图书阅览室 Library	室内体育用房 Gymnasium	心理辅导室 Psychological Counseling Room	其他 Others
总 计 Total	**366573910. 69**	**148319580. 98**	**87510661. 74**	**32561957. 28**	**18595369. 95**	**13966587. 33**	**28246961. 96**	**8404791. 55**	**6399693. 14**	**1330810. 66**	**12111666. 61**
北 京 Beijing	961074. 52	387316. 40	138737. 36	122172. 60	49013. 68	73158. 92	126406. 44	17482. 03	25655. 39	4384. 95	78884. 07
天 津 Tianjin	698218. 16	418805. 91	258530. 21	88514. 68	46839. 66	41675. 02	71761. 02	18826. 38	17571. 80	6243. 28	29119. 56
河 北 Hebei	20425553. 68	8556024. 89	5203643. 19	1919564. 88	1255423. 65	664141. 23	1432816. 82	471393. 11	236098. 34	49874. 41	675450. 96
山 西 Shanxi	8231739. 03	2943117. 06	1455517. 79	790074. 85	366485. 78	423589. 07	697524. 42	182053. 36	59252. 43	26671. 07	429547. 56
内蒙古 Inner Mongolia	6545954. 69	2815513. 97	1141107. 11	818174. 37	328671. 58	489502. 79	856232. 49	139293. 84	369480. 87	34449. 00	313008. 78
辽 宁 Liaoning	5823127. 49	2691727. 74	1528905. 35	648679. 59	339748. 59	308931. 00	514142. 80	134290. 06	94233. 89	25065. 67	260553. 18
吉 林 Jilin	4387078. 03	1890666. 66	1035058. 56	433504. 73	233465. 09	200039. 64	422103. 37	102205. 04	121736. 21	15460. 34	182701. 78
黑龙江 Heilongjiang	5373555. 05	2571275. 18	1493276. 97	616659. 77	337523. 51	279136. 26	461338. 44	97771. 83	110922. 51	22833. 91	229810. 19
上 海 Shanghai	1418424. 53	714997. 42	285594. 81	204145. 74	76746. 76	127398. 98	225256. 87	49925. 70	75374. 29	10101. 22	89855. 66
江 苏 Jiangsu	20481760. 86	10160584. 70	5505412. 02	2471879. 86	1332018. 70	1139861. 16	2183292. 82	749741. 73	649639. 41	122228. 78	661682. 90
浙 江 Zhejiang	13112065. 28	5580755. 08	2853786. 39	1169254. 87	550683. 51	618571. 36	1557713. 82	343486. 63	646599. 57	70888. 03	496739. 59
安 徽 Anhui	19238705. 96	8455965. 41	5409963. 97	1553365. 44	959889. 03	593476. 41	1492636. 00	481017. 25	304285. 49	83544. 28	623788. 98
福 建 Fujian	6134223. 79	2550057. 08	1293722. 99	605477. 44	402645. 92	202831. 52	650856. 65	189898. 17	158345. 24	25712. 76	276900. 48
江 西 Jiangxi	14083538. 19	6173659. 99	3899779. 87	1210941. 77	655277. 24	555664. 53	1062938. 35	358130. 16	195361. 36	57528. 39	451918. 44
山 东 Shandong	32103981. 60	13711662. 13	7141650. 95	3434410. 88	1806923. 89	1627486. 99	3135600. 30	829392. 63	676991. 83	117787. 20	1511428. 64
河 南 Henan	36592492. 17	12963626. 05	9209153. 76	2124885. 70	1449490. 39	675395. 31	1629586. 59	618866. 10	272545. 42	107549. 90	630625. 17
湖 北 Hubei	15007444. 97	5001085. 03	3136573. 62	1038470. 35	637818. 39	400651. 96	826041. 06	298531. 43	124650. 89	45201. 62	357657. 12
湖 南 Hunan	24241237. 37	9983210. 16	6036868. 19	1939422. 66	1173324. 48	766098. 18	2006919. 31	557821. 74	589418. 06	81746. 41	777933. 10
广 东 Guangdong	22155758. 55	9031214. 00	5315024. 20	1906187. 46	1068372. 10	837815. 36	1810002. 34	509202. 42	428873. 19	84778. 06	787148. 67
广 西 Guangxi	18392134. 55	6663297. 04	4513362. 52	1291390. 71	887471. 33	403919. 38	858543. 81	338320. 96	155960. 97	38144. 78	326117. 10
海 南 Hainan	2538449. 37	974590. 79	628390. 20	190942. 57	119843. 01	71099. 56	155258. 02	65132. 52	29436. 41	5130. 54	55558. 55
重 庆 Chongqing	6488963. 60	2568782. 82	1416697. 36	654804. 98	330428. 07	324376. 91	497280. 48	108915. 14	40048. 96	17463. 28	330853. 10
四 川 Sichuan	20990926. 82	8767596. 85	5900507. 26	1725498. 63	1143158. 52	582340. 11	1141590. 96	456405. 06	187681. 24	79330. 91	418173. 75
贵 州 Guizhou	15927287. 28	5123959. 23	3209386. 69	1069497. 24	696574. 33	372922. 91	845075. 30	280149. 91	120700. 31	38598. 18	405626. 90
云 南 Yunnan	12189940. 99	4236983. 95	2571757. 38	944050. 59	580082. 33	363968. 26	721175. 98	247800. 53	81930. 15	23962. 83	367482. 47
西 藏 Tibet	1517870. 05	474105. 76	269156. 56	97162. 50	49908. 84	47253. 66	107786. 70	16975. 83	47832. 28	1384. 78	41593. 81
陕 西 Shaanxi	10523838. 68	4033277. 83	1984315. 82	1072393. 34	530671. 07	541722. 27	976568. 67	244962. 46	106020. 79	49650. 78	575934. 64
甘 肃 Gansu	7981494. 79	3101752. 40	1765324. 88	787446. 88	454069. 80	333377. 08	548980. 64	192047. 83	63444. 46	35458. 62	258029. 73
青 海 Qinghai	1941267. 51	811722. 74	418808. 16	225312. 63	113931. 05	111381. 58	167601. 95	48440. 05	77846. 85	4643. 33	36671. 72
宁 夏 Ningxia	2054761. 61	867237. 51	403601. 75	286704. 58	138797. 83	147906. 75	176931. 18	48819. 57	36857. 66	7286. 32	83967. 63
新 疆 Xinjiang	9011041. 52	4095009. 20	2087045. 85	1120964. 99	480071. 82	640893. 17	886998. 36	207492. 08	294896. 87	37707. 03	346902. 38

情况(镇区)

Secondary Schools (County and Town Area)

单位：平方米
unit：m^2

行政办公用房 Administrative	教师办公室 for Teachers	其他 Others	生活用房 Residential and Welfare	教工值班宿舍 Dormitories for Faculty	教师周转宿舍 Accommodation for Circulation of Teachers	学生宿舍 Students' Dormitories	学生餐厅 Students' Canteen	厕所 Toilets	其他 Others	其他用房 Rooms for Other Purposes
26719047.26	**17088211.43**	**9630835.83**	**167879407.46**	**14642279.73**	**18702983.01**	**77329981.63**	**30522989.75**	**11502655.74**	**15178517.60**	**23655874.99**
133166.82	49753.09	83413.73	440591.30	26357.68	23620.91	85848.37	58489.37	50881.78	195393.19	0.00
86710.29	53230.13	33480.16	142689.24	11384.99	4179.34	16426.46	22615.32	31117.28	56965.85	50012.72
1258001.87	880258.52	377743.35	9391787.73	544620.28	411598.40	5300020.96	1895786.77	578533.79	661227.53	1219739.19
739283.86	512442.94	226840.92	3686362.17	378970.21	147634.61	1855986.29	676829.58	274719.57	352221.91	862975.94
588144.78	377817.62	210327.16	2685324.67	68640.72	155925.06	1346952.90	526283.96	264807.17	322714.86	456971.27
749918.58	421043.36	328875.22	2376657.64	39849.84	65097.07	730674.21	570782.74	207935.45	762318.33	4823.53
443977.06	267541.75	176435.31	1466052.28	18986.79	63781.68	478529.81	347025.26	164308.77	393419.97	586382.03
576055.13	363771.59	212283.54	1521179.55	26838.93	51027.65	561068.70	291978.63	202365.62	387900.02	705045.19
190282.15	77252.19	113029.96	295971.33	3963.70	8751.47	20367.69	88232.28	67347.33	107308.86	217173.63
1727144.19	995153.99	731990.20	7386558.02	530009.88	426443.61	2878032.01	1897491.60	620427.50	1034153.42	1207473.95
973156.30	564784.83	408371.47	5308421.67	480361.98	377711.49	2112096.96	1231102.18	421911.11	685237.95	1249732.23
1452900.88	920457.14	532443.74	7962057.49	754999.20	977416.52	3590687.88	1440728.35	545897.26	652328.28	1367782.18
474598.75	253868.44	220730.31	2462172.71	58651.98	577290.99	883248.19	370641.19	177675.51	394664.85	647395.25
1151213.08	669787.53	481425.55	5922099.44	357689.36	917247.84	2652150.95	1040137.49	452711.12	502162.68	836565.68
2495567.00	1662975.18	832591.82	13155233.69	524909.81	965293.86	5955479.47	2955607.28	1196284.32	1557658.95	2741518.78
2968919.95	1997125.10	971794.85	18538648.85	1491090.19	1410059.36	9738453.21	3687216.99	1195798.44	1016030.66	2121297.32
940708.73	570820.82	369887.91	8273815.54	1549987.76	1228870.30	3169457.96	1271686.51	344121.72	709691.29	791835.67
1459671.49	1039724.42	419947.07	11441183.37	1591567.98	1926144.10	4418634.01	2058533.78	678031.71	768271.79	1357172.35
1363176.70	863048.34	500128.36	10036239.90	1773559.46	1526277.08	4086572.27	1221005.72	604108.53	824716.84	1725127.95
724771.62	547968.83	176802.79	10636287.48	1168425.96	1357411.14	5868080.35	1465158.66	389162.83	388048.54	367778.41
126451.51	85370.84	41080.67	1309379.40	169933.08	284230.69	561722.63	181848.58	67033.32	44611.10	128027.67
368897.98	234257.14	134640.84	3256960.51	332308.22	420519.92	1686513.51	550320.79	151128.67	116169.40	294322.29
1190809.36	792598.81	398210.55	9887296.72	774851.84	1573663.13	4410155.84	1649097.92	631944.40	847583.59	1145223.89
976790.39	595566.41	381223.98	8916293.25	374220.61	1297855.42	5000620.52	1325877.59	528866.52	388852.59	910244.41
648805.00	428300.80	220504.20	6897816.29	556976.46	715750.69	3565208.00	1158571.10	393513.13	507796.91	406335.75
83251.64	57173.99	26077.65	930636.01	8919.58	313607.80	413843.25	120777.04	26507.59	46980.75	29876.64
985502.89	675190.44	310312.45	4636825.91	651858.74	521283.58	1872294.90	793992.92	388451.78	408943.99	868232.05
715662.18	491566.61	224095.57	3437199.55	266698.34	415145.01	1365464.20	604394.41	302537.82	482959.77	726880.66
156919.65	96028.22	60891.43	876524.77	22086.52	118741.09	355569.79	165809.74	92107.00	122210.63	96100.35
195787.51	105837.49	89950.02	790742.16	27507.35	57623.45	413329.76	146122.89	90002.04	56156.67	200994.43
772799.92	437494.87	335305.05	3810398.82	56052.29	362779.75	1936490.58	708843.11	362416.66	383816.43	332833.58

初中学校校舍

Condition of School Buildings in Junior

地区 Region	校舍建筑面积 Floor Space	教学及辅助用房 Buildings for Instruction and Ancillary Uses	教室 Classroom	专用教室 Professional Classroom	理化生实验室 Physical and Chemical Biology Laboratory	其他 Others	公共教学用房 Public Teaching Space	图书阅览室 Library	室内体育用房 Gymnasium	心理辅导室 Psychological Counseling Room	其他 Others
总计 Total	**118756605.48**	**44836755.22**	**27020217.78**	**10253053.90**	**6106445.26**	**4146608.64**	**7563483.54**	**2601548.55**	**1252083.56**	**472324.45**	**3237526.98**
北京 Beijing	745880.28	328509.51	134973.35	96044.27	35430.35	60613.92	97491.89	16759.73	25127.05	4323.58	51281.53
天津 Tianjin	325431.55	205554.18	119369.68	50804.27	27292.19	23512.08	35380.23	9523.04	2861.98	3256.62	19738.59
河北 Hebei	6855674.54	2681091.31	1625270.68	675820.95	428362.93	247458.02	379999.68	153920.86	39500.16	22706.77	163871.89
山西 Shanxi	2633515.49	826115.38	441298.85	202645.03	103705.30	98939.73	182171.50	55608.00	20327.81	11078.07	95157.62
内蒙古 Inner Mongolia	1126561.64	438070.83	192435.58	115466.72	50584.47	64882.25	130168.53	20800.59	62952.09	6251.68	40164.17
辽宁 Liaoning	1942539.77	894047.26	482729.24	239858.33	126401.25	113457.08	171459.69	46969.18	24665.08	9844.06	89981.37
吉林 Jilin	2233252.42	846661.69	470343.39	223260.70	141820.00	81440.70	153057.60	55178.08	13649.20	9101.57	75128.75
黑龙江 Heilongjiang	2016898.06	837662.77	506996.97	205101.77	126815.05	78286.72	125564.03	37328.82	17249.69	10024.18	60961.34
上海 Shanghai	369844.50	183376.16	89112.18	40087.91	14693.07	25394.84	54176.07	12332.12	22741.49	2386.04	16716.42
江苏 Jiangsu	1911415.27	881231.70	486160.75	222121.03	127574.27	94546.76	172949.92	68557.31	42284.85	12151.57	49956.19
浙江 Zhejiang	2993703.09	1165982.35	571832.73	264167.70	102631.47	161536.23	329981.92	75504.66	117896.55	15399.65	121181.06
安徽 Anhui	7759234.08	3155706.27	2040012.60	647989.64	400837.02	247152.62	467704.03	187234.20	53774.52	41839.64	184855.67
福建 Fujian	3204849.33	1155719.28	576761.16	323206.54	205695.72	117510.82	255751.58	77068.62	53643.24	14167.58	110872.14
江西 Jiangxi	6157531.66	2328604.16	1405367.24	533639.03	299185.66	234453.37	389597.89	143918.16	28046.95	27691.00	189941.78
山东 Shandong	6326225.62	2469536.35	1281472.53	615165.21	349884.12	265281.09	572898.61	155723.07	94010.20	25785.72	297379.62
河南 Henan	13272735.70	4399990.55	3052362.32	767233.47	539054.75	228178.72	580394.76	235125.60	76484.95	45008.56	223775.65
湖北 Hubei	4128611.24	1373182.66	887998.56	281004.32	183348.04	97656.28	204179.78	78587.52	29792.40	14290.26	81509.60
湖南 Hunan	8904307.50	3249608.27	2128601.93	628711.29	402063.68	226647.61	492295.05	169142.87	65455.36	30271.18	227425.64
广东 Guangdong	7233332.93	2969615.66	1781443.33	606210.41	327848.06	278362.35	581961.92	164902.83	163390.76	33996.39	219671.94
广西 Guangxi	4256764.05	1567613.98	1020927.96	334649.51	234504.87	100144.64	212036.51	95342.87	48305.62	10311.03	58076.99
海南 Hainan	1051360.70	437057.67	297358.46	84428.62	59954.24	24474.38	55270.59	23641.98	9773.09	2317.59	19537.93
重庆 Chongqing	1683183.23	618541.48	366262.64	153563.88	74606.50	78957.38	98714.96	30448.82	14262.25	4532.24	49471.65
四川 Sichuan	7154289.09	2918276.58	1942959.45	582178.41	410250.83	171927.58	393138.72	158614.98	42126.48	31322.77	161074.49
贵州 Guizhou	4180127.75	1369225.40	903447.59	276367.64	181815.86	94551.78	189410.17	68579.96	17666.84	11662.32	91501.05
云南 Yunnan	7518760.89	2615474.38	1580701.73	624679.91	400166.25	224513.66	410092.74	155460.51	22196.82	16228.62	216206.79
西藏 Tibet	601455.38	176470.72	108975.07	32399.01	21209.06	11189.95	35096.64	12648.13	8561.25	641.23	13246.03
陕西 Shaanxi	2127442.76	670824.56	317139.14	189904.72	97571.65	92333.07	163780.70	47073.52	20599.38	8486.80	87621.00
甘肃 Gansu	2978106.32	1063130.48	630049.76	279009.44	174220.77	104788.67	154071.28	70044.80	6692.82	15611.67	61721.99
青海 Qinghai	1135994.92	497341.35	236034.20	194338.40	82692.26	111646.14	66968.75	32605.32	22688.40	2990.27	8684.76
宁夏 Ningxia	760954.09	336865.09	170849.20	122063.62	59820.14	62243.48	43952.27	19071.42	5344.19	4659.63	14877.03
新疆 Xinjiang	5166621.63	2175667.19	1170969.51	640932.15	316405.43	324526.72	363765.53	123830.98	80012.09	23986.16	135936.30

情况(乡村)

Secondary Schools (Rural Area)

单位：平方米
unit：m^2

行政办公用房 Administrative	教师办公室 for Teachers	其他 Others	生活用房 Residential and Welfare	教工值班宿舍 Dormitories for Faculty	教师周转宿舍 Accommodation for Circulation of Teachers	学生宿舍 Students' Dormitories	学生餐厅 Students' Canteen	厕所 Toilets	其他 Others	其他用房 Rooms for Other Purposes
8456880. 14	**5490906. 56**	**2965973. 58**	**57411957. 02**	**5336802. 16**	**8099689. 45**	**25133125. 04**	**9969150. 14**	**3693037. 61**	**5180152. 62**	**8051013. 10**
120539. 41	54522. 91	66016. 50	294109. 15	25499. 20	13595. 14	66974. 57	44147. 19	30550. 79	113342. 26	2722. 21
41738. 98	27231. 87	14507. 11	49726. 59	4736. 45	4045. 00	0. 00	6414. 00	14907. 86	19623. 28	28411. 80
417849. 26	285867. 14	131982. 12	3193974. 36	220657. 81	215481. 02	1678701. 86	625256. 28	190530. 60	263346. 79	562759. 61
224637. 73	146993. 08	77644. 65	1281569. 44	143878. 12	73635. 76	621132. 58	247483. 20	82841. 34	112598. 44	301192. 94
93640. 35	62857. 61	30782. 74	505516. 60	14930. 75	59141. 34	240052. 32	94943. 38	45349. 99	51098. 82	89333. 86
244216. 42	136290. 46	107925. 96	800976. 09	16916. 59	30880. 11	161758. 31	199396. 32	73282. 31	318742. 45	3300. 00
245207. 09	156770. 21	88436. 88	805402. 28	10994. 14	38441. 57	289939. 71	198433. 60	81214. 12	186379. 14	335981. 36
203259. 11	143945. 19	59313. 92	729498. 09	19781. 51	36586. 51	251062. 98	143637. 30	75587. 27	202842. 52	246478. 09
48947. 03	20794. 64	28152. 39	81800. 04	2128. 42	3169. 24	8154. 28	25248. 59	17489. 15	25610. 36	55721. 27
161813. 36	103513. 02	58300. 34	688143. 57	46898. 86	77778. 41	243174. 56	173296. 16	53565. 70	93429. 88	180226. 64
217831. 59	119158. 39	98673. 20	1236762. 68	150603. 47	93550. 02	502484. 92	244047. 93	100699. 41	145376. 93	373126. 47
523608. 18	342783. 80	180824. 38	3529121. 28	357055. 05	576531. 45	1439628. 50	662880. 21	220365. 31	272660. 76	550798. 35
250029. 97	130535. 67	119494. 30	1435589. 46	31352. 19	348948. 06	501632. 20	218694. 42	83014. 67	251947. 92	363510. 62
431750. 31	267150. 94	164599. 37	3071098. 53	187165. 60	610519. 72	1397272. 19	498561. 96	167673. 47	209905. 59	326078. 66
469267. 89	316901. 05	152366. 84	2827105. 24	157473. 70	213468. 71	1246028. 47	636130. 39	257364. 19	316639. 78	560316. 14
1005319. 89	696602. 51	308717. 38	7100246. 86	640725. 36	795235. 65	3426794. 27	1398804. 33	413028. 10	425659. 15	767178. 40
235693. 12	145284. 52	90408. 60	2287421. 86	388701. 72	423993. 82	885826. 34	334715. 78	92714. 68	161469. 52	232313. 60
624009. 90	448559. 92	175449. 98	4405045. 35	699331. 97	932914. 57	1524670. 64	704964. 59	235629. 50	307534. 08	625643. 98
522165. 74	332837. 05	189328. 69	2991234. 99	591272. 81	373456. 94	1162764. 89	357898. 85	225793. 07	280048. 43	750316. 54
157831. 51	127859. 59	29971. 92	2451514. 95	247437. 26	380328. 17	1310891. 52	353956. 39	94355. 61	64546. 00	79803. 61
53789. 59	39549. 89	14239. 70	523661. 51	59742. 49	105187. 82	222156. 13	70489. 59	32994. 78	33090. 70	36851. 93
93885. 60	54245. 39	39640. 21	865368. 29	101819. 79	127785. 67	421433. 81	141386. 17	43646. 56	29296. 29	105387. 86
404037. 38	255749. 82	148287. 56	3393078. 75	323463. 26	715278. 06	1311817. 04	524785. 62	201918. 95	315815. 82	438896. 38
221978. 88	147227. 50	74751. 38	2409460. 15	100763. 23	463281. 91	1302927. 76	332087. 51	125120. 26	85279. 48	179463. 32
374582. 26	245349. 08	129233. 18	4362368. 11	425651. 11	561866. 68	2176030. 82	702287. 33	216231. 65	280300. 52	166336. 14
21763. 32	16399. 25	5364. 07	378039. 12	580. 27	113554. 93	169537. 00	56324. 15	14345. 29	23697. 48	25182. 22
210551. 11	142664. 06	67887. 05	1006913. 51	167518. 38	105052. 76	328103. 81	167831. 34	85014. 74	153392. 48	239153. 58
276660. 21	197303. 49	79356. 72	1389213. 00	149705. 14	219800. 61	528168. 01	238485. 18	105636. 65	147417. 41	249102. 63
93661. 30	56878. 76	36782. 54	511506. 06	3553. 64	60010. 00	209311. 01	98399. 14	55801. 55	84430. 72	33486. 21
57834. 46	32897. 73	24936. 73	319596. 66	22100. 22	51260. 51	124225. 65	52954. 48	29712. 16	39343. 64	46657. 88
408779. 19	236182. 02	172597. 17	2486894. 45	24363. 65	274909. 29	1380468. 89	415208. 76	226657. 88	165285. 98	95280. 80

地区 Region	占地面积（平方米）Areas Occupied (m^2)	#绿化用地面积 of Which: Green Areas	#运动场地面积 of Which: Sports Areas	校园足球场（个）Campus Football	11人制足球场 11-a-side Football Field	7人制足球场 7-a-side Football Field	5人制足球场 5-a-side Football Field
总　计 Total	**1768857411.18**	**380166154.07**	**535846406.93**	**40774**	**12896**	**16194**	**11684**
北　京 Beijing	10278038.70	2157006.27	3520786.64	339	100	148	91
天　津 Tianjin	9166117.73	1355673.21	3744855.35	320	79	167	74
河　北 Hebei	87618015.89	12055873.17	28500657.27	1975	613	807	555
山　西 Shanxi	34775015.83	5205518.78	9336487.08	708	199	257	252
内蒙古 Inner Mongolia	35157220.47	6155231.68	9386290.11	804	380	267	157
辽　宁 Liaoning	45860949.33	6687466.20	17446621.48	1407	535	627	245
吉　林 Jilin	32926231.62	7150351.48	8809703.04	876	248	308	320
黑龙江 Heilongjiang	41603324.65	5592385.09	11387070.58	903	313	332	258
上　海 Shanghai	16100045.98	4928160.71	5312997.03	564	102	334	128
江　苏 Jiangsu	105869113.43	30958558.36	34407936.47	2646	1058	1109	479
浙　江 Zhejiang	71557890.14	20209676.29	23556506.83	1756	584	658	514
安　徽 Anhui	95594738.54	18432157.49	25425692.04	2279	577	1029	673
福　建 Fujian	34900842.17	8989784.59	9730225.55	857	165	303	389
江　西 Jiangxi	70691564.04	14676014.05	23432428.44	1738	465	667	606
山　东 Shandong	159243050.41	36481452.46	51158547.93	3511	1770	1226	515
河　南 Henan	141936509.61	22752191.07	36658929.56	3021	801	1080	1140
湖　北 Hubei	73766379.60	23068604.79	18258940.07	1807	597	729	481
湖　南 Hunan	102106780.66	19596470.50	26863100.41	1620	546	603	471
广　东 Guangdong	138897906.31	35341664.84	46572796.09	3320	867	1442	1011
广　西 Guangxi	59346412.96	11421065.81	19053178.07	1015	355	387	273
海　南 Hainan	17078597.99	3743382.54	3589169.72	354	132	153	69
重　庆 Chongqing	22367032.88	4925493.11	7274385.19	535	102	259	174
四　川 Sichuan	77950744.31	14892769.20	30046382.51	2095	375	808	912
贵　州 Guizhou	61937469.43	14521182.27	20636591.32	1252	317	570	365
云　南 Yunnan	59916522.43	13564044.62	17220804.94	1058	390	415	253
西　藏 Tibet	7068888.34	1149453.96	1335253.39	126	65	34	27
陕　西 Shaanxi	43042088.30	7494749.79	11698768.57	1499	202	640	657
甘　肃 Gansu	33485333.37	6172499.24	9479691.46	1032	205	367	460
青　海 Qinghai	9949873.73	1646139.84	2598307.18	168	74	62	32
宁　夏 Ningxia	12165694.94	2692677.67	3832957.39	241	114	101	26
新　疆 Xinjiang	56499017.39	16148454.99	15570345.22	948	566	305	77

情况(总计)
in Junior Secondary Schools (Total)

图 书 (册) Books and Magazines in Libraries (Volume)	数字终端数 (台) Number of Digital Terminals (Set)	#教师终端数 of Which: Number of Teachers' Terminals	#学生终端数 of Which: Number of Student Terminals	教 室 (间) Classroom (Room)	#网络多媒体教室 of Which: Network Multimedia Classroom	固定资产总值 (万元) Total Value of Fixed Asset (10,000 yuan)	#教学仪器设备资产值 of Which: Total Value of Equip and Instru.
1954559041	**11118035**	**4051930**	**6761631**	**2104875**	**1593524**	**141714848.69**	**16175164.77**
10859601	123535	48726	59456	14779	13320	1621924.74	368407.38
11702854	65021	32748	30950	11547	9551	740903.43	117710.44
130327196	534648	202990	325617	115340	84992	5516042.46	591626.75
34712441	228578	90267	127662	46506	30799	2578176.77	247743.02
21457415	153988	61901	90125	25317	20987	2450513.83	277541.62
53859284	328938	113090	187254	54364	40719	2482670.75	422496.72
28779231	143020	53728	78740	38074	21576	1739046.96	238045.30
28110901	182366	59213	115508	46322	31525	2020941.05	309806.82
28681715	232008	113011	109354	29715	25979	3589395.21	561386.33
120553318	784366	301611	463645	127538	105853	11083160.57	1117219.00
100195890	599887	212991	374865	90173	76125	7712557.27	1092151.30
85446589	864374	205120	642048	106996	76810	5719782.96	699151.44
38152819	201356	82343	116179	42772	31673	2751566.96	346310.73
66483758	322127	130316	183980	81686	62340	3994881.48	557254.94
177007790	943932	432912	483286	182695	147381	12898584.81	1357335.64
157390622	749783	303881	432684	181233	125370	9339578.28	840462.79
74974260	340866	129034	204946	78605	54843	5158608.12	506598.40
96038088	390556	125258	256037	115216	80844	7138251.71	825556.87
179221553	1324441	473187	819758	190742	163772	12235630.98	1798317.06
94519274	341792	150972	182448	62280	50981	4020643.90	525763.50
11228753	61588	24536	35418	12421	8501	835877.20	111891.09
21754532	140546	44929	89100	31240	26139	2200045.72	201659.50
89909756	505115	162084	329379	113907	79410	6946687.82	918663.50
73637087	349520	98516	234185	67209	51787	9015184.93	422104.55
60664638	295547	79760	214619	64284	42189	4654389.18	370974.08
3949137	27470	11703	14915	4898	3438	661978.42	39897.45
57594614	306763	104570	197632	52482	39887	3824803.48	423608.34
33193096	196512	60664	134092	39639	29156	2811756.39	276990.58
11671719	60786	18757	41144	11316	7587	984722.60	75314.10
9643473	84815	24144	56372	12211	9165	915279.36	132258.75
42837637	233791	98968	130233	53368	40825	4071261.34	400916.78

地区 Region	占地面积（平方米） Areas Occupied（m^2）	#绿化用地面积 of Which: Green Areas	#运动场地面积 of Which: Sports Areas	校园足球场（个） Campus Football	11人制足球场 11-a-side Football Field	7人制足球场 7-a-side Football Field	5人制足球场 5-a-side Football Field
总　计 Total	**540809494.89**	**126004531.77**	**190829067.97**	**13917**	**4731**	**5651**	**3535**
北　京 Beijing	5563606.12	1029361.80	2163586.65	203	55	86	62
天　津 Tianjin	4818742.15	788156.01	1971565.05	171	44	97	30
河　北 Hebei	20515159.10	3336514.20	7167222.67	494	162	194	138
山　西 Shanxi	10008447.52	1645438.09	3095584.78	227	70	95	62
内蒙古 Inner Mongolia	8117296.81	1369944.63	2779174.41	246	114	73	59
辽　宁 Liaoning	18677915.86	2721995.79	7934501.72	676	239	324	113
吉　林 Jilin	7030820.54	1173187.21	2919711.00	220	74	73	73
黑龙江 Heilongjiang	10204959.83	1360892.99	4032391.80	260	83	109	68
上　海 Shanghai	11971401.75	3467416.56	4143068.06	429	83	245	101
江　苏 Jiangsu	48148030.46	14737624.58	17138123.65	1234	486	515	233
浙　江 Zhejiang	38769316.94	11096728.72	13651626.42	989	332	386	271
安　徽 Anhui	19875699.16	4360391.08	6643497.40	481	171	206	104
福　建 Fujian	10226503.81	2495345.28	3718441.24	245	73	101	71
江　西 Jiangxi	16899905.21	3652945.93	6162476.32	372	139	145	88
山　东 Shandong	59879091.08	13884176.82	22022901.17	1351	655	490	206
河　南 Henan	32108380.53	5776138.27	9475853.41	860	237	307	316
湖　北 Hubei	25574568.92	7465211.20	7334010.06	692	229	276	187
湖　南 Hunan	20633101.59	4815969.30	6312377.99	426	179	140	107
广　东 Guangdong	65089057.14	16080671.89	24963178.57	1734	491	685	558
广　西 Guangxi	13431289.43	3151989.76	4731267.79	291	100	116	75
海　南 Hainan	2587521.32	486584.71	793347.80	63	15	31	17
重　庆 Chongqing	7657960.09	1818405.64	2688116.86	187	51	100	36
四　川 Sichuan	21340549.76	4829708.06	8896967.06	634	165	258	211
贵　州 Guizhou	14038926.99	3544736.34	4781540.68	300	73	145	82
云　南 Yunnan	8891187.24	2523969.66	2873723.33	185	73	65	47
西　藏 Tibet	1536572.52	329047.81	340820.74	35	15	9	11
陕　西 Shaanxi	13496217.73	2450315.76	4166409.43	413	93	190	130
甘　肃 Gansu	5714044.69	1037596.08	2191328.56	152	59	56	37
青　海 Qinghai	2164243.74	431640.83	584912.86	38	14	17	7
宁　夏 Ningxia	3889477.42	965941.38	1256467.08	87	41	37	9
新　疆 Xinjiang	11949499.44	3176485.39	3894873.41	222	116	80	26

情况(城区)
in Junior Secondary Schools (Urban Area)

图　书 (册) Books and Magazines in Libraries (Volume)	数字终端数 (台) Number of Digital Terminals (Set)	#教师终端数 of Which: Number of Teachers' Terminals	#学生终端数 of Which: Number of Student Terminals	教　室 (间) Classroom (Room)	#网络多媒体教室 of Which: Network Multimedia Classroom	固定资产总值 (万元) Total Value of Fixed Asset (10,000 yuan)	#教学仪器设备资产值 of Which: Total Value of Equip & Instru.
775374924	**4828279**	**1859563**	**2832883**	**830725**	**671924**	**60790500.92**	**7717054.35**
7949043	89974	35520	44008	10555	9891	1118147.34	271552.31
7278388	44494	23189	20267	7260	6308	567474.81	89282.89
38122607	166286	67472	96238	32395	25522	1711289.00	185347.64
12426994	79122	32926	42744	16184	11136	904078.53	95637.67
8075610	56721	22382	33767	9161	7845	855109.99	99528.09
28660930	179471	67121	100232	27687	22610	1391697.83	249728.09
12123839	59026	23510	31320	13541	9069	641118.98	105667.98
11915424	79802	26681	48768	17860	13018	702943.00	136506.73
23779057	193200	93778	91740	24450	21660	2926440.87	468675.16
61150273	422217	165655	247664	68246	57675	6762006.27	661562.92
59002758	352847	129662	216309	54139	46570	4745020.26	649924.29
24529882	255854	60801	191411	29081	21780	1803642.76	222884.99
16394976	90502	38075	50827	17837	14742	1347031.44	168638.42
20437231	98351	40660	56616	25590	19954	1505515.06	193323.18
81641037	448697	207824	228312	84442	68764	6178197.61	692579.16
43137190	234231	101440	128051	50621	36654	2832707.71	276060.06
34510428	173083	65371	104172	35713	26618	2582428.07	276466.79
24256537	112132	42343	67408	30021	22892	2334564.71	236773.93
108880114	837384	308933	506623	119117	105546	7999689.14	1244704.72
25129550	100943	47496	51231	19060	15807	1203879.35	171570.23
3610419	18654	8649	9506	3830	2677	236695.22	39094.73
8984474	59626	20453	35675	12165	10508	1093429.88	94641.74
30280173	190473	64662	121832	35264	27001	2571176.36	376510.97
19328755	105578	31924	67826	18485	14817	1384130.39	137847.57
10868083	60560	20762	39622	13218	9665	933300.23	83592.61
989543	7815	3375	4067	1295	963	140191.55	10094.93
23197689	128038	45080	80798	20484	16532	1823660.02	194798.08
8697679	52240	18233	33671	9399	7499	763521.06	77333.79
3669792	21045	6401	13915	3104	2245	309571.98	25915.35
3581485	36122	9605	25132	4250	3454	341540.87	52986.61
12764964	73791	29580	43131	16271	12502	1080300.64	127822.71

地区 Region	占地面积（平方米）Areas Occupied (m^2)	#绿化用地面积 of Which: Green Areas	#运动场地面积 of Which: Sports Areas	校园足球场（个）Campus Football	11人制足球场 11-a-side Football Field	7人制足球场 7-a-side Football Field	5人制足球场 5-a-side Football Field
总　计 Total	**890616481. 18**	**186674662. 94**	**258453796. 13**	**19202**	**6471**	**7517**	**5214**
北　京 Beijing	2377081. 76	546357. 18	707996. 14	70	25	30	15
天　津 Tianjin	2763464. 18	352546. 90	1112968. 51	90	24	43	23
河　北 Hebei	47930591. 68	6281758. 05	15477691. 80	1027	336	427	264
山　西 Shanxi	17716535. 02	2561013. 83	4762606. 48	339	105	118	116
内蒙古 Inner Mongolia	21777720. 69	3739178. 85	5513505. 00	443	219	143	81
辽　宁 Liaoning	19492562. 97	2768603. 04	6875638. 00	513	225	199	89
吉　林 Jilin	14799388. 34	3360065. 27	3789177. 87	404	132	143	129
黑龙江 Heilongjiang	21393946. 68	3091304. 80	5556290. 81	441	185	152	104
上　海 Shanghai	3327804. 95	1171842. 15	950057. 45	108	16	73	19
江　苏 Jiangsu	51920533. 64	14604951. 78	15689330. 77	1252	517	517	218
浙　江 Zhejiang	26200470. 86	7281201. 82	8150632. 17	608	211	217	180
安　徽 Anhui	49928984. 91	9473047. 46	13331885. 27	1123	320	522	281
福　建 Fujian	15728839. 62	4091665. 85	3994215. 53	385	72	131	182
江　西 Jiangxi	35875166. 75	7612442. 99	12037129. 30	844	250	319	275
山　东 Shandong	80393062. 32	17981527. 78	24173747. 37	1736	916	574	246
河　南 Henan	75469922. 68	11931553. 41	19352877. 24	1522	450	550	522
湖　北 Hubei	37298622. 74	12096885. 31	8636597. 21	857	304	350	203
湖　南 Hunan	57810399. 19	10863161. 29	15414120. 26	875	301	349	225
广　东 Guangdong	54783864. 45	14478805. 77	16461411. 39	1142	288	554	300
广　西 Guangxi	36115898. 85	6319649. 58	11230002. 63	593	209	224	160
海　南 Hainan	9541563. 03	2253355. 23	1859094. 03	184	76	80	28
重　庆 Chongqing	11717917. 88	2474461. 08	3656477. 93	275	47	122	106
四　川 Sichuan	41911616. 36	7635882. 52	15784437. 76	1080	176	427	477
贵　州 Guizhou	37471251. 70	8649774. 03	12306415. 55	703	201	311	191
云　南 Yunnan	30388404. 79	6681651. 34	8674771. 41	478	220	178	80
西　藏 Tibet	4154022. 34	570204. 47	720992. 23	68	37	22	9
陕　西 Shaanxi	23999519. 52	3925785. 49	6355003. 29	865	91	359	415
甘　肃 Gansu	18762326. 15	3511099. 04	5313486. 08	550	114	216	220
青　海 Qinghai	5134289. 49	766649. 71	1320354. 97	86	49	23	14
宁　夏 Ningxia	5893519. 65	1303438. 80	1748201. 29	93	59	25	9
新　疆 Xinjiang	28537187. 99	8294798. 12	7496680. 39	448	296	119	33

情况(镇区)
in Junior Secondary Schools (County and Town Area)

图　书（册）Books and Magazines in Libraries (Volume)	数字终端数（台）Number of Digital Terminals (Set)	#教师终端数 of Which: Number of Teachers' Terminals	#学生终端数 of Which: Number of Student Terminals	教　室（间）Classroom (Room)	#网络多媒体教室 of Which: Network Multimedia Classroom	固定资产总值（万元）Total Value of Fixed Asset (10,000 yuan)	#教学仪器设备资产值 of Which: Total Value of Equip & Instru.
910441393	**4805717**	**1700020**	**2979722**	**952196**	**702878**	**63587215.65**	**6545940.74**
1687479	19084	7934	8645	2203	1887	290173.43	54430.16
3037686	13939	6658	7024	2812	2173	116391.96	19762.83
70663085	280923	103637	175116	61820	45159	2920287.72	316083.21
18164149	114850	45448	64231	23067	15336	1283409.84	121021.06
11652070	82809	33608	47962	13538	11017	1378132.97	151596.88
18963605	109047	33063	64453	19720	13320	829350.06	126710.77
11652930	56913	21681	31101	16417	8707	689629.33	95804.86
12559678	77814	24911	50527	20585	13478	1005576.07	134488.62
4051240	31844	15718	14378	4172	3488	516225.01	76724.73
54282255	330861	124160	197493	54076	44042	3984512.23	418520.96
34219086	206203	69094	133240	29471	24309	2483569.29	369347.26
44674478	435265	102771	324743	55080	39566	2867468.30	351802.26
15218517	74376	30122	43551	16555	11712	1000603.42	122489.13
34189485	162682	65285	92039	39795	30818	1818148.12	268549.67
79883203	412330	189679	210346	81315	66039	5584138.89	562675.02
85177767	386944	155417	225191	96372	67466	5163403.80	432526.84
32190784	130794	48992	78993	33318	21922	2015577.64	181588.38
52453576	201600	63122	133037	61531	43059	3848725.08	447121.94
53729318	370895	126259	237130	53350	43520	3154004.52	422963.95
57086736	197044	85564	106209	34809	28790	2258870.76	288690.50
5288164	29130	10943	17257	5830	3937	449127.81	50124.60
10438563	65169	19382	43465	15016	12455	851652.17	85610.57
45970182	235607	73082	155783	57199	39120	3368586.32	411699.86
43541930	197432	55150	133069	37927	29117	7114127.06	225813.88
30395164	141405	36234	104558	30992	19952	2312231.22	174946.20
2141433	14295	5994	7985	2532	1686	353276.82	20838.64
29870945	153838	50475	101357	27013	19826	1695144.14	198929.15
18611185	107178	31457	74681	21434	15637	1523555.04	148443.81
5065180	24660	7552	16983	4906	3224	426670.02	30657.54
4344144	34761	10609	21952	5439	3998	421633.57	58467.60
19237376	106025	46019	57223	23902	18118	1863013.04	177509.86

地区 Region	占地面积（平方米）Areas Occupied（m²）	#绿化用地面积 of Which: Green Areas	#运动场地面积 of Which: Sports Areas	校园足球场（个）Campus Football	11人制足球场 11-a-side Football Field	7人制足球场 7-a-side Football Field	5人制足球场 5-a-side Football Field
总　计 Total	**337431435. 11**	**67486959. 36**	**86563542. 83**	**7655**	**1694**	**3026**	**2935**
北　京 Beijing	2337350. 82	581287. 29	649203. 85	66	20	32	14
天　津 Tianjin	1583911. 40	214970. 30	660321. 79	59	11	27	21
河　北 Hebei	19172265. 11	2437600. 92	5855742. 80	454	115	186	153
山　西 Shanxi	7050033. 29	999066. 86	1478295. 82	142	24	44	74
内蒙古 Inner Mongolia	5262202. 97	1046108. 20	1093610. 70	115	47	51	17
辽　宁 Liaoning	7690470. 50	1196867. 37	2636481. 76	218	71	104	43
吉　林 Jilin	11096022. 74	2617099. 00	2100814. 17	252	42	92	118
黑龙江 Heilongjiang	10004418. 14	1140187. 30	1798387. 97	202	45	71	86
上　海 Shanghai	800839. 28	288902. 00	219871. 52	27	3	16	8
江　苏 Jiangsu	5800549. 33	1615982. 00	1580482. 05	160	55	77	28
浙　江 Zhejiang	6588102. 34	1831745. 75	1754248. 24	159	41	55	63
安　徽 Anhui	25790054. 47	4598718. 95	5450309. 37	675	86	301	288
福　建 Fujian	8945498. 74	2402773. 46	2017568. 78	227	20	71	136
江　西 Jiangxi	17916492. 08	3410625. 13	5232822. 82	522	76	203	243
山　东 Shandong	18970897. 01	4615747. 86	4961899. 39	424	199	162	63
河　南 Henan	34358206. 40	5044499. 39	7830198. 91	639	114	223	302
湖　北 Hubei	10893187. 94	3506508. 28	2288332. 80	258	64	103	91
湖　南 Hunan	23663279. 88	3917339. 91	5136602. 16	319	66	114	139
广　东 Guangdong	19024984. 72	4782187. 18	5148206. 13	444	88	203	153
广　西 Guangxi	9799224. 68	1949426. 47	3091907. 65	131	46	47	38
海　南 Hainan	4949513. 64	1003442. 60	936727. 89	107	41	42	24
重　庆 Chongqing	2991154. 91	632626. 39	929790. 40	73	4	37	32
四　川 Sichuan	14698578. 19	2427178. 62	5364977. 69	381	34	123	224
贵　州 Guizhou	10427290. 74	2326671. 90	3548635. 09	249	43	114	92
云　南 Yunnan	20636930. 40	4358423. 62	5672310. 20	395	97	172	126
西　藏 Tibet	1378293. 48	250201. 68	273440. 42	23	13	3	7
陕　西 Shaanxi	5546351. 05	1118648. 54	1177355. 85	221	18	91	112
甘　肃 Gansu	9008962. 53	1623804. 12	1974876. 82	330	32	95	203
青　海 Qinghai	2651340. 50	447849. 30	693039. 35	44	11	22	11
宁　夏 Ningxia	2382697. 87	423297. 49	828289. 02	61	14	39	8
新　疆 Xinjiang	16012329. 96	4677171. 48	4178791. 42	278	154	106	18

情况(乡村)
in Junior Secondary Schools (Rural Area)

图　书(册) Books and Magazines in Libraries (Volume)	数字终端数(台) Number of Digital Terminals (Set)	#教师终端数 of Which: Number of Teachers' Terminals	#学生终端数 of Which: Number of Student Terminals	教　室(间) Classroom (Room)	#网络多媒体教室 of Which: Network Multimedia Classroom	固定资产总值(万元) Total Value of Fixed Asset (10,000 yuan)	#教学仪器设备资产值 of Which: Total Value of Equip & Instru.
268742724	**1484039**	**492347**	**949026**	**321954**	**218722**	**17337132. 11**	**1912169. 69**
1223079	14477	5272	6803	2021	1542	213603. 97	42424. 91
1386780	6588	2901	3659	1475	1070	57036. 66	8664. 71
21541504	87439	31881	54263	21125	14311	884465. 74	90195. 90
4121298	34606	11893	20687	7255	4327	390688. 41	31084. 28
1729735	14458	5911	8396	2618	2125	217270. 87	26416. 66
6234749	40420	12906	22569	6957	4789	261622. 85	46057. 86
5002462	27081	8537	16319	8116	3800	408298. 65	36572. 47
3635799	24750	7621	16213	7877	5029	312421. 98	38811. 47
851418	6964	3515	3236	1093	831	146729. 33	15986. 44
5120790	31288	11796	18488	5216	4136	336642. 07	37135. 12
6974046	40837	14235	25316	6563	5246	483967. 73	72879. 75
16242229	173255	41548	125894	22835	15464	1048671. 89	124464. 19
6539326	36478	14146	21801	8380	5219	403932. 10	55183. 17
11857042	61094	24371	35325	16301	11568	671218. 30	95382. 08
15483550	82905	35409	44628	16938	12578	1136248. 31	102081. 47
29075665	128608	47024	79442	34240	21250	1343466. 77	131875. 89
8273048	36989	14671	21781	9574	6303	560602. 41	48543. 23
19327975	76824	19793	55592	23664	14893	954961. 93	141661. 00
16612121	116162	37995	76005	18275	14706	1081937. 32	130648. 39
12302988	43805	17912	25008	8411	6384	557893. 79	65502. 76
2330170	13804	4944	8655	2761	1887	150054. 17	22671. 76
2331495	15751	5094	9960	4059	3176	254963. 67	21407. 19
13659401	79035	24340	51764	21444	13289	1006925. 14	130452. 67
10766402	46510	11442	33290	10797	7853	516927. 49	58443. 10
19401391	93582	22764	70439	20074	12572	1408857. 73	112435. 27
818161	5360	2334	2863	1071	789	168510. 04	8963. 88
4525980	24887	9015	15477	4985	3529	305999. 31	29881. 12
5884232	37094	10974	25740	8806	6020	524680. 29	51212. 99
2936747	15081	4804	10246	3306	2118	248480. 60	18741. 21
1717844	13932	3930	9288	2522	1713	152104. 92	20804. 54
10835297	53975	23369	29879	13195	10205	1127947. 65	95584. 20

小学校数、教学点

Number of Schools, External Teaching

地区 Region	学校数(所) Schools	教学点数(个) External Teaching Sites	班数(个) Classes	一年级 Grade 1
总 计 Total	**149117**	**76933**	**2847473**	**478442**
北 京 Beijing	719	0	30949	5327
天 津 Tianjin	884	0	20175	3331
河 北 Hebei	11460	6446	176970	27968
山 西 Shanxi	4208	1236	67454	10679
内蒙古 Inner Mongolia	1651	595	37136	5896
辽 宁 Liaoning	2455	773	53431	8495
吉 林 Jilin	2483	1712	36279	5472
黑龙江 Heilongjiang	1350	593	33396	5288
上 海 Shanghai	671	0	24454	4975
江 苏 Jiangsu	4088	171	141147	22889
浙 江 Zhejiang	3204	70	100538	16941
安 徽 Anhui	6509	2274	129340	21480
福 建 Fujian	5001	1333	88186	15012
江 西 Jiangxi	6324	7553	115779	20337
山 东 Shandong	9063	1126	190296	33109
河 南 Henan	16925	11708	280082	46459
湖 北 Hubei	5244	2918	93963	16250
湖 南 Hunan	6835	6198	136619	23601
广 东 Guangdong	10614	5195	280175	47437
广 西 Guangxi	7948	9124	137395	24109
海 南 Hainan	1358	898	23104	3988
重 庆 Chongqing	2637	951	52106	8851
四 川 Sichuan	5213	3590	134933	22520
贵 州 Guizhou	6470	2063	97914	16390
云 南 Yunnan	10349	2772	108015	18315
西 藏 Tibet	825	34	9829	1729
陕 西 Shaanxi	4407	1585	77529	12967
甘 肃 Gansu	4782	4721	69010	11684
青 海 Qinghai	729	454	13071	2309
宁 夏 Ningxia	1101	345	15535	2784
新 疆 Xinjiang	3610	495	72663	11850

数及班数(总计)
Sites and Classes in Primary Schools(Total)

二年级 Grade 2	三年级 Grade 3	四年级 Grade 4	五年级 Grade 5	六年级 Grade 6	复式班 Multiple-grade Classes
490749	**483113**	**484927**	**474249**	**433048**	**2945**
5286	5564	5180	5122	4470	0
3368	3586	3448	3458	2984	0
29307	30240	30257	30192	28762	244
10871	11830	11538	11414	10959	163
6614	6343	6415	6149	5716	3
9070	9327	9157	9084	8298	0
5702	6164	6305	6432	6204	0
5606	6007	6287	6429	3779	0
4987	4966	4824	4702	0	0
23595	23556	24030	24244	22833	0
17265	16891	16913	16882	15646	0
21619	21713	21749	21884	20728	167
15466	15045	14939	14566	13111	47
20481	19748	19509	18160	16897	647
34442	32639	32262	32372	25472	0
48676	47530	47778	46204	43412	23
16130	15374	15647	15734	14808	20
23553	22425	22808	22814	21284	134
48688	46942	48671	46486	41918	33
24274	22989	23464	21349	20575	635
3994	3886	3849	3794	3593	0
8910	8556	8731	8679	8372	7
22845	22208	22772	22727	21816	45
16420	16232	16639	16381	15847	5
18337	18454	18400	17703	16772	34
1728	1678	1594	1566	1534	0
13077	13239	12939	12890	12108	309
11877	11803	11566	11145	10551	384
2333	2108	2154	2138	2005	24
2774	2613	2573	2453	2317	21
13454	13457	12529	11096	10277	0

小学校数、教学点

Number of Schools, External Teaching Sites and

地区 Region	学校数(所) Schools	教学点数(个) External Teaching Sites	班数(个) Classes	
				一年级 Grade 1
总　计 Total	**30690**	**1629**	**1070119**	**187093**
北　京 Beijing	546	0	26372	4548
天　津 Tianjin	462	0	15409	2612
河　北 Hebei	1742	178	46635	7435
山　西 Shanxi	942	50	27186	4632
内蒙古 Inner Mongolia	479	3	14068	2262
辽　宁 Liaoning	1092	20	32740	5549
吉　林 Jilin	479	22	14562	2345
黑龙江 Heilongjiang	546	10	16264	2783
上　海 Shanghai	578	0	21230	4301
江　苏 Jiangsu	1765	18	77907	13623
浙　江 Zhejiang	1424	3	58890	10196
安　徽 Anhui	873	35	35046	6361
福　建 Fujian	1220	33	35610	6243
江　西 Jiangxi	898	220	32342	5483
山　东 Shandong	2240	23	81754	15512
河　南 Henan	1975	240	63189	10509
湖　北 Hubei	1338	97	41591	7361
湖　南 Hunan	1281	117	41469	7271
广　东 Guangdong	3705	198	153698	26089
广　西 Guangxi	1034	80	33277	5847
海　南 Hainan	221	18	8154	1416
重　庆 Chongqing	733	22	26100	4829
四　川 Sichuan	1145	84	49711	9217
贵　州 Guizhou	867	41	24109	4168
云　南 Yunnan	800	37	20511	3691
西　藏 Tibet	53	0	1619	300
陕　西 Shaanxi	1133	53	32984	5884
甘　肃 Gansu	439	21	12514	2181
青　海 Qinghai	112	3	3220	545
宁　夏 Ningxia	198	0	5599	1037
新　疆 Xinjiang	370	3	16359	2863

数及班数(城区)
Classes in Primary Schools (Urban Area)

二年级 Grade 2	三年级 Grade 3	四年级 Grade 4	五年级 Grade 5	六年级 Grade 6	复式班 Multiple-grade Classes
186943	**182934**	**182059**	**177303**	**153759**	**28**
4533	4753	4408	4354	3776	0
2595	2748	2575	2554	2325	0
7564	8319	8029	7987	7301	0
4526	4847	4606	4440	4133	2
2529	2427	2469	2330	2051	0
5589	5882	5529	5444	4747	0
2342	2531	2521	2524	2299	0
2839	3058	3073	3094	1417	0
4318	4319	4189	4103	0	0
13638	13219	13009	12822	11596	0
10300	9986	9817	9713	8878	0
6128	5919	5767	5698	5173	0
6290	6061	6010	5846	5157	3
5594	5452	5572	5289	4947	5
15360	14360	13790	13391	9341	0
10887	10470	10744	10472	10106	1
7207	6823	6943	6893	6363	1
7175	6873	6960	6936	6250	4
26600	25299	26679	25754	23272	5
5761	5579	5867	5316	4901	6
1391	1362	1357	1364	1264	0
4680	4312	4296	4159	3824	0
8880	8213	8171	8027	7203	0
4026	3993	4112	4024	3786	0
3513	3494	3484	3327	3001	1
290	282	263	237	247	0
5714	5810	5457	5336	4783	0
2128	2153	2106	2005	1941	0
582	538	539	514	502	0
980	966	920	878	818	0
2984	2886	2797	2472	2357	0

小学校数、教学点

Number of Schools, External Teaching Sites and

地区 Region	学校数(所) Schools	教学点数(个) External Teaching Sites	班数(个) Classes	
				一年级 Grade 1
总　计 Total	**42334**	**8561**	**989171**	**155486**
北　京 Beijing	80	0	2560	440
天　津 Tianjin	131	0	2067	312
河　北 Hebei	3548	938	65944	9514
山　西 Shanxi	1375	101	25340	3901
内蒙古 Inner Mongolia	674	43	16942	2567
辽　宁 Liaoning	529	38	12366	1814
吉　林 Jilin	534	39	12190	1887
黑龙江 Heilongjiang	569	66	12576	1867
上　海 Shanghai	75	0	2568	544
江　苏 Jiangsu	1493	36	53522	7968
浙　江 Zhejiang	993	9	30901	5086
安　徽 Anhui	1958	295	55784	9027
福　建 Fujian	1562	84	32667	5325
江　西 Jiangxi	1890	972	46412	7311
山　东 Shandong	2585	156	67201	11151
河　南 Henan	4855	1599	107781	16537
湖　北 Hubei	1608	385	32981	5312
湖　南 Hunan	2493	839	59432	9439
广　东 Guangdong	2422	507	68766	10856
广　西 Guangxi	1870	1061	43483	7063
海　南 Hainan	346	70	7633	1246
重　庆 Chongqing	793	32	16298	2537
四　川 Sichuan	2271	287	56739	8921
贵　州 Guizhou	1845	138	39617	6242
云　南 Yunnan	1691	188	28960	4639
西　藏 Tibet	140	0	2358	393
陕　西 Shaanxi	1733	315	31060	4860
甘　肃 Gansu	1259	309	25476	4131
青　海 Qinghai	185	20	4662	739
宁　夏 Ningxia	225	17	5001	845
新　疆 Xinjiang	602	17	19884	3012

数及班数(镇区)

Classes in Primary Schools (Counties and Towns Area)

二年级 Grade 2	三年级 Grade 3	四年级 Grade 4	五年级 Grade 5	六年级 Grade 6	复式班 Multiple-grade Classes
162438	**164263**	**170866**	**171593**	**164267**	**258**
431	459	424	425	381	0
335	359	373	385	303	0
10290	11329	11614	11820	11355	22
4001	4435	4369	4398	4209	27
2959	2886	2962	2851	2717	0
2101	2040	2155	2159	2097	0
1924	2082	2109	2134	2054	0
2041	2157	2342	2435	1734	0
532	511	507	474	0	0
8501	8750	9302	9613	9388	0
5210	5143	5229	5274	4959	0
9120	9252	9430	9624	9319	12
5650	5606	5625	5496	4963	2
7569	7744	8150	7828	7734	76
11990	11298	11390	11736	9636	0
17592	17776	18539	18676	18661	0
5425	5345	5559	5783	5556	1
9596	9673	10153	10452	10110	9
11309	11036	12178	11833	11551	3
7209	7113	7621	7204	7247	26
1263	1249	1305	1307	1263	0
2653	2649	2795	2839	2825	0
9142	9174	9785	9908	9809	0
6312	6511	6889	6878	6784	1
4605	4792	4923	5025	4975	1
394	397	398	391	385	0
5047	5186	5272	5396	5229	70
4216	4338	4322	4267	4196	6
755	757	809	818	784	0
893	822	833	812	794	2
3373	3394	3504	3352	3249	0

小学校数、教学点

Number of Schools, External Teaching Sites and

地区 Region	学校数(所) Schools	教学点数(个) External Teaching Sites	班数(个) Classes	
				一年级 Grade 1
总　计 Total	**76093**	**66743**	**788183**	**135863**
北　京 Beijing	93	0	2017	339
天　津 Tianjin	291	0	2699	407
河　北 Hebei	6170	5330	64391	11019
山　西 Shanxi	1891	1085	14928	2146
内蒙古 Inner Mongolia	498	549	6126	1067
辽　宁 Liaoning	834	715	8325	1132
吉　林 Jilin	1470	1651	9527	1240
黑龙江 Heilongjiang	235	517	4556	638
上　海 Shanghai	18	0	656	130
江　苏 Jiangsu	830	117	9718	1298
浙　江 Zhejiang	787	58	10747	1659
安　徽 Anhui	3678	1944	38510	6092
福　建 Fujian	2219	1216	19909	3444
江　西 Jiangxi	3536	6361	37025	7543
山　东 Shandong	4238	947	41341	6446
河　南 Henan	10095	9869	109112	19413
湖　北 Hubei	2298	2436	19391	3577
湖　南 Hunan	3061	5242	35718	6891
广　东 Guangdong	4487	4490	57711	10492
广　西 Guangxi	5044	7983	60635	11199
海　南 Hainan	791	810	7317	1326
重　庆 Chongqing	1111	897	9708	1485
四　川 Sichuan	1797	3219	28483	4382
贵　州 Guizhou	3758	1884	34188	5980
云　南 Yunnan	7858	2547	58544	9985
西　藏 Tibet	632	34	5852	1036
陕　西 Shaanxi	1541	1217	13485	2223
甘　肃 Gansu	3084	4391	31020	5372
青　海 Qinghai	432	431	5189	1025
宁　夏 Ningxia	678	328	4935	902
新　疆 Xinjiang	2638	475	36420	5975

数及班数(乡村)
Classes in Primary Schools (Rural Area)

二年级 Grade 2	三年级 Grade 3	四年级 Grade 4	五年级 Grade 5	六年级 Grade 6	复式班 Multiple-grade Classes
141368	**135916**	**132002**	**125353**	**115022**	**2659**
322	352	348	343	313	0
438	479	500	519	356	0
11453	10592	10614	10385	10106	222
2344	2548	2563	2576	2617	134
1126	1030	984	968	948	3
1380	1405	1473	1481	1454	0
1436	1551	1675	1774	1851	0
726	792	872	900	628	0
137	136	128	125	0	0
1456	1587	1719	1809	1849	0
1755	1762	1867	1895	1809	0
6371	6542	6552	6562	6236	155
3526	3378	3304	3224	2991	42
7318	6552	5787	5043	4216	566
7092	6981	7082	7245	6495	0
20197	19284	18495	17056	14645	22
3498	3206	3145	3058	2889	18
6782	5879	5695	5426	4924	121
10779	10607	9814	8899	7095	25
11304	10297	9976	8829	8427	603
1340	1275	1187	1123	1066	0
1577	1595	1640	1681	1723	7
4823	4821	4816	4792	4804	45
6082	5728	5638	5479	5277	4
10219	10168	9993	9351	8796	32
1044	999	933	938	902	0
2316	2243	2210	2158	2096	239
5533	5312	5138	4873	4414	378
996	813	806	806	719	24
901	825	820	763	705	19
7097	7177	6228	5272	4671	0

小学教育
Number of Students in

地区 Region	毕业生数 Graduates	招生数 Entrants	招生中接受学前教育 of Which: Those Received the pre-school Education			
			未接受过 Not trained	一年 One Year	两年 Two Years	三年 Three Years
总　计 Total	**17406127**	**17013874**	**80057**	**703966**	**528092**	**15701759**
北　京 Beijing	133331	189935	2100	2734	3193	181908
天　津 Tianjin	118874	124284	4473	7012	6447	106352
河　北 Hebei	1119439	926023	1647	32807	22079	869490
山　西 Shanxi	382149	356434	79	3956	3736	348663
内蒙古 Inner Mongolia	225479	200872	86	1580	4227	194979
辽　宁 Liaoning	312012	303468	4449	50830	27385	220804
吉　林 Jilin	202645	164282	288	33002	16569	114423
黑龙江 Heilongjiang	232652	166145	2680	46559	18844	98062
上　海 Shanghai	154667	185284	305	1143	979	182857
江　苏 Jiangsu	930060	934957	92	130	867	933868
浙　江 Zhejiang	580800	661677	99	5283	1622	654673
安　徽 Anhui	749504	757258	199	9179	8773	739107
福　建 Fujian	524622	586912	165	5161	5122	576464
江　西 Jiangxi	685057	567850	11393	25440	21571	509446
山　东 Shandong	1254224	1306430	7279	11934	16308	1270909
河　南 Henan	1675980	1483777	180	45992	26797	1410808
湖　北 Hubei	619944	631240	4884	24061	17085	585210
湖　南 Hunan	902540	820842	2172	36490	45016	737164
广　东 Guangdong	1660918	1759068	6885	114485	76987	1560711
广　西 Guangxi	816854	812856	10236	98656	51308	652656
海　南 Hainan	137868	136536	1623	3949	2743	128221
重　庆 Chongqing	344028	337618	206	5095	9336	322981
四　川 Sichuan	924554	884407	1067	14288	22138	846914
贵　州 Guizhou	658921	609230	3569	26319	32705	546637
云　南 Yunnan	640839	592486	3659	66628	48781	473418
西　藏 Tibet	56571	66434	5267	11261	4865	45041
陕　西 Shaanxi	457702	482716	1706	1812	1421	477777
甘　肃 Gansu	321291	320458	463	2055	4669	313271
青　海 Qinghai	80508	80576	1901	5992	6385	66298
宁　夏 Ningxia	97329	101742	163	7582	14490	79507
新　疆 Xinjiang	404765	462077	742	2551	5644	453140

学生数(总计)
Primary Schools (Total)

单位：人
unit：person

在校生数 Enrolment	#女 of Which: Female	一年级 Grade 1	二年级 Grade 2	三年级 Grade 3	四年级 Grade 4	五年级 Grade 5	六年级 Grade 6	预计毕业生数 Estimated Graduates for Next Year
107320594	**50285671**	**17021937**	**17844445**	**18070513**	**18663830**	**18617559**	**17102310**	**17643010**
1083813	522446	189971	186553	201770	180698	178807	146014	147867
770925	364847	124300	125471	137079	132410	134785	116880	125583
6635977	3110486	926235	990538	1167398	1193441	1215030	1143335	1143666
2301805	1111414	356703	356743	411159	398085	400055	379060	379060
1383339	664441	200992	248705	239824	245595	234941	213282	214976
1964323	942965	303482	331083	347262	339829	342015	300652	300652
1111689	535032	164294	170669	191076	196647	200708	188295	188295
1102580	532472	166145	180589	199919	212381	218946	124600	220998
917002	436680	185375	187890	186757	181318	175662	0	175662
5856288	2731039	934964	972520	973157	1003953	1020207	951487	951487
3931337	1829271	661714	674125	658130	663821	667329	606218	608909
4702546	2172565	757307	768447	781553	798122	818197	778920	778920
3590926	1639232	587239	629471	617115	620928	606090	530083	530083
3839179	1756257	569840	600696	618025	661690	705405	683523	683525
7606235	3470554	1307163	1382152	1299670	1281956	1301864	1033430	1285862
9873924	4637009	1483794	1624197	1639682	1720712	1720198	1685341	1685341
3846253	1764478	631937	643888	624151	651555	667081	627641	628569
5230990	2443465	820882	840885	846091	897223	933530	892379	892379
10840519	5011765	1759322	1833421	1769568	1925208	1856333	1696667	1696667
5158569	2407977	813990	859572	857192	931624	858568	837623	837623
869033	394598	137041	143521	143317	151698	151797	141659	141659
2031938	972330	337732	343275	325565	344075	347113	334178	334178
5450163	2625849	884621	897291	879426	933054	945887	909884	909884
3915423	1821299	609431	623584	646732	689086	681914	664676	664676
3797273	1816894	592633	602079	645617	666269	660932	629743	629743
375623	184435	66450	65099	63194	61518	60326	59036	59036
2988032	1417927	482913	489670	513542	509407	512959	479541	479541
2020074	967421	320528	331409	347629	348941	340311	331256	331262
517320	251491	80834	86891	84545	90071	89955	85024	85024
609840	292760	101846	104509	102051	103048	100759	97627	97627
2997656	1456272	462259	549502	552317	529467	469855	434256	434256

地区 Region	毕业生数 Graduates	招生数 Entrants	招生中接受学前教育 of Which: Those Received the pre-school Education			
			未接受过 Not trained	一年 One Year	两年 Two Years	三年 Three Years
总　计 Total	**6816489**	**8093630**	**44938**	**250565**	**144593**	**7653534**
北　京 Beijing	116594	166455	1993	2437	3026	158999
天　津 Tianjin	90102	103993	4420	6190	4694	88689
河　北 Hebei	314977	336326	1404	17508	6286	311128
山　西 Shanxi	167513	189865	56	2876	1975	184958
内蒙古 Inner Mongolia	93091	96086	68	854	1546	93618
辽　宁 Liaoning	193014	227441	4215	38281	15486	169459
吉　林 Jilin	93019	89665	12	15044	6059	68550
黑龙江 Heilongjiang	116745	103732	1976	31616	11390	58750
上　海 Shanghai	135272	159581	193	1107	751	157530
江　苏 Jiangsu	467362	575121	55	94	516	574456
浙　江 Zhejiang	333847	414386	61	3643	822	409860
安　徽 Anhui	206031	275103	110	4050	2549	268394
福　建 Fujian	229391	284990	90	2102	443	282355
江　西 Jiangxi	226226	221756	6294	5496	3838	206128
山　东 Shandong	523475	674939	5258	7260	6194	656227
河　南 Henan	442942	481242	59	15346	7115	458722
湖　北 Hubei	282591	339099	3991	14764	6400	313944
湖　南 Hunan	285858	333588	1212	8001	11587	312788
广　东 Guangdong	969309	1106649	5241	36506	25599	1039303
广　西 Guangxi	222645	274931	3199	18819	2632	250281
海　南 Hainan	56155	62389	1225	1449	1009	58706
重　庆 Chongqing	164967	213758	50	2835	4629	206244
四　川 Sichuan	313854	414171	57	2466	4838	406810
贵　州 Guizhou	171855	194813	1116	2253	3628	187816
云　南 Yunnan	130970	169933	87	3363	1722	164761
西　藏 Tibet	11635	14545	146	1869	0	12530
陕　西 Shaanxi	204735	266307	912	332	455	264608
甘　肃 Gansu	86801	102440	85	350	557	101448
青　海 Qinghai	23238	24233	602	682	1207	21742
宁　夏 Ningxia	38574	47891	95	850	2686	44260
新　疆 Xinjiang	103701	128202	656	2122	4954	120470

学生数(城区)
Primary Schools (Urban Area)

单位：人
unit: person

在校生数 Enrolment	#女 of Which: Female	一年级 Grade 1	二年级 Grade 2	三年级 Grade 3	四年级 Grade 4	五年级 Grade 5	六年级 Grade 6	预计毕业生数 Estimated Graduates for Next Year
46943898	**21874299**	**8095630**	**8143122**	**8003946**	**8034517**	**7869234**	**6797449**	**7175195**
953306	459613	166480	165270	177493	158930	157350	127783	129636
623734	294949	104007	102858	111643	104684	105531	95011	96645
2138439	1001404	336326	336844	385938	372707	371487	335137	335137
1126007	542344	189986	182210	204569	191993	186407	170842	170842
624830	300653	96100	114662	109876	110684	103423	90085	91759
1377876	661572	227450	233656	252086	233562	234020	197102	197102
573614	274825	89671	90027	100970	100756	101216	90974	90974
626813	302662	103732	107362	119353	120281	121256	54829	119521
796325	380016	159643	162680	162467	157597	153938	0	153938
3331114	1551280	575121	580083	563128	560999	555576	496207	496207
2389466	1109838	414414	419520	403053	400052	396710	355717	358408
1516553	695051	275110	263197	254614	250124	249568	223940	223940
1658091	756930	285095	293888	282090	284129	275764	237125	237125
1379995	623777	221888	226444	222296	232168	247068	230131	230131
3556716	1639126	675002	671616	626616	593954	581219	408309	558673
2918927	1354216	481244	503631	483619	498317	485543	466573	466573
1930236	877298	339152	334262	315478	323730	322270	295344	296244
1925872	892968	333604	328303	314789	324394	326285	298497	298497
6619077	3025119	1106763	1137329	1079306	1163057	1123923	1008699	1008699
1605576	733969	275793	277848	267215	288867	258783	237070	237070
376176	165882	62475	63960	62473	64324	64228	58716	58716
1167513	560756	213793	208835	189955	193902	188732	172296	172296
2256980	1083237	414230	400245	369143	373290	370496	329576	329576
1143065	526269	194860	190216	188914	197032	192059	179984	179984
945351	451343	169951	160172	162571	161885	154801	135971	135971
76996	37571	14548	14234	13448	12458	10955	11353	11353
1521541	718680	266350	257867	268850	256348	249719	222407	222407
591166	279013	102446	100201	102427	99690	95198	91204	91204
155426	74928	24259	27973	26381	26689	25448	24676	24676
269799	128420	47914	45809	46774	45104	43563	40635	40635
767318	370590	128223	141920	136411	132810	116698	111256	111256

小学教育
Number of Students in Primary

地区 Region	毕业生数 Graduates	招生数 Entrants	招生中接受学前教育 of Which: Those Received the pre-school Education			
			未接受过 Not trained	一年 One Year	两年 Two Years	三年 Three Years
总　计 Total	**6930763**	**6041383**	**17344**	**214796**	**187714**	**5621529**
北　京 Beijing	9115	13680	36	231	67	13346
天　津 Tianjin	13128	10144	17	334	773	9020
河　北 Hebei	470262	363065	126	10429	9175	343335
山　西 Shanxi	157774	135772	8	496	1477	133791
内蒙古 Inner Mongolia	106307	87458	13	405	1834	85206
辽　宁 Liaoning	79710	56223	144	8985	8774	38320
吉　林 Jilin	75803	60873	248	14645	7700	38280
黑龙江 Heilongjiang	94051	54013	653	13077	5937	34346
上　海 Shanghai	15449	20862	82	24	195	20561
江　苏 Jiangsu	391123	321582	28	33	304	321217
浙　江 Zhejiang	187321	195215	21	1315	394	193485
安　徽 Anhui	361162	352103	60	2822	3630	345591
福　建 Fujian	208686	222715	35	1780	2254	218646
江　西 Jiangxi	331329	256779	3804	11873	9686	231416
山　东 Shandong	478861	458327	1661	2756	6363	447547
河　南 Henan	770013	631624	27	16908	11608	603081
湖　北 Hubei	238635	215479	658	5217	7010	202594
湖　南 Hunan	452983	374792	668	18506	22066	333552
广　东 Guangdong	467023	413372	1058	35423	26135	350756
广　西 Guangxi	316632	296474	3477	31141	15736	246120
海　南 Hainan	52173	47518	264	1237	869	45148
重　庆 Chongqing	127410	97956	94	1435	2454	93973
四　川 Sichuan	440081	363410	311	5762	9425	347912
贵　州 Guizhou	308472	271740	809	7999	12188	250744
云　南 Yunnan	211786	184406	433	12372	10798	160803
西　藏 Tibet	14922	15991	1091	2371	716	11813
陕　西 Shaanxi	203010	180157	681	1002	580	177894
甘　肃 Gansu	153675	152850	44	418	1319	151069
青　海 Qinghai	33761	31525	688	2125	1998	26714
宁　夏 Ningxia	35604	34712	50	3300	5944	25418
新　疆 Xinjiang	124502	120566	55	375	305	119831

学生数(镇区)
Schools (Counties and Towns Area)

单位：人
unit：person

在校生数 Enrolment	#女 of Which：Female	一年级 Grade 1	二年级 Grade 2	三年级 Grade 3	四年级 Grade 4	五年级 Grade 5	六年级 Grade 6	预计毕业生数 Estimated Graduates for Next Year
40079874	**18720100**	**6045056**	**6447762**	**6609567**	**7000883**	**7128827**	**6847779**	**6972687**
76252	36815	13688	12696	14486	12531	12426	10425	10425
71315	33757	10146	11182	12176	13202	13552	11057	13212
2699406	1256572	363274	396579	469757	488095	503199	478502	478833
922228	445769	135896	140330	163169	160939	164840	157054	157054
627686	301791	87537	111540	107721	112204	108214	100470	100490
411514	196957	56227	70312	66913	73668	73833	70561	70561
412849	199433	60874	63814	70591	72649	74439	70482	70482
400328	193516	54013	62442	67644	77016	81200	58013	83947
96249	45320	20883	20031	19275	18964	17096	0	17096
2206288	1029654	321589	347683	359491	385564	401613	390348	390348
1195742	558246	195224	199296	198735	203087	207490	191910	191910
2215959	1017084	352136	357774	365499	376369	388589	375592	375592
1402812	637083	222882	244286	242702	244207	238477	210258	210258
1804619	819795	257576	273660	287148	313259	336725	336251	336252
2796224	1258234	458836	501540	467264	470263	488747	409574	488945
4324396	2014334	631630	690187	704138	751918	767419	779104	779104
1394517	645656	215891	226766	223857	238132	250562	239309	239309
2501127	1166200	374799	390469	402368	432752	455713	445026	445026
2707564	1264590	413461	438536	428688	485797	473715	467367	467367
1920959	887967	296603	311870	313471	344441	325696	328878	328878
316830	145895	47934	51211	51780	55790	56290	53825	53825
659194	314692	98000	105082	104391	114245	118635	118841	118841
2407069	1161144	363523	378629	382955	420457	431920	429585	429585
1800227	833352	271837	280708	294925	319459	318556	314742	314742
1195978	571897	184444	185250	197402	206196	212678	210008	210008
94493	46255	15997	15636	15903	15970	15765	15222	15222
1199369	570515	180279	191571	199816	206335	213569	207799	207799
971149	462760	152873	157786	166898	167544	164576	161472	161472
205732	100388	31622	33132	32977	36266	36410	35325	35325
216261	103603	34763	38019	35713	36724	35876	35166	35166
825538	400826	120619	139745	141714	146840	141007	135613	135613

地区 Region	毕业生数 Graduates	招生数 Entrants	招生中接受学前教育 of Which: Those Received the pre-school Education			
			未接受过 Not trained	一年 One Year	两年 Two Years	三年 Three Years
总　计 Total	**3658875**	**2878861**	**17775**	**238605**	**195785**	**2426696**
北　京 Beijing	7622	9800	71	66	100	9563
天　津 Tianjin	15644	10147	36	488	980	8643
河　北 Hebei	334200	226632	117	4870	6618	215027
山　西 Shanxi	56862	30797	15	584	284	29914
内蒙古 Inner Mongolia	26081	17328	5	321	847	16155
辽　宁 Liaoning	39288	19804	90	3564	3125	13025
吉　林 Jilin	33823	13744	28	3313	2810	7593
黑龙江 Heilongjiang	21856	8400	51	1866	1517	4966
上　海 Shanghai	3946	4841	30	12	33	4766
江　苏 Jiangsu	71575	38254	9	3	47	38195
浙　江 Zhejiang	59632	52076	17	325	406	51328
安　徽 Anhui	182311	130052	29	2307	2594	125122
福　建 Fujian	86545	79207	40	1279	2425	75463
江　西 Jiangxi	127502	89315	1295	8071	8047	71902
山　东 Shandong	251888	173164	360	1918	3751	167135
河　南 Henan	463025	370911	94	13738	8074	349005
湖　北 Hubei	98718	76662	235	4080	3675	68672
湖　南 Hunan	163699	112462	292	9983	11363	90824
广　东 Guangdong	224586	239047	586	42556	25253	170652
广　西 Guangxi	277577	241451	3560	48696	32940	156255
海　南 Hainan	29540	26629	134	1263	865	24367
重　庆 Chongqing	51651	25904	62	825	2253	22764
四　川 Sichuan	170619	106826	699	6060	7875	92192
贵　州 Guizhou	178594	142677	1644	16067	16889	108077
云　南 Yunnan	298083	238147	3139	50893	36261	147854
西　藏 Tibet	30014	35898	4030	7021	4149	20698
陕　西 Shaanxi	49957	36252	113	478	386	35275
甘　肃 Gansu	80815	65168	334	1287	2793	60754
青　海 Qinghai	23509	24818	611	3185	3180	17842
宁　夏 Ningxia	23151	19139	18	3432	5860	9829
新　疆 Xinjiang	176562	213309	31	54	385	212839

学生数(乡村)
Primary Schools (Rural Area)

单位：人
unit：person

在校生数 Enrolment	#女 of Which: Female	一年级 Grade 1	二年级 Grade 2	三年级 Grade 3	四年级 Grade 4	五年级 Grade 5	六年级 Grade 6	预计毕业生数 Estimated Graduates for Next Year
20296822	**9691272**	**2881251**	**3253561**	**3457000**	**3628430**	**3619498**	**3457082**	**3495128**
54255	26018	9803	8587	9791	9237	9031	7806	7806
75876	36141	10147	11431	13260	14524	15702	10812	15726
1798132	852510	226635	257115	311703	332639	340344	329696	329696
253570	123301	30821	34203	43421	45153	48808	51164	51164
130823	61997	17355	22503	22227	22707	23304	22727	22727
174933	84436	19805	27115	28263	32599	34162	32989	32989
125226	60774	13749	16828	19515	23242	25053	26839	26839
75439	36294	8400	10785	12922	15084	16490	11758	17530
24428	11344	4849	5179	5015	4757	4628	0	4628
318886	150105	38254	44754	50538	57390	63018	64932	64932
346129	161187	52076	55309	56342	60682	63129	58591	58591
970034	460430	130061	147476	161440	171629	180040	179388	179388
530023	245219	79262	91297	92323	92592	91849	82700	82700
654565	312685	90376	100592	108581	116263	121612	117141	117142
1253295	573194	173325	208996	205790	217739	231898	215547	238244
2630601	1268459	370920	430379	451925	470477	467236	439664	439664
521500	241524	76894	82860	84816	89693	94249	92988	93016
803991	384297	112479	122113	128934	140077	151532	148856	148856
1513878	722056	239098	257556	261574	276354	258695	220601	220601
1632034	786041	241594	269854	276506	298316	274089	271675	271675
176027	82821	26632	28350	29064	31584	31279	29118	29118
205231	96882	25939	29358	31219	35928	39746	43041	43041
786114	381468	106868	118417	127328	139307	143471	150723	150723
972131	461678	142734	152660	162893	172595	171299	169950	169950
1655944	793654	238238	256657	285644	298188	293453	283764	283764
204134	100609	35905	35229	33843	33090	33606	32461	32461
267122	128732	36284	40232	44876	46724	49671	49335	49335
457759	225648	65209	73422	78304	81707	80537	78580	78586
156162	76175	24953	25786	25187	27116	28097	25023	25023
123780	60737	19169	20681	19564	21220	21320	21826	21826
1404800	684856	213417	267837	274192	249817	212150	187387	187387

小学女
Number of Female Students

地区 Region	毕业生数 Graduates	招生数 Entrants	招生中接受学前教育 of Which: Those Received the pre-school Education			
			未接受过 Not trained	一年 One Year	两年 Two Years	三年 Three Years
总　计 Total	**8097817**	**8056817**	**37536**	**335965**	**250234**	**7433082**
北　京 Beijing	63740	91768	1010	1289	1418	88051
天　津 Tianjin	55707	59500	2129	3272	2985	51114
河　北 Hebei	520927	440707	762	15639	10337	413969
山　西 Shanxi	183836	173425	27	1813	1759	169826
内蒙古 Inner Mongolia	107256	98090	37	764	2021	95268
辽　宁 Liaoning	147132	149038	2128	25128	13163	108619
吉　林 Jilin	97445	79886	140	15867	7965	55914
黑龙江 Heilongjiang	112037	81308	1290	22648	9270	48100
上　海 Shanghai	73506	88313	128	567	427	87191
江　苏 Jiangsu	429201	441831	40	51	415	441325
浙　江 Zhejiang	266290	310969	31	2406	747	307785
安　徽 Anhui	341742	355943	91	4324	4132	347396
福　建 Fujian	239554	268538	70	2385	2314	263769
江　西 Jiangxi	309086	262598	5274	11713	10304	235307
山　东 Shandong	567801	608817	3383	5464	7341	592629
河　南 Henan	775512	710207	73	21701	12601	675832
湖　北 Hubei	280238	294409	2291	11156	7840	273122
湖　南 Hunan	419214	388365	1015	17105	21025	349220
广　东 Guangdong	761866	817886	3198	54305	36117	724266
广　西 Guangxi	380580	381247	4689	47239	24546	304773
海　南 Hainan	61691	62824	725	1805	1314	58980
重　庆 Chongqing	163238	162735	79	2448	4439	155769
四　川 Sichuan	445862	427782	510	7049	10787	409436
贵　州 Guizhou	309027	284320	1691	12647	15290	254692
云　南 Yunnan	306493	284019	1756	31790	23215	227258
西　藏 Tibet	27862	32443	2589	5575	2385	21894
陕　西 Shaanxi	215599	231285	775	842	679	228989
甘　肃 Gansu	152778	154812	250	1030	2294	151238
青　海 Qinghai	39293	39336	910	2920	3209	32297
宁　夏 Ningxia	46686	49476	71	3796	7056	38553
新　疆 Xinjiang	196618	224940	374	1227	2839	220500

学生数
in Primary Schools

单位：人
unit：person

在校生数 Enrolment	一年级 Grade 1	二年级 Grade 2	三年级 Grade 3	四年级 Grade 4	五年级 Grade 5	六年级 Grade 6	预计毕业生数 Estimated Graduates for Next Year
50285671	**8059973**	**8359361**	**8478013**	**8712363**	**8707984**	**7967977**	**8225993**
522446	91768	89819	97277	87138	86159	70285	71206
364847	59503	59539	65147	62494	63124	55040	59212
3110486	440800	464681	548454	557460	567495	531596	531734
1111414	173544	171501	198830	192111	193345	182083	182083
664441	98127	117652	115799	117289	113414	102160	102986
942965	149041	156446	167684	161465	164344	143985	143985
535032	79888	81664	92148	94418	96603	90311	90311
532472	81308	86673	96339	102259	105721	60172	106654
436680	88331	89809	88774	86369	83397	0	83397
2731039	441833	455976	455522	466330	472987	438391	438391
1829271	310980	314478	306860	308333	308861	279759	281007
2172565	355926	356413	360718	365928	375563	358017	358017
1639232	268626	286780	280603	284543	277015	241665	241665
1756257	263511	276633	282968	300789	322249	310107	310107
3470554	609073	628860	592881	582808	591861	465071	585463
4637009	710213	766350	772811	802889	802446	782300	782300
1764478	294675	296472	286646	297244	304421	285020	285460
2443465	388376	393169	395864	417313	434905	413838	413838
5011765	817953	847020	817493	887679	859770	781850	781850
2407977	381763	401279	399370	432587	402273	390705	390705
394598	63034	65059	65316	68687	68550	63952	63952
972330	162766	164042	155725	163715	166192	159890	159890
2625849	427859	431587	424101	446760	456960	438582	438582
1821299	284377	288795	300321	318912	317393	311501	311501
1816894	284069	286809	309223	318776	317117	300900	300900
184435	32450	32065	31021	30178	29738	28983	28983
1417927	231367	232914	243926	241181	242537	226002	226002
967421	154845	158392	166846	166516	162760	158062	158062
251491	39451	41801	41218	43801	43991	41229	41229
292760	49508	49985	49006	49045	48293	46923	46923
1456272	225008	266698	269122	257346	228500	209598	209598

小学学校教职工数(总计)

Number of Educational Personnel in Primary Schools(Total)

单位：人
unit：person

地区 Region	教职工数 Educational Personnel	专任教师 Full-time Teachers	行政人员 Adm. Personnel	教辅人员 Supporting Staffs	工勤人员 Workers	其他 Others	校外教师 Part-time Teachers	外籍教师 Foreign Teachers
总　计 Total	**6246969**	**5818633**	**112733**	**120393**	**175358**	**19852**	**43010**	**503**
北　京 Beijing	66748	60484	2673	2707	830	54	438	9
天　津 Tianjin	49193	45071	2586	1042	446	48	345	5
河　北 Hebei	415381	392150	10169	4003	8992	67	929	0
山　西 Shanxi	170907	151545	3294	8516	6556	996	1627	3
内蒙古 Inner Mongolia	118247	98800	3994	10558	4313	582	443	0
辽　宁 Liaoning	128252	113849	10552	2919	620	312	142	2
吉　林 Jilin	102207	85956	6252	8840	1063	96	176	0
黑龙江 Heilongjiang	94450	81219	4306	6678	1890	357	765	0
上　海 Shanghai	56610	50228	2350	2227	1673	132	338	44
江　苏 Jiangsu	337619	316527	2744	7816	9618	914	1336	42
浙　江 Zhejiang	206552	197983	2401	2343	3646	179	373	47
安　徽 Anhui	241293	231019	3320	1783	4342	829	2091	7
福　建 Fujian	203779	195010	2360	2135	3226	1048	1706	16
江　西 Jiangxi	211322	205392	380	3648	1857	45	644	0
山　东 Shandong	410354	398486	3354	4543	3650	321	2328	20
河　南 Henan	582946	550161	9701	6671	15387	1026	8149	36
湖　北 Hubei	209136	195776	3440	2261	6515	1144	4023	44
湖　南 Hunan	270671	262739	2678	1255	3682	317	2860	0
广　东 Guangdong	516986	476162	12420	5944	20893	1567	829	183
广　西 Guangxi	319115	293349	2177	3130	16018	4441	1617	5
海　南 Hainan	51773	47383	473	366	2973	578	484	5
重　庆 Chongqing	137282	130163	2159	1369	3396	195	1447	5
四　川 Sichuan	307619	288929	4853	4481	7869	1487	4599	6
贵　州 Guizhou	232340	203487	3021	4564	21148	120	191	20
云　南 Yunnan	234259	220291	1978	1584	9040	1366	1363	4
西　藏 Tibet	25487	25056	249	123	59	0	574	0
陕　西 Shaanxi	182692	167313	5008	4148	5438	785	27	0
甘　肃 Gansu	139015	135319	588	1401	1514	193	142	0
青　海 Qinghai	28600	24947	117	158	3312	66	266	0
宁　夏 Ningxia	34293	33688	58	100	323	124	253	0
新　疆 Xinjiang	161841	140151	3078	13080	5069	463	2505	0

小学教职工数(城区)

Number of Educational Personnel in Primary Schools (Urban Area)

单位：人
unit：person

地区 Region	教职工数 Educational Personnel	专任教师 Full-time Teachers	行政人员 Adm. Personnel	教辅人员 Supporting Staffs	工勤人员 Workers	其他 Others	校外教师 Part-time Teachers	外籍教师 Foreign Teachers
总　计 Total	**2331673**	**2186075**	**41817**	**37856**	**60707**	**5218**	**17791**	**472**
北　京 Beijing	55774	51109	1934	2100	596	35	426	9
天　津 Tianjin	37211	33929	1953	950	337	42	334	5
河　北 Hebei	110377	104233	2059	1431	2642	12	164	0
山　西 Shanxi	64004	57654	1409	1817	2892	232	722	3
内蒙古 Inner Mongolia	37882	35149	1230	1043	337	123	298	0
辽　宁 Liaoning	75407	67866	5726	1272	362	181	86	2
吉　林 Jilin	39140	35048	1650	2137	305	0	50	0
黑龙江 Heilongjiang	41709	37806	1860	1316	637	90	395	0
上　海 Shanghai	49108	44044	1951	1823	1191	99	326	44
江　苏 Jiangsu	187540	176026	1409	4051	5619	435	916	39
浙　江 Zhejiang	117336	112186	1146	1342	2545	117	255	44
安　徽 Anhui	67556	66005	666	213	585	87	806	0
福　建 Fujian	83512	79758	896	881	1533	444	495	15
江　西 Jiangxi	60879	59479	117	778	499	6	191	0
山　东 Shandong	170240	165196	1552	1832	1575	85	525	19
河　南 Henan	136758	129721	1939	1552	3408	138	2273	33
湖　北 Hubei	89380	84752	1874	720	1824	210	2889	40
湖　南 Hunan	90466	88452	710	347	899	58	841	0
广　东 Guangdong	278911	252468	4824	4840	15782	997	636	179
广　西 Guangxi	82496	76187	590	1197	4061	461	337	0
海　南 Hainan	18123	16665	159	152	901	246	323	5
重　庆 Chongqing	65960	62849	806	803	1441	61	1196	5
四　川 Sichuan	106794	100467	1348	1350	3120	509	755	6
贵　州 Guizhou	55751	51520	456	408	3323	44	131	20
云　南 Yunnan	45899	44171	330	290	1007	101	38	4
西　藏 Tibet	4802	4668	51	45	38	0	66	0
陕　西 Shaanxi	78465	71863	2498	1477	2272	355	1	0
甘　肃 Gansu	28240	27689	150	122	271	8	5	0
青　海 Qinghai	7264	7106	23	12	100	23	59	0
宁　夏 Ningxia	13496	13333	12	24	110	17	56	0
新　疆 Xinjiang	31193	28676	489	1531	495	2	2196	0

小学教职工数(镇区)

Number of Educational Personnel in Primary Schools (Counties and Towns Area)

单位：人
unit: person

地区 Region	教职工数 Educational Personnel	专任教师 Full-time Teachers	行政人员 Adm. Personnel	教辅人员 Supporting Staffs	工勤人员 Workers	其他 Others	校外教师 Part-time Teachers	外籍教师 Foreign Teachers
总　计 Total	**2281580**	**2127058**	**38157**	**46488**	**63500**	**6377**	**13007**	**17**
北　京 Beijing	5740	5005	352	269	104	10	3	0
天　津 Tianjin	5000	4692	207	49	52	0	3	0
河　北 Hebei	158125	148717	3726	1600	4043	39	323	0
山　西 Shanxi	67443	60742	1073	3087	2155	386	340	0
内蒙古 Inner Mongolia	57772	46866	1822	6348	2454	282	89	0
辽　宁 Liaoning	32391	28224	2881	1000	186	100	26	0
吉　林 Jilin	35789	29947	2032	3309	463	38	19	0
黑龙江 Heilongjiang	39075	33106	1683	3253	920	113	225	0
上　海 Shanghai	5951	5017	320	275	307	32	9	0
江　苏 Jiangsu	127025	118816	1054	3374	3401	380	366	2
浙　江 Zhejiang	67426	64992	870	659	860	45	83	3
安　徽 Anhui	104542	99768	1607	827	2101	239	681	3
福　建 Fujian	79084	75644	1085	844	1136	375	870	1
江　西 Jiangxi	92535	90016	179	1567	755	18	171	0
山　东 Shandong	147900	143690	1024	1766	1317	103	1394	1
河　南 Henan	227183	212489	3830	2987	7422	455	3273	2
湖　北 Hubei	76152	71203	881	961	2666	441	576	0
湖　南 Hunan	121752	117544	1335	606	2131	136	1081	0
广　东 Guangdong	133024	125461	3714	718	2818	313	105	1
广　西 Guangxi	112241	103602	770	1306	5466	1097	462	4
海　南 Hainan	18327	16792	177	160	1017	181	96	0
重　庆 Chongqing	46569	44133	793	384	1210	49	146	0
四　川 Sichuan	142944	134893	2053	2112	3259	627	1970	0
贵　州 Guizhou	100211	88041	1369	2196	8580	25	28	0
云　南 Yunnan	70145	65765	663	605	2800	312	207	0
西　藏 Tibet	6679	6568	57	45	9	0	82	0
陕　西 Shaanxi	75863	70240	1512	1884	1985	242	20	0
甘　肃 Gansu	58987	57543	307	482	593	62	45	0
青　海 Qinghai	11189	9429	62	94	1585	19	87	0
宁　夏 Ningxia	11940	11617	25	57	169	72	148	0
新　疆 Xinjiang	42576	36496	694	3664	1536	186	79	0

小学教职工数(乡村)

Number of Educational Personnel in Primary Schools (Rural Area)

单位：人
unit：person

地区 Region	教职工数 Educational Personnel	专任教师 Full-time Teachers	行政人员 Adm. Personnel	教辅人员 Supporting Staffs	工勤人员 Workers	其他 Others	校外教师 Part-time Teachers	外籍教师 Foreign Teachers
总　计 Total	**1633716**	**1505500**	**32759**	**36049**	**51151**	**8257**	**12212**	**14**
北　京 Beijing	5234	4370	387	338	130	9	9	0
天　津 Tianjin	6982	6450	426	43	57	6	8	0
河　北 Hebei	146879	139200	4384	972	2307	16	442	0
山　西 Shanxi	39460	33149	812	3612	1509	378	565	0
内蒙古 Inner Mongolia	22593	16785	942	3167	1522	177	56	0
辽　宁 Liaoning	20454	17759	1945	647	72	31	30	0
吉　林 Jilin	27278	20961	2570	3394	295	58	107	0
黑龙江 Heilongjiang	13666	10307	763	2109	333	154	145	0
上　海 Shanghai	1551	1167	79	129	175	1	3	0
江　苏 Jiangsu	23054	21685	281	391	598	99	54	1
浙　江 Zhejiang	21790	20805	385	342	241	17	35	0
安　徽 Anhui	69195	65246	1047	743	1656	503	604	4
福　建 Fujian	41183	39608	379	410	557	229	341	0
江　西 Jiangxi	57908	55897	84	1303	603	21	282	0
山　东 Shandong	92214	89600	778	945	758	133	409	0
河　南 Henan	219005	207951	3932	2132	4557	433	2603	1
湖　北 Hubei	43604	39821	685	580	2025	493	558	4
湖　南 Hunan	58453	56743	633	302	652	123	938	0
广　东 Guangdong	105051	98233	3882	386	2293	257	88	3
广　西 Guangxi	124378	113560	817	627	6491	2883	818	1
海　南 Hainan	15323	13926	137	54	1055	151	65	0
重　庆 Chongqing	24753	23181	560	182	745	85	105	0
四　川 Sichuan	57881	53569	1452	1019	1490	351	1874	0
贵　州 Guizhou	76378	63926	1196	1960	9245	51	32	0
云　南 Yunnan	118215	110355	985	689	5233	953	1118	0
西　藏 Tibet	14006	13820	141	33	12	0	426	0
陕　西 Shaanxi	28364	25210	998	787	1181	188	6	0
甘　肃 Gansu	51788	50087	131	797	650	123	92	0
青　海 Qinghai	10147	8412	32	52	1627	24	120	0
宁　夏 Ningxia	8857	8738	21	19	44	35	49	0
新　疆 Xinjiang	88072	74979	1895	7885	3038	275	230	0

小学教职工总数中民办教职工数
Number of Educational Personnel in Non-Government Primary Schools

单位：人
unit: person

地区 Region	教职工数 Educational Personnel	专任教师 Full-time Teachers	行政人员 Adm. Personnel	教辅人员 Supporting Staffs	工勤人员 Workers	其他 Others	校外教师 Part-time Teachers	外籍教师 Foreign Teachers
总　计 Total	**257254**	**189741**	**10565**	**9654**	**46122**	**1172**	**871**	**378**
北　京 Beijing	1275	877	144	46	208	0	8	4
天　津 Tianjin	1290	1054	72	35	124	5	3	4
河　北 Hebei	32686	23998	1628	1221	5818	21	0	0
山　西 Shanxi	12298	8042	627	612	2969	48	14	2
内蒙古 Inner Mongolia	1098	799	80	59	158	2	4	0
辽　宁 Liaoning	1387	1075	110	124	68	10	5	2
吉　林 Jilin	1162	942	42	50	125	3	0	0
黑龙江 Heilongjiang	622	423	26	41	132	0	0	0
上　海 Shanghai	3721	3046	147	222	302	4	46	40
江　苏 Jiangsu	10860	8593	391	415	1435	26	25	34
浙　江 Zhejiang	7375	5528	190	366	1274	17	5	38
安　徽 Anhui	9470	6727	369	147	2164	63	14	3
福　建 Fujian	4695	3530	233	113	810	9	13	15
江　西 Jiangxi	1709	1439	79	91	98	2	0	0
山　东 Shandong	14094	11060	518	594	1879	43	5	19
河　南 Henan	62989	46472	2613	2306	11298	300	418	36
湖　北 Hubei	4173	2935	170	126	906	36	201	36
湖　南 Hunan	7430	5398	261	346	1391	34	2	0
广　东 Guangdong	45248	33609	1179	1545	8644	271	35	112
广　西 Guangxi	6663	4636	315	234	1405	73	8	0
海　南 Hainan	2586	1656	132	63	700	35	15	4
重　庆 Chongqing	1586	1137	98	30	308	13	5	3
四　川 Sichuan	6314	4334	209	295	1392	84	36	5
贵　州 Guizhou	3820	2564	193	198	865	0	0	20
云　南 Yunnan	2237	1830	113	26	268	0	9	1
西　藏 Tibet	0	0	0	0	0	0	0	0
陕　西 Shaanxi	9798	7558	596	303	1268	73	0	0
甘　肃 Gansu	144	106	8	0	30	0	0	0
青　海 Qinghai	44	38	2	0	4	0	0	0
宁　夏 Ningxia	444	313	18	41	72	0	0	0
新　疆 Xinjiang	36	22	2	5	7	0	0	0

小学女教职工数
Number of Female Educational Personnel in Primary Schools

单位：人
unit：person

地区 Region	教职工数 Educational Personnel	专任教师 Full-time Teachers	行政人员 Adm. Personnel	教辅人员 Supporting Staffs	工勤人员 Workers	其他 Others	校外教师 Part-time Teachers	外籍教师 Foreign Teachers
总　计 Total	**4471187**	**4253919**	**38676**	**68232**	**98391**	**11969**	**34696**	**187**
北　京 Beijing	52990	49203	1535	1959	263	30	334	5
天　津 Tianjin	38089	35798	1387	757	121	26	287	1
河　北 Hebei	334985	324543	3268	2328	4801	45	808	0
山　西 Shanxi	135640	125417	1277	4481	3887	578	1398	0
内蒙古 Inner Mongolia	84403	76801	1471	4633	1237	261	345	0
辽　宁 Liaoning	98916	90903	5626	2041	133	213	119	1
吉　林 Jilin	74784	67656	2318	4456	287	67	142	0
黑龙江 Heilongjiang	66680	60960	1946	3145	454	175	618	0
上　海 Shanghai	46742	42421	1620	1710	893	98	247	12
江　苏 Jiangsu	251335	239679	873	4213	6090	480	989	16
浙　江 Zhejiang	157495	152916	651	1454	2363	111	271	23
安　徽 Anhui	158021	153921	563	764	2327	446	1513	3
福　建 Fujian	152252	148101	678	1374	1551	548	1408	10
江　西 Jiangxi	152640	148965	134	2642	876	23	485	0
山　东 Shandong	283541	278683	971	2019	1659	209	2041	7
河　南 Henan	447567	430347	3031	4549	9003	637	7035	15
湖　北 Hubei	144543	137922	1169	1136	3692	624	3246	8
湖　南 Hunan	200165	196513	825	778	1874	175	2491	0
广　东 Guangdong	376443	356931	2775	4478	11396	863	668	68
广　西 Guangxi	228550	212837	685	2023	9993	3012	1241	5
海　南 Hainan	31540	29610	126	242	1303	259	387	2
重　庆 Chongqing	90181	86663	453	1019	1919	127	1065	0
四　川 Sichuan	207293	198247	995	2897	4054	1100	3456	2
贵　州 Guizhou	137781	120114	529	1612	15484	42	147	6
云　南 Yunnan	138914	131120	409	675	5807	903	996	3
西　藏 Tibet	14613	14475	46	70	22	0	296	0
陕　西 Shaanxi	135449	128620	1874	2295	2188	472	21	0
甘　肃 Gansu	79375	78174	82	663	356	100	90	0
青　海 Qinghai	18114	15858	31	69	2115	41	156	0
宁　夏 Ningxia	24267	23934	13	77	178	65	221	0
新　疆 Xinjiang	107879	96587	1315	7673	2065	239	2175	0

小学教育专任教师分学历、

Number of Full-timeTeacher in Primary Schools by

地区 Region	合计 Total	#女 of Which: Female	按学历分 By Educational Background			
			博士研究生 Doctor's Degree	硕士研究生 Master's Degree	本科毕业 Under-graduate	专科毕业 Associate Bachelor
总　计 Total	**6629421**	**4859779**	**333**	**141868**	**4798398**	**1615601**
北　京 Beijing	76699	62581	67	9853	63787	2934
天　津 Tianjin	49450	39460	4	4215	39540	5400
河　北 Hebei	408243	336581	7	4722	276332	124290
山　西 Shanxi	167962	139088	0	2326	121717	42246
内蒙古 Inner Mongolia	109852	85177	0	2606	86003	20784
辽　宁 Liaoning	140268	111085	6	5579	96348	37305
吉　林 Jilin	101527	79564	13	3090	78242	19045
黑龙江 Heilongjiang	99354	74142	1	1499	64522	31328
上　海 Shanghai	65407	54882	18	7073	52045	6135
江　苏 Jiangsu	362408	274945	12	14086	330472	17463
浙　江 Zhejiang	232205	180010	13	8429	202576	20860
安　徽 Anhui	269668	179962	3	2873	188136	76671
福　建 Fujian	204204	154169	9	2226	138141	58780
江　西 Jiangxi	242473	178200	5	859	152873	84808
山　东 Shandong	467563	331625	5	14043	398418	51647
河　南 Henan	607249	477958	29	6085	417123	176917
湖　北 Hubei	222126	156976	13	5628	143336	69407
湖　南 Hunan	313275	233879	27	3950	227095	79470
广　东 Guangdong	602033	455318	60	19000	472858	106531
广　西 Guangxi	297824	215083	1	1241	175281	113527
海　南 Hainan	57673	37121	14	550	29668	25307
重　庆 Chongqing	134050	88301	7	3551	90833	38528
四　川 Sichuan	349535	236502	6	6875	215574	123595
贵　州 Guizhou	215230	127740	2	814	155390	55373
云　南 Yunnan	232483	139435	2	1457	161979	63949
西　藏 Tibet	25409	14686	0	85	15922	9177
陕　西 Shaanxi	187963	144232	2	6388	148657	32211
甘　肃 Gansu	151868	87546	4	1407	113309	34291
青　海 Qinghai	29732	18847	1	296	20331	8694
宁　夏 Ningxia	35926	25334	0	404	25998	9166
新　疆 Xinjiang	169762	119350	2	658	95892	69762

分专业技术职务情况(总计)

Academic Qualifications and Professional Rank (Total)

单位：人
unit：person

高中阶段毕业 High School Graduate	高中阶段毕业以下 Below High School Graduate	按专业技术职务分 By Professional Rank 正高级 Senior	副高级 Sub-Senior	中 级 Middle	助理级 Associate	员 级 Junior	未定职级 No-Ranking
72341	**880**	**3610**	**737242**	**2679052**	**1987049**	**185046**	**1037422**
58	0	87	8805	31844	27735	824	7404
274	17	25	5581	28302	11350	356	3836
2847	45	142	39183	155422	129952	12636	70908
1665	8	38	3829	61686	66646	3080	32683
455	4	43	20641	45060	27114	2239	14755
1004	26	67	44876	61155	15184	5609	13377
1124	13	89	23437	43761	21571	2018	10651
1966	38	56	22695	42986	26028	1297	6292
136	0	47	2412	29339	27323	1133	5153
374	1	284	29100	165780	107534	5662	54048
312	15	154	17472	113073	78244	2331	20931
1985	0	79	28797	112457	78273	10051	40011
4992	56	114	8262	90700	58549	5398	41181
3822	106	127	14449	94820	79555	14622	38900
3428	22	513	57751	169800	163643	7407	68449
7090	5	69	50889	221231	197178	17496	120386
3688	54	100	13592	103383	61806	10265	32980
2706	27	88	28528	124182	96239	15686	48552
3549	35	196	32944	267363	130482	18084	152964
7754	20	61	41929	117636	79340	9014	49844
2094	40	43	4102	19708	20716	1383	11721
1117	14	63	11158	59457	50007	763	12602
3481	4	174	54264	128304	118993	8721	39079
3499	152	58	17947	106433	59346	3368	28078
4971	125	60	85677	82780	47989	3072	12905
223	2	6	4234	9193	8443	2422	1111
691	14	44	10450	68920	66885	4075	37589
2852	5	678	25842	56074	54195	1354	13725
389	21	13	5638	11676	6424	627	5354
357	1	22	6755	13998	11082	364	3705
3438	10	70	16003	42529	59223	13689	38248

小学教育专任教师分学历、
Number of Full-timeTeacher in Primary Schools by

地区 Region	合计 Total	#女 of Which: Female	按学历分 By Educational Background			
			博士研究生 Doctor's Degree	硕士研究生 Master's Degree	本科毕业 Under-graduate	专科毕业 Associate Bachelor
总　计 Total	**2629557**	**2139561**	**247**	**116063**	**2100231**	**403129**
北　京 Beijing	65137	54235	66	8709	53980	2334
天　津 Tianjin	37834	31656	4	4010	29783	3792
河　北 Hebei	115126	100701	6	2749	89244	22790
山　西 Shanxi	66189	57962	0	1469	50065	14247
内蒙古 Inner Mongolia	39144	32507	0	1720	32294	5055
辽　宁 Liaoning	78481	65762	5	5020	57997	15110
吉　林 Jilin	39935	33981	9	1729	32611	5426
黑龙江 Heilongjiang	43249	35262	1	1300	30980	10469
上　海 Shanghai	56528	48357	16	6184	45305	4927
江　苏 Jiangsu	202718	164276	9	11867	182601	8090
浙　江 Zhejiang	135765	108990	13	6906	117888	10838
安　徽 Anhui	79163	60791	3	1888	60860	16118
福　建 Fujian	87828	72944	7	1930	68515	16709
江　西 Jiangxi	75325	61103	1	652	54017	20315
山　东 Shandong	202886	159106	4	9915	179259	13300
河　南 Henan	154155	132100	4	3722	118163	31203
湖　北 Hubei	102117	80856	9	5092	73426	22717
湖　南 Hunan	102963	85118	17	2958	79895	19846
广　东 Guangdong	356385	287136	58	17702	291677	46255
广　西 Guangxi	83872	70532	0	1054	63263	18808
海　南 Hainan	21420	16846	3	329	13901	6963
重　庆 Chongqing	65495	49396	2	3283	50387	11661
四　川 Sichuan	126771	99660	4	6329	95034	25059
贵　州 Guizhou	57571	43981	0	636	44098	12461
云　南 Yunnan	50379	38753	2	1143	40427	8486
西　藏 Tibet	4832	3323	0	49	3401	1353
陕　西 Shaanxi	82458	68644	2	5752	67005	9594
甘　肃 Gansu	33277	24631	2	1021	25832	6225
青　海 Qinghai	8624	6753	0	146	6749	1678
宁　夏 Ningxia	13759	11260	0	305	11178	2229
新　疆 Xinjiang	40171	32939	0	494	30396	9071

分专业技术职务情况(城区)

Academic Qualifications and Professional Rank (Urban Area)

单位：人
unit: person

高中阶段毕业 High School Graduate	高中阶段毕业以下 Below High School Graduate	按专业技术职务分 By Professional Rank 正高级 Senior	副高级 Sub-Senior	中级 Middle	助理级 Associate	员级 Junior	未定职级 No-Ranking
9776	**111**	**1925**	**213732**	**1059266**	**814825**	**54526**	**485283**
48	0	77	7493	26763	23774	724	6306
230	15	19	4057	21471	9072	292	2923
330	7	74	7118	45496	38390	2791	21257
405	3	19	1308	22989	23758	905	17210
75	0	23	7560	15048	9939	691	5883
340	9	43	15300	41631	8486	2583	10438
159	1	52	7505	19480	8408	576	3914
491	8	34	8715	20191	11086	566	2657
96	0	42	2152	25342	23847	780	4365
151	0	216	14733	87931	63920	2434	33484
119	1	125	10708	64725	45529	1276	13402
294	0	45	5453	33114	24558	2573	13420
659	8	84	3887	34286	25811	2134	21626
328	12	65	4146	33308	25173	2754	9879
407	1	220	18628	74137	72449	1752	35700
1063	0	50	10639	55510	56067	3739	28150
865	8	49	5027	45715	29731	3949	17646
246	1	46	6504	41542	32165	3076	19630
678	15	149	17882	132875	83133	10360	111986
747	0	42	4103	32845	27001	2248	17633
221	3	25	1206	5654	7721	641	6173
159	3	44	4754	26855	24444	278	9120
345	0	106	12534	42893	46799	2834	21605
367	9	28	3261	24657	17035	842	11748
319	2	15	11678	19034	13008	397	6247
29	0	3	1028	2144	1265	275	117
100	5	29	3570	28069	28793	1541	20456
197	0	146	5119	13657	11570	154	2631
51	0	4	940	3459	2325	129	1767
47	0	9	1588	5646	4729	196	1591
210	0	42	5136	12799	14839	1036	6319

小学教育专任教师分学历、
Number of Full-timeTeacher in Primary Schools by

地区 Region	合计 Total	#女 of Which: Female	按学历分 By Educational Background			
			博士研究生 Doctor's Degree	硕士研究生 Master's Degree	本科毕业 Under- graduate	专科毕业 Associate Bachelor
总　计 Total	**2423093**	**1765336**	**50**	**18476**	**1715783**	**663175**
北　京 Beijing	6407	4598	1	749	5353	296
天　津 Tianjin	4994	3536	0	119	4215	641
河　北 Hebei	161018	135583	0	1316	106906	51791
山　西 Shanxi	67588	56917	0	468	48429	17998
内蒙古 Inner Mongolia	52386	40321	0	665	40120	11347
辽　宁 Liaoning	39401	29514	0	338	24828	13828
吉　林 Jilin	36601	28369	3	1203	28131	6809
黑龙江 Heilongjiang	40788	29484	0	154	25145	14632
上　海 Shanghai	7106	5179	2	564	5458	1046
江　苏 Jiangsu	136657	96322	3	1948	126972	7547
浙　江 Zhejiang	72369	54040	0	1135	63779	7319
安　徽 Anhui	118343	80048	0	748	82232	34619
福　建 Fujian	77504	57253	2	195	48082	27107
江　西 Jiangxi	106111	79873	2	161	67208	37180
山　东 Shandong	170099	120065	0	3217	144745	20865
河　南 Henan	245596	202797	12	1427	168289	73553
湖　北 Hubei	79168	53843	1	359	48624	28780
湖　南 Hunan	143038	106665	8	810	102656	38319
广　东 Guangdong	144064	104973	0	776	109161	33004
广　西 Guangxi	105381	79090	1	126	62342	41003
海　南 Hainan	19785	12038	9	138	9524	9314
重　庆 Chongqing	45370	27720	0	201	27187	17435
四　川 Sichuan	157355	101746	1	432	88224	66999
贵　州 Guizhou	93237	55962	2	116	67855	23902
云　南 Yunnan	69139	44235	0	148	47270	20439
西　藏 Tibet	6568	3931	0	11	4119	2347
陕　西 Shaanxi	78401	58743	0	440	62189	15376
甘　肃 Gansu	65834	40295	2	263	51069	13687
青　海 Qinghai	11202	7402	1	85	7636	3371
宁　夏 Ningxia	12434	9167	0	71	8919	3338
新　疆 Xinjiang	49149	35627	0	93	29116	19283

分专业技术职务情况(镇区)

Academic Qualifications and Professional Rank (County and Town Area)

单位：人
unit: person

高中阶段毕业 High School Graduate	高中阶段毕业以下 Below High School Graduate	按专业技术职务分 By Professional Rank 正高级 Senior	副高级 Sub-Senior	中 级 Middle	助理级 Associate	员 级 Junior	未定职级 No-Ranking
25388	**221**	**1178**	**302522**	**1008503**	**714770**	**68308**	**327812**
8	0	6	765	2697	2239	77	623
19	0	5	672	2869	956	13	479
998	7	32	14609	61051	52259	4629	28438
692	1	18	1697	26340	28511	1257	9765
251	3	16	10151	22909	12226	960	6124
394	13	20	19282	13045	3961	1566	1527
447	8	27	8306	15187	8165	925	3991
847	10	18	9813	17258	10855	454	2390
36	0	5	210	3265	2722	339	565
186	1	64	12915	66062	36930	2736	17950
134	2	24	5534	36817	23473	845	5676
744	0	28	14036	50340	31965	4282	17692
2103	15	26	3273	38017	21963	1902	12323
1537	23	43	6318	42415	35208	6053	16074
1259	13	200	23195	60210	58638	3499	24357
2314	1	14	20042	85775	78546	6776	54443
1389	15	29	5537	39546	21081	3882	9093
1226	19	40	14179	58560	43901	7745	18613
1116	7	26	9693	77398	27387	4070	25490
1907	2	16	16843	41750	27229	3520	16023
797	3	14	1893	7548	6884	433	3013
544	3	14	4273	21753	17140	241	1949
1697	2	60	29596	61534	51953	3533	10679
1325	37	16	9178	48489	25067	1341	9146
1266	16	9	30439	27163	9171	441	1916
91	0	1	1276	2594	1990	434	273
390	6	11	5469	30663	28259	1759	12240
812	1	364	11957	24323	24587	483	4120
98	11	2	2110	4923	2435	238	1494
105	1	11	2528	5022	3472	75	1326
656	1	19	6733	12980	15597	3800	10020

小学教育专任教师分学历、
Number of Full-timeTeacher in Primary Schools by

地区 Region	合计 Total	#女 of Which: Female	按学历分 By Educational Background			
			博士研究生 Doctor's Degree	硕士研究生 Master's Degree	本科毕业 Under-graduate	专科毕业 Associate Bachelor
总　计 Total	**1576771**	**954882**	**36**	**7329**	**982384**	**549297**
北　京 Beijing	5155	3748	0	395	4454	304
天　津 Tianjin	6622	4268	0	86	5542	967
河　北 Hebei	132099	100297	1	657	80182	49709
山　西 Shanxi	34185	24209	0	389	23223	10001
内蒙古 Inner Mongolia	18322	12349	0	221	13589	4382
辽　宁 Liaoning	22386	15809	1	221	13523	8367
吉　林 Jilin	24991	17214	1	158	17500	6810
黑龙江 Heilongjiang	15317	9396	0	45	8397	6227
上　海 Shanghai	1773	1346	0	325	1282	162
江　苏 Jiangsu	23033	14347	0	271	20899	1826
浙　江 Zhejiang	24071	16980	0	388	20909	2703
安　徽 Anhui	72162	39123	0	237	45044	25934
福　建 Fujian	38872	23972	0	101	21544	14964
江　西 Jiangxi	61037	37224	2	46	31648	27313
山　东 Shandong	94578	52454	1	911	74414	17482
河　南 Henan	207498	143061	13	936	130671	72161
湖　北 Hubei	40841	22277	3	177	21286	17910
湖　南 Hunan	67274	42096	2	182	44544	21305
广　东 Guangdong	101584	63209	2	522	72020	27272
广　西 Guangxi	108571	65461	0	61	49676	53716
海　南 Hainan	16468	8237	2	83	6243	9030
重　庆 Chongqing	23185	11185	5	67	13259	9432
四　川 Sichuan	65409	35096	1	114	32316	31537
贵　州 Guizhou	64422	27797	0	62	43437	19010
云　南 Yunnan	112965	56447	0	166	74282	35024
西　藏 Tibet	14009	7432	0	25	8402	5477
陕　西 Shaanxi	27104	16845	0	196	19463	7241
甘　肃 Gansu	52757	22620	0	123	36408	14379
青　海 Qinghai	9906	4692	0	65	5946	3645
宁　夏 Ningxia	9733	4907	0	28	5901	3599
新　疆 Xinjiang	80442	50784	2	71	36380	41408

分专业技术职务情况(乡村)

Academic Qualifications and Professional Rank (Rural Area)

单位：人
unit: person

高中阶段毕业 High School Graduate	高中阶段毕业以下 Below High School Graduate	按专业技术职务分 By Professional Rank					
		正高级 Senior	副高级 Sub-Senior	中级 Middle	助理级 Associate	员级 Junior	未定职级 No-Ranking
37177	**548**	**507**	**220988**	**611283**	**457454**	**62212**	**224327**
2	0	4	547	2384	1722	23	475
25	2	1	852	3962	1322	51	434
1519	31	36	17456	48875	39303	5216	21213
568	4	1	824	12357	14377	918	5708
129	1	4	2930	7103	4949	588	2748
270	4	4	10294	6479	2737	1460	1412
518	4	10	7626	9094	4998	517	2746
628	20	4	4167	5537	4087	277	1245
4	0	0	50	732	754	14	223
37	0	4	1452	11787	6684	492	2614
59	12	5	1230	11531	9242	210	1853
947	0	6	9308	29003	21750	3196	8899
2230	33	4	1102	18397	10775	1362	7232
1957	71	19	3985	19097	19174	5815	12947
1762	8	93	15928	35453	32556	2156	8392
3713	4	5	20208	79946	62565	6981	37793
1434	31	22	3028	18122	10994	2434	6241
1234	7	2	7845	24080	20173	4865	10309
1755	13	21	5369	57090	19962	3654	15488
5100	18	3	20983	43041	25110	3246	16188
1076	34	4	1003	6506	6111	309	2535
414	8	5	2131	10849	8423	244	1533
1439	2	8	12134	23877	20241	2354	6795
1807	106	14	5508	33287	17244	1185	7184
3386	107	36	43560	36583	25810	2234	4742
103	2	2	1930	4455	5188	1713	721
201	3	4	1411	10188	9833	775	4893
1843	4	168	8766	18094	18038	717	6974
240	10	7	2588	3294	1664	260	2093
205	0	2	2639	3330	2881	93	788
2572	9	9	4134	16750	28787	8853	21909

小学学校
Condition of School Buildings

地区 Region	校舍建筑面积 Floor Space	教学及辅助用房 Buildings for Instruction and Ancillary Uses	教室 Classroom	专用教室 Professional Classroom	公共教学用房 Public Teaching Space	图书阅览室 Library	室内体育用房 Gymnasium	心理辅导室 Psychological Counseling Room
总　计 Total	**889617971.54**	**486639810.79**	**325606574.28**	**68662563.68**	**92370672.83**	**24949682.62**	**20978120.79**	**4943274.98**
北　京 Beijing	8187149.68	4664316.51	2293540.45	969876.25	1400899.81	196902.65	292419.71	51697.67
天　津 Tianjin	5527061.01	3438730.54	2311364.38	441241.93	686124.23	151198.12	204570.92	43746.69
河　北 Hebei	50097900.92	30053310.96	21680430.59	4203551.12	4169329.25	1594184.87	459607.26	211723.89
山　西 Shanxi	19413081.02	9109152.80	5563461.36	1548848.71	1996842.73	495855.78	209633.79	94104.99
内蒙古 Inner Mongolia	14363850.93	7435447.90	3822717.95	1748697.12	1864032.83	326131.07	633783.22	96536.66
辽　宁 Liaoning	13482994.22	7718109.52	4792252.86	1286750.80	1639105.86	350188.47	368607.97	79683.41
吉　林 Jilin	9789609.48	5356994.83	3664620.12	752346.32	940028.39	298269.27	127656.79	46396.19
黑龙江 Heilongjiang	8624335.53	4956240.07	3302533.89	747128.20	906577.98	177348.33	249751.20	45691.71
上　海 Shanghai	7009562.86	4342700.62	2059146.98	891966.72	1391586.92	263187.34	534602.81	54880.76
江　苏 Jiangsu	54118345.00	32724405.89	19004230.76	5764338.99	7955836.14	1919212.01	2963203.16	342179.53
浙　江 Zhejiang	42415203.39	22481898.27	12527025.39	3798086.63	6156786.25	1131027.46	2393271.02	256021.87
安　徽 Anhui	35222274.21	21712889.87	15806902.85	2293460.04	3612526.98	1148361.18	728507.07	314192.83
福　建 Fujian	29264934.06	16003848.65	9887498.17	2331130.22	3785220.26	871452.08	886688.70	177443.63
江　西 Jiangxi	32192626.67	18553736.79	13230276.15	2124632.99	3198827.65	1088057.88	487327.64	187911.45
山　东 Shandong	60009178.28	34264586.02	20684376.26	6061166.82	7519042.94	1882752.82	1281188.28	472192.84
河　南 Henan	77254322.43	41564832.83	32382929.22	3988170.17	5193733.44	2043465.78	590289.51	323181.38
湖　北 Hubei	32797499.28	16395724.72	11793441.32	1904002.39	2698281.01	824085.18	485696.35	174374.25
湖　南 Hunan	44418971.27	23377474.77	16278918.45	2660059.20	4438497.12	1109426.33	1432603.07	197007.27
广　东 Guangdong	79163087.55	44266776.41	29031703.13	5582222.04	9652851.24	2108089.86	2728486.19	559409.15
广　西 Guangxi	44114057.82	26279691.67	20588067.57	2426524.68	3265099.42	1147087.24	585439.89	184459.94
海　南 Hainan	6811455.58	3563941.30	2715911.03	378879.63	469150.64	166359.10	67198.53	24212.26
重　庆 Chongqing	22532468.77	11866851.49	7467336.99	1812701.97	2586812.53	437976.62	580606.27	81597.53
四　川 Sichuan	43075559.93	23202132.72	16990946.22	2817693.30	3393493.20	1112051.42	630721.56	185982.67
贵　州 Guizhou	31746137.71	14368735.67	10146941.63	1846737.20	2375056.84	732696.59	290891.87	128609.75
云　南 Yunnan	37944144.83	18127917.91	12225544.81	2804985.21	3097387.89	1087546.04	332590.69	145656.10
西　藏 Tibet	6070220.13	2112546.06	1316208.37	305176.44	491161.25	74586.85	218039.38	8544.38
陕　西 Shaanxi	25224988.67	12296437.15	7343220.84	2133506.39	2819709.92	745349.57	416454.08	154245.43
甘　肃 Gansu	16499719.27	8786347.59	6068623.95	1266549.66	1451173.98	528991.10	119100.53	135435.26
青　海 Qinghai	5229811.40	2439007.44	1410733.33	493516.64	534757.47	151083.87	242286.74	15572.34
宁　夏 Ningxia	5321664.36	3082184.36	1796722.65	709263.43	576198.28	145448.00	94910.63	30871.48
新　疆 Xinjiang	21695755.28	12092839.46	7418946.61	2569352.47	2104540.38	641309.74	341985.96	119711.67

校舍情况(总计)
in Primary Schools (Total)

单位：平方米
unit：m^2

其他 Others	行政办公用房 Administrative	教师办公室 for Teachers	其他 Others	生活用房 Residential and Welfare	教工值班宿舍 Dormitories for Faculty	教师周转宿舍 Accommodation for Circulation of Teachers	学生宿舍 Students' Dormitories	学生餐厅 Students' Canteen	厕所 Toilets	其他 Others	其他用房 Rooms for Other Purposes
41499594.44	**74616452.22**	**49187822.87**	**25428629.35**	**237226423.81**	**22039538.50**	**32841599.15**	**46904395.91**	**48180615.19**	**38524530.32**	**48735744.74**	**91135284.72**
859879.78	1144603.68	513525.00	631078.68	2249334.41	71820.99	45842.10	88892.54	244320.90	397411.35	1401046.53	128895.08
286608.50	699545.16	458925.66	240619.50	895813.38	26702.03	16906.03	2449.42	120053.51	321977.65	407724.74	492971.93
1903813.23	3836893.95	2750836.70	1086057.25	11023972.59	825062.63	472878.17	3288971.65	1832713.13	2194858.65	2409488.36	5183723.42
1197248.17	2004108.51	1402795.20	601313.31	5202879.64	618437.03	249983.25	1609049.09	828640.85	828026.75	1068742.67	3096940.07
807581.88	1425410.62	920872.20	504538.42	4196982.74	94094.82	333506.13	1552468.77	733724.83	698009.58	785178.61	1306009.67
840626.01	1616372.34	862641.86	753730.48	4141839.36	39729.93	62628.34	204715.57	764237.12	614112.27	2456416.13	6673.00
467706.14	1004056.04	649042.12	355013.92	1925221.63	26387.23	52458.80	156945.74	375766.52	465868.19	847795.15	1503336.98
433786.74	913823.13	600032.88	313790.25	1675663.01	26050.55	50355.52	235358.41	236524.74	391649.27	735724.52	1078609.32
538916.01	886509.02	431779.39	454729.63	1254647.24	2631.16	2124.06	2859.22	290889.52	338605.87	617537.41	525705.98
2731241.44	5097913.63	2738405.61	2359508.02	11070146.23	382523.84	476934.76	465828.34	3834164.82	2132548.73	3778145.74	5225879.25
2376465.90	3397292.67	1916496.91	1480795.76	10469038.38	764123.45	823732.10	763395.26	3519202.21	1649936.28	2948649.08	6066974.07
1421465.90	2950747.63	2024129.82	926617.81	6638319.16	600873.13	927199.93	691412.03	1735639.72	1440530.44	1242663.91	3920317.55
1849635.85	2122491.05	1279982.56	842508.49	6101776.48	160097.08	1529691.35	556845.83	493594.35	1344529.36	2017018.51	5036817.88
1435530.68	2863507.10	1961174.72	902332.38	7838970.97	625287.64	1989077.54	959408.12	1563588.54	1499655.10	1201954.03	2936411.81
3882909.00	5422794.59	3523617.94	1899176.65	12318744.55	490963.22	646040.76	996221.66	3059103.02	3154626.36	3971789.53	8003053.12
2236796.77	7825659.00	5824376.73	2001282.27	20903165.41	2008242.93	1695333.87	5655531.81	4615877.11	3944947.32	2983232.37	6960665.19
1214125.23	2509164.94	1647011.48	862153.46	10762719.79	1717616.80	1815048.60	1961113.61	2239430.91	1150981.36	1878528.51	3129889.83
1699460.45	3333105.76	2465135.22	867970.54	13135409.34	2011318.39	2247495.83	2033940.29	3227406.75	1671933.99	1943314.09	4572981.40
4256866.04	5644957.75	3834514.14	1810443.61	18429522.90	3666109.94	3304839.13	2367867.15	1675890.95	3192109.10	4222706.63	10821830.49
1348112.35	2343875.71	1834048.78	509826.93	12958718.43	1661053.26	2657239.96	3325746.16	2133752.07	1769381.07	1411545.91	2531772.01
211380.75	463749.12	331388.51	132360.61	2298962.77	454211.15	752545.22	476750.57	174197.82	245734.35	195523.66	484802.39
1486632.11	1838832.56	1131705.02	707127.54	5834523.61	589408.98	1212080.57	715678.76	1453308.98	806799.90	1057246.42	2992261.11
1464737.55	2836984.34	1919221.31	917763.03	13566687.66	921680.83	2915702.16	3232983.97	2893358.07	1646718.43	1956244.20	3469755.21
1222858.63	2411663.40	1521944.09	889719.31	11928212.72	665317.90	2620152.35	3799647.93	2221166.91	1399914.06	1222013.57	3037525.92
1531595.06	2254975.73	1554108.24	700867.49	15936996.88	1805467.93	1950143.07	5568130.06	3287132.86	1491340.92	1834782.04	1624254.31
189990.64	376854.08	279510.26	97343.82	3455411.72	57764.34	1239509.56	1200418.08	584365.23	124613.69	248740.82	125408.27
1503660.84	2431040.58	1710178.25	720862.33	6744464.47	906294.15	606919.35	1126886.38	1391978.47	1206120.09	1506266.03	3753046.47
667647.09	1883088.57	1394769.64	488318.93	4187162.25	583561.97	565221.46	527779.94	694056.65	931057.63	885484.60	1643120.86
125814.52	418161.37	258359.66	159801.71	2099910.61	34809.38	343591.49	729008.77	332004.88	237190.03	423306.06	272731.98
304968.17	508121.72	311554.76	196566.96	1080966.86	86274.46	168088.75	82185.65	226489.92	311798.25	206129.83	650391.42
1001533.01	2150148.47	1135738.21	1014410.26	6900238.62	115621.36	1068328.94	2525905.13	1398033.83	921544.28	870805.08	552528.73

小学学校
Condition of School Buildings

地区 Region	校舍建筑面积 Floor Space	教学及辅助用房 Buildings for Instruction and Ancillary Uses	教室 Classroom	专用教室 Professional Classroom	公共教学用房 Public Teaching Space	图书阅览室 Library	室内体育用房 Gymnasium	心理辅导室 Psychological Counseling Room
总　计 Total	**313926578.47**	**183044127.49**	**111110235.56**	**28228200.14**	**43705691.79**	**8367195.42**	**13780586.58**	**1638534.29**
北　京 Beijing	6589331.29	3870430.85	1908606.49	782922.04	1178902.32	156440.37	247335.25	39838.50
天　津 Tianjin	3984872.70	2477545.98	1603637.02	312004.61	561904.35	106515.90	192039.04	28770.84
河　北 Hebei	11333186.00	7234357.74	5195513.03	939502.40	1099342.31	314725.56	199035.02	40968.92
山　西 Shanxi	7035844.39	3559246.11	2196387.71	620250.47	742607.93	171586.48	124728.31	31340.80
内蒙古 Inner Mongolia	4489251.11	2835929.21	1420453.05	694717.81	720758.35	109586.06	238658.02	34545.06
辽　宁 Liaoning	8027616.48	4739599.26	2798857.88	794351.63	1146389.75	196850.98	303056.66	44803.35
吉　林 Jilin	3470464.26	2187103.73	1476556.77	291241.06	419305.90	107072.03	86104.54	15953.29
黑龙江 Heilongjiang	3897183.41	2459163.34	1569358.20	378341.75	511463.39	78863.75	176487.77	19880.60
上　海 Shanghai	5908015.77	3741396.27	1783932.94	759475.19	1197988.14	219565.04	466966.32	46879.40
江　苏 Jiangsu	32245408.10	18929691.78	10231699.67	3383399.00	5314593.11	1116197.10	2207089.37	170513.63
浙　江 Zhejiang	24459602.13	13153449.16	6924674.12	2279747.84	3949027.20	658283.21	1611301.87	139241.42
安　徽 Anhui	9736754.71	6180481.02	4318031.74	661970.69	1200478.59	277583.33	409368.94	60404.08
福　建 Fujian	11195406.23	6445012.70	3517742.35	1045267.90	1882002.45	339541.58	542079.62	67064.29
江　西 Jiangxi	8073744.16	4995756.58	3352682.94	599794.14	1043279.50	231790.17	238149.55	37879.37
山　东 Shandong	24750689.58	14275529.81	7908645.65	2697606.97	3669277.19	692474.79	861363.01	134253.19
河　南 Henan	15072321.46	8497114.87	6407699.49	847906.63	1241508.75	330125.83	234986.96	71780.61
湖　北 Hubei	11435487.13	6591772.11	4529801.55	839543.27	1222427.29	282910.67	297623.46	60534.27
湖　南 Hunan	12889579.48	7517120.52	4575479.66	888557.91	2053082.95	282472.60	991798.60	55625.64
广　东 Guangdong	40643499.53	23172269.99	13864687.66	3214961.55	6092620.78	981719.53	2011142.53	237750.88
广　西 Guangxi	9100991.54	5814635.18	4151321.25	646168.90	1017145.03	228885.83	325916.85	42668.83
海　南 Hainan	1888199.18	1115381.65	852810.12	112800.82	149770.71	36859.98	29146.68	6319.96
重　庆 Chongqing	10788882.10	6309573.99	3629502.88	998895.54	1681175.57	204553.56	517399.94	38733.25
四　川 Sichuan	13685653.95	8380088.54	5553849.82	1244581.49	1581657.23	380619.10	477430.95	60281.97
贵　州 Guizhou	6556051.44	3449935.17	2288159.49	497015.78	664759.90	151992.22	155167.35	25039.33
云　南 Yunnan	5846073.40	3432365.96	2121299.07	584775.39	726291.50	155045.82	166673.31	19892.16
西　藏 Tibet	863836.43	374967.43	263657.56	46057.65	65252.22	10326.88	17136.79	1995.35
陕　西 Shaanxi	10309984.38	5214762.45	2982532.89	920777.06	1311452.50	265876.91	303747.54	46375.57
甘　肃 Gansu	2879637.01	1699013.15	1146593.49	234504.29	317915.37	75690.47	57193.37	20019.28
青　海 Qinghai	1010545.93	623716.92	320832.11	179844.71	123040.10	33576.87	44263.32	4384.90
宁　夏 Ningxia	1847924.77	1181781.19	675886.06	259155.02	246740.11	48760.66	65776.41	11204.30
新　疆 Xinjiang	3910540.42	2584934.83	1539342.90	472060.63	573531.30	120702.14	181419.23	23591.25

校舍情况(城区)

in Primary Schools (Urban Area)

单位：平方米
unit：m^2

其他 Others	行政办公用房 Administrative	教师办公室 for Teachers	其他 Others	生活用房 Residential and Welfare	教工值班宿舍 Dormitories for Faculty	教师周转宿舍 Accommodation for Circulation of Teachers	学生宿舍 Students' Dormitories	学生餐厅 Students' Canteen	厕所 Toilets	其他 Others	其他用房 Rooms for Other Purposes
19919375. 50	**29052091. 72**	**17691929. 37**	**11360162. 35**	**61876030. 03**	**3180529. 35**	**3785968. 82**	**5843498. 97**	**13056754. 93**	**13955317. 33**	**22053960. 63**	**39954329. 23**
735288. 20	923884. 23	424812. 17	499072. 06	1677407. 80	32964. 46	31335. 12	43301. 64	180409. 14	315771. 35	1073626. 09	117608. 41
234578. 57	529556. 14	348400. 95	181155. 19	650720. 02	5828. 40	8609. 81	2449. 42	102052. 40	237576. 69	294203. 30	327050. 56
544612. 81	1010295. 06	718263. 93	292031. 13	1754687. 86	62541. 20	28169. 30	420554. 14	213517. 93	471332. 54	558572. 75	1333845. 34
414952. 34	761430. 68	496920. 66	264510. 02	1434501. 28	112752. 28	29844. 08	400831. 49	178264. 27	315992. 87	396816. 29	1280666. 32
337969. 21	470437. 32	302702. 88	167734. 44	650872. 05	9114. 77	18899. 23	95965. 34	44334. 45	208499. 34	274058. 92	532012. 53
601678. 76	982462. 25	484205. 43	498256. 82	2300081. 97	7636. 55	6576. 90	50074. 83	328878. 36	360390. 29	1546525. 04	5473. 00
210176. 04	349294. 09	220634. 14	128659. 95	480468. 95	1150. 16	0. 00	8718. 33	96591. 87	151647. 39	222361. 20	453597. 49
236231. 27	438931. 18	269603. 56	169327. 62	560017. 70	4982. 28	4404. 36	14266. 24	37308. 26	172874. 79	326181. 77	439071. 19
464577. 38	735868. 20	367074. 88	368793. 32	1047791. 52	1690. 78	965. 67	2559. 22	225301. 39	279456. 88	537817. 58	382959. 78
1820793. 01	3102801. 08	1579745. 08	1523056. 00	6571991. 81	62295. 82	81566. 42	148356. 44	2273703. 85	1269738. 69	2736330. 59	3640923. 43
1540200. 70	1952952. 78	1078178. 02	874774. 76	5508364. 11	202727. 02	278771. 63	398577. 28	1946358. 90	922710. 43	1759218. 85	3844836. 08
453122. 24	908549. 60	596021. 47	312528. 13	1206260. 85	42023. 53	46156. 71	79851. 93	247880. 59	423747. 29	366600. 80	1441463. 24
933316. 96	845067. 79	482622. 64	362445. 15	1688067. 15	28526. 98	284632. 45	76833. 19	138578. 79	529368. 51	630127. 23	2217258. 59
535460. 41	769858. 78	477070. 05	292788. 73	1246096. 76	60853. 19	141205. 27	45872. 49	243386. 77	401303. 76	353475. 28	1062032. 04
1981186. 20	2322975. 64	1408836. 10	914139. 54	5160489. 65	96021. 30	126336. 75	329291. 54	1164986. 81	1239155. 18	2204698. 07	2991694. 48
604615. 35	1747260. 20	1214405. 77	532854. 43	2822360. 28	200252. 29	105926. 83	564271. 79	508827. 85	723195. 57	719885. 95	2005586. 11
581358. 89	1066329. 87	667716. 43	398613. 44	2493212. 25	266062. 65	219162. 54	208297. 48	554427. 52	433694. 78	811567. 28	1284172. 90
723186. 11	973736. 80	684739. 45	288997. 35	2639527. 94	232278. 59	230561. 04	325449. 74	707450. 84	522888. 49	620899. 24	1759194. 22
2862007. 84	2841467. 50	1848954. 38	992513. 12	8515749. 43	1082419. 45	1066280. 36	1010698. 35	973982. 04	1770895. 57	2611473. 66	6114012. 61
419673. 52	678300. 06	478242. 64	200057. 42	1934481. 20	139744. 48	165051. 26	420545. 33	347551. 45	475667. 18	385921. 50	673575. 10
77444. 09	144881. 83	100939. 17	43942. 66	473815. 43	73679. 56	122090. 37	90193. 62	28555. 56	82485. 46	76810. 86	154120. 27
920488. 82	949448. 11	578860. 33	370587. 78	1894330. 29	47564. 44	110647. 05	105902. 18	643563. 86	413330. 90	573321. 86	1635529. 71
663325. 21	1064685. 76	696768. 93	367916. 83	2562877. 57	109613. 94	177423. 17	285443. 35	710809. 21	572986. 58	706601. 32	1678002. 08
332561. 00	708250. 58	428476. 09	279774. 49	1389229. 85	59827. 62	121089. 89	222609. 92	321879. 09	345617. 17	318206. 16	1008635. 84
384680. 21	550457. 49	353560. 74	196896. 75	1439933. 09	88481. 73	76810. 59	140295. 07	224402. 13	285598. 23	624345. 34	423316. 86
35793. 20	80563. 95	58515. 32	22048. 63	383097. 21	8408. 31	164027. 11	80760. 33	80097. 48	16429. 83	33374. 15	25207. 84
695452. 48	907335. 26	631850. 82	275484. 44	2057179. 53	110760. 46	73947. 72	196979. 54	384225. 97	499628. 87	791636. 97	2130707. 14
165012. 25	346183. 18	229511. 95	116671. 23	375442. 11	15092. 99	15584. 60	7873. 20	27211. 65	159739. 05	149940. 62	458998. 57
40815. 01	130994. 24	66430. 13	64564. 11	194719. 67	1043. 00	9090. 00	16530. 77	17051. 25	66450. 64	84554. 01	61115. 10
120998. 74	214478. 23	126409. 45	88068. 78	191323. 43	5534. 64	3865. 26	3955. 00	7147. 73	111211. 84	59608. 96	260341. 92
247818. 68	543353. 84	271455. 81	271898. 03	570931. 27	8656. 48	36937. 33	46189. 78	98017. 52	175931. 17	205198. 99	211320. 48

小学学校

Condition of School Buildings in

地区 Region	校舍建筑面积 Floor Space	教学及辅助用房 Buildings for Instruction and Ancillary Uses	教室 Classroom	专用教室 Professional Classroom	公共教学用房 Public Teaching Space	图书阅览室 Library	室内体育用房 Gymnasium	心理辅导室 Psychological Counseling Room
总 计 Total	**308254888.75**	**168644700.16**	**117325777.58**	**22853473.54**	**28465449.04**	**8121953.98**	**5329831.87**	**1566186.05**
北 京 Beijing	903666.39	442388.26	214692.88	104674.08	123021.30	22490.35	24681.19	5689.19
天 津 Tianjin	619544.85	383189.54	281985.35	51320.32	49883.87	16213.41	7145.43	5901.27
河 北 Hebei	18913401.53	11069026.53	7974599.65	1549621.04	1544805.84	556270.29	184482.66	69123.95
山 西 Shanxi	7151600.53	3625889.22	2142151.19	615119.59	868618.44	187041.65	62485.08	31057.57
内蒙古 Inner Mongolia	7025408.41	3545818.47	1822577.56	813474.87	909766.04	154613.29	338581.34	42773.82
辽 宁 Liaoning	3077618.28	1712350.29	1142060.12	292451.56	277838.61	73726.12	41489.87	16478.28
吉 林 Jilin	3115242.03	1751774.11	1204527.79	248521.07	298725.25	89855.52	31716.48	13744.93
黑龙江 Heilongjiang	3437369.28	1931351.67	1335373.82	284813.86	311163.99	67461.76	63561.80	18298.72
上 海 Shanghai	892475.90	474922.40	226256.25	102986.17	145679.98	33217.71	52166.24	5965.05
江 苏 Jiangsu	18224269.97	11429756.62	7141291.38	2014913.41	2273551.83	655165.21	705944.55	127151.33
浙 江 Zhejiang	13185542.27	7128964.69	4235794.46	1158893.13	1734277.10	355945.88	651416.21	76620.58
安 徽 Anhui	14845847.59	9483655.17	7018080.59	990713.92	1474860.66	453714.18	263505.87	112198.06
福 建 Fujian	10641818.03	6001325.68	3943731.16	787725.02	1269869.50	315923.40	261017.93	57656.80
江 西 Jiangxi	12949515.98	7572179.33	5443208.61	900229.77	1228740.95	364288.94	203944.41	74071.56
山 东 Shandong	20700692.50	12043703.03	7537899.72	2091085.01	2414718.30	636356.65	365123.14	137969.37
河 南 Henan	28524802.25	15210504.28	12033582.76	1385160.36	1791761.16	660186.52	209394.63	109694.90
湖 北 Hubei	11867131.75	5809135.33	4289495.04	653677.53	865962.76	279179.23	127030.18	58245.03
湖 南 Hunan	18930502.47	9893177.57	7106905.63	1171039.87	1615232.07	458972.58	374968.79	83817.52
广 东 Guangdong	19515852.22	10941236.75	7937112.86	1175349.68	1828774.21	487407.64	423527.83	116716.37
广 西 Guangxi	14486127.23	8412011.83	6753979.41	743953.35	914079.07	316545.13	143129.99	51847.80
海 南 Hainan	2403809.56	1241894.08	931701.66	145132.74	165059.68	53961.26	25096.75	7396.03
重 庆 Chongqing	7079049.89	3664613.00	2486504.35	550203.49	627905.16	134818.82	50616.05	24973.29
四 川 Sichuan	18806186.16	9947390.22	7732503.14	1053209.81	1161677.27	432062.90	125451.95	79381.35
贵 州 Guizhou	13483356.57	5932334.93	4200773.95	754435.48	977125.50	270863.60	98347.90	47419.32
云 南 Yunnan	9954026.78	4869016.88	3359520.05	691811.40	817685.43	251301.85	85440.28	33055.36
西 藏 Tibet	1538404.80	519290.17	305860.71	83615.74	129813.72	15989.17	63962.23	2005.53
陕 西 Shaanxi	9990275.14	5083753.43	3165723.84	846596.78	1071432.81	312872.23	88853.63	65827.50
甘 肃 Gansu	6666984.00	3602840.30	2398626.93	583042.27	621171.10	206378.36	46772.39	46177.36
青 海 Qinghai	1984474.39	890630.98	525055.33	158056.24	207519.41	56593.45	101774.36	4906.76
宁 夏 Ningxia	1752782.40	1029084.57	595648.69	233963.68	199472.20	46591.08	27351.30	9082.07
新 疆 Xinjiang	5587109.60	3001490.83	1838552.70	617682.30	545255.83	155945.80	80851.41	30939.38

校舍情况(镇区)

Primary Schools (County and Town Area)

单位：平方米
unit：m²

其他 Others	行政办公用房 Administrative	教师办公室 for Teachers	其他 Others	生活用房 Residential and Welfare	教工值班宿舍 Dormitories for Faculty	教师周转宿舍 Accommodation for Circulation of Teachers	学生宿舍 Students' Dormitories	学生餐厅 Students' Canteen	厕所 Toilets	其他 Others	其他用房 Rooms for Other Purposes
13447477.14	**25027371.80**	**16806946.57**	**8220425.23**	**87685404.20**	**8313744.26**	**13444566.02**	**20926447.14**	**18412092.77**	**12697114.76**	**13891439.25**	**26897412.59**
70160.57	121128.58	49173.48	71955.10	334119.15	19730.43	7670.50	21905.64	38509.78	46652.21	199650.59	6030.40
20623.76	70299.06	45623.51	24675.55	105738.66	5743.50	2953.44	0.00	9092.57	34815.44	53133.71	60317.59
734928.94	1401810.77	1001217.47	400593.30	4653063.79	314660.96	175846.36	1588174.44	849386.35	812211.59	912784.09	1789500.44
588034.14	722217.75	513396.73	208821.02	1900634.31	229399.48	120547.77	625761.92	318128.94	289227.87	317568.33	902859.25
373797.59	689428.78	434159.60	255269.18	2307271.82	44469.37	157401.28	994378.82	448300.90	343414.30	319307.15	482889.34
146144.34	344803.87	208058.93	136744.94	1019264.12	10480.71	30953.97	111014.09	274765.86	124147.24	467902.25	1200.00
163408.32	302150.15	188233.55	113916.60	698567.86	9710.98	34336.90	99798.17	178508.27	130577.24	245636.30	362749.91
161841.71	338406.02	233562.66	104843.36	733863.68	10772.01	25549.92	160097.13	126806.92	157372.78	253264.92	433747.91
54330.98	116009.09	49411.27	66597.82	166435.22	940.38	1015.93	300.00	52394.91	46804.91	64979.09	135109.19
785290.74	1696446.01	970263.95	726182.06	3806265.56	253914.45	312712.86	271133.00	1373864.66	710981.10	883659.49	1291801.78
650294.43	1072988.18	622037.56	450950.62	3485179.31	322761.65	363984.95	253533.75	1141217.59	547623.16	856058.21	1498410.09
645442.55	1190948.65	803339.23	387609.42	2758987.14	236021.30	446630.86	335200.99	704783.69	561462.79	474887.51	1412256.63
635271.37	783210.02	477846.18	305363.84	2331320.26	59273.31	613144.34	302240.53	199285.83	471957.45	685418.80	1525962.07
586436.04	1159809.94	768449.16	391360.78	3164132.74	224655.21	788699.98	548528.19	634681.18	565123.51	402444.67	1053393.97
1275269.14	1863843.39	1263032.59	600810.80	4206143.86	202049.54	307744.25	458973.57	1183756.70	1084247.28	969372.52	2587002.22
812485.11	2752466.46	2017633.24	734833.22	8263361.95	753147.83	620938.51	2679111.42	1818830.73	1372942.78	1018390.68	2298469.56
401508.32	821740.91	560607.80	261133.11	4379737.83	777675.58	829535.15	891026.21	924689.58	369142.11	587669.20	856517.68
697473.18	1329007.35	973748.68	355258.67	6111200.13	956170.94	1187626.49	1102367.85	1494710.06	636944.68	733380.11	1597117.42
801122.37	1380462.00	958369.31	422092.69	4996729.75	1025569.64	1045452.77	1012299.16	467196.39	689213.44	756998.35	2197423.72
402556.15	709470.34	565065.21	144405.13	4746007.92	636352.52	988583.80	1409204.11	802128.20	504378.37	405360.92	618637.14
78605.64	146207.77	105146.51	41061.26	911987.06	178642.93	280046.87	244333.24	83787.67	75628.36	49547.99	103720.65
417497.00	525239.38	330949.67	194289.71	2083156.05	228852.83	573665.32	287070.33	475887.46	234915.56	282764.55	806041.46
524781.07	1165417.34	793088.55	372328.79	6555687.71	463685.06	1509737.63	1739620.13	1365676.58	682440.14	794528.17	1137690.89
560494.68	1000479.94	637103.34	363376.60	5329795.11	279965.58	1084642.66	1931040.26	954451.76	571719.24	507975.61	1220746.59
447887.94	685455.34	468489.33	216966.01	3883297.21	351899.74	505206.21	1406513.90	828768.00	388844.89	402064.47	516257.35
47856.79	92941.09	66040.42	26900.67	903827.61	15058.66	329059.31	326058.77	152764.62	28241.18	52645.07	22345.93
603879.45	981276.39	702209.85	279066.54	2975637.68	454671.07	362665.68	662724.39	610389.82	447421.95	437764.77	949607.64
321842.99	708239.57	502051.73	206187.84	1777145.33	187718.75	268476.98	301712.06	321089.48	343580.66	354567.40	578758.80
44244.84	152514.17	98428.99	54085.18	865317.38	14277.56	156975.79	342683.03	141103.18	79630.67	130647.15	76011.86
116447.75	173509.53	108115.04	65394.49	336201.82	15680.62	52687.05	37590.20	74898.52	105716.62	49628.81	213986.48
277519.24	529443.96	292093.03	237350.93	1895326.18	29791.67	260072.49	782051.84	362236.57	239735.24	221438.37	160848.63

小学学校

Condition of School Buildings in

地区 Region	校舍建筑面积 Floor Space	教学及辅助用房 Buildings for Instruction and Ancillary Uses	教室 Classroom	专用教室 Professional Classroom	公共教学用房 Public Teaching Space	图书阅览室 Library	室内体育用房 Gymnasium	心理辅导室 Psychological Counseling Room
总 计 Total	**267436504.32**	**134950983.14**	**97170561.14**	**17580890.00**	**20199532.00**	**8460533.22**	**1867702.34**	**1738554.64**
北 京 Beijing	694152.00	351497.40	170241.08	82280.13	98976.19	17971.93	20403.27	6169.98
天 津 Tianjin	922643.46	577995.02	425742.01	77917.00	74336.01	28468.81	5386.45	9074.58
河 北 Hebei	19851313.39	11749926.69	8510317.91	1714427.68	1525181.10	723189.02	76089.58	101631.02
山 西 Shanxi	5225636.10	1924017.47	1224922.46	313478.65	385616.36	137227.65	22420.40	31706.62
内蒙古 Inner Mongolia	2849191.41	1053700.22	579687.34	240504.44	233508.44	61931.72	56543.86	19217.78
辽 宁 Liaoning	2377759.46	1266159.97	851334.86	199947.61	214877.50	79611.37	24061.44	18401.78
吉 林 Jilin	3203903.19	1418116.99	983535.56	212584.19	221997.24	101341.72	9835.77	16697.97
黑龙江 Heilongjiang	1289782.84	565725.06	397801.87	83972.59	83950.60	31022.82	9701.63	7512.39
上 海 Shanghai	209071.19	126381.95	48957.79	29505.36	47918.80	10404.59	15470.25	2036.31
江 苏 Jiangsu	3648666.93	2364957.49	1631239.71	366026.58	367691.20	147849.70	50169.24	44514.57
浙 江 Zhejiang	4770058.99	2199484.42	1366556.81	359445.66	473481.95	116798.37	130552.94	40159.87
安 徽 Anhui	10639671.91	6048753.68	4470790.52	640775.43	937187.73	417063.67	55632.26	141590.69
福 建 Fujian	7427709.80	3557510.27	2426024.66	498137.30	633348.31	215987.10	83591.15	52722.54
江 西 Jiangxi	11169366.53	5985800.88	4434384.60	624609.08	926807.20	491978.77	45233.68	75960.52
山 东 Shandong	14557796.20	7945353.18	5237830.89	1272474.84	1435047.45	553921.38	54702.13	199970.28
河 南 Henan	33657198.72	17857213.68	13941646.97	1755103.18	2160463.53	1053153.43	145907.92	141705.87
湖 北 Hubei	9494880.40	3994817.28	2974144.73	410781.59	609890.96	261995.28	61042.71	55594.95
湖 南 Hunan	12598889.32	5967176.68	4596533.16	600461.42	770182.10	367981.15	65835.68	57564.11
广 东 Guangdong	19003735.80	10153269.67	7229902.61	1191910.81	1731456.25	638962.69	293815.83	204941.90
广 西 Guangxi	20526939.05	12053044.66	9682766.91	1036402.43	1333875.32	601656.28	116393.05	89943.31
海 南 Hainan	2519446.84	1206665.57	931399.25	120946.07	154320.25	75537.86	12955.10	10496.27
重 庆 Chongqing	4664536.78	1892664.50	1351329.76	263602.94	277731.80	98604.24	12590.28	17890.99
四 川 Sichuan	10583719.82	4874653.96	3704593.26	519902.00	650158.70	299369.42	27838.66	46319.35
贵 州 Guizhou	11706729.70	4986465.57	3658008.19	595285.94	733171.44	309840.77	37376.62	56151.10
云 南 Yunnan	22144044.65	9826535.07	6744725.69	1528398.42	1553410.96	681198.37	80477.10	92708.58
西 藏 Tibet	3667978.90	1218288.46	746690.10	175503.05	296095.31	48270.80	136940.36	4543.50
陕 西 Shaanxi	4924729.15	1997921.27	1194964.11	366132.55	436824.61	166600.43	23852.91	42042.36
甘 肃 Gansu	6953098.26	3484494.14	2523403.53	449003.10	512087.51	246922.27	15134.77	69238.62
青 海 Qinghai	2234791.08	924659.54	564845.89	155615.69	204197.96	60913.55	96249.06	6280.68
宁 夏 Ningxia	1720957.19	871318.60	525187.90	216144.73	129985.97	50096.26	1782.92	10585.11
新 疆 Xinjiang	12198105.26	6506413.80	4041051.01	1479609.54	985753.25	364661.80	79715.32	65181.04

校舍情况(乡村)

Primary Schools (Rural Area)

单位：平方米
unit：m²

其他 Others	行政办公用房 Administrative	教师办公室 for Teachers	其他 Others	生活用房 Residential and Welfare	教工值班宿舍 Dormitories for Faculty	教师周转宿舍 Accommodation for Circulation of Teachers	学生宿舍 Students' Dormitories	学生餐厅 Students' Canteen	厕所 Toilets	其他 Others	其他用房 Rooms for Other Purposes
8132741.80	**20536988.70**	**14688946.93**	**5848041.77**	**87664989.58**	**10545264.89**	**15611064.31**	**20134449.80**	**16711767.49**	**11872098.23**	**12790344.86**	**24283542.90**
54431.01	99590.87	39539.35	60051.52	237807.46	19126.10	6836.48	23685.26	25401.98	34987.79	127769.85	5256.27
31406.17	99689.96	64901.20	34788.76	139354.70	15130.13	5342.78	0.00	8908.54	49585.52	60387.73	105603.78
624271.48	1424788.12	1031355.30	393432.82	4616220.94	447860.47	268862.51	1280243.07	769808.85	911314.52	938131.52	2060377.64
194261.69	520460.08	392477.81	127982.27	1867744.05	276285.27	99591.40	582455.68	332247.64	222806.01	354358.05	913414.50
95815.08	265544.52	184009.72	81534.80	1238838.87	40510.68	157205.62	462124.61	241089.48	146095.94	191812.54	291107.80
92802.91	289106.22	170377.50	118728.72	822493.27	21612.67	25097.47	43626.65	160592.90	129574.74	441988.84	0.00
94121.78	352611.80	240174.43	112437.37	746184.82	15526.09	18121.90	48429.24	100666.38	183643.56	379797.65	686989.58
35713.76	136485.93	96866.66	39619.27	381781.63	10296.26	20401.24	60995.04	72409.56	61401.70	156277.83	205790.22
20007.65	34631.73	15293.24	19338.49	40420.50	0.00	142.46	0.00	13193.22	12344.08	14740.74	7637.01
125157.69	298666.54	188396.58	110269.96	691888.86	66313.57	82655.48	46338.90	186596.31	151828.94	158155.66	293154.04
185970.77	371351.71	216281.33	155070.38	1475494.96	238634.78	180975.52	111284.23	431625.72	179602.69	333372.02	723727.90
322901.11	851249.38	624769.12	226480.26	2673071.17	322828.30	434412.36	276359.11	782975.44	455320.36	401175.60	1066597.68
281047.52	494213.24	319513.74	174699.50	2082389.07	72296.79	631914.56	177772.11	155729.73	343203.40	701472.48	1293597.22
313634.23	933838.38	715655.51	218182.87	3428741.47	339779.24	1059172.29	365007.44	685520.59	533227.83	446034.08	820985.80
626453.66	1235975.56	851749.25	384226.31	2952111.04	192892.38	211959.76	207956.55	710359.51	831223.90	797718.94	2424356.42
819696.31	3325932.34	2592337.72	733594.62	9817443.18	1054842.81	968468.53	2412148.60	2288218.53	1848808.97	1244955.74	2656609.52
231258.02	621094.16	418687.25	202406.91	3889769.71	673878.57	766350.91	861789.92	760313.81	348144.47	479292.03	989199.25
278801.16	1030361.61	806647.09	223714.52	4384681.27	822868.86	829308.30	606122.70	1025245.85	512100.82	589034.74	1216669.76
593735.83	1423028.25	1027190.45	395837.80	4917043.72	1558120.85	1193106.00	344869.64	234712.52	732000.09	854234.62	2510394.16
525882.68	956105.31	790740.93	165364.38	6278229.31	884956.26	1503604.90	1495996.72	984072.42	789335.52	620263.49	1239559.77
55331.02	172659.52	125302.83	47356.69	913160.28	201888.66	350407.98	142223.71	61854.59	87620.53	69164.81	226961.47
148646.29	364145.07	221895.02	142250.05	1857037.27	312991.71	527768.20	322706.25	333857.66	158553.44	201160.01	550689.94
276631.27	606881.24	429363.83	177517.41	4448122.38	348381.83	1228541.36	1207920.49	816872.28	391291.71	455114.71	654062.24
329802.95	702932.88	456364.66	246568.22	5209187.76	325524.70	1414419.80	1645997.75	944836.06	482577.65	395831.80	808143.49
699026.91	1019062.90	732058.17	287004.73	10613766.58	1365086.46	1368126.27	4021321.09	2233962.73	816897.80	808372.23	684680.10
106340.65	203349.04	154954.52	48394.52	2168486.90	34297.37	746423.14	793598.98	351503.13	79942.68	162721.60	77854.50
204328.91	542428.93	376117.58	166311.35	1711647.26	340862.62	170305.95	267182.45	397362.68	259069.27	276864.29	672731.69
180791.85	828665.82	663205.96	165459.86	2034574.81	380750.23	281159.88	218194.68	345755.52	427737.92	380976.58	605363.49
40754.67	134652.96	93500.54	41152.42	1039873.56	19488.82	177525.70	369794.97	173850.45	91108.72	208104.90	135605.02
67521.68	120133.96	77030.27	43103.69	553441.61	65059.20	111536.44	40640.45	144443.67	94869.79	96892.06	176063.02
476195.09	1077350.67	572189.37	505161.30	4433981.17	77173.21	771319.12	1697663.51	937779.74	505877.87	444167.72	180359.62

小学学校

Condition of Fixed Assets and Teaching

类别 Item	占地面积（平方米） Areas Occupied（m^2）	#绿化用地面积 of Which: Green Areas	#运动场地面积 of Which: Sports Areas	校园足球场（个） Campus Football	11人制足球场 11-a-side Football Field	7人制足球场 7-a-side Football Field	5人制足球场 5-a-side Football Field
总　计 Total	**2343965707.06**	**437133086.79**	**771565725.63**	**79684**	**7989**	**24327**	**47368**
北　京 Beijing	14322095.81	2403601.68	5705875.76	802	56	363	383
天　津 Tianjin	13694687.25	1796324.42	5969795.75	767	58	339	370
河　北 Hebei	164429641.61	17605286.51	56003356.09	5767	366	1468	3933
山　西 Shanxi	49278322.80	6934171.00	13087455.97	1418	108	282	1028
内蒙古 Inner Mongolia	53246368.65	8455169.00	13495556.75	1858	241	923	694
辽　宁 Liaoning	39967363.88	4860598.63	17002809.16	1967	328	854	785
吉　林 Jilin	51004223.06	10226544.14	11615144.53	1315	134	321	860
黑龙江 Heilongjiang	28590538.44	3550287.03	9664159.35	946	139	296	511
上　海 Shanghai	11373643.18	3229905.35	4433793.82	610	63	274	273
江　苏 Jiangsu	118389946.32	33074690.50	42850990.19	4444	911	1828	1705
浙　江 Zhejiang	77487926.19	19040407.88	28860371.72	2980	396	870	1714
安　徽 Anhui	100075300.73	16950716.43	30720965.23	3612	327	1056	2229
福　建 Fujian	57691251.19	11802967.56	21303183.58	1865	95	402	1368
江　西 Jiangxi	86003923.76	14537890.62	31185875.37	2441	232	569	1640
山　东 Shandong	177409307.61	37186880.54	63934853.57	8486	1316	3206	3964
河　南 Henan	216139723.71	29929855.67	59234810.96	5863	312	1017	4534
湖　北 Hubei	92674656.17	27764939.63	24444736.94	2845	312	802	1731
湖　南 Hunan	107732837.39	16583088.19	30533944.31	1911	270	614	1027
广　东 Guangdong	183889394.18	40752149.45	67300764.98	6181	483	2167	3531
广　西 Guangxi	109811537.45	16337979.46	46735374.46	2100	183	483	1434
海　南 Hainan	28518686.38	5709085.70	5594631.21	675	86	249	340
重　庆 Chongqing	41329875.47	7894523.64	13935909.52	1449	92	397	960
四　川 Sichuan	86315245.85	13444655.32	36933837.55	2943	210	813	1920
贵　州 Guizhou	77068779.48	16368657.29	28766903.44	1903	155	569	1179
云　南 Yunnan	99843951.71	18672193.43	30183416.38	1975	142	567	1266
西　藏 Tibet	17936893.25	2244581.36	3582587.67	707	36	337	334
陕　西 Shaanxi	57058041.89	9125257.05	17440398.45	4017	109	771	3137
甘　肃 Gansu	57447790.37	10054531.08	15673386.62	3226	97	388	2741
青　海 Qinghai	15676890.99	2850914.20	3585251.96	386	78	170	138
宁　夏 Ningxia	19941328.02	3820728.82	6364512.99	655	88	346	221
新　疆 Xinjiang	89615534.27	23924505.21	25421071.35	3570	566	1586	1418

资产情况(总计)
Resources in Primary Schools (Total)

图书(册) Books and Magazines in Libraries (Volume)	数字终端数(台) Number of Digital Terminals (Set)	#教师终端数 of Which: Number of Teachers' Terminals	#学生终端数 of Which: Number of Student Terminals	教室(间) Classroom (Room)	#网络多媒体教室 of Which: Network Multimedia Classroom	固定资产总值(万元) Total Value of Fixed Asset (10,000 yuan)	#教学仪器设备资产值 of Which: Total Value of Equip & Instru.
2699645426	**16506208**	**5547067**	**10525559**	**3865337**	**2852109**	**156514439. 36**	**22245816. 84**
28097147	258037	99986	127666	34390	32168	2662518. 12	848712. 05
24798305	132085	65334	64964	26912	23177	1199021. 45	222108. 21
201259070	1061172	331457	718494	284023	197096	6775351. 42	952443. 22
48348823	365603	143063	203419	91690	63252	2857169. 65	385410. 78
29180408	233760	89644	141060	46309	38954	3199259. 43	399391. 25
57410206	354606	111286	217012	68136	52799	1925169. 23	431314. 95
31864558	157791	57855	88069	55891	29763	1711044. 15	260625. 04
22144777	172395	53196	113901	46667	34014	1506292. 45	266159. 87
27704470	206712	109782	90742	28225	26134	2623938. 49	491554. 94
173679137	1026804	369236	638193	194590	166275	12400301. 94	1520721. 02
136170431	826824	277966	531970	136654	122826	8558641. 36	1467362. 66
102342124	1324943	269961	1026535	164376	124812	5845467. 84	941902. 57
95648418	504621	194920	301741	129498	98113	5435472. 42	829028. 87
73115518	380932	171393	199257	157930	114948	5239898. 84	829343. 76
215902094	1182491	479000	663056	265041	215058	12050268. 16	1501145. 66
215696368	1110335	401541	691065	394030	223966	9326290. 05	1082669. 64
102112950	472782	162213	298904	129168	87971	5026809. 01	637630. 35
126599703	481156	150799	318601	182051	121762	6526018. 86	877020. 29
243726916	1905173	605467	1256130	310017	268457	12255510. 01	2184633. 64
166962341	702599	280679	404367	195433	138360	6482426. 19	1027856. 06
16474448	107221	39404	64958	25903	17241	1240522. 43	158420. 70
38913393	322115	101023	205910	80605	68324	4018824. 82	411511. 84
99394821	686224	218665	448239	175186	119505	7867191. 74	1201496. 28
95562886	491792	150590	315683	132576	104131	5101534. 30	598724. 41
98979973	556049	155090	398321	169418	109696	7762936. 08	730628. 57
7061044	68262	24390	42500	14974	9648	1827896. 01	75070. 51
95765548	554972	163442	381520	101786	80466	5212010. 74	701234. 73
44749275	305291	86049	216301	88703	63667	3203527. 21	392340. 83
13382977	80107	24012	55407	19023	12328	1225066. 42	79039. 61
13188157	147090	39517	99375	25088	18814	1281567. 58	212705. 42
53409140	326265	120107	202199	91044	68384	4166492. 95	527609. 11

类别 Item	占地面积（平方米）Areas Occupied（m^2）	#绿化用地面积 of Which: Green Areas	#运动场地面积 of Which: Sports Areas	校园足球场（个）Campus Football	11人制足球场 11-a-side Football Field	7人制足球场 7-a-side Football Field	5人制足球场 5-a-side Football Field
总　计 Total	**562454157.92**	**115920340.66**	**229573345.28**	**23940**	**2797**	**9391**	**11752**
北　京 Beijing	9587788.20	1510360.16	4066025.62	552	31	260	261
天　津 Tianjin	7749189.55	1123122.91	3535568.03	447	31	241	175
河　北 Hebei	26412238.58	3094788.73	9877278.06	1129	66	386	677
山　西 Shanxi	12935572.93	1904766.51	4439354.22	511	43	159	309
内蒙古 Inner Mongolia	9618827.51	1373289.77	3800044.48	518	69	280	169
辽　宁 Liaoning	16190064.00	1902813.59	8083555.52	962	166	505	291
吉　林 Jilin	7040053.50	869354.22	3284431.64	317	50	115	152
黑龙江 Heilongjiang	7966152.20	873431.76	3797679.77	338	47	114	177
上　海 Shanghai	9149616.66	2506982.72	3676335.19	521	55	229	237
江　苏 Jiangsu	55372889.09	15873738.20	22601655.37	2119	410	930	779
浙　江 Zhejiang	39195122.88	9896565.44	15883347.31	1613	225	505	883
安　徽 Anhui	18112430.33	3324081.23	7691340.27	774	114	321	339
福　建 Fujian	16842410.92	3483445.63	7505187.73	668	36	202	430
江　西 Jiangxi	15947067.16	2979958.78	6838184.66	558	64	173	321
山　东 Shandong	51124069.77	10417316.02	21902006.86	2066	387	994	685
河　南 Henan	27796991.74	4158934.12	9663006.82	1202	74	323	805
湖　北 Hubei	23474657.22	6944499.27	7658145.11	983	127	320	536
湖　南 Hunan	22327866.35	4202244.38	8291060.55	722	102	323	297
广　东 Guangdong	65691030.23	15229378.55	27297822.04	2690	233	1024	1433
广　西 Guangxi	15409425.01	3115151.05	6820055.00	536	55	187	294
海　南 Hainan	3291084.99	679912.89	1050588.00	123	18	45	60
重　庆 Chongqing	15927797.34	3339850.91	6261552.71	628	56	258	314
四　川 Sichuan	22694313.86	4163311.56	11049987.70	1095	67	382	646
贵　州 Guizhou	12863379.63	2666434.11	5582563.75	432	43	158	231
云　南 Yunnan	11500781.29	2845301.16	4456764.47	430	44	163	223
西　藏 Tibet	1678832.53	332974.64	508893.30	66	13	37	16
陕　西 Shaanxi	15745705.07	2709104.92	6002069.15	1016	48	360	608
甘　肃 Gansu	5214101.20	795484.81	2166784.12	335	23	87	225
青　海 Qinghai	1961355.56	440396.78	644576.51	60	11	31	18
宁　夏 Ningxia	4922724.94	1142480.63	1938481.07	205	32	120	53
新　疆 Xinjiang	8710617.68	2020865.21	3199000.25	324	57	159	108

资产情况(城区)
Resources in Primary Schools (Urban Area)

图书(册) Books and Magazines in Libraries (Volume)	数字终端数(台) Number of Digital Terminals (Set)	#教师终端数 of Which: Number of Teachers' Terminals	#学生终端数 of Which: Number of Student Terminals	教室(间) Classroom (Room)	#网络多媒体教室 of Which: Network Multimedia Classroom	固定资产总值(万元) Total Value of Fixed Asset (10,000 yuan)	#教学仪器设备资产值 of Which: Total Value of Equip & Instru.
1074696126	**6615115**	**2435014**	**3999360**	**1251498**	**1069989**	**65050346. 71**	**10435939. 44**
23528475	218861	84850	108569	28187	26787	2223307. 02	738772. 43
18288839	97707	50811	45408	18764	17194	907979. 89	179777. 91
55586354	275036	101767	169525	59989	48379	1671383. 17	289829. 99
20115642	136660	57866	73083	32376	24944	1196019. 34	173412. 44
11926463	86040	31851	53625	16823	14904	1008061. 37	149949. 36
37694610	225210	75305	136908	38603	33903	1245066. 77	299992. 70
15159450	72868	28872	39320	19200	13637	712298. 89	128418. 56
11359123	91696	28745	59956	21516	17061	632582. 76	145737. 17
24137361	179203	95182	79306	24543	22954	2211404. 22	434523. 49
94414687	586068	212833	361713	105959	94369	8092847. 53	942646. 88
77023407	454100	160641	285526	76630	70219	5122113. 08	841065. 29
31058377	353026	80742	268381	39729	33597	1822478. 61	310352. 20
41763614	210735	87441	118609	46398	39162	2330371. 28	378615. 04
21436833	114510	50416	61348	35791	29886	1338590. 17	211217. 11
89009128	472670	206910	251513	100200	85730	5598417. 86	727605. 18
52931852	272964	112272	156120	68275	52607	2258934. 10	296543. 11
45090139	224328	78277	142275	47879	38157	2319573. 99	339636. 36
42422673	164849	62564	99350	48709	40621	2503269. 42	325388. 11
130901231	994400	343112	627036	145743	133509	6987225. 25	1342975. 78
44822433	166636	80163	82314	37785	32068	1677342. 63	283081. 62
6466134	36881	14845	20858	7468	5651	354747. 79	61238. 76
20589097	164535	55462	100277	35222	31921	2397092. 89	235047. 33
37755636	277307	95291	176908	54187	45138	2729899. 17	549922. 69
24372293	134100	42573	85819	28465	24545	1382171. 25	172279. 19
19121017	112132	37776	72961	27319	21218	1159708. 51	166439. 79
1341802	11908	4978	6511	2267	1767	224435. 39	11776. 38
43563104	250196	76141	168221	39317	34077	2559326. 48	356584. 33
11009469	70249	21877	48030	13813	11170	702577. 09	102232. 15
4280992	24673	8688	15670	4137	3411	315557. 71	27066. 51
5499957	59541	16511	40012	8595	7264	500543. 16	85073. 24
12025934	76026	30252	44208	17609	14139	865019. 91	128738. 34

类别 Item	占地面积 (平方米) Areas Occupied (m^2)	#绿化用地面积 of Which: Green Areas	#运动场地面积 of Which: Sports Areas	校园足球场 (个) Campus Football	11人制足球场 11-a-side Football Field	7人制足球场 7-a-side Football Field	5人制足球场 5-a-side Football Field
总　计 Total	**787430108.56**	**143154191.16**	**271108987.50**	**25328**	**3452**	**8171**	**13705**
北　京 Beijing	2480750.73	495530.99	855342.60	132	17	55	60
天　津 Tianjin	2200799.15	246758.91	958731.39	104	11	40	53
河　北 Hebei	56491418.10	6031794.53	19476545.47	1844	178	495	1171
山　西 Shanxi	17463775.37	2361166.64	5221691.89	485	56	91	338
内蒙古 Inner Mongolia	23303057.54	3688800.14	6451732.79	778	135	393	250
辽　宁 Liaoning	10054031.93	1031245.26	4302446.97	398	98	182	118
吉　林 Jilin	10480037.66	1862778.48	3551302.90	378	62	148	168
黑龙江 Heilongjiang	11567134.71	1392072.28	3869188.51	388	73	138	177
上　海 Shanghai	1753701.32	556432.83	603424.63	72	4	41	27
江　苏 Jiangsu	48644751.48	13399570.45	16236984.02	1631	398	684	549
浙　江 Zhejiang	26630709.28	6442852.50	9580221.00	987	137	273	577
安　徽 Anhui	38613756.57	6596443.28	13604486.97	1327	173	512	642
福　建 Fujian	20808022.27	4187133.59	7895839.36	722	48	144	530
江　西 Jiangxi	34156932.45	5739337.49	12881955.94	946	132	281	533
山　东 Shandong	61205191.95	12888049.85	22621250.57	2450	567	990	893
河　南 Henan	69175208.51	9345961.10	20560955.09	1909	171	431	1307
湖　北 Hubei	33364031.65	9956169.15	9396405.53	1011	153	318	540
湖　南 Hunan	46430710.36	6870637.30	13775823.03	778	146	233	399
广　东 Guangdong	48833987.04	10013194.19	18656893.29	1374	145	504	725
广　西 Guangxi	30708367.30	4347030.11	13035969.09	669	78	159	432
海　南 Hainan	7723018.94	1509305.70	2058692.90	221	46	89	86
重　庆 Chongqing	14384662.50	2589858.79	4746613.13	497	30	110	357
四　川 Sichuan	37239033.87	5542598.24	16447060.75	1323	119	355	849
贵　州 Guizhou	31659094.99	6390308.67	11919401.35	831	80	308	443
云　南 Yunnan	24817445.21	5172257.92	8411674.83	549	52	173	324
西　藏 Tibet	4383282.81	542668.94	829339.12	142	10	80	52
陕　西 Shaanxi	23831688.12	3554871.10	7861536.08	1558	51	304	1203
甘　肃 Gansu	17978165.98	2936217.32	6154709.10	940	60	211	669
青　海 Qinghai	5477476.96	1110702.19	1361069.94	129	38	58	33
宁　夏 Ningxia	5597119.69	968431.24	2012451.54	175	33	102	40
新　疆 Xinjiang	19972744.12	5384011.98	5769247.72	580	151	269	160

资产情况(镇区)

Resources in Primary Schools (County and Town Area)

图书(册) Books and Magazines in Libraries (Volume)	数字终端数(台) Number of Digital Terminals (Set)	#教师终端数 of Which: Number of Teachers' Terminals	#学生终端数 of Which: Number of Student Terminals	教室(间) Classroom (Room)	#网络多媒体教室 of Which: Network Multimedia Classroom	固定资产总值(万元) Total Value of Fixed Asset (10,000 yuan)	#教学仪器设备资产值 of Which: Total Value of Equip & Instru.
981586876	**5615160**	**1840270**	**3641968**	**1293876**	**974740**	**52643598.01**	**7177618.73**
2574352	22394	8484	10956	3324	2884	238936.72	61794.32
2774117	13024	5991	7017	3121	2449	122118.81	17356.12
78383710	386881	119991	263284	99572	71380	2741133.24	357320.68
20542290	144710	55158	83434	34957	24442	1036483.57	150629.47
13893726	112538	43567	67142	20804	17797	1621011.91	190554.37
12346308	75568	21283	46280	15379	10812	420993.14	80384.58
11468036	51729	18931	29606	16829	9456	567239.97	89423.00
8923307	63458	19166	42651	18081	12911	670055.53	98601.11
2976317	22493	11866	9451	3000	2588	317686.77	46753.94
65139137	364561	131238	227028	71626	59843	3749870.13	490779.92
44191563	277033	86279	184290	43947	39066	2661984.15	477405.20
46891512	561588	111618	440552	67164	51759	2489573.61	414636.66
36679414	184776	70956	111912	46609	36035	2061632.30	307185.33
33469973	164677	75512	85506	57819	45073	1778538.41	307161.53
76069506	386188	166170	204395	89959	73936	4120145.58	492993.53
85889847	418707	151618	261085	134927	85086	3596205.52	411408.56
37528578	147858	52199	92390	44973	30543	1606864.20	193016.25
57665806	201801	57935	138187	73077	51417	2612638.00	391896.95
64315704	495179	149032	334970	79164	68504	2950931.29	487010.38
59418013	223765	96972	120571	57098	43808	2210988.40	332740.66
6131395	38871	13448	24638	8347	6036	455085.05	56196.40
12848795	101951	28014	70391	25845	21821	1096419.73	122849.80
44307293	273623	84020	182583	74973	51188	3386210.30	463593.77
41497839	201871	61744	130989	50895	41876	2299211.73	244333.75
28744042	143655	41948	101415	42113	29309	2144681.11	197939.22
1836700	16493	6176	10023	3539	2276	464978.13	22721.77
40874571	228472	63561	161642	41062	32157	1925974.30	270234.04
20451642	131607	33546	96807	29777	22999	1363970.68	171112.86
5058931	27165	8208	18831	6521	4551	423441.87	28210.26
4536824	49611	13143	34121	7561	5876	433309.88	74823.74
14157628	82913	32496	49821	21813	16862	1075283.96	126550.58

小学学校

Condition of Fixed Assets and Teaching

类别 Item	占地面积（平方米）Areas Occupied (m^2)	#绿化用地面积 of Which: Green Areas	#运动场地面积 of Which: Sports Areas	校园足球场（个）Campus Football	11人制足球场 11-a-side Football Field	7人制足球场 7-a-side Football Field	5人制足球场 5-a-side Football Field
总　计 Total	**994081440. 58**	**178058554. 97**	**270883392. 85**	**30416**	**1740**	**6765**	**21911**
北　京 Beijing	2253556. 88	397710. 53	784507. 54	118	8	48	62
天　津 Tianjin	3744698. 55	426442. 60	1475496. 33	216	16	58	142
河　北 Hebei	81525984. 93	8478703. 25	26649532. 56	2794	122	587	2085
山　西 Shanxi	18878974. 50	2668237. 85	3426409. 86	422	9	32	381
内蒙古 Inner Mongolia	20324483. 60	3393079. 09	3243779. 48	562	37	250	275
辽　宁 Liaoning	13723267. 95	1926539. 78	4616806. 67	607	64	167	376
吉　林 Jilin	33484131. 90	7494411. 44	4779409. 99	620	22	58	540
黑龙江 Heilongjiang	9057251. 53	1284782. 99	1997291. 07	220	19	44	157
上　海 Shanghai	470325. 20	166489. 80	154034. 00	17	4	4	9
江　苏 Jiangsu	14372305. 75	3801381. 85	4012350. 80	694	103	214	377
浙　江 Zhejiang	11662094. 03	2700989. 94	3396803. 41	380	34	92	254
安　徽 Anhui	43349113. 83	7030191. 92	9425137. 99	1511	40	223	1248
福　建 Fujian	20040818. 00	4132388. 34	5902156. 49	475	11	56	408
江　西 Jiangxi	35899924. 15	5818594. 35	11465734. 77	937	36	115	786
山　东 Shandong	65080045. 89	13881514. 67	19411596. 14	3970	362	1222	2386
河　南 Henan	119167523. 46	16424960. 45	29010849. 05	2752	67	263	2422
湖　北 Hubei	35835967. 30	10864271. 21	7390186. 30	851	32	164	655
湖　南 Hunan	38974260. 68	5510206. 51	8467060. 73	411	22	58	331
广　东 Guangdong	69364376. 91	15509576. 71	21346049. 65	2117	105	639	1373
广　西 Guangxi	63693745. 14	8875798. 30	26879350. 37	895	50	137	708
海　南 Hainan	17504582. 45	3519867. 11	2485350. 31	331	22	115	194
重　庆 Chongqing	11017415. 63	1964813. 94	2927743. 68	324	6	29	289
四　川 Sichuan	26381898. 12	3738745. 52	9436789. 10	525	24	76	425
贵　州 Guizhou	32546304. 86	7311914. 51	11264938. 34	640	32	103	505
云　南 Yunnan	63525725. 21	10654634. 35	17314977. 08	996	46	231	719
西　藏 Tibet	11874777. 91	1368937. 78	2244355. 25	499	13	220	266
陕　西 Shaanxi	17480648. 70	2861281. 03	3576793. 22	1443	10	107	1326
甘　肃 Gansu	34255523. 19	6322828. 95	7351893. 40	1951	14	90	1847
青　海 Qinghai	8238058. 47	1299815. 23	1579605. 51	197	29	81	87
宁　夏 Ningxia	9421483. 39	1709816. 95	2413580. 38	275	23	124	128
新　疆 Xinjiang	60932172. 47	16519628. 02	16452823. 38	2666	358	1158	1150

资产情况(乡村)
Resources in Primary Schools (Rural Area)

图书(册) Books and Magazines in Libraries (Volume)	数字终端数(台) Number of Digital Terminals (Set)	#教师终端数 of Which: Number of Teachers' Terminals	#学生终端数 of Which: Number of Student Terminals	教室(间) Classroom (Room)	#网络多媒体教室 of Which: Network Multimedia Classroom	固定资产总值(万元) Total Value of Fixed Asset (10,000 yuan)	#教学仪器设备资产值 of Which: Total Value of Equip & Instru.
643362424	**4275934**	**1271783**	**2884231**	**1319963**	**807380**	**38820494. 64**	**4632258. 67**
1994320	16782	6652	8141	2879	2497	200274. 38	48145. 30
3735349	21354	8532	12539	5027	3534	168922. 75	24974. 18
67289006	399255	109699	285685	124462	77337	2362835. 01	305292. 55
7690891	84233	30039	46902	24357	13866	624666. 75	61368. 87
3360219	35182	14226	20293	8682	6253	570186. 15	58887. 52
7369288	53828	14698	33824	14154	8084	259109. 32	50937. 67
5237072	33194	10052	19143	19862	6670	431505. 29	42783. 48
1862347	17241	5285	11294	7070	4042	203654. 15	21821. 60
590792	5016	2734	1985	682	592	94847. 49	10277. 52
14125313	76175	25165	49452	17005	12063	557584. 28	87294. 22
14955461	95691	31046	62154	16077	13541	774544. 13	148892. 17
24392235	410329	77601	317602	57483	39456	1533415. 62	216913. 71
17205390	109110	36523	71220	36491	22916	1043468. 84	143228. 50
18208712	101745	45465	52403	64320	39989	2122770. 25	310965. 13
50823460	323633	105920	207148	74882	55392	2331704. 71	280546. 95
76874669	418664	137651	273860	190828	86273	3471150. 43	374717. 97
19494233	100596	31737	64239	36316	19271	1100370. 82	104977. 73
26511224	114506	30300	81064	60265	29724	1410111. 45	159735. 24
48509981	415594	113323	294124	85110	66444	2317353. 46	354647. 48
62721895	312198	103544	201482	100550	62484	2594095. 16	412033. 78
3876919	31469	11111	19462	10088	5554	430689. 59	40985. 54
5475501	55629	17547	35242	19538	14582	525312. 19	53614. 71
17331892	135294	39354	88748	46026	23179	1751082. 27	187979. 82
29692754	155821	46273	98875	53216	37710	1420151. 31	182111. 48
51114914	300262	75366	223945	99986	59169	4458546. 47	366249. 56
3882542	39861	13236	25966	9168	5605	1138482. 49	40572. 36
11327873	76304	23740	51657	21407	14232	726709. 96	74416. 36
13288164	103435	30626	71464	45113	29498	1136979. 43	118995. 82
4043054	28269	7116	20906	8365	4366	486066. 84	23762. 84
3151376	37938	9863	25242	8932	5674	347714. 55	52808. 44
27225578	167326	57359	108170	51622	37383	2226189. 09	272320. 18

地区 Region	学校数（所）Schools	班数（个）Classes	毕业生数 Graduates	招生数 Entrants	在校生数 Enrolment	#女 of Which: Female	学前教育阶段 Pre-primary Education	小学阶段 一年级 Grade 1	二年级 Grade 2
总　计 Total	**2314**	**32959**	**158703**	**146257**	**918502**	**335358**	**5062**	**67699**	**86301**
北　京 Beijing	20	362	1666	1110	7722	2548	13	454	668
天　津 Tianjin	20	332	683	508	4502	1558	37	278	340
河　北 Hebei	163	1915	6407	5225	39697	14767	206	2347	3384
山　西 Shanxi	87	1098	3614	3487	20738	8068	203	1477	1834
内蒙古 Inner Mongolia	52	680	2720	2062	13519	5234	96	1042	1282
辽　宁 Liaoning	86	971	2214	2041	16255	5632	92	1261	1697
吉　林 Jilin	54	662	2159	1780	12381	4321	42	730	1037
黑龙江 Heilongjiang	73	1026	2430	1453	14926	5351	0	743	920
上　海 Shanghai	31	606	1726	1272	9117	3141	279	397	488
江　苏 Jiangsu	108	1641	7181	6774	42782	14546	559	3081	4046
浙　江 Zhejiang	86	1254	4207	4526	24868	8590	227	2002	2452
安　徽 Anhui	77	1196	6102	6564	42421	15050	284	3047	4395
福　建 Fujian	76	1243	5100	5174	29513	9761	154	2737	2942
江　西 Jiangxi	91	2115	8338	6882	39321	14029	179	2912	3473
山　东 Shandong	157	2622	9078	8511	53554	18817	699	4219	5591
河　南 Henan	151	1911	7981	10388	69849	26527	127	5852	7491
湖　北 Hubei	88	940	4343	3945	29045	9700	18	2162	2827
湖　南 Hunan	100	1575	7553	7385	53573	18681	611	4159	5100
广　东 Guangdong	152	2645	10241	13087	74455	24724	370	7049	7887
广　西 Guangxi	90	1184	7472	7360	43605	15634	197	3310	4066
海　南 Hainan	17	221	897	1056	6423	2032	16	529	649
重　庆 Chongqing	39	454	6067	4605	26605	10180	50	1694	2167
四　川 Sichuan	137	1634	14259	11870	64476	24868	226	4346	5592
贵　州 Guizhou	78	1246	8048	6881	41295	15777	85	2681	3568
云　南 Yunnan	84	1096	10521	7282	46069	18526	97	2731	3784
西　藏 Tibet	7	111	1452	1125	6946	3323	1	477	622
陕　西 Shaanxi	79	841	3875	2807	18810	7220	95	1344	1750
甘　肃 Gansu	47	529	3757	3258	20822	8108	8	1171	1778
青　海 Qinghai	15	159	1578	1369	7615	3217	1	463	563
宁　夏 Ningxia	15	192	1500	1169	7127	2797	36	495	662
新　疆 Xinjiang	34	498	5534	5301	30471	12631	54	2509	3246

基本情况(总计)
Special Education (Total)

单位：人
unit: person

Primary Education				初中阶段 Junior Secondary School				高中阶段 Senior Secondary Educaton		
三年级 Grade 3	四年级 Grade 4	五年级 Grade 5	六年级 Grade 6	一年级 Grade 1	二年级 Grade 2	三年级 Grade 3	四年级 Grade 4	一年级 Grade 1	二年级 Grade 2	三年级及以上 Over Grade 3
100158	**111654**	**117913**	**118625**	**94222**	**100400**	**99468**	**3073**	**4884**	**4523**	**4520**
909	850	904	955	727	971	1101	6	65	42	57
412	601	554	544	409	446	475	25	130	123	128
4183	4770	5625	5395	4119	4489	4914	0	85	92	88
2180	2461	2343	2706	2077	2236	2657	0	215	183	166
1354	1541	1671	1892	1352	1562	1402	6	106	103	110
2042	1914	1801	1870	1643	1699	1773	23	158	144	138
1209	1526	1579	1482	1370	1662	1557	0	57	69	61
1266	1708	1934	1931	1895	1735	2034	668	29	37	26
729	842	892	0	857	1065	1234	1151	341	324	518
4800	5604	5084	5949	4121	4192	4177	12	434	361	362
2422	2729	2683	2933	2379	2625	2562	6	658	644	546
4425	4733	5561	6156	4175	4887	4332	9	123	128	166
3320	3812	3685	3734	2674	2836	2817	10	262	294	236
4016	4502	4895	5516	4347	4429	4483	2	246	159	162
5667	5709	7473	5759	5223	5645	5382	986	350	455	396
8745	9466	9797	8436	6615	6717	6149	50	159	130	115
3487	3865	3803	3520	2985	3028	3144	16	87	26	77
6024	6549	7035	7103	5030	5964	5818	6	84	68	22
9083	9486	9818	8998	6538	6895	6551	67	560	578	575
4910	5562	5717	5780	4535	4662	4632	15	64	98	57
746	804	847	758	609	628	685	0	48	59	45
2485	3018	3308	3613	3046	3400	3611	0	107	55	51
6615	7601	8020	8971	7702	7296	7755	15	117	93	127
4258	5370	5454	5662	4774	4897	4282	0	117	86	61
4501	5392	5777	6572	5382	5963	5870	0	0	0	0
847	860	890	892	726	769	805	0	17	11	29
2029	2198	2567	2671	1746	2149	2163	0	50	27	21
2197	2528	2730	2957	2381	2507	2419	0	55	45	46
901	914	1050	1216	967	766	729	0	21	10	14
717	808	757	921	693	964	900	0	80	27	67
3679	3931	3659	3733	3125	3316	3055	0	59	52	53

特殊教育
Basic Statistics of

地区 Region	学校数（所）Schools	班数（个）Classes	毕业生数 Graduates	招生数 Entrants	在校生数 Enrolment	#女 of Which: Female	学前教育阶段 Pre-primary Education	小学阶段 一年级 Grade 1	小学阶段 二年级 Grade 2
总　计 Total	**1176**	**18096**	**55178**	**53518**	**328292**	**115761**	**4049**	**26606**	**32572**
北　京 Beijing	17	328	1422	948	6614	2162	13	392	575
天　津 Tianjin	20	332	620	436	4095	1418	37	254	316
河　北 Hebei	62	786	1969	1490	12052	4458	157	733	1079
山　西 Shanxi	38	545	1408	1373	7948	3075	174	600	768
内蒙古 Inner Mongolia	19	329	1161	839	4686	1797	57	363	465
辽　宁 Liaoning	63	753	1450	1246	10351	3551	92	778	1103
吉　林 Jilin	37	473	1030	863	6203	2097	24	371	588
黑龙江 Heilongjiang	38	575	1071	760	7422	2594	0	417	481
上　海 Shanghai	28	534	1381	1078	7713	2652	222	344	450
江　苏 Jiangsu	86	1265	4159	4112	24881	8480	405	1920	2369
浙　江 Zhejiang	50	815	2313	2614	13378	4598	134	1108	1363
安　徽 Anhui	27	504	1694	1735	10461	3585	193	863	1183
福　建 Fujian	41	695	2328	2397	12851	4292	95	1291	1324
江　西 Jiangxi	34	587	2308	2149	11096	3886	144	935	1106
山　东 Shandong	89	1524	3998	3909	24544	8584	552	2083	2523
河　南 Henan	66	826	1973	2369	15776	5853	109	1505	1804
湖　北 Hubei	45	530	1961	1579	11364	3693	6	967	1225
湖　南 Hunan	38	677	1817	2152	15341	5222	549	1289	1673
广　东 Guangdong	98	2023	5281	6757	38033	12258	367	3725	4093
广　西 Guangxi	38	605	1746	2031	11273	3790	197	1038	1190
海　南 Hainan	5	112	373	417	2233	706	2	217	227
重　庆 Chongqing	25	283	2099	1686	10098	3894	50	714	886
四　川 Sichuan	67	867	3616	3482	17772	6592	180	1585	1886
贵　州 Guizhou	29	492	1844	1785	9792	3752	42	739	933
云　南 Yunnan	32	480	1853	1566	9551	3851	73	677	884
西　藏 Tibet	5	85	318	174	1327	605	1	92	104
陕　西 Shaanxi	33	377	1220	1042	6875	2601	85	608	748
甘　肃 Gansu	14	246	828	655	4446	1643	8	283	399
青　海 Qinghai	6	71	395	400	1765	724	0	78	85
宁　夏 Ningxia	7	106	476	481	2632	1048	36	202	215
新　疆 Xinjiang	19	271	1066	993	5719	2300	45	435	527

基本情况(城区)
Special Education (Urban Area)

单位：人
unit：person

Primary Education				初中阶段 Junior Secondary School				高中阶段 Senior Secondary Educaton		
三年级 Grade 3	四年级 Grade 4	五年级 Grade 5	六年级 Grade 6	一年级 Grade 1	二年级 Grade 2	三年级 Grade 3	四年级 Grade 4	一年级 Grade 1	二年级 Grade 2	三年级及以上 Over Grade 3
35778	**38635**	**38796**	**37681**	**32135**	**33772**	**33776**	**2150**	**4289**	**4005**	**4048**
779	742	753	809	599	829	953	6	65	42	57
376	545	496	488	361	401	433	7	130	123	128
1265	1331	1676	1642	1136	1344	1491	0	57	92	49
864	1026	781	932	693	743	926	0	170	143	128
508	493	546	565	501	477	454	5	74	84	94
1441	1201	1087	1081	1005	1037	1063	23	158	144	138
556	799	715	657	734	832	740	0	57	69	61
663	835	1026	759	981	825	997	389	17	21	11
629	714	731	0	705	839	1003	969	328	298	481
2767	3176	2887	3112	2349	2303	2436	0	434	361	362
1297	1477	1439	1530	1223	1249	1304	6	426	461	361
983	1165	1219	1387	960	1178	913	0	123	128	166
1380	1598	1403	1508	1171	1221	1211	10	224	209	206
1134	1236	1334	1342	1123	1131	1092	0	230	131	158
2572	2454	3205	2103	2403	2475	2510	596	312	402	354
1948	1894	1777	1807	1578	1522	1456	50	123	110	93
1396	1393	1421	1367	1149	1092	1148	16	87	26	71
1803	1834	2013	1792	1390	1396	1438	6	68	68	22
4547	4868	4668	4245	3232	3385	3178	67	539	562	557
1238	1450	1278	1323	1147	1148	1061	0	64	85	54
262	253	234	242	212	205	227	0	48	59	45
1009	1215	1203	1285	1041	1276	1255	0	58	55	51
1904	2016	2000	2117	1911	1877	2003	0	109	74	110
1090	1162	1221	1278	1056	1092	926	0	106	86	61
906	1101	1050	1353	1095	1279	1133	0	0	0	0
211	124	144	137	154	147	156	0	17	11	29
748	839	857	939	580	712	661	0	50	27	21
426	518	566	592	488	533	487	0	55	45	46
183	191	163	305	353	190	172	0	21	10	14
242	349	233	283	215	372	311	0	80	27	67
651	636	670	701	590	662	638	0	59	52	53

特殊教育
Basic Statistics of Special

地区 Region	学校数（所） Schools	班数（个） Classes	毕业生数 Graduates	招生数 Entrants	在校生数 Enrolment	#女 of Which: Female	学前教育阶段 Pre-primary Education	小学阶段	
								一年级 Grade 1	二年级 Grade 2
总 计 Total	**959**	**12787**	**72458**	**64508**	**388642**	**143872**	**825**	**25509**	**31928**
北 京 Beijing	1	7	103	59	507	166	0	16	35
天 津 Tianjin	0	0	37	41	215	71	0	5	11
河 北 Hebei	90	1002	2991	2437	17907	6686	20	959	1263
山 西 Shanxi	30	307	1438	1378	7867	3106	3	520	666
内蒙古 Inner Mongolia	30	298	1287	995	7178	2818	39	549	651
辽 宁 Liaoning	19	186	582	595	4344	1507	0	372	410
吉 林 Jilin	16	182	762	652	4331	1565	18	283	320
黑龙江 Heilongjiang	32	422	1155	553	6472	2378	0	271	369
上 海 Shanghai	2	41	250	141	1009	369	43	43	25
江 苏 Jiangsu	21	367	2675	2363	15637	5284	154	1007	1478
浙 江 Zhejiang	23	275	1361	1450	8207	2845	50	640	779
安 徽 Anhui	42	580	2913	3084	19438	6882	56	1264	1775
福 建 Fujian	30	464	2035	1974	11895	3891	52	1031	1116
江 西 Jiangxi	56	1495	4089	3206	18896	6655	35	1268	1453
山 东 Shandong	63	1028	3833	3701	21817	7688	141	1514	2141
河 南 Henan	80	1025	4059	5122	32363	12254	18	2617	2982
湖 北 Hubei	36	347	1793	1760	12369	4235	0	778	1029
湖 南 Hunan	58	856	4264	3808	27936	9933	62	2201	2335
广 东 Guangdong	32	357	3486	3913	20992	7188	0	1620	1820
广 西 Guangxi	48	544	3882	3753	19337	7091	0	1160	1384
海 南 Hainan	5	44	391	398	2418	774	2	148	215
重 庆 Chongqing	12	149	3048	2338	12182	4671	0	674	900
四 川 Sichuan	58	642	7793	6515	33995	13264	46	1995	2637
贵 州 Guizhou	46	700	4756	3873	22414	8623	43	1287	1718
云 南 Yunnan	40	519	4824	3397	19464	7858	24	946	1307
西 藏 Tibet	0	0	576	527	2382	1164	0	124	140
陕 西 Shaanxi	36	386	2120	1404	9378	3622	10	568	710
甘 肃 Gansu	29	250	2075	1846	10315	4056	0	518	770
青 海 Qinghai	7	72	823	646	3548	1509	0	190	259
宁 夏 Ningxia	7	79	745	467	2864	1126	0	162	281
新 疆 Xinjiang	10	163	2312	2112	10965	4593	9	779	949

基本情况(镇区)
Education (County and Town Area)

单位：人
unit：person

Primary Education				初中阶段 Junior Secondary School				高中阶段 Senior Secondary Educaton		
三年级 Grade 3	四年级 Grade 4	五年级 Grade 5	六年级 Grade 6	一年级 Grade 1	二年级 Grade 2	三年级 Grade 3	四年级 Grade 4	一年级 Grade 1	二年级 Grade 2	三年级及以上 Over Grade 3
37855	**43432**	**47704**	**49588**	**48307**	**51472**	**50400**	**769**	**369**	**273**	**211**
68	60	73	80	63	52	60	0	0	0	0
9	24	29	30	36	32	28	11	0	0	0
1712	2032	2350	2256	2308	2404	2586	0	17	0	0
804	834	934	980	925	1057	1144	0	0	0	0
670	843	901	1010	742	962	784	1	19	0	7
389	541	505	564	514	505	544	0	0	0	0
449	500	582	550	446	595	588	0	0	0	0
498	752	793	1033	809	769	894	242	12	16	14
79	94	125	0	102	167	171	134	6	7	13
1725	2080	1853	2354	1625	1744	1605	12	0	0	0
798	870	866	940	919	1095	1004	0	107	63	76
1870	1954	2421	2733	2258	2645	2453	9	0	0	0
1363	1493	1581	1498	1131	1269	1239	0	34	68	20
1813	2015	2272	2770	2377	2356	2493	2	16	22	4
2085	2278	3072	2441	2518	2738	2449	328	38	45	29
3515	4044	4412	3704	3743	3779	3471	0	36	20	22
1321	1582	1572	1358	1534	1570	1619	0	0	0	6
3019	3276	3456	3792	2865	3555	3359	0	16	0	0
2095	2330	2611	2782	2522	2681	2531	0	0	0	0
1648	1891	2118	2215	2876	3030	2984	15	0	13	3
267	291	335	289	275	277	319	0	0	0	0
1015	1190	1397	1470	1707	1775	2005	0	49	0	0
3242	3759	4032	4564	4685	4399	4577	15	8	19	17
1989	2725	2763	2808	3112	3149	2809	0	11	0	0
1575	1848	2051	2390	2978	3177	3168	0	0	0	0
166	197	196	245	403	450	461	0	0	0	0
948	1022	1327	1314	967	1228	1284	0	0	0	0
960	1063	1201	1298	1486	1523	1496	0	0	0	0
407	381	468	517	481	441	404	0	0	0	0
280	255	277	341	382	441	445	0	0	0	0
1076	1208	1131	1262	1518	1607	1426	0	0	0	0

特殊教育
Basic Statistics of

地区 Region	学校数（所） Schools	班数（个） Classes	毕业生数 Graduates	招生数 Entrants	在校生数 Enrolment	#女 of Which：Female	学前教育阶段 Pre-primary Education	小学阶段	
								一年级 Grade 1	二年级 Grade 2
总　计 Total	**179**	**2076**	**31067**	**28231**	**201568**	**75725**	**188**	**15584**	**21801**
北　京 Beijing	2	27	141	103	601	220	0	46	58
天　津 Tianjin	0	0	26	31	192	69	0	19	13
河　北 Hebei	11	127	1447	1298	9738	3623	29	655	1042
山　西 Shanxi	19	246	768	736	4923	1887	26	357	400
内蒙古 Inner Mongolia	3	53	272	228	1655	619	0	130	166
辽　宁 Liaoning	4	32	182	200	1560	574	0	111	184
吉　林 Jilin	1	7	367	265	1847	659	0	76	129
黑龙江 Heilongjiang	3	29	204	140	1032	379	0	55	70
上　海 Shanghai	1	31	95	53	395	120	14	10	13
江　苏 Jiangsu	1	9	347	299	2264	782	0	154	199
浙　江 Zhejiang	13	164	533	462	3283	1147	43	254	310
安　徽 Anhui	8	112	1495	1745	12522	4583	35	920	1437
福　建 Fujian	5	84	737	803	4767	1578	7	415	502
江　西 Jiangxi	1	33	1941	1527	9329	3488	0	709	914
山　东 Shandong	5	70	1247	901	7193	2545	6	622	927
河　南 Henan	5	60	1949	2897	21710	8420	0	1730	2705
湖　北 Hubei	7	63	589	606	5312	1772	12	417	573
湖　南 Hunan	4	42	1472	1425	10296	3526	0	669	1092
广　东 Guangdong	22	265	1474	2417	15430	5278	3	1704	1974
广　西 Guangxi	4	35	1844	1576	12995	4753	0	1112	1492
海　南 Hainan	7	65	133	241	1772	552	12	164	207
重　庆 Chongqing	2	22	920	581	4325	1615	0	306	381
四　川 Sichuan	12	125	2850	1873	12709	5012	0	766	1069
贵　州 Guizhou	3	54	1448	1223	9089	3402	0	655	917
云　南 Yunnan	12	97	3844	2319	17054	6817	0	1108	1593
西　藏 Tibet	2	26	558	424	3237	1554	0	261	378
陕　西 Shaanxi	10	78	535	361	2557	997	0	168	292
甘　肃 Gansu	4	33	854	757	6061	2409	0	370	609
青　海 Qinghai	2	16	360	323	2302	984	1	195	219
宁　夏 Ningxia	1	7	279	221	1631	623	0	131	166
新　疆 Xinjiang	5	64	2156	2196	13787	5738	0	1295	1770

基本情况(乡村)
Special Education (Rural Area)

单位：人
unit: person

Primary Education				初中阶段 Junior Secondary School				高中阶段 Senior Secondary Educaton		
三年级 Grade 3	四年级 Grade 4	五年级 Grade 5	六年级 Grade 6	一年级 Grade 1	二年级 Grade 2	三年级 Grade 3	四年级 Grade 4	一年级 Grade 1	二年级 Grade 2	三年级及以上 Over Grade 3
26525	**29587**	**31413**	**31356**	**13780**	**15156**	**15292**	**154**	**226**	**245**	**261**
62	48	78	66	65	90	88	0	0	0	0
27	32	29	26	12	13	14	7	0	0	0
1206	1407	1599	1497	675	741	837	0	11	0	39
512	601	628	794	459	436	587	0	45	40	38
176	205	224	317	109	123	164	0	13	19	9
212	172	209	225	124	157	166	0	0	0	0
204	227	282	275	190	235	229	0	0	0	0
105	121	115	139	105	141	143	37	0	0	1
21	34	36	0	50	59	60	48	7	19	24
308	348	344	483	147	145	136	0	0	0	0
327	382	378	463	237	281	254	0	125	120	109
1572	1614	1921	2036	957	1064	966	0	0	0	0
577	721	701	728	372	346	367	0	4	17	10
1069	1251	1289	1404	847	942	898	0	0	6	0
1010	977	1196	1215	302	432	423	62	0	8	13
3282	3528	3608	2925	1294	1416	1222	0	0	0	0
770	890	810	795	302	366	377	0	0	0	0
1202	1439	1566	1519	775	1013	1021	0	0	0	0
2441	2288	2539	1971	784	829	842	0	21	16	18
2024	2221	2321	2242	512	484	587	0	0	0	0
217	260	278	227	122	146	139	0	0	0	0
461	613	708	858	298	349	351	0	0	0	0
1469	1826	1988	2290	1106	1020	1175	0	0	0	0
1179	1483	1470	1576	606	656	547	0	0	0	0
2020	2443	2676	2829	1309	1507	1569	0	0	0	0
470	539	550	510	169	172	188	0	0	0	0
333	337	383	418	199	209	218	0	0	0	0
811	947	963	1067	407	451	436	0	0	0	0
311	342	419	394	133	135	153	0	0	0	0
195	204	247	297	96	151	144	0	0	0	0
1952	2087	1858	1770	1017	1047	991	0	0	0	0

特殊教育
Number of Female Students

地区 Region	毕业生数 Graduates	招生数 Entrants	在校生数 Enrolment	学前教育阶段 Pre-primary Education	小学阶段 Primary Education			
					一年级 Grade 1	二年级 Grade 2	三年级 Grade 3	四年级 Grade 4
总　计 Total	**60248**	**53893**	**335358**	**1634**	**23785**	**30737**	**36257**	**40391**
北　京 Beijing	604	365	2548	2	141	196	288	262
天　津 Tianjin	248	181	1558	18	90	118	140	222
河　北 Hebei	2470	1971	14767	68	846	1288	1543	1770
山　西 Shanxi	1465	1374	8068	56	532	673	845	931
内蒙古 Inner Mongolia	1035	807	5234	24	379	499	511	601
辽　宁 Liaoning	766	671	5632	36	392	572	715	670
吉　林 Jilin	804	604	4321	16	247	352	426	518
黑龙江 Heilongjiang	874	539	5351	0	273	340	447	578
上　海 Shanghai	643	455	3141	80	147	171	248	279
江　苏 Jiangsu	2524	2339	14546	187	1042	1407	1619	1825
浙　江 Zhejiang	1545	1528	8590	74	632	805	781	932
安　徽 Anhui	2271	2350	15050	110	1077	1551	1602	1640
福　建 Fujian	1813	1692	9761	41	808	929	1116	1236
江　西 Jiangxi	3052	2437	14029	47	979	1186	1409	1603
山　东 Shandong	3192	2969	18817	258	1388	1852	1924	1945
河　南 Henan	3177	4055	26527	51	2200	2786	3328	3676
湖　北 Hubei	1711	1300	9700	5	720	918	1161	1265
湖　南 Hunan	2792	2671	18681	173	1392	1680	2101	2261
广　东 Guangdong	3427	4287	24724	118	2232	2627	2988	3064
广　西 Guangxi	2794	2695	15634	50	1127	1469	1711	2001
海　南 Hainan	298	338	2032	6	167	187	213	247
重　庆 Chongqing	2458	1808	10180	17	622	793	927	1111
四　川 Sichuan	5636	4641	24868	67	1617	2076	2534	2972
贵　州 Guizhou	3042	2664	15777	33	1014	1306	1629	2110
云　南 Yunnan	4285	2959	18526	35	1095	1511	1823	2128
西　藏 Tibet	712	518	3323	1	219	310	404	432
陕　西 Shaanxi	1528	1041	7220	28	477	659	769	814
甘　肃 Gansu	1453	1300	8108	3	480	667	909	1000
青　海 Qinghai	686	611	3217	0	204	231	370	382
宁　夏 Ningxia	593	447	2797	12	193	255	269	293
新　疆 Xinjiang	2350	2276	12631	18	1053	1323	1507	1623

女学生数
of Special Education

单位：人
unit: person

		初中阶段 Junior Secondary School				高中阶段 Senior Secondary Educaton		
五年级 Grade 5	六年级 Grade 6	一年级 Grade 1	二年级 Grade 2	三年级 Grade 3	四年级 Grade 4	一年级 Grade 1	二年级 Grade 2	三年级及以上 Over Grade 3
42692	**43346**	**35462**	**37446**	**36903**	**1140**	**1953**	**1826**	**1786**
291	332	242	352	377	2	22	19	22
196	180	152	136	163	12	54	40	37
2067	2001	1561	1670	1860	0	28	39	26
899	1051	837	914	1063	0	101	88	78
631	738	564	597	563	3	42	43	39
615	622	582	608	649	10	57	62	42
565	523	465	590	543	0	22	27	27
692	679	687	622	736	260	7	19	11
304	0	300	365	427	392	127	112	189
1618	1967	1445	1519	1432	6	178	145	156
902	1046	820	982	900	2	253	259	202
1962	2170	1474	1706	1580	2	64	46	66
1211	1247	913	1019	940	4	95	113	89
1704	2027	1549	1601	1701	1	104	65	53
2664	2048	1908	1990	1996	384	132	162	166
3691	3099	2626	2586	2277	21	76	57	53
1243	1172	1026	1048	1057	4	34	15	32
2431	2467	1859	2167	2085	0	31	31	3
3234	3006	2259	2383	2161	25	194	217	216
2011	2104	1699	1693	1664	7	24	44	30
304	221	199	199	229	0	20	21	19
1246	1385	1243	1300	1435	0	44	29	28
3065	3496	3052	2832	2994	5	54	50	54
2096	2161	1858	1902	1552	0	52	35	29
2350	2604	2206	2408	2366	0	0	0	0
411	418	344	360	404	0	8	2	10
959	1009	677	867	918	0	17	18	8
1070	1169	926	920	893	0	24	23	24
449	479	416	316	343	0	11	7	9
298	384	250	392	355	0	41	15	40
1513	1541	1323	1402	1240	0	37	23	28

特殊教育学校教职工数
Number of Educational Personnel in Special Education Schools

单位：人
unit：person

地区 Region	教职工数 Educational Personnel	专任教师 Full-time Teachers	行政人员 Adm. Personnel	教辅人员 Supporting Staffs	工勤人员 Workers	校外教师 Part-time Teachers	外籍教师 Foreign Teachers
总　计 Total	**85989**	**74390**	**3493**	**3685**	**4421**	**456**	**0**
北　京 Beijing	1355	1121	88	115	31	11	0
天　津 Tianjin	820	683	80	38	19	0	0
河　北 Hebei	4438	3969	177	111	181	3	0
山　西 Shanxi	2651	2274	126	109	142	18	0
内蒙古 Inner Mongolia	2272	1951	114	132	75	10	0
辽　宁 Liaoning	3109	2420	513	96	80	0	0
吉　林 Jilin	2108	1830	157	65	56	0	0
黑龙江 Heilongjiang	2535	2245	169	59	62	6	0
上　海 Shanghai	1825	1485	140	103	97	6	0
江　苏 Jiangsu	4766	4057	135	302	272	16	0
浙　江 Zhejiang	3685	3365	59	88	173	30	0
安　徽 Anhui	2479	2271	60	73	75	10	0
福　建 Fujian	3056	2622	71	156	207	18	0
江　西 Jiangxi	2385	2155	29	88	113	31	0
山　东 Shandong	7237	6503	190	273	271	1	0
河　南 Henan	5138	4620	166	135	217	66	0
湖　北 Hubei	2426	2156	89	48	133	45	0
湖　南 Hunan	3491	3097	144	143	107	18	0
广　东 Guangdong	9142	7369	352	790	631	21	0
广　西 Guangxi	3052	2569	49	147	287	5	0
海　南 Hainan	696	492	21	10	173	0	0
重　庆 Chongqing	1293	1151	48	20	74	13	0
四　川 Sichuan	4174	3729	114	141	190	79	0
贵　州 Guizhou	2476	2104	92	47	233	0	0
云　南 Yunnan	2998	2654	57	120	167	3	0
西　藏 Tibet	343	317	8	14	4	4	0
陕　西 Shaanxi	2182	1815	137	86	144	11	0
甘　肃 Gansu	1352	1196	34	75	47	0	0
青　海 Qinghai	328	235	15	4	74	29	0
宁　夏 Ningxia	563	505	10	37	11	1	0
新　疆 Xinjiang	1614	1430	49	60	75	1	0

特殊教育学校女教职工数

Number of Female Educational Personnel in Special Education Schools

单位：人
unit: person

地区 Region	教职工数 Educational Personnel	专任教师 Full-time Teachers	行政人员 Adm. Personnel	教辅人员 Supporting Staffs	工勤人员 Workers	校外教师 Part-time Teachers	外籍教师 Foreign Teachers
总　计 Total	**62675**	**56049**	**1639**	**2692**	**2295**	**377**	**0**
北　京 Beijing	1041	901	45	84	11	8	0
天　津 Tianjin	614	529	55	29	1	0	0
河　北 Hebei	3416	3199	76	69	72	3	0
山　西 Shanxi	1963	1759	58	81	65	14	0
内蒙古 Inner Mongolia	1549	1425	41	71	12	8	0
辽　宁 Liaoning	2317	1938	315	55	9	0	0
吉　林 Jilin	1578	1440	83	34	21	0	0
黑龙江 Heilongjiang	1692	1593	73	21	5	6	0
上　海 Shanghai	1481	1242	97	80	62	2	0
江　苏 Jiangsu	3482	3079	55	230	118	10	0
浙　江 Zhejiang	2829	2638	20	62	109	26	0
安　徽 Anhui	1764	1662	21	46	35	7	0
福　建 Fujian	2372	2071	27	137	137	16	0
江　西 Jiangxi	1816	1649	17	67	83	31	0
山　东 Shandong	4801	4434	80	186	101	0	0
河　南 Henan	3775	3514	55	112	94	64	0
湖　北 Hubei	1659	1517	34	34	74	39	0
湖　南 Hunan	2556	2350	60	104	42	17	0
广　东 Guangdong	6695	5515	163	615	402	18	0
广　西 Guangxi	2446	2099	31	119	197	5	0
海　南 Hainan	518	376	11	9	122	0	0
重　庆 Chongqing	952	875	20	15	42	8	0
四　川 Sichuan	3056	2815	42	116	83	60	0
贵　州 Guizhou	1731	1508	39	34	150	0	0
云　南 Yunnan	2117	1922	21	94	80	0	0
西　藏 Tibet	219	209	3	7	0	3	0
陕　西 Shaanxi	1484	1324	49	44	67	9	0
甘　肃 Gansu	892	821	12	48	11	0	0
青　海 Qinghai	212	155	4	4	49	21	0
宁　夏 Ningxia	441	398	4	36	3	1	0
新　疆 Xinjiang	1207	1092	28	49	38	1	0

特殊教育专任教师分学历、

Number of Full-time Teachers of Special Education

类别 Item	合计 Total	按学历分 By Educational Attainment				
		博士研究生 Doctor's Degree	硕士研究生 Master's Degree	本科毕业 Under-graduate	专科毕业 Associate Bachelor	高中阶段毕业 High School Graduate
总　计 Total	**72714**	**11**	**2519**	**55465**	**14076**	**605**
北　京 Beijing	999	2	72	867	58	0
天　津 Tianjin	636	0	38	532	64	2
河　北 Hebei	3840	0	71	2742	983	44
山　西 Shanxi	2122	0	25	1532	524	41
内蒙古 Inner Mongolia	1889	0	49	1469	361	10
辽　宁 Liaoning	2308	0	73	1775	450	9
吉　林 Jilin	1777	0	38	1455	275	8
黑龙江 Heilongjiang	2224	0	16	1423	758	27
上　海 Shanghai	1630	3	223	1310	91	3
江　苏 Jiangsu	3970	1	171	3508	284	6
浙　江 Zhejiang	3081	1	153	2633	282	12
安　徽 Anhui	2225	0	36	1651	514	24
福　建 Fujian	2647	0	45	1943	634	24
江　西 Jiangxi	2163	0	22	1340	787	14
山　东 Shandong	6433	0	297	5156	907	73
河　南 Henan	4523	0	45	3052	1373	53
湖　北 Hubei	2065	1	46	1423	568	25
湖　南 Hunan	3086	0	83	2112	835	45
广　东 Guangdong	7328	3	641	5821	758	90
广　西 Guangxi	2581	0	36	1835	695	15
海　南 Hainan	492	0	6	387	97	2
重　庆 Chongqing	1152	0	36	870	222	22
四　川 Sichuan	3607	0	109	2748	733	17
贵　州 Guizhou	2085	0	25	1660	391	8
云　南 Yunnan	2555	0	36	2137	379	2
西　藏 Tibet	317	0	4	261	51	1
陕　西 Shaanxi	1791	0	69	1297	408	14
甘　肃 Gansu	1152	0	27	938	183	4
青　海 Qinghai	230	0	9	170	51	0
宁　夏 Ningxia	420	0	6	337	74	3
新　疆 Xinjiang	1386	0	12	1081	286	7

分专业技术职务情况

by Academic Qualifications and Professional Rank

单位：人
unit：person

	按专业技术职务分 By Professional Rank					
高中阶段以下毕业 Below High School Graduate	正高级 Senior	副高级 Sub-Senior	中　级 Middle	助理级 Associate	员　级 Junior	未定职级 No-Ranking
38	**133**	**13129**	**28777**	**19633**	**2479**	**8563**
0	2	175	415	340	16	51
0	1	96	379	125	7	28
0	7	1135	1582	763	55	298
0	0	124	780	848	72	298
0	4	469	715	428	106	167
1	0	710	1130	258	92	118
1	3	499	769	359	34	113
0	6	732	975	409	40	62
0	5	117	869	553	12	74
0	4	694	1924	925	55	368
0	2	484	1203	989	65	338
0	4	368	782	626	110	335
1	9	281	1261	719	92	285
0	3	372	694	573	276	245
0	22	1369	2573	1384	158	927
0	1	962	1938	1252	102	268
2	0	402	1047	424	56	136
11	7	575	1045	793	157	509
15	5	685	2263	2271	310	1794
0	3	200	980	767	145	486
0	0	46	128	210	28	80
2	3	156	548	369	8	68
0	8	782	1109	1189	48	471
1	2	252	979	645	25	182
1	11	634	836	747	205	122
0	0	58	76	114	53	16
3	0	219	738	503	29	302
0	15	245	490	334	11	57
0	0	62	75	46	7	40
0	3	77	166	133	30	11
0	3	149	308	537	75	314

特殊教育学校
Condition of School Buildings

地区 Region	校舍建筑面积 Floor Space	教学及辅助用房 Buildings for Instruction and Ancillary Uses	普通教室 Classroom	专用教室 Professional Classroom	公共活动及康复用房 Public Activity and Rehabilitation Room	图书阅览室 Library	体育康复训练室 Physical Rehabilitation Training Room	心理咨询室 Psychological Consultation Room
总　计 Total	**12895613. 43**	**5990045. 82**	**2615505. 55**	**1923214. 88**	**1451325. 39**	**219196. 63**	**355350. 76**	**87276. 05**
北　京 Beijing	158752. 50	79988. 65	32100. 47	27295. 57	20592. 61	2555. 15	2208. 30	852. 44
天　津 Tianjin	105215. 20	54005. 86	23652. 61	18844. 16	11509. 09	2853. 64	2363. 57	759. 52
河　北 Hebei	598675. 86	277461. 14	107980. 63	111314. 75	58165. 76	13720. 15	16310. 82	4522. 73
山　西 Shanxi	281233. 24	115640. 57	53184. 86	38575. 65	23880. 06	6354. 25	6800. 57	2125. 64
内蒙古 Inner Mongolia	274105. 99	125889. 12	49488. 30	45209. 54	31191. 28	3437. 91	9469. 20	1671. 66
辽　宁 Liaoning	313635. 60	170086. 65	51455. 38	71803. 48	46827. 79	5720. 21	15900. 58	2934. 31
吉　林 Jilin	229117. 75	111424. 87	49531. 94	43322. 83	18570. 10	3812. 21	4807. 26	1597. 02
黑龙江 Heilongjiang	271761. 33	136834. 08	46872. 93	60050. 42	29910. 73	3827. 67	9324. 07	1777. 71
上　海 Shanghai	217629. 49	109493. 23	36807. 86	41799. 42	30885. 95	7024. 01	7049. 69	2153. 71
江　苏 Jiangsu	767278. 80	376289. 17	149064. 19	139495. 49	87729. 49	13973. 98	26232. 43	5576. 59
浙　江 Zhejiang	737703. 03	282724. 96	117473. 06	91920. 04	73331. 86	9633. 70	18923. 13	4064. 05
安　徽 Anhui	544444. 39	277526. 50	141729. 23	88437. 00	47360. 27	12035. 68	11823. 73	3237. 47
福　建 Fujian	520401. 93	241261. 02	97021. 44	82092. 08	62147. 50	7974. 32	16889. 16	3321. 48
江　西 Jiangxi	455891. 55	219329. 10	101790. 43	58894. 83	58643. 84	7834. 69	10684. 01	4096. 88
山　东 Shandong	1153310. 25	543883. 73	212243. 14	162480. 28	169160. 31	18628. 80	35361. 31	7679. 84
河　南 Henan	642553. 41	288745. 53	137615. 40	97846. 20	53283. 93	12922. 22	14149. 28	5105. 15
湖　北 Hubei	434006. 38	190807. 97	100789. 11	56894. 98	33123. 88	6543. 23	11463. 62	2572. 72
湖　南 Hunan	501676. 91	221896. 01	117822. 54	65148. 21	38925. 26	7931. 14	14010. 51	4342. 79
广　东 Guangdong	1421064. 85	637168. 22	265806. 13	164575. 19	206786. 90	20051. 30	38190. 32	7290. 94
广　西 Guangxi	428893. 55	200888. 89	93951. 22	65900. 99	41036. 68	7281. 24	6749. 47	3254. 23
海　南 Hainan	102128. 89	41305. 27	19368. 80	14380. 26	7556. 21	1932. 78	1592. 14	554. 02
重　庆 Chongqing	219045. 65	98027. 53	54568. 72	22050. 59	21408. 22	2918. 77	2764. 66	1804. 52
四　川 Sichuan	639999. 20	316621. 53	141737. 21	91615. 03	83269. 29	11579. 85	17392. 14	3875. 98
贵　州 Guizhou	341623. 96	158362. 06	79654. 65	46888. 04	31819. 37	4954. 63	8263. 32	2968. 15
云　南 Yunnan	444327. 42	223677. 61	119553. 65	56757. 79	47366. 17	6697. 40	12087. 16	3115. 66
西　藏 Tibet	81304. 78	32895. 46	17053. 95	7395. 51	8446. 00	477. 09	4137. 46	356. 91
陕　西 Shaanxi	308756. 38	133031. 90	56034. 18	36994. 95	40002. 77	5396. 60	9757. 65	1980. 84
甘　肃 Gansu	221495. 37	92681. 52	45065. 64	26295. 58	21320. 30	3458. 81	7983. 14	1785. 37
青　海 Qinghai	101629. 39	45220. 00	15233. 89	25477. 66	4508. 45	1933. 01	658. 40	206. 70
宁　夏 Ningxia	107982. 73	57563. 78	27272. 04	19236. 15	11055. 59	1109. 00	1123. 00	352. 00
新　疆 Xinjiang	269967. 65	129313. 89	53581. 95	44222. 21	31509. 73	4623. 19	10880. 66	1339. 02

校舍情况
in Special Education Schools

单位：平方米
unit：m^2

其他 Others	行政办公用房 Administrative	教师办公室 for Teachers	其他 Others	生活用房 Residential and Welfare	学生宿舍 Students' Dormitories	学生餐厅 Students' Canteen	学生厕所 Students' Toilets	其他 Others	其他用房 Rooms for Other Purposes
789501. 95	**1239122. 69**	**670268. 71**	**568853. 98**	**3969340. 40**	**1836039. 59**	**728336. 99**	**465245. 70**	**939718. 12**	**1697104. 52**
14976. 72	21230. 36	7541. 37	13688. 99	48998. 47	8475. 86	6215. 46	5871. 51	28435. 64	8535. 02
5532. 36	11346. 47	6110. 07	5236. 40	20879. 74	8304. 18	3290. 85	4672. 42	4612. 29	18983. 13
23612. 06	57746. 37	33322. 50	24423. 87	165530. 93	72184. 80	36792. 49	20544. 29	36009. 35	97937. 42
8599. 60	30687. 27	19407. 78	11279. 49	86617. 20	40300. 50	16066. 17	9848. 05	20402. 48	48288. 20
16612. 51	28157. 14	14980. 63	13176. 51	82950. 94	32941. 15	17380. 59	11755. 28	20873. 92	37108. 79
22272. 69	37046. 65	17915. 23	19131. 42	106259. 30	21983. 73	20176. 31	12578. 99	51520. 27	243. 00
8353. 61	22770. 56	13774. 15	8996. 41	58356. 23	21895. 04	10875. 83	7912. 72	17672. 64	36566. 09
14981. 28	25987. 43	14734. 08	11253. 35	73879. 32	24851. 50	14864. 00	8608. 10	25555. 72	35060. 50
14658. 54	31650. 38	12008. 59	19641. 79	58121. 09	25502. 27	7759. 06	7624. 61	17235. 15	18364. 79
41946. 49	73063. 51	35694. 03	37369. 48	209196. 53	95135. 88	41837. 67	22389. 69	49833. 29	108729. 59
40710. 98	55023. 31	27746. 49	27276. 82	211031. 95	94328. 13	44446. 91	22268. 34	49988. 57	188922. 81
20263. 39	50366. 86	30428. 40	19938. 46	180714. 98	88659. 12	36790. 49	19352. 48	35912. 89	35836. 05
33962. 54	51225. 84	24299. 92	26925. 92	158274. 44	80450. 25	26688. 95	15233. 72	35901. 52	69640. 63
36028. 26	54656. 78	25245. 73	29411. 05	144709. 13	74774. 58	20637. 71	20777. 30	28519. 54	37196. 54
107490. 36	131782. 57	67752. 03	64030. 54	347269. 33	142885. 89	61815. 13	46530. 38	96037. 93	130374. 62
21107. 28	78994. 05	47261. 13	31732. 92	205520. 04	104085. 41	39828. 38	25495. 42	36110. 83	69293. 79
12544. 31	38500. 91	19712. 37	18788. 54	143831. 15	76888. 91	28472. 69	11948. 41	26521. 14	60866. 35
12640. 82	47953. 02	32846. 36	15106. 66	171316. 40	78073. 88	38541. 57	16172. 99	38527. 96	60511. 48
141254. 34	105079. 80	58222. 76	46857. 04	380357. 63	159558. 68	51394. 64	48847. 08	120557. 23	298459. 20
23751. 74	31191. 46	17749. 52	13441. 94	160527. 22	95298. 83	29570. 83	17922. 80	17734. 76	36285. 98
3477. 27	5503. 05	4450. 23	1052. 82	43758. 60	24230. 60	6550. 02	4755. 10	8222. 88	11561. 97
13920. 27	20701. 80	11306. 69	9395. 11	71419. 91	37263. 99	12519. 77	7376. 63	14259. 52	28896. 41
50421. 32	49430. 22	28907. 60	20522. 62	195832. 49	104784. 87	37944. 92	22180. 06	30922. 64	78114. 96
15633. 27	29461. 57	19354. 58	10106. 99	125909. 63	73795. 16	26068. 25	11441. 00	14605. 22	27890. 70
25465. 95	39324. 86	21439. 82	17885. 04	149722. 57	86064. 57	28823. 59	16705. 07	18129. 34	31602. 38
3474. 54	9154. 02	4416. 13	4737. 89	35236. 42	14459. 22	5611. 56	1532. 74	13632. 90	4018. 88
22867. 68	38389. 27	19574. 15	18815. 12	102223. 28	33245. 81	15473. 44	16534. 41	36969. 62	35111. 93
8092. 98	22429. 72	15727. 10	6702. 62	71937. 55	31402. 29	13393. 33	8635. 08	18506. 85	34446. 58
1710. 34	11782. 78	5852. 70	5930. 08	35308. 96	16945. 76	5550. 50	6569. 58	6243. 12	9317. 65
8471. 59	6679. 78	3282. 16	3397. 62	34224. 47	21150. 30	7808. 87	2665. 17	2600. 13	9514. 70
14666. 86	21804. 88	9204. 41	12600. 47	89424. 50	46118. 43	15147. 01	10496. 28	17662. 78	29424. 38

地区 Region	占地面积（平方米）Areas Occupied（m^2）	#绿化用地面积 of Which: Green Areas	#运动场地面积 of Which: Sports Areas	校园足球场（个）Campus Football	11人制足球场 11-a-side Football Field	7人制足球场 7-a-side Football Field	5人制足球场 5-a-side Football Field
总　计 Total	**25391372. 83**	**5590632. 27**	**6285928. 03**	**668**	**60**	**188**	**420**
北　京 Beijing	250167. 90	40273. 90	64516. 53	5	0	2	3
天　津 Tianjin	205407. 74	20249. 17	63906. 62	9	0	4	5
河　北 Hebei	1304515. 20	260014. 94	337152. 29	31	4	6	21
山　西 Shanxi	529135. 08	72532. 72	123499. 74	13	0	1	12
内蒙古 Inner Mongolia	668912. 58	134505. 18	209987. 52	22	2	8	12
辽　宁 Liaoning	710457. 08	111935. 02	238380. 69	30	4	9	17
吉　林 Jilin	565684. 03	114194. 28	178604. 49	23	0	6	17
黑龙江 Heilongjiang	626711. 88	87983. 02	213145. 85	18	1	5	12
上　海 Shanghai	341909. 41	121357. 80	74902. 59	14	1	4	9
江　苏 Jiangsu	1472931. 08	431233. 75	349802. 33	49	6	17	26
浙　江 Zhejiang	1295139. 73	382242. 60	280280. 26	27	4	9	14
安　徽 Anhui	1248117. 46	305416. 48	278210. 41	26	2	9	15
福　建 Fujian	904642. 02	234434. 75	250906. 31	23	2	4	17
江　西 Jiangxi	833437. 12	212333. 57	252895. 66	33	3	10	20
山　东 Shandong	2522560. 29	537277. 06	618455. 12	62	8	21	33
河　南 Henan	1338354. 18	221367. 14	274645. 97	23	1	6	16
湖　北 Hubei	870167. 61	216329. 55	206163. 09	35	6	5	24
湖　南 Hunan	1276674. 30	386449. 39	234316. 00	18	2	4	12
广　东 Guangdong	2106651. 71	439560. 76	488839. 67	53	7	15	31
广　西 Guangxi	694219. 70	130095. 71	166092. 34	9	1	1	7
海　南 Hainan	260509. 34	51640. 49	44947. 35	6	0	3	3
重　庆 Chongqing	301773. 67	50986. 97	75101. 06	8	1	1	6
四　川 Sichuan	977180. 32	194023. 94	288749. 95	31	0	4	27
贵　州 Guizhou	792887. 72	164602. 77	247306. 99	14	1	3	10
云　南 Yunnan	923326. 52	199166. 05	186391. 11	17	0	3	14
西　藏 Tibet	182129. 50	32513. 79	19093. 34	5	0	5	0
陕　西 Shaanxi	577253. 80	104352. 99	146769. 68	23	0	8	15
甘　肃 Gansu	417007. 47	87969. 65	120044. 97	14	3	2	9
青　海 Qinghai	185323. 65	36648. 97	49078. 72	2	0	1	1
宁　夏 Ningxia	226506. 08	47959. 98	55778. 40	6	0	5	1
新　疆 Xinjiang	781678. 66	160979. 88	147962. 98	19	1	7	11

资产情况
Resources in Special Education Schools

图书(册) Books and Magazines in Libraries (Volume)	数字终端数(台) Number of Digital Terminals (Set)	教师终端数 Number of Teachers' Terminals	学生终端数 Number of Student Terminals	教室(间) Classroom (Room)	#网络多媒体教室 of Which: Network Multimedia Classroom	固定资产总值(万元) Total Value of Fixed Asset (10,000 yuan)	#教学仪器设备资产值 of Which: Total Value of Equip & Instru.
12640509	**154095**	**88867**	**57619**	**44395**	**24100**	**2991813.73**	**473496.47**
322213	4222	2637	1119	660	552	71544.87	17655.62
124265	1947	1257	684	471	346	42646.54	12242.18
783192	7179	3884	3114	2538	1077	117319.91	22971.68
302625	3541	1851	1315	1219	520	66189.01	11765.40
211513	2983	2126	796	836	501	69565.83	9681.19
569567	5881	3381	2063	1386	764	81890.29	22745.86
219668	3494	2056	1179	858	389	55423.35	10835.85
301388	4102	2280	1720	1412	656	64988.17	17800.08
401312	5408	3253	1832	677	447	96987.94	14226.67
892454	10082	5386	4482	2467	1640	172479.33	22898.39
508320	7165	4257	2682	1862	1218	201167.47	18893.10
434648	5991	3039	2862	2182	1189	120726.86	15390.75
467665	5253	3367	1553	2940	975	106328.52	17329.08
363716	4169	2459	1541	1532	991	75450.18	12716.20
1058920	14285	9093	4854	4053	2065	262880.36	40105.42
692902	7278	4416	2700	2274	1283	96614.96	14520.70
303365	3723	2107	1537	1241	577	78361.71	11815.50
596469	5492	2980	1930	1635	995	127057.71	19349.21
1036003	16241	10013	5773	3485	2064	321850.08	53351.49
447612	4727	3232	1382	1486	738	79582.89	11256.80
147468	1049	628	405	234	106	26723.78	2318.84
128253	3194	1408	1408	657	481	44147.92	7906.01
560595	6754	3665	2786	2222	1170	141236.82	20382.83
315501	3659	2226	1255	1049	696	61410.22	8186.47
551519	4818	2592	2200	1589	934	115467.46	15348.94
35666	1694	251	132	140	75	19246.31	2913.47
331093	3362	1856	1366	1113	545	83706.83	13551.45
177383	2299	1205	1071	671	339	66656.92	6532.29
77456	753	304	449	401	168	27592.44	3292.31
164919	1513	655	841	328	140	35896.39	6748.53
112839	1837	1003	588	777	459	60672.65	8764.16

学前教育基本情况(总计)
Basic Statistics of Pre-primary Education(Total)

地区 Region	园数(所) Kindergartens	班数(个) Classes	入园(班)人数(人) Entrants	在园(班)人数(人) Enrolment	离园(班)人数(人) Leavers
总　计 Total	**289222**	**1757862**	**13604348**	**46275486**	**16783163**
北　京 Beijing	1989	20662	178620	574235	162717
天　津 Tianjin	2257	12940	99992	319526	94330
河　北 Hebei	18692	105020	748863	2329690	882638
山　西 Shanxi	7037	42406	280929	996592	336516
内蒙古 Inner Mongolia	4299	26006	163093	607436	191538
辽　宁 Liaoning	8819	39809	200993	818409	279641
吉　林 Jilin	3889	20108	106420	400179	156660
黑龙江 Heilongjiang	5441	23162	164024	462599	175122
上　海 Shanghai	1708	20769	167041	534034	185998
江　苏 Jiangsu	8143	79883	672618	2370885	884800
浙　江 Zhejiang	7709	71420	576708	1972528	644696
安　徽 Anhui	11577	75868	619956	2042987	775334
福　建 Fujian	8597	56559	474484	1567148	582713
江　西 Jiangxi	14173	62653	438026	1508518	540693
山　东 Shandong	24886	147323	1060793	3887244	1213273
河　南 Henan	23922	153323	933081	3714844	1433941
湖　北 Hubei	9597	63906	491158	1731054	642119
湖　南 Hunan	15998	79245	634311	2159955	906555
广　东 Guangdong	21566	171793	1523778	4980513	1780043
广　西 Guangxi	13699	82337	737547	2170043	832225
海　南 Hainan	2726	14600	115710	381420	137710
重　庆 Chongqing	5667	33815	241359	961364	339196
四　川 Sichuan	12869	90326	635502	2539742	898518
贵　州 Guizhou	11167	56460	555989	1657716	597252
云　南 Yunnan	13919	61296	660990	1808274	601780
西　藏 Tibet	2412	7442	62986	155833	63354
陕　西 Shaanxi	8028	51628	384003	1325550	460569
甘　肃 Gansu	8021	37311	286655	947232	329757
青　海 Qinghai	1765	8009	80540	219793	84188
宁　夏 Ningxia	1473	9001	97492	255799	107862
新　疆 Xinjiang	7177	32782	210687	874344	461425

学前教育基本情况(城区)
Basic Statistics of Pre-primary Education (Urban Area)

地区 Region	园数(所) Kindergartens	班数(个) Classes	入园(班)人数(人) Entrants	在园(班)人数(人) Enrolment	离园(班)人数(人) Leavers
总　计 Total	**102490**	**777409**	**6240234**	**21455478**	**7130192**
北　京 Beijing	1578	17379	151147	485308	138252
天　津 Tianjin	1413	10185	81038	259805	74622
河　北 Hebei	4203	28391	229822	707334	242634
山　西 Shanxi	2413	17592	125219	443720	141345
内蒙古 Inner Mongolia	1445	10723	74752	273278	79913
辽　宁 Liaoning	5608	28054	138561	570750	182866
吉　林 Jilin	2016	11130	57044	229397	84985
黑龙江 Heilongjiang	2903	13376	96555	265832	96883
上　海 Shanghai	1435	17573	138905	448793	157806
江　苏 Jiangsu	4471	48653	422967	1448353	508226
浙　江 Zhejiang	4299	44132	363695	1217619	394415
安　徽 Anhui	3098	24157	226839	691792	230051
福　建 Fujian	3616	26037	236879	762089	265769
江　西 Jiangxi	3528	21568	157443	546855	183299
山　东 Shandong	8721	65352	511554	1832515	561193
河　南 Henan	5454	42558	278651	1113729	381295
湖　北 Hubei	4430	32273	260739	898100	313007
湖　南 Hunan	5358	30810	248064	866703	324098
广　东 Guangdong	12326	106463	925007	3164518	1044108
广　西 Guangxi	3494	24398	206320	665352	230354
海　南 Hainan	1127	6448	52958	168362	56458
重　庆 Chongqing	3050	20846	154020	608282	204883
四　川 Sichuan	5191	41502	305436	1177875	379868
贵　州 Guizhou	2802	18276	171054	536310	170326
云　南 Yunnan	2233	18144	174047	556317	162068
西　藏 Tibet	134	1258	14258	41505	16054
陕　西 Shaanxi	2712	23646	197071	657923	216697
甘　肃 Gansu	1434	10398	90339	316953	99836
青　海 Qinghai	294	2301	25945	74240	24516
宁　夏 Ningxia	471	4226	44948	127850	45543
新　疆 Xinjiang	1233	9560	78957	298019	118822

学前教育基本情况(镇区)
Basic Statistics of Pre-primary Education (County and Town Area)

地区 Region	园数(所) Kindergartens	班数(个) Classes	入园(班)人数 (人) Entrants	在园(班)人数 (人) Enrolment	离园(班)人数 (人) Leavers
总　计 Total	**94993**	**616187**	**4872188**	**16858460**	**6207116**
北　京 Beijing	182	1776	15169	49162	13464
天　津 Tianjin	304	1245	9712	30158	9663
河　北 Hebei	6883	39848	303630	924835	344845
山　西 Shanxi	2264	15924	115112	412243	142572
内蒙古 Inner Mongolia	1729	11296	72181	275496	89441
辽　宁 Liaoning	1993	8536	47655	186907	69508
吉　林 Jilin	1419	7169	41774	144379	58443
黑龙江 Heilongjiang	1836	7765	55099	161442	64592
上　海 Shanghai	227	2753	24241	73954	24624
江　苏 Jiangsu	2777	26314	215143	791131	317815
浙　江 Zhejiang	2269	21255	167839	596977	196439
安　徽 Anhui	4606	33924	281843	941389	353632
福　建 Fujian	3198	20635	172630	589482	223681
江　西 Jiangxi	5358	28717	208955	721164	255813
山　东 Shandong	7236	48698	364772	1342310	414187
河　南 Henan	9016	59604	383048	1522030	580925
湖　北 Hubei	3309	22693	174691	632154	243891
湖　南 Hunan	6728	34047	274060	952205	412996
广　东 Guangdong	5737	42663	385822	1242262	470701
广　西 Guangxi	5306	33801	304448	938049	345051
海　南 Hainan	967	5173	40037	139799	53350
重　庆 Chongqing	1754	9856	70252	287517	105700
四　川 Sichuan	5149	37549	255482	1097469	403920
贵　州 Guizhou	3858	24512	244054	755985	266158
云　南 Yunnan	2863	19129	221677	627771	198635
西　藏 Tibet	193	962	11735	28821	11971
陕　西 Shaanxi	3262	20165	144518	519630	186421
甘　肃 Gansu	2425	15858	142033	459348	156657
青　海 Qinghai	357	2387	24804	71040	28480
宁　夏 Ningxia	432	3037	34321	89039	40081
新　疆 Xinjiang	1356	8896	65451	254312	123460

学前教育基本情况(乡村)
Basic Statistics of Pre-primary Education (Rural Area)

地区 Region	园数(所) Kindergartens	班数(个) Classes	入园(班)人数(人) Entrants	在园(班)人数(人) Enrolment	离园(班)人数(人) Leavers
总　计 Total	**91739**	**364266**	**2491926**	**7961548**	**3445855**
北　京 Beijing	229	1507	12304	39765	11001
天　津 Tianjin	540	1510	9242	29563	10045
河　北 Hebei	7606	36781	215411	697521	295159
山　西 Shanxi	2360	8890	40598	140629	52599
内蒙古 Inner Mongolia	1125	3987	16160	58662	22184
辽　宁 Liaoning	1218	3219	14777	60752	27267
吉　林 Jilin	454	1809	7602	26403	13232
黑龙江 Heilongjiang	702	2021	12370	35325	13647
上　海 Shanghai	46	443	3895	11287	3568
江　苏 Jiangsu	895	4916	34508	131401	58759
浙　江 Zhejiang	1141	6033	45174	157932	53842
安　徽 Anhui	3873	17787	111274	409806	191651
福　建 Fujian	1783	9887	64975	215577	93263
江　西 Jiangxi	5287	12368	71628	240499	101581
山　东 Shandong	8929	33273	184467	712419	237893
河　南 Henan	9452	51161	271382	1079085	471721
湖　北 Hubei	1858	8940	55728	200800	85221
湖　南 Hunan	3912	14388	112187	341047	169461
广　东 Guangdong	3503	22667	212949	573733	265234
广　西 Guangxi	4899	24138	226779	566642	256820
海　南 Hainan	632	2979	22715	73259	27902
重　庆 Chongqing	863	3113	17087	65565	28613
四　川 Sichuan	2529	11275	74584	264398	114730
贵　州 Guizhou	4507	13672	140881	365421	160768
云　南 Yunnan	8823	24023	265266	624186	241077
西　藏 Tibet	2085	5222	36993	85507	35329
陕　西 Shaanxi	2054	7817	42414	147997	57451
甘　肃 Gansu	4162	11055	54283	170931	73264
青　海 Qinghai	1114	3321	29791	74513	31192
宁　夏 Ningxia	570	1738	18223	38910	22238
新　疆 Xinjiang	4588	14326	66279	322013	219143

学前教育中女幼儿数

Basic of Female Children in Pre-primary Education

地区 Region	入园(班)人数 (人) Entrants	在园(班)人数 (人) Enrolment	离园(班)人数 (人) Leavers
总　计 Total	**6456443**	**21909237**	**7945359**
北　京 Beijing	85878	277589	79084
天　津 Tianjin	47651	153735	44871
河　北 Hebei	359534	1117391	421424
山　西 Shanxi	137561	486596	163801
内蒙古 Inner Mongolia	78336	290531	92165
辽　宁 Liaoning	96269	390342	133784
吉　林 Jilin	50712	191718	75075
黑龙江 Heilongjiang	78530	222085	84722
上　海 Shanghai	80559	256395	88865
江　苏 Jiangsu	323105	1134268	419644
浙　江 Zhejiang	273857	934604	304036
安　徽 Anhui	292672	964910	365487
福　建 Fujian	218534	721005	267548
江　西 Jiangxi	200241	692954	249989
山　东 Shandong	499641	1833811	567498
河　南 Henan	448980	1779369	686581
湖　北 Hubei	229807	809784	299970
湖　南 Hunan	298643	1014707	428187
广　东 Guangdong	714602	2315136	832841
广　西 Guangxi	345690	1010239	386634
海　南 Hainan	52909	173988	63309
重　庆 Chongqing	116736	460966	163349
四　川 Sichuan	306275	1218978	434157
贵　州 Guizhou	261387	775363	278775
云　南 Yunnan	317337	867016	288486
西　藏 Tibet	30795	76128	30895
陕　西 Shaanxi	184257	635642	220060
甘　肃 Gansu	138250	454571	157937
青　海 Qinghai	38742	105657	40930
宁　夏 Ningxia	46699	122337	51744
新　疆 Xinjiang	102254	421422	223511

幼儿园教职工数(总计)

Number of Educational Personnel in Kindergartens (Total)

单位：人
unit: person

地区 Region	教职工数 Educational Personnel	园长 Kindergarten Principals	专任教师 Full-time Teachers	保育员 Caretakers	卫生保健人员 Health Care workers	行政人员 Adm. Personnel	教辅人员 Supporting Staffs	工勤人员 Workers	校外教师 Part-time Teachers	外籍教师 Foreign Teachers
总　计 Total	**5756829**	**299767**	**3123018**	**1257340**	**173379**	**132188**	**103053**	**668084**	**53389**	**3575**
北　京 Beijing	99987	3288	48774	17486	5192	5598	4627	15022	1107	452
天　津 Tianjin	52518	2409	25932	10868	2017	2370	1800	7122	409	41
河　北 Hebei	262366	18521	149861	52642	8378	5937	4164	22863	4356	30
山　西 Shanxi	125932	6992	74023	21967	4032	3373	2555	12990	2187	11
内蒙古 Inner Mongolia	88540	4050	50340	14233	2425	3686	3850	9956	676	10
辽　宁 Liaoning	138328	10176	72748	28833	3322	4184	3629	15436	462	20
吉　林 Jilin	64621	4317	31301	14976	2848	2540	3134	5505	167	20
黑龙江 Heilongjiang	75936	5694	36736	16384	3598	1872	2638	9014	3372	0
上　海 Shanghai	84999	1984	46051	20230	3815	2362	2815	7742	333	779
江　苏 Jiangsu	318578	11416	171112	78651	14753	3462	5191	33993	280	384
浙　江 Zhejiang	291072	7464	155444	71320	9692	3153	2682	41317	64	247
安　徽 Anhui	237325	12414	130206	58445	7431	3842	3230	21757	1838	33
福　建 Fujian	196391	9994	104611	44861	5118	3190	2904	25713	1727	78
江　西 Jiangxi	197746	11039	114863	47149	3743	1330	2120	17502	1737	2
山　东 Shandong	444684	26115	278895	76567	8367	6646	5807	42287	4501	26
河　南 Henan	413200	24902	237121	86466	12207	9675	5285	37544	4180	62
湖　北 Hubei	224459	12669	110449	53694	7623	6574	5180	28270	1607	97
湖　南 Hunan	261226	15398	125382	69768	9362	7917	4272	29127	1645	33
广　东 Guangdong	667794	30543	340225	149280	22467	21607	12030	91642	415	868
广　西 Guangxi	229213	14888	113916	54074	4957	4036	3061	34281	539	22
海　南 Hainan	58476	2902	28885	12855	1813	1158	610	10253	35	70
重　庆 Chongqing	114920	6289	57542	28200	3286	2703	1804	15096	384	75
四　川 Sichuan	281784	14213	147673	63420	8943	7293	5256	34986	10836	174
贵　州 Guizhou	210430	9958	108920	52826	4024	3308	2089	29305	237	2
云　南 Yunnan	160252	9614	90787	29263	3615	2952	2240	21781	6192	28
西　藏 Tibet	10230	547	8814	369	37	67	116	280	3049	0
陕　西 Shaanxi	183944	8594	101067	36365	5882	7881	3667	20488	19	0
甘　肃 Gansu	88685	5495	59725	11409	1773	974	1504	7805	373	11
青　海 Qinghai	23291	1038	12928	5044	234	424	112	3511	9	0
宁　夏 Ningxia	34839	1495	17460	7225	993	1118	1133	5415	82	0
新　疆 Xinjiang	115063	5349	71227	22470	1432	956	3548	10081	571	0

幼儿园教职工数(城区)

Number of Educational Personnel in Kindergarten (Urban Area)

单位：人
unit: person

地区 Region	教职工数 Educational Personnel	园长 Kindergarten Principals	专任教师 Full-time Teachers	保育员 Caretakers	卫生保健人员 Health Care workers	行政人员 Adm. Personnel	教辅人员 Supporting Staffs	工勤人员 Workers	校外教师 Part-time Teachers	外籍教师 Foreign Teachers
总计 Total	**3082521**	**133340**	**1606430**	**683429**	**104150**	**93598**	**62860**	**398714**	**12668**	**3298**
北京 Beijing	85876	2705	41797	15033	4529	4921	3819	13072	802	429
天津 Tianjin	44342	1841	21591	9210	1734	2226	1644	6096	218	41
河北 Hebei	102725	5410	54979	21440	3362	3702	2075	11757	1196	13
山西 Shanxi	66154	3112	37244	11920	2168	2539	1309	7862	133	8
内蒙古 Inner Mongolia	43176	1553	22731	7815	1365	2427	1793	5492	263	3
辽宁 Liaoning	106496	6814	54700	22999	2830	3614	2397	13142	212	18
吉林 Jilin	39570	2336	18514	9727	1759	1580	2072	3582	94	11
黑龙江 Heilongjiang	46788	3234	21764	10503	2366	1366	1496	6059	1859	0
上海 Shanghai	72094	1685	39179	16997	3243	1999	2587	6404	308	735
江苏 Jiangsu	201168	6597	106608	49465	9428	2552	3511	23007	189	362
浙江 Zhejiang	182609	4318	97241	44433	6159	2090	1854	26514	20	232
安徽 Anhui	93258	4167	48965	22814	3243	2253	1538	10278	455	16
福建 Fujian	103629	4712	54078	24345	3109	2246	1798	13341	423	73
江西 Jiangxi	76291	3875	42954	18353	1729	742	974	7664	587	1
山东 Shandong	236196	10871	141187	42853	5205	4569	3437	28074	888	3
河南 Henan	153553	6699	84375	32931	4745	5542	2769	16492	929	53
湖北 Hubei	131277	6820	64260	30677	4544	4743	3119	17114	924	90
湖南 Hunan	120348	5889	57307	31234	4592	5090	1816	14420	531	28
广东 Guangdong	461157	19509	227611	102719	16384	16645	10356	67933	309	851
广西 Guangxi	90109	4624	45597	21153	2328	2364	1239	12804	141	12
海南 Hainan	27169	1308	13460	5910	1010	817	318	4346	14	42
重庆 Chongqing	80285	3979	39856	19563	2545	2226	1334	10782	176	71
四川 Sichuan	170422	7264	85418	39158	5696	5741	3441	23704	931	168
贵州 Guizhou	76189	3230	38170	19321	1894	1967	721	10886	8	2
云南 Yunnan	68013	2572	37040	13754	2089	1786	1230	9542	573	27
西藏 Tibet	3793	226	2750	353	35	54	106	269	194	0
陕西 Shaanxi	97106	3617	50840	19485	3540	5367	1770	12487	7	0
甘肃 Gansu	36415	1916	21024	6291	959	718	583	4924	102	9
青海 Qinghai	9213	276	4692	2182	161	331	63	1508	5	0
宁夏 Ningxia	18533	688	9368	3496	519	751	596	3115	1	0
新疆 Xinjiang	38567	1493	21130	7295	880	630	1095	6044	176	0

幼儿园教职工数(镇区)
Number of Educational Personnel in Kindergarten (County and Town Area)

单位：人
unit: person

地区 Region	教职工数 Educational Personnel	园长 Kindergarten Principals	专任教师 Full-time Teachers	保育员 Caretakers	卫生保健人员 Health Care workers	行政人员 Adm. Personnel	教辅人员 Supporting Staffs	工勤人员 Workers	校外教师 Part-time Teachers	外籍教师 Foreign Teachers
总 计 Total	**1909302**	**102119**	**1081177**	**418284**	**50216**	**30332**	**30301**	**196873**	**23545**	**217**
北 京 Beijing	7817	295	3950	1383	378	371	469	971	213	8
天 津 Tianjin	4169	246	2135	885	161	93	93	556	61	0
河 北 Hebei	105232	7212	61389	21774	3357	1851	1610	8039	1352	17
山 西 Shanxi	44695	2345	27999	7577	1224	684	988	3878	1685	3
内蒙古 Inner Mongolia	37657	1775	22912	5516	889	1103	1781	3681	310	7
辽 宁 Liaoning	23942	2297	13540	4569	364	458	999	1715	161	2
吉 林 Jilin	21564	1574	10905	4594	934	873	915	1769	68	9
黑龙江 Heilongjiang	24230	1855	12481	4898	1004	448	950	2594	1031	0
上 海 Shanghai	11070	248	5965	2783	494	282	182	1116	25	37
江 苏 Jiangsu	99505	3904	54822	24743	4421	803	1526	9286	79	22
浙 江 Zhejiang	84553	2254	45638	21071	2750	874	730	11236	13	10
安 徽 Anhui	103536	5079	58489	25603	3115	1361	1252	8637	1025	11
福 建 Fujian	70656	3669	38656	15723	1575	758	906	9369	963	1
江 西 Jiangxi	90934	4911	53364	21944	1530	509	927	7749	783	1
山 东 Shandong	139306	7909	91904	23687	2199	1598	1697	10312	1973	21
河 南 Henan	165886	9713	98897	34144	4594	3088	1799	13651	2120	9
湖 北 Hubei	72543	4224	36408	17976	2316	1517	1447	8655	546	7
湖 南 Hunan	107591	6473	52984	29308	3513	2269	1915	11129	798	3
广 东 Guangdong	149577	7422	81185	33801	4318	3736	1285	17830	65	17
广 西 Guangxi	97556	6098	48574	23710	1848	1328	1443	14555	244	10
海 南 Hainan	20249	1004	10154	4458	497	236	166	3734	17	10
重 庆 Chongqing	29348	1813	15140	7314	635	418	380	3648	171	4
四 川 Sichuan	93312	5256	53014	20315	2627	1342	1321	9437	7191	6
贵 州 Guizhou	92015	3973	48806	23288	1489	1062	1010	12387	166	0
云 南 Yunnan	53523	2761	31651	9381	1012	799	620	7299	1781	0
西 藏 Tibet	2178	117	2044	6	0	4	4	3	287	0
陕 西 Shaanxi	65379	3322	38850	12419	1550	1749	1591	5898	9	0
甘 肃 Gansu	39368	2330	28913	4223	698	217	632	2355	149	2
青 海 Qinghai	7807	309	4628	1588	50	62	44	1126	4	0
宁 夏 Ningxia	11837	469	5801	2728	342	286	447	1764	21	0
新 疆 Xinjiang	32267	1262	19979	6875	332	153	1172	2494	234	0

幼儿园教职工数(乡村)
Number of Educational Personnel in Kindergarten (Rural Area)

单位：人
unit：person

地区 Region	教职工数 Educational Personnel	园长 Kindergarten Principals	专任教师 Full-time Teachers	保育员 Caretakers	卫生保健人员 Health Care workers	行政人员 Adm. Personnel	教辅人员 Supporting Staffs	工勤人员 Workers	校外教师 Part-time Teachers	外籍教师 Foreign Teachers
总　计 Total	**765006**	**64308**	**435411**	**155627**	**19013**	**8258**	**9892**	**72497**	**17176**	**60**
北　京 Beijing	6294	288	3027	1070	285	306	339	979	92	15
天　津 Tianjin	4007	322	2206	773	122	51	63	470	130	0
河　北 Hebei	54409	5899	33493	9428	1659	384	479	3067	1808	0
山　西 Shanxi	15083	1535	8780	2470	640	150	258	1250	369	0
内蒙古 Inner Mongolia	7707	722	4697	902	171	156	276	783	103	0
辽　宁 Liaoning	7890	1065	4508	1265	128	112	233	579	89	0
吉　林 Jilin	3487	407	1882	655	155	87	147	154	5	0
黑龙江 Heilongjiang	4918	605	2491	983	228	58	192	361	482	0
上　海 Shanghai	1835	51	907	450	78	81	46	222	0	7
江　苏 Jiangsu	17905	915	9682	4443	904	107	154	1700	12	0
浙　江 Zhejiang	23910	892	12565	5816	783	189	98	3567	31	5
安　徽 Anhui	40531	3168	22752	10028	1073	228	440	2842	358	6
福　建 Fujian	22106	1613	11877	4793	434	186	200	3003	341	4
江　西 Jiangxi	30521	2253	18545	6852	484	79	219	2089	367	0
山　东 Shandong	69182	7335	45804	10027	963	479	673	3901	1640	2
河　南 Henan	93761	8490	53849	19391	2868	1045	717	7401	1131	0
湖　北 Hubei	20639	1625	9781	5041	763	314	614	2501	137	0
湖　南 Hunan	33287	3036	15091	9226	1257	558	541	3578	316	2
广　东 Guangdong	57060	3612	31429	12760	1765	1226	389	5879	41	0
广　西 Guangxi	41548	4166	19745	9211	781	344	379	6922	154	0
海　南 Hainan	11058	590	5271	2487	306	105	126	2173	4	18
重　庆 Chongqing	5287	497	2546	1323	106	59	90	666	37	0
四　川 Sichuan	18050	1693	9241	3947	620	210	494	1845	2714	0
贵　州 Guizhou	42226	2755	21944	10217	641	279	358	6032	63	0
云　南 Yunnan	38716	4281	22096	6128	514	367	390	4940	3838	1
西　藏 Tibet	4259	204	4020	10	2	9	6	8	2568	0
陕　西 Shaanxi	21459	1655	11377	4461	792	765	306	2103	3	0
甘　肃 Gansu	12902	1249	9788	895	116	39	289	526	122	0
青　海 Qinghai	6271	453	3608	1274	23	31	5	877	0	0
宁　夏 Ningxia	4469	338	2291	1001	132	81	90	536	60	0
新　疆 Xinjiang	44229	2594	30118	8300	220	173	1281	1543	161	0

幼儿园女教职工数

Number of Female Educational Personnel in Kindergarten

单位：人
unit：person

地区 Region	教职工数 Educational Personnel	园长 Kindergarten Principals	专任教师 Full-time Teachers	保育员 Caretakers	卫生保健人员 Health Care workers	行政人员 Adm. Personnel	教辅人员 Supporting Staffs	工勤人员 Workers	校外教师 Part-time Teachers	外籍教师 Foreign Teachers
总　计 Total	**5337613**	**270875**	**3054752**	**1245548**	**163943**	**114106**	**83364**	**405025**	**46815**	**1700**
北　京 Beijing	89958	3092	47798	17386	5125	4807	3792	7958	1046	192
天　津 Tianjin	47753	2205	25423	10758	1958	2116	1514	3779	360	21
河　北 Hebei	245266	15802	147345	51941	7552	5239	3541	13846	4226	9
山　西 Shanxi	117422	6093	73026	21609	3714	2883	2063	8034	2094	6
内蒙古 Inner Mongolia	80434	3639	48354	13972	2223	3131	2845	6270	577	7
辽　宁 Liaoning	129116	9371	71952	28693	3199	3591	3151	9159	416	10
吉　林 Jilin	60004	4025	30789	14860	2693	2132	2260	3245	145	16
黑龙江 Heilongjiang	69865	5249	35961	16072	3395	1670	1916	5602	3138	0
上　海 Shanghai	79960	1948	45228	20169	3782	2059	2240	4534	315	422
江　苏 Jiangsu	298066	10960	165895	78387	14474	3093	4381	20876	269	214
浙　江 Zhejiang	270720	7237	153018	71166	9548	2635	2153	24963	27	112
安　徽 Anhui	224422	11009	128972	57884	6937	3316	2547	13757	1622	16
福　建 Fujian	184824	9803	103469	44733	4956	2825	2539	16499	1668	34
江　西 Jiangxi	186824	10082	112735	46557	3299	1136	1674	11341	1655	1
山　东 Shandong	412816	22644	272481	75817	7836	5543	4838	23657	4217	8
河　南 Henan	386597	21546	234822	85646	11181	8263	4330	20809	3740	25
湖　北 Hubei	207648	11373	109158	53349	7242	5617	4279	16630	1471	49
湖　南 Hunan	243690	14315	124212	69417	8625	6804	3128	17189	1380	14
广　东 Guangdong	616078	28751	335861	148271	21392	19081	9934	52788	223	386
广　西 Guangxi	213366	14004	112525	53720	4701	3570	2581	22265	458	5
海　南 Hainan	53160	2755	28505	12724	1711	1014	499	5952	22	40
重　庆 Chongqing	107703	5851	56700	27982	3165	2401	1502	10102	294	36
四　川 Sichuan	262041	13392	145730	62791	8402	6394	4518	20814	8746	62
贵　州 Guizhou	195555	8710	105072	52012	3690	2814	1594	21663	220	0
云　南 Yunnan	144368	8085	85632	28522	3385	2261	1840	14643	5329	10
西　藏 Tibet	8531	418	7471	363	31	36	77	135	2195	0
陕　西 Shaanxi	167705	7190	98185	35745	5545	6696	2866	11478	10	0
甘　肃 Gansu	79309	4646	54720	10969	1619	829	1220	5306	333	5
青　海 Qinghai	20326	770	11964	4785	207	355	83	2162	9	0
宁　夏 Ningxia	32522	1272	17198	7179	971	989	1005	3908	75	0
新　疆 Xinjiang	101564	4638	64551	22069	1385	806	2454	5661	535	0

学前教育专任教师分学历、

Breakdown of Full-time Teachers by

类别 Item	合计 Total	按学历分 By Academic Qualifications				
		博士研究生 Doctor's Degree	硕士研究生 Master's Degree	本科毕业 Under-graduate	专科毕业 Associate Bachelor	高中阶段毕业 High School Graduate
总 计 Total	**3244204**	**87**	**8552**	**1049433**	**1871322**	**294939**
北 京 Beijing	49818	9	749	27510	20599	945
天 津 Tianjin	26014	0	452	14558	9773	1019
河 北 Hebei	169182	35	274	41681	102713	23113
山 西 Shanxi	78597	2	208	23153	45274	9324
内蒙古 Inner Mongolia	52224	1	214	24879	25118	1961
辽 宁 Liaoning	72978	0	266	18452	45281	7500
吉 林 Jilin	34898	1	176	12996	19569	2008
黑龙江 Heilongjiang	37040	3	52	12070	22803	1920
上 海 Shanghai	46112	1	807	38165	6829	307
江 苏 Jiangsu	172148	2	685	106155	64245	975
浙 江 Zhejiang	155578	0	844	87775	65812	1138
安 徽 Anhui	134909	1	139	39705	87202	7815
福 建 Fujian	110249	0	90	35198	60674	13431
江 西 Jiangxi	116144	2	46	17086	75159	18855
山 东 Shandong	281296	2	598	89494	167656	22953
河 南 Henan	254153	24	221	46733	164655	42058
湖 北 Hubei	115573	0	220	24971	67611	20886
湖 南 Hunan	128136	1	104	22498	89640	15131
广 东 Guangdong	351002	0	887	88735	225764	34478
广 西 Guangxi	122723	0	47	26122	75651	19767
海 南 Hainan	29140	0	35	7127	18213	3285
重 庆 Chongqing	62247	1	176	16573	41667	3618
四 川 Sichuan	164187	0	348	43927	110370	9392
贵 州 Guizhou	111871	0	68	41893	59926	9197
云 南 Yunnan	92191	1	109	32820	50162	7588
西 藏 Tibet	8873	0	25	4585	4131	117
陕 西 Shaanxi	101595	1	483	39301	55199	6208
甘 肃 Gansu	62978	0	148	30940	29361	2472
青 海 Qinghai	13273	0	13	3929	7862	1354
宁 夏 Ningxia	17615	0	23	4316	12499	744
新 疆 Xinjiang	71460	0	45	26086	39904	5380

分专业技术职务情况(总计)
Academic Qualifications and Professional Rank (Total)

单位：人
unit：person

	按专业技术职务分 By Professional Rank					
高中阶段以下毕业 School Graduate	正高级 Senior	副高级 Sub-Senior	中 级 Middle	助理级 Associate	员 级 Junior	未定职级 No-Ranking
19871	**395**	**41819**	**249625**	**463526**	**154981**	**2333858**
6	2	1203	6673	14079	5570	22291
212	3	713	4870	3488	343	16597
1366	16	3808	18465	19662	6656	120575
636	7	292	5897	10649	2240	59512
51	3	1619	6426	10036	1836	32304
1479	10	1476	3640	2571	2456	62825
148	14	2136	3899	3098	865	24886
192	1	1389	3804	4375	1019	26452
3	14	528	13825	17752	1633	12360
86	29	1542	22411	50766	7001	90399
9	13	1179	23502	62911	12361	55612
47	7	1050	7748	16789	10006	99309
856	8	547	10970	16341	6103	76280
4996	18	415	4313	8902	5144	97352
593	50	2871	11204	28424	10201	228546
462	7	1687	12182	21356	9896	209025
1885	17	682	6128	9387	6012	93347
762	8	461	4215	8432	5560	109460
1138	13	1014	14465	23445	19564	292501
1136	0	398	5036	10856	3798	102635
480	0	58	1063	3644	1123	23252
212	6	514	3293	6667	1488	50279
150	13	2740	10388	21862	7756	121428
787	0	1240	10722	20553	4228	75128
1511	11	6329	10306	10441	3712	61392
15	0	276	1216	3338	2450	1593
403	9	684	7112	17155	3568	73067
57	109	3811	9878	16595	1198	31387
115	1	66	393	682	844	11287
33	2	210	601	1185	271	15346
45	4	881	4980	18085	10079	37431

学前教育专任教师分学历、

Breakdown of Full-time Teachers by

类别 Item	合计 Total	按学历分 By Academic Qualifications				
		博士研究生 Doctor's Degree	硕士研究生 Master's Degree	本科毕业 Under-graduate	专科毕业 Associate Bachelor	高中阶段毕业 High School Graduate
总 计 Total	**1625070**	**33**	**7481**	**594646**	**929256**	**89852**
北 京 Beijing	42395	8	711	23353	17571	747
天 津 Tianjin	21656	0	439	12577	7986	592
河 北 Hebei	56576	17	182	16092	35879	4253
山 西 Shanxi	38177	0	170	11120	23178	3549
内蒙古 Inner Mongolia	22807	0	142	9879	12300	477
辽 宁 Liaoning	54721	0	250	14983	34600	4346
吉 林 Jilin	19598	0	114	6932	11481	1015
黑龙江 Heilongjiang	21861	2	43	6621	14245	885
上 海 Shanghai	39234	0	740	32519	5776	197
江 苏 Jiangsu	107108	1	624	72550	33715	204
浙 江 Zhejiang	97368	0	778	58136	37855	595
安 徽 Anhui	49489	0	86	16751	31496	1141
福 建 Fujian	55222	0	86	18821	31150	5005
江 西 Jiangxi	43026	1	34	7049	30119	4907
山 东 Shandong	141772	1	480	51384	83754	6079
河 南 Henan	85894	0	141	20767	56689	8204
湖 北 Hubei	65347	0	198	16918	40275	7488
湖 南 Hunan	57452	0	92	10654	41562	5017
广 东 Guangdong	228872	0	853	68762	142002	16888
广 西 Guangxi	46367	0	43	12909	29552	3826
海 南 Hainan	13474	0	17	2786	9576	1028
重 庆 Chongqing	41883	1	159	11024	29057	1608
四 川 Sichuan	89268	0	334	24580	61557	2758
贵 州 Guizhou	38214	0	56	12477	22664	2903
云 南 Yunnan	37224	1	96	14183	21305	1527
西 藏 Tibet	2806	0	18	1675	1012	88
陕 西 Shaanxi	50902	1	445	19770	29008	1616
甘 肃 Gansu	21154	0	97	7602	12681	769
青 海 Qinghai	4697	0	7	1341	2898	436
宁 夏 Ningxia	9365	0	20	2475	6655	211
新 疆 Xinjiang	21141	0	26	7956	11658	1493

分专业技术职务情况(城区)

Academic Qualifications and Professional Rank (Urban Area)

单位：人
unit: person

高中阶段以下毕业 School Graduate	按专业技术职务分 By Professional Rank 正高级 Senior	副高级 Sub-Senior	中级 Middle	助理级 Associate	员级 Junior	未定职级 No-Ranking
3802	**184**	**13923**	**123231**	**233531**	**73650**	**1180551**
5	2	1090	5627	11745	4860	19071
62	0	606	4236	2913	320	13581
153	6	532	4733	6362	2147	42796
160	5	120	2250	3642	850	31310
9	3	504	1890	3301	536	16573
542	6	543	2659	2010	1845	47658
56	5	506	1624	1581	536	15346
65	1	472	1895	1592	457	17444
2	11	470	11858	15107	1398	10390
14	18	1043	15580	35213	3930	51324
4	11	804	15740	40551	7318	32944
15	5	210	2520	6028	4156	36570
160	7	290	5370	7434	2848	39273
916	8	159	1804	3232	1579	36244
74	23	1178	5845	15568	4019	115139
93	5	570	4237	8432	3876	68774
468	8	304	3491	5202	3177	53165
127	7	112	1436	2379	1613	51905
367	11	500	8515	17548	13995	188303
37	0	68	2325	4644	1304	38026
67	0	39	429	1079	284	11643
34	4	226	1456	3164	841	36192
39	10	833	4320	9698	4859	69548
114	0	202	2386	4516	819	30291
112	3	1293	3756	3994	1490	26688
13	0	122	517	1076	354	737
62	4	200	2602	7273	1711	39112
5	17	515	2080	2724	406	15412
15	1	9	170	297	363	3857
4	0	51	295	676	185	8158
8	3	352	1585	4550	1574	13077

学前教育专任教师分学历、
Breakdown of Full-time Teachers by Academic

类别 Item	合计 Total	按学历分 By Academic Qualifications				
		博士研究生 Doctor's Degree	硕士研究生 Master's Degree	本科毕业 Under-graduate	专科毕业 Associate Bachelor	高中阶段毕业 High School Graduate
总　计 Total	**1116149**	**20**	**806**	**333091**	**654491**	**119651**
北　京 Beijing	4084	1	20	2360	1621	82
天　津 Tianjin	2152	0	6	951	977	161
河　北 Hebei	66855	8	66	15637	40969	9664
山　西 Shanxi	29283	0	27	9391	16159	3468
内蒙古 Inner Mongolia	23709	0	57	12149	10497	991
辽　宁 Liaoning	13558	0	11	2672	8160	2116
吉　林 Jilin	12438	1	53	4756	6805	761
黑龙江 Heilongjiang	12603	1	8	4587	7114	803
上　海 Shanghai	5972	1	56	4989	836	89
江　苏 Jiangsu	55033	1	46	29358	25000	586
浙　江 Zhejiang	45638	0	57	23191	21992	394
安　徽 Anhui	59947	1	45	17100	39090	3688
福　建 Fujian	39979	0	4	12560	21821	5271
江　西 Jiangxi	53715	1	11	7460	34374	9546
山　东 Shandong	92829	0	93	28106	55957	8446
河　南 Henan	102852	4	60	17209	68782	16641
湖　北 Hubei	37961	0	16	6617	21085	9466
湖　南 Hunan	53836	1	9	9415	36698	7285
广　东 Guangdong	83481	0	30	14141	57288	11539
广　西 Guangxi	50310	0	4	10109	31289	8557
海　南 Hainan	10180	0	4	2846	5549	1545
重　庆 Chongqing	16525	0	17	4553	10318	1528
四　川 Sichuan	61085	0	9	16303	39836	4862
贵　州 Guizhou	49221	0	9	20093	24867	3990
云　南 Yunnan	31761	0	9	12182	16914	2283
西　藏 Tibet	2044	0	1	1173	855	15
陕　西 Shaanxi	39019	0	24	15964	19814	2996
甘　肃 Gansu	29545	0	45	16299	12120	1050
青　海 Qinghai	4686	0	3	1565	2709	375
宁　夏 Ningxia	5818	0	2	1392	4150	262
新　疆 Xinjiang	20030	0	4	7963	10845	1191

分专业技术职务情况(镇区)

Qualifications and Professional Rank (County and Town Area)

单位：人
unit: person

高中阶段以下毕业 School Graduate	按专业技术职务分 By Professional Rank 正高级 Senior	副高级 Sub-Senior	中级 Middle	助理级 Associate	员级 Junior	未定职级 No-Ranking
8090	**137**	**17749**	**90564**	**162317**	**51994**	**793388**
0	0	63	583	1372	392	1674
57	3	48	268	228	7	1598
511	5	1283	7014	7365	2276	48912
238	0	120	2771	5267	1066	20059
15	0	785	3559	5329	1005	13031
599	1	639	791	430	418	11279
62	8	944	1622	1165	229	8470
90	0	682	1546	2274	480	7621
1	3	51	1787	2296	229	1606
42	9	437	5990	13396	2344	32857
4	2	340	6366	17432	3874	17624
23	2	625	3743	7482	4137	43958
323	1	228	4544	6807	2270	26129
2323	8	198	1924	4128	2377	45080
227	17	1134	3598	9292	4287	74501
156	0	719	4818	8065	3602	85648
777	4	282	2026	3309	2161	30179
428	1	263	2204	4413	2965	43990
483	1	309	3382	4053	3960	71776
351	0	197	2113	4831	1658	41511
236	0	16	477	1739	511	7437
109	1	234	1379	2675	489	11747
75	3	1641	5157	9886	2292	42106
262	0	729	5827	10821	1929	29915
373	1	2693	4822	3741	1131	19373
0	0	85	374	892	437	256
221	4	426	3835	8011	1465	25278
31	62	2029	5524	9278	462	12190
34	0	38	186	308	293	3861
12	0	98	250	426	68	4976
27	1	413	2084	5606	3180	8746

学前教育专任教师分学历、

Breakdown of Full-time Teachers by Academic

类别 Item	合计 Total	按学历分 By Academic Qualifications				
		博士研究生 Doctor's Degree	硕士研究生 Master's Degree	本科毕业 Under-graduate	专科毕业 Associate Bachelor	高中阶段毕业 High School Graduate
总　计 Total	**502985**	**34**	**265**	**121696**	**287575**	**85436**
北　京 Beijing	3339	0	18	1797	1407	116
天　津 Tianjin	2206	0	7	1030	810	266
河　北 Hebei	45751	10	26	9952	25865	9196
山　西 Shanxi	11137	2	11	2642	5937	2307
内蒙古 Inner Mongolia	5708	1	15	2851	2321	493
辽　宁 Liaoning	4699	0	5	797	2521	1038
吉　林 Jilin	2862	0	9	1308	1283	232
黑龙江 Heilongjiang	2576	0	1	862	1444	232
上　海 Shanghai	906	0	11	657	217	21
江　苏 Jiangsu	10007	0	15	4247	5530	185
浙　江 Zhejiang	12572	0	9	6448	5965	149
安　徽 Anhui	25473	0	8	5854	16616	2986
福　建 Fujian	15048	0	0	3817	7703	3155
江　西 Jiangxi	19403	0	1	2577	10666	4402
山　东 Shandong	46695	1	25	10004	27945	8428
河　南 Henan	65407	20	20	8757	39184	17213
湖　北 Hubei	12265	0	6	1436	6251	3932
湖　南 Hunan	16848	0	3	2429	11380	2829
广　东 Guangdong	38649	0	4	5832	26474	6051
广　西 Guangxi	26046	0	0	3104	14810	7384
海　南 Hainan	5486	0	14	1495	3088	712
重　庆 Chongqing	3839	0	0	996	2292	482
四　川 Sichuan	13834	0	5	3044	8977	1772
贵　州 Guizhou	24436	0	3	9323	12395	2304
云　南 Yunnan	23206	0	4	6455	11943	3778
西　藏 Tibet	4023	0	6	1737	2264	14
陕　西 Shaanxi	11674	0	14	3567	6377	1596
甘　肃 Gansu	12279	0	6	7039	4560	653
青　海 Qinghai	3890	0	3	1023	2255	543
宁　夏 Ningxia	2432	0	1	449	1694	271
新　疆 Xinjiang	30289	0	15	10167	17401	2696

分专业技术职务情况(乡村)
Qualifications and Professional Rank (Rural Area)

单位：人
unit：person

	按专业技术职务分 By Professional Rank					
高中阶段以下毕业 School Graduate	正高级 Senior	副高级 Sub-Senior	中级 Middle	助理级 Associate	员级 Junior	未定职级 No-Ranking
7979	**74**	**10147**	**35830**	**67678**	**29337**	**359919**
1	0	50	463	962	318	1546
93	0	59	366	347	16	1418
702	5	1993	6718	5935	2233	28867
238	2	52	876	1740	324	8143
27	0	330	977	1406	295	2700
338	3	294	190	131	193	3888
30	1	686	653	352	100	1070
37	0	235	363	509	82	1387
0	0	7	180	349	6	364
30	2	62	841	2157	727	6218
1	0	35	1396	4928	1169	5044
9	0	215	1485	3279	1713	18781
373	0	29	1056	2100	985	10878
1757	2	58	585	1542	1188	16028
292	10	559	1761	3564	1895	38906
213	2	398	3127	4859	2418	54603
640	5	96	611	876	674	10003
207	0	86	575	1640	982	13565
288	1	205	2568	1844	1609	32422
748	0	133	598	1381	836	23098
177	0	3	157	826	328	4172
69	1	54	458	828	158	2340
36	0	266	911	2278	605	9774
411	0	309	2509	5216	1480	14922
1026	7	2343	1728	2706	1091	15331
2	0	69	325	1370	1659	600
120	1	58	675	1871	392	8677
21	30	1267	2274	4593	330	3785
66	0	19	37	77	188	3569
17	2	61	56	83	18	2212
10	0	116	1311	7929	5325	15608

地区 Region	校舍建筑面积 Floor Space	教学及辅助用房 Buildings for Instruction and Ancillary Uses	班级活动单元 Class Activities Unit	活动室 Recreational	寝室 Bedroom	卫生间 Toilet	其他 Others
总　计 Total	**485580801.84**	**349379484.82**	**317654940.60**	**188202231.19**	**74641477.69**	**32808526.48**	**22002705.24**
北　京 Beijing	6376406.75	4371858.58	3913909.97	2198184.38	828252.25	443097.93	444375.41
天　津 Tianjin	3665598.83	2525041.36	2293978.76	1420212.82	429362.09	270739.68	173664.17
河　北 Hebei	20443806.28	15074516.44	13922232.06	8572564.87	3148116.45	1385656.24	815894.50
山　西 Shanxi	9277753.53	6398771.34	6014890.92	3862995.59	1208971.23	632072.28	310851.82
内蒙古 Inner Mongolia	7994156.68	5452130.05	4859249.78	2900683.25	1143972.91	510960.60	303633.02
辽　宁 Liaoning	9467740.10	7110867.62	6369777.86	3703021.66	1477098.54	656303.10	533354.56
吉　林 Jilin	4289316.61	3009170.69	2740642.16	1591732.96	698117.49	279460.72	171330.99
黑龙江 Heilongjiang	5677497.26	3918477.34	3592464.17	2044976.08	922042.27	366174.18	259271.64
上　海 Shanghai	7821390.66	5489773.88	4616047.73	2798300.75	919560.34	483469.59	414717.05
江　苏 Jiangsu	32274776.56	22806993.63	20514819.28	12496715.09	4562463.35	2147463.56	1308177.28
浙　江 Zhejiang	26254099.03	17784303.75	15556107.90	9018351.87	3409539.48	1603499.65	1524716.90
安　徽 Anhui	20302854.42	15342459.67	13927022.29	8662793.14	2887071.33	1390995.46	986162.36
福　建 Fujian	17271185.86	11902820.64	10912088.09	6499415.20	2498336.29	1226926.19	687410.41
江　西 Jiangxi	18999966.03	14101665.79	12464405.69	6671974.64	3021997.96	1282818.95	1487614.14
山　东 Shandong	38787371.82	27338633.09	24843147.78	15466897.66	4945788.64	2674577.20	1755884.28
河　南 Henan	33606985.36	24975119.27	23320519.43	14527460.97	4999935.80	2444111.16	1349011.50
湖　北 Hubei	17971615.35	13135013.63	12146169.68	7065904.62	3055480.09	1262926.35	761858.62
湖　南 Hunan	22711347.57	16814559.52	15520739.07	8502833.42	4482703.41	1622571.56	912630.68
广　东 Guangdong	50226778.35	36014149.47	32248571.65	19995317.85	6870802.35	3104617.21	2277834.24
广　西 Guangxi	18768920.37	14261720.62	13109559.29	7158818.09	3836143.45	1356027.32	758570.43
海　南 Hainan	4648277.34	3298320.01	3048530.82	1751833.73	752168.27	322719.47	221809.35
重　庆 Chongqing	9041832.79	6799106.21	6239001.50	3723371.19	1574323.66	590557.94	350748.71
四　川 Sichuan	24244965.17	17957965.63	16295927.99	9834045.61	3887178.77	1553413.17	1021290.44
贵　州 Guizhou	17475895.08	12908398.58	11860984.59	6444059.62	3289063.28	1180824.61	947037.08
云　南 Yunnan	15792965.40	11449730.03	10595023.77	5730825.82	3030528.19	1095105.10	738564.66
西　藏 Tibet	2128395.37	1299333.52	1183851.53	688378.15	307069.83	108512.73	79890.82
陕　西 Shaanxi	15032418.70	10283056.02	9409420.02	5685085.57	2173797.06	1047190.94	503346.45
甘　肃 Gansu	7454013.38	4967351.45	4563286.94	2728378.58	1006332.17	520307.41	308268.78
青　海 Qinghai	2245296.62	1595514.35	1481232.50	953326.82	284305.95	166736.76	76862.97
宁　夏 Ningxia	3187702.82	2267000.68	2034261.72	1248278.63	400894.26	230564.15	154524.68
新　疆 Xinjiang	12139471.75	8725661.96	8057075.66	4255492.56	2590060.53	848125.27	363397.30

校舍情况(总计)
Kindergarten Buildings (Total)

单位：平方米
unit：m^2

综合活动室 Multi-functional Room	行政办公用房 Administrative	办公室 Office	保健观察室 Health Observation Room	其他 Others	生活用房 Residential and Welfare	厨房 Kitchen	其他 Others	其他用房 for Other Purposes
31724544. 22	**38839613. 23**	**21076262. 69**	**7306780. 09**	**10456570. 45**	**48038426. 46**	**24494960. 07**	**23543466. 39**	**49323277. 33**
457948. 61	770775. 86	382188. 54	82831. 73	305755. 59	1166012. 34	374216. 67	791795. 67	67759. 97
231062. 60	346863. 37	174123. 77	55209. 69	117529. 91	402269. 78	215538. 46	186731. 32	391424. 32
1152284. 38	1658514. 66	843778. 01	465927. 83	348808. 82	1793676. 48	962755. 91	830920. 57	1917098. 70
383880. 42	876752. 74	513598. 65	147630. 53	215523. 56	855269. 56	426281. 03	428988. 53	1146959. 89
592880. 27	663698. 23	363750. 44	109256. 18	190691. 61	953913. 02	454220. 19	499692. 83	924415. 38
741089. 76	928404. 44	424425. 06	180029. 55	323949. 83	1428468. 04	613991. 94	814476. 10	0. 00
268528. 53	357961. 67	182158. 19	83354. 44	92449. 04	398901. 55	230824. 03	168077. 52	523282. 70
326013. 17	489431. 48	232659. 03	123180. 30	133592. 15	675133. 26	346457. 84	328675. 42	594455. 18
873726. 15	737920. 67	350906. 78	99936. 80	287077. 09	915123. 59	395463. 02	519660. 57	678572. 52
2292174. 35	2331820. 66	1182014. 77	371685. 88	778120. 01	3240003. 41	1429924. 30	1810079. 11	3895958. 86
2228195. 85	1907248. 86	951647. 15	247833. 97	707767. 74	2536043. 92	1170533. 31	1365510. 61	4026502. 50
1415437. 38	1616919. 15	923819. 92	330893. 11	362206. 12	1605687. 45	972453. 45	633234. 00	1737788. 15
990732. 55	1253504. 51	721897. 79	189370. 61	342236. 11	1491784. 09	770005. 43	721778. 66	2623076. 62
1637260. 10	1670920. 66	833930. 02	321245. 55	515745. 09	1857350. 98	882023. 37	975327. 61	1370028. 60
2495485. 31	3267865. 19	1702125. 61	647122. 22	918617. 36	3791645. 32	2012648. 36	1778996. 96	4389228. 22
1654599. 84	2907101. 34	1686131. 94	591305. 90	629663. 50	2846169. 43	1721050. 53	1125118. 90	2878595. 32
988843. 95	1356054. 97	720543. 44	275963. 07	359548. 46	1727632. 53	1009997. 37	717635. 16	1752914. 22
1293820. 45	1738318. 52	994726. 09	402362. 52	341229. 91	2022545. 23	1151912. 22	870633. 01	2135924. 30
3765577. 82	3292220. 24	1872278. 69	578158. 44	841783. 11	5109401. 85	2371847. 72	2737554. 13	5811006. 79
1152161. 33	1235401. 27	706433. 11	274722. 94	254245. 22	1670497. 14	1068474. 16	602022. 98	1601301. 34
249789. 19	345290. 51	190361. 47	74065. 06	80863. 98	477611. 22	249765. 61	227845. 61	527055. 60
560104. 71	615486. 37	354866. 11	120249. 58	140370. 68	767718. 58	441931. 35	325787. 23	859521. 63
1662037. 64	1787211. 37	1011699. 85	328057. 76	447453. 76	2224230. 11	1216313. 60	1007916. 51	2275558. 06
1047413. 99	1390374. 99	780649. 10	266435. 83	343290. 06	1599981. 93	909793. 40	690188. 53	1577139. 58
854706. 26	1291871. 44	718571. 44	250444. 72	322855. 28	1915303. 77	938671. 86	976631. 91	1136060. 16
115481. 99	210798. 94	129213. 53	34170. 09	47415. 32	446966. 19	142308. 00	304658. 19	171296. 72
873636. 00	1480424. 97	824727. 01	223534. 71	432163. 25	1423258. 87	712294. 78	710964. 09	1845678. 84
404064. 51	814282. 60	511555. 94	134766. 81	167959. 85	676538. 87	333640. 76	342898. 11	995840. 46
114281. 85	189687. 13	133364. 74	22515. 69	33806. 70	326827. 91	132274. 01	194553. 90	133267. 23
232738. 96	262212. 27	146988. 25	40565. 31	74658. 71	288770. 46	166567. 54	122202. 92	369719. 41
668586. 30	1044274. 15	511128. 25	233953. 27	299192. 63	1403689. 58	670779. 85	732909. 73	965846. 06

幼儿园
Statistics of Kindergarten

地区 Region	校舍建筑面积 Floor Space	教学及辅助用房 Buildings for Instruction and Ancillary Uses	班级活动单元 Class Activities Unit	活动室 Recreational	寝室 Bedroom	卫生间 Toilet	其他 Others
总　计 Total	**232788063.87**	**167979608.10**	**150924539.02**	**89785522.93**	**34941751.68**	**15317099.94**	**10880164.47**
北　京 Beijing	5388027.16	3738102.38	3340491.09	1866357.95	717460.30	378969.72	377703.12
天　津 Tianjin	2903598.60	1999377.58	1801804.30	1105586.08	349393.48	208660.29	138164.45
河　北 Hebei	6789692.97	5050534.35	4652757.62	2785314.71	1168045.24	471772.63	227625.04
山　西 Shanxi	4341320.00	3077927.87	2865944.16	1777915.21	659415.87	288849.15	139763.93
内蒙古 Inner Mongolia	3418232.73	2413088.15	2148828.63	1311299.66	489472.07	216720.04	131336.86
辽　宁 Liaoning	6907190.08	5225017.25	4654607.48	2733955.68	1050768.72	478291.25	391591.83
吉　林 Jilin	2371190.69	1698015.43	1558039.54	924031.00	388934.14	151440.86	93633.54
黑龙江 Heilongjiang	3118065.66	2197227.26	1998347.30	1130943.67	516662.64	200308.85	150432.14
上　海 Shanghai	6467592.65	4559322.10	3856878.30	2358658.55	761671.77	402639.82	333908.16
江　苏 Jiangsu	19488803.68	13552405.13	12088393.57	7339793.43	2705041.29	1243157.22	800401.63
浙　江 Zhejiang	16239600.10	11018449.63	9548394.68	5583324.54	2032569.03	983833.53	948667.58
安　徽 Anhui	7149724.53	5489584.10	4924934.05	2936420.71	1123394.92	483381.32	381737.10
福　建 Fujian	8158476.07	5749639.77	5251397.18	3161409.80	1161824.85	572043.37	356119.16
江　西 Jiangxi	6479434.02	4910441.25	4331380.60	2367243.28	1017393.65	411032.28	535711.39
山　东 Shandong	18355198.93	12992233.19	11619194.37	7030878.79	2457787.03	1227357.58	903170.97
河　南 Henan	10451023.27	7758470.45	7246644.46	4436013.51	1705278.24	736704.95	368647.76
湖　北 Hubei	9175355.99	6748877.23	6218718.09	3690593.86	1542444.38	629885.15	355794.70
湖　南 Hunan	9144960.54	6958897.80	6336547.10	3489948.23	1827946.43	663104.65	355547.79
广　东 Guangdong	33497613.51	23930040.20	21262243.44	13442818.23	4165616.13	2052562.08	1601247.00
广　西 Guangxi	6657936.83	5181693.01	4734129.87	2644249.05	1331458.00	473788.38	284634.44
海　南 Hainan	2034219.59	1436724.38	1323848.20	778427.06	316324.18	139318.66	89778.30
重　庆 Chongqing	5621909.39	4333216.15	3955379.98	2360568.29	1007668.45	369716.61	217426.63
四　川 Sichuan	12718490.22	9356483.21	8336962.61	4841974.52	2120648.36	821225.88	553113.85
贵　州 Guizhou	5667968.36	4270357.24	3868874.12	2101635.89	1062396.07	368343.09	336499.07
云　南 Yunnan	5306624.61	3907540.55	3560361.16	1989692.11	988732.49	333738.05	248198.51
西　藏 Tibet	492554.97	316090.95	274039.43	159827.81	70178.12	23267.72	20765.78
陕　西 Shaanxi	6694555.35	4640005.54	4207772.49	2603031.43	931548.61	459567.92	213624.53
甘　肃 Gansu	2459885.12	1678789.22	1506392.97	852522.73	409800.00	152228.09	91842.15
青　海 Qinghai	642169.77	475179.16	435475.71	292473.84	81070.82	47202.49	14728.56
宁　夏 Ningxia	1375758.41	1004141.27	902950.08	554041.80	182797.33	96040.34	70070.61
新　疆 Xinjiang	3270890.07	2311736.30	2112806.44	1134571.51	598009.07	231947.97	148277.89

校舍情况(城区)
Buildings (Urban Area)

单位：平方米
unit：m^2

综合活动室 Multi-functional Room	行政办公用房 Administrative	办公室 Office	保健观察室 Health Observation Room	其他 Others	生活用房 Residential and Welfare	厨房 Kitchen	其他 Others	其他用房 for Other Purposes
17055069.08	**17428965.05**	**9173401.03**	**2864668.53**	**5390895.49**	**22965745.44**	**11476456.75**	**11489288.69**	**24413745.28**
397611.29	641055.21	320799.31	67287.05	252968.85	952008.41	311748.91	640259.50	56861.16
197573.28	278557.78	141386.50	39389.41	97781.87	320369.64	172428.84	147940.80	305293.60
397776.73	492998.74	253918.31	109043.14	130037.29	596216.92	342074.12	254142.80	649942.96
211983.71	373099.08	203640.97	63030.39	106427.72	392174.09	214539.48	177634.61	498118.96
264259.52	260513.93	145464.87	42140.94	72908.12	391858.15	190682.12	201176.03	352772.50
570409.77	659524.17	299971.93	118716.85	240835.39	1022648.66	440460.78	582187.88	0.00
139975.89	190586.17	91370.66	44176.48	55039.03	213080.64	128087.33	84993.31	269508.45
198879.96	264448.55	116067.69	66372.13	82008.73	380743.92	191795.18	188948.74	275645.93
702443.80	597771.58	289097.47	82325.49	226348.62	758124.37	328091.07	430033.30	552374.60
1464011.56	1325204.13	669068.91	184184.41	471950.81	2025409.50	844752.90	1180656.60	2585784.92
1470054.95	1155588.21	572183.95	142437.81	440966.45	1522331.11	700193.73	822137.38	2543231.15
564650.05	516170.65	281539.13	90788.71	143842.81	533292.72	331690.76	201601.96	610677.06
498242.59	568891.74	325949.44	80760.17	162182.13	680070.20	356730.33	323339.87	1159874.36
579060.65	474444.18	222404.09	87784.19	164255.90	557514.59	277099.72	280414.87	537034.00
1373038.82	1489232.09	734082.01	258618.96	496531.12	1946378.49	1016135.27	930243.22	1927355.16
511825.99	810645.75	452083.15	140575.94	217986.66	874738.65	522239.01	352499.64	1007168.42
530159.14	643208.45	345901.39	119333.76	177973.30	822722.64	484121.85	338600.79	960547.67
622350.70	610903.80	341154.21	136771.80	132977.79	710892.17	429444.03	281448.14	864266.77
2667796.76	2146875.93	1230511.74	335978.03	580386.16	3444160.34	1576065.97	1868094.37	3976537.04
447563.14	421580.55	240680.29	78874.54	102025.72	534752.81	334926.16	199826.65	519910.46
112876.18	154584.11	81824.86	31586.00	41173.25	203353.85	102173.69	101180.16	239557.25
377836.17	348901.49	197659.05	68575.24	82667.20	426541.87	264445.43	162096.44	513249.88
1019520.60	903443.18	485463.01	145617.58	272362.59	1105922.41	621432.61	484489.80	1352641.42
401483.12	434319.71	234274.77	76303.43	123741.51	469346.42	278520.98	190825.44	493944.99
347179.39	416720.37	232348.44	64755.91	119616.02	665053.05	267269.83	397783.22	317310.64
42051.52	51852.59	27799.41	4573.80	19479.38	91442.49	23363.29	68079.20	33168.94
432233.05	559590.60	281512.67	82178.80	195899.13	572403.70	315855.12	256548.58	922555.51
172396.25	192965.61	109787.83	37639.28	45538.50	206045.12	130112.86	75932.26	382085.17
39703.45	57693.91	42892.27	5855.30	8946.34	80132.30	39239.04	40893.26	29164.40
101191.19	112759.58	65251.81	15013.51	32494.26	120608.61	73755.71	46852.90	138248.95
198929.86	274833.21	137310.89	43979.48	93542.84	345407.60	166980.63	178426.97	338912.96

幼儿园

Statistics of Kindergarten

地区 Region	校舍建筑面积 Floor Space	教学及辅助用房 Buildings for Instruction and Ancillary Uses	班级活动单元 Class Activities Unit	活动室 Recreational	寝室 Bedroom	卫生间 Toilet	其他 Others
总　计 Total	**172247566.03**	**124513363.62**	**114258784.87**	**67540539.62**	**27453409.36**	**11777687.44**	**7487148.45**
北　京 Beijing	536415.39	344810.23	313829.48	184247.76	62714.48	34878.75	31988.49
天　津 Tianjin	362242.33	250465.71	232679.52	137458.66	51259.90	29179.47	14781.49
河　北 Hebei	8455566.89	6240804.77	5751278.93	3513140.85	1340874.66	561234.13	336029.29
山　西 Shanxi	3480401.55	2377764.42	2253479.54	1484784.33	416343.98	238691.34	113659.89
内蒙古 Inner Mongolia	3655077.63	2454304.58	2180462.35	1281369.02	529216.19	232685.70	137191.44
辽　宁 Liaoning	1853548.53	1380432.29	1256302.76	709003.40	316259.99	126313.41	104725.96
吉　林 Jilin	1582185.03	1088573.24	977749.27	558317.47	253983.56	106127.62	59320.62
黑龙江 Heilongjiang	2039427.89	1376988.20	1273597.10	727568.89	329557.99	129415.38	87054.84
上　海 Shanghai	1162247.36	796917.46	652863.49	376796.44	136763.45	68925.90	70377.70
江　苏 Jiangsu	10730052.38	7781008.40	7079531.99	4343442.44	1549372.19	756121.81	430595.55
浙　江 Zhejiang	7790330.35	5303054.45	4713912.28	2704467.80	1072909.25	480376.35	456158.88
安　徽 Anhui	8955690.83	6752405.20	6164947.11	3910297.52	1233955.59	621345.61	399348.39
福　建 Fujian	6782981.45	4607780.55	4240713.20	2517059.98	1003009.59	485632.02	235011.61
江　西 Jiangxi	8825504.03	6597364.79	5855935.23	3119687.40	1461478.43	598348.14	676421.26
山　东 Shandong	13007501.58	9107629.68	8395704.25	5281430.31	1682013.21	896399.27	535861.46
河　南 Henan	13770436.48	10323826.80	9621795.99	6030752.43	2032904.04	1006249.80	551889.72
湖　北 Hubei	6527320.37	4788043.62	4442868.24	2549855.15	1131325.21	470908.15	290779.73
湖　南 Hunan	9997728.79	7375348.52	6868881.23	3777350.51	1994784.17	702678.53	394068.02
广　东 Guangdong	12140308.91	8792615.62	8002251.26	4792265.76	1985897.88	757438.33	466649.29
广　西 Guangxi	8170759.28	6192588.71	5713952.72	3116719.71	1688388.52	591306.81	317537.68
海　南 Hainan	1615257.31	1166552.86	1076517.51	610895.81	263008.18	115811.01	86802.51
重　庆 Chongqing	2782368.20	2025837.90	1872651.18	1119203.52	466916.72	176862.40	109668.54
四　川 Sichuan	9304351.66	7023232.43	6492850.06	4111490.31	1423866.86	582762.18	374730.71
贵　州 Guizhou	8009489.83	5933280.59	5497550.60	3005371.23	1543657.38	544769.19	403752.80
云　南 Yunnan	5348042.52	3841559.00	3573991.09	1913951.43	1059574.98	361150.09	239314.59
西　藏 Tibet	367984.28	229412.83	207810.65	120473.27	48505.52	18331.82	20500.04
陕　西 Shaanxi	6129230.78	4202232.45	3866731.81	2293742.21	930959.45	431955.15	210075.00
甘　肃 Gansu	3467511.34	2276571.07	2101127.40	1253936.32	460646.85	239387.27	147156.96
青　海 Qinghai	769848.82	549939.27	513791.23	319791.65	104620.46	58408.92	30970.20
宁　夏 Ningxia	1166594.84	827415.69	737131.28	457494.01	136097.65	85024.14	58515.48
新　疆 Xinjiang	3461159.40	2504602.29	2325896.12	1218174.03	742543.03	268968.75	96210.31

校舍情况(镇区)
Buildings (County and Town Area)

单位：平方米
unit：m^2

综合活动室 Multi-functional Room	行政办公用房 Administrative	办公室 Office	保健观察室 Health Observation Room	其他 Others	生活用房 Residential and Welfare	厨房 Kitchen	其他 Others	其他用房 for Other Purposes
10254578.75	**13898840.33**	**7678376.17**	**2690234.70**	**3530229.46**	**16326855.20**	**8442887.17**	**7883968.03**	**17508506.88**
30980.75	72703.07	32520.40	8626.34	31556.33	115445.09	33214.29	82230.80	3457.00
17786.19	32098.62	14815.67	6615.53	10667.42	38502.01	21553.13	16948.88	41175.99
489525.84	664226.28	342389.34	180542.87	141294.07	746664.88	391178.31	355486.57	803870.96
124284.88	330275.57	198123.68	54640.90	77510.99	309095.39	143455.56	165639.83	463266.17
273842.23	315536.87	168379.99	49066.42	98090.46	436615.67	201122.07	235493.60	448620.51
124129.53	187816.55	85110.65	43137.32	59568.58	285299.69	120624.88	164674.81	0.00
110823.97	131793.19	69880.40	30585.75	31327.04	156407.62	86151.93	70255.69	205410.98
103391.10	177031.50	89101.61	44255.76	43674.13	230132.13	122941.40	107190.73	255276.06
144053.97	118815.19	52293.62	15295.01	51226.56	137542.28	57895.28	79647.00	108972.43
701476.41	838005.38	428756.21	147904.58	261344.59	1013628.73	476177.42	537451.31	1097409.87
589142.17	572517.45	293829.41	74670.16	204017.88	772832.56	354955.07	417877.49	1141925.89
587458.09	714416.01	413167.44	148481.97	152766.60	691911.04	415951.17	275959.87	796958.58
367067.35	501746.54	289842.91	76082.07	135821.56	580170.96	304000.05	276170.91	1093283.40
741429.56	776514.48	378388.95	152907.57	245217.96	852501.12	398694.58	453806.54	599123.64
711925.43	1063068.56	577097.36	212329.98	273641.22	1190456.18	655816.21	534639.97	1646347.16
702030.81	1179509.59	685016.34	240342.68	254150.57	1127849.88	681347.86	446502.02	1139250.21
345175.38	503963.87	269781.27	109355.38	124827.22	663972.38	382374.39	281597.99	571340.50
506467.29	788010.90	453891.64	180727.48	153391.78	911574.63	503514.02	408060.61	922794.74
790364.36	795237.35	444385.59	160237.41	190614.35	1184380.71	560606.87	623773.84	1368075.23
478635.99	524392.91	297882.56	119265.14	107245.21	711239.51	448380.67	262858.84	742538.15
90035.35	113142.46	66758.52	25917.19	20466.75	164755.44	88511.98	76243.46	170806.55
153186.72	211921.16	123919.98	40191.37	47809.81	260483.32	136532.39	123950.93	284125.82
530382.37	692244.65	411363.00	135855.61	145026.04	847108.80	452183.70	394925.10	741765.78
435729.99	611105.63	349672.65	115579.66	145853.32	714688.40	387906.17	326782.23	750415.21
267567.91	451690.96	249888.99	78256.26	123545.71	576864.24	290816.20	286048.04	477928.32
21602.18	34662.92	20890.43	5295.75	8476.74	76107.83	19697.67	56410.16	27800.70
335500.64	646817.32	384623.46	93616.88	168576.98	614089.35	279085.01	335004.34	666091.66
175443.67	391911.75	239456.93	63086.88	89367.94	336053.27	149681.27	186372.00	462975.25
36148.04	60246.08	39397.91	6993.15	13855.02	109662.93	39558.98	70103.95	50000.54
90284.41	90948.70	50822.67	14621.65	25504.38	98090.36	55855.28	42235.08	150140.09
178706.17	306468.82	156926.59	55749.98	93792.25	372728.80	183103.36	189625.44	277359.49

地区 Region	校舍建筑面积 Floor Space	教学及辅助用房 Buildings for Instruction and Ancillary Uses	班级活动单元 Class Activities Unit	活动室 Recreational	寝室 Bedroom	卫生间 Toilet	其他 Others
总　计 Total	**80545171.94**	**56886513.10**	**52471616.71**	**30876168.64**	**12246316.65**	**5713739.10**	**3635392.32**
北　京 Beijing	451964.20	288945.97	259589.40	147578.67	48077.47	29249.46	34683.80
天　津 Tianjin	399757.90	275198.07	259494.94	177168.08	28708.71	32899.92	20718.23
河　北 Hebei	5198546.42	3783177.32	3518195.51	2274109.31	639196.55	352649.48	252240.17
山　西 Shanxi	1456031.98	943079.05	895467.22	600296.05	133211.38	104531.79	57428.00
内蒙古 Inner Mongolia	920846.32	584737.32	529958.80	308014.57	125284.65	61554.86	35104.72
辽　宁 Liaoning	707001.49	505418.08	458867.62	260062.58	110069.83	51698.44	37036.77
吉　林 Jilin	335940.89	222582.02	204853.35	109384.49	55199.79	21892.24	18376.83
黑龙江 Heilongjiang	520003.71	344261.88	320519.77	186463.52	75821.64	36449.95	21784.66
上　海 Shanghai	191550.65	133534.32	106305.94	62845.76	21125.12	11903.87	10431.19
江　苏 Jiangsu	2055920.50	1473580.10	1346893.72	813479.22	308049.87	148184.53	77180.10
浙　江 Zhejiang	2224168.58	1462799.67	1293800.94	730559.53	304061.20	139289.77	119890.44
安　徽 Anhui	4197439.06	3100470.37	2837141.13	1816074.91	529720.82	286268.53	205076.87
福　建 Fujian	2329728.34	1545400.32	1419977.71	820945.42	333501.85	169250.80	96279.64
江　西 Jiangxi	3695027.98	2593859.75	2277089.86	1185043.96	543125.88	273438.53	275481.49
山　东 Shandong	7424671.31	5238770.22	4828249.16	3154588.56	805988.40	550820.35	316851.85
河　南 Henan	9385525.61	6892822.02	6452078.98	4060695.03	1261753.52	701156.41	428474.02
湖　北 Hubei	2268938.99	1598092.78	1484583.35	825455.61	381710.50	162133.05	115284.19
湖　南 Hunan	3568658.24	2480313.20	2315310.74	1235534.68	659972.81	256788.38	163014.87
广　东 Guangdong	4588855.93	3291493.65	2984076.95	1760233.86	719288.34	294616.80	209937.95
广　西 Guangxi	3940224.26	2887438.90	2661476.70	1397849.33	816296.93	290932.13	156398.31
海　南 Hainan	998800.44	695042.77	648165.11	362510.86	172835.91	67589.80	45228.54
重　庆 Chongqing	637555.20	440052.16	410970.34	243599.38	99738.49	43978.93	23653.54
四　川 Sichuan	2222123.29	1578249.99	1466115.32	880580.78	342663.55	149425.11	93445.88
贵　州 Guizhou	3798436.89	2704760.75	2494559.87	1337052.50	683009.83	267712.33	206785.21
云　南 Yunnan	5138298.27	3700630.48	3460671.52	1827182.28	982220.72	400216.96	251051.56
西　藏 Tibet	1267856.12	753829.74	702001.45	408077.07	188386.19	66913.19	38625.00
陕　西 Shaanxi	2208632.57	1440818.03	1334915.72	788311.93	311289.00	155667.87	79646.92
甘　肃 Gansu	1526616.92	1011991.16	955766.57	621919.53	135885.32	128692.05	69269.67
青　海 Qinghai	833278.03	570395.92	531965.56	341061.33	98614.67	61125.35	31164.21
宁　夏 Ningxia	645349.57	435443.72	394180.36	236742.82	81999.28	49499.67	25938.59
新　疆 Xinjiang	5407422.28	3909323.37	3618373.10	1902747.02	1249508.43	347208.55	118909.10

校舍情况(乡村)
Buildings (Rural Area)

单位：平方米
unit：m^2

综合活动室 Multi-functional Room	行政办公用房 Administrative	办公室 Office	保健观察室 Health Observation Room	其他 Others	生活用房 Residential and Welfare	厨房 Kitchen	其他 Others	其他用房 for Other Purposes
4414896. 39	**7511807. 85**	**4224485. 49**	**1751876. 86**	**1535445. 50**	**8745825. 82**	**4575616. 15**	**4170209. 67**	**7401025. 17**
29356. 57	57017. 58	28868. 83	6918. 34	21230. 41	98558. 84	29253. 47	69305. 37	7441. 81
15703. 13	36206. 97	17921. 60	9204. 75	9080. 62	43398. 13	21556. 49	21841. 64	44954. 73
264981. 81	501289. 64	247470. 36	176341. 82	77477. 46	450794. 68	229503. 48	221291. 20	463284. 78
47611. 83	173378. 09	111834. 00	29959. 24	31584. 85	154000. 08	68285. 99	85714. 09	185574. 76
54778. 52	87647. 43	49905. 58	18048. 82	19693. 03	125439. 20	62416. 00	63023. 20	123022. 37
46550. 46	81063. 72	39342. 48	18175. 38	23545. 86	120519. 69	52906. 28	67613. 41	0. 00
17728. 67	35582. 31	20907. 13	8592. 21	6082. 97	29413. 29	16584. 77	12828. 52	48363. 27
23742. 11	47951. 43	27489. 73	12552. 41	7909. 29	64257. 21	31721. 26	32535. 95	63533. 19
27228. 38	21333. 90	9515. 69	2316. 30	9501. 91	19456. 94	9476. 67	9980. 27	17225. 49
126686. 38	168611. 15	84189. 65	39596. 89	44824. 61	200965. 18	108993. 98	91971. 20	212764. 07
168998. 73	179143. 20	85633. 79	30726. 00	62783. 41	240880. 25	115384. 51	125495. 74	341345. 46
263329. 24	386332. 49	229113. 35	91622. 43	65596. 71	380483. 69	224811. 52	155672. 17	330152. 51
125422. 61	182866. 23	106105. 44	32528. 37	44232. 42	231542. 93	109275. 05	122267. 88	369918. 86
316769. 89	419962. 00	233136. 98	80553. 79	106271. 23	447335. 27	206229. 07	241106. 20	233870. 96
410521. 06	715564. 54	390946. 24	176173. 28	148445. 02	654810. 65	340696. 88	314113. 77	815525. 90
440743. 04	916946. 00	549032. 45	210387. 28	157526. 27	843580. 90	517463. 66	326117. 24	732176. 69
113509. 43	208882. 65	104860. 78	47273. 93	56747. 94	240937. 51	143501. 13	97436. 38	221026. 05
165002. 46	339403. 82	199680. 24	84863. 24	54860. 34	400078. 43	218954. 17	181124. 26	348862. 79
307416. 70	350106. 96	197381. 36	81943. 00	70782. 60	480860. 80	235174. 88	245685. 92	466394. 52
225962. 20	289427. 81	167870. 26	76583. 26	44974. 29	424504. 82	285167. 33	139337. 49	338852. 73
46877. 66	77563. 94	41778. 09	16561. 87	19223. 98	109501. 93	59079. 94	50421. 99	116691. 80
29081. 82	54663. 72	33287. 08	11482. 97	9893. 67	80693. 39	40953. 53	39739. 86	62145. 93
112134. 67	191523. 54	114873. 84	46584. 57	30065. 13	271198. 90	142697. 29	128501. 61	181150. 86
210200. 88	344949. 65	196701. 68	74552. 74	73695. 23	415947. 11	243366. 25	172580. 86	332779. 38
239958. 96	423460. 11	236334. 01	107432. 55	79693. 55	673386. 48	380585. 83	292800. 65	340821. 20
51828. 29	124283. 43	80523. 69	24300. 54	19459. 20	279415. 87	99247. 04	180168. 83	110327. 08
105902. 31	274017. 05	158590. 88	47739. 03	67687. 14	236765. 82	117354. 65	119411. 17	257031. 67
56224. 59	229405. 24	162311. 18	34040. 65	33053. 41	134440. 48	53846. 63	80593. 85	150780. 04
38430. 36	71747. 14	51074. 56	9667. 24	11005. 34	137032. 68	53475. 99	83556. 69	54102. 29
41263. 36	58503. 99	30913. 77	10930. 15	16660. 07	70071. 49	36956. 55	33114. 94	81330. 37
290950. 27	462972. 12	216890. 77	134223. 81	111857. 54	685553. 18	320695. 86	364857. 32	349573. 61

幼儿园资产情况(总计)

Condition of Fixed Assets and Teaching Resources in Kindergarten(Total)

类别 Item	占地面积(平方米) Areas Occupied (m^2)	#绿化用地面积 of Which: Green Areas	#室外游戏场地 of Which: Outdoor Playground	图书(册) Books and Magazines in Libraries (Volume)
总　计 Total	**779581105. 71**	**142086613. 58**	**273527874. 52**	**563879546**
北　京 Beijing	9088680. 96	1640893. 66	3283244. 57	8647403
天　津 Tianjin	5963688. 37	918650. 72	2179440. 61	4010400
河　北 Hebei	41099410. 25	5220610. 39	14291293. 35	29093923
山　西 Shanxi	16275725. 40	2233573. 34	5385123. 68	10620768
内蒙古 Inner Mongolia	17889475. 21	3093821. 78	5884125. 13	7374123
辽　宁 Liaoning	15839995. 01	2380510. 44	6135332. 35	9728748
吉　林 Jilin	7332766. 84	1088729. 70	2566085. 75	4647376
黑龙江 Heilongjiang	10048710. 44	1304426. 10	3578347. 01	4725034
上　海 Shanghai	10665531. 86	2987642. 02	2874698. 91	6821337
江　苏 Jiangsu	51755780. 96	11926694. 41	20770256. 80	48961558
浙　江 Zhejiang	34132959. 29	7655020. 43	12736973. 72	36796625
安　徽 Anhui	33792118. 04	5917402. 13	11288987. 46	20801712
福　建 Fujian	20498642. 15	3711474. 66	8093492. 55	12930426
江　西 Jiangxi	28781470. 09	4951799. 11	10562617. 13	16359150
山　东 Shandong	73575629. 46	13757983. 16	25896556. 62	52642898
河　南 Henan	61309215. 37	9879835. 63	20268905. 66	36260807
湖　北 Hubei	28405313. 95	6065013. 67	9001190. 02	21046027
湖　南 Hunan	33169259. 66	5617712. 17	10025476. 53	30358702
广　东 Guangdong	59023177. 87	11175347. 05	23886907. 88	61687675
广　西 Guangxi	23080024. 92	3912224. 29	8812547. 07	17588429
海　南 Hainan	6609416. 47	1278247. 79	2279949. 75	5004646
重　庆 Chongqing	11499223. 75	1809613. 76	4307647. 20	10244983
四　川 Sichuan	31962355. 57	5507741. 63	11411422. 77	23601949
贵　州 Guizhou	27401931. 39	4448487. 47	10763849. 50	20725808
云　南 Yunnan	26999425. 26	4923785. 08	8349952. 60	17863524
西　藏 Tibet	5408450. 03	777617. 32	1054040. 14	1161009
陕　西 Shaanxi	24735357. 44	3947073. 26	8168309. 68	22585737
甘　肃 Gansu	15055637. 63	2378482. 76	5210230. 24	10590346
青　海 Qinghai	5526933. 82	902521. 37	1506757. 90	2110478
宁　夏 Ningxia	6022401. 05	1054993. 44	2246268. 36	3104642
新　疆 Xinjiang	36632397. 20	9618684. 84	10707843. 58	5783303

幼儿园资产情况(城区)
Condition of Fixed Assets and Teaching Resources in Kindergarten (Urban Area)

类别 Item	占地面积(平方米) Areas Occupied (m^2)	#绿化用地面积 of Which: Green Areas	#室外游戏场地 of Which: Outdoor Playground	图书(册) Books and Magazines in Libraries (Volume)
总　计 Total	**305416962. 13**	**56666782. 19**	**113351189. 51**	**272807766**
北　京 Beijing	7222644. 17	1273244. 24	2636299. 83	7211468
天　津 Tianjin	4243895. 19	673932. 01	1541483. 64	3308597
河　北 Hebei	10036977. 35	1264653. 11	3643594. 45	8894645
山　西 Shanxi	6025666. 38	790429. 19	2072306. 68	4853996
内蒙古 Inner Mongolia	5218017. 65	813801. 39	1977964. 92	3140635
辽　宁 Liaoning	10060690. 20	1536798. 02	3813872. 11	6815858
吉　林 Jilin	3409478. 68	434924. 00	1214331. 05	2669727
黑龙江 Heilongjiang	4474030. 59	589410. 35	1563616. 58	2587553
上　海 Shanghai	8724365. 63	2419639. 91	2362013. 55	5805548
江　苏 Jiangsu	28339190. 27	6733374. 12	11771633. 00	28400005
浙　江 Zhejiang	20151821. 15	4536499. 02	7477089. 75	23399163
安　徽 Anhui	9408203. 56	1738312. 93	3472595. 38	6905937
福　建 Fujian	8884727. 87	1554097. 84	3626493. 79	6466134
江　西 Jiangxi	8385543. 51	1487924. 44	3145477. 39	5544097
山　东 Shandong	28631212. 65	5145985. 19	10331414. 95	26614230
河　南 Henan	15049238. 87	2452670. 21	5380414. 52	10936919
湖　北 Hubei	12540450. 93	2497410. 08	4217979. 28	10314998
湖　南 Hunan	11247824. 64	2003089. 63	3594607. 92	12361462
广　东 Guangdong	36246175. 99	6726658. 46	15049488. 86	38356021
广　西 Guangxi	7439305. 66	1357613. 67	2930552. 74	6070050
海　南 Hainan	2259096. 99	410705. 60	827950. 66	2222319
重　庆 Chongqing	6557972. 22	1047954. 45	2498321. 76	6582404
四　川 Sichuan	15707567. 55	2946390. 84	5599622. 66	11624150
贵　州 Guizhou	7230354. 64	1098800. 46	2827137. 50	7313576
云　南 Yunnan	6517284. 83	1311586. 70	2206837. 18	5901978
西　藏 Tibet	726983. 25	120740. 49	174694. 19	542040
陕　西 Shaanxi	8568924. 04	1390191. 73	3063176. 08	9426352
甘　肃 Gansu	3344298. 27	505436. 73	1176490. 78	3852859
青　海 Qinghai	939936. 37	134281. 30	310445. 50	898968
宁　夏 Ningxia	2112818. 92	388686. 61	856407. 54	1556932
新　疆 Xinjiang	5712264. 11	1281539. 47	1986875. 27	2229145

幼儿园资产情况(镇区)

Condition of Fixed Assets and Teaching Resources in Kindergarten (County and Town Area)

类别 Item	占地面积(平方米) Areas Occupied (m^2)	#绿化用地面积 of Which: Green Areas	#室外游戏场地 of Which: Outdoor Playground	图书(册) Books and Magazines in Libraries (Volume)
总　计 Total	**279191459.83**	**49976577.30**	**96868368.95**	**202278063**
北　京 Beijing	949663.25	190352.80	336494.69	862666
天　津 Tianjin	721409.51	97803.58	275496.35	357015
河　北 Hebei	15706696.25	2037365.41	5299444.02	11515365
山　西 Shanxi	5993590.47	846566.25	1965658.56	4175073
内蒙古 Inner Mongolia	7940610.93	1437171.87	2661615.99	3384206
辽　宁 Liaoning	3814919.51	572491.41	1505684.88	2082869
吉　林 Jilin	2871855.68	447240.52	987125.57	1616711
黑龙江 Heilongjiang	3932071.46	474694.75	1472941.13	1712470
上　海 Shanghai	1681224.61	495730.46	442472.49	895023
江　苏 Jiangsu	19145769.21	4301028.57	7382951.25	17381453
浙　江 Zhejiang	10476427.23	2337157.86	3953730.09	10582879
安　徽 Anhui	14768580.82	2598278.01	4811055.15	9374886
福　建 Fujian	8221696.65	1522295.20	3224766.88	5007961
江　西 Jiangxi	12707678.43	2166825.25	4660737.54	7455011
山　东 Shandong	24724956.39	4700456.67	8486126.90	17136553
河　南 Henan	24339193.39	3908042.97	7892398.34	14694473
湖　北 Hubei	11117245.85	2414396.67	3363304.94	8143686
湖　南 Hunan	14859446.54	2445220.16	4431102.52	13408352
广　东 Guangdong	15335422.57	2883530.12	5961645.07	16735503
广　西 Guangxi	9744175.28	1659654.99	3700384.19	8040092
海　南 Hainan	2465553.87	492955.43	862930.25	1835981
重　庆 Chongqing	3827271.27	599704.33	1402239.97	2971641
四　川 Sichuan	12682318.54	2008946.93	4552429.71	9647852
贵　州 Guizhou	12237645.82	1956835.73	4779047.26	9268994
云　南 Yunnan	8160711.44	1502552.71	2571534.28	5958308
西　藏 Tibet	857127.49	119740.83	159849.12	169079
陕　西 Shaanxi	10641735.87	1645971.78	3489265.98	9613050
甘　肃 Gansu	6365884.63	1005577.22	2219623.76	4700274
青　海 Qinghai	1541806.33	215678.66	432130.40	618127
宁　夏 Ningxia	2186716.10	404949.42	817237.53	1148993
新　疆 Xinjiang	9172054.44	2487360.74	2766944.14	1783517

幼儿园资产情况(乡村)

Condition of Fixed Assets and Teaching Resources in Kindergarten (Rural Area)

类别 Item	占地面积(平方米) Areas Occupied (m^2)	#绿化用地面积 of Which: Green Areas	#室外游戏场地 of Which: Outdoor Playground	图书(册) Books and Magazines in Libraries (Volume)
总　计 Total	**194972683.75**	**35443254.09**	**63308316.06**	**88793717**
北　京 Beijing	916373.54	177296.62	310450.05	573269
天　津 Tianjin	998383.67	146915.13	362460.62	344788
河　北 Hebei	15355736.65	1918591.87	5348254.88	8683913
山　西 Shanxi	4256468.55	596577.90	1347158.44	1591699
内蒙古 Inner Mongolia	4730846.63	842848.52	1244544.22	849282
辽　宁 Liaoning	1964385.30	271221.01	815775.36	830021
吉　林 Jilin	1051432.48	206565.18	364629.13	360938
黑龙江 Heilongjiang	1642608.39	240321.00	541789.30	425011
上　海 Shanghai	259941.62	72271.65	70212.87	120766
江　苏 Jiangsu	4270821.48	892291.72	1615672.55	3180100
浙　江 Zhejiang	3504710.91	781363.55	1306153.88	2814583
安　徽 Anhui	9615333.66	1580811.19	3005336.93	4520889
福　建 Fujian	3392217.63	635081.62	1242231.88	1456331
江　西 Jiangxi	7688248.15	1297049.42	2756402.20	3360042
山　东 Shandong	20219460.42	3911541.30	7079014.77	8892115
河　南 Henan	21920783.11	3519122.45	6996092.80	10629415
湖　北 Hubei	4747617.17	1153206.92	1419905.80	2587343
湖　南 Hunan	7061988.48	1169402.38	1999766.09	4588888
广　东 Guangdong	7441579.31	1565158.47	2875773.95	6596151
广　西 Guangxi	5896543.98	894955.63	2181610.14	3478287
海　南 Hainan	1884765.61	374586.76	589068.84	946346
重　庆 Chongqing	1113980.26	161954.98	407085.47	690938
四　川 Sichuan	3572469.48	552403.86	1259370.40	2329947
贵　州 Guizhou	7933930.93	1392851.28	3157664.74	4143238
云　南 Yunnan	12321428.99	2109645.67	3571581.14	6003238
西　藏 Tibet	3824339.29	537136.00	719496.83	449890
陕　西 Shaanxi	5524697.53	910909.75	1615867.62	3546335
甘　肃 Gansu	5345454.73	867468.81	1814115.70	2037213
青　海 Qinghai	3045191.12	552561.41	764182.00	593383
宁　夏 Ningxia	1722866.03	261357.41	572623.29	398717
新　疆 Xinjiang	21748078.65	5849784.63	5954024.17	1770641

专门学校基本情况

Basic Statistics of Specialized Schools

单位：人
unit：person

类别 Item	学校数(所) Schools	班数(个) Classes	离校人数 Sclools Leavers	入校人数 No. of Persons Enrolled	在校生数 Enrolment	教职工数 Educational Personnel	#专任教师 of Which: Full-time Teachers
总　计 Total	**119**	**395**	**4295**	**5291**	**8109**	**3620**	**2437**
北　京 Beijing	6	29	227	178	447	253	204
天　津 Tianjin	1	0	0	0	0	26	16
河　北 Hebei	0	0	0	0	0	0	0
山　西 Shanxi	1	12	199	202	586	84	77
内蒙古 Inner Mongolia	0	0	0	0	0	0	0
辽　宁 Liaoning	10	10	42	41	142	247	184
吉　林 Jilin	3	5	29	11	32	42	33
黑龙江 Heilongjiang	1	1	0	2	4	22	15
上　海 Shanghai	10	58	256	215	632	339	282
江　苏 Jiangsu	1	9	98	95	128	55	47
浙　江 Zhejiang	1	16	273	230	406	79	62
安　徽 Anhui	2	0	0	0	0	15	13
福　建 Fujian	0	0	0	0	0	0	0
江　西 Jiangxi	8	32	409	762	849	254	140
山　东 Shandong	0	0	0	0	0	0	0
河　南 Henan	3	13	56	76	217	64	57
湖　北 Hubei	2	7	7	10	25	45	40
湖　南 Hunan	4	17	45	158	602	132	83
广　东 Guangdong	8	38	260	236	658	412	205
广　西 Guangxi	5	7	47	139	134	68	44
海　南 Hainan	2	7	186	236	123	69	16
重　庆 Chongqing	2	4	51	40	42	29	27
四　川 Sichuan	11	36	311	608	802	274	196
贵　州 Guizhou	25	71	1479	1766	1829	605	393
云　南 Yunnan	7	15	207	191	306	105	88
西　藏 Tibet	0	0	0	0	0	0	0
陕　西 Shaanxi	1	2	9	6	9	42	32
甘　肃 Gansu	0	0	0	0	0	0	0
青　海 Qinghai	0	0	0	0	0	0	0
宁　夏 Ningxia	0	0	0	0	0	0	0
新　疆 Xinjiang	5	6	104	89	136	359	183

第二部分
Part Ⅱ

办 学 条 件
PHYSICAL FACILITIES

一、教育经费
Public Expenditure on Education

各类学校教育经费来源
Sources of Educational Funds and Expenditure

学校类别 Type of Schools	合计 Total	国家财政性教育经费 Government Appropriation for Education	#一般公共预算教育经费 Public Expenditure On Education
全国总计 National Total	**578736692.7**	**458353088.9**	**374633647.3**
按学校类别分组 Grouped by Type of Schools			
高等学校 HEIs	154355969.4	95883777.2	74853541.0
普通高等学校 Regular HEIs	152415443.3	94956364.8	74107460.1
成人高等学校 Adult HEIs	1940526.1	927412.4	746080.9
中等职业学校 Secondary Vocational Schools	29679998.2	26006789.2	20837451.0
普通中专 Regular Specialized Secondary Schools	13872336.7	12255326.5	9778959.7
成人中专 Adult Specialized Secondary Schools	1023577.0	856178.5	705398.1
职业高中 Vocational High Schools	10438233.5	9499065.5	7605778.6
技工学校 Skilled Workers Schools	4345851.0	3396218.6	2747314.6
中 学 Secondary Schools	156026058.0	134022982.1	116823549.4
普通中学 Regular Secondary Schools	155960569.3	133963767.2	116770679.7
普通高中 Regular Senior Secondary Schools	58411716.9	46787363.0	40321631.1
普通初中 Regular Junior Secondary Schools	97548852.3	87176404.2	76449048.6
#农村 Rural	51166928.2	47617664.9	42115236.3
成人中学 Adult Secondary Schools	65488.8	59214.9	52869.7
小学 Primary Schools	151636745.4	140131145.4	122672444.6
普通小学 Regular Primary Schools	151636590.8	140130990.9	122672297.9
#农 村 Rural	83148895.0	79605416.0	69862757.5
成人小学 Adult Primary Schools	154.5	154.5	146.7
特殊教育 Special Education	2076849.4	2047849.8	1750998.9
幼儿园 Kindergartens	49859716.1	27004506.9	23870878.5
教育行政单位 Education Administrative Department	4085076.9	3953936.0	3236501.5
教育事业单位 Education Public Institutions	8527915.8	7138640.2	5934080.5
其 它 Others	22488363.5	22163462.1	4654201.8

和支出情况（2021 年）

for Education in Various School（2021）

单位：万元
unit：10,000 yuan

民办学校中举办者投入 School Funding for Private Schools	社会捐赠经费 Donor Funding for the Community	事业收入 Income from Teaching Research and Other Auxiliary Activity	学费 Tuition	其他教育经费 Other Educational Funds
2423821.5	**1426654.0**	**104575159.7**	**81306525.2**	**11957968.5**
512842.0	854093.6	49347061.2	32445442.3	7758195.4
512842.0	853191.6	48406653.0	31697010.8	7686391.8
0.0	901.9	940408.2	748431.6	71803.6
116737.6	10770.9	2965480.9	1853153.3	580219.6
65105.5	4728.6	1294029.2	774049.3	253146.9
3105.7	164.3	153147.5	100966.9	10981.0
42715.2	4398.5	795135.1	525022.4	96919.1
5811.2	1479.5	723169.1	453114.7	219172.6
809587.1	223122.2	19526490.1	16721873.0	1443876.5
809587.1	223121.1	19524505.9	16721234.8	1439587.9
453164.7	135114.3	10395787.1	8564521.2	640287.9
356422.4	88006.9	9128718.8	8156713.6	799300.0
209712.8	47727.3	3019131.3	2620939.7	272691.9
0.0	1.1	1984.2	638.2	4288.6
394661.8	137717.4	9827246.4	8951841.5	1145974.4
394661.8	137717.4	9827246.4	8951841.5	1145974.4
218410.0	60459.6	2826150.7	2461337.2	438458.7
0.0	0.0	0.0	0.0	0.0
489.7	2894.6	10394.5	7351.9	15220.8
589503.3	59266.3	21630961.8	21278052.8	575477.7
—	8321.9	15305.7	—	107513.2
—	129690.8	1011948.1	—	247636.7
—	776.3	240271.1	48810.4	83854.1

各地区教育经费来源

Sources of Educational Fund and Expenditure

地区 Region	合计 Total	国家财政性教育经费 Government Appropriation for Education	#一般公共预算教育经费 Public Expenditure On Education
中　央 Central Government	**58450753.7**	**42474568.1**	**16908237.2**
地 方 Local Government	520285938.9	415878520.8	357725410.0
北 京 Beijing	15325980.8	13130243.5	11351611.4
天 津 Tianjin	6664571.8	5355015.4	4729799.5
河 北 Hebei	21927812.2	17431027.6	16210113.4
山 西 Shanxi	11140175.4	9093489.2	7757390.1
内蒙古 Inner Mongolia	8595861.0	7650997.7	6336925.4
辽 宁 Liaoning	11110019.2	8672191.6	7077888.3
吉 林 Jilin	7092031.5	5653621.9	4839493.0
黑龙江 Heilongjiang	8440980.6	7258878.1	6073051.0
上 海 Shanghai	15764757.6	12531779.4	10133528.9
江 苏 Jiangsu	37333810.9	30041739.1	25051278.1
浙 江 Zhejiang	31651797.3	23799794.8	20299029.3
安 徽 Anhui	18979387.7	15407269.6	13154212.0
福 建 Fujian	15320229.5	12155936.9	10620751.2
江 西 Jiangxi	16514211.6	13343488.5	12508315.6
山 东 Shandong	34007897.5	26990467.0	23870113.1
河 南 Henan	27674809.7	20831756.3	17430919.1
湖 北 Hubei	17932016.0	13741978.8	12249819.3
湖 南 Hunan	20038528.3	15212719.5	14247763.9
广 东 Guangdong	60188061.6	44990678.0	37933725.8
广 西 Guangxi	16448663.7	13378365.9	11050417.8
海 南 Hainan	4648208.8	3773504.2	3026888.5
重 庆 Chongqing	12761688.0	10349977.0	8050201.0
四 川 Sichuan	25912560.5	20478094.4	17412416.9
贵 州 Guizhou	15080782.6	12782891.1	11256781.1
云 南 Yunnan	16694078.6	14103895.6	11470149.6
西 藏 Tibet	3335508.4	3294482.2	2903571.1
陕 西 Shaanxi	14151375.5	11157022.5	10336810.5
甘 肃 Gansu	8498438.0	7638508.0	6619191.5
青 海 Qinghai	3066904.1	2853321.2	2303601.2
宁 夏 Ningxia	2838671.9	2431302.7	1990368.0
新 疆 Xinjiang	11146118.8	10344083.3	9429284.4

和支出情况(2021年)
for Education by Region (2021)

单位：万元
unit：(10,000 yuan)

民办学校中举办者投入 School Funding for Private Schools	社会捐赠经费 Donor Funding for the Community	事业收入 Income from Teaching Research and Other Auxiliary Activity	学费 Tuition	其他教育经费 Other Educational Funds
0.0	**671349.7**	**11826625.8**	**3964789.2**	**3478210.1**
2423821.5	755304.3	92748534.0	77341736.0	8479758.4
13688.8	5026.6	2056343.0	1689285.6	120678.9
80930.9	6758.5	1095100.0	926575.9	126767.0
99391.6	56532.9	4243325.4	3646113.3	97534.6
51423.3	9481.3	1876750.8	1549375.3	109030.7
16992.3	5920.6	868304.2	734110.5	53646.3
25381.5	19615.6	2270580.7	1825191.2	122249.7
9807.1	4292.0	1241231.2	1066088.0	183079.2
9612.5	609.3	1113764.7	952025.3	58116.1
8974.0	9399.3	2921890.8	2416142.9	292714.1
102283.4	75676.1	6082574.0	5019246.3	1031538.4
198888.0	58987.1	6390878.1	5190215.4	1203249.2
92545.5	7878.5	3065475.9	2530513.7	406218.1
113867.9	73417.7	2627766.4	2203719.9	349240.6
119531.1	23245.8	2816513.7	2213926.3	211432.6
208319.9	26528.6	6332926.0	5416670.0	449656.0
230998.7	22411.1	6307523.2	5347948.4	282120.4
118142.8	21015.3	3833182.5	3222210.2	217696.4
121343.9	24968.4	4350441.1	3520409.5	329055.5
390055.0	122302.4	14108148.9	12349446.9	576877.3
73812.6	9796.8	2757641.0	2160454.0	229047.4
18850.4	2293.5	794353.4	663418.7	59207.4
50483.0	15960.5	2069280.8	1625812.0	275986.7
117481.7	49082.8	4964005.3	4117338.2	303896.4
54706.6	11237.7	1840404.2	1521417.1	391542.9
35572.8	46409.5	2269195.4	1915886.0	239005.2
0.0	2599.4	32692.9	17332.8	5733.9
43746.8	14725.1	2695819.1	2119121.6	240062.0
8553.1	5667.7	770475.6	630468.6	75233.7
588.7	11182.2	156527.4	111540.6	45284.6
6132.4	1943.1	308369.1	252519.8	90924.6
1715.1	10338.9	487049.0	387212.1	302932.5

二、教育基本建设投资
Capital Construction Investment in the Educational Sector

教育基本建设
Data on the Completion of Capital Construction

学校类别 Type of School	投资合计 Total Investment Completed in the Current year (in 10 Thousand Yuan)	本年完成投资按 Investment by Source of			
		国家预算内 Budgetary Allocation			
		计 Subtotal	中央 Central	省级 Local	计 Subtotal
总 计 Total	**87238796**	**48106428**	**8568117**	**39538311**	**35701825**
高等教育学校 Higher Education Schools	20924957	8696083	2225465	6470618	11128152
中等职业学校 Secondary Vocational Schools	4739112	3341289	481705	2859583	1127317
普通中学 Regular Secondary Schools	28312680	19287530	2439321	16848208	8070463
职业初中 Vocational Junior Seconda-rySchools	0	0	0	0	0
小学 Primary Schools	14158293	11182486	2391314	8791172	2424258
特殊教育学校 Special Education Schools	195053	176281	29357	146924	6021
幼儿园 Kindergartens	18908700	5422760	1000954	4421805	12945615

投资完成情况(总计)
Investment in the Educational Sector(Regional Aggregates)

资金来源分(万元) Fund (in 10 Thousand Yuan)			本年竣工建筑面积(平方米) Building Floor Area Completed (in m^2)			
自筹资金 Self-raised Fund		其他 Other Sources				
其中 of Which:						
学校自筹 Raised by School	个人捐资 Individual Donations		合计 Total	教学及辅助用房 Buildings for Instruction and Ancillary Uses	行政办公用房 Administrative	其他用房 Rooms for Other Purposes
35199657	**502168**	**3430543**	**213980006**	**123184462**	**9062993**	**81732551**
11092594	35558	1100722	53448225	26317081	1674584	25456560
1115272	12045	270506	17780054	9657536	830182	7292335
7852355	218107	954688	83198010	45488971	3776698	33932341
0	0	0	0	0	0	0
2411931	12326	551550	41415858	28154337	1902417	11359104
6021	0	12752	570349	339787	30500	200062
12721484	224131	540326	17567510	13226750	848612	3492148

学校类别 Type of School	投资合计 Total Investment Completed in the Current year (in 10 Thousand Yuan)	本年完成投资按 Investment by Source of			
		国家预算内 Budgetary Allocation			
		计 Subtotal	中央 Central	省级 Local	计 Subtotal
合　计 Total	**87238796**	**48106428**	**8568117**	**39538311**	**35701825**
北　京 Beijing	1342716	741002	331428	409574	568334
天　津 Tianjin	590012	433554	98008	335547	156045
河　北 Hebei	2329656	1706074	345159	1360915	541128
山　西 Shanxi	876543	766708	169557	597151	88209
内蒙古 Inner Mongolia	738183	605990	139719	466271	123314
辽　宁 Liaoning	810124	411396	143231	268164	364637
吉　林 Jilin	377552	250718	71283	179435	79298
黑龙江 Heilongjiang	503625	374345	156374	217971	113070
上　海 Shanghai	1054537	738580	129941	608639	290478
江　苏 Jiangsu	5383126	4243776	106107	4137668	926987
浙　江 Zhejiang	6344625	5336305	195230	5141075	698905
安　徽 Anhui	2974061	1848299	363788	1484511	949015
福　建 Fujian	2252047	1308645	139584	1169062	827813
江　西 Jiangxi	3001614	1826452	256702	1569750	998581
山　东 Shandong	5400607	2605816	153598	2452219	2323110
河　南 henan	3306137	1838263	470274	1367989	1210698
湖　北 Hubei	2976593	1749654	399910	1349744	1170216
湖　南 Hunan	3516287	2242454	390278	1852176	1176246
广　东 Guangdong	24538082	6360237	107666	6252572	17950847
广　西 Guangxi	2608678	1511152	529242	981909	973640
海　南 Hainan	742926	526615	172434	354182	200457
重　庆 Chongqing	2225389	1561000	167960	1393040	614733
四　川 Sichuan	3407302	2022688	560238	1462450	1238980
贵　州 guizhou	1747706	1471559	594067	877491	257559
云　南 Yunnan	2029135	1265587	557359	708228	600169
西　藏 Tibet	384355	382369	221979	160390	1745
陕　西 Shaanxi	2537531	1404243	443716	960527	874605
甘　肃 Gansu	1255876	975508	459712	515796	137468
青　海 Qinghai	345631	312942	131656	181287	28115
宁　夏 Ningxia	353842	213304	109168	104136	140067
新　疆 Xinjiang	1284298	1071193	452749	618444	77356

投资完成情况
Investment in the Educational Sector

资金来源分(万元) Fund (in 10 Thousand Yuan)			本年竣工建筑面积(平方米) Building Floor Area Completed (in m^2)			
自筹资金 Self-raised Fund		其他 Other Sources				
其中 of Which:						
学校自筹 Raised by School	个人捐资 Individual Donations		合计 Total	教学及辅助用房 Buildings for Instruction and Ancillary Uses	行政办公用房 Administrative	其他用房 Rooms for Other Purposes
35199657	**502168**	**3430543**	**213980006**	**123184462**	**9062993**	**81732551**
568334	0	33380	2223406	1107246	109829	1006332
156045	0	413	1019555	582851	77375	359329
538096	3032	82455	9202087	5680153	262509	3259425
83591	4618	21626	2617904	1485257	123111	1009536
123042	272	8879	3012307	1801043	127139	1084125
360000	4637	34091	3867774	2327881	214036	1325857
79162	136	47536	2302491	1627374	114781	560337
112183	887	16210	1993596	1230531	80111	682954
290478	0	25479	1090274	595594	61867	432813
921943	5044	212364	11571860	6336441	714401	4521018
694926	3979	309415	13525158	7225031	730028	5570099
910042	38973	176747	11657367	6922472	489045	4245850
827068	745	115589	5848952	3344086	362186	2142680
996138	2443	176580	11648375	6709168	452121	4487086
2296544	26566	471681	14194406	7953307	792050	5449049
1186920	23778	257177	12558201	6991122	615876	4951202
1122302	47914	56722	10470164	6543007	378947	3548209
1078952	97294	97587	13495557	8011516	429961	5054080
17821094	129753	226997	22107808	11413176	928759	9765873
910546	63095	123886	8834786	4834670	220404	3779712
199892	566	15853	2301224	1051010	123483	1126731
613307	1426	49657	7074883	4263105	370146	2441633
1233649	5331	145635	7356652	3944009	350593	3062050
256508	1050	18589	8478589	5940026	176596	2361967
577429	22740	163379	6529154	3903410	180762	2444982
1745	0	241	579086	315990	5678	257418
864772	9833	258683	9459957	5588986	291272	3579698
130320	7147	142900	3664653	2339659	110524	1214470
28076	40	4573	934631	596050	26525	312056
139699	368	471	845140	501451	32664	311025
76856	500	135748	3514010	2018840	110213	1384958

第三部分
Part Ⅲ

科学研究活动及其他
SCIENTIFIC RESEARCH ACTIVITIES AND OTHER

一、自然科学与技术
Natural Science and Technology

类别 Item	教学与科研人员 Personnel Engaged in S and T Activities		研究与发展人员 R and D Personnel	
	计 Total	#科学家和工程师 of Which: Scientists and Engineers	计 Total	#科学家和工程师 of Which: Scientists and Engineers
合计：Total	**1442397**	**1204673**	**594511**	**577565**
按学校规格分 Breakdown by category of HEIs				
本科院校 Academic HEIs	1242065	1016238	558248	541615
高职(专科)院校 Vocational HEIs	200332	188435	36263	35950
按学校隶属分 Breakdown by Control				
部委院校 HEIs under Other Central Ministries	48923	40685	28467	27948
教育部直属院校 HEIs under Ministry of Education	303482	239280	156405	147533
地方院校 HEIs under Local Governments	1089992	924708	409639	402084
按学校类型分 Breakdown by Type of HEIs				
综合大学 Comprehensive Universities	448724	360978	190102	181896
工科院校 Engineering	448578	415008	198664	195008
农林院校 Agriculture	67992	61958	31088	30170
医药院校 Medicine and Pharmacy	355276	252310	119852	116854
师范院校 Teachers Training	83878	78684	41256	40226
其他院校 Others	37949	35735	13549	13411

科技人力情况
Manpower in Regular HEIs

单位：人
Unit: in Person

研究与发展全时人员 R and D FTEs (Full-time Equivalents)		R and D 成果应用及科技服务人员 R and D Personnel		R and D 成果应用及科技服务全时人员 R and D FTEs(Full-time Equivalents)	
计 Total	#科学家和工程师 of Which: Scientists and Engineers	计 Total	#科学家和工程师 of Which: Scientists and Engineers	计 Total	#科学家和工程师 of Which: Scientists and Engineers
356669	**346501**	**88737**	**86764**	**53213**	**52029**
334933	324957	80433	78544	48249	47115
21736	21544	8304	8220	4964	4914
17079	16767	3443	3400	2068	2042
93844	88521	22851	21797	13710	13079
245746	241213	62443	61567	37435	36908
114060	109137	27079	25930	16236	15550
119187	116994	42166	41783	25289	25054
18656	18104	7825	7632	4696	4583
71899	70097	4552	4477	2728	2682
24750	24133	5767	5602	3458	3359
8117	8036	1348	1340	806	801

类别 Item	拨　　入 Revenues			
	合计 Total	政府资金 Government Funds	企事业单位委托 Contract Research Fund	其他 Others
合　计 Total	**317952587**	**187747056**	**90806092**	**39399439**
按学校规格分 Breakdown by category of HEIs				
本科院校 Academic HEIs	310991953	185498782	89003454	36489717
高职(专科)院校 Vocational HEIs	6960634	2248274	1802638	2909722
按学校隶属分 Breakdown by Control				
部委院校 HEIs under Other Central Ministries	37743481	25737732	10168272	1837477
教育部直属院校 HEIs under Ministry of Education	135440224	85743851	43113969	6582404
地方院校 HEIs under Local Govermments	144768882	76265473	37523851	30979558
按学校类型分 Breakdown by Type of HEIs				
综合大学 Comprehensive Universities	114295804	71366548	28630452	14298804
工科院校 Engineering	145807398	80407727	52769420	12630251
农林院校 Agriculture	15357696	11212734	2580389	1564573
医药院校 Medicine and Pharmacy	22184596	13956620	2642562	5585414
师范院校 Teachers Training	17006092	9049385	3514410	4442297
其他院校 Others	3301001	1754042	668859	878100

科技经费情况
in Regular HEIs

单位：千元
Unit：1000 Yuan

支出 Expenditures				
合计 Total	劳务费 Personnel Costs	业务费 Non-Personnel Expenses	转拨外单位经费 Expenses on Extramural Services	其他 Others
286455378	**69428631**	**129201268**	**23347165**	**64478314**
279847766	67592917	127102138	23223551	61929160
6607612	1835714	2099130	123614	2549154
33800208	5851173	17307664	3288362	7353009
118614753	30336655	53058752	13503746	21715600
134040417	33240803	58834852	6555057	35409705
102628995	26774887	44164286	9037836	22651986
130840617	29477800	61095669	10747026	29520122
14321429	3031552	6746852	2034431	2508594
20004203	5120133	9243001	901354	4739715
15666246	4316548	6523847	534604	4291247
2993888	707711	1427613	91914	766650

普通高等学校研究与
Statistics of R and D Projects and

类别 Item	科技课题 R and D Projects			出版科技专著(部) No. of Mono-graphs Published
	课题数(项) No. of projects	投入人数 No. of Input of S and D Manpower	实际支出(千元) Actual Exp. (1,000yuan)	
合　计 Total	**989960**	**455401**	**160963051**	**6610**
按学校规格分 Breakdown by category of HEIs				
本科院校 Academic HEIs	938915	425742	158610109	6193
高职(专科)院校 Vocational HEIs	51045	29659	2352942	417
按学校隶属分 Breakdown by Control				
部委院校 HEIs under Other Central Ministries	60720	21272	25683001	346
教育部直属院校 HEIs under Ministry of Education	319708	119498	73336142	1677
地方院校 HEIs under Local Govermments	609532	314632	61943908	4587
按学校类型分 Breakdown by Type of HEIs				
综合大学 Comprehensive Universities	320498	144758	51439017	1781
工科院校 Engineering	398115	160515	85266905	2541
农林院校 Agriculture	60171	25942	8010586	395
医药院校 Medicine and Pharmacy	122240	82921	8665300	1124
师范院校 Teachers Training	68003	31345	6376614	524
其他院校 Others	20933	9921	1204629	245

发展课题、成果情况
Achievements in Regular HEIs

发表学士论文(篇) No. of Papers Published	成果获奖 Achieverment Awards		技术转让 Techonlogical Transfer		知识产权授权数 No. of Awarded	专利出售 Income from License Arrangements	
	合计 Total	#国家奖 of Which: National Awards	合同数 No. of Contracts	收入(千元) Actual Revenues (1,000 yuan)		项数 No. of Items	实现金额(千元) Income (1,000 yuan)
1312951	**4729**	**0**	**28920**	**5459799**	**292281**	**21009**	**11012316**
1260507	4686	0	24453	5293269	262703	17201	10901631
52444	43	0	4467	166530	29578	3808	110685
83814	303	0	941	453705	20264	749	615827
511226	1564	0	4510	2035607	87897	3987	7688070
717911	2862	0	23469	2970487	184120	16273	2708419
450503	1437	0	6705	1471894	91990	5681	5769798
494346	2078	0	16636	3205215	145467	11792	3553850
73294	350	0	1500	206827	16013	1143	268451
209399	573	0	1354	292595	20083	722	1240389
67643	231	0	2249	249449	12826	1311	154950
17766	60	0	476	33819	5902	360	24878

二、社会科学
Social Science

普通高等学校人文、
Professional Manpower in Regular HEIs in the

类别 Item		学校数(所) No. Of HEIs	社科活动人员(人) Personnel Engaged in Social Science Research (person)				
			合计 Total	高 级 Senior	中 级 Middle	初 级 Junior	其他人员 Others
合 计 Total		**2587**	**938059**	**332387**	**431912**	**172648**	**1112**
按学校隶属关系分 Breakdown by Control	教育部直属院校 HEIs under Ministry of Education	73	72470	41899	28886	1670	15
	其他部委院校 HEIs under Other Central Ministries	41	20938	9451	10013	1468	6
	地方院校 HEIs under Local Governments	2473	844651	281037	393013	169510	1091
按学校规格分 Breakdown by Category of HEIs	本科院校 Regular HEIs	1231	686690	263719	319369	102959	643
	专科院校 Short-cycle HEIs	1356	251369	68668	112543	69689	469
按学校类型分 Breakdown by Type of HEIs	综合大学 Comprehensive Universities	615	261618	95274	118947	47271	126
	理工农医院校 HEIs Science and Technology, Agriculture and Medicine	1215	320924	106142	153016	61120	646
	师范院校 Teachers Training	248	139067	55029	63316	20532	190
	语文院校 Language and Literature	49	24556	9123	11444	3983	6
	财经院校 Finance and Economics	254	117824	38790	52836	26099	99
	政法院校 Political Science and Law	63	19184	7981	8790	2412	1
	体育院校 Physical Culture	33	8945	3295	4153	1485	12
	艺术院校 Art	92	34094	11353	14325	8389	27
	民族院校 Ethnic Nationality	18	11847	5400	5085	1357	5

社会科学人力情况
Fields of the Humanities and Social Science

研究与发展人员(人) R and D Personnel (person)						研究与发展人员(人年) R and D Personnel (man/year)					
合计 Total	高级 Senior	中级 Middle	初级 Junior	其他人员 Others	研究生 Post graduates	合计 Total	高级 Senior	中级 Middle	初级 Junior	其他人员 Others	研究生 Post graduates
753793	**309185**	**292332**	**73748**	**7274**	**71254**	**159011.4**	**71922.2**	**61024.1**	**13939.3**	**1120.0**	**11005.8**
111471	49032	28273	1757	1581	30828	24017.9	12870.3	5874.0	325.3	211.8	4736.5
22375	10414	7690	919	279	3073	4920.7	2496.1	1695.0	206.0	42.1	481.5
619947	249739	256369	71072	5414	37353	130072.8	56555.8	53455.1	13408.0	866.1	5787.8
626689	266282	233561	49578	6069	71199	134647.4	63324.5	49864.7	9545.8	914.7	10997.7
127104	42903	58771	24170	1205	55	24364.0	8597.7	11159.4	4393.5	205.3	8.1
222039	91427	83511	20339	2480	24282	47541.3	21900.5	17490.5	3836.7	374.0	3939.6
226886	89554	94385	23411	1473	18063	47475.5	20499.3	19455.2	4374.7	248.6	2897.7
125620	55184	48515	12115	1070	8736	27541.6	12891.8	10557.4	2434.0	161.6	1496.8
24110	10561	9137	2054	92	2266	4871.1	2384.6	1864.2	367.2	12.6	242.5
97024	38249	36504	10255	1471	10545	19534.7	8496.5	7390.2	1896.9	219.1	1532.0
19667	8237	6743	1338	331	3018	3753.5	1902.8	1279.8	225.3	42.1	303.5
7065	2660	2412	658	43	1292	1610.6	746.4	562.9	125.4	5.8	170.1
18241	7037	6881	2708	214	1401	4111.1	1747.8	1561.0	518.5	43.5	240.3
13141	6276	4244	870	100	1651	2572.0	1352.5	862.9	160.6	12.7	183.3

类别 Item		学校数（所）No. Of HEIs	拨入 Revenues						
			合计 Total	科研活动经费 Funds for R and D	科技活动人员工资 Personnel Costs	科研基建费 Capital Constr-uction Funds for R and D	企事业单位委托项目经费 Contract Research Funds Provided by Ent. and Inst.	金融机构贷款 Loans Provided by Financial Inst.	自筹经费 Self-raised Funds
合　计 Total		**2587**	**34187369.41**	**10971712.55**	**5797820.97**	**15113.46**	**9721014.25**	**54383.50**	**6689730.98**
按学校隶属关系分 Breakdown by Control	教育部直属院校 HEIs under Ministry of Education	73	8025624.39	3635956.14	850056.17	4100.00	2773182.66	0.00	600421.86
	其他部委院校 HEIs under Other Central Ministries	41	1163741.34	562490.24	204709.35	0.00	204754.43	2082.40	184925.55
	地方院校 HEIs under Local Govermments	2473	24998003.68	6773266.17	4743055.46	11013.46	6743077.17	52301.10	5904383.56
按学校规格分 Breakdown by Category of HEIs	本科院校 Regular HEIs	1231	31723319.12	10448276.52	4958967.20	13537.66	9346092.40	38299.10	6079291.99
	专科院校 Short-cycle HEIs	1356	2464050.29	523436.03	838853.77	1575.80	374921.86	16084.40	610438.99
按学校类型分 Breakdown by Type of HEIs	综合大学 Comprehensive Universities	615	11877712.48	3957993.95	1734496.75	640.00	3566649.66	18172.27	2249520.88
	理工农医院校 HEIs Science and Technology, Agriculture and Medicine	1215	8138698.27	2301568.89	1640930.86	2047.12	2728768.05	15873.50	1188011.57
	师范院校 Teachers Training	248	6727240.20	1990569.68	1190233.96	1906.68	1742916.29	10192.64	1755080.21
	语文院校 Language and Literature	49	1219400.54	425899.07	172757.05	1000.00	275299.76	0.00	283381.58
	财经院校 Finance and Economics	254	3710006.71	1275019.54	623369.28	8857.66	815808.16	10145.10	794767.29
	政法院校 Political Science and Law	63	711784.38	284435.73	138656.07	20.00	153204.17	0.00	124906.73
	体育院校 Physical Culture	33	318701.92	187509.73	55655.74	532.00	52012.40	0.00	21740.88
	艺术院校 Art	92	950832.94	335437.51	132790.54	110.00	293054.49	0.00	156699.11
	民族院校 Ethnic Nationality	18	532991.96	213278.47	108930.74	0.00	93301.27	0.00	115622.73

研究与发展经费情况
R and D Expenditure in Regular HEIs

单位：千元
unit：1000 yuan

		支出 Expenditures									
			内部支出 Intramural Expenditures								
国外资金 Foreign Funds	其他收入 Others Revenues	合计 Total	小计 Subtotal	科研人员费 Personnel Costs	业务费 Non-Personnel Expenses	科研基建费 Capital Construction Funds for R and D	仪器设备费 Instruments and Equipment	图书资料费 Books and Information	管理费 Management	其他 Others	转拨给外单位经费 Extra-mural Exp.
100746.79	**162922.51**	**32572406.17**	**32051165.12**	**10191909.40**	**15481122.66**	**18012.37**	**1545180.68**	**2093988.32**	**625668.58**	**393058.08**	**521241.05**
90405.08	71502.48	7739631.89	7530775.44	1411279.05	4354454.73	3000.00	325262.13	495086.51	294870.10	90463.19	208856.45
521.22	4258.16	1103603.57	1071194.79	257850.72	641879.48	0.00	46047.25	49802.07	19797.42	8659.59	32408.78
9820.48	87161.87	23729170.70	23449194.89	8522779.64	10484788.45	15012.37	1173871.29	1549099.75	311001.06	293935.30	279975.81
100237.35	149144.63	30212536.50	29710486.02	9020215.02	14680978.21	12559.79	1421659.93	1969765.91	608473.24	361190.87	502050.47
509.43	13777.88	2359869.68	2340679.10	1171694.38	800144.45	5452.58	123520.75	124222.41	17195.33	31867.21	19190.57
33609.74	94226.74	11409151.88	2340679.10	3157343.99	5710815.95	4543.28	474596.18	759830.32	262617.74	123730.44	245800.59
42842.06	22479.09	7702790.00	7591681.01	2538597.17	3563639.71	2637.30	301202.84	512801.28	190255.03	102222.68	111108.99
8917.34	18769.54	6483250.28	6445241.63	2267023.01	2991240.87	2046.00	368994.34	398821.34	80593.95	85868.74	38008.65
2416.57	10479.81	1152995.77	1145419.89	335942.12	562270.71	990.00	77190.06	70579.91	19309.29	9653.08	7575.88
4969.81	8906.08	3440233.38	3415647.45	1253506.64	1479768.57	7785.79	142051.28	220070.22	44758.35	55181.55	24585.93
7759.43	2802.25	619148.79	589241.37	176413.68	290784.70	0.00	38785.77	34105.62	6570.39	1656.12	29907.43
151.84	205.00	295264.61	270692.41	82756.47	142613.74	0.00	22321.61	3834.31	3908.44	1106.21	24572.20
0.00	4479.80	962683.36	930752.25	226953.82	514488.86	10.00	93372.55	49138.13	8978.71	10187.46	31931.11
80.00	574.20	506888.10	499137.84	153372.51	225499.55	0.00	26666.05	44807.20	8676.69	3451.82	7750.26

普通高等学校人文、社会科学
Basic Statistics of Humanities and Social Sciences

类别 Item		课题数（项） No. Of Projects	当年投入人数（人年） Input of Man-year (man/year)	#研究生 of Which: Graduate Students	当年拨入经费（千元） Revenues (1000 yuan)	当年支出经费（千元） Expenditures (1000 yuan)
合　计 Total		**695010**	**158975.8**	**11005.8**	**16881449.52**	**15233189.47**
按学校隶属关系分 Breakdown by Control	教育部直属院校 HEIs under Ministry of Education	124083	23973.0	4736.5	5282876.36	4864940.61
	其他部委院校 HEIs under Other Central Ministries	21053	4920.8	481.5	620165.57	552414.33
	地方院校 HEIs under Local Govermments	549874	130082.0	5787.8	10978407.59	9815834.53
按学校规格分 Breakdown by Category of HEIs	本科院校 Regular HEIs	589592	134604.5	10997.7	16155336.97	14584225.62
	专科院校 Short-cycle HEIs	105418	24371.3	8.1	726112.55	648963.84
按学校类型分 Breakdown by Type of HEIs	综合大学 Comprehensive Universities	219246	47512.7	3939.6	6283032.17	5769808.89
	理工农医院校 HEIs Science and Technology, Agriculture and Medicine	211996	47478.8	2897.7	4540586.93	4092101.78
	师范院校 Teachers Training	114194	27527.2	1496.8	2853293.23	2580108.64
	语文院校 Language and Literature	23084	4869.6	242.5	483893.40	436396.90
	财经院校 Finance and Economics	77737	19535.6	1532.0	1572564.33	1351728.27
	政法院校 Political Science and Law	17841	3755.4	303.5	325521.82	236039.23
	体育院校 Physical Culture	5103	1611.9	170.1	127388.47	145160.97
	艺术院校 Art	15952	4110.7	240.3	443368.96	410604.34
	民族院校 Ethnic Nationality	9857	2573.9	183.3	251800.20	211240.43

研究与发展课题、成果情况
R and D and Achievements in Regular HEIs

出版专著（部）Monographs Published (titles)	发表论文（篇）No. Of Papers Published				研究与咨询报告 Research and Consulting Report	
	合计 Total	国内学术刊物 In Domestic Journals	国外学术刊物 In Foreign Journals	港澳台刊物 In Hong Kong and Macao Journals	合计 Total	#被采纳数 of Which: Accepted Number
16605	**345041**	**308672**	**36052**	**317**	**53780**	**26700**
3562	67536	54377	13000	159	10489	7559
491	8754	7691	1056	7	1221	744
12552	268751	246604	21996	151	42070	18397
15243	277516	243178	34025	313	45215	23493
1362	67525	65494	2027	4	8565	3207
5324	108013	95203	12670	140	16176	9554
4178	101456	91620	9809	27	17593	8259
3147	55483	50290	5116	77	8355	3696
558	11684	9788	1871	25	2125	1080
2001	42712	37118	5562	32	7040	2869
444	8613	8313	288	12	1265	738
121	2839	2460	378	1	371	153
546	10212	10007	204	1	549	196
286	4029	3873	154	2	306	155

附　　表

Appendixes

（摘自国家统计局《中国统计年鉴 2022》）

Data from "China Statistical Yearbook 2022"

国内生产总值

Gross Domestic Product

本表按当年价格计算 单位：亿元

Data in this table are calculated at current prices. unit: in 100 million yuan

年份 Year	国民总收入 Gross National Income	国内生产总值 Gross Domestic Product	第一产业 Primary Industry	第二产业 Secondary Industry	第三产业 Tertiary Industry	工业 Industry	建筑业 Construction	人均国内生产总值（元） Per Capita GDP (yuan)
1978	3678.7	3678.7	1018.5	1755.1	905.1	1621.4	138.9	385
1979	4100.5	4100.5	1259.0	1925.3	916.1	1786.5	144.6	423
1980	4586.1	4587.6	1359.5	2204.7	1023.4	2014.8	196.3	468
1981	4933.7	4935.8	1545.7	2269.0	1121.1	2067.7	208.0	497
1982	5380.5	5373.4	1761.7	2397.6	1214.0	2183.0	221.6	533
1983	6043.8	6020.9	1960.9	2663.0	1397.1	2399.0	271.7	588
1984	7314.2	7278.5	2295.6	3124.7	1858.2	2815.8	317.9	702
1985	9123.6	9098.9	2541.7	3886.4	2670.8	3478.2	419.3	866
1986	10375.4	10376.2	2764.1	4515.1	3097.0	4000.7	527.3	973
1987	12166.6	12174.6	3204.5	5273.8	3696.3	4621.1	667.5	1123
1988	15174.4	15180.4	3831.2	6607.2	4742.0	5814.0	811.8	1378
1989	17188.4	17179.7	4228.2	7300.7	5650.8	6525.5	796.1	1536
1990	18923.3	18872.9	5017.2	7744.1	6111.6	6904.5	861.7	1663
1991	22050.3	22005.6	5288.8	9129.6	7587.2	8137.9	1017.7	1912
1992	27208.2	27194.5	5800.3	11725.0	9669.2	10340.2	1417.9	2334
1993	35599.2	35673.2	6887.6	16472.7	12313.0	14248.4	2269.9	3027
1994	48548.2	48637.5	9471.8	22452.5	16713.1	19546.3	2968.8	4081
1995	60356.6	61339.9	12020.5	28676.7	20642.7	25023.2	3733.7	5091
1996	70779.6	71813.6	13878.3	33827.3	24108.0	29528.9	4393.0	5898
1997	78802.9	79715.0	14265.2	37545.0	27904.8	33022.6	4628.3	6481
1998	83817.6	85195.5	14618.7	39017.5	31559.3	34133.9	4993.0	6860
1999	89366.5	90564.4	14549.0	41079.9	34935.5	36014.4	5180.9	7229
2000	99066.1	100280.1	14717.4	45663.7	39899.1	40258.5	5534.0	7942
2001	109276.2	110863.1	15502.5	49659.4	45701.2	43854.3	5945.5	8717
2002	120480.4	121717.4	16190.2	54104.1	51423.1	47774.9	6482.1	9506
2003	136576.3	137422.0	16970.2	62695.8	57756.0	55362.2	7510.8	10666
2004	161415.4	161840.2	20904.3	74285.0	66650.9	65774.9	8720.5	12487
2005	185998.9	187318.9	21806.7	88082.2	77430.0	77958.3	10400.5	14368
2006	219028.5	219438.5	23317.0	104359.2	91762.2	92235.8	12450.1	16738
2007	270704.0	270092.3	27674.1	126630.5	115787.7	111690.8	15348.0	20494
2008	321229.5	319244.6	32464.1	149952.9	136827.5	131724.0	18807.6	24100
2009	347934.9	348517.7	33583.8	160168.8	154765.1	138092.6	22681.5	26180
2010	410354.1	412119.3	38430.8	191626.5	182061.9	165123.1	27259.3	30808
2011	483392.8	487940.2	44781.5	227035.1	216123.6	195139.1	32926.5	36277
2012	537329.0	538580.0	49084.6	244639.1	244856.2	208901.4	36896.1	39771
2013	588141.2	592963.2	53028.1	261951.6	277983.5	222333.2	40896.8	43497
2014	644380.2	643563.1	55626.3	277282.8	310654.0	233197.4	45401.7	46912
2015	685571.2	688858.2	57774.6	281338.9	349744.7	234968.9	47761.3	49922
2016	742694.1	746395.1	60139.2	295427.8	390828.1	245406.4	51498.9	53783
2017	830945.7	832035.9	62099.5	331580.5	438355.9	275119.3	57905.6	59592
2018	915243.5	919281.1	64745.2	364835.2	489700.8	301089.3	65493.0	65534
2019	983751.2	986515.2	70473.6	380670.6	535371.0	311858.7	70648.1	70078
2020	1005451.3	1013567.0	78030.9	383562.4	551973.7	312902.9	72444.7	71828
2021	1133239.8	1143669.7	83085.5	450904.5	609679.7	372575.3	80138.5	80976

注：1. 数据来源：摘自国家统计局《2022 中国统计年鉴》。

2. 1980 年以后国民总收入（原称国民生产总值）与国内生产总值的差额为国外净要素收入。

Note: 1. Data sources: National Bureau of Statistics《2022 China Statistical Yearbook》.

2. Since 1980, the difference between the Gross Domestic Product and the Gross National Income (formerly, the Gross National Product) is the net factor income from the rest of the world.

分地区国内生产总值(2021年)

Gross Domestic Product by Region (2021)

本表绝对数按当年价格计算,指数按可比价格计算　　单位:亿元

Absolute figures in this table are calculated at current prices while indices are calculated at comparable prices.　　unit: in 100 million yuan

地区 Region	地区生产总值 Gross Regional Product	三次产业增加值 Value-Added by Three Strata of Industry			人均地区生产总值(元) Per Capita Gross Regional Product (yuan)
		第一产业 Primary Industry	第二产业 Secondary Industry	第三产业 Tertiary Industry	
北　京 Beijing	40269.55	111.34	7268.60	32889.61	183980
天　津 Tianjin	15695.05	225.41	5854.27	9615.37	113732
河　北 Hebei	40391.27	4030.34	16364.22	19996.71	54172
山　西 Shanxi	22590.16	1286.87	11213.13	10090.16	64821
内蒙古 Inner Mongolia	20514.19	2225.23	9374.19	8914.77	85422
辽　宁 Liaoning	27584.08	2461.76	10875.23	14247.09	65026
吉　林 Jilin	13235.52	1553.84	4768.28	6913.40	55450
黑龙江 Heilongjiang	14879.19	3462.97	3975.29	7440.93	47266
上　海 Shanghai	43214.85	99.97	11449.32	31665.56	173630
江　苏 Jiangsu	116364.20	4722.42	51775.39	59866.39	137039
浙　江 Zhejiang	73515.76	2209.09	31188.57	40118.10	113032
安　徽 Anhui	42959.18	3360.59	17613.19	21985.39	70321
福　建 Fujian	48810.36	2897.74	22866.32	23046.30	116939
江　西 Jiangxi	29619.67	2334.29	13183.21	14102.17	65560
山　东 Shandong	83095.90	6029.03	33187.16	43879.71	81727
河　南 Henan	58887.41	5620.82	24331.65	28934.93	59410
湖　北 Hubei	50012.94	4661.67	18952.90	26398.37	86416
湖　南 Hunan	46063.09	4322.92	18126.09	23614.08	69440
广　东 Guangdong	124369.67	5003.66	50219.19	69146.82	98285
广　西 Guangxi	24740.86	4015.51	8187.90	12537.45	49206
海　南 Hainan	6475.20	1254.44	1238.80	3981.96	63707
重　庆 Chongqing	27894.02	1922.03	11184.94	14787.05	86879
四　川 Sichuan	53850.79	5661.86	19901.38	28287.55	64326
贵　州 Guizhou	19586.42	2730.92	6984.70	9870.80	50808
云　南 Yunnan	27146.76	3870.17	9589.37	13687.22	57686
西　藏 Tibet	2080.17	164.12	757.28	1158.77	56831
陕　西 Shaanxi	29800.98	2409.39	13802.52	13589.07	75360
甘　肃 Gansu	10243.31	1364.72	3466.56	5412.02	41046
青　海 Qinghai	3346.63	352.65	1332.61	1661.37	56398
宁　夏 Ningxia	4522.31	364.48	2021.55	2136.28	62549
新　疆 Xinjiang	15983.65	2356.06	5967.36	7660.23	61725

数据来源:摘自国家统计局《2022中国统计年鉴》。

Data sources: National Bureau of Statistics《2022 China Statistical Yearbook》.

一般公共预算收支总额及增长速度

General Public Budget Revenue and Expenditures and Their Increase Rate

年份 Year	一般公共预算收入（亿元） General Public Budget Revenue（100 million yuan）	一般公共预算支出（亿元） General Public Budget Expenditures（100 million yuan）	增长速度 Increase Rate（%）	
			一般公共预算收入 General Public Budget Revenue	一般公共预算支出 General Public Budget Expenditures
1978	1132.26	1122.09	29.5	33.0
1979	1146.38	1281.79	1.2	14.2
1980	1159.93	1228.83	1.2	-4.1
1981	1175.79	1138.41	1.4	-7.5
1982	1212.33	1229.98	3.1	8.0
1983	1366.95	1409.52	12.8	14.6
1984	1642.86	1701.02	20.2	20.7
1985	2004.82	2004.25	22.0	17.8
1986	2122.01	2204.91	5.8	10.0
1987	2199.35	2262.18	3.6	2.6
1988	2357.24	2491.21	7.2	10.1
1989	2664.90	2823.78	13.1	13.3
1990	2937.10	3083.59	10.2	9.2
1991	3149.48	3386.62	7.2	9.8
1992	3483.37	3742.20	10.6	10.5
1993	4348.95	4642.30	24.8	24.1
1994	5218.10	5792.62	20.0	24.8
1995	6242.20	6823.72	19.6	17.8
1996	7407.99	7937.55	18.7	16.3
1997	8651.14	9233.56	16.8	16.3
1998	9875.95	10798.18	14.2	16.9
1999	11444.08	13187.67	15.9	22.1
2000	13395.23	15886.50	17.0	20.5
2001	16386.04	18902.58	22.3	19.0
2002	18903.64	22053.15	15.4	16.7
2003	21715.25	24649.95	14.9	11.8
2004	26396.47	28486.89	21.6	15.6
2005	31649.29	33930.28	19.9	19.1
2006	38760.20	40422.73	22.5	19.1
2007	51321.78	49781.35	32.4	23.2
2008	61330.35	62592.66	19.5	25.7
2009	68518.30	76299.93	11.7	21.9
2010	83101.51	89874.16	21.3	17.8
2011	103874.43	109247.79	25.0	21.6
2012	117253.52	125952.97	12.9	15.3
2013	129209.64	140212.10	10.2	11.3
2014	140370.03	151785.56	8.6	8.3
2015	152269.23	175877.77	5.8	13.2
2016	159604.97	187755.21	4.5	6.3
2017	172592.77	203085.49	7.4	7.6
2018	183359.84	220904.13	6.2	8.7
2019	190390.08	238858.37	3.8	8.1
2020	182913.88	245679.03	-3.9	2.9
2021	202554.64	245673.00	10.7	0.0

数据来源：摘自国家统计局《2022 中国统计年鉴》。

Data sources: National Bureau of Statistics《2022 China Statistical Yearbook》.

一般公共预算收支总额

General Public Budget Revenue and Expenditure of Central and Local Governments

单位：亿元

unit：in 100 million yuan

年 份 Year	一般公共预算收入(亿元) General Public Budget Revenue (100 million yuan)			一般公共预算支出(亿元) General Public Budget Expenditures (100 million yuan)		
	合 计 Total	中 央 Central Government	地 方 Local Government	合 计 Total	中 央 Central Government	地 方 Local Government
1978	1132. 26	175. 77	956. 49	1122. 09	532. 12	589. 97
1979	1146. 38	231. 34	915. 04	1281. 79	655. 08	626. 71
1980	1159. 93	284. 45	875. 48	1228. 83	666. 81	562. 02
1981	1175. 79	311. 07	864. 72	1138. 41	625. 65	512. 76
1982	1212. 33	346. 84	865. 49	1229. 98	651. 81	578. 17
1983	1366. 95	490. 01	876. 94	1409. 52	759. 60	649. 92
1984	1642. 86	665. 47	977. 39	1701. 02	893. 33	807. 69
1985	2004. 82	769. 63	1235. 19	2004. 25	795. 25	1209. 00
1986	2122. 01	778. 42	1343. 59	2204. 91	836. 36	1368. 55
1987	2199. 35	736. 29	1463. 06	2262. 18	845. 63	1416. 55
1988	2357. 24	774. 76	1582. 48	2491. 21	845. 04	1646. 17
1989	2664. 90	822. 52	1842. 38	2823. 78	888. 77	1935. 01
1990	2937. 10	992. 42	1944. 68	3083. 59	1004. 47	2079. 12
1991	3149. 48	938. 25	2211. 23	3386. 62	1090. 81	2295. 81
1992	3483. 37	979. 51	2503. 86	3742. 20	1170. 44	2571. 76
1993	4348. 95	957. 51	3391. 44	4642. 30	1312. 06	3330. 24
1994	5218. 10	2906. 50	2311. 60	5792. 62	1754. 43	4038. 19
1995	6242. 20	3256. 62	2985. 58	6823. 72	1995. 39	4828. 33
1996	7407. 99	3661. 07	3746. 92	7937. 55	2151. 27	5786. 28
1997	8651. 14	4226. 92	4424. 22	9233. 56	2532. 50	6701. 06
1998	9875. 95	4892. 00	4983. 95	10798. 18	3125. 60	7672. 58
1999	11444. 08	5849. 21	5594. 87	13187. 67	4152. 33	9035. 34
2000	13395. 23	6989. 17	6406. 06	15886. 50	5519. 85	10366. 65
2001	16386. 04	8582. 74	7803. 30	18902. 58	5768. 02	13134. 56
2002	18903. 64	10388. 64	8515. 00	22053. 15	6771. 70	15281. 45
2003	21715. 25	11865. 27	9849. 98	24649. 95	7420. 10	17229. 85
2004	26396. 47	14503. 10	11893. 37	28486. 89	7894. 08	20592. 81
2005	31649. 29	16548. 53	15100. 76	33930. 28	8775. 97	25154. 31
2006	38760. 20	20456. 62	18303. 58	40422. 73	9991. 40	30431. 33
2007	51321. 78	27749. 16	23572. 62	49781. 35	11442. 06	38339. 29
2008	61330. 35	32680. 56	28649. 79	62592. 66	13344. 17	49248. 49
2009	68518. 30	35915. 71	32602. 59	76299. 93	15255. 79	61044. 14
2010	83101. 51	42488. 47	40613. 04	89874. 16	15989. 73	73884. 43
2011	103874. 43	51327. 32	52547. 11	109247. 79	16514. 11	92733. 68
2012	117253. 52	56175. 23	61078. 29	125952. 97	18764. 63	107188. 34
2013	129209. 64	60198. 48	69011. 16	140212. 10	20471. 76	119740. 34
2014	140370. 03	64493. 45	75876. 58	151785. 56	22570. 07	129215. 49
2015	152269. 23	69267. 19	83002. 04	175877. 77	25542. 15	150335. 62
2016	159604. 97	72365. 62	87239. 35	187755. 21	27403. 85	160351. 36
2017	172592. 77	81123. 36	91469. 41	203085. 49	29857. 15	173228. 34
2018	183359. 84	85456. 46	97903. 38	220904. 13	32707. 81	188196. 32
2019	190390. 08	89309. 47	101080. 61	238858. 37	35115. 15	203743. 22
2020	182913. 88	82770. 72	100143. 16	245679. 03	35095. 57	210583. 46
2021	202554. 64	91470. 41	111084. 23	245673. 00	35049. 96	210623. 04

数据来源：摘自国家统计局《2022 中国统计年鉴》。

Data sources：National Bureau of Statistics《2022 China Statistical Yearbook》.

人口数及构成
Population and Its Composition

单位：万人
unit：in 10 thousand persons

年 份 Year	年底总人口 Total Population (year-end)	按性别分 By Sex				按城乡分 By Residence			
		男 Male		女 Female		城镇 Urban		乡村 Rural	
		人口数 Population	比重(%) Proportion	人口数 Population	比重(%) Proportion	人口数 Population	比重(%) Proportion	人口数 Population	比重(%) Proportion
1978	96259	49567	51.49	46692	48.51	17245	17.92	79014	82.08
1979	97542	50192	51.46	47350	48.54	18495	18.96	79047	81.04
1980	98705	50785	51.45	47920	48.55	19140	19.39	79565	80.61
1981	100072	51519	51.48	48553	48.52	20171	20.16	79901	79.84
1982	101654	52352	51.50	49302	48.50	21480	21.13	80174	78.87
1983	103008	53152	51.60	49856	48.40	22274	21.62	80734	78.38
1984	104357	53848	51.60	50509	48.40	24017	23.01	80340	76.99
1985	105851	54725	51.70	51126	48.30	25094	23.71	80757	76.29
1986	107507	55581	51.70	51926	48.30	26366	24.52	81141	75.48
1987	109300	56290	51.50	53010	48.50	27674	25.32	81626	74.68
1988	111026	57201	51.52	53825	48.48	28661	25.81	82365	74.19
1989	112704	58099	51.55	54605	48.45	29540	26.21	83164	73.79
1990	114333	58904	51.52	55429	48.48	30195	26.41	84138	73.59
1991	115823	59466	51.34	56357	48.66	31203	26.94	84620	73.06
1992	117171	59811	51.05	57360	48.95	32175	27.46	84996	72.54
1993	118517	60472	51.02	58045	48.98	33173	27.99	85344	72.01
1994	119850	61246	51.10	58604	48.90	34169	28.51	85681	71.49
1995	121121	61808	51.03	59313	48.97	35174	29.04	85947	70.96
1996	122389	62200	50.82	60189	49.18	37304	30.48	85085	69.52
1997	123626	63131	51.07	60495	48.93	39449	31.91	84177	68.09
1998	124761	63940	51.25	60821	48.75	41608	33.35	83153	66.65
1999	125786	64692	51.43	61094	48.57	43748	34.78	82038	65.22
2000	126743	65437	51.63	61306	48.37	45906	36.22	80837	63.78
2001	127627	65672	51.46	61955	48.54	48064	37.66	79563	62.34
2002	128453	66115	51.47	62338	48.53	50212	39.09	78241	60.91
2003	129227	66556	51.50	62671	48.50	52376	40.53	76851	59.47
2004	129988	66976	51.52	63012	48.48	54283	41.76	75705	58.24
2005	130756	67375	51.53	63381	48.47	56212	42.99	74544	57.01
2006	131448	67728	51.52	63720	48.48	58288	44.34	73160	55.66
2007	132129	68048	51.50	64081	48.50	60633	45.89	71496	54.11
2008	132802	68357	51.47	64445	48.53	62403	46.99	70399	53.01
2009	133450	68647	51.44	64803	48.56	64512	48.34	68938	51.66
2010	134091	68748	51.27	65343	48.73	66978	49.95	67113	50.05
2011	134916	69161	51.26	65755	48.74	69927	51.83	64989	48.17
2012	135922	69660	51.25	66262	48.75	72175	53.10	63747	46.90
2013	136726	70063	51.24	66663	48.76	74502	54.49	62224	45.51
2014	137646	70522	51.23	67124	48.77	76738	55.75	60908	44.25
2015	138326	70857	51.22	67469	48.78	79302	57.33	59024	42.67
2016	139232	71307	51.21	67925	48.79	81924	58.84	57308	41.16
2017	140011	71650	51.17	68361	48.83	84343	60.24	55668	39.76
2018	140541	71864	51.13	68677	48.87	86433	61.50	54108	38.50
2019	141008	72039	51.09	68969	48.91	88426	62.71	52582	37.29
2020	141212	72357	51.24	68855	48.76	90220	63.89	50992	36.11
2021	141260	72311	51.19	68949	48.81	91425	64.72	49835	35.28

注：1. 1981 年及以前数据为户籍统计数；1982、1990、2000、2010、2020 年数据为当年人口普查数据推算数；其余年份数据为年度人口抽样调查推算数据(下相关表同)。

2. 总人口和城镇人口中包括中国人民解放军现役军人，按城乡分人口中现役军人计入城镇人口。

Note：Urban Population include the military personnel of Chinese People′s Liberation Army.

分地区按性别分的15岁及以上文盲人口（2021年）
Illterate Population Aged 15 and Over by Sex and Region(2021)

本表是2021年全国人口变动情况抽样调查样本数据，抽样比为1.058‰。

地　区 Region	15岁及以上人口(人) Population Aged 15 and Over			文盲人口(人) Illiterate			文盲人口占15岁及以上人口比重 Percentage to total Population Aged 15 and Over (%)		
	合计 Total	男 Male	女 Female	合计 Total	男 Male	女 Female	合计 Total	男 Male	女 Female
合　计 Total	**1232677**	**625238**	**607439**	**39531**	**9386**	**30145**	**3.21**	**1.50**	**4.96**
北　京 Beijing	20378	10374	10004	161	35	126	0.79	0.34	1.25
天　津 Tianjin	12611	6445	6166	209	49	160	1.66	0.77	2.59
河　北 Hebei	63723	31270	32453	1290	293	997	2.02	0.94	3.07
山　西 Shanxi	31001	15804	15197	520	119	401	1.68	0.76	2.64
内蒙古 Inner Mongolia	21929	11168	10760	803	214	589	3.66	1.91	5.47
辽　宁 Liaoning	39973	19631	20342	443	106	337	1.11	0.54	1.66
吉　林 Jilin	22343	11137	11206	293	73	219	1.31	0.66	1.96
黑龙江 Heilongjiang	29862	14912	14949	642	220	422	2.15	1.47	2.82
上　海 Shanghai	23776	12321	11455	453	78	374	1.90	0.64	3.27
江　苏 Jiangsu	76857	38690	38167	2338	447	1891	3.04	1.16	4.95
浙　江 Zhejiang	60096	31332	28764	2130	463	1667	3.55	1.48	5.80
安　徽 Anhui	52670	26569	26101	2844	670	2174	5.40	2.52	8.33
福　建 Fujian	35972	18429	17543	900	141	759	2.50	0.76	4.33
江　西 Jiangxi	37851	19292	18559	964	207	757	2.55	1.07	4.08
山　东 Shandong	87877	43977	43900	3498	693	2805	3.98	1.58	6.39
河　南 Henan	81443	40259	41184	2292	542	1750	2.81	1.35	4.25
湖　北 Hubei	51933	26514	25418	1235	223	1012	2.38	0.84	3.98
湖　南 Hunan	56910	28876	28034	1273	300	973	2.24	1.04	3.47
广　东 Guangdong	109174	57392	51781	2047	376	1670	1.87	0.66	3.23
广　西 Guangxi	41121	21104	20017	1161	228	933	2.82	1.08	4.66
海　南 Hainan	8685	4585	4100	363	83	280	4.18	1.81	6.84
重　庆 Chongqing	28823	14496	14327	422	91	331	1.46	0.63	2.31
四　川 Sichuan	74807	37583	37224	3397	834	2562	4.54	2.22	6.88
贵　州 Guizhou	31201	15757	15444	2241	506	1735	7.18	3.21	11.24
云　南 Yunnan	40118	20628	19489	1978	569	1410	4.93	2.76	7.23
西　藏 Tibet	2915	1540	1375	999	411	588	34.27	26.72	42.73
陕　西 Shaanxi	34697	17620	17077	1174	352	822	3.38	2.00	4.81
甘　肃 Gansu	21316	10775	10542	1942	559	1382	9.11	5.19	13.11
青　海 Qinghai	4990	2497	2492	457	137	320	9.16	5.49	12.84
宁　夏 Ningxia	6140	3119	3021	318	81	238	5.19	2.58	7.87
新　疆 Xinjiang	21488	11139	10348	745	285	460	3.47	2.56	4.45

注：本表“文盲人口”指15岁及15岁以上不识字及识字很少人口。

Note: Illiterate population in this table refers to the population aged 15 and over, who are unable or have difficulty in reading.

分地区按性别和受

Population by Sex, Educational

本表是 2021 年全国人口变动情况抽样调查样本数据,抽样比为 1.058‰。

地区 Region	6岁及6岁以上人口 Population Aged 6 and Over			未上过学 Illterate			小 学 Primary School			初 中 Lower Secondary School		
	合计 Total	男 Male	女 Female	合计 Total	男 Male	女 Female	合计 Total	男 Male	女 Female	合计 Total	男 Male	女 Female
全 国 National Total	**1402340**	**715667**	**686673**	**51186**	**14686**	**36501**	**365918**	**170546**	**195372**	**487144**	**263182**	**223962**
北 京 Beijing	21991	11213	10778	231	63	168	2353	1072	1281	4803	2585	2217
天 津 Tianjin	13849	7096	6753	262	80	183	2155	999	1156	4229	2310	1918
河 北 Hebei	73988	36692	37296	1738	537	1200	19349	8907	10441	30026	15780	14246
山 西 Shanxi	34762	17765	16997	688	199	490	7179	3331	3848	13801	7368	6433
内蒙古 Inner Mongolia	24165	12337	11828	862	241	621	5758	2660	3098	8249	4502	3748
辽 宁 Liaoning	43080	21244	21836	670	213	457	8454	3880	4574	18023	9175	8848
吉 林 Jilin	24241	12125	12116	385	110	275	5920	2755	3165	8884	4607	4277
黑龙江 Heilongjiang	32135	16098	16038	821	292	528	6823	3120	3703	13160	6848	6311
上 海 Shanghai	25369	13159	12210	535	126	409	3099	1429	1670	6952	3684	3268
江 苏 Jiangsu	85678	43434	42244	3151	750	2401	20382	9166	11217	27888	14843	13046
浙 江 Zhejiang	65702	34330	31372	2776	713	2063	18154	8795	9359	21100	11784	9316
安 徽 Anhui	60469	30790	29679	3634	952	2682	17299	8051	9248	20264	11031	9233
福 建 Fujian	41344	21348	19996	1491	382	1109	12398	5552	6846	13434	7648	5785
江 西 Jiangxi	44671	23026	21646	1363	377	986	12730	5774	6957	16257	8766	7491
山 东 Shandong	100121	50657	49464	4637	1178	3459	25568	11559	14010	37212	20281	16930
河 南 Henan	97434	48812	48622	3252	1011	2242	25565	11883	13682	38035	19793	18242
湖 北 Hubei	58244	29971	28273	1646	384	1263	14790	6770	8020	20194	10832	9362
湖 南 Hunan	65821	33657	32164	1611	472	1140	17406	8127	9279	22444	11779	10665
广 东 Guangdong	124845	65813	59032	3058	921	2137	27589	12609	14980	43653	23989	19664
广 西 Guangxi	49156	25389	23766	1545	439	1105	14368	6813	7554	19122	10672	8451
海 南 Hainan	10037	5328	4709	330	101	229	2189	1011	1179	4127	2288	1839
重 庆 Chongqing	32231	16267	15964	708	216	492	9612	4468	5143	10084	5281	4803
四 川 Sichuan	83817	42260	41557	4256	1177	3079	26613	12707	13906	26163	14153	12010
贵 州 Guizhou	37185	18953	18232	2625	694	1931	12751	6273	6478	12065	6909	5157
云 南 Yunnan	46041	23720	22321	2382	771	1611	17405	8505	8900	14088	8129	5960
西 藏 Tibet	3496	1839	1657	1019	430	589	1260	714	546	493	302	192
陕 西 Shaanxi	39208	19987	19222	1445	491	953	9103	4206	4897	13416	7196	6221
甘 肃 Gansu	24458	12424	12033	2199	666	1532	7851	3717	4134	6714	3833	2881
青 海 Qinghai	5812	2918	2894	659	240	419	2021	999	1022	1459	833	626
宁 夏 Ningxia	7080	3608	3473	410	117	294	1991	927	1063	2213	1268	945
新 疆 Xinjiang	25909	13410	12499	796	339	457	7785	3770	4015	8592	4713	3879

数据来源:摘自国家统计局《2022 中国统计年鉴》。

Data sources: National Bureau of Statistics《2022 China Statistical Yearbook》.